面向21世纪课程教材
Textbook Series for 21st Century

"十二五"普通高等教育本科国家级规划教材

高等学校金融学专业主要课程精品系列教材

商业银行经营学

（第六版）

主编 戴国强

高等教育出版社·北京

内容简介

本书为教育部"十二五"普通高等教育本科国家级规划教材,教育部"高等教育面向21世纪教学内容和课程体系改革计划"的最新研究成果。

为适应在金融国际化、金融证券化以及金融市场化的条件下,培养合格的现代金融专业人才的需要,本教材在第五版的基础上做了新的修改,以反映《巴塞尔协议Ⅱ》《巴塞尔协议Ⅲ》以及我国汇率与利率制度改革对银行经营的要求,相应地增加了许多新的内容,如《巴塞尔协议Ⅱ》所提出的新的资本监管要求、资产风险权重计算方法及其要求、现代银行实行的大部门小分行组织架构、银行风险管理方法、银行提供的理财业务、银行业务全能化、零售银行及私人银行业务发展趋势等,以帮助读者更好地掌握当代先进的经营管理理论,了解现代国际银行业的先进经验、先进的经营管理技术和管理技能。全书共分14章,系统地阐述了商业银行的发展历程、商业银行的职能及经营管理方针与策略,全面介绍了当代商业银行的各类业务内容及其操作程序,同时对商业银行经营发展趋势作了预测和展望。为了帮助读者更好地学习本书,本书还增加了案例和案例分析,每章都配有复习思考题,以便读者巩固所学得的内容。

本书可作为金融类专业本科学生学习当代商业银行经营管理知识的教材,也可作为金融类专业研究生及金融机构从业人员了解商业银行经营管理理论的参考书。

图书在版编目(CIP)数据

商业银行经营学 / 戴国强主编. -- 6版. -- 北京:高等教育出版社,2022.1(2025.7重印)

ISBN 978-7-04-056971-1

Ⅰ. ①商… Ⅱ. ①戴… Ⅲ. ①商业银行-经济管理-高等学校-教材 Ⅳ. ①F830.33

中国版本图书馆 CIP 数据核字(2021)第 181927 号

Shangye Yinhang Jingyingxue

| 策划编辑 | 赵 鹏 | 责任编辑 | 赵 鹏 | 封面设计 | 贺雅馨 | 版式设计 | 王艳红 |
| 插图绘制 | 李沛蓉 | 责任校对 | 王 雨 | 责任印制 | 刁 毅 | | |

出版发行	高等教育出版社	网 址	http://www.hep.edu.cn
社 址	北京市西城区德外大街4号		http://www.hep.com.cn
邮政编码	100120	网上订购	http://www.hepmall.com.cn
印 刷	涿州市京南印刷厂		http://www.hepmall.com
开 本	787 mm×1092 mm 1/16		http://www.hepmall.cn
印 张	30	版 次	2000年1月第1版
字 数	680 千字		2022年1月第6版
购书热线	010-58581118	印 次	2025年7月第14次印刷
咨询电话	400-810-0598	定 价	66.00 元

本书如有缺页、倒页、脱页等质量问题,请到所购图书销售部门联系调换

版权所有 侵权必究

物 料 号 56971-00

总前言

  面向 21 世纪金融学专业 6 门主干课程教材,是教育部立项的重点项目"金融学系列课程主要教学内容改革研究与实践"的重要成果。参加此项目研究的单位包括厦门大学、复旦大学、中国人民大学、北京大学、武汉大学、中央财经大学、西南财经大学、上海财经大学、华东师范大学 9 所重点院校。3 年来,本项目在教育部高教司的直接领导下,在总召集人厦门大学张亦春教授的主持下,积极开展各项调查、资料搜集和比较研究活动,先后召开大小会议 10 余次,特别是由教育部高教司于 1998 年 8 月发函邀请全国 10 多位同行专家讨论了教材编写大纲和知识点,到会专家提了许多好的意见;教材脱稿后,1999 年 3 月又由教育部高教司发函邀请全国 20 多位著名专家,分别审查了各门教材初稿,会后各主编根据审稿意见对教材初稿又进行了认真修改和完善,最后定稿。可以说,这套教材不仅倾注了主编、参编人员的智慧,而且相当广泛地征求和听取了全国著名专家的意见,是集体智慧的结晶。

  面向 21 世纪金融学专业主干课程教材,包括《金融学》《金融市场学》《国际金融学》《中央银行学》《商业银行经营学》和《保险学》。除《金融学》列入经济学类专业核心课程另行编写外,其余 5 本教材此次一并出齐。

  在着手组织编写这套教材时,我们确定的指导思想是:坚持知识、能力、素质协调发展和遵循本学科专业自身发展的规律及特点,在界定各门课程主要理论、观点和知识点的基础上,编写出高水平、高质量、上台阶,融理论性、知识性、前瞻性和启发性于一体,适合我国高等学校金融学专业本科教学需要的真正面向 21 世纪的专业课程教材。我们希望全国金融学专业的广大教师继续关心和支持这项工作,及时将使用这套教材中遇到的问题和改进意见向各位主编反映,以供修订时参考。

教育部面向 21 世纪"金融学系列课程主要教学

内容改革研究与实践"项目组

1999 年 6 月

第六版前言

本教材第五版发行至今已经过去四年多了,这四年多来我们生活的世界发生了巨大的变化。2020 年暴发的新冠疫情改变了人类社会生活和经济活动方式,也使商业银行的经营活动出现了新的变化。数字经济快速发展,对商业银行的经营活动产生了重要的影响。金融科技得到广泛应用,使我国银行业的数字化转型步伐明显加快,手机银行和网上银行业务以及非接触式金融服务都有了跨越式发展,提高了商业银行服务的有效性和普惠性。同时我们也看到,互联网经济时代对银行全面风险管理的要求更高了。商业银行在经营管理实践中既积累了有效的经验,也遇到巨大的挑战。

党的二十大报告提出了深化金融体制改革的要求,要求强化金融稳定保障体系,依法将各类金融活动全部纳入监管,守住不发生系统性风险底线。改革开放以来,尤其是近十多年来,我国银行在吸收借鉴现代银行管理的先进理念和方法的基础上,积极探索了适应我国国情的银行经营管理的实践和理论。本教材应当及时反映商业银行管理的新实践、新知识和新理论。

在本次修订中,我们以习近平新时代中国特色社会主义思想和党的二十大精神为指引,坚持历史唯物主义和辩证唯物主义方法论,在介绍当代国内外商业银行经营管理方面的有益新成果的基础上,力求客观公正地反映中国银行业改革与发展的新面貌。

读者会发现,在本教材第六版中,我们增加了不少新的内容,包括:国外有关商业银行监管方法的改革和巴塞尔委员会 2017 年推出的关于风险测评和风险监管的新要求;我国商业银行发行的永续债和向中央银行再贷款的新工具;互联网贷款业务及其管理;大数据和人工智能在信用分析中的应用;测度证券投资风险的灵敏度方法、波动性方法、VaR 方法以及压力测试方法;我国商业银行经营融资租赁的模式以及银行支付系统改进;《关于规范金融机构资产管理业务的指导意见》颁布以后商业银行理财业务的变化;商业银行内部转移定价;流动性风险管理指标;信息科技风险、合规风险和声誉风险管理;我国商业银行数字化转型的目标和要求,以及商业银行开展的非接触式金融服务和交易银行等内容。同时,本次修订对商业银行董事会专门委员会的构成、利率敏感性缺口管理和全面风险管理等内容做了修改,对有关的数据和案例进行了更新,对各章思考题和重要概念也作了调整。删去了第五版中第六章第三节和第四节、第十二章第四节等内容。

本版教材编写分工如下:戴国强编写第一、八、十四章,黄宪编写第六、十二章,史建平编写第四、五章,朱叶编写第二、十、十三章,代军勋编写第六、十一章,叶伟春和陆世敏编写第三、七、九章,全书由戴国强负责总纂。

本书第六版的修订和出版得到高等教育出版社的大力支持和帮助,我们在此表示衷心的感谢。我们深知本教材还存在许多不足,恳请各位同行和读者不吝赐教。

编　者

2021 年 3 月

(2023 年 10 月修订)

第五版前言

21世纪初,世界经济一直处在全球金融大危机以后的缓慢复苏之中,各国经济发展不平衡,以及包括货币政策在内的宏观调控政策取向不同,给银行经营管理提出了许多新的问题。为了实现宏观审慎监管的要求,巴塞尔委员会在新颁布的《巴塞尔协议Ⅲ》中对银行资本管理提出了新的要求,各国金融管理当局对银行业的监管措施也日趋严厉,从而使银行业在后危机时期面临的挑战和压力空前增大。为了应对这种严峻的挑战,国际银行业大多选择走综合经营的道路,开展多种业务,甚至实行跨界经营,然而银行综合经营过程中出现的许多新问题,如银行经营成本上升,盈利水平下降,操作风险增大等,也给商业银行的管理者带来困惑。

中国经济经过30多年的快速发展,到2010年已经成为世界第二大经济体,中国的银行业也取得了令人瞩目的成就,按英国《银行家》杂志排名,中国的大银行已经跻身全球银行业的前列。但与此同时,中国又恰逢"三期叠加",经济结构正面临深度调整,金融改革出现了许多新的变化,利率市场化以及人民币汇率制度改革在不断深入发展,资本市场改革和人民币国际化进程也加快了步伐。尤其令人瞩目的是,互联网金融在中国异军突起,不断侵蚀传统银行业务领域,使中国银行业受到巨大的冲击,引起了人们广泛的关注。

我国银行业在面对众多的挑战和压力下,如何把握好自身发展规律,更好地适应市场经济规则,加强自我约束,自我完善,这些都是需要我们从理论和实践两个方面去进行深入的探讨和研究的重要课题。

本书第五版就是在这样的背景下修订出版的。为了让读者能更好地了解银行业务的变化和银行业发展趋势,本书除了在相关章节的阐述方面做了较多的修订外,还调整或增加了相关案例,力求能使读者更好地认识银行业发展变化的内在规律和业务变化的意义。

全书编写分工如下:戴国强教授编写第一、八、十四章,黄宪教授编写第六、十一、十二章,陆世敏教授编写第三、七、九章,史建平教授编写第四、五章,朱叶教授编写第二、十、十三章,全书由戴国强教授负责总纂。

本书第五版的出版得到高等教育出版社的大力支持和帮助,我们在此表示衷心的感谢。同时,诚挚地希望读者对本书存在的不足给予批评与指导。

编　者

2016年6月

第四版前言

本书第三版问世以来,全球经济经历了巨大变化。2008年爆发的国际金融危机给全球金融业提出了一些值得深思的重大问题,金融机构的职能到底是创造需求还是满足需求? 一些金融机构长期来过于放纵自己,为了更多地获得超额利润,罔顾金融变量之间的相关性是不稳定的,也无法应对不可预测的现实,甚至应用自己都无法理解的模型和公式,不断地利用次级贷款推出大量的金融衍生产品。这些机构的经理们不理会人们提出的批评和警告,赚钱的贪欲已经无法让他们停下来了,他们的目的仿佛就是为了创造金融需求和吸引投资者,当大量金融机构和资信评级机构及管制机构也都放松了警惕时,悲剧就发生了。

这场百年一遇的国际金融危机所带来的结果是否说明商业银行在经营管理上已经无懈可击,在金融市场竞争中已无后顾之忧了? 不,实际上,人们在这场危机中也看到商业银行经营管理中存在的许多不足,只是因为自20世纪80年代中期以来商业银行受到更为严格的监管,商业银行本身也受到了来自零售业、网络业和其他金融机构的严峻挑战,在外界巨大的压力下,商业银行不断加强自我约束和自我强化抗风险的能力,才使商业银行较好地经受住了这次全球金融危机的冲击。这使得曾经在20世纪80年代被预言五十年后将要消亡的商业银行不仅没有消亡,其在各国经济中的地位反而显得更加重要了。经过这场危机的洗礼,各国商业银行正在认真总结投资银行的教训,力求严格遵守市场纪律,合规利用市场规律,在满足市场需求的过程中不断完善自己,以求更好地生存与发展。

为了能更好地让读者了解近几年来商业银行管理理念的变化和管理实践的新发展,我们在本书第四版中增加了对巴塞尔委员会提出的《巴塞尔协议Ⅲ》中关于资本管理新要求的介绍,吸收了商业银行经营绩效评价方面新的方法和模型,增加了银行绩效评价中的风险因素修正方法介绍,还增加了银行个人理财业务介绍以及当代国际银行业发展趋势的阐述,包括发展私人银行业务和零售银行观念崛起的原因及前景的阐述。

全书的编写及修订分工如下:戴国强教授编写第一、八、十四章,黄宪教授编写第六、十一、十二章,陆世敏教授编写第三、七、九章,史建平教授编写第四、五章,朱叶教授编写第二、十、十三章。全书由戴国强教授负责总纂。

本书第四版的修改和出版得到高等教育出版社的大力支持和帮助,在此表达我们诚挚的谢意。我们也衷心希望读者给予批评和指导。

编　者
2011年6月

第三版前言

自本书第二版出版发行以来,我国银行业面临的经营环境发生了巨大的变化,银行业的改革也进入了一个新的阶段。从经营环境上看,我国银行业面临来自两个方面的挑战与压力:一是2004年6月新《巴塞尔协议》颁布,对商业银行的经营管理又提出了更高的要求。商业银行不仅要满足最低资本充足率的要求,还要注重提高银行内部控制风险的能力,加强合规经营,实行全面的风险管理,自觉接受监管当局和市场的监督。二是按照我国加入WTO时的承诺,我国自2006年12月11日起对外资金融机构全面开放,外资银行可以全面经营人民币业务,从此,我国银行就与外资银行真正地站在了同一起跑线上开展竞争。面对日益开放的中国金融市场,外资银行不仅抓紧时机增设网点,而且针对高端客户推出了多种新的银行服务,积极发展私人银行业务。可以预见,我国银行业将面临更为激烈的竞争。

为了提高我国银行的国际竞争力,在我国政府的大力支持下,交通银行、中国建设银行、中国银行和中国工商银行等银行相继完成股份制改革并成功上市。在吸收了外国战略投资者进入后,我国的上市银行变竞争压力为改革与学习的动力,加快改革步伐,积极地吸收国际银行业先进的经营方式和管理理念,进行业务流程再造与组织架构再造,并大力开展金融创新,努力拓展市场。尚未上市的银行也在加快改革步伐,改善经营管理。

我们正处在大变革的时代,这个时代充满竞争,也提供了更多的机遇,需要为祖国的金融事业培养大批优秀的具有竞争力的人才。银行从业人员应该具有开阔的国际视野、扎实的理论基础以及很强的创新意识,这是时代的要求。

本书第一版自1999年出版以来,一直得到各方面的关注和帮助。为了能使本书所阐述的内容能更好地为高等学校金融专业教学服务,满足培养高质量人才的需要,我们在第二版的基础上作了进一步修订,并在风险管理方面增加了新的内容,为有关章节补充了相应的案例。这样做既有利于教师教学时选用,也有利于学生对相关问题作深入的研究与思考。

全书的编写分工如下:戴国强教授编写第1、8、14章以及补充的案例,黄宪教授编写第6、11、12章,陆世敏教授编写第3、7、9章,史建平教授编写第4、5章,朱叶教授编写第2、10、13章。

在第三版的修订过程中,得到高等教育出版社有关编辑的大力支持,在此表示衷心的感谢。我们也恳切地希望读者对本书的不足给予指正,以便我们在重新修订时加以改进。

编　者
2007年4月

第二版前言

进入新世纪以来,我国商业银行经营管理的环境发生了较大的变化。中国加入 WTO 意味着我国的商业银行将处于一个更加激烈的竞争环境之中。巴塞尔委员会提出的新资本协议草案(又称《神圣协议》)正在各国广泛征求意见,并将于 2005 年开始实施。按照新资本协议的要求,在确定资本充足率时,不仅要考虑信用风险对资本充足率的要求,还要考虑市场风险对资本充足率的要求。各国商业银行除了必须做到资本充足率达到 8% 以外,还要加强风险管理和风险控制的自我责任,并且接受市场规则的约束。这对我国商业银行的经营管理提出了更高的要求。新建立的中国银行业监督和管理委员会对我国银行的监管工作也提出了新的要求。所有这些变化,都促使我国商业银行必须在加快改革步伐、加强自我完善的同时,不断地汲取外国银行在经营管理方面的新经验、新思想和新理论,以提高我国银行业的管理水平和综合竞争能力。

本书第一版自 1999 年出版后,受到广泛的关注和支持,对此我们表示衷心的感谢。为了适应我国高等院校金融学专业学生学习和了解商业银行经营管理理论与实践发展的需要,在高等教育出版社的帮助下,本书的编写人员根据国内外商业银行经营管理发展中取得的新成果以及银行监管方面的新要求和新实践,对本书第一版作了修订与更新,以满足广大师生对《商业银行经营学》教材的需要。

全书的写作分工如下:戴国强教授编写第一、八、十四章,黄宪教授编写第六、十一、十二章,陆世敏教授编写第三、七、九章,史建平教授编写第四、五章,朱叶副教授编写第二、十、十三章。全书由戴国强教授负责总纂。

由于国际和国内商业银行在经营管理方面的变化很大,该教材修订本在反映银行经营管理变化的内容上难免挂一漏万,我们诚挚地希望读者不吝赐教。

编 者
2003 年 5 月

第一版前言

商业银行源远流长，有着数百年的发展历史，是各国金融体系中最主要的组成部分。作为一种特殊的金融企业，商业银行是为适应市场经济发展的需要而形成的，它的经营活动须臾离不开市场经济这块土壤。

在过去的 20 年里，金融自由化、金融国际化和金融证券化使商业银行的经营环境发生了深刻的变化，这些变化既给商业银行的发展带来许多机会，也使商业银行遇到了很多新的课题。特别是 1997 年发生的东南亚金融危机及其产生的一系列影响，使各国商业银行都面临着严峻的考验。所有这些，都迫使商业银行不断调整其经营思想和观念，寻找新的管理方法，开拓新的业务领域，推出新的产品和服务项目，和其他金融机构进行竞争，以维护商业银行在金融业的地位。

随着我国社会主义市场经济体制的建立与发展，商业银行在我国国民经济中的中枢地位也日渐确立。在 21 世纪即将来临之际，如何辩证地借鉴国际商业银行的经验，推动我国商业银行改革的深入发展，更好地发挥商业银行在国民经济中的重要作用，是一个亟待从理论和实践上加以研究和解决的重大课题。为此我们有必要全面了解和学习当代商业银行经营管理的成功经验。

本书以历史唯物主义和辩证唯物主义方法论为指导，系统地阐述了商业银行发展历程、商业银行的职能及其经营方针，全面介绍了当代商业银行的各类业务，包括负债业务、资产业务、传统的中间业务和新兴的表外业务及其操作程序，以及商业银行的经营创新活动，并对商业银行经营发展趋势作了预测和展望。

本书运用现代经济学的研究方法对当代商业银行的一些重要的经营思想和管理模型作了有深度的探讨和介绍，对有关银行管理的最新理论也作了比较完整的阐述。

本书还努力做到理论联系实际，对我国商业银行经营管理中的成功之处和尚存的不足之处都作了比较深入的分析。

本书是金融专业本科学生系统学习和了解当代商业银行经营管理知识的教材，也可作为金融专业研究生以及金融机构从业人员了解商业银行经营管理理论的参考书。

全书共分十四章，上海财经大学金融学院戴国强教授编写第一、八、十四章，武汉大学管理学院黄宪教授编写第六、十一、十二章，上海财经大学金融学院陆世敏教授编写第三、七、九章，中央财经大学金融系史建平副教授编写第四、五章，复旦大学国际金融系朱叶副教授编写第二、十、十三章，全书由戴国强教授负责修改和总纂。

参加本书编写提纲讨论的专家有：江其务教授（陕西财经学院）、周升业教授（中国人民大学)、曾康霖教授(西南财经大学)、白钦先教授(辽宁大学)、曹凤岐教授(北京大学)、俞天一教授(中国金融学院)、李继熊教授(中央财经大学)、沈伟基教授(中国人民大学)。参加本书审稿的专家有:王传纶教授(中国人民大学)、胡代光教授(北京大学)、江其务教授(陕西财经学院)、周骏教授(中南财经大学)、张亦春教授(厦门大学)、曾康霖教授(西南财经大学)、俞天一教授(中国金融学院)、王佩真教授(中央财经大学)、姜波克教授(复旦大学)、胡庆康教授(复旦大学)。在本书编写过程中得到教育部财经政法处杨志坚的热情帮助和指导。上海财经大学金融学院的研究生为本书作了清稿和校对工作,在此一并表示衷心感谢。

编 者
1999 年 2 月

目录

第一章
导　论

商业银行是在市场经济中孕育和发展起来的,它是为适应市场经济发展和社会化大生产需要而形成的一种金融组织。经过几百年的演变,现代商业银行已成为各国经济活动中最主要的资金集散机构,并成为各国金融体系中最重要的组成部分。党的二十大报告要求要求强化我国的金融稳定保障体系,守住不发生系统性风险底线,在我国当前的经济金融结构下,首先就要守住银行业不发生系统性风险的底线。我国商业银行经营的质量和管理水平不仅直接关乎我国银行体系的安全,也对我国的经济安全具有十分重要的意义。

第一节　商业银行的起源与发展

一、商业银行的性质

商业银行是以追求利润最大化为目标,通过多种金融负债筹集资金,以多种金融资产为经营对象,能利用负债进行信用创造,并向客户提供多功能、综合性服务的金融企业。

（一）商业银行具有一般的企业特征

商业银行拥有业务经营所必需的自有资本,且大部分资本来自股票发行;商业银行实行独立核算、自负盈亏;其经营目标是利润最大化,从商业银行的设立到商业银行选择业务及客户的标准,主要是盈利。商业银行是否开办某项业务,主要看这项业务能否盈利。商业银行是否接受某个客户,也主要看这一客户能否给其带来现实的或潜在的盈利。所以,获得最大利润既是商业银行产生和经营的基本前提,也是商业银行发展的内在动力。

（二）商业银行是特殊的企业

商业银行不是一般的企业,而是经营货币资金的金融企业,是一种特殊的企业。商业银行的

1

经营活动范围不是一般的商品生产和商品流通领域,而是货币信用领域。一般企业创造的是使用价值,而商业银行创造的是能充当一般等价物的存款货币。

(三)商业银行不同于其他金融机构

和中央银行相比较,商业银行是面向工商企业、公众及政府开展经营活动的商业性金融机构,而中央银行是只向政府和金融机构提供服务的具有银行特征的政府机关。中央银行创造的是基础货币,并在整个金融体系中具有超然的地位,承担着领导者的职责。和其他金融机构相比较,商业银行能够提供更多、更全面的金融服务,能够吸收活期存款。而其他金融机构不能吸收活期存款,只能提供某一方面或某几方面的金融服务。

随着金融全球化和金融创新的发展,商业银行经营的业务和提供的服务范围越来越广泛,现代商业银行正在向着"万能银行"和"金融百货公司"的综合银行发展,并承担更多的社会责任。

二、商业银行的产生

(一)银行的产生

汉语"银行"是指专门从事货币信用业务的机构。鸦片战争以后,西方金融机构开始侵入我国,"银行"一词就成了英语 bank 的中文译名。这是因为,早在 11 世纪,我国就有"银行"一词,当时,人们习惯把各类从事商业或生产小商品的机构称作"行",即行业或行当之意,"银行"即从事银器铸造或交易的行业。据说,当时金陵(今南京)就有"银行街",即银铺集中的地方。当外国金融机构进入我国后,人们又根据我国长期使用白银作为货币材料这一情况,将当时专门从事货币信用业务的这类外国金融机构 bank 叫作"银行"。由于这样翻译既达意又形象,日本人也将"银行"一词移植过去,成为日语汉字。

英文 bank 源于意大利文 banca 或者 banco,原意指商业交易时所用的长凳和桌子。英语中 bank 的原意为存放钱财的柜子,后来泛指专门从事货币存贷和办理汇兑、结算业务的金融机构。

从历史上看,银行起源于意大利。早在 1272 年,意大利的佛罗伦萨就已出现一家名为巴尔迪的银行,稍后于 1310 年又有佩鲁齐银行设立。后因债务问题,这两家银行于 1348 年倒闭。到 1397 年,意大利又设立了麦迪西银行,十年后又成立了热那亚圣乔治银行。这些银行都是一些富裕的家庭为经商方便而设立的私人银行。具有近代意义的银行则是 1587 年建立的威尼斯银行。中世纪的威尼斯凭借其优越的地理位置而成为著名的世界贸易中心,各国商人云集于此,为了顺利地进行商品交换,需要把携带的大量的各地货币兑换成威尼斯地方货币,于是就出现了货币兑换商,专门从事货币兑换业务。随着商品经济的发展,货币收付的规模也日益扩大,各地商人为了避免长途携带大量金属货币产生的不便和危险,便将用不完的货币委托货币兑换商保管,后来又发展到委托货币兑换商办理支付和汇兑,货币兑换商则借此集中了大量货币资金。当货币兑换商发现这些长期大量集存的货币余额相当稳定,可以用来发放高利贷,获取高额利息收入时,货币兑换商便从原来被动接受客户委托保管货币转而变为积极主动揽取货币保管业务,并通过降低保管费甚至不收保管费来竞争货币保管业务,到后来当货币兑换商给委托保管货币的客户一定的好处时,保管货币业务便演变成存款业务了。同时,货币兑换商根据经验,改变了以前实行全额准备,以应对客户兑现提款的做法,实行部分准备金制度,而其余所吸收的存款则用于贷款取息。此时,货币兑换商也就演变成了集存贷款和汇兑支付、结算业务于一身的早期银行。威尼斯银行也就应运而生。

17世纪,银行这一新型的金融机构由意大利传播到欧洲其他国家。

与此同时,在英国则出现了由金匠业等演变为银行业的过程。1653年英国建立了资本主义制度,英国的工业和商业都有了较大的发展。工商业的发展需要有可以提供大量资金融通的专门机构与之相适应。金匠业在原来为统治者提供融资服务、经营债券、办理贴现等业务的基础上,又以自己的信誉作担保,开出代替金属条块的信用票据,并得到人们广泛的接受,具有流通价值。至此,英国具近代意义的银行便产生了。

1694年,英国政府为了同高利贷作斗争,以维护新生的资产阶级发展工业和商业的需要,决定成立一家股份制银行——英格兰银行,并规定英格兰银行向工商企业发放低利率(利率为5%～6%)贷款,支持工商业发展。英格兰银行是历史上第一家股份制银行,也是现代银行业产生的象征。

(二)商业银行的形成

商业银行是商品经济发展到一定阶段的必然产物,并随着商品经济的发展不断完善。一般认为,商业银行的名称来源与它早期主要办理基于商业行为的短期自偿性贷款有关,人们将这种以经营工商企业存贷款业务,并且是以商品生产、交易为基础而发放短期贷款为主要业务的银行,称为商业银行。随着商品货币经济的形成与发展,尽管这种银行的业务范围不断扩大,它提供的服务也早已多样化,但人们仍习惯称其为商业银行,并一直沿用到现在。

商业银行主要通过两条途径产生:

第一条途径是从旧式高利贷银行转变过来的。早期的银行如威尼斯银行等建立时,资本主义生产关系尚未确立,当时的贷款主要是高利贷。随着资本主义生产关系的确立,高利贷因利息率过高而影响了资本家的利润,不利于资本主义经济发展。此时的高利贷银行面临着贷款需求锐减的困境,它要么关闭,要么顺应资本主义经济发展的需要,降低贷款利率,并主要为工商企业提供流动资金贷款,转变为商业银行,不少高利贷银行选择了后者。这是早期商业银行产生的主要途径。

商业银行产生的第二条途径是根据资本主义经济发展的需要,按资本主义原则,以股份公司形式组建而成。大多数商业银行是按这一方式建立的。如前所述,在最早建立资本主义制度的英国,也最早建立了股份制商业银行——英格兰银行。英格兰银行一成立,就宣布以较低的利率向工商企业提供贷款,由于英格兰银行募集的股份资本高达120万英镑,实力十分雄厚,很快就动摇了高利贷银行在信用领域内的垄断地位,英格兰银行也因此成了现代商业银行的典范。英格兰银行的组建模式很快被推广到欧洲其他国家,商业银行也开始在世界范围内得到普及。但是各国对商业银行的称谓却不尽一致,如英国的存款银行、清算银行,美国的国民银行、州银行,日本的城市银行、地方银行等都是商业银行。

三、商业银行的发展

尽管各国商业银行产生的条件不同,称谓也不一致,但其发展基本上是循着两种传统模式。

(一)英国式融通短期资金模式

至今,英美国家的商业银行的贷款仍以短期商业性贷款为主。这一传统在英国形成,有其历史原因。英国是最早建立资本主义制度的国家,也是最早建立股份制的国家,所以英国的资本市场比较发达,企业的资金来源主要依靠资本市场募集。

另外,直到工业革命初期,企业生产设备都比较简单,所需长期占用的资本在总资本中占的比重小,这部分资本主要由企业通过资本市场筹集,很少向银行贷款。企业向银行要求的贷款主要是用于商品流转过程中的临时性短期贷款。而从银行方面来说,早期的商业银行处在金属货币制度下,银行的资金来源主要是流动性较大的活期存款,银行本身的信用创造能力有限。为了保证银行经营的安全,银行也不愿意提供长期贷款,这种对银行借贷资本的供求状况决定了英国商业银行形成以提供短期商业性贷款为主的业务模式。这种业务经营模式的优点是能较好地保持银行清偿力,银行经营的安全性较好;缺点是银行业务的发展受到限制。

(二)德国式综合银行模式

按这一模式发展的商业银行,除了提供短期商业性贷款外,还提供长期贷款,甚至直接投资于企业股票与债券,替公司包销证券,参与企业的决策与发展,并向企业提供合并与兼并所需要的财务支持和财务咨询等投资银行服务。至今,不仅德国、瑞士、荷兰、奥地利等少数国家仍一直坚持这一传统,而且美国、日本等很多国家的商业银行也在向这种综合银行模式发展。这一综合银行模式之所以会在德国形成,也和德国历史发展有关。德国是一个后起的资本主义国家,它确立资本主义制度的初期,便面临着英、法等老牌资本主义国家的社会化大工业的有力竞争,这就要求德国的企业必须有足够的资本实力与之竞争。但是德国资本主义制度建立比较晚,其国内资本市场落后,德国企业不仅需要银行提供短期流动资金贷款,还需要银行提供长期固定资产贷款,甚至要求银行参股。而德国的银行为了巩固和客户的关系,尽快壮大自己,也积极参与企业经营决策,和企业保持密切的联系。因此,在德国最早出现了由银行资本与工业资本融合而成的金融资本,同时产生金融寡头。德国式综合银行模式的优点是有利于银行展开全方位的金融业务经营活动,充分发挥商业银行在国民经济活动中的作用;其缺点是可能会加大银行经营风险,进而对银行经营管理有更高的要求。

第二节 商业银行的功能及地位

一、商业银行的功能

商业银行在现代经济活动中所发挥的功能主要有信用中介、支付中介、金融服务、信用创造、调节经济和风险管理六项功能。

（一）信用中介

信用中介是指商业银行通过负债业务,把社会上的各种闲散货币资金集中到银行,再通过资产业务,把它投向需要资金的各部门,充当有闲置资金者和资金短缺者之间的中介人,实现资金的融通。商业银行在发挥这一信用中介功能时,充当了买卖"资本商品使用权"的商人角色。一方面商业银行通过支付利息吸收存款,借入资金;另一方面商业银行通过贷放货币资本或购买有价证券等投资活动获取利息及投资收益。这种收入与支出之间的差额便形成商业银行利润。只不过商业银行买卖的不是资本商品本身所有权,而是资本商品的使用权,所以我们把商业银行的这种买卖活动称为信用中介。

信用中介是商业银行最基本的功能。商业银行发挥这一功能有以下作用:

（1）使闲散货币转化为资本。商业银行通过开办活期存款和储蓄存款等业务,把闲散在居民手中的货币集中起来,投放到生产和流通部门,成为生产资本、商品资本或货币资本,从而扩大了社会资本的规模,促进了生产和流通的发展。

（2）使闲置资本得到充分利用。商业银行通过各种存款形式,还能把从再生产过程中游离出来的暂时闲置的货币资本转化为生产资本、商品资本等职能资本,在社会资本总量不变的情况下,提高资本使用效率,扩大了生产和流通规模,也提高了社会资本总的增值能力。

（3）续短为长,满足社会对长期资本的需要。由于商业银行存款和借款种类多样化,可以使众多短期资金来源在期限上相衔接,变成数额巨大的长期稳定余额,用于满足社会对长期借贷资本的需求。

（二）支付中介

支付中介是指商业银行利用活期存款账户,为客户办理各种货币结算、货币收付、货币兑换和转移资金等业务活动。支付中介是商业银行的传统功能。借助于这一功能,商业银行成了工商企业、政府、家庭个人的货币保管者、出纳人和支付代理人,这使商业银行成为社会经济活动的出纳中心和支付中心,并成为整个社会信用链的枢纽。

从历史上看,商业银行的支付中介功能要早于信用中介功能。但当银行的信用中介功能形成后,支付中介功能就要以信用中介功能的存在为前提了。现代商业银行所提供的转账结算、支付汇兑等服务主要是面向其存、贷款客户的。而支付中介功能发挥得好,又能促进银行存、贷款业务的扩大,使银行信用中介功能得到更充分的展现。

商业银行在发挥支付中介功能过程中,具有以下两个作用:

（1）使商业银行持续拥有比较稳定的廉价资金来源。客户要想利用商业银行的支付中介功能,获得转账结算等服务便利,首先必须在商业银行开立活期存款账户,并存入一定的资金。这使商业银行能集中大量低息甚至无息资金,有利于降低银行资金成本。

（2）可节约社会流通费用,增加生产资本投入。商业银行广泛提供非现金转账结算和支票收付服务,既可加速资金周转,又可大大减少现金的使用量和流通量,进而使现金的保管费、铸造印刷费、运转费等社会流通费用大大减少,从而可以将更多的资金投入生产,促进生产扩大,以提供更多更好的产品。

（三）金融服务

金融服务是商业银行利用其在国民经济活动中的特殊地位,以及在提供信用中介和支付中介业务过程中所获得的大量信息,运用计算机网络等技术手段和工具,为客户提供的其他服务。这些服务主要有财务咨询、代理融通、信托、租赁、代客理财以及金融衍生品交易服务等。通过提供这些服务,商业银行一方面扩大了其社会接触面和市场份额,另一方面取得可观的服务收入,同时加快了信息传播,提高了信息技术的利用价值,促进了信息技术的发展。商业银行是各行各业中最先大规模使用计算机和信息技术的部门之一,正是由于银行业和信息技术产业的紧密结合,才推动了信息技术的迅速发展,为人类社会进入信息经济时代创造了有利条件。借助日新月异的信息技术,商业银行的金融服务功能正在发挥着越来越大的作用,并使整个商业银行业发生了革命性变化,推动了"手机银行""网上银行"业务的发展。

（四）信用创造

这是商业银行的特殊功能。信用创造是指商业银行利用其可以吸收活期存款的有利条件,通过发放贷款或从事投资业务,而衍生出更多存款,从而扩大社会货币供给量。尽管这种货币不是现金货币,而是存款货币,但在一定条件下,它也能发挥交易媒介和支付手段的职能。

商业银行的信用创造功能是在信用中介功能发挥的基础上派生出来的功能。由于商业银行的信用创造功能直接对社会信贷规模及货币供给产生巨大影响,所以商业银行也就成了货币管理当局监管的重点,中央银行货币政策工具中的法定存款准备金制度在很大程度上就是为控制商业银行信用创造功能而运用的。另外如再贴现率工具则通过影响市场利率而调节商业银行再贷款成本,进而影响商业银行贷款规模。当然,影响商业银行信用创造功能发挥的因素还有很多,如公众的流动性偏好、市场利率预期等。

商业银行在发挥信用创造功能过程中所产生的作用主要在于:通过创造流通工具和支付手段,可以节约现金使用,节约流通费用,又能满足社会经济发展对流通和支付手段的需要。

（五）调节经济

调节经济是指商业银行通过其信用中介活动,调剂社会各部门之间的资金余缺,同时在中央银行货币政策指引下,在国家其他宏观政策的影响下,实现调节经济结构,调节投资与消费比例关系,引导资金流向,实现产业结构调整,发挥消费对生产的引导作用。商业银行还可通过在国际金融市场上的融资活动,来调节本国的国际收支状况。

（六）风险管理

商业银行通过借入高风险资金而向存款人发行低风险的间接证券,实际上承担了金融市场上的风险套利职能。当银行用借入资金向其他资金需求者发放贷款时,银行实际上又承担了管理信用风险和市场风险的职能。商业银行正是通过对这些风险管理获取存款和贷款利差而形成其利润来源。

二、商业银行在国民经济中的地位

商业银行业务内容的广泛性,使得它能对整个社会经济活动产生显著影响,并在国民经济中居于重要地位。

(一)商业银行已成为整个国民经济活动的中枢

商业银行是从事工商企业、家庭个人和政府存款与贷款业务及其他金融服务的金融机构。它与工商企业、家庭个人及政府有着密切的资金借贷关系,并且通过办理各种形式的结算业务,为社会经济活动实现绝大部分货币周转提供相应的服务。它的存款和贷款业务活动直接影响并在相当大程度上制约着工商企业、家庭个人的经济活动和经营范围,影响着经济结构的变化。它的结算业务又为加速社会资金流转,提高资金使用效益,并为企业的经济活动和居民日常生活带来了极大的便利。在提供这些业务的过程中,商业银行逐渐成为整个国民经济活动的中枢。

(二)商业银行的业务活动对全社会的货币供给具有重要影响

由于商业银行是各种金融机构中唯一能接受活期存款的机构,于是商业银行利用工商企业、家庭个人和政府开设活期存款账户,一方面大量吸收活期存款,并提供转账结算服务,另一方面通过贷款、投资业务和支票转账结算服务引来派生存款。商业银行通过这种派生存款的创造与消减来影响社会货币供给,从而影响社会货币供给的规模。

(三)商业银行已成为社会经济活动的信息中心

商业银行通过其日常业务活动,掌握各行业、部门、企业及家庭个人等全面而准确的经济信息,并在此基础上为各部门、企业和个人提供投资咨询和财务咨询服务,从而成为社会经济活动的信息中心,为社会经济的发展提供积极的引导作用,为调整产业结构、产品结构及国民经济中其他各项重要的比例关系,实现经济稳定持续的发展,作出重要贡献。

(四)商业银行已成为国家实施宏观经济政策的重要途径和基础

由于市场经济还存在信息不对称、未来不确定等不足,政府有必要根据不同时期经济发展的状况,制定并实施财政政策、货币政策和产业政策等宏观经济政策,对经济实行宏观调控。这些宏观经济政策的实施都和商业银行有着密切的关系。当政府要利用财政信用调节经济时,它所发行的政策性债券,有很大一部分销售给商业银行。美国联邦政府发行的各种国债中,有40%是由商业银行认购的。当政府要实行产业政策,对经济结构进行调整时,商业银行就要配合政府的产业政策,调整其贷款投向,以支持政府的产业政策。中央银行代表政府制定和执行货币政策,调节信贷规模,调节社会货币供给量,主要是通过商业银行的业务活动来进行的。当中央银行实行紧缩性货币政策,提高法定存款准备金率或在公开市场上卖出有价证券时,商业银行就应当增加其准备金或在公开市场买进有价证券,配合中央银行,实现货币政策目标。自2002年以来,中国人民银行每年发行大量的央行票据,其销售对象也是我国的商业银行。这时商业银行就成了中央银行货币政策实施的微观基础。

（五）商业银行已成为社会资本运动的中心

各种宏观经济政策的实施之所以要通过商业银行才能更好地实现,皆因为商业银行和借贷资本运行、工商企业的资本运动及其他社会资本运动都有着密切的联系。工商企业在经营过程中除了要有一部分自有资本外,还有很大一部分流动资本甚至固定资本缺口,需要向银行借贷,商业银行的借贷资本已成为工商企业经营活动不可缺少的资金来源。当个人投资者在投资于有价证券或不动产时,也常会因资金短缺而向银行告贷。如此便出现这样一种信用关系,即商业银行拥有的借贷资本来自工商企业再生产过程中暂时闲置的货币资本和社会各阶层的货币储蓄,然后通过贷款又转化为企业和个人的借入资本,加入社会资本的循环与周转。商业银行利用这种关系,无论贷与不贷,都将直接影响社会资本运动的速度与规模,并进而影响整个社会再生产进程,对扩大社会再生产规模起着制约作用,对产业结构调整起着引导作用。商业银行也因此成为社会资本运动的中心,成为社会资本的集散地。

第三节　商业银行的组织结构

如前所述,商业银行是靠负债经营实现其利润最大化目标的特殊金融企业,属于高风险行业。这一性质决定了一般商业银行多是按公司法组织起来的,拥有严密规范的公司治理结构。

一、商业银行的创立

商业银行的资金来源主要是靠吸收存款和借款,这种经营方式的特殊性使商业银行业成了一种高风险行业。因此,创立商业银行,必须经过严格的论证。

（一）创立商业银行的条件

商业银行是社会商品货币经济活动的产物,它的存在与发展取决于社会经济、金融环境状况。所以,在创立商业银行之前,首先应该就该地区的经济及金融条件进行考察。

1. 经济条件

创立商业银行的经济条件可以从人口状况、生产力发展水平、工商企业经营状况及地理位置等方面去进行分析和把握。

（1）人口状况。商业银行拟创立的地区人口状况如何,将对商业银行的资金来源和资金运用带来很大的影响。分析该地区的人口状况时,需要注意以下几个方面:

① 该地区人口数量。商业银行为了能以较低的成本吸收足够的资金,必须建立在人口众多、人口流动量较大的地区。人烟稀少的地区不仅资金来源少,资金需求也少。在这种地区建立银行,会使银行经营比较困难。

② 人口变动趋势。商业银行应当设立在人口众多并且人口变动合理的地区。所谓人口变动合理,是就满足商业银行经营需要而言的合理性。就商业银行经营而言,合理的人口变动应当

是：人口数量增长比较快；人口中高收入者所占比例上升比较快；人口的年龄结构以中年为主，这种年龄阶段的人存款较多，对贷款需求比较大，有利于银行业务发展。

一般来说，这种人口分布状况在商业或科技发达地区出现得比较多。所以在对某一地区人口状况进行考察时，可以将商业或科技发达与否作为主要参照标准。

（2）生产力发展水平。一个地区生产力发展水平对该地区商品经济的发育程度和总体经济实力有直接影响。而商品经济是否发达，又直接影响银行资金来源的多寡，以及该地区对银行资金的需求程度。在生产力水平较高的地区，往往人口也比较集中，这有利于促进商品经济发展，也有利于提高企业的效益和居民收入水平。同时，生产力水平较高的地区容易形成较多的社会闲置货币资金，为银行扩大存款和借款来源提供良好的基础。随着生产力水平的发展，人口增多，人们的收入增长，该地区对住房、汽车等交通工具和其他商品需求也不断增长，从而使该地区对银行借贷资金的需求规模不断扩大。随着存贷款业务的发展，其他业务如结算、汇兑、信用证等业务也会不断发展。因此，商业银行应当设立在人口众多且生产力水平较高的地区。

（3）工商企业经营状况。工商企业经营状况与银行业务的兴衰息息相关。商业银行是随商品经济发展和工商业发展而产生的，又是在为工商业提供服务的过程中发展起来的。商业银行资金主要来自工商企业再生产过程中暂时闲置的货币资金，商业银行资金运用——贷款和投资也主要面向工商企业，商业银行大量的中间业务是为工商企业而开办的。商业银行与工商企业之间的关系真可谓休戚相关。一个地区的工商企业众多，且经营良好、发展稳定、行为规范，在该地区设立商业银行，既可以促进工商业繁荣，又有利于商业银行发展业务，取得较高的经济效益。

（4）地理位置。商业银行应当选择设立在交通发达的地区。这种地区一般能集中大量的各种资源，尤其是人力资源和信息资源。商业银行是一种高风险行业，需要有大量高素质人才参与经营管理。银行开展业务还需要有足够的信息，供高级管理层作为决策依据。一个设立在交通落后、信息闭塞地区的银行很难取得良好的经营业绩。

2. 金融条件

创立商业银行所要考虑的金融条件好坏取决于一个地区的信用文化、经济货币化程度、金融市场的发育状况、金融机构的竞争状况以及管理当局的有关政策。

（1）信用文化。商业银行所从事的经营活动是以借贷为主的信用活动，这种信用活动是以公众对信用的需求为基础的。一个地区的信用文化良好，公众的信用意识强，对银行信用的需求就旺盛；反之，公众的信用意识弱，则对银行信用的需求就不足。信用文化良好的地区，人们的偿债意识也强，这有利于保护银行经营的安全性。而且信用文化良好的地区金融机构多，信用制度也比较健全，这有利于银行资金的周转和调剂，有利于提高商业银行的流动性。

（2）经济货币化程度。经济货币化程度与市场经济的发展水平正相关，某一地区的市场经济比较发达，则该地区经济货币化程度比较高，货币流通量也比较大，能为商业银行的业务经营创造充分的货币条件。

（3）金融市场的发育状况。商业银行要依托金融市场拓展业务空间，在一个金融市场发育迟缓的地方，商业银行的业务经营活动会遇到许多不便，资金融通渠道少而不畅，参与金融活动的经济主体较少而且信用意识较弱,利率管制严或利率水平变动不灵活等,都会使商业银行业务拓展受到限制。而金融市场比较发达的地区,融资渠道多而市场资金调度方便,参与金融活动的经济主体多而且信用意识较强,银行潜在客户众多,利率管制合理而且利率水平变动灵活,有利于商业银行发挥其资金雄厚的规模优势,并有利于银行利用各种先进的管理方法和金融工具降低成本。因而商业银行应选择在金融市场具有一定的深度和广度,而且市场弹性比较好的地区设立。在一个比较成熟的金融市场上,融资规模大,融资工具和手段多,融资活动比较规范,这些都为商业银行业务拓展提供了良好的市场基础。

(4)金融机构的竞争状况。商业银行是能够吸收活期存款的金融机构,因此20世纪60年代以前,商业银行在同其他金融机构进行竞争时,有其独占的优势。但是在60年代以后,情况发生了变化。由于金融创新浪潮兴起,许多原来受到业务领域限制的金融机构,如投资银行、储蓄银行、信用合作社等,都积极地通过金融创新,推出许多新型的金融工具,和商业银行开展存款竞争,如美国的现金管理账户、股金账户等。而各种基金也加入了同商业银行开展争夺存款资金的竞争,动摇了商业银行在传统业务中的垄断地位,使商业银行的传统业务发展受到巨大的挑战。设立一家新的商业银行不仅要考虑和已有的商业银行进行竞争,还要考虑和其他金融机构进行竞争。因此,在一个地区设立商业银行之前,必须对该地区金融业发展与竞争状况进行充分的调查研究,既要注意对原有商业银行数量、它们的存款规模及其增长趋势、它们的贷款能力及潜在贷款需求、这些银行的盈利水平及盈利能力、这些银行经营政策及业务范围等进行分析,又要注意对该地区其他金融机构的数量、规模、业务范围和业务状况等进行调查分析,对本银行的业务创新能力进行正确评估。创新能力较强的银行在金融机构较多的地区往往能获得更多的盈利机会。

(5)管理当局的有关政策。在其他条件都具备的情况下,还需要了解该地区管理当局的有关政策。这些政策包括对商业银行业务经营范围的限制、对工商业发展的方针、对地方金融机构特别是地方商业银行的优惠政策以及对金融机构监管的力度等,这些政策对商业银行的经营活动及其盈利水平都会产生重要影响。当管理当局对所在地区的工商企业采取鼓励发展的方针,特别是对高新技术产业采取大力支持、保护发展的政策时,对商业银行来说,无疑会获得更多拓展业务的机会。当该地区管理当局监管严格,对违法金融机构一律给予严厉惩处,则该地区的金融活动就比较规范,这会给商业银行的经营活动提供良好的政策环境。而在那些管理当局对各种不同金融机构实行差别对待,例如在对某些金融机构管制松而对某些金融机构管制特别严格的地区,则不宜设立商业银行,因为这种政策会导致不公平竞争,并容易滋生违法犯罪活动,最终不利于商业银行的发展。

(二)创立商业银行的程序

一旦投资者决定在某一地区设立商业银行,紧接着要做的事就是按照有关规定办理组建商业银行的事务。

由于商业银行是经营授受信用的机构,一旦开业,银行便会拥有大量的客户,并同社会经济活动的许多部门发生联系,其经营成败得失对社会经济活动有重大影响,甚至影响社会政治和人们生活安定。因此,各国对设立商业银行都极为重视,颁布了许多相关法律法规,以防止滥设商业银行。在商业银行创立过程中,主要依照公司法和银行法办理,其程序如下。

1. 申请登记

大多数国家都明确规定,商业银行必须以公司形式组织。有不少国家,如美国、法国、英国等,还规定不能以个人名义申请创立商业银行。美国规定申请设立商业银行之发起人至少有 5 个,英国规定银行必须有 6 个以上合作者共同组建,法国的信用法也规定不允许采用个体独资经营的形式。之所以要做这样的规定,是出于两方面考虑:一是商业银行具有很强的社会性,一旦开业,就将和众多客户发生货币资金的借贷关系,发生债权债务关系,为了保障公众的利益,商业银行必须是公司法人;二是为了防止不法分子借创立商业银行之名,行骗取他人货币财富之实,危害社会大众和投资者利益。

凡提出设立商业银行者,必须按公司法和银行法的要求,将申请登记书送至金融主管部门。大多数国家规定金融主管部门是中央银行,也有的国家有不同规定,例如日本规定申请者将申请登记书递交至大藏省,中国规定申请者向中国银行保险监督管理委员会(简称银保监会)提交申请书。

申请登记书通常须载明下列内容:① 银行的名称及公司组织的类型;② 资本总额;③ 业务种类及经营范围;④ 业务计划;⑤ 总行及分行所在地;⑥ 发起人的姓名、国籍、住址及履历等。

当主管部门接到申请登记书后,便要对此进行审核。批准一家银行成立要符合以下三个要求:首先,设立一家银行要有利于促进合理竞争,防止银行垄断;其次,要有利于保障银行体系安全,防止银行倒闭;最后,要有利于保持合理规模,降低管理费用,提高服务质量。如果经审核,金融主管部门认为符合上述要求,并且新设银行的业务种类及业务计划适当,发起人的资历及声望也甚佳,便给予批准。

2. 招募股份

现代商业银行多以股份公司的形式建立。当申请营业登记书被核准之后,发起人应依照股份公司的有关规定,进行招股。发起人要制定招股章程及营业计划书,写明发行规模、股份种类。如果是委托其他金融机构代募,则要写明代募者名称等。然后呈主管机构审批,待批准后进行股本招募工作。

商业银行股本招募有两种:一是公开招募,即向社会公开发行银行股票;二是私下招募,即将银行股票卖给指定的投资者。

3. 验资营业

股本筹集完毕,并向有关部门呈交验资证明书。由有关部门验收,资本规模额达到规定要求,方可发给营业执照。各国对于商业银行最低开业资本金都有明确规定,例如美国规定为 500 万美元,日本是 10 亿日元,英国是 500 万英镑,德国是 600 万德国马克(2002 年以前),新加坡是 300 万新元(若是外国银行则要求有最低资本金 600 万新元方可允许开业),捷克是 5 亿捷克克朗,泰国是 50 亿泰铢,柬埔寨是 1 300 万美元。《中华人民共和国商业银行法》(简称《商业银行法》)规定:设立商业银行的注册资本最低限额为 10 亿元人民币。设立城市商业银行的注册资本最低限额为 1 亿元人民币,设立农村合作商业银行的注册资本最低限额为 5 000 万元人民币。

二、商业银行的组织结构体系

由于大多数商业银行都是按公司法组织起来的股份银行,因此,它们的组织结构体系大致相同。一般可分为四个系统,即决策系统、执行系统、监督系统和管理系统。

(一) 决策系统

商业银行的决策系统主要由股东大会和董事会以及董事会所设置的各种委员会构成。

1. 股东大会

股东大会是商业银行的最高权力机构。凡是购买银行发行的优先股票的投资者,就是银行的优先股东;购买银行发行的普通股票的投资者,就成为银行的普通股东。优先股东可取得固定股息,但一般无权参与银行的经营管理决策。普通股东所取得的股息随银行盈利的多少而变动,但有权参加股东大会,有权参与银行的经营管理决策。银行每年至少召开一次股东大会,股东们有权听取和审议银行的一切业务报告,并有权提出质询,有权对银行的经营方针、管理决策和各种重大议案进行表决。由于银行股票发行量大,而且比较分散,所以少数股东只要拥有一家银行10%甚至更少的股票,就能控制该银行。例如,美国花旗银行的股东中具有控制权的个人所拥有的该银行股票数占银行股票总数的比例不足1%,便成为花旗银行的最高决策者之一,原因在于花旗银行有众多的股东,而大多数小股东对股东大会的决策并无实质性影响,他们对股东大会兴趣不大,干脆不参加股东大会,从而使得股东大会的表决权实际操纵在少数大股东手里。

2. 董事会

商业银行董事会是由股东大会选举产生的决策机构。各银行董事会的人数依银行规模大小不同而定,美国规定每家商业银行的董事至少要有5人,多则可达25人。有不少国家规定在董事会中还要有一定数量的独立董事,我国规定银行董事会中独立董事至少占1/3。董事的任期一般为1～3年不等,可连选连任,我国规定独立董事任职时间一般不超过两个任期。不少董事在银行中并无具体职务,也不能在银行领取薪金,但银行给予这些董事的办公费、车马费一般都比较高。有些国家对当选商业银行董事还规定了一些条件,如美国曾规定,当选为银行董事者,必须具备3个条件:① 必须是美国公民,并在本地居住1年以上;② 在该银行拥有较多的股份;③ 本人年收入不少于3万美元。在股东大会休会期间,银行的决策机构实际上就是董事会。由董事长召集董事会,作出各项决策。

商业银行董事长由董事会选举决定。由于董事长在银行中处于举足轻重的地位,所以这一职位通常由那些具有较强的管理能力和交际能力,并与政府有较密切关系的人士担任,以便为银行的发展提供有利条件。

商业银行董事会负有以下重要职责:

(1) 确定银行的经营目标和经营决策。银行经营目标是银行经营活动的依据,银行经营决策是银行实现经营目标的具体对策,需要根据经济环境的变化而随时加以调整。

(2) 选择银行高级管理人员。商业银行的很多董事都是社会上其他行业的专家或名流,并不一定熟悉银行的具体业务,因此,就需要另外挑选合适的专门人才来具体管理银行。

（3）设立各种专门委员会，以贯彻董事会决议，监督银行的业务经营活动。董事会专门委员会应有清晰的工作目标、权限、责任和任期。董事会的相关拟决议事项应当先提交相应的专门委员会进行审议，由该专门委员会提出审议意见。除董事会依法授权外，专门委员会的审议意见不能代替董事会的表决意见。

董事会下设的专门委员会常见的有：① 战略委员会。这是决策机构中最重要的部门，负责从事银行发展战略和阶段性发展目标研究，并向董事会提出报告和方案。② 风险管理委员会。负责监督银行高级管理层关于信用风险、市场风险、操作风险、合规风险等风险控制情况，对银行风险及其管理现状，对银行的风险承受能力及水平进行定期评估，提出完善银行风险管理和内部控制的意见，报董事会审议。③ 审计委员会。负责选聘外部审计机构，提出审计工作要求。对银行业务进行检查。定期听取外部审计部门意见和行内相关部门主管人员的汇报，通过比较的方式（与同类银行、既定目标比，以及自我比较），发现问题，查明原因，找出改进途径和方法，并督促管理层落实改进措施。如果银行设有监事会，则审计委员会还要加强同监事会的联系与沟通。④ 关联交易委员会。负责关联交易的管理，及时审查和批准关联交易，控制关联交易风险。⑤ 薪酬委员会。负责拟定董事和高级管理层的薪酬方案，向董事会提出薪酬方案的建议。负责考核银行各级工作人员的工作业绩，提出银行管理层和员工的奖金分配方案，报董事会审批。⑥ 提名委员会。负责拟定银行董事和高级管理层成员的选任程序和标准，对董事和高级管理层成员候选人的任职资格和条件进行初步审核，将审核结果向董事会报告。⑦ 消费者权益保护委员会。向董事会提交消费者权益保护工作报告及年度报告，根据董事会授权，讨论决定相关事项，研究消费者权益保护重大问题和重要决策。对高级管理层和消费者权益保护部门的工作进行监督，召开消费者权益保护工作会议，审议高级管理层和消费者权益保护部门工作报告。研究年度消费者权益保护工作相关审计报告、监管通报、内部考核结果等，督促高级管理层及相关部门及时落实整改所发现的问题。有些国家的银行还设立一些其他委员会。例如，美国有的银行还设立贷款委员会或贴现委员会，其主要任务是确定各种贷款的规模，审批大额贷款，决定银行利率水平。

董事会专门委员会中的审计委员会、提名委员会、消费者权益保护委员会的负责人通常由独立董事担任。

各专门委员会应当定期与高级管理层及部门负责人交流银行的经营和所面临的风险状况，并提出意见和建议。专门委员会的成员应持续跟踪专门委员会职责范围内银行相关事项的变化及其影响，并及时提请专门委员会予以关注。

在履行上述职责的过程中，董事们负有法律责任。如果发现董事因决策重大失误或失职等违法行为而造成经济损失，要追究董事的法律责任，必要时还要追究经济赔偿责任。

（二）执行系统

商业银行的执行系统由总经理（行长）和副总经理（副行长）及各业务职能部门组成。

1. 总经理（行长）

总经理（行长）是银行的行政首脑。出任商业银行总经理（行长）的人选需具备以下条件：

① 具有经营和管理银行的专门知识和组织才能,并在商业银行高级管理工作岗位上工作过一定的年限;② 有较强的事业心和责任心,忠于职守,重视效益;③ 善于了解客户的需要,把握时机,作出正确决策;④ 富有创造力,善于运用新的思维和方法对待银行经营中遇到的问题,开辟新的业务;⑤ 能与下属保持良好的联系,善于调动下属的积极性。

总经理(行长)的职责是执行董事会的决定,组织银行的业务活动。也有些商业银行实行董事长制,即董事长既是董事会首脑,又是银行内部的首脑,总经理只是董事长的助手。

2. 副总经理(副行长)及各业务职能部门

在总经理(行长)的领导下,商业银行一般设置若干个副总经理(副行长)以及业务、职能部门。以一个中型银行为例,在其内部可设置贷款、信托与投资、营业、会计、人事和公共关系及研究发展等部门。通常由银行的高级副总经理(副行长)主管贷款业务;在高级副总经理(副行长)领导下,有两个副总经理分别主管工商贷款和其他贷款业务;由 1 名副总经理(副行长)主管信托投资;由 1 名副总经理(副行长)主管营业,包括柜面业务、会计、保管和其他业务;由人事部经理主管人事工作,包括员工培训等;由公共关系部经理负责对外联络工作。

一般把商业银行中负责业务拓展,直接面对客户的业务部门称为前台部门,把从事风险管理、计划财务、产品开发、渠道管理、人力资源管理、战略规划等部门称为中台部门,把负责支持业务和交易处理系统的部门称为后台部门。

(三) 监督系统

商业银行的监督系统由股东大会选举产生的监事会、董事会中的审计委员会以及银行的稽核部门组成。

监事会由监事组成。当选为银行监事的人员一般都具有丰富的银行管理经验,他们熟悉银行业务的各个环节,能及时发现银行经营活动中存在的问题。监事会的职责是对银行的一切经营活动进行监督和检查。监事会的检查比稽核部门的检查更具有权威性,它除了检查银行执行部门的业务经营和内部管理之外,还要对董事会制定的经营方针和重大决策、规定、制度及其被执行的情况进行检查,一旦发现问题,可以直接向有关部门提出限期改进的要求。我国银行设有监事会,有些国家如美国的银行则不设监事会。

(四) 管理系统

在董事长、总经理(行长)的主持下,商业银行的管理系统由 5 个方面组成。

1. 经营管理系统

经营管理系统由审计和内控部、分支行管理部、人事部、会计出纳部、合规部等组成,负责制定合规经营条例和控制风险的有关规定,制定会计工作条例,招募和培训职工,对员工的工作状况进行考核,评价分支机构及银行的业务部门和职能部门的工作,进行审计、税收和风险管理。

2. 资金财务管理系统

资金财务管理系统由资产负债部、证券部、投资管理部等部门组成,主要负责筹资和投资,在货币市场和资本市场进行投资组合管理,以及资金管理、成本管理等,并制定财务预算,实行财务控制。

3．资产管理系统

资产管理系统由公司金融部、信用卡部和贷款审查部等组成，提供商业性金融服务，包括商业信贷、商业房地产信贷、信用卡业务等，并负责贷款审查。

4．个人金融管理系统

个人金融管理系统由私人银行部、信托部、消费者业务部、住房贷款部等组成，根据银行确定的计划和目标，安排组织各种私人银行业务、信托业务和面对消费者的业务。分析消费者行为及市场变动状况，确定市场营销战略，开展广告宣传、促销和公共关系活动，制定银行服务价格，开发产品和服务项目。

5．国际业务管理系统

国际业务管理系统由贸易融资部、多国贷款部和国外代表处等组成，主要职责是从事国际银行业务，提供贸易融资，进行外汇买卖。

以上是从静态的意义上来认识商业银行的组织体系。此外，我们还必须从动态的意义上认识商业银行的组织体系。

（五）动态意义上的银行组织体系

从动态意义上讲，一家商业银行的组织体系状况和该银行的文化背景及银行规模、银行所面临的市场有很大关系。

银行规模大小不同，决定了银行组织体系达到和谐的难易程度也不同。小银行的各系统之间比较容易统一，管理也相对容易些。而大银行则不同，其管理权分散，对各部门的职责范围需作严格明确的规定。在权力分散的状况下，实行管理专门化就要求有比较先进的管理手段。在大银行内部，银行的普通员工和银行高级管理人员乃至各部门的负责人之间的私人接触很少，商业银行各业务的严格规定性，使得从事具体业务的一些员工渐渐失去了个性。这使银行管理工作增加了不少神秘感和难度，从而要求银行管理的部门负责人有更高的管理技巧，同时要求银行的组织体系更加科学，以利于增强上下级之间的沟通，提高管理效率和运作效率。

此外，每家商业银行还应当根据它所服务的地区，即市场的特点，采取多种方法来构筑其组织体系，绝不能一概而论。银行所服务的地区差异导致对银行的信贷需求有很大的差别，而地区的信贷需求又往往决定了银行的信贷业务规模及信贷部门的组织结构，并对信贷人员素质提出不同要求。一般来说，存贷款规模变动比较大的地区对信贷部门及有关人员的业务素质及应变能力的要求更高一些，否则难以适应这种大幅度波动的市场需求。

第四节 商业银行制度

商业银行制度，是一个国家用法律形式所确定的该国商业银行体系、结构及组成这一体系的原则的总和。

一、建立商业银行制度的基本原则

(一)有利于银行业竞争

竞争是市场经济活动的一个基本原则。古典经济学派一直崇奉"自由竞争",现代经济学也认为,竞争机制可以使资源得到更充分的利用。商业银行是一种特殊的金融企业,各家银行无论其规模大小,所经营的产品具有同质性,即都是货币与信用。根据经济学原理,经营同质产品的企业最需要竞争。开展竞争有利于促进银行改善服务,提高经营效率,也有利于降低经营成本,加快资金周转,从而有利于整个社会经济的发展。所以国家应当提倡和保护银行业的竞争,允许新银行进入该领域,让各家银行按优胜劣汰规律进行竞争。这是许多国家在建立本国商业银行制度时确定的第一个原则。商业银行正是在国家提倡和保护银行业竞争的政策下,才得以迅速成长并发展起来,成为现代经济中一个极为重要的组成部分。

(二)有利于保护银行体系的安全

一个国家在建立商业银行制度时要考虑的第二个原则就是使其商业银行制度有利于保护该国银行体系的安全。保障安全和保护竞争看似一对矛盾,其实不然。因为银行之间的合理有序竞争可以提高银行经营效率,有利于增强银行抵御风险的实力,而过度竞争则可能导致有些银行不计成本,高息揽存,或盲目地不顾后果地从事高风险投资,其结果都将导致银行经营成本上升、坏账增多,乃至出现资不抵债的局面,严重的会使银行破产、倒闭。由于商业银行业务具有广泛的社会性和外部性,一家银行倒闭会引起各方面的连锁反应,甚至有可能触发金融危机,最终影响整个国家的经济发展。所以,几乎所有的国家都把保护银行体系安全作为建立本国商业银行制度所必须考虑的一个重要原则。各国颁布的银行法中均规定银行开业的最低资本额和银行业务范围,以及银行所必须保持的流动比率等,都是旨在保护银行经营及银行体系安全的具体表现。

(三)使银行保持适当的规模

建立商业银行制度所必须遵循的第三个原则是银行规模要适当。"规模经济"的理论告诉我们:在市场经济中,任何一个企业都具有一个"最合理规模",在这种规模下,企业的成本最低,利润最优;大于或小于这一规模,都会引起成本上升或利润下降。商业银行作为一种特殊企业,当然也要受规模经济制约。当银行规模合理时,其单位资金的管理费用和其他成本最低,其服务质量也容易达到最优,有利于提高银行经营效率。达不到这一规模要求,往往导致银行单位资金管理费用和其他成本上升,服务质量下降,银行资金使用效率不高,从而削弱银行的竞争力度。在经济波动中,小银行往往最容易受到打击而倒闭,由于小银行的业务通常和地方经济联系密切,小银行倒闭也会使地方经济受到很大影响。地方经济一旦陷入困境,又会直接影响其他银行的贷款安全,从而使其他银行的经营也受到影响。因此,不少国家的政府都鼓励规模过小的银行合并,组成规模合理的银行。一般而言,大银行在业务多样化及资金实力方面占优势,其分支机构较多,信用风险也比较容易被化解,倒闭的风险较小。在 20 世纪 90 年代以前,有些国家在银行法中限制银行合并,其出发点是防止银行规模过大而妨碍自由竞争。例如美国国会在讨论有关银行机构的法令时,就考虑到以下三个基本要求:

（1）在保障金融机构的安全和健全的范围内维持一个具有竞争性的银行制度;

（2）防止金融、经济的过度集中,防止银行垄断,鼓励银行竞争;

（3）把商业银行业务和其他非银业务区分开来,以保证银行的流动性与安全性。

不难发现,这三个基本要求强调的就是保护竞争、保障安全和保持适度规模这三项原则。进入 20 世纪 90 年代后,情况发生了变化。随着经济全球化、金融自由化、金融全球化趋势的发展,对上述三项原则中的保护竞争、保障安全是没有异议的,但对保持适度规模的原则,尚存不同观点。在实践中,也有不同的做法。自 20 世纪 90 年代起,大银行合并高潮迭起,引起了关于银行经营规模问题的大讨论。至今仍是众说纷纭,各执一词。

二、商业银行体系及主要类型

商业银行体系即指一国商业银行分为哪些不同层次或不同类型,然后由这些不同层次或不同类型的商业银行组成该国商业银行整体的结构。

商业银行的类型在各个国家不尽相同,一般有以下几种划分标准。

（一）按资本所有权划分

按资本所有权不同,商业银行可划分为私人的、合股的以及国家所有的三种。私人商业银行一般指由若干个出资人共同出资组建的商业银行,其规模较小,在现代商业银行中占比很小。合股商业银行指以股份公司形式组织商业银行,又称股份银行,这种商业银行是现代商业银行的主要形式。国有商业银行是由国家或地方政府出资组建的商业银行,这类商业银行规模较大。根据我国法律的规定,私人还不得开设银行。过去我国银行都是国家所有,随着市场经济的发展,我国商业银行的资本所有权形式已呈现多样化,大致有以下三种。

1. 国有控股的商业银行

这类银行的最大股东是国家或国有机构,这类银行主要指中国工商银行、中国银行、中国建设银行、中国农业银行、中国交通银行和中国邮政储蓄银行。例如,截止到 2018 年 12 月 31 日,已经上市的中国工商银行的股权结构分为 A 股(占总股本 75.65%)和 H 股(占总股本 24.35%),工行的前三大股东持股情况为:中央汇金投资有限公司持有股份占比 34.71%,财政部持有股份占比 31.14%,香港中央结算有限公司持有股份占比为:H 股占 24.17%,A 股占 0.38%。目前,上述 6 家银行仍然是我国商业银行业的主体。截至 2020 年年底,其总资产和总负债均占我国银行业总资产和总负债的 40.2%。

2. 企业集团所有的银行

例如,招商银行、光大银行、华夏银行、中信银行、平安银行等,都是由各企业集团筹资建立的。企业集团是这些银行的最大股东。上述各银行都已成为上市银行。

3. 股份制银行

在我国,股份制银行又可分两种:一种是未公开上市的银行,例如,恒丰银行、渤海银行等;另一种是公开上市的银行,例如,上海浦东发展银行、中国民生银行、兴业银行、南京银行、北京银行、上海银行、宁波银行、兴业银行等。我国股份制银行的股权结构比较复杂,大致由以下几个方面组成:一是国家股;二是企业股;三是社会公众股;四是外国投资者股份。我国股份制银行的股份大部分为地方政府与企业所持有,少部分为个人和其他机构所持有。例如,2019年2月28日,上海银行的股权结构中,国家和国有法人持股占比33.11%,境内非国有法人持股占比5.14%,境内其他机构持股占比3.49%,境外法人持股占比11.59%（其中,西班牙桑坦德银行持股占比为6.54%,上海商业银行持股占比3.0%,香港中央结算有限公司占比2.05%）。其余46.67%的股份为其他股东持有。

2014年7月24日起,我国陆续批准设立的深圳前海微众银行、温州民商银行、天津金城银行、上海华瑞银行、浙江网商银行等,都是全部由民营企业投资入股组建的银行,所以也称为民营银行。民营银行的出现,是我国金融改革取得重要突破的标志。

（二）按业务覆盖地域划分

按业务覆盖地域来划分,商业银行可分为区域性银行、全国性银行和国际性银行。区域性银行是以所在区域为基本市场的商业银行;全国性银行其业务覆盖全国各地,并在各地设有众多的分支机构;国际性银行通常是指设在国际金融中心的大银行,如花旗银行、汇丰银行、德意志银行、巴克莱银行等,它们的业务覆盖全球,并且海外业务占比相当高,如德意志银行海外业务占比达40%。我国的银行目前则按六大银行（工、农、中、建、交、邮储）、全国性股份制银行（招商、中信、民生、浦发、兴业等）以及城市商业银行、农商银行和村镇银行等来分类。

（三）按能否从事证券业务和其他业务划分

1933年,美国颁布《格拉斯—斯蒂格尔法》以后,主要发达国家对商业银行能否从事证券业务有不同规定,因而也可将商业银行分为:德国式全能银行、英国式全能银行和美国式职能银行。德国式全能银行是指那些既能全面经营银行业务,又能经营证券业务和保险业务的商业银行,这些商业银行还能投资于工商企业的股票,这种类型的商业银行主要分布在欧洲大陆的德国、瑞士、奥地利、荷兰等国家。英国式全能银行是指那些可以通过设立独立法人公司来从事证券承销等业务,但不能持有工商企业股票,也很少从事保险业务的商业银行。这种商业银行主要分布在英国、加拿大、澳大利亚等国家。美国式职能银行是指那些只能经营银行业务,不能进行证券承销业务的商业银行,这种商业银行原来主要分布在美国、日本和其他大多数国家。我国也是实行这种制度。1999年11月,美国开始实行《金融服务现代化法案》。该法案放松了对美国银行业务经营范围的限制,允许银行经营证券业务和保险业务。目前,我国商业银行正在向综合经营的模式转变。

（四）按组织形式划分

按组织形式可以把商业银行分为单元制银行、分行制银行和持股公司制银行。

1. 单元制银行

单元制银行是指那些不设立分支机构的商业银行,也称单一制银行,这种银行主要集中在美国。这是美国历史上曾实行单一银行制的结果。这种制度规定商业银行业务应由各个相互独立的商业银行本部经营,不允许设立分支机构,每家商业银行既不受其他银行控制,也不得控制其他商业银行。这种单一银行制是由美国特殊的历史背景和政治制度所决定的。美国是实行联邦制度的国家,各州的独立性较大,早期的东部和中西部经济发展又有较大差距,为了均衡发展经济,保护本地信贷资金资源,保护本地的中小银行,一些经济相对落后的州政府就通过颁布州银行法,禁止或者限制其他地区的银行到本州设立分行,以达到阻止金融渗透、反对金融权力集中、防止银行吞并的目的。直到 20 世纪 80 年代,美国仍有 1/3 的州实行严格的单元银行制。

单元制银行的优点是:① 可以防止银行垄断,有利于自由竞争,也缓和了竞争的剧烈程度;② 有利于银行与地方政府协调,能适合本地区经济发展需要,集中全力为本地区服务;③ 银行具有独立性和自主性,其业务经营的灵活性较大;④ 银行管理层次少,有利于中央银行货币政策贯彻执行,有利于提高货币政策效果。

实行单元制银行的缺点也是明显的。首先,不利于银行的发展,在计算机技术普遍应用的环境下,单元制银行采用最新技术的单位成本会较高,从而不利于银行采用最新的管理手段和工具,使业务发展和创新活动受到限制;其次,单元制银行资金实力较弱,抵抗风险的能力较差;最后,单元银行制本身与经济的外向发展存在矛盾,会人为地造成资本的迂回流动,削弱银行的竞争力。

所以,从 20 世纪 70 年代开始,美国国内就有许多有识之士对单一银行制进行批评,呼吁废除单一银行制。到 1993 年年底,全国已有 39 个州及哥伦比亚特区通过立法程序,允许商业银行无条件在其地区内开设分行。1994 年 9 月,美国通过《瑞格—尼尔跨州银行与分支机构有效性法案》(The Riegle Neal Interstate Banking and Branching Efficiency Act),允许商业银行跨州建立分支机构,宣告单一银行制在美国被废除。但由于历史原因,至今在美国仍有不少单元制银行。

美国还实行"双轨注册"制度,即按银行的注册机关不同把商业银行分为两大类:第一类是根据 1863 年的《国民银行法》,向联邦政府注册的商业银行为国民银行;第二类是根据各州银行法向各州政府注册的商业银行为州银行。凡是国民银行都必须加入联邦储备银行体系,成为联邦储备银行的会员银行,州银行可自行选择是否要成为联邦储备银行的会员银行。一般来说,国民银行是规模较大、资金比较雄厚的商业银行,州银行规模大多比较小。

2. 分行制银行

分行制银行是指那些在总行之下,可在本地或外地设有若干分支机构,并且都可以从事银行业务的商业银行。这种商业银行的总部一般都设在大都市,下属所有分支处须由总行领导指挥。

分行制银行按管理方式不同,又可进一步划分为总行制和总管理处制。总行制是指总行除管理、控制各分支以外,本身也对外营业,办理业务;在总管理处制下,总管理处只负责管理、控制各分支,其本身不对外营业,在总管理处所在地另设分支行对外营业。

大多数国家的银行都实行分行制。这是因为,和单元制银行相比,实行分行制的优点非常明显:第一,它有利于银行吸收存款,有利于银行扩大资本总额和经营规模,能取得规模经济效益。第二,它便于银行使用现代化管理手段和设备,提高服务质量,加快资金周转速度。第三,有利于银行调剂资金、转移信用、分散和减轻多种风险。第四,总行家数少,有利于国家控制和管理,其业务经营受地方政府干预小。第五,由于资金来源广泛,有利于提高银行的竞争实力。当然,分行制也有缺点,例如,容易加速垄断的形成,由于其规模大,内部层次较多,增加了银行管理的难度等。

但总的来看,分行制更能适应现代经济发展的需要,因而受到各国政府和银行界的青睐,成为当代商业银行的主要组织形式。

3. 持股公司制银行

持股公司制银行又叫集团制银行,即由一个集团成立持股公司,再由该公司收购或控制若干独立的银行。这些独立银行的业务和经营决策受控于该公司。持股公司对银行的有效控制权是指能控制一家银行25%以上的投票权。

持股公司有两种类型,即非银行性持股公司和银行性持股公司。前者是通过大企业控制某一银行的主要股份组织起来的;后者是由大银行直接组织一个持股公司,有若干较小的银行从属于这一大银行,例如花旗公司就是银行性持股公司,它控制着300多家银行。一般把控制一家银行的称为单一银行持股公司,把控制两家以上银行的称为多银行持股公司。持股公司制银行在美国发展最快,1954年美国有46家银行性持股公司,到1970年,美国有银行性持股公司121家,到1989年,美国的银行性持股公司已达5 871家,它们所控制的存款总额占全美银行存款的90%。

这种情况的出现,也是美国长期实行单一银行制所带来的后果。发展持股公司制银行的主要目的是克服单一银行制造成银行资金实力较弱、银行市场竞争力不强的弊端。持股公司制的优点是:能够有效地扩大资本总量,增强银行的实力,提高抵御风险和参与市场竞争的能力,弥补了单元制银行的不足。

实行持股公司制的缺点是:容易形成银行业的集中和垄断,不利于银行之间开展竞争,并在一定程度上限制了银行经营的自主性,不利于银行的创新活动。

三、国际商业银行体系的发展趋势

（一）建立以超大银行为主体的银行体系

进入20世纪90年代,随着金融自由化、金融全球化趋势的加强,对商业银行经营提出了许多新的难题:如何应对其他金融机构的竞争与挑战? 如何在资本充足率管制下拓展银行业务? 如何在扩大银行业务的同时更有效地防范风险? 这些是各商业银行所面临的也是最急于从理论和实践上加以解决的问题。对此,美国银行界曾一度流行"大而不倒"(too big to fail)一说,意即当银行规模足够大时,就可以避免倒闭之忧。持这种观点的依据是:当银行足够大时,一方面,如发生倒闭清理,会使整个社会经济活动,乃至国际经济活动发生强烈的震动,不仅如此,大银行破产清理的社会成本也比小银行破产清理的社会成本高得多,所以政府为了避免这种严重后果,不会坐视不管,定会极力挽救。而另一方面,由于银行规模庞大,其本身抗风险的能力也较强,不容易发生清偿力危机。一般来说,大银行安全则整个银行体系也就比较稳定。基于这种认识,人们对大银行越来越重视,在银行经营规模上,便出现了一种追求"超大"的趋势。

在商业银行体系构造上,也相应地出现追求以超大银行为主体的趋势。而建立超大银行的途径无非有两种:一是通过自身积累和业务发展,扩大银行规模,但通过这种办法建立超大银行需要时间;二是通过合并与兼并向综合银行发展,这样可以在较短的时间内迅速形成超大银行,同时可以拓展业务范围。

根据美国1956年的《银行控股公司法案》,美国的银行控股公司是指那些至少控制一家银行25%以上股份,能控制该银行大多数高管人员的选择,并对银行经营管理决策有决定性影响的机构。1982年美国通过了《加恩·圣·加曼法案》(the Garn St Germain Act),对1956年的《银行控股公司法案》进行了修订,允许银行控股公司跨州收购那些经营失败、行将倒闭的银行。美国出现了银行并购的浪潮,20世纪80年代美国年均被兼并的银行数目为437家,1987年则有649家银行被兼并。美国在1994年通过的《瑞格—尼尔跨州银行与分支机构有效性法案》对1956年的《银行控股公司法》再次做了重大变更。新法案允许资本金充足并经营良好的银行控股公司从1995年起跨州在全国收购银行或建立新银行,而不受各州法律限制。这一决定为美国大银行开展兼并与合并活动提供了法律保障。

1995年3月,国际商业银行界发生了一起具有划时代意义的银行合并:日本的东京银行和日本的三菱银行宣布合并为东京三菱银行,并从1996年4月起正式营运。合并后的东京三菱银行资产规模达6 910亿美元。之后,银行合并与兼并浪潮便席卷全球。1997年12月,瑞士联合银行与瑞士银行宣布合并,总资产达5 900亿美元;1998年4月,花旗银行与旅行者集团宣布合并,总资产达6 980亿美元(2005年花旗银行与旅行者集团又分离了);美洲银行与美国国民银行合并,总资产达5 700亿美元;1998年11月,德意志银行收购美国信孚银行,总资产达8 340亿美元;1999年8月,法国的巴黎国民银行购并巴黎巴银行,总资产达8 020亿美元。1999年8月起,日本再一次掀起了大银行合并高潮,日本兴业银行、第一劝业银行和富士银行合并组建瑞穗金融集团,总资产达12 600亿美元;1999年10月,日本住友银行和樱花银行又合并组建三井住友银行集团。经过多次合并,到2006年日本的大银行组建成三大金融集团,即瑞穗金融集团、三井住友银行集团、三菱东京UFJ银行(由东京三菱银行、三菱信托银行、日本信托银行组成的三菱东京金融集团和三和银行、东海银行、东洋信托银行组成的UFJ控股集团合并而成)。三菱东京UFJ银行资产规模一度达17 000亿美元,曾经是全球最大的银行。亚洲其他国家的银行合并与兼并也不断发生,例如,印度尼西亚计划把全国50家银行合并为12家,马来西亚则将39个金融机构合并为6个金融集团。2001年6月,新加坡发展银行并购华联银行后,成为亚洲第五大银行。

经过大规模的银行合并,许多国家商业银行体系也发生了重要变化。变化之一是一国国内商业银行家数在大幅度减少,但单个银行规模在扩大。美国的商业银行数目已从1979年的14 411家下降到1995年12 067家,到2003年减少到7 840多家,至2020年2月美国的商业银行进一步减少到5 156家。变化之二是少数超大银行在该国银行业中的垄断地位更加巩固,从而逐渐形成了以超大银行为核心的银行体系。

（二）简要评价

这场世界性的银行合并与兼并浪潮的兴起实质上是银行追求新的竞争优势和应付国际金融危机的必然结果。商业银行和商业银行、商业银行和其他金融机构合并与兼并可带来多方面优势：

第一，有利于扩大规模，增强竞争优势。大银行由于规模大，资金实力雄厚，信用等级也容易提高，更容易获得社会公众的信赖，容易吸收到更多的廉价资金，从而在增强竞争力、抵御各种风险方面具有更多的优势。

第二，有利于实现优势互补，拓展业务范围。各商业银行和各金融机构都各有长处。通过合并，可以相互取长补短，实现优势互补。例如，东京银行的优势是在海外有大量分支机构，三菱银行则在国内业务方面有较强的竞争力，两强合并可形成更强大的竞争优势；又如花旗银行在商业银行业务方面具有很强的实力，而旅行者公司则在保险业务、证券业务方面拥有较广大的市场，这两家机构合并，使新花旗集团的金融业务和经营范围大大扩展了。

第三，有利于采用最先进的管理和经营手段进行金融创新，更好地服务社会。超大规模的银行业务量大，可运用最先进的经营手段，虽然其投资量大，但单位资金成本低，而大量运用最先进的管理手段和经营手段，可使许多原来无法开展的新业务，如电子银行业务、网络服务等，都被银行采用，提供给社会大众。

第四，有利于银行提高盈利能力。由于银行合并后，能取得优势互补，其盈利能力也大大加强。例如新大通银行成立后，1996年第1季度就取得收益率增长44%的良好业绩，其中组织辛迪加贷款和投资银行业务的手续费收入就增长了4倍，从事证券交易的收入增长了3倍。

第五，有利于推动社会经济发展和高科技产业发展。由于大银行具有很强的资金实力，也具有很强的抗风险能力，同时大银行最需要最先进的管理手段和经营手段，这会促使大银行积极支持高科技产业发展，而投资于信息技术等高科技产业的高风险性也只有大银行才能承受。为此，便形成大银行和高科技产业相互依赖、相互支持，高科技产业从大银行得到资金支持，大银行可拥有最先使用最新的高科技产品的资格，从而使整个社会的生产力水平和高科技产业本身得以充分发展。

事物总是一分为二的。超大规模银行出现，对银行业发展和国际金融业发展虽然能带来诸多好处，但同时带来一些新的问题。

第一，由于银行规模巨大，其本身管理难度增大，此外，政府对其管理难度也增大。从对银行业务限制角度而言，政府对银行影响小，有利于银行业务发展，但从风险防范角度而言，政府对银行的影响小，未必都是好事，这意味着政府对银行的监管力量被削弱了。如果银行为了追求超额利润，本身自律性不强，一旦出了问题则有可能酿成更大的金融风险，2008年从美国开始爆发的全球金融危机充分暴露了这一问题。

第二，大银行的信用创造能力强，有可能干扰中央银行货币政策效果。由于大银行独立性较强，如果大银行不能主动配合中央银行贯彻货币政策，便会对货币政策的效果产生负面影响。因而，银行合并形成超大规模银行这一现实，给银行监管带来了许多值得研究的新课题。

第三,原有的企业文化冲突难以避免,这种文化冲突有时是难以调和的,它会给新组建的高级管理层带来许多挑战,甚至带来负面效应。花旗银行在 2005 年最终和旅行者集团分道扬镳就是两类不同的金融企业文化冲突的结果。

案例 1-1

交行首次并购瞄上巴西 BBM 银行　只购 80％股权背后有讲究

如果中国和巴西两国监管机构后续能够批准,交通银行(简称交行)就控股收购了巴西银行 Banco BBM S. A. (简称 BBM 银行)。5 月 19 日,交行和 BBM 银行的控股股东已经就此签署协议。这事背后有两个看点:第一,交行买下的是 BBM 银行 80％的股权,而不是 100％,这其中有哪些考量? 第二,虽然工行、建行、招行等都在境外收购过银行,但交行此前的海外扩张还只靠“新设机构”一种路径,这次收购巴西 BBM 银行,是其第一次实施“投资并购”,这对其国际化战略而言意义何在?

针对上述问题,《第一财经日报》采访了交行相关业务人士。

为何只买 80％而非 100％股权

看买卖先看价格。根据交行公告,其首期收购 BBM 银行 80％的股权,对价将基于 BBM 银行交割时的净资产,而以 BBM 银行 2014 年年末的净资产计算,首期交易对价约为 5.25 亿巴西雷亚尔(约合 11 亿元人民币)。本报查询 BBM 银行 2014 年年报获悉,该行截至 2014 年年底总资产约 31 亿雷亚尔,净资产约 5.75 亿雷亚尔。若不计库存股因素仅从账面计算,此单收购相对净资产的溢价大约是 14％。

或可与之相比较的一笔买卖是建设银行在 2013 年年底买下巴西中等规模银行 BICBANCO 72％的股权,斥资共 7.16 亿美元(约合 44 亿元人民币),溢价接近 19％。而 11 亿元人民币是个什么概念? 从交行 2015 年一季报来看,其一季度所有境外银行机构实现的净利润差不多就是 11 亿元。

为什么不直接收掉 BBM 银行 100％的股权? 本报从交行获悉,这种交易结构设计是为了让并购过程和并购后的整合过渡得平稳一些。业内都知道,银行海外扩张是设一个新机构还是兼并收购,一直是两难命题。前者业务累积来得慢,一切从零开始;后者虽然有现有业务量,但如何平滑接手是道考题,资产负债表风险、员工安抚、经营理念和文化差异磨合,都是绕不开的坎。

“余下的 20％的股权基本在银行原来经营管理者手上,这样交行和他们就不是纯粹的雇佣关系。”一名交行相关业务人士说,交行保留了原来的经营班子,股权是一种激励,有利于交行借助本土管理经验、人才和资源。

不过,这 20％的股权交行并非永远不取。“后续可能继续收购剩余股权。”上述交行人士表示。

国际化提速

此次收购的另一个看点是,交行的国际化形式选择,从此开始了“新设机构”与“投资并购”

两条腿走路新局面。"用收购的模式，可以简化牌照流程、业务开拓流程，显然更快一些。"有业内人士称。

该业内人士表示，今年以来，交行的国际化进程提速，此次对 BBM 银行的并购也是交行推进国际化战略的一个重要里程碑——这是交行在拉丁美洲进行战略布局的第一步，交行将借此进一步扩大对拉丁美洲地区业务的辐射能力。

值得注意的是，本报从交行内部获悉，交行现已在全球 13 个国家和地区设立了 15 家境外机构，未来 2～3 年很可能将境外机构数量拓展到 20 家。

交行现有境外经营网点 56 个。继 2014 年设立多伦多代表处后，近期交行布里斯班分行和卢森堡子行也相继开业。截至 2015 年一季度，交行境外行资产总额为 7 448.93 亿元人民币，较年初增长 20.62%，占集团总资产比重较年初提高 1.39 个百分点至 11.24%；境外银行机构实现净利润 10.94 亿元人民币，同比增长 22.37%，占集团净利润比重同比上升 0.99 个百分点至 5.77%。

为何选择 BBM

此外，交行为何看中 BBM 银行？据公开资料，BBM 银行具备巴西多功能银行全业务牌照，核心业务板块主要包括公司信贷、私人银行和金融市场三大类。BBM 银行总部位于巴西著名城市里约热内卢，在圣保罗和萨尔瓦多等地设有分支机构，是巴西一家领先的中型银行。

据 BBM 银行去年年报，其一级资本充足率和总资本充足率为 20.65%，高于同业平均水平。

交行方面表示，该行相中 BBM 银行的核心价值所在，是 BBM 银行拥有领先的风险管理架构和风险管控体系，总体资产质量较好，有完备的商业银行平台、私人银行服务能力、稳健的资金来源渠道等。

而至于为何建行、交行等中资大行前赴后继开道巴西银行业，有巴西大型银行高管早前表示："中国银行进入巴西是迟早的事。"为保障石油供给和实现海外投资多样化，中国的国有石油公司已经大举进入巴西。

跟着企业和个人"走出去"，是很多中资银行未来的发展策略。近年来，在能源、电力、采矿、汽车、电子产品等领域，许多中国企业陆续开始在巴进行投资，目前，在高铁、基础设施建设等领域的合作空间也已开阔。

中巴两国同为金砖国家，中国已经连续六年保持巴西第一大贸易伙伴地位，巴西也是中国在拉丁美洲地区的第一大贸易伙伴国。

（资料来源：第一财经日报，2015 年 5 月 20 日）

思考题

1. 外资银行的进入对我国商业银行的发展有何影响？

2. 结合外资银行进入中国的途径，谈谈中资银行应该如何更好地实施走出去战略。

3. 中国银行业在海外实施并购战略有何意义？中国银行业在海外实行收购的策略有哪些可改进之处？

第五节 商业银行的经营目标

通常认为,商业银行经营管理的目标就是保证资金的安全,保持资产的流动,争取最大的盈利。这又简称为"三性"目标,即安全性、流动性和盈利性。这"三性"目标也是银行进行日常管理的三原则。

商业银行的这"三性"目标是由其经营的特殊商品——货币商品的特殊要求以及商业银行在社会经济活动中的特殊地位所决定的。

商业银行经营的货币商品是借贷资本。作为资本,它有三个特殊要求:首先,银行必须保证本金的安全,不能使本金流失,更不能让本金损失,要保持本金的完整;其次,银行必须保持借贷资本运用所形成的资产有足够的流动性,即当银行需要清偿力时,能迅速将资产变现,或从其他途径获得资金来源;最后,银行必须使借贷资本运动不仅能保持本金安全,还必须在运动中实现增值,给银行带来利润。商业银行在经营活动中必须以满足这三个特殊要求为基本目标,即讲求安全性、流动性和盈利性。

一、安全性目标

安全性目标即要求银行在经营活动中,必须保持足够的清偿能力,经得起重大风险和损失,能随时应付客户提存,使客户对银行保持坚定的信任。和一般企业不同,商业银行是负债经营,它的安全性在很大程度上要决定于其资产安排的规模和资产的结构,决定于其资产的风险度及现金储备的多少。所以,商业银行必须做到以下几点。

(一) 合理安排资产规模和结构,注重资产质量

商业银行通常都在一定的风险偏好度下按照贷款与存款的比率、资本净值与资产的比率、有问题贷款占全部贷款的比率等指标要求来控制其资产规模。贷款与存款比率过高,甚至贷款总额超过存款总额,或者资本净值与资产总额的比率过低,都表明该商业银行资产的风险系数过大,会影响银行经营的安全性。有问题贷款占贷款总额比率过高,也反映该银行资产质量不高,会危及银行的安全。此外,商业银行还很注重通过保持一定比例的现金资产和持有一定比例的优质有价证券来改善银行资产结构,提高银行抗风险的能力。

(二) 提高自有资本在全部负债中的比重

商业银行的资金来源主要是吸收存款和借入款项,这种负债经营本身就包含着很大的风险,所以人们总把商业银行看作高风险行业。商业银行主要是靠保持清偿力来抵御和防范这种风险的。而保持清偿力的基础是商业银行的自有资本。自有资本在全部负债中的比重高低,既是人们判断一个银行实力的主要依据,也是银行信用及赢得客户信任的基础。一家商业银行若能在社会上有较高的信用,得到人们的充分信任,那么即使发生暂时的资金周转困难,也会因得到人

们的信任而不发生挤兑,保证其经营安全。所以每家商业银行都要在可能的条件下,根据实际情况,不断补充自有资本。

(三) 必须遵纪守法,合规经营

自觉遵守各项法规,不搞违规经营。这能保证商业银行在社会上有良好的形象,也可取得国家法律的保护和中央银行的支持,一旦发生风险,便可及时得到中央银行的援助而免遭更大的风险打击。

二、流动性目标

流动性目标是指商业银行保持随时能以适当的价格取得可用资金的能力,以便随时应付客户提存及银行其他支付的需要。所谓流动性,是指资产的变现能力。衡量资产流动性的标准有两个:一是资产变现的成本,某项资产变现的成本越低,则该项资产的流动性就越强;二是资产变现的速度,某项资产变现的速度越快,即越容易变现,则该项资产的流动性就越强。

商业银行要保持足够的流动性,以适当的价格取得可用资金的方法有两种:一是实行资产变现;二是通过负债的途径,以吸收存款、借款或者扩股增资的方式筹得资金。

从资产方面看,流动性最高的资产主要是库存现金、在中央银行的超额准备金存款、在其他银行的活期存款,这三项资产均可随时用于清偿支付。流动性次之的资产有:对其他银行或金融机构的临时贷款、银行购买的国库券及其他短期债券等。流动性较差的资产有中长期贷款、长期债券等。

从保持银行流动性要求看,由于库存现金、在中央银行的超额准备金存款和在其他银行的活期存款可以随时用于清偿支付,所以每家商业银行都必须保持一定比例的这类资产。另外,由于国库券和其他短期债券的期限短,容易变现,尤其是国库券,因为有政府信用担保,收益率也比较高,在商业银行需要现金时,可随时在公开市场上卖出国库券取得现金,所以大多数商业银行也都把这类资产当作第二准备金,作为保持银行支付能力的一种常用的方法。

西方商业银行在激烈的竞争中,其贷款尤其是长期贷款占比上升很快。有的商业银行发放的长期贷款甚至占其资产总额的60%以上,从而导致西方商业银行资产流动性不断下降。为了保持足够的流动性,商业银行已越来越注重从负债方面来提高其整体经营的流动性,即保持足够的资金来源使商业银行能应付提存和支付需要。

在一般情况下,商业银行可以通过下列途径取得资金:① 直接向中央银行借款;② 向中央银行再贴现;③ 发行可转让存单;④ 向其他银行借款;⑤ 利用回购协议等。这些资金来源的成本比较低,不会造成银行为增加流动性而导致成本失控。

商业银行为了更好地实现流动性管理目标,通常需要制定一些数量化指标,以此来衡量和反映本银行的流动性状况。这些指标可分为三大类:一是资产类流动性指标,如现金资产比例(又称头寸比例)、流动性资产比率和贷款占总资产比率等;二是负债类流动性指标,如股权占总资产的比率、存款占总负债的比率、核心存款占总存款的比例以及预期存款变动率等;三是资产负债综合类流动性指标,如贷款占存款的比率、流动性资产与易变性负债的差异、存款增长率与贷款增长率之比等。

商业银行可根据以上这些指标的要求编制流动性计划,这种流动性计划可分为年度、季度、月度和隔日四种。流动性计划的主要内容是合理安排资产与负债的对应结构,使资产的期限结构和负债的期限结构相适应,避免或减少"借短贷长"的现象。商业银行还可根据流动性计划执行情况和资金来源与运用的变化,进行头寸调剂。积极开展主动性负债业务,以弥补头寸不足,保持银行有足够的流动性。

三、盈利性目标及其实现途径

(一) 盈利性目标

盈利性目标是商业银行经营活动的最终目标,这一目标要求商业银行的经营管理者尽可能地追求利润最大化。利润最大化既是商业银行实现补充资本、增强实力、巩固信用、提高竞争能力的基础,也是股东利益所在,是银行开拓进取、积极发展业务、提高服务质量的内在动力。这是由商业银行的性质所决定的。

商业银行的盈利来自银行业务收入与银行业务支出之差,即:

$$商业银行的盈利=银行业务收入-银行业务支出$$

商业银行的业务收入包括:① 贷款利息收入;② 投资收入(股息、红利、债息以及出卖有价证券的价格净差额);③ 劳务收入(指各种手续费、佣金等)。

商业银行的业务支出包括:① 吸收存款支付的利息;② 借入资金支付的利息;③ 贷款与投资的损失(如贷款的坏账、投资于有价证券的资本损失等);④ 工资、办公费、设备维修费、税金等。

(二) 实现盈利目标的途径

根据商业银行业务收入与业务支出的主要内容,商业银行实现盈利的途径主要有以下几种:

(1) 保持适度的现金资产,扩大盈利性资产比重。现金资产是商业银行资产中流动性最强,但盈利性最差的资产,它不能为银行提供利润收入。而长期贷款和长期投资又是商业银行资产中盈利性最好,但流动性最差的资产,是银行利润的主要来源。为了保持银行流动性,保证银行有足够的清偿力,保证银行经营安全,商业银行必须保有一部分现金资产,但其规模不能太大,以免影响银行的盈利水平。所以商业银行的经营管理者们总是将这种非盈利性的现金资产压缩到尽可能低的水平,以扩大盈利性资产的比重,为本银行获取更多的利润来源。

(2) 以尽可能低的成本,取得更多的资金。对商业银行而言,只有取得更多的资金来源,吸收更多的存款,才能更多地发放贷款和进行投资,扩大盈利性资产。但吸收资金有成本,任何一家商业银行都不能不顾资金成本高息揽存,这既不利于其他银行,也使自己的资金成本上升,业务支出增加,最终不仅会降低本银行的盈利水平,还有可能使本银行陷入高额利息支出的困境,有时甚至导致银行破产倒闭,这种例子并不少见。所以商业银行在吸收资金来源时要仔细核算成本,使资金来源成本低于资金运用所获得的净收入,以保证银行的盈利最大化。现代商业银行都很注意通过为客户提供良好的服务来吸引更多的廉价资金,例如活期存款利息率很低,有的国家如美国还规定不给活期存款支付利息,这种不付息或低息的活期存款可用现金或支票方式存入,也可以通过贷款或投资等业务派生。如果一家商业银行能比其他银行为客户提供更多更好的服务,则不仅会使该银行的原始存款大量增加,还会使贷款、投资业务扩大,从而带来更多的派生存款,使银行资金成本水平下降,提高银行的盈利能力。

(3) 减少贷款和投资损失。贷款和投资损失不仅会冲销银行的利润,还会危及银行的安全,所以人们也常用贷款和投资损失的多少来作为衡量一家银行经营状况好坏的重要指标。为了保证自身经营安全,实现其盈利最大化目标,商业银行特别注重对贷款和投资项目的预测管理,并十分重视贷后检查,积极过问债务人的经营状况,以减少坏账损失风险,按时、足额收回本金和利息,增加银行的利润收入。

(4) 加强内部经济核算,提高银行员工工作效率,节约管理费用开支。

(5) 严格操作规程,完善监管机制,减少事故和差错,防止内部人员因违法、犯罪活动而造成银行重大损失。

实现安全性、流动性和盈利性目标,是商业银行经营管理的基本要求所决定的,也是商业银行实现自身微观效益和宏观经济效益相结合、相一致的要求所决定的。商业银行经营安全性好,有利于整个宏观经济的稳定;商业银行盈利水平高,既可以提高社会经济效益,也为再生产和扩大再生产积累更多的资金,扩大产业资本规模,增加有效供给。

然而,在实现这些目标时常常存在一定的矛盾。实现安全性目标要求商业银行扩大现金资产,减少高风险、高盈利性资产,而实现盈利性目标则要求商业银行尽可能减少现金资产,扩大高盈利性资产。如何协调这一矛盾呢? 大多数银行家认为,正确的做法应当是:在对资金来源和资产规模及各种资产的风险、收益、流动性进行全面预测和权衡的基础上,首先考虑安全性,在保证安全的前提下,争取最大的利润。解决安全性和盈利性的矛盾,实现安全性和盈利性统一的最好选择就是:提高银行经营的流动性。为此,商业银行必须从资产和负债两个方面加强管理。从长期看,要做到以下三点:第一,积极组织资金来源,慎重安排资产结构,保持适当比例的现金资产;第二,加强对长期贷款和投资的预测研究,保证收益,减少风险损失;第三,树立良好的信誉,建立牢固的信用基础,取得客户和社会的高度信任,使银行拥有较大的回旋余地。

这三点要求的宗旨是:围绕流动性加强经营管理,增强资金实力,提高服务质量。唯有如此,才能很好地实现安全性与盈利性目标的统一。

在经济扩张时,由于中央银行放松银根,资金来源充足,资金需求旺盛,商业银行此时应在风险可控的前提下侧重于盈利性目标,积极扩大盈利。而在经济过度膨胀时,由于中央银行已开始收紧银根,社会资金来源减少,资金需求也开始衰弱,此时,商业银行应侧重安全性目标,谨慎安排资产规模与结构,减少损失。

第六节　商业银行的经营环境

商业银行的经营环境包括商业银行赖以存在的宏观经济状况、市场情况以及金融管理当局对银行业的管制等。自1973年布雷顿森林体系瓦解以来,国际商业银行业所处的经营环境发生了巨大的变化。

一、宏观经济波动加剧,金融危机频频发生

近半个世纪以来,全球经济总的来说呈现出波动幅度增大的特征,但这一变化在不同的国家又有不同表现。

对发达国家来说,由于布雷顿森林体系崩溃,实行浮动汇率制度,使美元、日元、英镑等货币的汇率出现剧烈波动。另一方面由于1974年以后物价和利率水平大幅度上升,诱发了全球性经济衰退,直到20世纪90年代进入新经济时代,发达国家经济才摆脱衰退,步入稳定增长。然而,东南亚金融危机又使发达国家的经济前景蒙上了阴影。

对新兴经济体来说,情况更复杂一些。拉丁美洲国家为了发展本国经济,开发本国资源,在20世纪70年代后半期以较高的利率大量借入资金,从而背上了沉重的债务负担。第二次石油危机发生后,这些国家都陷入了国际债务危机,使这些国家的经济发展受到较大影响。进入90年代以后,拉丁美洲国家的金融危机接踵而至:1994年发生了墨西哥金融危机,1998年发生了巴西金融危机,2001年又爆发了阿根廷金融危机。1997年7月起,随着泰铢贬值,东南亚国家和地区的经济泡沫破灭,货币纷纷大幅度贬值,经济出现衰退,失业率居高不下,整个东南亚都陷入危机之中。

2008年国际金融危机以来,发展中国家饱受美元贬值带来的通货膨胀之苦,各国都在忙于应付汇率波动、出口疲软、物价上升而经济增长缓慢的困难局面。价格、利率和汇率是对银行经营成本和利润有直接影响的变量,当这些变量大幅度波动并且其变化走势又难以把握时,经济的不确定性就增大,银行业所面临的市场风险也随之迅速增加。这使商业银行经营者面临着巨大的困难,许多国家的商业银行都因经济泡沫破灭而背负着巨额不良资产,不少国家包括美国的银行不良资产都曾大幅度上升。花旗银行也因受不良资产率大幅上升的影响,2009年3月4日其股票价格曾一度跌落至不到1美元,只有97美分。

2020年年初,由于受新冠肺炎疫情影响,国际金融市场出现巨大波动,全球股指暴跌,和2月中旬的股指高点相比,美国、欧洲以及大部分新兴国家股指在2月下旬均下跌超过20%。由于金融市场的传染性与关联性,英、法、意、德等欧洲国家以及日、韩等亚洲国家均跌入熊市。随着新冠肺炎疫情在全球蔓延,冲击全球经济,还引起债券和黄金价格持续同步大幅下挫。美国股票市场表现更差,在3月9日、12日、16日和18日,连续发生四次熔断,创下股票市场的历史纪录,全球主要股指在一个月内跌幅普遍超过30%,进入"技术性熊市"。不少国家的无风险利率也大幅下行,美国长期国债收益率屡破新低,欧洲主要国家 10 年期国债收益率则出现负值,引发金融市场流动性危机。

二、金融市场迅猛发展,银行面临激烈竞争

进入 21 世纪以后,金融市场出现迅猛发展的局面,大量非银行金融机构表现活跃,和银行业展开竞争。金融市场呈现三个特点:一是金融科技公司纷纷涉足传统银行的核心业务领域。它们建立起了以客户体验为导向、以大数据技术为驱动、以互联网低成本扩张为手段的业务模式,打破了银行的垄断局面,并不断蚕食银行利润。二是不少国家推出了非常规货币政策,为市场注入大量流动性,以支持经济增长。由于银行的贷款利率一般参考中长期利率来制定,而非常规货币政策引导中长期利率走低,导致银行存贷款利差收窄,挤压了银行利润空间。三是监管要求不断提高。2010 年 9 月,巴塞尔委员会发布了《巴塞尔协议Ⅲ》,对银行业提出更为严格的监管要求,这使国际银行业面临着更大的竞争难度。根据新的监管要求,国际银行业加强对资本金和流动性的管理,同时约束了银行资产规模扩张,全球银行业总资产增速从 2013 年的约 10% 降至 2018 年的 5% 左右。监管要求提高一方面可以降低银行业杠杆率、提升银行经营的稳健性,但另一方面则推高了银行经营成本,削弱了银行盈利能力。

2008 年国际金融危机使全球银行业盈利能力受到了较大冲击。据统计,2006 至 2008 年,美国大银行的平均资产回报率(ROA)和净资产收益率(ROE)分别从 1.0% 和 17.2% 降至 -0.2% 和 -3.8%。欧洲和日本银行业的平均 ROA 也降至 -0.76% 和 -0.58%。新兴经济体银行业的盈利能力亦受影响。2010 年后,虽然全球银行业盈利能力有所回升,但与危机前水平相比仍有差距。2016 年,美国大银行平均 ROA 为 0.8%,但 ROE 仅为 7.9%,远低于危机前的 17.2%。欧洲和日本银行业与美国银行业盈利差距进一步拉大,新兴经济体银行业盈利能力也受到影响。2011 至 2018 年,中国银行业的 ROA 和 ROE 分别从 1.3% 和 21.4% 下降至 1.0% 和 12.7%。由于新冠肺炎疫情的影响,截至 2020 年 10 月,全球银行业市值下挫约 17%。

三、银行监管不断加强,促使银行改善内控机制

(一)银行监管的意义

银行监管是指政府和金融管理当局对商业银行进行包括开业管制、分支机构管制、业务管理、价格管制、资产负债表控制等为主要内容的监控活动及制定相关的政策法规的总和。实行银行监管的目的是促进商业银行服务市场的竞争,提高商业银行经营效率,保持银行体系的稳定。

对商业银行实行监管有着重要的意义。主要表现在以下三方面:

(1)有利于保护和充分发挥商业银行在社会经济活动中的特殊作用,促进经济健康发展。提供流动性和作为社会经济活动的支付中心,是商业银行在社会经济活动中不可替代的特殊作用。商业银行提供的流动性一方面来自它的信用创造活动,这可为社会提供大量的账面支付手段和流动手段;另一方面来自它所提供的各种金融产品与服务,例如通过贷款,给资金缺少者提供了购买力,通过办理转账结算和汇兑业务,加快了社会资金的流转速度。

商业银行利用社会各部门、各阶层在银行开设的活期存款账户,为客户办理各项货币收付,实行划拨转账,从而在一国的支付体系中居中心地位。商业银行的这两个特殊作用是其他金融机构所缺乏的,也是在现行金融制度下其他金融机构无法替代的。对商业银行实行监管,就是要使商业银行保持合规经营,使商业银行的经营活动符合国家宏观经济政策的要求,提供适当的流动性,并使支付体系保持顺畅。

(2)有利于稳定金融体系和保护存款人。由于商业银行至今仍是各国金融体系中的主干部分,商业银行的经营又严重依赖外部资金来源,在保持部分准备金制度下,通过"借短贷长"的期限变换,充当借者和贷者的中介。在人们的这些借贷活动中,商业银行会面临信用风险、利率风险、外汇风险等各种风险,所以商业银行是一种具有内在不稳定性的高风险行业,稍有不慎,就会使得银行面临清偿力不足的危机,使存款人的利益受到影响。当银行资金周转出现困难时,整个金融体系就会出现不稳定状态,这将是十分危险的。而通过对银行业务管制,特别是通过对银行资产负债表的控制,可以使银行资产负债结构保持合理状态,从而能有效地避免因资金周转不灵而导致的金融危机。

(3)可以弥补银行财务信息公开程度不高的缺点,防止"多米诺效应"(Domino effect)。商业银行业务具有一定的商业保密性,因而商业银行所提供的财务信息公开程度不高,这使得存款人不能充分了解其存款银行的财务状况。当一家银行被认为有问题时,大部分其他银行的存款人也会为此而感到担心,担心自己的存款银行可能有问题,结果引起人人自危,导致挤提,从而威胁到整个银行体系安全。此时,亟须金融管理当局出面进行干预和拯救,发挥最后贷款人的作用。而金融管理当局在提供再贷款时,是依据其平时对各商业银行监管所得到的信息来决定贷与不贷的,对于那些严重违规违法经营的商业银行,金融管理当局就可能拒绝挽救,对那些遵纪守法、合规经营的银行,金融管理当局就会倾力相助。当局的这种拯救行为选择大多能够比较有效地起到稳定人心的作用,防止出现"多米诺骨牌"一倒皆倒的连锁反应,以保持银行体系的稳定。

自1933年美国颁布《格拉斯—斯蒂格尔法》以来,经过80多年的实践,发达国家的政府和金融管理当局在对商业银行进行管理方面,积累了较多经验,建立起各自的监管体系,并利用这一体系对商业银行的经营活动进行了比较有效的管理。

(二)银行外部监管

当前,各国商业银行的外部监管主要由各国中央银行和其他管理机构来承担。1974年建立的巴塞尔委员会在促进各国加强银行监管方面也发挥着越来越重要的作用,通过加强外部监管促使商业银行改善内控机制。此外,国际清算银行在加强银行监管方面也发挥了重要作用。

1. 中央银行

中央银行是对商业银行实行监管的最主要机构,它具有制定、贯彻货币政策和实行金融管理的双重职能。尽管西方国家的中央银行都十分注重制定和贯彻货币政策,但在日常工作中,大多数国家的中央银行都将大部分时间和精力放在执行金融监管的职能上。美国联邦储备委员会认为,监督和管理整个银行体系的活动,既是货币政策得以顺利贯彻执行的重要保证,又是考察货币政策效果的主要渠道。

（1）中央银行对商业银行进行监管的重点在于商业银行的清偿能力和流动性。很多国家都以美国联邦储备委员会对商业银行进行监管的制度，即"骆驼"（CAMELS）分类检查制度作为加强商业银行清偿力与流动性有效监管的蓝本。这种分类检查制度的主要内容是把商业银行接受检查的范围分为六大类：资本（capital）、资产（asset）、管理（management）、收益（earnings）、流动性（liquidity）和对市场风险的敏感性（sensitivity）。将每一类的第一个英文字母连在一起组成CAMELS，其中，资本是否适度、资产质量如何将直接影响银行的清偿力。

资本是商业银行承担日常经营风险、保持清偿力和银行信誉的根本力量所在。资本是否适度是衡量一家银行健全与否的重要标志。一般认为，当资本/存款比率为10%左右、资本/资产比率为7%左右、资本/投资资产比率为15%～20%时，即可认为是资本适度。达不到这个比率标准，就需要予以补充。20世纪70年代在美国流行的"纽约公式"就是当时考核银行资本是否适度的一组重要指标。当时，德国中央银行——德意志联邦银行规定：凡是吸收存款的银行只有具有600万德国马克的最低资本，才能发给营业执照。当银行自有资金损失25%以上时，必须立即向德意志联邦银行报告。荷兰中央银行则规定商业银行最低的开业资本为100万荷兰盾。日本银行为了保证商业银行自有资本比率不至于因银行业务发展而下降，规定商业银行在缴足资本后，于每期决算时，必须从其盈利中提取1/5充实其自有资本。1988年7月起，根据《巴塞尔协议Ⅰ》的规定，商业银行的资本充足率至少要达到8%。各国都在根据《巴塞尔协议Ⅲ》的要求加强对商业银行的资本管理。

商业银行的资产质量是关系到银行清偿力及流动性的另一个重要因素。美国联邦储备委员会把商业银行的资产分为高标准资产（即有十足保证和抵押品资产）、低标准资产（即保证和抵押品不足资产）、有问题资产（即不能完全收回的资产）和损失的资产（即不能收回或收回价值很低的资产）。在评估银行资产时，有问题资产按50%扣除，损失的资产按100%扣除。德意志联邦银行对商业银行的资产管理更加严格，使用欧元之前，它要求商业银行在发放一笔5万德国马克以上的贷款时，必须要求借款人提交企业财务报告书，每年的双月（即2月、4月、6月、8月、10月、12月）10日，银行必须将接受其贷款在100万德国马克以上的借款人名单呈报给中央银行。为了促使商业银行保持足够的清偿力和流动性，德意志联邦银行还规定，当商业银行的一笔贷款额超过其自有资金的15%时，必须立即向联邦银行报告，任何一笔贷款都不得超过该行自有资金的75%，最大的5笔贷款总额不得超过其自有资金的3倍，全部贷款总额不得超过其自有资金的8倍。日本银行也规定：商业银行的每笔贷款不能超过其自有资金的20%，并规定商业银行的流动性资产余额应占其存款余额的30%以上。

（2）中央银行对商业银行实行监管的主要措施。中央银行对商业银行实行监督和管理，主要通过以下方法：

① 建立完整的报表制度。规定所有的商业银行在每月月底都必须向中央银行呈送报表，每年必须向中央银行呈送资产负债表、损益计算书和年报，以便于中央银行及时了解和掌握商业银行的经营状况，及时采取相应的措施。日本银行还规定商业银行在每一营业年度结束后3个月

内,对外公告其资产负债表及损益计算书,接受社会的监督。

② 实行直接管制和间接控制。中央银行对商业银行实行直接管制主要表现为:对商业银行的经营活动作出具体的限制,如规定资本最低额、贷款最高额、存款和贷款利率水平限制等。中央银行对商业银行的间接控制则主要表现为:中央银行通过运用货币政策来调节和制约商业银行的信贷总量。

③ 加强对银行经理人员的管理。为了切实搞好对商业银行的监督与管理,各国都很重视加强对商业银行经理人员的管理。

德意志联邦银行规定:凡申请开办银行的经理人员,必须具有在德国一家中等规模以上的银行从事过3年以上银行工作的经验。申请开办银行的经理人员中至少有两人是负责全日工作,即实行"四只眼原则",否则拒发执照。日本则规定:从事银行常务工作的董事,非经大藏大臣认可,不得兼任其他公司的常务工作。

为了杜绝危及商业银行清偿能力及流动性的情况出现,各国中央银行还严格限制从事与商业银行工作人员有关的放款业务。德国规定:凡是发放与银行人员(如经理、合伙人、董事、监察、职员等)有关的贷款的,必须经所有经理人员一致同意。美国规定:银行不得以优惠价格或优惠条件为其董事、职员买卖证券;银行不得对其董事、职员的存款以高于其他存户的利率付息;不得以优惠条件向其董事、职员发放贷款。经银行董事会批准,可给予本行每一高级职员一笔不超过3万美元的贷款;可给予任何高级职员总额不超过1万美元,用作子女教育费用的贷款。

④ 制裁措施。为了有效地对商业银行经营实行监督和管理,西方国家中央银行对违反规定的商业银行制定了制裁措施。美国联邦储备委员会对违纪的商业银行有四种制裁措施:一是停止该行联储会员银行资格;二是对银行董事及高级职员停职或撤换;三是发出停业命令;四是处以罚金。德国联邦银行对有违法行为的商业银行,可以实行吊销执照或撤换人员。如发现银行资本不足,流动性差,在规定时间内又不纠正的,可以禁止该银行股东提存,该行不得分配利润,不得再发放贷款,不得再进行永久性投资。对严重违法的商业银行,可下令其暂停营业。

(3)中央银行的权力。英国的中央银行——英格兰银行在对商业银行行使监督和管理职能时,有很大的权力。由于在国家资本垄断的情况下,很容易造成管理机构多元化,削弱中央银行对商业银行实行全面的监督管理效能,所以许多国家都以英格兰银行为模式,统一由中央银行主管金融体系,这有利于加强对商业银行的管理。

自1979年4月4日《英国银行法》公布后,英格兰银行开始对商业银行和其他银行实行全面的监督和管理。《英国银行法》规定:商业银行和其他银行都必须向英格兰银行登记;各银行机构的设立,须经英格兰银行批准,商业银行必须向英格兰银行提交季度报告,每6个月按照贷款对象提交报告,呈报这些贷款对象在世界各地的贷款详情;英格兰银行有权检查商业银行的流动资产,各商业银行要根据英格兰银行的建议,对各类债务保持5%～100%的流动资产,其中,从其他银行吸收进来的存款总额,以及给予其他银行的不可撤销的未提取备用信贷,必须有100%的流动资产准备;对于期限不定的债务,必须准备25%的流动资产;对于期限在1年以上的债务,必须保持5%的流动资产;各银行流动资产总额的40%必须是"主要流动资产"形式的资产,可应付对银行系统流动资产的一般压力;商业银行必须将相当于"合格负债"的 0.5% 的资产以现金形式无息存入英格兰银行,缴纳这笔存款后剩余的资金,才是商行可运用资金。

英格兰银行还保留了另一项权力,即当英格兰银行认为有必要的时候,例如当货币供给量超过需要量时,可以要求商业银行向英格兰银行存入特别存款。这是一种以现金方式存入英格兰银行的存款,其利息按财政部的国库券利率计算,英格兰银行可利用这种存款为政府卖不掉的债券筹款。当商业银行对外贷款超过规定的指标时,英格兰银行还可要求该行按其超过指标的程度在英格兰银行存入一定百分比的无息存款,以控制该行信贷规模。

从 1981 年 9 月起,英国商业银行不再根据官方最低利率来调整借贷利率,而根据市场资金供求关系自由调整借贷利率。但英格兰银行保留了它认为必要时随时进行干预的权力,即可以对目前的利率水平提出建议乃至规定银行利率水平的权力。

针对 2008 年国际金融危机暴露出来的问题,英国进行了金融改革。2011 年 6 月以后,英国陆续颁布了《金融监管新方法:改革蓝图》、新《金融服务法案》等,在英格兰银行下设立审慎监管局,对银行进行审慎监管,还在央行之外设立金融行为监管局,以更好地实现对金融消费者的保护。英国的金融改革中一项独特的内容,即"维克斯(Vickers)报告"提出的,要求银行必须严格区分零售银行(retail banking)和批发银行(wholesale banking),进行内部隔离(ring-fencing,即"栅栏"原则)。其目的在于,如果只是高风险的批发银行业务出现了问题,监管部门将比较容易进行处置,因为有了内部隔离,银行的零售业务可以不受影响地继续运转。

美国在国际金融危机爆发后,制定了《多德—弗兰克法案》,即《华尔街改革与消费者保护法案》,扩大了对银行业监管范围,将美联储打造成"超级监管者",全面加强对金融机构的监管;同时设立新的消费者金融保护局,赋予其监管金融机构的权力,加强对银行行为的监管力度。

2012 年,中国人民银行设立了金融消费权益保护局,制定了《中国人民银行金融消费权益保护工作管理办法(试行)》(2020 年 11 月 1 日,《中国人民银行金融消费者权益保护实施办法》实施后,该办法废止)。

2. 其他监管机构

有些国家,除了中央银行直接实施对商业银行的监管之外,还有一些其他机构也参与对商业银行的监管。

德国除了由德国联邦银行对商业银行实行一般监管之外,还有专门监管银行业的机构——联邦信贷监管局。

法国对商业银行实行监管的机构除了法兰西银行外,还有全国信贷委员会。

韩国则在韩国银行货币政策委员会中设立了银行监督院,专门履行对银行业监管的职责。银行监督院由监督企划局、监督协调局、信贷监督局以及 6 个现场检查局和一个内部纪律室组成,统一实行机构管理和现场检查,形成了一个独特的监管体制。银行监督院的院长由总统根据货币政策委员会的提名任命,任期 4 年。

美国参与对商业银行监管的机构最多,在联邦一级,除了中央银行外,还设有财政部货币监理局,负责监督所有的国民银行;联邦存款保险公司负责监督所有参加存款保险的银行,但重点是管理那些非联邦储备银行会员的商业银行;证券交易委员会负责监管商业银行所从事的有关证券交易的业务。此外,美国各州还设有州银行检察官,负责监管在州政府注册的商业银行。

美国的货币监理局是根据 1863 年《国民通货法》创建的,它是美国历史上最早建立的金融监管机构。它直接隶属于财政部,同时,它是联邦政府的一个职能机构,直接对国会负责。货币监理局的主要职责是:负责国民银行的注册登记及合并,制定对国民银行资本管理政策、贷款管理政策、经营风险管理政策,负责检查、监督国民银行的资本营运、贷款结构和质量、存款安全管理、存款利率水平等。货币监理局有权对经营管理混乱或违法的银行实行罚款、停止营业、撤换正副行长,或指派专人接管,乃至吊销营业执照。货币监理局还规定:国民银行要按一定的格式,每季度填写业务状况报告书,每半年填写收益报告书。延期不报的银行,每延迟 1 天罚款 100 美元。货币监理局每两年至少对每个银行检查 3 次。如货币监理局认为必要,可随时检查。检查完毕,从以下几个方面给被检查银行作出结论:① 银行的偿付能力;② 银行能否应付日常业务的需要;③ 银行的经营活动是否遵纪守法,是否符合健全银行的原则要求;④ 银行有无继续经营的活力,并提出纠正措施的建议。这个报告结论要事先与银行经理人员及董事进行充分讨论,并严格保密。如果被检查的银行在 120 天内还没有按建议改善经营,可给予 90 天展期,到期如果仍不遵照办理,货币监理局便可将报告公布于众。

对于美国实行的这种多元监管体制,美国国内银行界一直有不同看法,认为这种多元监管体制是一个历史错误。美国国会也曾多次讨论,是否要将货币监理局的职权转移给联邦储备委员会,但至今仍无结果。但人们也不得不承认,美国实行的这种多元监管体制对商业银行确实是一个有力的约束。这也是美国商业银行经营一直比较稳定,即使是在战后遇到的一些较大的世界性危机中,美国商业银行体系仍能保持良好的运转状态的一个重要因素。

我国于 2003 年 3 月成立了中国银行业监督管理委员会(简称银监会),2018 年成立了中国银行保险监督管理委员会,撤销了银监会和保监会。对银行监管而言,其主要职责是:制定有关银行业金融机构监管的规章制度和办法;审批银行业金融机构及其分支机构的设立、变更、终止及其业务范围;对银行、金融资产管理公司、信托投资公司及其他存款类金融机构实行现场和非现场监督管理,依法对违法违规行为进行查处;审查银行业金融机构高级管理人员任职资格;负责统一编制全国银行数据、报表,并按照有关规定予以公布;会同有关部门提出存款类金融机构紧急风险处置的意见和建议;负责国有重点银行业金融机构监事会的日常工作;承办国务院交办的其他事项。

（三）改善银行内控机制

巴塞尔银行监管委员会(简称巴塞尔委员会)在 1999 年和 2001 年,两次就《巴塞尔协议 Ⅱ》草案向各国政府和银行公开征求意见,并在 2004 年 6 月颁布了《巴塞尔协议 Ⅱ》。《巴塞尔协议 Ⅱ》的核心内容有三个:一是依然以自有资本管制为基础,坚持 8% 的资本充足率。在确定银行潜在风险和自有资本比率时,从单纯考虑信用风险扩大到还要注重市场风险和操作风险;二是特别强调银行的内部控制和监管当局监管的重要性,在得到监管当局的同意后,银行可以根据内部风险管理模型确定资本配置比率标准;三是强调市场纪律,重视市场信用评级机构对银行道德风险的约束,并要求银行增强内部风险管理系统和银行监管程序的可信度和透明度。这就是《巴塞尔协议 Ⅱ》的三大支柱。从中可以看出《巴塞尔协议 Ⅱ》强调银行内控机制的重要性。银行内控机制体现的是商业银行的自律行为,是商业银行为实现经营目标而对内部各职能部门及其职员从事的业务活动进行风险控制、制度管理和相互制约的方法、措施和程序的总和。2006 年 4 月,巴塞尔委员会提出加强银行合规经营的要求。其主要目的有以下几方面。

1. 明确改善银行内控机制的原则

为了保证银行经营和资金营运的安全性、流动性和营利性,商业银行在改善内控机制时,要遵循以下原则:

(1) 有效性原则,即商业银行所制定的内部监管制度条例、法规等都必须有高度权威性。为了使这些制度和条例、法规做到令行禁止、切实有效,在制定这些制度条例法规的时候,一定要通过充分的调查研究,以防范风险为出发点,而一旦制度形成,任何人都不得违规。为了保证制度的有效性,还应当实行检查部门独立操作的做法,以保证制度的严肃性。

(2) 全面性原则,即商业银行的内部监管必须覆盖银行的各个部门、各个岗位,落实到各项业务过程和各个操作环节。

(3) 及时性原则,即商业银行在开办任何新业务时,都必须建立制度,以便进行有效的监管。

2. 提出建立银行内控机制的基本要素

商业银行内控机制的基本要素有以下五个方面:

(1) 建立专职的组织机构。银行内部监管应设有专门的职能部门和机构。这是内部科学管理的重要保证,既有利于提高内部监管的效率,又有利于达到相互制约和及时纠正差错的目的。商业银行内部专事监管的部门和机构一般是董事会中的审计委员会、监事会和稽核委员会以及合规部门。稽核委员会和合规部门要配备素质高、专业能力强的人员,以便有效地督促银行经营管理人员的经营活动既符合本银行的规定,又符合本国本地区管理当局的规定,跨国或跨地区经营的银行,合规部门要督促银行的经营活动符合他国或异地管理当局的规定,减少合规风险。

(2) 确立岗位责任。要使银行内部监管取得预期效果必须做好基础工作。确立各个具体岗位的责任制度是最重要的基础工作。要将各部门的业务活动细分为各个具体的岗位,然后按岗位确定权限和职责,并以此为考核依据,严格检查、考核。建立起商业银行内部相互制约、相互督促的网络。

(3) 严格业务程序。即商业银行授权各职能部门按照自身的业务规律制定各项具体操作规程和核算手续,并严格执行,以便于考核。

(4) 确定检查标准。即按照标准化的业务处理程序设计、制定各项业务检查标准和制度,使监事会、稽核委员会行使监管职能时有章可循。

(5) 加强内部稽核。对银行内部监管人员进行严格培训,使他们能对各项业务活动和岗位责任的执行情况进行正确的评价与监督。

在改善商业银行内控机制时要树立整体观念,使每个行员都能严格执行规章制度,容不得有丝毫马虎。有些问题看似无关紧要,但若不及时纠正,便可能影响银行贷款资产的安全,同时要明确这种监管以事前防范为主,以便防患于未然。商业银行内部监管应当落实在日常的经营活动中,不能靠突击检查来维持,只有持之以恒,才能取得明显效果。

2010年,巴塞尔银行监管委员会提出了关于银行资本监管新的更高的要求,修订后的新协议又称《巴塞尔协议Ⅲ》。在总结2008年国际金融危机教训的基础上,巴塞尔委员会提出加强和改善银行资本充足率管理,提高了对核心一级资本的质量和数量要求,以便银行能更好地应对各种可能发生的风险,保护银行体系安全的重要保障。我国银监会在2011年3月提出了贯彻《巴塞尔协议Ⅲ》的具体要求:系统重要性银行的资本充足率将达到11.5%。

案例 1-2

美国金融监管新法案对全球银行业经营与发展的影响

2010年7月21日对美国金融业和全球金融业而言都是一个历史性的日子。美国总统奥巴马当天签署了国会此前通过的金融监管改革法案,即《多德—弗兰克法案》,使之成为正式法律。该法案被业界评论为是自20世纪经济大萧条以来最严厉的金融改革法案,并成为与《格拉斯—斯蒂格尔法》比肩的又一块金融监管基石。美国金融监管新法案的签署,不仅标志着历时近两年的美国金融监管改革立法完成,而且在一定程度上推动了美国金融市场利益的调整,正式掀开华尔街新金融时代的序幕。同时,法案会对全球金融监管走向、金融市场行为方式的调整和银行业的经营管理模式产生重大影响,最终为全球金融业带来深刻变革。

《多德—弗兰克法案》在签署前,曾在美国国会参众两院经过多轮磋商和修改,中间历经波折,最终奥巴马总统顶住华尔街利益集团的游说,签署了法案。该法案以参议院银行委员会主席克里斯托弗·多德(Christopher Dodd)和众议院金融委员会主席巴尼·弗兰克(Barney Frank)命名,以监管系统性风险和消费者金融保护为两大核心,主要涉及以下内容:

进行监管机构和监管功能重组,防范系统性风险。由于特有的历史和政策理念等原因,美国目前采取的是"双重多头"的金融监管框架。在此监管架构下,联邦政府和各州政府均拥有金融监管权力,其中联邦政府层面的货币监理署(OCC)、储蓄管理局(OTS)、联邦存款保险公司(FDIC)、证券交易委员会(SEC)、美联储(FR)等都承担监管职责。这一架构主要是基于"权力分散制衡"的理念而建立的,但该监管模式的缺点在2008年的国际金融危机中也逐渐暴露出来,尤其是联邦政府层面存在的众多监管机构,政出多门容易导致监管重叠和监管空白等问题,难以有效地控制金融系统性风险的扩散。在新法案中,美联储负责监管金融控股公司和一些地方银行,同时继续保持联邦储蓄保险公司的监管职能;美国储蓄管理局并入货币监理署,以监管全国性的银行机构。

新法案还针对此前保险业没有联邦监管机构的空白,将在美国财政部内部设立一个新的联邦保险办公室(Federal Insurance Office),负责保险行业的监管工作,并与各州监管部门联合监管保险公司。这一新机构将向系统性风险委员会提供被视为具有系统重要性的保险商名单,并向国会提交改善保险业监管规定的意见和建议。此外,新法案还给予美国联邦存款保险公司解体濒临倒闭的大银行和金融机构的权限,明确由其负责操作清盘程序。法案同时将在证券交易委员会内部设立一个新的监管办公室履行相关职责。总之,《多德—弗兰克法案》中对现行监管机构和监管职能进行了大刀阔斧的重组,目的是增加监管的覆盖面和监管的有效性。

值得注意的是,在《多德—弗兰克法案》中,美国将设立金融稳定监督委员会(Financial Stability Oversight Council),该委员会由财政部牵头,成员还包括其他九家监管机构。其英文名称中的 Oversight 一词显示了该委员会的主要功能,即该机构的主要职责是防范和识别系统性金融风险,认定可能对金融系统构成威胁的大型综合性金融机构,并向美联储建议对该类金融机构执行更严格的资本、杠杆及其他规定。金融稳定监督委员会的另一个重要职责是进行金融监管协调,以解决现有监管模式的效率和有效性问题,补充并加强了美联储的作用。如在新的监管框架中,明确了金融稳定监督委员会和美联储在获得 2/3 投票后,有权分拆大银行和金融机构。这在强化美联储监管权力的同时,无疑在很大程度上为解决金融机构"太大而不能倒闭"的世界性难题提供了技术思路。

创设消费者保护机构,维护金融服务消费者的利益。《多德—弗兰克法案》的全名是《多德—弗兰克华尔街改革与消费者保护法》,这显示该法案的中心思想是对消费者利益的保护。事实上,奥巴马总统在法案签署仪式上也表示"这项改革代表着历史上最有力的消费者金融保护"。在新的金融监管框架中,明确在美联储内新设了消费者金融保护署(CFPA)。该机构具有独立的监管权,可以独立制定监管条例并监督实施,署长由总统直接任命。消费者金融保护署的一个重要职能,是对提供信用卡、抵押贷款和其他贷款等金融产品及服务的金融机构实施监管,对金融产品的风险进行测试和防范,以保证消费者在使用住房按揭、信用卡和其他金融产品时,得到清晰、准确和完整的信息,从而杜绝一些信用卡机构和房贷公司的隐性费用、掠夺性条款和欺诈等不公平行为,切实保护消费者利益。该机构可以监管美国各类银行和非银行金融机构,以及所有资产规模在 100 亿美元以上的信贷机构、支票兑换机构和其他类似的非银行金融机构。美国金融监管新法案设立消费者金融保护署这样一个机构,有助于保护消费者,特别是金融知识较少的个人消费者,体现了从"买者自负"到"卖者有责"的监管理念改变。

另外,《多德—弗兰克法案》还涉及了优先购买权问题。该法案允许各州自行颁布更严格的消费者保护法,并适用于全国性银行。州级首席检察官有权执行消费者金融保护署颁布的部分规定。但是,新法案同时规定,如果州级法律妨碍或严重干扰了银行的业务经营能力,全国性银行可依所在州具体情况而寻求享受州级法律的豁免权。

(资料来源:王光宇.美国金融监管新法案对全球银行业经营与发展的影响.银行家,2011(8))

思考题

《多德—弗兰克法案》是在什么背景下形成的? 它对加强银行监管有何意义?

本 章 小 结

1. 商业银行是以追求利润最大化为目标,能向客户提供多种金融服务的特殊的金融企业。盈利是商业银行产生和经营的基本前提,也是商业银行发展的内在动力。

2. 商业银行通过三种途径产生:一是从旧式高利贷银行转变过来的;二是以股份公司形式组建起来的;三是由国家(政府)作为主要出资者组建的。

3. 商业银行在现代经济活动中有信用中介、支付中介、金融服务、信用创造和调节经济等职能,并通过这些职能,在国民经济活动中发挥着重要的作用。商业银行的业务活动对全社会的货币供给有重要影响,并成为国家实施宏观经济政策的重要基础。

4. 大多数商业银行都是按《公司法》组建的。它们的组织结构一般可分为四个系统,即决策系统、执行系统、监督系统和管理系统。

5. 一国构建其商业银行体系的基本原则是:有利于银行业竞争;有利于保护银行体系的安全;使银行保持适当的规模。

6. 各国的商业银行类型不尽相同,主要的类型有全能银行和职能银行。全能银行可经营部分或全部证券业务以及其他业务,职能银行则不能经营证券承销等非银行业务。但目前国际商业银行正在朝全能化趋势发展。

7. 商业银行经营管理的目标是在保证资金的安全性、保持资产的流动性基础上争取最大的盈利。

8. 自20世纪70年代以来,商业银行的经营环境发生了巨大变化:在布雷顿森林体系崩溃和金融创新浪潮的冲击下,汇率、利率多变加大了银行经营的难度和风险;金融衍生工具的发展既为银行提供了新的市场,也使银行面临更激烈的竞争。2008年国际金融危机使商业银行遭到严峻的考验,为了保持商业银行体系的稳定,提高商业银行的经营效率,加强国际协调,各国金融监管机构和巴塞尔委员会对银行监管提出更高的要求,同时商业银行在改善其内部控制,加强风险管理。

本章重要概念

商业银行	信用中介	支付中介	格拉斯—斯蒂格尔法
分行制	持股公司制	流动性	银行制度
多德—弗兰克法案			

复习思考题

1. 什么是商业银行?它有哪些功能?

2. 简述商业银行在国民经济活动中的地位。

3. 简述商业银行内部组织结构。

4. 建立商业银行体系的基本原则有哪些？为什么要确立这些原则？

5. 20 世纪 90 年代以来国际银行业为什么会发生大规模合并？其意义何在？

6. 商业银行经营原则有哪些？如何贯彻这些原则？

7. 为什么要对商业银行进行监管？如何改善这种监管？

即测即评

请扫描右侧二维码检测本章学习效果。

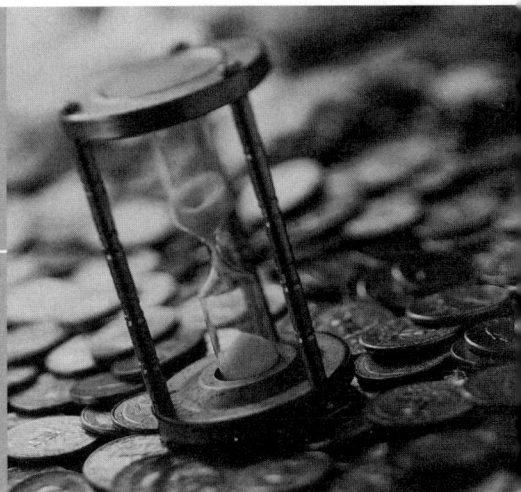

第二章
商业银行资本

商业银行资本是银行从事经营活动必须注入的资金。银行面临的未来风险越大,资产增长越快,则银行所需投入的资本就越多。银行的资本与其资产和负债之间存在等式关系。资本与资产呈正相关关系,而资本与负债则呈负相关关系。因此,资本实力越雄厚,银行资产规模也就越大。同时,资产因资本比例的增加而使其安全性得以提高。从管理的角度而言,银行资本管理是银行总体性的资产管理与负债管理的延伸。在某一目标利润下,银行的资产和负债会被适时调整以适应目标利润对资产和负债结构的要求,银行资本也会在数量、资本供给方式等方面作出相应的调整。但是,这些系列的调整可能以降低安全性目标为代价。如何兼顾银行盈利性和安全性是银行系统有效管理的主要目标。因此,商业银行资本管理的内容包括资本的数量要求、资本的供给方式及配置。

第一节　商业银行资本金的构成

任何以盈利为目的的企业,在申请开业时,须注入一定量的初始资本,它是企业经营的基础。随着企业的成长,企业将通过内源资本(internal capital)或外源资本(external capital)的融资途径增加其资本量。商业银行作为金融企业也不例外。但是,商业银行资本的内涵不同于一般企业的资本内容。一般企业的资本是根据会计学的定义理解的,即资本等于资产总值减去负债总额后的净值,这个净值被称为所有者权益或净资产或产权资本或自有资金。而商业银行资本的内涵较为宽泛,除了所有者权益外,还包括一定比例的债务资本。商业银行具有双重资本的特点,为此,商业银行常将所有者权益称为一级资本或核心资本,而将长期债务称为二级资本或附属资本。

双重资本为商业银行资本管理提供了余地。它能在保证股东权益的条件下,通过调节资本结构,降低资金成本,发挥财务杠杆效应,提高商业银行的内在价值。长期以来,各国对商业银行双重资本的看法不一。1988年7月,由西方12国的央行在瑞士通过的《关于统一国际银行资本衡量和资本标准的协议》(简称《巴塞尔协议Ⅰ》)统一了国际银行业的资本衡量和资本标准,确立了商业银行资本双重性的国际规范。1999年6月3日,巴塞尔委员会对外公布了《新的资本充足率框架》(即《新巴塞尔协议》或《巴塞尔协议Ⅱ》的雏形)征求意见稿。这是为适应国际银行业的发展趋势而做出的彻底性修改。

经过多年的征求意见以及多次修改,国际银行监管机构于2004年6月就世界各大银行计算资本要求的框架修改草案达成了共识,出台了《巴塞尔协议Ⅱ》。2006年年底,《巴塞尔协议Ⅱ》在十国集团开始实施。《巴塞尔协议Ⅱ》除进一步保持了资本充足率的地位外,又新增加了两项新的要求:监管约束和市场约束。从而构成了银行监管的三大"支柱"。显然,《巴塞尔协议Ⅱ》明确了银行监管的发展方向:银行监管更加注重市场约束的作用;更加重视监管的成本与效率;更加重视把监管目标与商业银行的内在激励机制有机地结合在一起;监管当局将被置于公众的监管之下。

但是,《巴塞尔协议Ⅱ》在实施中也暴露出资本定义较宽松、表外风险约束不力、忽视资本监管等问题。2008年的国际金融危机对商业银行产生了巨大冲击,《巴塞尔协议Ⅱ》成为这场全球信贷危机的牺牲品。因此,巴塞尔委员会于2009年再次对协议进行了修订,要求银行持有抵御金融风险的资本,预防未来的金融危机,修改后的协议称为《巴塞尔协议Ⅲ》。巴塞尔委员会于2010年12月出台了《巴塞尔协议Ⅲ》,2013年1月1日起该协议正式实施。该协议的主要内容包括六方面:一是修改了合格资本的定义,强调普通股应占主导地位;二是扩大资本覆盖风险的范围,增加对交易账户新增风险、交易对手风险等风险的资本覆盖;三是新增留存超额资本要求、系统重要性附加资本要求、逆周期超额资本要求;四是建立杠杆率标准,增强对银行表内外资产总规模的资本约束;五是增设流动性覆盖率[①]与净稳定融资比率两项监管指标;六是要求加强银行公司治理,建立薪酬管理机制。

2017年,《巴塞尔协议Ⅲ》推出了最新修订版本,致力于提升风险计量框架的可信度。最新修订版是在可比性、简单性和风险敏感性三者之间寻找平衡:一方面,为了加强各家银行使用不同计量方法得出的测算值的可比性,简化了操作风险计量方法;另一方面,为了提高风险计量的敏感度,对于信用风险计量的资产类型和风险权重进行了更为细致的划分。此外,最新修订版对全球系统重要性银行提出了更高的杠杆率监管要求。

完成修订的《巴塞尔协议Ⅲ》将从2022年1月1日起逐步实施。

---

① 根据"流动性覆盖率"规则,未来金融机构须持有足量的现金和易于变现的资产(即允许金融机构把企业债券、股票和高质量的可交易证券计入流动性资产),以便渡过30天的短期危机。流动性覆盖率的出台旨在防止2008年国际金融危机重演。

下文对商业银行资本金构成的表述是建立在双重资本基础上的。

一、股本:普通股和优先股

商业银行普通股(common stock)和优先股(preferred stock)是银行股东持有的主权证书。银行通过发行普通股和优先股所形成的资本是最基本、最稳定的银行资本,属于商业银行的外源资本。

(一) 普通股

银行普通股是一种主权证书。银行普通股构成银行资本的核心部分,它不仅代表对银行的所有权,而且具有永久性质。银行普通股持有人享有对银行的所有权,这种主权体现在普通股持有人是银行最终的所有者、享有分配和处置银行税后利润以及制定和修改银行章程、任免银行董事会成员、决定银行经营大政方针等的权利。银行在组建时,普通股是银行筹集资本金的主要方式;当银行需要增加资本金时,也可通过增发普通股实现。

尽管普通股是银行资本金的主要组成部分,然而,从银行的角度来看,普通股并非是其最具吸引力的外源资本形式。首先,银行面临着银行股东因银行净收入增加而要求增发红利的压力;其次,普通股的交易费用因税后列支而一般高于其他外源资本形式;最后,当银行增发普通股时,大股东可能因面临失去控股地位而进行阻挠。从金融管理当局的角度而言,其看法正好相反,金融管理当局认为银行普通股能起到健全和稳定银行制度的作用,普通股是银行最佳的外源资本来源。

银行在决定是否通过发行普通股来增加资本金时,往往基于以下几个方面的考虑:第一,其他外源资本来源的可得性;第二,筹集未来所需的外源资本的灵活程度;第三,不同形式外源资本比较。如果银行的规模变大,则银行会考虑用非普通股方式筹集资本金。

我们可以借助资产负债表结构来理解普通股以及其他资本项目。资产负债表简表如表 2-1 所示。

表 2-1　资产负债表简表

资产	负债和股东权益
现金	负债:
存放同业	各类存款
投资性证券	短期借款

续表

资产	负债和股东权益
各类贷款	债务资本
减:贷款损失准备	股东权益:
固定资产	普通股股本
其他资产	优先股股本
	资本盈余
	留存收益
总资产合计	负债和股东权益合计

在表2-1中,发行普通股所形成的资本由普通股股本和发行溢价(归入资本盈余或资本公积中)两部分组成。

(二) 优先股

银行优先股也是一种股票,但它兼有普通股与债券的特点。一般而言,银行优先股持有人按固定股息率取得股息[1],对银行清算的剩余资产的分配权优于普通股持有人,不拥有对银行的表决权。优先股有许多类别,常见的优先股有三种形式:固定股息率优先股(fixed-rate preferred stock)、可调整股息优先股(variable-rate preferred stock)和可转换优先股(convertible preferred stock)。优先股是国外大商业银行传统的外源资本渠道。比如,JP 摩根在 1933 年《格拉斯—斯蒂格尔法》禁止银行业混业经营之后,将其证券业分拆出来成立了摩根士丹利,摩根士丹利的所有者是 JP 摩根原来的优先股股东。

银行普遍接受这种资本主要基于优先股的某些特性。首先,银行优先股可以减缓银行普通股股价与收益比例的下降所带来的压力。当银行普通股的市价低于面值时,发行新的普通股会进一步降低银行的普通股股价与收益的比例,这一比例的下降会导致社会对银行普通股的“消化”能力和接受能力降低,银行普通股面临被抛售的压力。其次,优先股无到期日,不存在偿债压力。再次,优先股的资本成本常低于普通股,银行对优先股股东所支付的股息通常是固化的,在红利分配的总量上小于支付给普通股股东的股息。最后,可提高银行财务杠杆的作用。优先股可提高银行财务杠杆系数,在正效应情况下,银行普通股收益率将增加。

在资产负债表中(见表2-1),优先股股本和含在资本盈余中的发行溢价是优先股资本的内涵。由于优先股股息在税后列支,也就是说优先股股利无法从应税收益中扣除,再加上优先股在发放股利上缺乏灵活性,因此,西方也有学者主张取消这种融资方式。但是,在现实经济社会中,存在鼓励优先股投资的税收政策。比如,在美国,公司因购入优先股而获取的股利中有 70% 可以免于缴纳公司所得税。为此,公司可以通过投资优先股以获得税收优惠,来抵消发行优先股所

---

① 1982 年以前,美国发行的优先股均为固定股息率优先股,且每季度发放一次。1982 年 5 月,美国发行了可调整股息优先股,也就是说,优先股股息在持续期内可浮动,且每隔一个时期调整一次,或通过拍卖方式确定股息率。

带来的税收劣势。

我国商业银行于 2014 年开始发行优先股,用于补充其他一级资本。在 2019 年无固定期限资本债券推出以前,优先股作为商业银行唯一的其他一级资本工具,对充实银行资本、提高银行资本实力发挥了重要作用。2019 年 7 月,中国银行保险监督管理委员会和中国证券监督管理委员会发布了《关于商业银行发行优先股补充一级资本的指导意见(修订)》,此举有效疏通了非上市银行优先股发行渠道,对于中小银行充实一级资本具有积极的促进作用,有利于保障中小银行信贷投放,进一步提高实体经济服务能力。

二、盈余:资本盈余、留存收益

盈余也是银行资本的重要组成部分,这些资本并非为单一的外源资本,还包括内源资本。由外源资本渠道形成的盈余称为资本盈余,资本盈余也称为资本公积;留存盈余俗称内源资本,也称为留存收益。它们属于权益资本范畴。

(一)资本盈余

资本盈余的构成较为复杂。资本盈余主要由投资者超缴资本所为。在银行诸多权益资本项目中,资本盈余与股本是有着相关关系的两个项目。股本由普通股股本和优先股股本组成,有关普通股和优先股已在上文表述过。股本的大小与银行注册资本以及发行股票的数量有关。就会计计量而言,股本等于股票面值乘以发行在外股票的股数。股票的另一个要素是每股发行价,发行价按与股票面值的关系可分为溢价、折价和平价。在实际操作中,常采用等于或大于面值的发行价,即溢价或平价。如果采用溢价发行,则银行通过发行股票所取得的筹资额必然大于按面值所确定的金额(股本),这超过股本的部分就是超缴资本,它通常是资本盈余的主体。

资本盈余除反映超缴资本外,还反映银行资本的增值部分,反映接受捐赠所增加的资本等。

资本盈余是调节银行资本金,制定股息政策的一个重要项目。当银行决定增加注册资本时,可将资本盈余划转股本实现或部分实现。企业在不盈利或少盈利情况下,企业可以动用资本盈余发放股息(我国将此行为称为转增)。

(二)留存收益

留存收益是指尚未动用的银行累计税后利润,是银行所有者权益的一个重要项目。在中国,留存收益细分为盈余公积、未分配利润等。留存收益按留存的时间可分为以前年度累计留存及本年留存。前者指以前年度尚未用完的留存收益,而后者是指本年度留存收益。

留存收益的大小取决于银行盈利性大小、股息政策及税率等因素。留存收益的多少是这些因素综合作用的结果。通常,盈利性越强,留存收益越大,反之,则越小;股息支付率越高,留存收益越少;所得税税率越高,企业留存越少。

然而,账面留存收益的大小还与银行使用该留存的程度有关。与资本盈余一样,留存收益具有调节资本金、影响股息政策的作用。同时,留存收益有着资本盈余所没有的功能,它的大小影响银行对内对外投资的规模。因此,如果银行采用高送股将留存收益股本化,或派发高额现金股利，或扩大投资规模，那么，银行的账面留存收益将缩小（即使银行保持持续的高盈利）。

留存收益与资本盈余是银行权益资本的两大重要项目。

三、债务资本：资本票据、债券

债务资本是 20 世纪 70 代年起被西方发达国家的商业银行广泛使用的一种外源资本。2000 年起，中国各大商业银行也开始尝试发放次级债券补充资本金。这类资本被银行列作补充资本，用来防止银行兑现危机，保证银行存户的利益，这类资本属银行资产负债表中的长期债务项目。债务资本具有特殊性，其所有者的求偿权排在商业银行各类存款所有者之后，并且其原始加权平均到期期限较长。因此，债务资本也称为后期偿付债券、次级债务。债务资本有若干种类。通常有资本票据和债券两类。

（一）资本票据

资本票据（capital notes）是一种以固定利率计息的小面额后期偿付证券，该证券的期限为 7～15 年不等。它可以在金融市场上公开出售，也可向银行的客户推销。

（二）债券

债券是指期限在 10 年以上的长期债务凭证，它的形式较多。通常而言，银行债券性资本包括可转换后期偿付债券（convertible subordinated securities）、浮动利率后期偿付债券（variable-rate subordinated securities）、选择性利率后期偿付债券（option-rate subordinated securities）等。

作为银行的补充资本，债务资本能为银行带来好处：一是债务利息税前列支，可降低筹资成本；二是增加这类资本不会影响银行股东对银行的控股权；三是此类资本有助于提高银行收益率。但是，债务资本具有法定到期清偿性，故银行应关注自身的支付能力，以免发生违约。

2019 年 1 月 25 日，中国银行在银行间债券市场成功发行 400 亿元无固定期限资本债券。首单无固定期限资本债券的推出，为后续商业银行发行无固定期限资本债券提供了范本，也拓宽了商业银行补充其他一级资本工具渠道，对于进一步疏通货币政策传导机制，防范金融体系风险，提升商业银行服务实体经济能力具有积极作用。

四、其他来源：储备金

储备金（reserve）是为了应付未来回购、赎回资本债务或防止意外损失而建立的基金，包括放款与证券损失准备金（如表 2-1 中的贷款损失准备）和偿债基金等。

储备金在应付因贷款坏账损失等资产损失方面起到重要作用。与此同时，其逐年累计提留的做法不会对当年的分红派息产生巨大影响，补偿取用时，又可使银行避免因资产损失而对当年收益造成冲击。储备金在许多国家被允许税前列支，使银行享有税收优惠。

但是，储备金在银行资本中的比重不会太大，它受制于银行的收益规模、股利政策以及金融管理部门的管制，从而使银行不能大量筹集该类资本。对上市银行而言，提留储备金的数额会影响当年利润分配，从而造成股票价格的波动。

第二节　商业银行资本充足性及其测定

资本充足性是银行安全经营的要求。存款人希望银行拥有充足的资本,使其债权保障度得以维护;社会公众及金融管理当局也要求银行资本充足,以防止银行冒险经营,保证金融稳定地发展;从银行自身管理要求而言,保持充足的资本是其安全经营、稳定发展的前提和基础。因此,银行持有充足的资本既是风险管理的要求,也是在安全经营基础上追求更多利润的保障。

一、商业银行资本充足性及其意义

商业银行资本充足性是指银行资本数量必须超过金融管理当局所规定的能够保障正常营业并足以维持充分信誉的最低限度。同时,银行现有资本或新增资本的构成,应该符合银行总体经营目标或所需新增资本的具体目的。因此,银行资本充足性有数量和结构两个层面的内容。

(一) 资本数量的充足性

资本数量的充足性受银行经营规模和金融部门管理规定等因素影响,我们很难对其适度性进行界定。一般而言,金融当局所规定的开业许可额是最低限额,管理当局从维护银行的安全和银行体系的稳定出发来要求资本数量。存款人和其他债权人对银行资本数量的要求观点不一。比如,在存款保证金制度(也称存款保险制度)下,小额存款人因其在银行倒闭时能获得全部偿付,因而他们对银行资本是否充足并不关注,而未保险存款人的态度则恰恰相反。稳健型和风险型的银行家对资本数量的态度也不一。资本数量越大,财务杠杆系数越小,盈利性越小。因此,稳健型银行家为增强公众的信心,乐意保持更多一些的资本,而风险型银行家的态度则相反。尽管银行家、银行债权人及金融管理当局对资本数量大小所持的观点不同,但是,银行应该维持金融管理当局所规定的最低限额的资本量,以体现其对金融法规和公众利益的重视。资本量是否充足是银行能否健康、稳定地经营的重要标志。资本量不足,往往是银行盈利性与安全性失衡所致。为追求利润,拼命增持风险资产,盲目发展表外业务等,这些现象必然导致银行资本量相对不足,加大银行的经营风险。

然而,商业银行资本量的充足性同时包含资本适度的含义,保持过多的资本是没有必要的。首先,高资本量会带来高资本成本,特别是权益资本成本不能省税,资本的综合成本大大高于吸收存款的成本,由此降低了银行的盈利性;其次,过高资本量反映银行可能失去了较多的投资机会,缺乏吸收存款的能力以及收回贷款的能力。因此,对商业银行而言,资本充足性是资本适度,而非越多越好。

(二) 资本结构的合理性

资本结构的合理性是指普通股、优先股、留存盈余、债务资本等应在资本总额中占有合理的比重。从静态而言,资本结构是指银行债务资本与股权资本的比例关系,或指银行债务资本在总资本中所占的比重。每家商业银行都有其目标资本结构,比如,在资本充足率不低于8%的前提下,核心资本约为全部资本的50%。从动态而言,商业银行为了满足自身的成长需要,或为了降低融资成本,或为了增强融资灵活性等,它们会按一定的融资顺序增加资本或调整其资本构成,因此,商业银行的资本结构不是一成不变的,而是灵活的。合理的资本结构既可以降低商业银行的经营成本与经营风险,又可以使银行具备筹资灵活性和财务稳健性。

资本有核心资本和附属资本两类。核心资本包括普通股、不可收回的优先股、资本盈余、留存收益、可转换的资本债券、各种补偿准备金。这些是银行真正意义上的自有资金。金融管理部门规定的资本最低限额必须由核心资本来满足。因此,核心资本在资本总额中所占的比重直接影响银行对经营风险的耐受程度。

规模不同的商业银行其资本结构应该有所区别。小银行为吸引投资者及增强其金融灵活性,应力主以普通股充当资本。而大银行则可相对扩大资本性债券,以降低资本的使用成本。

商业银行资本结构还受银行经营情况变动的影响。贷款需求和存款供给是否充足会大大影响银行资本结构。当贷款需求不足而存款供给相对充分时,银行增资的方式应以增加附属资本为主;反之,应采取增加银行核心资本的做法。

二、商业银行资本充足性的测定:测定指标、测定方法

由于银行资本充足性评价标准的多样化,因此,银行资本充足性的测定是一项非常复杂的工作。随着银行经营、理财目标的变化以及银行资本管理理论和实践的发展,银行资本充足性的测定指标和方法更趋合理、科学。

(一)测定指标

比率在评价银行资本充足性方面最直观,同时是最能为分析测试者所理解和接受的指标。目前,最常见的用于测定银行资本充足性的测定指标有以下几个。

1. 资本与存款比率

这是最传统的用来衡量银行资本的指标。它表明银行资本对存款的耐力程度。为防止银行出现流动性风险,银行应保持一定的资本与存款比率。二战前,各国银行普遍要求资本对存款比率保持在10%左右。但是,鉴于银行的流动性风险来自贷款和投资的变现能力不足,于是,逐渐改用资本与总资产比率来测定银行资本的充足性。

2. 资本与总资产比率

资本与总资产比率将银行资本量与全部资产挂钩,简洁明了,它能在一定程度上反映银行抵御资产意外损失的能力。但是,该指标未能虑及资产结构对资本需要量的影响。以短期证券、短期贷款为主体的资产结构其经营风险远在长期贷款、投资占主导的资产结构之上,其对资本的需求不同。显然,资本与总资产比率无法反映上述差异,因此,很难形成一个公认的资本与资产总量比率。

3. 资本与风险资产比率

银行风险资产会随着银行资产结构的变化而变化,因此,原先的资本与总资产比率越来越显示其不足。为了更科学地测定银行资本,商业银行家及金融管理当局设计了资本与风险资产比率,以此来说明商业银行的资本是否充足。一般认为,该比率至少要达到 15%。该比率中的风险资产是指不包括商业银行第一级、第二级准备金在内的资产。只有这些资产才有必要考虑其保障程度。由于无风险资产不会发生意外损失,因此,无须配置用于弥补损失的资本。于是,资本与风险资产比率将无须资本给予保障的资产排除在外,较多体现了资本的"抵御资产意外损失"的功能,该指标比前两个指标更具科学性。

资本与风险资产比率并没有考虑不同类别资产的风险差异,不同风险的资产对资本的需要量不同。因此,如能对不同资产给出不同的资本要求比率,则会大大提高资本与风险资产这一简化指标的科学性。

（二）测定方法

1. 分类比率法

在考虑了不同资产对资本的要求不同后,人们提出了分类比率法。这一方法也称纽约公式。20 世纪 50 年代初,由美国纽约联邦储备银行设计。该方法根据商业银行资产风险程度的差异,将银行资产分作六类,并分别对每类资产规定了各自的资本要求比率。

（1）无风险资产,包括现金、存放同业、短期国债及第一级、第二级准备金等流动性很强的资产。这类资产流动性高,风险极低,不需要资本作担保。

（2）风险较小资产,包括 5 年以上政府债券、政府机构债券、安全性较好的信用担保贷款等风险小于一般资产的贷款和投资。这些资产的流动性较高,风险较小,风险权数定为 5%,即要求 5% 的资本保障。

（3）普通风险资产,包括除政府公债之外的证券投资和证券贷款,故也称为有价证券资产。这类资产风险较大,流动性也较差,故风险权数定为 12%,即要求 12% 的资本保障。

（4）风险较高资产,包括那些对财务状况较差、信用水平较低和担保不足的债务人所实施的贷款。这类资产的风险权数为 20%,即要求 20% 的资本保障。

（5）有问题资产,包括超过偿付期限的贷款、可疑贷款。银行持有此类资产遭损失的概率很大,故其风险权数为 50%,即要求 50% 的资本保障。

（6）亏损资产和固定资产。亏损资产是银行投入资本因损失而收不回来的资产;固定资产是购置的进行生存、发展、开展业务的物质条件,是被固化了的资本。这类资产应由银行资本金抵偿,因而其风险权数为 100%,即要求 100% 的资本保障。

银行在以上分类基础上,利用加权平均法将上述资产额分别乘以各自的资本资产比率要求,并进行加总,即可求得银行最低资本量。

2. 综合分析法

资本充足性不仅受资产数量、结构以及存款数量的影响,还与银行经营管理水平、资产流动性等因素密切相关。20 世纪 70 年代,美国出现了综合分析法。该方法认为影响资本充足性的数量与非数量因素主要有八个:① 银行的经营管理水平;② 资产的流动性;③ 收益及留存收益;④ 存款结构的潜在变化;⑤ 银行股东的特点和信誉;⑥ 营业费用的数量;⑦ 营业活动的有效性;⑧ 银行满足本地区现在与未来竞争需要的能力。

综合分析法虽然全面,但在某些方面的判断上不可避免带有一定的主观性,因而常常影响分析结论的准确性。因此,在实际工作中,人们常常将综合分析法与资本风险资产比率法结合起来运用。

3.《巴塞尔协议》方法

为促进世界各国间的公平竞争,并增强国际金融体系的安全性,1988年,西方12国中央银行在瑞士巴塞尔达成的《巴塞尔协议Ⅰ》,规定12个参加国应以国际可比性及一致性为基础制定各自的对于银行资本的标准及规定。《巴塞尔协议Ⅰ》对银行资本衡量采用了全新的方法。第一,该协议重新界定了资本,将资本分成两部分:第一级资本称"核心资本",由普通股股本、资本盈余、留存收益等组成。第二级资本称附属资本,由未公开储备(根据巴塞尔委员会提出的标准,在该项目中,只包括虽未公开,但反映在损益表上并为银行监管机构所接受的储备)、重估储备、普通贷款准备(也称一般准备)、包括长期次级债券在内的混合性债务工具等组成。第二,该协议将银行资产负债表内的资产分作五类,并分别对各类资产规定风险权数,据以计算风险资产。第三,该协议历史性地将银行资产负债表外的资产纳入监督范围,规定了不同的信用转换系数,据此折算成表内风险资产。第四,该协议规定了总资本与风险资产比率不得低于8%,而且要求核心资本与风险资产比率不低于4%。

1988年的《巴塞尔协议Ⅰ》是以规范信用风险为主的跨国规范,没有考虑市场风险等其他风险,对信用风险权数过于简单的区分和测度扭曲了银行的真实风险。显然,该协议不能真正规范国际大银行的风险承担能力。1996年,巴塞尔委员会提出了修正案,将市场风险纳入资本需求的计算。1999年6月,巴塞尔委员会公布了新的"资本充足率框架"(A New Capital Adequacy Framework)。巴塞尔委员会于2001年1月提出了一个更全面、具体的《巴塞尔协议Ⅱ》草案。该协议协定了之前的信用风险评估标准,加入操作性风险的参数,一并将信用风险、市场风险和操作风险纳入银行资本予以考量,以期规范银行的风险承受能力。在随后的几年里,协议草案向全世界征求意见。征求意见稿进一步保持了原资本充足率的要求和地位,同时增加了监管约束和市场约束两项新要求。与《巴塞尔协议Ⅰ》相比,《巴塞尔协议Ⅱ》所构建的资本要求对风险更加敏感,能防范更多类型的风险。

事实上,《巴塞尔协议Ⅱ》并未完整地实施过,却备受争议。2008年开始的国际金融危机迫使巴塞尔委员会重新审视银行抵御金融风险的资本要求,对《巴塞尔协议Ⅱ》进行修订,于2010年出台了《巴塞尔协议Ⅲ》,大幅提高了对银行一级资本的要求。2013年开始实施的《巴塞尔协议Ⅲ》对银行资本提出了新的要求,即银行的主要资产出现巨额亏损并可能引发银行破产的情形下,银行应维持多大规模的资本总额以及构建何种质量的资本组合。2017年,巴塞尔委员会对《巴塞尔协议Ⅲ》进行了修订,将从2022年起逐步实施。

为完整起见,我们从1988年《巴塞尔协议Ⅰ》的资本充足率测算说起。表内风险资产和表外风险资产测算是1988年《巴塞尔协议Ⅰ》的关键。

(1)表内风险资产测算。20世纪80年代中期前,发达国家的金融管理当局所规定的银行最低资本限额仅与银行的总资产有关,而与银行资产的质量与风险没有直接的联系。1986年,美国金融管理当局首先提出:银行资本数额应反映银行资产的风险程度,银行资本应能够吸收与消化因银行客户违约而产生的损失。根据资本与风险资产对称的规律,银行最低资本限额应建立在资产的风险等级之上。那时,各国在银行表内资产风险类别与风险权数的判断标准上各不相同,比如美国将表内资产按风险等级区分为四类,其风险权数分别为1%、20%、50%和100%。

《巴塞尔协议Ⅰ》对资本充足性规定了国际统一的标准。该协议把表内资产分成四类,其风险权数分别为0%、20%、50%和100%。资产风险权数的给定以资产风险大小而定,风险越小的资产,其风险权数越小;反之,则越大。

银行在风险权数给定的基础上,利用加权平均法,将各项资产的货币数额乘以其风险等级权数得到该项资产的风险加权值,然后得到的累加值即为银行表内风险加权资产。它是确定银行资本限额的重要依据之一。表内风险资产的计算公式为:

$$表内风险资产 = \sum 表内资产额 \times 风险权数$$

《巴塞尔协议Ⅰ》按信用风险大小将风险资产的类别及相应的权数定义为:

第一,0%风险权数的资产。

a. 现金;

b. 以本币定值,并以此通货对央行融通资金的债权;

c. 对经济合作与发展组织(OECD)成员国,或对国际货币基金组织达成与其借款总体安排相关的特别贷款协议的国家的中央政府或央行的其他债权;

d. 用现金或用OECD国家中央政府债券作担保,或由OECD国家的中央政府提供担保的贷款。

第二,20%风险权数的资产。

a. 对多边发展银行的债权以及由这类银行提供担保,或以这类银行的债券作抵押的债权;

b. 对OECD国家内的注册银行的债权以及由OECD国家内注册银行提供担保的贷款;

c. 对OECD以外国家注册的银行余期在1年内的债权和由OECD以外国家的法人银行提供担保的、余期在1年内的贷款;

d. 托收中的现金款项;

e. 对非本国的OECD国家的公共部门机构的债权,以及由这些机构提供担保的贷款。

第三,50%风险权数的资产。完全以居住用途的房产作抵押的贷款归入这一类资产。

第四,100%风险权数的资产。

a. 对私人机构的债权;

b. 对OECD之外的国家的中央政府的债权;

c. 对公共部门所属的商业公司的债权;

d. 房屋设备和其他固定资产;

e. 不动产和其他投资;

f. 所有其他的资产。

(2)表外风险资产测算。随着银行资产负债表外业务的迅速发展及其资产风险增大,银行资本要求也应包含和体现这类活动可能产生的损失。但表外业务风险测定非常困难。1988 年,《巴塞尔协议Ⅰ》建议采用信用转换系数把表外业务额转化为表内业务额,然后根据表内同等性质的项目进行风险加权。

《巴塞尔协议Ⅰ》根据信用风险大小把银行的表外项目分成五大类,并对前四类表外业务分别给定了信用转换系数,第五类则因其与外汇和利率有关而须作特别处理。资产负债表外业务及其信用转换系数可见下文,各国可根据其市场业务的做法,在有限的范围内将特定的表外业务划入下面所列的业务之内。

第一,100% 信用转换系数的表外业务。

a. 直接信用替代工具,如保证和承兑;

b. 销售和回购协议以及有追索权的资产销售;

c. 远期资产购买、超远期存款和部分缴付款项的股票和代表承诺一定损失的证券。

第二,50% 信用转换系数的表外业务。

a. 某些与交易相关的或有项目;

b. 票据发行融通和循环包销便利;

c. 其他初始期限在 1 年以上的承诺。

第三,20% 信用转换系数的表外业务。有自行偿付能力的与贸易有关的或有项目。

第四,0% 信用转换系数的表外业务。类似初始期限在 1 年以内的,或可以在任何时候无条件取消的承诺均属此列。

第五,未在资产负债表上列示的衍生工具以及其他市场合约。鉴于 1988 年的《巴塞尔协议》未考虑银行衍生工具所具有的风险,因此,委员会对新的巴塞尔国际资本标准进行了修订,要求银行将所有有风险的合约都转换成等额的信贷,然后将合约的等价信贷与事前确定的风险权重相乘。委员会按风险大小将衍生工具和其他市场合约分为四类:

a. 0% 信用转换系数的合约,是指期限在 1 年或 1 年以内的利率合约;

b. 0.5% 信用转换系数的合约,是指期限在 1 年以上的利率合约;

c. 1% 信用转换系数的合约,是指期限在 1 年或 1 年以内的货币合约;

d. 5% 信用转换系数的合约,是指期限在 1 年以上的货币合约。

在确定这些合约的等额信贷时,将每个合约的风险分为潜在市场风险和现时市场风险两类。由于现时市场风险是确定的值,因此,只有合约的潜在风险才需要根据合约面值按相应的转换系数确认。比如,某银行与客户订有一份两年期货币互换合约,合约面值为 40 000 元,如果客户现在违约给银行造成的损失为 1 000 元(即现时市场风险),那么,合约的等值信贷为:

合约面值×潜在市场风险转换系数+现有市场风险 = 40 000×5% + 1 000 = 3 000 元

也就是说,合约的等值信贷应该纳入银行的风险资产总额中,银行配置的资本将相应提高。

信用转换系数是表外业务转换为表内资产的折算系数,也是正确计算银行风险加权资产的重要依据。表外风险资产的计算公式为:

表外风险资产 = ∑ 表外资产×信用转换系数×表内相同性质资产的风险权数

（3）《巴塞尔协议Ⅰ》的实施要求。在对表内资产风险权数及表外项目的信用转换系数的讨论基础上，我们可以计算银行资本充足性。《巴塞尔协议Ⅰ》中规定的计算公式为：

$$一级资本比率 = \frac{核心资本}{风险资产总额}^{①} \times 100\%$$

$$二级资本比率 = \frac{附属资本}{风险资产总额} \times 100\%$$

$$资本对风险资产比率 = \frac{核心资本+附属资本}{风险资产总额} \times 100\%$$

$$= 一级资本比率 + 二级资本比率$$

可见，1988 年的《巴塞尔协议Ⅰ》有两个重点：银行资本规定及其与资产风险的联系。据此，《巴塞尔协议Ⅰ》有了具体的实施要求。国际大银行的资本对风险资产比率应达到 8% 以上，其中核心资本至少要占总资本的 50%，一级资本比率不应低于 4%。附属资本内普通贷款准备金不能高于风险资产的 1.25%，次级长期债务的金额不得超过一级资本的 50%。

《巴塞尔协议Ⅰ》定义银行资本的逻辑和依据为：银行资本的构成部分应取决于资本吸收银行损失的能力，而不是银行资本的不同形式。因此，银行资本应以吸收表内、表外业务可能产生的损失为依据。但是，世界各国对银行资本构成因素和解释并不一致。虽然《巴塞尔协议Ⅰ》的规定并不具有强制性，但它是当今国际银行业最重要的公约之一，因而对从事国际业务的商业银行来说，它具有很强的约束力。

资料链接：

想了解中国上市银行资本充足率，可查阅国家统计局（www.stats.gov.cn）和国泰君安证券（www.gtja.com）网站。

（4）《巴塞尔协议Ⅰ》资本要求的修正。由于《巴塞尔协议Ⅰ》未考虑利率、证券价格、汇率等不利变动给银行造成损失的市场风险，因此，在考虑市场风险的情况下，按《巴塞尔协议Ⅰ》确定的资本充足率将被高估。为此，巴塞尔银行监管委员会于 1996 年 1 月对《巴塞尔协议Ⅰ》进行了修订，目的是要求银行在面临市场风险时持有更多的资本。主要内容包括：

第一，内部风险评估。允许大银行进行内部风险评估，并估计应对市场风险所需的资本数额。比如，一旦银行组合资产市价大幅下跌，银行盈利和净资产将会发生潜在损失，银行理应对这些市场风险提出资本要求。

第二，风险价值评估。允许大银行运用风险价值评估模型（VaR）来确定指定期限内可能承受的最大损失。比如，用该模型计算组合资产因利率、汇率波动给银行造成的可能损失。

---

① 风险资产总额 = 表内风险资产 + 表外风险资产。

（5）《巴塞尔协议Ⅱ》的资本要求。1988年的《巴塞尔协议Ⅰ》在运行过程中,其不足之处渐渐显现出来。主要不足在于:

第一,对金融市场的创新不敏感。由于金融市场的创新日新月异,因此,银行面临的风险种类和风险大小都是不同的。也就是说,《巴塞尔协议Ⅰ》仅根据信用风险对资产进行分类,未考虑包括市场风险、操作风险在内的其他风险。比如,《巴塞尔协议Ⅰ》将企业贷款和消费贷款归为同一风险类别,风险权数相同,但事实上,消费贷款风险更大。根据《巴塞尔协议Ⅰ》,银行可以在不改变资本要求的前提下,通过出售低风险资产同时买入高风险资产进行套利。这种规避协议限制的做法助长了银行的冒险行为,与《巴塞尔协议Ⅰ》的本意相悖。

第二,用相同的方法估计风险并据此确定银行资本要求。如果将银行所承受的风险泛化,那么,银行有着各自的风险特征。因此,《巴塞尔协议Ⅰ》用相同的模型和方法来估计风险并据此确定资本要求显然有失公允。

巴塞尔银行监管委员会从1999年开始筹划《巴塞尔协议Ⅱ》草案,在多年征询意见以及反复修改的基础上,新协议于2006年年底在十国集团开始实施。与1988年的《巴塞尔协议Ⅰ》相比,《巴塞尔协议Ⅱ》资本要求的主要特点是:

第一,进一步强调银行对资本的要求。银行可以根据自身的信用风险、市场风险和操作风险,运用适当内部评估方法估计出各类风险敞口,并据此确定最低的资本要求。显然,《巴塞尔协议Ⅱ》在资本要求上有两个变化:一是银行需根据信用、市场和操作风险来确认其对资本的要求,要求银行持有资本来应付操作风险是《巴塞尔协议Ⅱ》的新内容,操作风险敞口包括会计错误、雇员欺诈等给银行的实体资产造成的损失;二是允许银行根据自身风险来确定其资本要求,它可以提升银行应对不断变化的市场状况的灵活性,有利于银行在金融服务领域的创新。

第二,强调监管约束。尽管新协议允许银行根据自己估算的各类风险敞口来确定其资本要求,但是,银行监管机构须对每家银行的风险估计程序以及资本充足程度进行监督审查,以确保风险评估方法以及资本要求的合理性。

第三,强调市场约束。要求银行更广泛地披露其财务状况或提高财务信息的披露程度,以便承担过多风险的银行受到更大的市场约束,市场约束会迫使高风险银行降低其风险敞口。

（6）《巴塞尔协议Ⅲ》的资本要求。经过近9个月的讨价还价,巴塞尔银行监管委员会终于在2010年9月通过了《巴塞尔协议Ⅲ》。《巴塞尔协议Ⅲ》的主要变化在于:

第一,提高了银行一级资本充足率的要求。全球商业银行在2015年之前将一级资本充足率的下限由4%提至6%,普通股构成的核心一级资本占风险资产的下限由2%上调至4.5%。银行还需另设"资本防护缓冲资金",且总额不低于银行风险资产的2.5%。

第二,实施时间和过渡期安排。在5年内(即在2015年之前),要求银行普通股占风险资产比重的最低限达到4.5%,一级资本比率下限达到6%。缓冲资本要求相对宽松些,要求银行在2016年1月至2019年1月间予以落实。

由于《巴塞尔协议Ⅲ》采纳了长达8年的过渡期,因此,短期内对商业银行的冲击有限。但是,《巴塞尔协议Ⅲ》实施后,一些问题较多的银行则面临融资压力。

2017 年,巴塞尔委员会决策机构央行总裁和监管机构主管小组在法兰克福召开会议,就《巴塞尔协议Ⅲ》框架下的一系列监管改革内容达成一致,包括银行计算风险的方法、所需保持的资本充足率等指标。修订后的协议给银行根据自己内部模型计算得出的风险加权资产来制定的资本标准设定了最低要求。这意味着银行将不能随意减少资本缓冲,不少银行还需增加资本。

资料链接:

章涛.IMF:不可过分强调资本充足率.财新网.2012-09-26。

曹文姣.银监会修《商业银行杠杆率管理办法》.财新网.2015-02-12。

想了解我国商业银行目前采取的做法,可查阅 2012 年 12 月银监会发布的《商业银行资本管理办法(试行)》。

第三节　商业银行的资本管理与对策:分子对策和分母对策

上节我们讨论了商业银行资本充足性及其测定的方法。从事国际业务的商业银行其在资本管理上须遵循《巴塞尔协议》的基本原则,尽可能达到协议所规定的最低资本要求。根据《巴塞尔协议》对银行资本的规定,银行的最低资本限额应与银行资产结构决定的资产风险相联系,资产风险越大,资本限额则越高。同时,银行持股人的股本被认为是最重要的第一类资本或核心资本。因此,银行资本的要求量与银行资本结构及资产结构直接有关。

一、分子对策

"分子对策"是针对《巴塞尔协议》中的资本计算方法,尽量地提高商业银行的资本总量,改善和优化资本结构。银行的资本计划建立在其管理目标所需的银行资本金数额以及金融管理当局所规定的银行最低资本限额要求的基础之上。当银行的内源资本来源不能满足其资本需求时,银行将寻求外源资本来源。而银行选择哪种资本来源则取决于该资本来源的优点及代价。

(一)内源资本策略

在银行增加利润留存而不影响其股价的前提下,这种内源资本来源是银行充实资本金的第一选择。然而,通过内源资本补足资本金的做法必然减少股利分配。在成熟的资本市场上,股利政策具有黏性的特点,减少股利分配有可能造成股价下跌,导致银行实际资本价值受损。从筹资成本而言,内源资本又不失为一种低成本的补充银行资本的方式。对于那些缺乏外源资本渠道的银行而言,以内源资本方式增加银行资本是它们必然的选择。同时,我们必须正视这种做法的限制条件及在使用中应考虑的诸多因素。

银行资产的增长需要足够的资本金支持,银行可增加盈余留存来实现,但通过这种内源资本渠道支持银行资产增大的做法,往往有其局限性。适度资本金数额是内源资本支持银行资产增大的第一种限制。如果以资本资产比率来描述银行资本充足性,那么,内源资本支持资产增大的力度完全视该比率的高低而定,即银行资本要求越低,则内源资本可支持的资产增长越大。反之,内源资本的支持力随银行资本要求的上升而下降。银行盈利能力是支持资产增大的第二种限制。在银行股利政策不变的情况下,银行盈余留存的数额完全取决于银行的盈利性,由此影响其对资产增大的支持程度。

为进一步理解以上问题,我们引入戴维·贝勒(David Bernon)于1978年提出的银行资产持续增长模型。该模型为:

$$SG_1 = \frac{ROA(1-DR)}{EC_1/TA_1 - ROA(1-DR)} \tag{2-1}$$

式中:SG_1 为银行资产增长率;

ROA 为资产收益率;

DR 为以百分比表示的银行税后收益中的股利部分;

EC_1 为期末银行总股本;

TA_1 为期末银行总资产。

该模型显示:SG_1 与 ROA(盈利水平)呈正相关关系,与 DR(股利发放水平)呈负相关关系,同时,与 EC_1/TA_1(资产对资本的要求)呈反方向关系。当银行的 SG_1 确定后,我们可在给定的任何两个变量的基础上算出第三个变量:

$$ROA = \frac{(EC_1/TA_1)SG_1}{(1+SG_1)(1-DR)} \tag{2-2}$$

$$DR = 1 - \frac{(EC_1/TA_1)SG_1}{ROA(1+SG_1)} \tag{2-3}$$

$$\frac{EC_1}{TA_1} = \frac{ROA(1-DR)}{SG_1} + ROA(1-DR) \tag{2-4}$$

在内源资本管理上,银行的股利政策同样也是一个重要的研究内容。银行的股利政策在吸引投资者进行投资上具有重要的作用。由于银行的股利政策是投资者实现其投资收益的重要依据,也是潜在投资者评价银行价值的重要指标之一,因此,银行股利政策影响投资者的行为,同时对银行的市场价值有着重要影响。

银行股利政策是在考虑多方面的因素后所形成的。但是基本内容为制定股利与银行净收益间的合理比例,即股利支付率。一般而言,股利水平应在相对稳定的基础上随银行净收益的增加而逐步提升。这对保持银行内在价值及稳定其市场价值有着重要作用。

因此,银行股利政策就构成了内源资本支持资产增长的第三种限制。如果银行能在不影响其市值的情况下增加盈余留存部分,则将支持银行提升银行资产增长水平。

(二)外源资本策略

从尽量提高银行的资本总量,优化其资本结构的要求看,商业银行应该先考虑提高其核心资本,达到核心资本要求。这可以通过发行普通股、优先股等外源资本方法实现。应该说,通过发行普通股和优先股来增加银行资本,改善资本结构是金融管理当局推崇的最理想的一种外源资本形式,因为这种方式增强或充实了银行资本的核心部分。商业银行并不这样认为,理由是普通股和优先股等外源资本融资方式会稀释银行的股东权益与每股净收益,并且,普通股和优先股是成本最高的资本来源。商业银行比较倾向于采用增加附属资本(比如发行次级债券和票据等)来提高其资本总量,这种做法能给银行带来杠杆效应,产生税盾效应[①]。但是,金融管理当局则会对此进行限制,如《巴塞尔协议》规定:银行附属资本不能超过总资本的50%,次级长期债务不能超过核心资本的50%,等等。因此,商业银行在外源资本管理上的愿望与金融管理当局的要求并不一致。

基于以上分析,外源资本策略为:对核心资本不足的银行来说,一般通过发行新股方式来增加资本,同时应充分考虑这种方式的可得性、能否为将来进一步筹集资本提供灵活性以及可能造成的金融后果。为了不影响股东的利益以及增强今后进一步筹资的灵活性,银行可通过发行非累积性优先股等方式增加核心资本。事实上,优先股已成为大银行常用的外源资本。对核心资本已占全部资本50%以上的银行,由于发行股票等方式已不可得,故银行主要通过增加发行债务等方式获取附属资本,使商业银行的总资本得到最大限度的增加。外源资本管理的实践告诉我们,商业银行通过外源资本充实资本金以达到支持银行资本增长的目的的手段已成为主流。据美国商业银行1980—1990年10年间外源资本的统计,优先证券发行为普通股发行的3倍以上,而在优先证券中,后期偿付债券占65%。

二、分母对策

分母对策在于优化资产结构,尽量降低风险权数高的资产在总资产中所占的比重,同时加强表外业务管理,尽可能选择转换系数较小及相应风险权数小的表外资产。因此,分母对策的重点是减少资产规模,降低商业银行的风险资产额,从而相应提高资本与风险资产的比重。

(一) 压缩银行的资产规模

资产规模越大,其对银行资本的需求越强。对一些银行资本不足的商业银行而言,可以出售一部分高风险或有问题或市价水平较高的金融资产,减少银行资产规模,这种做法相应提高了资本对资产的比率。从资产管理的目标而言,压缩银行资产规模,适度控制银行现金存量是银行流动性、安全性的要求。与工商企业不同,商业银行资产构成有其自身的特点:一是现金存量较高;二是金融债权比例极高;三是房产等被固化了的资本较少。因此,压缩银行资产规模应在银行资产管理的要求下进行。

银行现金存量受四个方面约束:第一是要满足客户提取存款进行日常交易的要求;第二是满足金融管理当局对法定准备金的规定;第三是必须在央行或其他往来行存有足够现金的清偿支

---

① 税盾效应是指债务融资后所产生的利息在税前列支,可以起到省税的效果。

票;第四应满足其向代理行支付现金以换取服务的需要。银行满足以上四个方面需求的能力大小反映了其流动性的强弱,银行流动性与盈利性往往相悖,但与银行的安全性又往往是一致的。银行现金存量的大小应直接满足流动性要求,这是银行现金管理的最基本内容。因此,降低现金存量是可行的,也是有效的。

银行金融债权主要包括证券投资和各种贷款,由于它们是银行收入的基本来源,因此,它们的比例很高。银行证券投资主要包括银行持有的高流动性及低风险的金融证券,银行的该类资产既可满足银行的流动性需求,又能因获取较高利息收入而满足银行的盈利性要求。因此,简单地压缩其规模的做法不是该类资产管理的目标,而应该进行有效的投资组合,以达到降低风险,提高流动性与盈利性的目的。贷款是银行资产项目中的主体部分,它是银行资产管理中最重要的管理内容之一。宏观经济环境及银行信用环境的变化会影响银行贷款规模及质量。银行贷款总额的大小一般可用存贷比来衡量(贷款总额与存款总额之比),存贷比的大小往往受经济景气度的影响,如果经济不景气,则通过缩小贷款规模来减少经营风险。

(二)调整资产结构

资产结构调整后,商业银行可以在总资本额和总资产额不变的情况下,提高资本充足比率。资产结构调整空间较大的部分在于证券投资与贷款资产。如前所述,证券投资在银行资产管理中的地位突出,它除了满足银行流动性及盈利性要求,还为贷款规模的调整提供了余地。在严格监管的情形下,银行证券投资的对象多为信誉等级很高的金融证券。但证券投资有着广阔的空间,这类资产既可以是货币市场、资本市场的投资工具,也可是金融创新的投资工具。因此,银行的证券投资并不是投资于单一的金融证券,而是投资于不同种类、不同期限的证券,其目的是通过这样的投资组合来降低投资风险,降低风险资产数量及权数,达到流动性与盈利性的均衡。

贷款是银行持有的变现力差的资产,同时是风险大的资产。从贷款管理的要求看,银行为减少贷款风险进行贷款组合,可通过减少高风险贷款以及相应增加低风险资产的办法,来减少风险资产总量。

20世纪80年代后,随着贷款总体风险的加大,银行的资产组合不再局限于贷款内部或证券投资内部,而是将贷款与证券投资打通。比如,20世纪80年代以来,许多大银行将因贷款组合减少而剩余的资金配置在了债券和票据上。同时,为了减少风险资产数量,增强银行流动性,商业银行开始尝试将不良贷款进行证券化。

分子对策和分母对策在于减少商业银行的经营风险与财务风险,提高商业银行的安全性和流动性。商业银行可以采用分子对策或分母对策或同时采用两种对策来满足银行资本充足性要求。然而,盈利性往往与安全性和流动性相悖,因此,不论分子对策还是分母对策,银行在使用时都应注意适度。

国际银行监管的发展方向给中国的银行业以极大的启示。中国银行业不能仅仅满足于最低的资本充足率要求,还应将注意力投向信用风险、市场风险,以及其他风险的衡量,应根据各种风险规定相应的资本要求。目前,我国已拥有一个不小的商业银行集群,包括大型商业银行、股份制商业银行、城市商业银行、农村商业银行和外资银行。根据中国银行业协会发布的《2020年度中国银行业发展报告》,截至 2020 年 6 月末,中国银行业境内总资产为 301.5 万亿元人民币,同比增长 9.8%。然而,银行在实施分子对策、分母对策时的空间有限,限制条件不少,也缺乏风险退出机制。

第四节　商业银行并购决策与管理

企业并购(mergers and acquisitions)已有 100 多年的历史,但是,银行间的并购活动则随着 20 世纪 70 年代金融自由化而逐渐增多。银行的并购是银行业乃至整个金融业重建的重要方式。20 世纪 90 年代中后期,商业银行并购高潮迭起,超级大银行、超大型金融百货公司不断出现。

一、商业银行并购的原因和影响

商业银行并购的最根本原因是追求利润和迫于竞争压力。20 世纪 70 年代西方金融自由化加剧了银行间的竞争,非银行金融机构及众多工商企业纷纷进入传统银行业领域,银行在吸收存款、发放贷款方面的垄断地位受到动摇,营利性也受到极大的挑战。因此,当今银行并购的动因在追求利润和迫于竞争压力上体现得更为充分。美国和日本试图在国际金融市场一体化中抢占有利地位,加大金融改革力度,改善了法律环境,银行和证券法逐渐放宽。法律环境的变革影响银行并购的实质和内容。循着这一金融改革路径,可以发现,美国和日本银行并购的新变化有其必然性。1998 年 5 月,美国众议院通过《1998 年金融服务业法》(Financial Services Act of 1998),它对美国银行业日后的发展具有重大意义。随着分业经营限制的消失,通过银行并购,美国形成了一批如花旗集团一样的超级银行。因此,银行业并购不仅是技术进步,也是制度的创新。

(一)追求银行发展

商业银行的成长和扩大有两条途径:一是增加利润留存,用内源资本追加资本投入,扩大资产总额和金融产品生产规模。二是通过并购等向外扩张方式迅速提高银行资本及资产规模。向外并购扩张是效率较高的方法,许多银行就是靠它实现爆炸式几何级数增长的。美国著名经济学家乔治·斯蒂格勒曾做过精辟的论述:"没有一个美国大公司不是通过兼并而成长的,几乎没有一家大公司主要是靠内部扩张成长的。"可以说,并购造就了超级大银行。在通过并购追求银行发展的过程中,可得到三个启示:

第一,便于满足和实现《巴塞尔协议》的资本规定。金融自由化使商业银行在日益发达的资本和货币市场上面临着来自同业及非银行机构的巨大竞争压力,筹资成本上升。同时,资本与风险资产比率不得低于 8% 的要求又使商业银行很难通过同步扩大资产和负债规模来实现资产规模的扩大。银行并购可绕开这些因素的制约,使商业银行的资本和资产规模在短期内迅速膨胀,以满足和实现《巴塞尔协议》的资本规定。

第二,减少破坏性。面对竞争压力,商业银行为了生存及发展,必须以承担高成本以及牺牲利润为代价。但是并购活动使银行资产产生规模效益,减少过度竞争所造成的两败俱伤,保证商业银行的利润持续稳定。

第三,流程改善的协同效应。流程优化是一项策略,通过不断发展、完善、优化业务流程,可保持银行的竞争优势,改善银行未来现金流。并购是流程改善的路径之一,其协同效应主要体现在两方面:

一是高效率经营方式的输出。如果收购方的经营方式更有效率,那么,并购完成后,收购方会向目标银行输出高效的经营方式,有助于目标银行提高效率,改善未来现金流。

二是并购后新实体实现更广泛的流程改善。收购方与目标银行合并后,通过优势互补或资源合理整合,可能有助于新实体流程的改进和优化,产生相应的效果,比如,提高新实体经营方式、营销和分销体系的效率。

(二)追求协同效应

协同效应就是"2+2=5"的效应。银行并购后,其总体效益要大于两个独立银行效益的算术和。协同效应能提高并购后银行的一系列竞争性指标。协同效应有经营协同效应和财务协同效应之分。

1. 经营协同效应

这是并购给银行经营活动的效率方面带来的变化及效率的提高所产生的效益。

首先,经营协同效应产生规模经济。这在横向并购中体现得最为充分。并购可以使几家规模不大的银行组成大银行,从而有效地通过规模经营降低高运行成本及高额管理费用,降低资金成本,提高银行的竞争力。美国化学银行在1992年完成对汉诺威银行并购后,银行的成本节约了2.8亿美元。另外,规模经济还体现在并购后市场控制能力可望提高。银行间的过度竞争会扭曲金融市场,使整个金融体系的运作产生低效率。银行间的并购可提高银行金融产品的市场占有率。再比如,化学银行在1992年完成对汉诺威的并购后,其辛迪加贷款的市场占有率由13.6%上升为21%。

其次,实现优势互补,增强综合实力。并购完成后,银行综合了收购方和被收购方的优秀人员、市场、产品等方面的特长,也包括它们中较优秀的企业文化。高质量的人才资源为银行进一步开发更多金融产品及创新奠定了基础。原银行的业务优势和资信优势可增强新银行的客户基础,并有望提高银行的信用等级。

2. 财务协同效应

银行并购后,税负、会计处理的惯例、投资理念等会发生变化,这些变化可帮助银行取得某些效益,比如合理避税、产生预期效应等。

许多国家的税法中对不同类型的资产所征收的税率有不同的规定,为此,银行能够采用某些财务处理方法达到合理避税的目的。但应当承认,银行间的横向并购所实现的财务协同效应并不明显。随着对银行混合并购形式的管制放松,银行可利用被收购方不同的资产类型来充分实现合理避税。

在"股东至上"理念下,银行经营的目标是股东财富最大化(或价值最大化)。财富最大化很大程度上取决于股票价格的高低;股票价格的高低取决于投资者对银行未来现金流入的预期。

股价等于未来某一时刻每股收益与市盈率的乘积。在银行外部环境相对稳定及银行盈利水平平稳的情况下,市盈率在短期内不会有太大的波动,股价也较为稳定。此时,若不断并购那些有着较低市盈率值,且有着较高每股收益的银行,银行的每股收益与股价均上升。[①]

（三）管理层利益驱动

大银行的高层管理者往往在金融界举足轻重,也对政府政策的制定有相当的影响力。然而,他们在社会上的地位和影响力又依赖于他们所管理的银行的规模而非其利润水平。因此,银行的高层管理者为了显示自己的能力,同时为了追求高收入,往往具有扩张的动机和做大的冲动。尽管在竞争市场中,银行并购对股票持有人来说具有正面效应,但不少银行并购案的决策,并非以银行的财务、经营策略为依据,而是受银行管理高层的私利驱动,这种非理性的决策与银行并购的基本动机相悖。

银行是一种特殊的企业,它的扩张策略有别于工商企业,因此,无论是并购方式的选择、并购的动机,还是并购决策,银行有其自身的特点。以上我们介绍了银行并购的一些最基本动因。应该说,在广阔的混合并购市场及反收购市场中,对并购方及被收购方而言,驱使它们乐此不疲的原因很多,但它们最本源的动因仍是迫于竞争及逐利。

二、商业银行并购的决策

商业银行并购,其实质是一种投资活动,这种投资的回报率应不低于银行预定的指标。同时,银行并购后,银行的内在价值应更快地得以提升。因此,银行并购决策是个复杂的过程,除了考虑这种投资的预计回报外,还应考虑许多非经济因素。

（一）并购的效应分析

并购的目的是追求银行增值,这一增值量取决于并购前后银行的内在价值。如以股票总市值来衡量银行的内在价值,那么,只要合并后银行股票总市值超过合并前银行市值之和,这种并购就产生了增值。银行并购后能否增值主要取决于并购后银行能否增加现金流入以及是否能提高银行的规模和市场占有率。

并购后银行增加的现金流入主要由协同效应所致。具体而言,有五个方面的内容:

第一,并购带来更多的金融产品,提高了银行的收益水平以及现金净流入。

第二,并购改善了金融产品的营销。每家银行在营销策略和销售方式及渠道上均有特点和优势,并购可综合各银行的优势来改善银行的营销。

第三,并购可将银行带入有吸引力的新市场。这种效应在混合并购中体现得更充分。银行通过涉足不同的金融细分市场,可以分散行业风险。银行由此找到其收益的增长点。

第四,并购改善了经营管理水平。并购可吸收银行中最优秀的雇员、优秀的管理人员和体制等。并购带来的丰富的人力资源和管理资源为改善银行的经营管理水平提供了可能。

---

① 该效应也称为"皮靴效应"。

第五,并购降低了银行经营成本。并购使新银行以较少的员工、较低的资本和资产来提供两家银行合并前所能提供的相同质量和水平的金融服务。这种做法大大减少了银行非利息支出,有助于提高银行未来的收益或现金流入。

值得注意的是,并购效应不易测度和量化。在对以上五个因素的效应分析中,前四个因素对银行并购后预期收益或现金流入的估计往往难以量化。它们对预期收益的影响程度还受到许多不确定性的限制。但是,第五个因素无疑易于量化,而且在效应分析中的地位很高。

并购扩大了银行规模和市场占有率。银行规模扩大后,其自身的发展空间增大了,市场占有率提高后,银行的集中度大大增强。收购方可以通过并购提高核心存款市场占有率。由于核心存款利率低,并相对稳定,因此,核心存款市场占有率在收购中是一种很重要的价值因素。核心存款占有率提高后的新银行其内在价值必然增加。

(二)并购的估价

在银行并购案中,估价和出价是整个并购谈判中最棘手的问题。在进行银行价值评估,确定银行的内在价值时,分析人员的第一步工作是分析和了解该银行的运作、财务和在同行业中的竞争地位、发展前景。在此基础上选择宜采用的评估方法。下面介绍并购中常用的几种定价方法。

1. 现金流贴现法

现金流贴现法(discounted cash flow,DCF)是收益法(income approach)中最科学、最成熟的评估方法,该方法同时适用于对上市和非上市银行的价值评估。

现金流贴现法的评估机制为:首先预测目标银行(猎物银行)未来各年的现金流,然后计算出经风险调整后的资本成本,最后用资本成本作为贴现率计算出未来现金流的现值,进行累加后得出目标银行的价值。这种方法有两大难点:目标银行未来现金流的预计及资本成本的估算。但这两个难点在发达成熟的证券市场和经济环境较稳定时期较易克服。现分述该评估机制的各环节:

(1)选定预测期间。预测期的长短与"终年"有关。由于未来不可知,通常以"终年"将目标银行的存续期分成两段。"终年"是指目标银行回归行业平均利润率的未来时点(通常在未来的10年之内)。如果"终年"为未来第3年年底,那么,预测期间为3年。通常,我们可以根据"竞争性均衡"假说来确定目标银行的"终年",但确定目标银行的"终年"并非易事,它基于多方面因素。比如目标银行的增长率和竞争强度,目标银行的市场占有率及竞争策略,目标银行预计快速增长或不均衡增长的年数,目标银行预计将经历利率提高(或下降)的年数,等等。

(2)确定各年现金流。"终年"一旦确定,需对"终年"之前目标银行每年的自由现金流进行详细估计和预测,而"终年"之后的各年自由现金流则可以做简化处理,比如,"终年"之后目标银行每年的自由现金流可参照"终年"的自由现金流进行估计,或者以"终年"自由现金流为基础,按某一固定的增长率估计"终年"后目标银行每年的自由现金流。

（3）测定资本成本。资本成本可细分为股权资本成本和债务资本成本。杠杆法[1]以加权平均资本成本为贴现率,而无债法[2]使用的贴现率为股权资本成本。

根据资本资产定价模型,股权资本成本(COEC)的计算公式为:

$$COEC = R_f + B(R_p) \qquad (2-5)$$

式中:R_f为无风险回报率,以同期国债收益率代替;

B为该银行股票的β系数;

R_p为高出国债收益率的那部分股票投资收益率,即风险溢酬。

债务资本成本(CODC)的计算公式为:

$$CODC = i(1-T) \qquad (2-6)$$

式中:T为所得税税率;

i为借款成本。

银行债务资本成本的高低与其资本结构及其变化有关。

加权平均资本成本(WACC)则综合了股权资本成本和债务资本成本。其计算公式为:

$$WACC = COEC \times 股权资本比率 + CODC \times (1-股权资本比率) \qquad (2-7)$$

式中:股权资本比率为权数,是公司股权资本与全部资本(股权资本和债务资本之和)之比。

（4）估算银行在预测期末(即"终年")的终值。预测期末的终值是指"终年"后每年自由现金流的现值。用于估算银行在预测期末终值的方法有恒定法(perpetuity method)和乘数法(multiples method)。

恒定法建立在一定的假设条件上。它或假定从预测期的最后一年开始,银行每年的自由现金流保持不变;或假设从预测期的最后一年开始,银行每年预期的自由现金流以一个固定的比率增长。

在第一种假设下,由于预测期最后一年开始的年现金流不变,故银行预测期末的终值为"终年"后各年自由现金流的贴现。其公式为:

$$S = \sum_{t=1}^{\infty} \frac{R_t}{(1+k)^t} \qquad (2-8)$$

式中:S为预测期末目标银行价值;

R_t为预测期末(即"终年")后第t年的自由现金流;

k为投资者最低可接受的报酬率,通常以资本成本替代。

设$R_t = R$,当$t \to \infty$时,式(2-8)可转变为:

$$S = \frac{R}{k} \qquad (2-9)$$

---

[1] 在杠杆法下,银行的部分资本来源于债务资本,因此,银行的投资者由股东和债权人组成,加权平均成本可视为两类投资者平均的期望收益率。

[2] 在无债法下,银行的资本全部来源于权益资本,股东是银行的唯一投资者,因此,股权资本成本是银行股东的期望收益率。

在第二种假设下,银行预测期末的终值为预测期后各年自由现金流的贴现值。其公式为:

$$S = \sum_{t=1}^{\infty} \frac{R_o(1+g)^t}{(1+k)^t} \tag{2-10}$$

式中:R_o 为预测期末年自由现金流;

g 为年自由现金流增长率。

当 $k>g$, $t \to \infty$ 时,式(2-10)可转换为:

$$S = \frac{R_o(1+g)}{k-g} \tag{2-11}$$

设净投资为零,由于无债法确定的预测期间最后一年自由现金流将等于银行的税后营运收入(NI),因此,S 表示目标银行期末股权的价值。而杠杆法确定的最后一年自由现金流等于银行的净收入 EBIT$(1-T)$,故 S 表示整个目标银行(包括股权和债权)的价值。

乘数法是运用合适的乘数,并结合预测期间最后一年相关财务数据的估计值(比如 EBIT、净收益等)来求得预测期末终值的方法。常用的乘数有总资本与 EBIT 之比、总资本与账面价值加负债之比、市盈率、股权市值与净收益之比、股权市值与几年平均净收益之比等。该方法的评估机制为:

第一,选择参照银行。参照银行应在营运上和财务上与目标银行具有相似的特征。

第二,选择及计算乘数。银行价值与其业绩之间的关系称为"市场/价格乘数"。该乘数按其分子是银行股权的市场价值还是股权和债务的市场价值,可以分为股权乘数和总资本乘数。由于总资本乘数同时考虑了债务对银行价值的影响,因此,分析师对总资本乘数尤为偏好。

第三,运用选出的多个乘数计算目标银行的多种价值。选定市场/价格乘数后,我们将该乘数与目标银行经调整后对应的财务数据相乘后就可得出目标银行的一个市场价值估值。根据各个乘数算得的估值越接近,说明评估的准确度越高。

第四,对银行价值的各个估计数进行加权平均。为客观起见,分析人员应对各个估值赋以不同的权重,至于权重的分配要视乘数对银行市场价值的影响大小而定。然后,使用加权平均法算出目标银行预测期末终值的估计值。

(5)计算目标银行价值。对预测期内现金流和终值进行贴现,并汇总现值,据此确定目标银行价值。

在无债法下,按股权资本对预测期内每年净现金流(FCFE,即仅属于股东所有的自由现金流)和预测期末终值进行贴现,加总后即得银行股权的价值。

在杠杆法下,因为按加权资本成本对预测期内每年完全现金流(FCFF,即属于债权人和股东共同所有的自由现金流)和预测期末终值进行贴现,加总后即为银行总资本的市场价值。股东的市场价值应是扣除银行所负担的债务现值后的那部分银行价值。

现金流贴现法是适用面很宽的一种估值方法,它既可用于上市银行,也可用于非上市银行,既可用于换股的并购方式,也可用于非换股的并购方式。但是,这种方法在运用中应注意这样一个问题:现金流贴现法只是对银行营运资产的价值评估,而不含非营运资产,后者也是银行价值的一部分,它们也应予以确认、评估和入值。

2. 股票交换法

这种方法适合于用换股方式进行的并购。其关键在于确定股票的交换率。该交换率的分子、分母可以用并购双方的许多指标替代。通常的可用指标为每股净收益、每股市价、每股账面价值等,其中又以每股净收益与每股市价居多。

(1)市场价值法。在一个充分有效的资本市场上,股票的市场价可以看作投资的现值,这一现值为并购双方所认同。如果以 MP_1 和 MP_2 分别代表收购银行和目标银行的股票市价,在考虑了同类并购活动的平均溢价 $\bar{P}$ 后,股票的交换率(E_r)计算公式为:

$$E_r = \frac{MP_2(1+\bar{P})}{MP_1} \tag{2-12}$$

该比率说明目标银行的一股股票相当于收购方股票的多少股。在使用该比率进行换股并购时,应考虑到充分有效的市场是不存在的,因此,股价并不是上市银行的真正价值。而非上市银行的价格与真实价值的契合度更不易判断。可以说,这一交换率仅适用于交投活跃的大上市银行,或仅作为交易双方谈判的依据。

(2)每股净收益法。很多人倾向于用股票的收益而非资本价值作为换股的依据。收购方在比较了并购双方的每股净收益后,即可计算出对价。如果以 EPS_1 和 EPS_2 分别表示收购方和目标银行的每股净收益,在考虑了同类并购活动中的收购溢价后,股票交换率计算公式为:

$$E_r = \frac{EPS_2(1+\bar{P})}{EPS_1} \tag{2-13}$$

这一比率较易为并购双方所接受。但是,如果并购双方未来的盈利水平不一致,则该比率就不能将未来可能发生的收益变化及其风险考虑在内。为此,须对以上比率的分子、分母进行调整。即可用加权平均法来计算每股净收益,从而使该比率既能体现并购双方目前的盈利性,也能体现未来的盈利性及其风险。

(三)出价方式

收购银行自出价策略确定后,还将选择合适的支付方式。常见的支付工具有现金、股票、债券或以上工具的混合形式。此处仅介绍现金和股票两种方式。

1. 选择支付方式的原则

并购支付工具的选择是并购成功与否的重要因素之一。选择合理的支付工具应该以目标银行的股东和管理层的要求、财务结构和资本结构的特点等为依据。

第一,有利于收购方资本结构的优化。合理的资本结构能够给银行带来可观的收益。如果银行的资本结构中长期债务比重过高,银行会考虑以普通股为支付手段来调整资本结构;反之,长期负债的比重过低,收购方则会以债务类证券为支付手段调节资本结构。

第二,目标银行股东的要求。目标银行股东或董事会是否愿意出让股份和控制权是收购方选定支付方式的另一个依据。如果他们愿意出让股份或控制权,则现金、债券类证券是收购方的选择对象;反之,则普通股为首选支付工具。

第三,遵守国家和地方政府的法令法规。在涉及跨国并购时,收购方的信息披露和会计处理往往不为目标银行所在国的证券交易机构所认同,其股票不能在异国上市交易,因此,以股票为支付工具则不会被考虑。

第四,税收上的优惠。许多国家都有这样一种规则,即不同的支付工具所应该承担的税负不一。如果目标银行股东有减少资本利得税的意愿,那么,收购方往往以股票为支付手段,而非现金。

第五,收购方股东的要求。支付方式的不同影响收购方的控股权以及每股净收益的大小。如果收购方股东不希望其控股权和 EPS 遭稀释的话,他们会阻挠收购方以换股方式取得目标银行。

第六,证券市场的消化能力。如果债券市场低迷,则收购方只能通过现金或股票方式取得目标银行;如果市场对证券有足够的消化能力,则收购方可以选择的支付方式就具有较大的余地。

2. 现金支付方式及其适用情形

现金支付方式是收购方支付给目标银行股东一定数额现金以达到收购目的的一种支付方式。收购方借此取得目标银行的所有权和控制权。一旦目标银行的股东让售所持股份后,就失去了对原银行的任何权益。对收购方而言,以现金收购目标银行,现有的股东权益不会被稀释。

现金收购能够加快银行并购的速度。这是因为:就收购方而言,它可以凭借现金支付方式速度快的优势,使有敌意情绪的目标银行董事会和经理层措手不及,无法获取充分时间进行反收购布防。这也是现金支付多见于恶意收购的原因。同时,与收购方竞购的对手银行或潜在对手银行因一时难以筹集大量的现金而难以与收购方抗衡。就目标银行而言,现金不存在变现的问题,而非现金形式(比如换股)能给目标公司股东带来多少收入取决于市场状况、市场深度、收购方的业绩和信用等级、交易成本等,非现金形式的变现能力不确定性较大。

现金支付方式也存在缺陷,其中首推纳税时间的提前。世界上绝大多数国家都奉行这样的税务准则,即公司股票的出售是一项潜在的应税事件,它涉及投资者的资本利得,在实现资本利得的情况下,应该缴纳资本利得税。因此,在目标银行眼里,现金支付方式使得其无法推迟资本利得的确认时间,提早了纳税时间,不能享受税收上的优惠。此外,收取现金而放弃股权,使目标银行股东不能拥有并购后形成的新银行的股东权益。但值得注意的是,若目标银行被一个大家族或国家拥有大量股份,那么,现金收购往往不能有效地诱使他们出让股份。

3. 普通股支付方式及其适用情形

普通股支付方式是收购方通过定向增发普通股,以新发行的股票替换目标银行股份的一种支付方式。普通股收购方式有着不同于现金收购的特点,即不需要支付大量现金,因而不影响收购方的现金状况。同时,完成收购后,目标银行的股东并未失去他们的所有权,只是这种所有权转移到了并购后的新银行内,使他们成为并购后新银行的新股东。收购方通过普通股收购扩大了规模,扩大规模后的银行所有者由收购方和原目标银行的股东共同组成,但是,收购方的原来股东应该在控制权上占主导地位。这种支付方式多见于善意收购。就收购方而言,以普通股作为支付手段虽然会稀释股权并使并购后的每股净收益出现回落,但是却无须另外安排融资以支持并购,减少了融资成本,减轻了营运资本的压力。同时,普通股收购适用的会计方法不反映商誉,减轻了商誉摊销的成本压力。然而,普通股作为支付工具同样存在缺陷。这些缺陷首推耗时耗力。比如,美国的收购方为并购而发行普通股受证券与交易委员会监督,完成发行的法定手续耗时至少两个月。其次,手续烦琐。

普通股收购多见于善意收购。当收购方和目标银行规模、实力旗鼓相当时,普通股收购的可能性较大。1992 年,美国化学银行发售 15.7 亿美元新股收购汉诺威制造商银行就是一例。收购方往往在其股价高涨时发动并购,因为以股价作为换股率的依据时,它可以利用股价的优势,以较少的本公司股票换取对目标银行的控制权。

(四)并购的效益分析

并购的根本动因是追求收益与增强竞争力。未来的收益具有不确定性,尽管对银行并购的效益分析很困难,但这种分析又是有效的。并购的效益分析方法有许多,如成本收益分析、投资回报率分析、每股收益变动分析等。下面,我们仅介绍成本收益分析。

并购的目的是产生增值。并购后的收益可由下式表示:

$$B = V_合 - V_1 - V_2 \qquad (2-14)$$

式中:B 是并购后的净收益,俗称"并购协同效应";

$V_合$ 是两家银行合并后的现值;

V_1 和 V_2 分别是两家银行合并前的现值;

B 大于零是并购后所希望实现的结果。

并购过程是一个追求增值的过程,为此,并购方必须付出一定的代价。收购方的收购成本可由下式表示:

$$C = P_1 - V_2 \qquad (2-15)$$

式中:P_1 为收购方付给被收购方的收购款;

V_2 为被收购方的现值;

C 为收购方的收购成本。

如果 C 大于零,则说明收购方支付高于目标银行现值的价格,此时的 C 俗称收购溢价。C 的大小往往由并购双方谈判确定,但是,为了确保并购实施顺利,C 通常大于零,收购方愿意承担收购溢价,甚至是高溢价。

综合并购收益与成本,应以下式描述收购方是否应收购目标银行:

$$B - C = V_合 - V_1 - P_1 \qquad (2-16)$$

式(2-16)有三种结果,如果式(2-16)大于零,说明并购协同效应现值大于收购溢价,收购方股东的财富将增值。这也是收购方最愿看到的结果。但必须注意的是,由于并购协同效应 B 很难估计,因此,在确认并购是否真的为收购方股东创造了财富上,我们几乎没有把握。

三、商业银行并购的管理

商业银行并购是一项极其复杂的交易,该交易过程涉及经济、政策和法律等诸方面的问题。尽管在并购过程中可以接受投资银行所提供的服务,但是,收购方应积极参与其中,并对整个并购过程进行必要的管理。银行并购的管理内容主要有以下几方面。

（一）建立并购小组

并购小组(或特别委员会)在整个并购过程中,应该与其财务顾问——投资银行一起,从目标银行的寻找、早期并购策划、协调各方利益到并购后的重组,进行全过程管理和监督。该小组由收购银行某高级管理人员牵头,成员包括收购银行各部门的代表和银行外界的专业人士。该小组策划、组织及管理整个并购过程,因此,并购小组是银行并购的直接管理机构。

（二）物色并购目标

寻找目标银行不是件易事,除非有银行自愿要求被收购。因此,收购方应积极主动地获取信息,先从外部取得资料作初步分析,然后进行实际接触,在取得精确的报表等资料后,再做进一步的分析评估。

1. 商业调查

在物色目标银行时,并购小组应会同投资银行取得和了解目标银行经营情况等方面的充分信息,以决定是否值得收购。其调查内容包括目标银行的背景、财务信息等,范围很广,但应考虑调查成本,对调查内容作相应的取舍。

2. 选择并购目标

在对目标银行进行全面调查后,便进入对目标银行的挑选阶段。选择目标银行应从两个方面入手:一是根据收购银行的并购动机选择目标银行,二是分析目标银行被并购的可能性。目标银行被并购的可能性由目标银行自身的特性、目标价格高低以及要约人承受能力大小决定。

3. 审查并对目标银行进行财务评价

一旦选中目标后,应认真审查目标银行,这是目标银行价值评估以及评价并购效应的重要环节。审查的重点一般包括目标银行法律、财务等诸多方面。为了最大限度地减少购买一家经济上不吸引人的银行的风险,或为了避免对一家有吸引力的银行支付过高的价格,必须对目标银行进行财务评价。评价的重点是目标银行的价格是否过高,收购风险之所在。

（三）并购对象的估价和出价管理

对目标银行内在价值的评估是并购成功与否的关键。收购方应会同投资银行在仔细评估的基础上确定目标银行的价值区域,制定出其可接受的最高收购价格。应该在分析和了解目标银行的运作、财务和市场、在同行业中的竞争地位、发展前景的基础上,确定目标银行的内在价值。

(四)选择并购支付方式

并购银行在出价策略确定后,还将选择合适的支付方式。公司收购的支付工具有现金、自己的股票、债务凭证或以上诸支付工具的混合形式。选择合理的支付工具应以目标银行的股东和管理层的要求,财务结构和资本结构的特点等为依据。目前,以现金及普通股形式最为流行。

(五)银行内部的人事调整

在银行并购的形式完成后,银行将面临人事调整,收购方应认识到被收购方的组织、结构、文化均有着自身特点,在并购后的人事重整中对并购双方银行的特点进行比较后,选择双方的优点构筑新银行的企业特色。

(六)广泛与股东进行沟通

在并购过程中及并购后,一定要以股东利益为重,避免银行高管或大股东的私人利益凌驾于全体股东利益之上。为保证并购的顺利进行,应对并购给股东带来的利益及利益保障程度进行充分解释。

(七)争取客户信任和扩大客户基础

并购可能造成恐慌而失去客户。因此,银行在公布并购消息时,应尽量消除客户对新银行的陌生感和因恐惧而引起的不信任感。银行可以在以下几个方面展开工作:

第一,继续实现并购前所作的承诺以及承担以往的职责。

第二,丰富金融产品系列和完善配套服务,使新银行成为全能型银行。

第三,发展新客户。并购使银行的资本和资产得到快速增长,银行应由此发掘新客户,扩大业务量。

本 章 小 结

1. 商业银行资本的内涵不同于一般公司的资本内容,其内涵较为宽泛,除了包括股本、资本盈余、留存收益在内的所有者权益外,还包括一定比例的债务资本,如资本票据、债券等。商业银行具有双重资本的特点,常将所有者权益称为一级资本或核心资本,而将长期债务称为二级资本或附属资本。1988 年在瑞士通过的《巴塞尔协议》统一了银行业的资本衡量和资本标准,确立了商业银行资本双重性的国际规范。

2. 资本充足性是银行安全经营的要求。存款人、社会公众、银行自身均对此有要求。银行持有充分的资本是风险管理的要求,也是在安全经营基础上追求更多利润的保障。银行资本充足性的标准是多样化的,银行资本充足性测定是一项复杂的工作,常用的方法有最直观的比率分析法以及综合诸多因素的综合分析法。

3. 随着风险因素的引入,银行最低资本要求除了与银行总资产相关外,还与银行资产质量和风险有关。因此,必须分别考虑表内和表外两类资产风险程度,确定银行所对应的资本要求。表内风险资产在对资产按风险分类后,用加权平均的方法,将各类资产的货币数额乘以其风险权数算得;表外项目在设定每类表外项目的信用转换系数后,先将表外项目折成表内资产,然后根据表内风险资产的算法测定。《巴塞尔协议》关于银行资本充足性的要求是在充分考虑了表内风险资产和表外风险资产的基础上形成的。

4. 银行资产结构和资本结构的差异直接影响资产风险大小及核心资本的数量。银行在满足资本要求时,须充分考虑资产结构和资本结构,分别采取分母对策和分子对策。分母对策有压缩银行的资产规模、调整资产结构等策略,而分子对策有内源资本策略和外源资本策略。

5. 银行的并购是银行业乃至整个金融业重建的重要方式。银行可借此迅速扩张资本。在这种资本运作方式下,银行在利润和竞争上的压力表现得更为充分。银行在具体的并购决策上,除了考虑投资的预期回报外,还应当考虑诸如并购效益、估价等非经济因素。银行在并购过程中,应积极配合投资银行,并对整个并购过程进行必要的管理。

本章重要概念

外源资本	内源资本	银行股本	债务资本
银行盈余	储备金	核心资本	附属资本
银行资本充足性	风险加权资产	风险加权表外项目	合并与收购
成本收益分析	协同效应	自由现金流	

复习思考题

1. 讨论银行资本的各种不同组成部分及其作用。
2. 为何充足的银行资本能降低银行经营风险?
3. 为何《巴塞尔协议》有关银行资本规定对国际银行间的公平竞争具有特别重要的意义?
4. 讨论现行的风险加权资本的要求。
5. 银行如何确定其资本金要求? 应考虑哪些关键因素?
6. 股利政策如何影响银行资本需求?
7. 如何看待银行间的并购行为?
8. 大华银行相应的财务数据如表 2-2 所示。

表 2-2　大华银行财务数据表　　　　单位:万元

表内项目	数额	表外项目	数额
现金	1 000	回购协议	500
短期国债	2 000		
存放同业款	3 000		

续表

表内项目	数额	表外项目	数额
住房抵押贷款	3 000		
固定资产	1 000		
总资产	10 000		

要求:

(1) 根据《巴塞尔协议Ⅰ》计算资本充足率。

(2) 如果考虑市场风险和操作风险,你认为该银行有怎样的资本要求?

9. 从我国 A 股市场中找一家近年来发生收购兼并的上市银行,回答以下问题:

(1) 并购的具体动因是什么?

(2) 收购溢价是多少? 你认为是否出价过高?

即测即评

请扫描右侧二维码检测本章学习效果。

第三章
负债业务的经营管理

商业银行作为信用中介,负债是其最基本、最主要的业务。商业银行90%以上的资金来源于负债。负债结构和成本的变化,决定着银行资金转移价格的高低,从而极大地影响银行的盈利水平和风险状况。本章在简要介绍银行负债有关理论问题的基础上,着重研究银行存款的经营和管理,分别分析了短期借款和长期借款等借入负债,列举了具有代表性的创新存款工具,并探讨了我国商业银行负债经营战略转型。

第一节　商业银行负债的作用和构成

一、商业银行负债的概念

商业银行负债是指商业银行承担的尚未偿还的、能够以货币计量、必须以资产或劳务偿付的债务,它代表商业银行对其债务人所承担的全部经济责任,是支撑商业银行资产业务的重要资金来源。

商业银行负债的基本特点是:

(1)它必须是现实的、优先存在的经济义务,过去发生的、已经了结的经济义务或将来可能发生的经济义务都不包括在内;

(2)它的数量必须是能够用货币来确定的,一切不能用货币计量的经济义务都不能称为银行负债;

(3)负债只能偿付以后才消失,以债抵债只是原有负债的延期,不能构成新的负债。

商业银行负债有广义和狭义之分。广义负债指除银行自有资本以外的一切资金来源,包括资本期票和长期债务资本等二级资本的内容;狭义负债主要指银行存款、借款等一切非资本性的债务。本章则以狭义负债为研究对象。

二、商业银行负债的作用

（一）商业银行负债是商业银行吸收资金的主要来源，是银行经营的先决条件

商业银行作为信用中介，首先表现为"借者的集中"，即通过负债业务广泛地筹集资金，然后才可能成为"贷者的集中"，通过资产业务有效地运用出去，因此负债业务是商业银行开展资产业务的基础和前提。当前，我国根据《巴塞尔协议Ⅲ》的有关内容，推行总资本不得低于风险加权资产8%的监管要求，因此银行负债提供了银行绝大部分的资金来源。银行负债规模的大小，制约着资产规模的大小；银行负债的结构，包括期限结构、利率结构、币种结构等决定着资产的运用方向和结构特征。同时负债业务是银行开展中间业务的基础，因为信用中介把借者和贷者有机地联系在一起，进而为银行开拓和发展中间业务创造了有利的条件。

（二）商业银行负债是保持银行流动性的手段

唯有通过负债业务，银行才能聚集起大量可用资金，以确保合理贷款的资金需求和存款提取、转移的资金需求。同时，负债是决定银行盈利水平的基础：一方面在资产价格水平一定的情况下，负债成本费用的高低决定了银行盈利水平的高低；另一方面银行负债所聚集的资金一般不直接投资于生产经营，而是贷放给企业，银行只能获取所贷放资金的一部分收益。这两方面都决定了银行资产的盈利水平要远远低于一般工商企业，银行要获取社会平均利润，必须尽量扩大负债规模，使资产总额几倍于自有资本。因此负债是银行发展的基础，对商业银行来说是至关重要的。

（三）商业银行负债是社会经济发展的强大推动力

商业银行通过负债业务把社会各方面的闲置资金集中起来，形成一股巨大的资金力量，能在社会资金存量不变的情况下扩大社会生产资金的总量。据统计，2019年12月末，我国城乡居民储蓄存款（住户存款）余额达81.3万亿元，十年的时间增长了212%，成为我国社会主义现代化建设的主要资金来源。2009年3月末，中国工商银行的客户存款余额已超过8.9万亿元（约合13 000亿美元），一举超越欧、美、日银行同业，成为全球客户存款第一的商业银行。2020年3月末，工行的客户存款已达到22.2万亿元，更是遥遥领先。同时，建行、农行与中行的客户存款也分别达到19.7万亿元、19.54万亿元与16.78万亿元。

（四）商业银行负债构成社会流通中的货币量

社会流通中的货币量由现金和银行存款组成。现金是中央银行的负债，存款是商业银行的负债。如果贷款增长了，存款没有相应扩大，则会导致社会上现金流通量的增加。因此，稳定银行负债对稳定社会货币流通量有着决定性的影响。商业银行通过吸收原始存款，不断进行贷款与投资就创造出大量的派生存款，增加社会的货币总量。

（五）负债是商业银行同社会各界联系的主要渠道

社会所有经济单位的闲置资金和货币收支，都离不开银行的负债业务。市场的资金流向、企

业的经营活动,以及机关事业单位、社会团体和居民的货币收支,每时每刻都反映在银行的账面上。因此,负债又是银行进行金融服务和监督的主要渠道。

三、银行负债的构成

商业银行的负债结构主要由存款、借入款项和其他负债三个方面的内容所组成。由于各国金融体制的差异和金融市场发达程度的不同,各国银行的负债结构不尽相同;即使在一个国家的同一家银行,由于经济发展和金融环境的变化,其负债结构也处于不断变化的过程中。但不管是在哪一个国家,存款始终是商业银行的主要负债,也是银行经常性资金的来源;借入负债的比重则随金融市场的发展而不断有所上升。下面以表 3-1 所示的 2016—2019 年中国工商银行负债结构变化情况为例进行分析。

表 3-1　中国工商银行负债结构表　　　　　　　　　　单位:亿元

负债项目	2016 年	2017 年	2018 年	2019 年
客户存款	172 355.87	185 605.33	206 469.28	221 782.90
存款证	1 945.03	2 214.89	2 813.80	2 976.96
同业存款	14 715.39	11 510.39	12 555.14	17 427.56
拆入资金	4 492.43	4 451.93	3 886.33	4 193.75
向中央银行借款	3.79	4.04	4.10	10.17
卖出回购	3 049.87	8 106.10	3 009.88	743.84
已发行债务证券	2 794.46	4 362.75	4 992.91	5 948.28
以公允价值计量且变动计入当期损益的金融负债	3 520.01	4 077.66	787.37	855.55
衍生金融负债	581.79	466.82	421.20	507.26
其他负债	5 322.87	5 057.20	3 302.94	3 954.12
负债合计	208 781.51	225 857.11	238 242.95	258 400.39

资料来源:中国工商银行 2016—2019 年资产负债表。

2019 年中国工商银行的负债规模比 2016 年增长了 4.96 万亿元,扩张了 23.77%。从负债结构变动上看,存款规模的增长最为迅速。2019 年的存款比 2016 年增加了 4.9 万亿元,占该行总负债增长的 99.6%。发行债券增加 3 153.8 亿元,主要因为这几年央行鼓励银行通过发行债券补充二级资本。此外,同业存款增加了 2 712.2 亿元,存款证增加了 1 031.9 亿元,向中央银行借款增加了 6.38 亿元。而拆入资金、卖出回购及其他负债则出现了相应的下降。

自改革开放以来,我国银行存款始终处于高速增长的同时,存款结构则发生了重大变化。我国住户存款占全部金融结构存款总额的比重不断上升,由 20 世纪 80 年代初的 20% 左右上升到 1997 年的 56%,2020 年约为 40%。2019 年年末,金融机构住户存款余额达到 81.30 万亿元人民币,占境内存款 191.75 万亿元的 42.4%。住户存款中活期存款 29.47 万亿元,定期及其他存款 51.83 万亿元,分别占 36.25% 与 63.75%。

这一方面表明中国居民收入水平不断提高,居民的储蓄倾向长期高于消费倾向和其他投资倾向;另一方面说明,中国的商业银行只有努力增加储蓄存款,才能得到较多的稳定资金来源。但由于居民储蓄存款中 60% 为定期存款,因此储蓄存款的增加会增加银行存款的负债成本。

我国的企业存款虽然也增长较快,但由于增长主要依靠银行贷款的增长和财政支出的增加,因此波动不定,其增长幅度也明显要低于储蓄存款。2009 年年底我国企业存款约 30.56 万亿元,占全部金融机构各项存款余额 61.20 万亿元的 49.9%。至 2019 年年底,我国企业存款增加至 59.40 万亿元,但在全部金融机构境内各项存款余额 192.88 万亿元中所占的比重降至 30.80%。

第二节　商业银行的存款业务

一、传统的存款业务

(一) 活期存款

活期存款是指由存户随时存取和转让的存款,它没有确切的期限规定,银行也无权要求客户取款时做事先的书面通知。持有活期存款账户的存款者可以用各种方式提取存款,如开出支票、本票、汇票,电话转账,使用自动出纳机或其他电子手段等。由于各种经济交易,包括信用卡、商业零售等,都是通过活期存款账户进行的,所以在国外又把活期存款称为交易账户。在各种取款方式中,最传统的是支票取款,因此活期存款又称支票存款。

活期存款是商业银行的主要资金来源,在 20 世纪 50 年代之前,银行负债总额中的绝大部分是活期存款;50 年代以后,由于各国实行活期存款的利率管制和反通货膨胀的紧缩性货币政策,加上闲置资金机会成本的增加和其他非银行金融机构的竞争等,使商业银行活期存款的比重呈较大幅度下降,目前占银行全部负债的 30% 左右。我国银行的活期存款主要来自企业和单位存款,在居民储蓄存款中,活期存款的比例仅占 20% 左右。对客户来说,活期存款能满足其支取方便、运用灵活的需要,同时是取得银行贷款和各种服务的重要条件。商业银行任何时候都必须把活期存款作为经营管理的重点,这不但因为活期存款是银行的主要资金来源,还因为其具有以下重要特点:

(1) 活期存款具有货币支付手段和流通手段的功能,具有很强的派生能力,能促进银行的信用创造活动。当存户用支票提款时,它只是作为普通的信用凭证;当存户用支票向第三者履行支付义务时,它就作为信用流通工具。在现代商品经济社会中,接受支票的人通常不用来提取现金,而是把支票开具的金额转存在自己的活期存款账户上,这样支付行为就表现为转账的形式。在支票可流通转让的情况下,由于一张支票可连续背书受让而完成几次支付行为,从而显示了商业银行的信用创造能力。

(2) 活期存款支付的利率低,能有效提高银行的盈利水平。由于活期存款存取频繁,流动性风险较大,而且需要提供多种服务,如存取、转账、提取和支票等,因此活期存款的营业成本较高。

但银行对活期存款支付的利息很少,如现已废除的美国"Q条例"甚至不允许银行为活期存款支付利息,因此其利息成本在银行负债业务中又是最低的。虽然活期存款的平均期限很短,但在大量此存彼取、此取彼存的流动过程中,银行总能获得一个较稳定的存款余额用于期限较长的高盈利资产。

(3) 活期存款还是商业银行扩大信用、联系客户的重要渠道。由于活期存款的资金成本要明显低于其他负债,因此,社会再生产过程中绝大多数经济活动都围绕着活期存款账户的存取转移而展开。通过活期存款,商业银行可以充分利用活期存款账户信用扩张和派生存款的特点,扩大与客户的联系,并且通过提高服务质量及业务创新来吸引和争取更多的客户,扩大银行的经营规模。

(二) 定期存款

定期存款是客户和银行预先约定存款期限的存款。存款期限在美国最短为7天,在我国通常为3个月、6个月和1年不等,期限长的则可达5年。定期存款的利率因期限长短而高低不等,但都要高于活期存款。传统的定期存款要凭银行所签发的定期存单提款,存单不能转让,银行根据存单计算应付本息。目前各国的定期存款则有多种形式,包括可转让和不可转让存单、折和清单等。

定期存款一般要到期才能提取,如果持有到期存单的客户要求续存,银行通常要签发新的存单。对于到期未提取的存单,按惯例不对过期的这段存款支付利息。我国目前则以活期利率对其计息。但对要继续转存者,也可按原则到期予以转期。西方国家有"定期存款开放账户",可不断存入新的款项,对账户内款项自动转期。西方国家对提前支款一般罚息较高,如美国对7~31天的定期存款提前取款者的处罚金额占提前所取金额应得利息的大部分;32天至1年的存款,罚金至少相当于1个月的利息。我国没有对定期取款提前支取的罚款规定,过去是按原存单利息计付利息,但要扣除提前日期的利息;现在则依国际惯例全部按活期利率计息,并扣除提前日期的利息。

定期存款对客户来说,是一种收入稳定而又风险很小的投资方式,并且可以以存单作为动产质押取得银行贷款。对商业银行而言,定期存款在灵活性、方便性、利息成本和创造派生存款的能力等方面都不如活期存款,但其对银行经营管理却有着特殊的意义。

(1) 定期存款是银行稳定的资金来源。这是因为定期存款的期限较长,一般不能提前支取,这样,银行就可将客户存入的资金用于中长期放款而无流动性风险之虑。而且定期存款是以存入时挂牌公告的利率计息,使银行既可因放款期限长而得到较高的利率收益,又能有效规避市场利率变化的价格风险。

(2) 定期存款的资金利率高于活期存款。活期存款因为没有期限约束,客户不需提前通知就能随时支取,商业银行为了避免发生支付危机和减少经营风险,就必须保持较高的存款准备金率。而定期存款未到期一般不能提前支取,其稳定性明显强于活期存款,因此银行的存款准备金率明显较低,可把所吸收的存款绝大部分都贷放出去,从而为银行带来可观的收益。

(3) 定期存款的营业成本低于活期存款。因为一般情况下存款只需开具一张定期存单,客户持存单支取本息,银行在存款到期时一次性办理手续。在存款期间几乎不需要提供其他任何服务,银行为定期存款所支付的各项管理费用,即营业成本是很低的。这也显然有利于提高银行的盈利水平。

（三）储蓄存款

储蓄存款和储蓄是两个不同的概念,储蓄的原始意义指的是贮藏,而储蓄存款则是银行负债的一个重要部分。在现代货币信用制度下,储蓄概念有广义和狭义之分。广义的储蓄概念包括政府储蓄、企业储蓄和居民个人储蓄三个部分。从资金运用的角度看,广义的储蓄等于投资;从资金来源的角度看,等于收入和消费之差,即政府、企业和居民的所有货币收入扣除各项生产性和消费性支出后的剩余部分,就是储蓄。如广义的居民个人储蓄等于货币收入减去消费,具体表现为居民个人所拥有的资产的总和,包括居民持有的银行存款、现金、各种有价证券,以及个人对企业的投资、所购买的房地产和保险等。狭义的储蓄则仅指储蓄存款。

关于储蓄存款的概念,国内外也存在明显的差异。美国把储蓄存款定义为"存款者不必按照存款契约的要求,而是按照存款机构所要求的任何时间,在实际提取日前 7 天以上的时间,提出书面申请提款的一种账户"。在美国,个人、政府和企业都可合法地持有储蓄存款。2019 年年末,美国商业银行的储蓄存款总额为 84 182 亿美元,占总存款的比重为 63.6%。我国的储蓄存款则专指居民个人在银行的存款,政府机关、企业单位的所有存款都不能称为储蓄存款,公款私存则被视为违法行为。

由于我国银行长期以来坚持贯彻"存款自愿,取款自由,存款有息,为储户保密"的储蓄政策,因此定期储蓄存款实际上已成为居民投资的首选项目。自 20 世纪 80 年代以来居民储蓄存款正越来越成为我国商业银行的稳定可靠的资金来源。截至 2019 年年末,住户存款余额达到了813 017 亿元人民币,占存款的比重为 42.2%,成为我国商业银行最重要的资金来源。

关于存款,国内外存在较大的差异:外国的活期存款、定期存款和储蓄存款都是针对任何人、企业和团体的。而在中国,对公的有活期存款和定期存款,对私的只有储蓄存款,而储蓄存款又包括了活期和定期。在国内的这种限制下,往往会出现私款公存和公款私存的现象。私款公存是指私人将自己的货币资金利用职务之便冒充为公款来存取,从而达到避免利息税的目的,而公款私存则是指公司借助个人名义来存款从而达到取现方便的目的。但从长期发展趋势来看,随着监管的严格和制度的完善,国内的这种情况将会逐步与国际惯例趋于一致。

二、存款工具创新

（一）存款工具创新的原则

随着金融市场自由化的不断推进,其他金融工具的挑战日益增强,银行存款有大量流失的危险。商业银行要扩大存款、争取客户,就必须不断创新存款工具,以优质、方便、灵活的服务和具有竞争力的价格迎接挑战。所谓存款工具创新,指的是银行根据客户的动机和需求,创造并推出新的存款品种,以满足客户需求的过程。在实际操作中,银行对存款工具的设计和创新必须坚持以下原则。

1. 规范性原则

创新必须符合存款的基本特征和规范,也就是说要依据银行存款所固有的功能进行设计,对不同的利率形式、计息方法、服务特点、期限差异、流通转让程度、提取方式等进行选择、排列和组合,以创造出无限丰富的存款品种。凡是脱离存款本质特征的设计,也就不称其为存款工具创新。20 世纪 80 年代至 90 年代初,我国银行曾热衷于有奖储蓄存款的"创新",各种名目、门类繁多的有奖储蓄不胜枚举。其实这类有奖储蓄完全不同于国外较规范的有奖定期存款,实际上它为迎合存户的好奇投机心理,是一种利息的赌博。把博彩引进银行经营,必然有损于银行稳健谨慎的品质形象,更不符合存款规范。因此,1998 年 7 月,我国就已决定停止一切有奖储蓄。

2. 效益性原则

存款工具创新必须坚持效益性原则,即多种存款品种的平均成本以不超过原有存款的平均成本为原则。银行存款创新最终以获取一定的利润为目标,如因成本过高而导致银行收益下降甚至亏本,显然与银行的经营目标相悖。前一时期我国银行进行"协议存款"给予利息补贴,或以"以贷引存""假性委托贷款"等种种变相提高存款利率的手段揽存,陡然增加了银行经营风险,现已被明令禁止。实践证明,高成本的存款创新是没有生命力的。一种存款新品种,应当是既能满足客户需求,又能满足银行供给动机的有效组合。

3. 连续性原则

银行存款工具创新是一个不断开发的进程,因此必须坚持不断开发、连续创新的原则。银行的产品开发与一般物质经营企业产品开发的根本区别在于,金融服务的新产品没有专利权,不受知识产权保护,一家银行推出有市场潜力的存款工具,很快就会被其他银行模仿和改进。在竞争激烈的国际金融市场上,创新性的存款工具丰富多样,层出不穷。我国商业银行应及时了解国际市场的产品信息,对可以借鉴和引进的产品,仔细研究、分析其基本原理、组成模式和定价模型等,并根据我国的市场环境进行合理的取舍和改进,力求推陈出新,不断推出适合我国国情的存款新品种。

4. 社会性原则

存款工具创新还须坚持社会性原则。新的存款工具的推出,不能有损于社会的宏观经济效益,应当有利于平衡社会经济发展所必然出现的货币供给和需求的矛盾,能合理调整社会生产和消费的关系,缓和社会商品供应和货币购买力之间的矛盾。如我国近年推出的住房储蓄存款,与按揭贷款相结合,对盘活我国房地产市场有着较积极的现实意义。

(二)具有代表性的存款工具创新简介

这里主要介绍国内外具有代表性的存款工具创新。

1. 活期存款工具创新

历史上,商业银行不能超过政府规定的利率来争揽活期存款,因此竞争主要是非价格性的,其形式包括增设机构网点,给予额外酬金,提供补贴性项目等。自 20 世纪 70 年代开始,活期存款的竞争趋向于规避利率优惠,又能在一定程度上享受支票账户的便利。其主要创新工具有:

（1）可转让支付命令账户（negotiable order of withdrawal account，NOWs account）。该账户起源于1970年的美国,是个人、非营利机构开立的计算利息的支票账户。它以支付命令书取代了支票,实际上是一种不使用支票的支票账户。开立这种账户的存户,可随时开出支付命令书,或直接提现,或直接向第三者支付,对其存款余额可取得利息收入。如1984年规定,对不满2 500美元的可转让支付命令账户,可以支付的最高利率限额为5.5%。通过这一账户,商业银行既可提供支付上的便利,又能支付利息;存款客户既得到了支付上的便利,也满足了收益上的要求。因此可转让支付命令账户的建立,有利于吸引客户,扩大银行存款规模。但是由于储蓄放款协会与互助储蓄银行都可以经营这种账户,进而打破了商业银行经营活期存款的垄断地位。

（2）超级可转让支付命令账户（super NOWs）。该账户始办于1985年,当时美国法定最低开户金额和平均余额为2 500美元,签发支票可以不加限制。对保持2 500美元或更大余额的账户,利率不受管制。但如账户余额降到最低限额以下,则只能支付5.5%的最高利率。由于该账户作为转账账户要缴纳存款准备金,银行为吸引客户通常还提供一定的补贴和奖励,因此该账户成本较高,利息要低于货币市场存款,而且客户要按月支付服务费。

（3）货币市场存款账户（Money Market Deposit Account，MMDA）。这是西方银行为应对货币市场基金分流存款而开办的一种业务。1982年,美国《加恩-圣杰曼法案》授权存款机构可提供货币市场存款账户。个人与企业均可开立这种账户,支付的利率以公布的每日利率计算,相对较高,并按货币市场工具的平均收益率浮动。同时,这种账户的持有人还可使用支票,每月可从账户上进行6次转账,其中3次可以是支票转账。原来该类账户有2 500美元的最低余额要求,超过这一金额的存款不受当时的利率限制,现已取消最低余额要求。银行具有要求客户提款时必须提前通知（至少7天）的权利。

2. 定期存款工具创新

定期存款主要创新工具如下：

（1）可转让定期存单（negotiable certificate of deposits，CDs）。可转让定期存单首先在20世纪60年代由美国纽约花旗银行创办,它是按某一固定期限和一定利率存入银行的资金可在市场上买卖的票证。美国国内的可转让定期存单由美国的银行机构发行;美国境外银行发行的美元存单叫做欧洲美元定期存单;外国银行在美国分行发行的叫做扬基定期存单;储蓄定期存单主要由储蓄贷款社发行。可转让定期存单发行和认购方式主要有两种,即批发式和零售式。批发式是由发行机构拟定发行总额、利率、面额等,预先公布,投资者认购;零售式则是按投资者的需要,随时发行、随时认购,利率也可商议。可转让定期存单面额较大,一般为10万至100万美元不等,利率一般高于同期储蓄存款,且可随时在二级市场出售转让,因此对存户颇具吸引力。银行发行这种存单,除可获得稳定的资金来源外,还可取得降低存款准备金的好处。

大额存单是银行负债证券化的产物,也是西方商业银行通过发行短期债券筹集资金的主要形式。在西方国家,大额存单由大银行直接出售,利率由发行银行确定,既有固定利率也有浮动利率,期限在1年以内,在二级市场上的存单期限一般不超过6个月。有的国家也发行期限长达2～5年的利率固定的大额存单,但认购前则自动换期,如换成6个月期限的存单以便于在二级市场上转让。大额存单可流通转让、自由买卖,但不能购回;存单到期还本付息,但过期不计利息。从国际经验看,不少国家在存款利率市场化的过程中,都曾以发行大额存单作为推进改革的重要手段。2019 年年底,美国商业银行的大额定期存单有 18 591 亿美元,占总存款的比重为 14%。

美国的可转让定期存单也在不断创新。1975 年,美国银行创新发行浮动利率可转让定期存单。其中,6 个月定期存单每月调整一次利率,1 年定期存单每 3 个月调整一次利率。利率根据调整日前 1 天二级市场上的牌价修订,利率收益通常比传统市场高 15～30 个基点,根据原来发售期限长短而定。

摩根保证信托公司推出"卷布丁"式滚动存单的存款创新工具。这种新工具把长期存单的收益性和短期存单的流动性结合起来。存单的平均期限为 2～5 年,由一组 6 个月的定期存单组成。如对期限为 5 年期的"卷布丁",存款者必须把 6 个月期的存单连续展期 10 次。存款者可以出售 6 个月期的存单,但在到期日前必须有一笔同等数量的资金再存入。滚动存单的利率稍高于同期国库券的利率。由于存款者可能不履行展期 6 个月存单的协议,银行承担相应的信用风险,因此滚动存单的业务费用要高于传统的定期存单。

近年来,美国也出现了一些新型定期存单,诸如:允许存款人在市场利率上升时将资金转入利率较高账户的突然提高定期存单(bump-up CD),允许定期存单的利率按事先约定定期增加的递升定期存单(step-up CD),允许存款人取出部分资金且不收费的流动性定期存单(liquid CD)。

案例 3-1

中国大额存单发行

美国在 20 世纪 60 年代开发了大面额可转让存单,得到银行的广泛应用,我国的银行也开始关注这一存款形式。

1986 年,我国交通银行首先引进了大面额可转让存单,由于利率高于同期存款,所以一经推出颇受欢迎。但利率上的优惠取消后,推销就比较困难,其主要原因在于当时我国还没有形成定期存单的转让市场,"可转让"这一主要特性不能充分发挥,1997 年这一存单实际上被暂停。

2004 年,中国人民银行在《2004 年第四季度货币政策执行报告》中明确提出"发展长期负债工具,推动金融机构发行大额长期存单",这一工具又开始进入人们的视野。

2010 年 10 月,中国银行业协会在北京召开大额存单业务座谈会,与会代表们一致认为我国重启大额存单业务的时机已经成熟。

2013 年 12 月 9 日,中国人民银行开始实施《同业存单管理暂行办法》,之后,工行、中行、建行、农行、国开行 5 家银行首批发行了同业存单。同业存单是存款类金融机构在全国银行间市场上发行的记账式定期存款凭证,其投资和交易主体为全国银行间同业拆借市场成员、基金管理公司及基金类产品。存款类金融机构可以在当年发行备案额度内,自行确定每期同业存单的发行金额、期限,但单期发行金额不得低于 5 000 万元人民币。固定利率存单期限原则上不超过 1

年,为 1 个月、3 个月、6 个月、9 个月和 1 年,参考同期限上海银行间同业拆放利率(SHIBOR)定价。浮动利率存单以上海银行间同业拆放利率为浮动利率基准计息,期限原则上在 1 年以上,包括 1 年、2 年和 3 年。

2015 年 6 月 2 日,中国人民银行颁布《大额存单管理暂行办法》,同年 6 月 15 日起正式推出大额存单。我国的大额存单采用标准期限的产品形式,个人投资人认购大额存单起点金额不低于 30 万元,机构投资人认购大额存单起点金额不低于 1 000 万元。大额存单期限包括 1 个月、3 个月、6 个月、9 个月、1 年、18 个月、2 年、3 年和 5 年共 9 个品种。

2016 年 5 月,中国人民银行修改《大额存单管理暂行办法》第六条为"个人投资人认购大额存单起点金额不低于 20 万元",自 2016 年 6 月 6 日起施行。

近几年,我国商业银行的大额存单业务有序发展。2016—2019 年金融机构发行的大额存单数量分别为 1.7 万期、2.3 万期、4 万期和 5.04 万期,发行总量分别为 5.3 万亿元、6.2 万亿元、9.23 万亿元和 12.0 万亿元。

大额存单对各方来说都有较大的好处。对商业银行而言,它增加了银行主动负债的金融工具,能使银行获得相对稳定的资金来源,并提高银行的自主定价能力,扩大了负债产品的市场化定价范围,有利于市场化利率的形成和传导。对存款人来说,大额存单具有安全性较高、流动性好、收益率高等特点。大额存单属于存款,受存款保险条例保护;有的银行发行的大额存单利率最高可在基准利率之上上浮 55%,有较大的吸引力。因此,在我国理财刚兑被打破的情况下,大额存单得到投资者的进一步青睐,2020 年新冠肺炎疫情暴发以来,许多大额存单一发行就被投资者抢购一空。

思考题

我国的商业银行为何要推出大额存单?目前我国的大额存单还存在什么问题?如何进一步发展?

(2)货币市场存单(money market certificate, MMC)。美国金融管理当局鉴于市场利率高昂对存款机构的不利影响,1987 年中期批准开办货币市场存单业务。货币市场存单的期限为 26 个星期,是最低面额为 1 万美元的不可转让的定期存款。准许对这一存单支付的最高利率相当于该存单发出日或发出日前的 6 个月国库券的平均贴现率。

货币市场存单是一种新型的储蓄账户。该账户的主要特点是:要有 2 500 美元的最低限额;存款利率没有上限,并可以浮动;一般按市场规定的每日利率为基础随时计算;10 万美元的存款额可得到联邦存款保险公司的保险,存款者每月可办理 6 次自动转账或电话转账,其中 3 次以下可使用支票,但个人取款不受限制;银行具有要求客户提款时必须提前(至少 7 天)通知的权利。该账户的存户可定期收到一张结算单,记载着所得利息、存款余额、提款或转账支付的数额等。与超级可转让凭证账户不同,对持有货币市场存单账户的各种存款者没有什么限制;个人不提交法定存款准备金,非个人储户则上缴 3% 的存款准备金。

(3)自动转账服务账户(automatic transfer service account, ATS)。美国商业银行在 1978 年推出的存款创新工具主要是自动转账服务账户,它是由电话转账服务发展而来的。在电话转账时,存户可通过电话,将其存在有息储蓄户上的存款随时转到无息的活期存款支票账户。存户一般都先把款项存入储蓄账户,由此可以取得利息收入,而当需要签发支票时,就用电话通知开户行,将所需款项转到活期账户。而自动转账服务账户则是指存户可以同时在开户银行开立两个账户,即储蓄账户和活期存款账户。活期存款账户的余额要始终保持1美元,但存户可以开出超过1美元的支票。银行收到存户开出的支票需要付款时,可随时将支付款项从储蓄账户转到活期存款账户上自动转账,及时支付支票上的款项。开立自动转账服务账户要求缴纳存款准备金。

（4）协定账户（agreement account,AA）。协定账户是自动转账服务账户的进一步创新,该账户是银行与客户达成的一种协议,存户授权银行将款项存在活期存款账户或可转让支付凭证账户,一般都规定一个最低余额,超过最低余额的款项由银行自动转入同一存户的货币市场互助基金上,以便取得较高的利息;如果余额低于最低余额,也可由银行自动将货币市场基金账户的款项转入活期存款账户或可转让支付凭证账户,以补足最低余额。

3. 储蓄存款工具创新

储蓄存款也有活期、定期之分,因此以上介绍的存款创新工具原则上也适用于储蓄存款。但储蓄存款一般属于银行的零售业务,具有小额性和分散性的特点,因此创新主要围绕这一特点展开。传统的定期储蓄存款,如整存整取、零存整取、存本取息、定活两便、通知存款等,在国内外基本一样,也较好理解,还有其他的创新工具,如利率自然增长储蓄、边挣边存储蓄、零续定期储蓄、联立定期储蓄、指数存款证、股金汇票账户、特种储蓄、结构性存款等。下面仅简介具有代表性的几种：

（1）零续定期储蓄。这是一种多次存入、期限在半年以上5年以下的储蓄存款。表面上类似我国的零存整取,但其值得借鉴之处是：① 对每次存入的金额没有最低和最高的限制,也没有固定的日期限制;② 期满前3个月为"搁置期",既不能存也不能取;③ 存款采用定期利率计算。这种存款对收入较高而又不稳定的客户,如自由职业者较有吸引力。

（2）联立定期储蓄。它把整存整取和零存整取的优点巧妙地结合起来,即在一笔存折上有多笔定期存款,每笔存款都规定有最低限额,如日本规定以1万日元为单位,即存入的最低限额为1万日元,但不规定存入期限,一个月一存也可,半年一存也可。每到年末,银行自动将存满一年的每笔存款汇集成一个大数,不满一年的则到第二年再汇总。客户取款时要提前通知银行,凡年限已满一年的存款,提取一笔或同时提取多笔均可。这种存款十分便于存户化零为整,增加收益。对银行来说,每笔存款金额虽然不大,但存入的笔数多了就会形成一个数额较大并且相对稳定的资金来源。

（3）指数存款证,也可称为实际利率为零的指数存款证。这是通货膨胀下为确保客户的存款不贬值而推出的存款工具。它使定期储蓄存款的利率与物价上涨指数相挂钩,即在确保实际利率不变的前提下,名义利率随物价指数的升降而变化。我国于1988年9月10日曾经推出3年、5年、8年期人民币长期保值储蓄,如果当月物价涨幅较高,国家财政将对于差额给予补贴,补贴率为物价上涨指数与储蓄利息率之差,当物价指数比储蓄利率低的时候,保值储蓄补贴率就是零。从1996年4月1日开始,商业银行不再办理新的保值储蓄业务。

（4）股金汇票账户（share draft account，SDA）。该种储蓄账户由美国信贷协会在1974年首创，兼具支票账户功能，是一种支付利息的账户，也是逃避利率管制的一种创新。建立股金汇票账户，存户可随时开出提款单，代替支票来提现或支付转账。在未支付或提现前，属于储蓄账户，可取得利息收入；需要支付或提现时，便可开出提款单（支付命令书），通知银行取款，方便、灵活又有利息收入。

（5）特种储蓄。这是商业银行针对客户某种特殊需求而设计的存款创新工具，品种繁多，主要有养老金储蓄、团体储蓄、存贷结合储蓄、国债定期户头储蓄等。下面以圣诞俱乐部储蓄为例加以介绍。它是为满足客户欢度佳节而储蓄资金的一种储蓄存款。客户可根据需要每星期存入一定数额的款项，存款到期后不需客户到银行提取，而是由银行在节日前将该笔存款寄还给客户，同时送上纪念品，既能满足客户过节的需要，又能让客户根据需要对每个账户贴上不同的标签，如旅游账户、教育账户、宠物账户、假期账户、雨天账户等，以充分满足客户的不同需要。我国商业银行近年来推出的住房储蓄、礼仪储蓄等，显然是受了类似的启发。

（6）结构性存款。这是金融机构开发的嵌入金融衍生工具的存款，是通过将利率、汇率、股票、指数、信用等衍生产品与传统的存款业务相结合，使存款人在承担一定风险的基础上可能获得更高收益的一种创新存款。该产品一般将资金分为两部分："低风险低收益"部分和普通存款一样，挂靠在银行信贷或固收类低风险产品上，以确保本金安全与基本收益（收益率一般是1.5%～2%）；"高风险高收益"部分投资于高风险高收益产品，通过一定条件的设置，确保产品拥有获取超额收益的机会。它适合于对收益要求较高并有能力承担一定风险的客户。2002年9月，光大银行在我国首先推出结构性存款业务，但2017年以前结构性存款一直以来并未受到市场重视，规模不大。2018年9月，《商业银行理财业务监督管理办法》发布，商业银行之前已发行的结构性理财产品转变为"结构性存款"，成为银行缓解揽储压力、吸引投资者的工具。

第三节　银行存款的经营管理

一、积极经营与提高银行存款稳定性的策略

（一）银行主动负债的积极经营策略

存款工具是银行推向市场的一种金融资产。市场能在多大程度上容纳这一金融资产，主要取决于客户的动机和选择，即存还是不存、选择什么样的存款工具、存多还是存少等一系列问题的决策上，主动权基本掌握在客户手中，银行通常处于被动的地位。因此，对银行来说，存款实质上是一种被动负债。银行要在存款经营中实现预期的目标，就不能等客上门，而必须变被动负债为主动负债的积极经营，通过采取一系列策略和措施使自己推出的存款工具能迅速占领市场。

积极经营的具体策略措施很多，具体对居民储蓄存款而言要注意以下几方面问题：首先，必须重视利率高低的杠杆作用和优质高效的服务开发，并针对客户的储蓄动机设计出多样化的储

蓄存款工具;其次,必须重视积极的营销,做好广告宣传,加强外勤并合理设置网点;最后,必须重视积极经营的内部管理要求,注重储蓄业务操作的现代化建设,提高储蓄工作人员的积极性,改善服务态度等。对企业存款而言,应以提供全方位的信息服务,密切银行与企业的关系为核心,开发多样化的企业存款工具,努力以贷引存,做到存贷结合,并能结合银行的资产业务和中间业务,协助企业管好、用好资金等。

凡精明的银行家,均十分注重挖掘和维持巨大的可能存款量。为此,银行既要与尽可能多的存款对象保持密切的友好关系,尽量创造出能为不同收入层面、职业、居住地域和行业特征的客户提供所需存款产品的条件,又要通过不断创新和开拓,创造出尽可能多的存款工具、服务手段和技巧策略。对银行来说,存款规模控制只局限于实际的存款余额,而在获得存款潜力的源泉方面,则必须多多益善。

（二）提高存款稳定性的策略

存款的稳定性,也称存款沉淀率,它形成银行中长期和高盈利资产的主要资金来源。从商业银行经营管理的角度看,它比存款总额更具有现实意义。衡量存款稳定性的主要指标有:

$$活期存款稳定率 = \frac{活期存款最低余额}{活期存款平均余额} \times 100\%$$

$$活期平均占用天数 = \frac{活期存款平均余额 \times 计算期天数}{存款支付总额}$$

因此,提高存款的稳定性,主要表现为提高活期存款的稳定率和延长存款的平均占用天数。

就存款波动程度而言,银行存款可划分为三大类:

（1）易变性存款,主要指活期存款。由于这类存款是现实的购买和支付手段,客户随时都可能向银行提现和转账,因此这类存款的稳定性最差。

（2）准变性存款,主要指定活两便存款、通知存款等。这类存款既不能提现和转账,又没有支取约定期限的制约。其稳定性介于活期存款和定期存款之间。

（3）稳定性存款,主要指定期存款、可转让存单及专项存款等。这类存款在约定期内一般不能提前支取,故是稳定性较强的存款。

保证银行存款稳定性的经营策略重点是提高易变性存款的稳定性,它首先取决于存款客户的多少,然后取决于银行能否提供优质高效的服务。因为在存款总量一定的情况下,存款客户越少,个别客户的存款波动对银行总体存款稳定性的影响越大,这样,个别客户的存款波动就会较大地影响银行资金的稳定性。同时,唯有提供高效优质服务的银行,才能吸引更多的客户,提高存款的稳定率;反之,服务质量差、效率低,不但不能吸引新客户,甚至老客户的存款也会转移和流失,这必然极大地影响银行存款的稳定性。因此,一家银行只要能广泛招徕客户,并始终能和客户保持良好密切的关系,其活期存款的稳定性余额必将呈上升趋势,进而大大有利于盈利性目标的实现。

提高存款的稳定性,还必须努力延长稳定性存款和易变性存款的平均占用天数。如定期存款中的保管性存款,客户存款的目的是积累财富以备远期消费,其稳定性最强,银行必须为这类存款采取安全保值和保险措施,做好存款转存和计算复利的工作,以尽量延长这类存款的占用天数。定期存款中的投资性存款,由于受到债券、股票等高收益金融资产的冲击,其稳定性显然要低于保管性存款。对于投资性存款,银行一方面要视金融市场的价格变化和自身承受能力而适当调整利率;另一方面必须加强银行存款比其他金融资产更安全可靠、风险更小的宣传攻势,以延长平均占用天数。

二、存款成本管理

（一）存款成本构成

1. 利息成本

利息成本指银行按约定的存款利率与存款金额的乘积,以货币形式直接支付给存款者的报酬。存款利率有固定利率和可变利率之分。目前我国的存款一般都按固定利率计息。可变利率则是按一定期限而浮动的利率,通常以市场不断变化的某种利率为基础,如美国以国库券利率为基础。

2. 营业成本

营业成本也称为其他成本或服务成本,指除利息以外的其他所有开支,包括柜台和外勤人员的工资、广告宣传费、折旧摊提费、办公费以及为存户提供其他服务的费用等。营业成本又可进一步划分变动成本、固定成本和混合成本等。在我国由于利息成本基本由国家统一规定,营业成本就成为银行成本控制的重点。

3. 资金成本

资金成本指为服务客户存款而支付的一切费用,包括利息和营业成本。资金成本率计算公式如下:

$$资金成本率 = \frac{利息成本 + 营业成本}{吸收的全部存款资金} \times 100\%$$

4. 可用资金成本

可用资金成本也称为银行的资金转移价格,指银行可用资金所应负担的全部成本。它是确定银行盈利性资产价格的基础,因而也是银行经营中资金成本分析的重点。因为银行所吸收的存款资金不能全部用于盈利性资产,只有在扣除法定存款准备金和必要的超额准备金后,才能实际用于贷款和投资。

5. 相关成本

相关成本指与增加存款有关,但未包括在以上四种成本之中的支出。主要有以下两种:

（1）风险成本。风险成本指因存款增加引起银行风险增加而必须付出的代价。如利率敏感性存款增加会增加利率风险,可变利率存款取决于市场利率变动的风险,保值储蓄贴补率取决于物价指数上涨的风险等。存款总额增长提高了负债与资金的比例,从而使资本风险增加等。

（2）连锁反应成本。连锁反应成本指银行因对新吸收存款增加的服务和利息支出,而引起对原有存款增加的开支。如过去我国定期储蓄存款的利率就高不就低,提高利率时,不仅新增存款的利率提高,而且已有全部存款的利率都相应提高,从而增加了银行的利息支出。

6. 加权平均成本

加权平均成本是指存款资金的每单位平均借入成本。其计算公式如下:

$$\text{银行全部存款资金的加权平均成本} = \frac{\sum \text{每种存款资金来源的量} \times \text{每种存款的单位平均成本}}{\text{各类存款资金来源的总量}}$$

简记为:

$$X = \frac{\sum fx}{\sum f}$$

式中:X 为银行全部存款资金的加权平均成本;

　f 为每种存款资金来源的量;

　x 为每种存款的单位平均成本。

7. 边际存款成本

边际存款成本是指银行增加最后一个单位存款所支付的成本。其计算公式如下:

$$\text{边际存款成本} = \frac{\text{新增利息} + \text{新增营业成本}}{\text{新增存款资金}}$$

(二) 存款成本控制

1. 存款结构和成本选择

在一般情况下,如果存款期限长,利率和成本就高;反之,存款期限短,利率和成本就低。但如深入分析,情况未必一定如此。活期存款的利率虽低,但营业成本高,因此活期存款的总成本并不一定就低。我国银行储蓄存款的成本通常要高于企业存款,但储蓄存款通过银行的中介可以派生出新的存款,而派生存款则都是低利息的。过去,国内曾有多家银行抱怨吸收储蓄存款亏本,但通过"利息预提"和"提前支取"的魔术变换,实际上没有一家银行是亏本的。在银行经营管理的实践中,对存款结构的选择,需要正确处理以下关系:

(1) 尽量扩大低息存款的吸收,降低利息成本的相对数;

(2) 正确处理不同存款的利息成本和营业成本的关系,力求不断降低营业成本的支出;

(3) 活期存款的发展战略必须以不减弱银行的信贷能力为条件;

(4) 定期存款的发展不以提高自身的比重为目标,而应与银行存款的派生能力相适应。

2. 存款总量和成本控制

在银行经营的实践中,存款总量和成本间的关系可概括为以下四种不同的组合:

(1) 逆向组合模式,即存款总量增长,成本反而下降;

(2) 同向组合模式,即存款总量增长,成本随之上升;

(3) 总量单向变化模式,即存款总量增加,成本不变;

(4) 成本单向变化模式,即存款总量不变,成本增加。

以上四种组合表明,存款成本不但与存款总量有关,而且与存款结构、利息和营业成本占总成本的比重、单位成本内固定成本和变动成本比率等,都有密切的关系,从而形成各种不同的组合。它要求银行努力实现逆向组合模式和总量单向变化模式,要求银行经营在不增加货币投入的情况下,尽量组合更多的存款,也就是说走内涵扩大再生产之路。例如,不能用率先提高存款利率,增设营业网点,增加内勤、外勤人员等办法去扩大存款市场,而应在改变存款结构、创新存款品种、提高工作效率和服务质量等方面下功夫。

3. 可用资金的历史平均成本和边际成本分析

可用资金的历史平均成本,是指银行对已吸收的存款的全部利息成本加上营业成本除以全部可用资金。它实际上也就是银行资金的转移价格,并由此决定营利性资产的最低收益率,而利润则成为资金转移价格的溢价。

可用资金的历史平均成本对评价银行迄今为止的经营状况有极重要的意义,但其主要缺陷是不考虑未来利息成本变动。因为银行经营主要是面向未来,而不是回顾过去。当未来利率上升时,历史平均成本就低于新吸收的存款的实际成本,这样以历史成本为基础的资产收益率必然会相应下降,从而也就不能实现利润目标。当未来利率下降时,情况则相反,历史平均成本将高于新吸收成本存款的实际利息成本,这样使营利性资产的价格可能因高估而不利于竞争。

对银行经营来说,具有决定意义的是已产生和将要产生的资金运用,因此确定边际存款成本有其特殊的重要性。因为只要已知边际存款成本,银行就可相应确定资金收益率的目标,使资产收益率略高于边际成本率,以弥补信用风险损失,保持适当的盈利。而且除存款外,可用资金的边际成本可反映其他各种资金来源的相对成本,以确定新增资金来源的最低费用目标。

遗憾的是,边际成本难以精确计算。因为银行必须预测将要支付的利息和各项利息支出,并确定多少资金可投入于营利性资产;尤其是边际成本的计算,要求银行必须预测整个计划期内的资金相关利率,而市场利率则处于不断变动状态,是很难精确预测的。因此,银行需要对利率预测的结果进行经常性调整,以尽量使存款边际成本的预测趋于精确。

三、银行存款的营销和定价

(一) 存款工具的营销

金融市场的营销,是指把可盈利的银行服务引导到经选择的客户方面的经营管理活动。存款是银行向客户所提供的一种金融服务,其前提是客户需要这种金融服务。存款工具和其他金融商品一样,其市场营销包含着三方面的内容,即产品的设计和创新,定价和产量,公共关系。

由于银行向市场所提供的商品基本是满足一般而不是特殊的需要,无论是存款或贷款,都不能通过触觉、视觉、味觉和听觉来吸引客户,所以银行必须依赖广告和促销把信息传达给公众,并通过公共关系来确保形象,并使服务具有吸引力。虽然通过设计和创新,一家银行可以向社会提供较新的金融产品,但创新只能在原有产品的本质特征范围内进行。因此,一家银行和另一家银行所提供的金融商品是非常相似的,客户之所以购买这家银行的商品而不购买另一家银行的商品,主要取决于各家银行在规模、信誉、服务效率和质量以及产品和服务的种类对客户的吸引力。这就决定了银行间竞争的重点应放在促销上,即将银行的产品和服务向客户进行报道、宣传,以说服、促进和影响客户的购买行为,这就是存款工具的市场营销的关键。存款工具的营销过程可简要划分为以下三个环节。

1. 研究确定客户的金融需要

存款工具营销的首要环节是必须研究客户的金融需要。客户购买存款工具的动机是多样的,有的侧重于货币增值,有的着眼于计划消费,有的要求安全保密,有的强调存取方便,还有的倾向于投机和好奇等。银行应针对客户的存款动机推出相应的存款品种,如整存整取和大额存单,能适应客户货币增值的需求;零存整取、整存整取和专项储蓄,能满足客户计划消费的目的;对要求存取方便的客户,可供应通存通兑、定活两便、通知存款等;对需要进行日常收入自动规划的客户,可推出工资转存、自动转账服务等存款工具。

2. 根据研究成果规划新的服务或改善原有服务

在第一步研究成果的基础上,第二步银行应根据经营环境的变化、自身规模和经营特点,具体规划新的服务和改善原有服务。如在通货膨胀较严重的情况下,客户普遍担心货币贬值,银行就应在保证适当盈利的前提下着重规划保值储蓄,推出新的与物价指数挂钩的指数存款证等。而在经济繁荣、物价相对稳定的环境下,银行应重点规划计划消费型存款和存取方便型存款,并有针对性地引进国际通行的通知储蓄、电话存取储蓄、自动转账存款等。另外,在互联网金融日益盛行的背景下,银行还应加强线上产品创新开发,满足客户多样化的体验需求。

随着信息通信技术发展,互联网金融对金融市场的影响越来越大。依托于云计算、社交网络以及搜索引擎等互联网工具,资金的融通和支付拥有更方便快捷的渠道,能够满足客户更多样化的金融需求。商业银行可根据自身的经营战略和实际情况,进行互联网金融模式和产品的探索,为客户提供更多创新服务。

3. 定价和促销

在进行存款工具定价时,即银行在提交客户满意的存款产品时,须遵循获取一定利润的原则。如果新的存款工具只考虑客户一方面的需求而不顾及银行自身的利益,那么,存款创新工具的推销必然受到银行成本负担能力的限制。一家自负盈亏的银行全面推行保值存款工具应遵循以下原则:

(1) 存款工具的定价,既要考虑满足客户的需要,又必须顾及银行的经济效益。在其他条件不变的情况下,存款利率提高能极大地鼓舞客户存款的积极性;相反,如存款利率下降,客户就会转移一部分资金去追逐较高利益的资产,从而使银行存款增幅减缓。立足于保护存户利益的存款工具是颇受欢迎的,如为确保存户的实际利率收益,名义利率就应随物价指数的升降而变化。但在满足客户需要的同时必须改善银行的成本负担能力,否则将会降低银行的盈利水平甚至发生亏损。因此存款工具定价的首要原则,就是必须在满足需求与确保银行经营效益之间寻求一个均衡点。

(2) 不同存款工具的价格信息必须是可沟通的,要简单明了,易为存户进行价格比较。如在按存款期限细分市场的情况下,期限越长的存款利率一般越高。各种不同期限的存款工具在价格上要能沟通和比较。例如,6个月期的存款利率要高于3个月期的存款利率,但1年期存款利率高于 6 个月期存款利率的幅度,要能与 6 个月期高于 3 个月期的存款利率幅度沟通。因为存款市场上,利率本来就是一种简单的可沟通的价格。

（3）不可过分地以损害某些细分市场的利益去补贴另一些细分市场。否则,受损害的市场将会趋于萎缩,而为其他竞争者所得,在不存在其他竞争者的情况下,也会导致银行存款结构的畸形变化。如过去我国在通货膨胀较严重的情况下推出的保值储蓄,仅对 3 年期以上的存款进行保值,使 3 年期以下的储蓄存款因得不到保值而全部呈现负利率状态,最后出现了银行 3 年期以下储蓄存款增幅下降,3 年期以上储蓄存款猛增,债券、股票严重供不应求的局面。

（二）存款工具的定价方法

近年来,我国加快了利率市场化的进程,一方面是因为利率市场化是建立社会主义市场经济的核心问题,是开放经济的需要和实现经济体制改革的必要前提;另一方面是因为依靠央行统一调整利率不具有连续性,难以及时真实地反映市场的资金供求状况。自 2012 年 6 月 8 日至今,央行在多次调整基准利率的同时,不断扩大存款利率浮动区间,逐渐推进利率市场化并放开存款定价权。

在金融市场发达的国家,市场利率的自由浮动决定了商业银行必须对存款工具拥有自主定价权。西方国家商业银行的自主定价,一要受制于当地市场的竞争情况;二要受制于保持本行原有利差。因此,自主定价绝不等于完全自由定价。下面仅就发达国家商业银行自主定价的主要方法做一些简单的介绍。

1. 以成本为基础定价

以成本为基础定价即以商业银行各项费用、成本之和作为定价的基础。成本定价体系既不考虑竞争形势,也不考虑在不同细分市场客户愿意接受的收益水平,其最大的优点是可以做到既不损害某些细分市场,也不会给某些细分市场以补贴。问题在于任何试图将价格真实地与所提供服务的成本直接联系起来的做法,都不可避免地引起定价公式的复杂化。如仅一项基本往来账户,就有 20 项成本利益因素,还不包括该账户所使用的专门性辅助服务的全部费用。因此,以成本为基础的定价体系过于复杂,以致难以进行沟通和进行有意义的价格比较。

2. 交易账户的定价

交易账户的定价要考虑以下三个方面内容:① 规定每笔业务的收费标准及全部免费提供辅助服务;② 按余额对客户以名义利率付息;③ 规定平均或最低限余额,在此数额以上的余额则免收费用。如按这些因素对可转让支付凭证定价时,应主要考虑最低余额、手续费和平均余额支付率这三个因素。银行定价的自主权表现为既可根据最低余额而不根据手续费定价,也可据手续费而不根据最低余额定价。目前流行的收支相抵平均余额定价法,是所得收入恰好能抵补账户成本。只要银行掌握了一个账户的收支相抵平均余额,就能确定为实现某一目标收益率所必需的最低平均余额。对于没有达到规定的最低余额账户所收取的罚金,应能够抵消平均余额低于收支平衡点所发生的损失额。

3. 金融市场存款账户的定价

金融市场存款账户的定价既取决于当地市场的竞争,又取决于它与市场基准性利率的利差。

许多存款机构根据国库券、货币市场基金和同业拆借等货币市场工具的收益来确定市场存款账户的价格水平。随着我国利率市场化改革的深化,银行间市场发行同业存单全部参照 SHIBOR 定价。例如,3 个月期同业存单发行加权平均利率:2017 年为 4.62%,比 3 个月 SHIBOR 高 25 个基点;2018 年为 4.06%,比 3 个月 SHIBOR 高 32 个基点;2019 年为 2.97%,比 3 个月 SHIBOR 高 14 个基点。

4. 定期存单市场按银行层次定价

在美国,1974 年以前定期存单市场分两个层次:基础银行与非基础银行。第一层次(主干银行)由大的金融中心银行组成,而第二层次(非主干银行)则由区域性银行组成。高层次银行由于信用和市场风险较低,发行定期存单的利率要比非主干银行低。1974 年以后,定期存单市场上形成四个层次的结构:第一层次由美国最大的 7 家银行组成,其定期存单的利率与同期政府债券相近。第二层次银行定期存单的利率高于第一层次 5～10 个基点,第三层次银行与第一层次银行定期存单利率的平均差额为 15 个基点,第四层次各银行与第一层次银行相差 20～30 个基点。自 20 世纪 80 年代以来由按规模层次分档次转向按信誉分档次,因为规模大的银行并不一定信誉级别就高,因此这无疑是历史的进步。即被资信评级公司评为高级信誉级别的银行,其定期存单的利率要低于低信誉级别的银行,并且定期存单市场的利率结构趋向于同商业票据市场相一致。

5. 基于银行与客户整体关系的存款定价

这是指商业银行将存款与一系列产品或服务综合起来,考虑客户与银行的总体关系,从而进行存款定价的方法。对于在银行购买两种以上存款或其他服务的客户,一般与银行的关系较为密切,银行只需要根据总成本制定一个总的目标利润,可以适当地提高存款的利率。这样,可以以更好的服务吸引客户,增强忠诚度。当然,利率高的存款产品所带来的亏损可以用成本低、收益高的其他产品收入来加以补偿,从而实现总体上的盈利即可。

四、存款规模控制

存款的多少,是一家银行规模和实力的标志,尤其是发展中国家长期处于资金紧缺状态,银行存款越多越好似乎已成为一般共识。但从科学的角度研究,"存款越多越好"的观念是值得商榷的。

从宏观上看,一国存款的供给总量主要取决于该国国民经济发展的总体水平,存款总量的增减也取决于多方面的主客观因素变化。例如,储蓄存款的增减变动,主要取决于居民货币收入的变化和消费支出结构,取决于商品供给状况和物价水平,同时受制于文化水平和历史传统的影响等。而一国企业存款的增减变动,则主要取决于社会再生产的规模、企业经营状况、国家金融政策、商业信用的发展程度及银行结算的质量和速度等一系列因素。因此,无论是企业存款还是储蓄存款,在总量上都客观存在一个正常状态下的适度问题。如因企业资金占用过多、增长过猛,消费品供应不足,或因金融资产种类少,个人投资渠道缺乏而导致的储蓄存款急剧增长,就有可能使存款成为"笼中虎",埋下冲击市场、冲击物价的隐患。从宏观上评判存款总额的适度性,通常运用的指标为:① 存款总额同国内生产总值之比;② 企业存款总额同企业销售总额或流动资金占用总额之比;③ 居民存款总额同居民收入总额之比。用这些比率在正常状态下的均值去判定当前的离差程度,离差小就是适度的,如离差超过一定的幅度就值得研究了。

从银行经营管理的角度看,一家银行的存款量,应限制在其贷款的可发放程度及吸收存款的成本和管理负担之承受能力的范围内。如超过这一程度和范围,就属于不适当的存款增长,反而会给银行经营带来困难。因此,银行对存款规模的控制,要以存款资金在多大程度上被实际运用于贷款和投资为评判标准。若存款的期限结构既能满足银行资产业务的需要,又能适当降低成本,存款的品种结构既能满足资产结构的要求,又能满足客户的多样化需求,其规模就是合理的规模。如果一家银行的超额准备金比率过高,在正常情况下就不可避免地要背上存差的净付息包袱,这实际上就是存款过多的表现。国际上一些银行通过存款成本变化来控制存款量,努力寻求边际成本曲线的相交点,是较科学的存款规模控制模式。

目前,我国商业银行的经营压力主要来自筹资成本率过高,使得银行的经营成本上升,而信贷业务发展缓慢和投资渠道单一,致使银行资金收益水平下降,从而导致依靠存贷利差收益谋求发展的商业银行的经营举步维艰。我国商业银行目前面临此种经营环境,迫切需要银行从全面成本管理的角度出发,转变经营模式和增长方式,以降低负债业务的筹资成本率为目标,对被动负债进行主动管理,拓宽筹资渠道,丰富主动负债产品,提高对银行存款大户的议价能力,将主动与被动负债产品合理搭配,注重负债产品结构的优化,控制负债成本,以缓解银行的资金运作压力。

西方商业银行早在 20 世纪六七十年代就提出了主动负债的思想,即通过金融市场的相关渠道"购买"资金来支持贷款和投资业务的发展,摆脱一味依靠存款拓展业务的传统模式。该理论提出的背景是当时西方商业银行的存款经营受到利率管制,资金头寸不足促使银行通过金融市场开拓新的筹资渠道来维持流动性。依据资产的期限结构对负债业务进行灵活调整,通过主动负债管理保证银行资本的充足性和运营的稳定性。银行的存贷比往往超过100%。但金融市场的波动性和利率不确定性,也为银行主动负债带来较大的风险。由 2007 年美国次贷危机引发的全球金融危机,金融市场因资金短缺而利率高企,主动负债无以为继,几百家银行因资金链断裂而纷纷倒闭。历史的教训要求银行重新回归传统业务,注重稳健经营,尤其注重存款业务的经营和开拓,相应减少金融市场尤其是资本市场的直接融资。

现阶段,中国的商业银行仍然立足于"存款立行"的基本理念,近期内也不会选择利用借入资金替代存款作为主要筹资模式。但只要能有效控制风险,在注重存款的同时,积极探索适合本行需要的主动负债产品,应成为中国商业银行负债经营的创新方向。

因此,我国商业银行近期不会选择利用借入资金来替代存款作为主要的筹资模式,但丰富银行主动负债产品、提高与客户的议价能力是西方商业银行负债理论给我们带来的创新经营思路。由于降低各种存款产品的利率必将损害银行客户的利息收益,因此,我国商业银行要注重内外兼修,从多个角度去运用主动负债管理的思路解决实际经营中遇到的问题。

第四节　短期借款的经营管理

一、短期借款的特征和意义

（一）短期借款的主要特征

1．对时间和金额上的流动性需要十分明确

由于活期存款的余额随时都在发生变化,定期存款也有提前支取的可能,所以准确掌握某一时点上的存款金额对于流动性的需要比较困难。而短期借款在时间和金额上都有明确的契约规定,借款的偿还期约定明确,商业银行对于短期借款的流动性需要在时间和金额上既可事先精确掌握,又可有计划地加以控制,这显然为负债管理提供了方便。

2．对流动性的需要相对集中

短期借款渠道决定了借款对象不可能像存款那样分散,每笔借款的平均金额要远远高于每笔存款的平均金额,从而决定了短期借款的流动性需要无论在时间上还是金额上都比存款相对集中。如银行不能在约定期限偿还借款,就会因丧失信誉而难以继续经营。就这点而言,其流动性风险显然要高于存款。

3．面临较高的利率风险

在正常情况下,短期借款的利率一般要高于同期存款,尤其是短期借款的利率与市场资金供求密切相关,是非常容易变化的。一旦市场的资金需求大于供给,短期借款的利率可能急剧上升,导致银行负债成本的提高。因此对短期借款的成本分析和控制,是银行负债管理的重要任务之一。

4．主要用于满足短期头寸不足的需要

短期借款不同于长期借款的主要特征是期限短。因此,短期借款一般只用于调剂头寸,解决银行临时资金不足和周转困难的资金需要。对于一家商业银行来说,短期借款的稳定余额虽然也可被长期占用,但绝不能通过短期借款来满足营利性资产的资金需要,短期借款的动机只能是满足银行经营的流动性需要。

（二）商业银行从事短期借款业务的意义

1．短期借款是银行非存款资金来源的重要渠道

在商业银行的负债中,存款始终是最主要的资金来源。但随着银行业务的发展,非存款负债日渐被看重,尤其是20世纪60年代负债管理理论兴起后,非存款负债不断增长。如今,同业拆借、向中央银行或欧洲货币市场借款、回购协议等短期负债,已成为商业银行的重要资金来源。

2．短期借款是满足银行周转金需要的重要手段

周转金是银行经营的一种保护性资金,商业银行必须经常持有足够的资金以满足可能出现的支付需求。传统的银行经营以现金资产作为周转金的主要形式,而现代银行管理则越来越转

向周转金的负债来源,因为通过短期借款也可在一定程度上满足资金周转的需要。短期借款既能降低存款波动的不良影响,也在一定程度上兼顾了营利性的要求。因此,短期借款已成为现代商业银行的重要周转手段。

3. 短期借款提高了商业银行的资金管理效率

由于短期借款是银行的主动负债,其对流动性的需要在时间上和金额上又都十分明确,银行经营者可依据本行对流动性、安全性和营利性的需要,对短期借款的时间和金额进行各种有效的安排,从而大大提高了资金的管理效率。同时,短期负债的增加使银行资产和负债的流动性相应提高,进而能更多地持有流动性较差的高收益资产,从而有利于盈利水平的提高。

4. 短期借款既扩大了银行的经营规模,又拓展了银行参与市场竞争的深度与广度

短期借款的增加意味着商业银行资金来源的增多,同时为资产业务的扩大创造了条件,银行经营规模也随之相应扩大。而且,短期借款是商业银行与同业以及中央银行加强联系的重要渠道。如通过同业拆借能加强银行同业间的往来,熟悉彼此的资信状况,进行各项合作,有利于共同抵御各种风险;通过向中央银行借款,为中央银行了解商业银行和金融市场状况提供了信息,这也是中央银行执行货币政策、控制银根的主要途径;商业银行在国际金融市场借入短期借款,能加强银行同业的国际往来,便于形成统一的国际金融市场。

二、短期借款的主要渠道

(一) 同业借款

同业借款,也称为同业拆借,指的是金融机构之间的短期资金融通,主要用于支持日常性资金周转。它是商业银行解决短期资金余缺、调剂法定准备金头寸而融通资金的重要渠道。由于同业拆借一般是通过商业银行在中央银行的存款账户进行的,实际上是超额准备金的调剂,因此又称中央银行基金,在美国称之为联邦基金。

同业拆借利率是货币市场的核心利率,也是整个金融市场上具有代表性的利率,它能够及时、灵敏、准确地反映货币市场乃至整个金融市场短期资金供求关系。因此,它被视为观察市场利率趋势变化的风向标。中央银行更是把同业拆借利率的变动作为把握宏观金融动向调整和实施货币政策的指示器,例如美国的同业拆借利率——联邦基金利率便是央行控制的基准利率。

案例 3-2

中国的同业拆借市场

在发达国家,同业拆借市场一般为无形市场。而我国 1996 年开通的全国同业拆借一级网络和各省市的融资中心,均为有形市场。1996 年年初至 1997 年 7 月,我国同业拆借市场由两级网络组成,商业银行总行为一级网络成员,银行分支行和非银行金融机构为二级网络成员;各省市融资中心既是一级网络成员,又是二级网络的组织者和参与者,成为沟通一级网络和二级网络的

桥梁。

1997 年 8 月,融资中心为加强自身风险的管理和控制,主动减少自身的交易规模,市场交易由拆借双方自行清算,自担风险,交易成员奉行"安全第一,价格第二"的原则。拆借方把防范信用风险放在首位,拆借主要在资金实力雄厚、信誉较好的商业银行总行之间进行。

1998 年 2 月后,融资中心退出拆借市场,也就宣告拆借市场二级网络的终止。1998 年 4 月外资银行开始进入拆借市场,1998 年 6 月我国商业银行省级分行开始成为拆借市场成员,但拆借依然维持在商业银行总行之间。同时,为提高金融机构外汇资金运作效率,推动国内外汇市场发展,经国家外汇管理局批准,中国外汇交易中心从 2002 年 6 月 1 日起为金融机构办理外币拆借中介业务。同年 6 月 3 日、18 日和 20 日,中国外汇交易中心分别在上海、深圳、北京与中外资金融机构签署外币拆借中介服务协议,统一的国内外币同业拆借市场正式启动。2006 年 10 月 8 日起,我国开始试运行上海银行间同业拆放利率(SHIBOR),并于 2007 年 1 月 4 日正式对外公布。

2008 年 3 月 24 日,中国外汇交易中心暨全国银行间同业拆借中心发布《同业拆借交易操作规则》,并于 2009 年 12 月 18 日调整部分条款。

自我国成立同业拆借市场以来,市场成员不断增加。在 1996 年仅有 12 家商业银行、全国性信托公司及融资中心参与全国统一拆借,而截至 2020 年 6 月,全国银行间拆借市场交易的成员有 2 236 家,其构成见表 3-2。

表 3-2　全国银行间拆借市场交易的市场成员(2020 年 6 月)

机构性质	最新成员数	机构性质	最新成员数
大型商业银行	20	保险公司	53
股份制商业银行	40	证券公司	102
城市商业银行	135	资产管理公司	4
政策性银行	3	汽车金融公司	24
外资银行	121	保险公司的资产管理公司	5
农村商业银行和合作银行	1 032	民营银行	16
农村信用联社	289	境外人民币清算行	10
信托投资公司	66	消费金融公司	13
金融租赁公司	66	其他	3
财务公司	234		
合计			2 236

注:以上统计不包括:① 已经退市的市场成员;② 已经申请加入银行间市场但还未完成联网手续的市场成员。

我国的同业拆借市场由 1~7 天的头寸市场和期限在 120 天内的借贷市场组成,其中短期限品种交易占据主导地位。2020 年上半年,中国的银行间同业拆借累计成交 78.4 万亿元,日均成交 6 483 亿元,从期限结构看,隔夜品种的成交量占 90.6%。

从融资主体上看,我国的大中型中资银行与外资银行一般是净融出方,而小型中资银行与证券公司、保险公司等其他金融机构多为净融入方。金融机构之间通过这个市场进行短期、临时性的头寸调剂,满足了日常经营活动中出现的资金余缺需求。

思考题

我国的同业拆借市场对商业银行来说有何重要意义?

（二）向中央银行借款

商业银行向中央银行借款的主要形式有两种:一是再贷款,二是再贴现。再贷款是中央银行向商业银行的信用放款,也称直接借款;再贴现指经营票据贴现业务的商业银行将其买入的未到期的贴现汇票向中央银行再次申请贴现,也称间接借款。在市场经济发达的国家,由于商业票据和贴现业务广泛流行,再贴现就成为商业银行向中央银行借款的主要渠道。而在商业票据信用不普及的国家,则主要采取再贷款的形式。我国商业银行向中央银行的借款,基本采取的是再贷款形式。我国中央银行的再贷款有年度性贷款、季节性贷款和日拆性贷款三种。

近几年我国央行不断进行再贷款的创新,相继推出以下几种操作:

（1）常备借贷便利(Standing Lending Facility,简称SLF)。创设于2013年年初,是央行向符合条件的中小金融机构提供的短期流动性支持,最长期限为3个月,以1至3个月期的操作为主。

（2）中期借贷便利(Medium-term Lending Facility,简称MLF)。创设于2014年9月,通常以招标的方式开展,面向符合宏观审慎管理要求的商业银行、政策性银行,通过质押方式向市场提供中期基础货币,期限通常在3～6个月。

（3）抵押补充贷款(Pledged Supplementary Lending,简称PSL)。创设于2014年4月,作为长期基础货币投放的渠道,通过抵押高等级债券资产、优质信贷资产的方式向商业银行提供贷款。资金用途主要在国民经济重点领域、薄弱环节和社会事业发展方面,例如国开行的棚户区改造项目。

（4）定向中期借贷便利(TMLF)。于2018年12月推出,向主要金融机构提供优惠利率的长期流动性。商业银行可以把自己持有的资产(比如国债、金融债等)质押给央行取得长期稳定资金来源,主要放贷给中小微企业,数量与金融机构的支持小微、民营企业的力度挂钩。

由于中央银行向商业银行的放款将构成具有成倍派生能力的基础货币,因此各国中央银行都把对商业银行的放款作为宏观金融调控的重要手段。中央银行在决定是否向商业银行放款、何时放款、放多少款时遵循的最高原则是维护货币和金融的稳定;其利率随经济、金融形势的变化而经常调节,通常要高于同业拆借利率。在一般情况下,商业银行向中央银行的借款只能用于调节头寸、补充储备不足和资产的应急调整,而不能用于贷款和证券投资。在特殊情况下,如为满足强化国家计划、调整产业结构、避免滑坡和企业倒闭的资金需要,中央银行的放款也可能被不定期地展期下去,但这应当被视为迫不得已而采取的办法。

我国中央银行对再贷款的管理实行"合理供给、确定期限、有借有还、周转使用"的原则。以再贷款为主要形式,有利于国家和中央银行强化宏观金融的计划控制,但是,再贷款并不像再贴现那样完全建筑在经济实际运行的基础之上。再贷款规模的决策也难以避免主观随意性。因此,随着我国票据和贴现市场的不断发展扩大,逐步以再贴现取代再贷款,将是历史发展的趋势。

（三）转贴现

转贴现是指商业银行之间在二级市场上买卖未到期票据的行为。商业银行通过转贴现在二级市场卖出票据以融通到所需要的资金,而二级市场的投资人在票据到期前还可进一步转手买卖,继续转贴现。转贴现的期限一律从贴现之日起到票据到期日止,按实际天数计算。转贴现利率可由双方议定,也可以以贴现率为基础参照再贴现率来确定。在我国,票据款项一律向申请转贴现的银行收取,而不是向承兑人收取。

目前转贴现市场的交易品种主要分为两类:买断式转贴现和回购式转贴现。两者都是由持票金融机构在商业汇票到期日前,将票据权利背书转让给其他金融机构,由其扣除一定的利息后,将约定金额支付给持票人的交易行为。不同的是,前者不约定日后回购,票据权利发生了实质性转移;后者约定日后回购,票据权利并未转移,相当于用商业汇票作为抵押进行短期融资。

（四）回购协议

回购协议是指商业银行在出售证券等金融资产时签订协议,约定在一定的期限后按约定价格购回所卖证券,以获得即时可用资金的交易方式。回购协议通常只有一个交易日,协议签订后由银行向资金供给者出售证券等金融资产以换取即时可用资金;协议期满后,再以即时可用资金做相反交易。回购协议最常见的交易方式有两种:一种是证券卖出和购回采用相同的价格,协议到期时以约定的收益率在本金外再支付费用;另一种是购回证券时的价格高于卖出时的价格,其差额就是即时资金提供者的收益。回购协议交易通常在相互高度信任的机构间进行,并且期限一般很短,如我国规定回购协议的期限最长不得超过 1 年。回购协议是央行公开市场操作的重要工具。

回购交易分为买断式回购（开放式回购）和质押式回购（封闭式回购）。质押式回购中的债券属于保证券性质,并不过户给资金供给者（逆回购方）,所以后者不能对抵押债券进行处置;买断式回购中,标的债券的所有权发生了转移,逆回购方在回购期内可以对标的债券进行处置。中国债券回购市场最初只能采用质押式回购模式,2004 年 4 月 8 日推出了买断式回购。

我国目前可以在银行间市场与交易所进行债券的回购交易。2020 年上半年,银行间市场债券回购累计成交 471.2 万亿元,日均成交 3.9 万亿元,同比增长 18.9%;交易所债券回购累计成交 128.5 万亿元,同比上升 11.5%。

回购协议作为一种金融工具,有利于商业银行更好地渗透到货币市场的各个领域。另外,商业银行通过回购协议而融通到的资金可以不提缴存款准备金,从而有利于借款实际成本的减少。同时,与其他借款相比,回购协议是一种最容易确定和控制期限的短期借款。

（五）欧洲货币市场借款

欧洲货币市场对各国商业银行有很大的吸引力,因为它是一个完全自由开放的富有竞争力的市场。它有以下几个特点:

（1）欧洲货币市场不受任何国家的政府管制和纳税限制。借款条件灵活,借款不限制用途。

（2）其存款利率较高,放款利率较低,存放款利差较小。这是因为它不受法定存款准备金和存款利率最高限额的限制,因此对于国内商业银行而言,参与欧洲货币市场进行短期融资的活动较为有限。

（3）欧洲货币市场资金调度灵活、手续简便,业务方式主要是凭信用,短期借款一般只需要协议,无须担保品,通过电话和电传就可以完成。起决定作用的是借款银行的资信。

（4）欧洲货币市场的借款利率由交易双方依据伦敦银行同业拆借利率（LIBOR）具体商定。由于我国对涉外金融管制较严,因此除中国银行外,国内其他商业银行对欧洲货币市场的短期借款渠道尚未真正开通。

三、短期借款的经营策略和管理重点

（一）短期借款的经营策略

1. 时机选择

商业银行如何有效利用短期借款,有一个时机选择问题。首先,银行应根据自身在一定时期的资产结构及其变动趋势,来确定是否利用和在多大程度上利用短期借款。如某一时期银行资产的平均期限较短,有相当能力应付流动性风险,且当时市场利率较高,就没有必要利用和扩大短期借款;如情况相反,则必须注重短期借款的运用。其次,根据一定时期金融市场的状况来选择借款时机。在市场利率较低时适当多借入一些资金;反之,则少借或不借。最后,要视中央银行货币政策的变化控制短期借款的程度。如当央行采取紧缩的货币政策时,不但再贷款和再贴现的成本会提高,其他短期借款的成本也会相应提高,此时需适当控制借款;反之,则可考虑多借入一些款项。

2. 规模控制

短期借款是商业银行实现流动性、盈利性目标所必需的,然而并非短期借款越多对银行经营就越有利,因为借入资金有时比吸收存款付出的代价更高。如果利用短期借款付出的代价超过因扩大资产规模而获取的利润,则不宜继续增加借款规模,而应通过调整资产结构的办法来保持流动性,或者通过进一步挖掘存款潜力的办法扩大资金来源。商业银行在资产负债管理中,必须全面权衡流动性、安全性、营利性三者之间的利弊得失,测算出一个适度的短期借款规模。

3. 结构确定

商业银行的短期借款渠道很多,如何安排各种借款在短期借款总额中的比重,是一种重要的经营策略。从资金来源的成本结构看,一般应尽可能地多利用一些低息借款,少利用高息借款以降低负债成本。但在资产预期效益较高,低息借款又难以争取时,也可适当借入一些利息较高的资金。从国内外资金市场的借款成本看,如果从国际金融市场借款较国内便宜,可适当提高国际金融市场借款的比重;反之,则降低它的比重。从中央银行的货币政策看,如央行提高再贷款利率和再贴现率,此时应减少向中央银行借款的比重;反之,则

可适当增加向中央银行借款的比重。

（二）短期借款的管理重点

由于短期借款与存款相比具有在时间上和金额上比较集中的特点,短期借款的偿还期明确,从而为银行有计划地加以控制提供了方便。而且由于短期借款的期限较短,一般只用于调剂头寸,解决银行周转困难和临时性的资金不足,但短期借款的稳定余额也可以被长期占用。短期借款的以上特点决定了商业银行的管理重点如下:

（1）主动把握借款期限和金额,有计划地把借款到期时间和金额分散化,以减少流动性需要过于集中的压力。

（2）尽量把借款到期时间和金额与存款的增长规律相协调,把借款控制在自身承受能力允许的范围内,争取利用存款的增长来解决一部分借款的流动性需要。

（3）通过多头拆借的办法将借款对象和金额分散化,力求形成一部分可以长期占用的借款余额。

（4）正确统计借款到期的时机和金额,以便做到事先筹措资金,满足短期借款的流动性需要。

第五节　商业银行的长期借款

一、商业银行长期借款的意义

商业银行的长期借款一般采用金融债券的形式。当今世界的金融债券是 20 世纪 70 年代以来西方商业银行业务综合化、多样化发展和金融业务证券化的产物,它意味着商业银行负债的多样化发展已成必然趋势,进而体现了商业银行资产负债管理的许多新的特点。

商业银行之所以在存款之外还要发行金融债券,就是因为金融债券具有不同于存款的特点。第一,筹资的目的不同。吸收存款为的是全面扩大银行资金来源的总量,而发行证券则着眼于增加长期资金来源和满足特定用途的资金需要。第二,筹资的机制不同。吸收存款是经常性的、无限额的,而金融债券的发行则是集中性的、有限额的。吸收存款取决于存款客户的意愿,它属于买方市场。而发行债券的主动权则掌握在银行手中,就这一点而言,它属于卖方市场。第三,筹资的效率不同。由于金融债券的利率一般要高于同期存款的利率,对客户的吸引力较强,因而筹资效率在通常情况下要高于存款。第四,所吸收资金的稳定性不同。金融债券有明确的偿还期,一般不能提前还本付息,资金的稳定程度高。而存款的期限则具有弹性,资金稳定程度相对要低一些。第五,资金的流动性不同。除特定的可转让存单外,一般存款的信用关系固定在银行和存款客户之间,不能转让。而金融债券一般不记名,有广泛的二级市场可以流通转让,因而比存款具有更强的流动性。

上述诸方面不同于存款的特点,决定了金融债券的发行对银行负债经营的发展有较大的积极意义。首先,金融债券突破了银行原有存贷关系的束缚。它面向社会筹资,筹资范围广泛,既不受银行所在地区资金状况的限制,也不受银行自身网点和人员数量的束缚。其次,债券的高利率和流动性相结合,对客户有较强的吸引力,有利于提高银行筹资的速度和数量。同时,发行债券所筹的资金不用缴纳法定准备金,这也有利于提高银行资金的利用率。最后,发行金融债券作为商业银行长期资金来源的主要途径,使银行能根据资金运用的项目需要,有针对性地筹集长期资金,使资金来源和资金运用在期限上保持对称,从而成为商业银行资产负债管理的重要工具。

总之,金融债券的主要功能在于拓宽了银行的负债渠道,促进了银行负债来源的多样化,增强了负债的稳定性。但与存款相比,金融债券的局限性也比较明显。第一,金融债券发行的数量、利率、期限都要受到管理当局有关规定的严格限制,银行筹资的自主性不强。第二,金融债券除利率较高外,还要承担相应的发行费用,筹资成本较高,受银行成本负担能力的制约。第三,债券的流动性受市场发达程度的制约,在金融市场不够发达和完善的发展中国家,金融债券种类少,发行数量也远远小于发达国家。

二、金融债券的主要种类

金融债券有一般性金融债券、资本性金融债券和国际金融债券之分。

(一)一般性金融债券

1. 担保债券和信用债券

担保债券包括由第三方担保的债券和以发行者本身的财产作抵押的抵押担保债券。信用债券也称无担保债券,是完全以发行者本身信用为保证发行的债券。商业银行特别是大银行,由于其有着几乎绝对的信用而具有坚实的可靠性,因此一般都发行信用债券。我国大型国有控股商业银行所发行的债券都是信用债券,今后随着我国合作性和民间性的中小银行的发展,担保性金融债券也必将提上议事日程。

2. 固定利率债券和浮动利率债券

固定利率债券指的是在债券期限内利率固定不变,持券人到期收回本金,定期取得固定利息的一种债券。浮动利率债券则是在债券期限内,根据事先约定的时间间隔,按某种选定的市场利率进行利率调整的债券。

自 20 世纪 80 年代以来,在金融自由化浪潮冲击下,市场利率变动频繁,发行银行和投资者为规避风险,浮动利率债券逐渐被广泛应用,其发行数额的增加幅度远远超过了固定利率债券的增幅。在国际上,浮动利率债券的利率通常按 LIBOR 同方向波动,一般按事先约定有利率调整幅度,如 LIBOR 0.3,指只有当市场利率波动幅度超过 0.3 时才加以调整。通常每 3 个月或 6 个月调整一次利率,主要取决于债券期限的长短。浮动利率债券的发行是大势所趋,至于我国商业银行国际债券的发行,浮动利率债券则是较好的现实选择。

3. 普通金融债券、累进利率金融债券和贴现金融债券

普通金融债券是定期存单式的到期一次还本付息的债券。这种债券的期限通常在 3 年以上,利率固定,平价发行,不计复利。这种债券有些类似于定期存单,但它仍然具有金融债券的全

部特征。

累进利率金融债券是浮动期限式的、利率和期限挂钩的债券。其期限通常为 3～5 年,持有债券时可以在最短和最长期限内随时到发行银行兑付,但不满 1 年的不能兑付。利率采用累进式方法计算,即按债券持有期限分成几个不同的等级,每一个时间按不同的利率计付利息,投资期限越长利率越高,从而有利于鼓励投资,也使银行所筹的资金相对稳定。

贴现金融债券也称贴水债券,是指银行在一定的时间和期限内按一定的贴现率以低于债券面额的价格折价发行的债券。这种债券的券面上不附有息票,到期按面额还本,其利息就是债券发行价格与票面价格的差额。对贴现债券收益率的计算,应使用复利到期收益率公式,接实际天数计算利息。

我国银行发行的大多是普通金融债券,1988 年以后也曾发行过累进利率金融债券和贴现金融债券。

4．一次性还本付息金融债券和付息金融债券

一次性还本付息金融债券是期限在 5 年以内、利率固定、发行银行到期一次支付本息的金融债券。迄今为止,我国银行发行的基本都是一次性还本付息金融债券。

国际上流行的普通金融债券大多是付息金融债券,指的是在债券期限内每隔一定时间(半年或一年)支付一次利息的金融债券。这类金融债券的券面上通常附有每次付息的息票,银行每支付一次利息就剪下一张息票,故又称为剪息票债券。付息金融债券可以有较长的期限,并能有效减轻银行在债务到期时一次集中付息的利息负担,应成为我国银行筹措长期资金的主要形式。

(二) 资本性金融债券

资本性金融债券是商业银行为弥补资本金的不足而发行的资本性债券,其性质介于存款负债和股票资本之间,在《巴塞尔协议》中统称为附属资本或次级长期债务。

1．次级债

次级债是指固定期限不低于 5 年(包括 5 年),除非银行倒闭或清算,不用于弥补银行日常经营损失,且该项债务的索偿权排在存款和其他负债之后的商业银行长期债务。次级债计入资本的条件是:不得由银行或第三方提供担保,并且不得超过商业银行核心资本的 50%。商业银行应在次级定期债务到期前的 5 年内,按以下比例折算记入资产负债表中的"次级定期债务"项下:剩余期限在 4 年(含 4 年)以上的,以 100% 计;剩余期限在 3～4 年的,以 80% 计;剩余期限在 2～3 年的,以 60% 计;剩余期限在 1～2 年的,以 40% 计;剩余期限在 1 年以内的,以 20% 计。商业银行可根据自身情况,决定是否发行次级定期债务作为附属资本。我国商业银行发行次级定期债务,须向银保监会提出申请,提交可行性分析报告、招募说明书、协议文本等规定的资料。募集方式为由银行向目标债权人定向募集。

2003 年 11 月,银监会参考《巴塞尔协议》对附属资本中"长期次级定期债务"的规定,发布了《关于将次级定期债务计入附属资本的通知》,推动商业银行发行次级定期债务补充附属资本。2004 年 6 月,银监会与中国人民银行联合发布了《商业银行次级债券发行管理办法》,允许商业银行在银行间市场发行次级债券,进一步扩大了商业银行融资渠道,明显改变了我国商业银行资

本不足、资本补充渠道单一的状况。

次级债属于债权融资,而可转债属于股权融资。次级债到期不会转成股票,也就是说不是通过证券市场来融资,而是向机构投资者定向募集资金,从而补充银行的资本金。对于银行来说,发行可转债几乎没有风险,到期后转成股票,不用还本,还会增加每股净资产。而次级债到期有还本付息的压力,净资产也不会增加,因此银行通过次级债融资就必须考虑还本付息的压力,从而增强自身的盈利能力。相反,对于投资人来说,购买可转债的风险当然要比次级债大得多。次级债主要是针对机构投资者,对二级市场投资者的影响并不大。

2003 年,兴业银行作为我国第一家获准发行次级债的商业银行发行了 30 亿元次级债,其他银行也陆续发行次级债,作为资本补充来源。2010 年 3 月 19 日,中国银行发行次级债 249 亿元;中国工商银行也于 2010 年 9 月在银行间债券市场公开招标发行次级债 220 亿元用以补充资本金。2016 年以来,次级债成为银行,特别是中小银行补充资本的主要方式之一。截至 2020 年 8 月 9 日,当年已有 26 家银行成功发行了二级资本债,发行规模合计 2 104.8 亿元,其中,中国农业银行、交通银行、民生银行和浦发银行共发行了 1 700 亿元二级资本债,占总发行量的 80.77%。

2. 混合债

混合债(混合资本债券)是针对《巴塞尔协议》对于混合(债务、股权)资本工具的要求而设计的一种债券形式,所募资金可计入银行附属资本。作为商业银行补充资金的重要金融工具,混合债在国际上已普遍为各银行所采用。鉴于我国商业银行目前所面临的资本金不足以及补充渠道有限的现状,混合债的推出将极大地缓解这些银行的燃眉之急。

2005 年 12 月,银监会下发《关于商业银行发行混合资本债券补充附属资本有关问题的通知》,允许符合条件的商业银行发行混合资本债券,这些银行在满足若干规定的条件下可以将混合资本债券计入附属资本。2006 年 9 月,中国人民银行发布第 11 号公告,对商业银行在银行间市场发行混合资本债券做出具体规范。之后不久,兴业银行即按照监管规范在全国银行间市场成功发行首只混合资本债券,发行总额 40 亿元,期限 15 年(经银监会批准发行人 10 年后可赎回)。混合债的发行拓宽了商业银行补充资本充足率的渠道,能够缓解商业银行资本不足、资本补充渠道较少的状况,也使得银行的成长性不过分受到资本困境的约束。

《巴塞尔协议》按照资本质量及弥补损失的能力,将商业银行的资本划分为一级资本、二级资本和三级资本,其中二级资本又可以分为低二级资本和高二级资本。混合资本债(混合资本工具)就是属于二级资本中的高二级资本。它具有以下几个优势:

第一,混合债相对于次级债而言具有更强的资本属性。这种资本属性体现在"资本计入摊销"等一些系列条款中。虽然在发行条件和最后 5 年的资本计入摊销等条款中,混合债和普通次级债并无明显差异,但是混合债的期限明显比次级债长。目前次级债的期限普遍为 5 年,而混合债的期限在 15 年以上,同时混合债自发行之日起 10 年内不得赎回,10 年后只有在得到银保监会批准后具有一次赎回权。这表明银行在发行混合债时,可以附带 10 年末的息票率递增和回购选择权,这将确保银行在债券的整个清偿期内获得充分的资本待遇,避免债券在距到期日最后 5 年里,计入附属资本的数量每年累计折扣 20% 的损失。因此,可看作次级债每年计入附属资本的比例是递减的,而混合债计入附属资本的比例在存续期的最后5年才开始递减,这样混合债的每年平均资本要比次级债低,而混合债的资本属性表现得更强。

第二,混合债提高了银行抗风险能力,这种抗风险能力体现在利息递延和损失吸收两个方面。

利息递延是指发行混合债的银行在利息支付方面有一定的灵活性。其中有两层含义:一是当核心资本充足率低于4%时,银行有权递延支付利息;二是当盈余公积与未分配利润之和为负,且最近12个月内未支付普通股现金股利时,银行必须延期支付利息。损失吸收是指银行陷入经营困境时必须递延本金和利息。这种经营困境包括两种特定的情况:一种情况是当债券到期时,银行无力支付清偿权在混合债之前的银行债务;另一种情况则是,银行支付混合债将导致无力支付索偿权在该债券之前的银行债务。这两种情况下均可延期支付混合债的本金和利息。这些都使得银行在破产清算时在一定程度上能够保护比混合债更高级别的债权人的利益。混合债清偿顺序列于商业银行其他负债之后、先于商业银行股权资本。混合债是一种非稀释性的筹资方式,与上市相比,对股东更有利。

目前我国商业银行混合债的发行成本稍高于普通次级债,差异基本在15~75个基点。而作为一种新的投资工具,由于混合债的期限比较长(一般是15年左右),属于一种长期债券,它将会受到多数保险公司或者社保资金的青睐。

3. 永续债

在混合债券中有一种特殊的品种叫永续债,它没有明确到期时间,具有期限长、股债混合、高票息率、附加续期相关条款等特点,是补充银行其他一级资本的一种方式,也有利于拓宽未上市中小银行的资本补充途径。

永续债一般设置多样的特殊条款,包括赎回与延期选择权、利息跳升机制、递延支付利息权、交叉违约、破产偿付顺序等。与企业永续债相比,银行永续债的"股性"更强,多数无利率跳升机制,银行可以取消债券的派息且不累积至之后的计息期,在资本充足率不足的情况下银行可以减记票面金额。永续债的清偿顺序在存款人、一般债权人和次级债务之后,股东之前。

我国的第一只永续债是2013年由武汉地铁集团有限公司发行的"13武汉地铁可续期债"。2019年1月,我国开始推出银行永续债。2019年1月17日,银保监会批准中国银行发行不超过400亿元无固定期限资本债券,1月25日,中国银行成功发行首单银行永续债,一次性完成400亿元的发行规模,实现2倍以上的认购,票面利率为4.50%。

为提高银行永续债(含无固定期限资本债券)的流动性,提高商业银行永续债的吸引力,支持银行通过发行永续债来补充资本,2019年1月24日,中国人民银行决定创设央行票据互换工具(Central Bank Bills Swap,简称CBS),公开市场业务一级交易商可以使用持有的合格银行发行的永续债向人民银行换入央行票据。

2019年,中国银行、民生银行、华夏银行、浦发银行、中国工商银行等16家银行发行了5 696亿元银行永续债,其中,5家国有大型银行发行规模占56.2%。2020年前7个月共有19单银行永续债发行,发行规模达到3 396亿元,发行银行数量达到18家,包括中国农业银行、中国银行、中国邮政储蓄银行、招商银行和平安银行,以及泸州银行、重庆三峡银行、深圳农商银行、浙江网商银行等 13 家中小银行。

4. 可转债

可转债全称为可转换债券,在目前国内市场,就是指在一定条件下可以被转换成公司股票的债券。可转债具有债权和期权的双重属性,其持有人可以选择持有债券到期,获取公司还本付息;可以选择在约定的时间内转换成股票,享受股利分配或资本增值。所以从某种意义上讲,可转债对投资者而言是保证本金的股票。可转债具备了股票和债券两者的属性,结合了股票的长期增长潜力和债券所具有的安全和收益固定的优势。此外,可转债比股票还有优先偿还的要求权。

从国际证券市场来看,可转债作为银行融资的一项重要手段,自 20 世纪 80 年代在国际资本市场兴起以来备受瞩目。可转债在美国、欧洲和日本等地也取得了很大的发展,在资本市场上的运用也较为普遍。在我国,可转债已经与增发、配股一起并称为沪深股市上市公司二次融资的三大手段。

目前我国商业银行也对通过发行可转债进行融资的方式日益重视。2003 年 2 月 21 日,民生银行作为国内首家发行可转债的银行,发行了金额为 40 亿元人民币的可转债。该可转债于 2003 年 8 月 27 日进入转股期,至 2008 年 2 月 26 日已完成转股或到期付息。但由于各种原因,我国的银行可转债规模一直不大。而 2018 年以来,可转债逐渐成为银行补充资本的重要选择。2018 年,包括交通银行、浦发银行、中信银行、平安银行、张家港农商行、江阴银行、常熟银行等在内的近十家商业银行发行了可转债,2019 年又有中信银行、平安银行、江苏银行、浦发银行等发行可转债,每年发债总额都超过千亿元。2020 年首只银行可转债“紫银转债”于 7 月 23 日开始申购。

5. 可分离债

可分离债,即分离交易的可转换公司债券,是指上市公司公开发行的认股权和债券分离交易的可转换公司债券。可分离债应当申请在股票上市的证券交易所上市交易,其中的公司债券和认股权分别符合证券交易所上市条件的,应当分别上市交易。通过发行可分离债来融资的财务费用较少。可分离债一方面可以减少融资过程中的成本;另一方面,企业有可能因为权证的到期行权而使股权稀释,发行量大,稀释效应也会强。但整体而言,财务费用节省的效应会大于股权稀释的影响。

因此,一些成长性比较好,但不愿意公司股权被稀释的企业不适合发行可分离债,除非权证期限可以无限期延长,但根据交易所的《权证管理暂行办法》的规定,上市权证最长期限为两年。另一类不适合可分离债发行的,是那些对债务敏感的企业。普通可转债,可能因为大部分甚至全部债权转为股份,而不必支付债券本金和利息,但可分离债的债务将持续到债券到期日。

2006 年 5 月 8 日,中国证监会在《上市公司证券发行管理办法》中提及这种新的融资手段后,已经有多家银行公告发行可分离债。可分离债将为银行融资开拓新的渠道。2008 年,民生银行发行 150 亿元可分离债作为次级债,计入附属资本。

（三）国际金融债券

国际金融债券指的是在国际金融市场上发行的面额以外币表示的金融债券,不仅包含了上述所有的债券品种,而且内容更为广泛。这里仅从市场和货币的角度简要介绍几种通行的国际债券。

1. 外国金融债券

外国金融债券指债券发行银行通过外国金融市场所在国的银行或金融机构发行的以该国货币为面值的金融债券。这类债券的基本特点是:债券发行银行在一个国家,债券的面值和发行市场则属于另一个国家。如我国的银行通过日本的银行或金融机构在日本东京市场发行日元债券,即为外国金融债券。

2. 欧洲金融债券

欧洲金融债券指债券发行银行通过其他银行和金融机构,在债券面值货币以外的国家发行并推销的债券。其主要特点是:债券发行银行属于一个国家,债券在另一个国家的金融市场上发行,而债券面值所使用的货币则属于第三国。如我国银行在伦敦市场发行美元债券或在法兰克福市场发行日元债券。前者称为欧洲美元金融债券,后者则称为欧洲日元金融债券。

3. 平行金融债券

平行金融债券指发行银行为筹措一笔资金,在几个国家同时发行的债券。该债券分别以各投资国的货币标价,各债券的筹资条件和利率基本相同。实际上,这是一家银行同时在不同国家发行的几笔外国金融债券。

在以上几种债券中,欧洲金融债券通常以国际通用货币(如美元)标价,所筹资金的使用范围广泛,因而是一种主要的国际金融债券。

三、金融债券发行的经营管理

（一）发行申报

在金融法规比较严密的国家,对发行金融债券都有详细明确的法律规定,商业银行发行金融债券只要符合法律规定即可,不一定非得经过严格的申报程序,有的只要向中央银行或金融监管部门备案即可。而在金融法规不够严密或金融管制比较严格的国家和地区,则银行必须履行严格的申报、审批手续以发行债券。《中华人民共和国商业银行法》(简称《商业银行法》)第45条规定:"商业银行发行金融债券或者到境外借款,应当依照法律、行政法规的规定报经批准。"中国人民银行是我国金融债券发行的主管部门,凡要求发行债券的商业银行,必须逐项向中国人民银行报送有关材料,经严格审查、批准后才能发行金融债券。

（二）发行机构和信用评定

对于金融债券的发行机构,各国大多通过限制性的法律条文加以规定。在我国虽尚无正式的法律条文,但国内债券的发行实际上被限制在四大国有控股商业银行、交通银行和中国国际投资信托公司这几家全国性的大银行和金融机构。

各国对金融债券的信用等级评定一般有三个标准,即盈利能力、资本充足率和资产质量。尤其是国际金融债券的发行都要由专门的评级机构对发行者的偿还能力作出评定,这就是债券的信誉评级,目的是为债券投资者提供参考,以保证国际债券市场的秩序和稳定。国际债券的信誉评级不是对发行者总的资信评级,而只是对其发行该笔债券还本付息能力的评估,因此同一发行者在一定的时间内发行几笔债券,每笔债券的信誉等级不一定相同。假定发行者对可能评定的债券等级不满意,可在公布级别之前要求停止评定工作,这样,发行者也就不会再在该市场发行债券。

（三）发行数额和适用范围

一般国家对商业银行发行金融债券的数量都有一定的规范,通常的做法是规定发行总额不能超过银行资本加法定准备金之和的一定倍数。对债券所筹资金的运用范围,有些国家没有明确规定,还有些国家要求用于中长期放款,也有的国家则规定只能用于专项投资。

我国国内金融债券的发行要纳入中国人民银行的全国综合信贷计划,发行数量主要控制在当年各银行偿还到期债券的数量加当年新增特种贷款之和的额度内。对债券所筹资金的使用,除偿还到期债券外,只能用于特种贷款的发放。

（四）发行价格和发行费用

发行价格是以出售价格和票面金额的百分比来表示的。出售价格高于票面价格的称为高价（或溢价）发行;出售价格低于票面金额的称为低价发行;出售价格等于票面价格称为等价发行。在国际上,固定利率金融债券依其信用等级的高低大多为高价或低价发行,而浮动利率金融债券则通常都是等价发行。在我国除少量贴水债券外,所有金融债券基本都是固定利率等价发行。

债券发行银行除向投资者支付利息外,还要承担一定的发行费用,利息加发行费用构成债券的发行成本。尤其是国际金融债券的发行费用较高,它有最初费用和期间费用之分。最初费用包括承购手续费、旅费、通信费、印刷费、上市费用、律师费等。期间费用包括债券管理费、付息手续费、还本手续费及其他服务费等。

（五）金融债券的经营要点

1. 做好债券发行和资金使用的衔接工作

首先要使债券发行和用款项目在资金数量上基本相等,不发生边发行边闲置的现象。同时要搞好项目的可行性研究,进行收益成本比较,力求使项目效益高于债券成本,不能高进低出。我国国内金融债券发行实行高进高出,即债券利率高于同期存款利率,而与之相对应的特种贷款利率也高于一般贷款利率。

2. 注重利率变化和货币选择

如预期利率有上升趋势,应采取固定利率的计息方式;反之,则采取浮动利率计息方式。在利率有下降趋势的情况下,应考虑缩短固定利率债券的偿还年限,或在发行合同中列入提前偿还条款,这样可以以较高的利率偿还旧债,以较低的利率发行新债。

国际债券的发行,原则上采用汇价具有下浮趋势的软货币作为票面货币。但在金融市场上,汇价趋势看涨的硬货币债券比较好销,而以软货币计价的债券则销售困难,要打开销路势必提高利率,这又要增加筹资成本。因此发行银行必须对汇率和利率的变化进行全面权衡和决策,在一定的条件下并不排斥选用硬货币。

3. 掌握好发行时机

商业银行应选择市场资金供给大于需求、利率较低的时机发行债券。发行国内债券由于利率相对稳定,时机的选择主要取决于资金供给的充裕程度。由于国内债券的发行对象主要是个人,可选择 1 季度末或 6 月初居民无较大或集中消费的时期,每年 7 月的国债还本付息时间或在年终分配时抓紧推销金融债券。

4. 研究投资者心理

金融债券作为一种投资工具,能否顺利被推销取决于投资者的购买心理。因此,商业银行必须研究和了解投资者对购买金融债券的收益性、安全性、流动性和方便性的心理需求,并针对这些要求设计和创新债券品种,使金融债券能具有广泛的市场购买力。

案例 3-3

中国式"钱荒":不是没钱而是放错了地方

"钱荒"一度成为中国经济中最热门的关键词。2013 年 6 月中旬以来,"银行间隔夜拆借利率"这个十分专业的名词开始不断通过媒体进入公众的视线。20 日的最新数据显示,上海银行间利率再次全线上涨,利率首次超过 10%,达到惊人的 13.44%,该数值已创下历史新高。平常在人们眼中最不"差钱"的大型商业银行开始加入借钱的大军,银行的钱不够用了!

就在商业银行的流动性出现紧缩局面的同时,沪深股市开始全线下跌,投资者开始纷纷减持手中资产,过去一周沪深两市新增股票账户数大幅下降 58.47%,降至年内低点。资本市场也开始面临资金流出的尴尬状况。

不过,就在金融机构的资金面不断告急的同时,不久前央行公布的各项金融数据却给人以截然不同的感觉。

根据两周前央行公布的统计数据,尽管整体货币政策保持稳健,但 5 月份 M2(广义货币供应量)的同比增速依旧高达 15.8%,新增信贷量仍然高企,人民币存款余额也已经逼近百万亿元的大关,1—5 月社会融资规模达到 9.11 万亿元,比上年同期多 3.12 万亿元。

中国真的在经历一场流动性紧缩的"钱荒"吗?

一面是银行缺钱,股市缺钱,中小企业缺钱;但另一方面却是,货币的供应量充裕,不少大型企业依然出手阔绰,大量购买银行理财产品,游资仍在寻找炒作的概念,民间借贷依旧风风火火。

两相对比不难发现,"钱荒"看似来势凶猛,实则是一场资金错配导致的结构性资金紧张。不是没有钱,而是钱没有出现在正确的地方。

无论是 2008 年国际金融危机爆发后中央出台的高达 4 万亿元投资的一揽子计划,还是 2012

年以来,在"稳增长"的目标下对货币政策宽松化的一系列微调,几年来,中国经济始终处于一种流动性充裕的状态下。然而与此同时,宏观数据中 M2 与 GDP 的比值却在不断地扩大,到 2013 年一季度,M2 与 GDP 的比值已近 200%,这意味着货币投放对经济增长的推动作用正在不断减弱,也从一个侧面反映出,大量的社会融资其实并没有投入实体经济当中。

在不少业内人士和经济学家看来,导致金融业短暂性"钱荒"的因素十分复杂。这其中有国际经济环境变化的影响:随着美国经济的回稳复苏,美联储称量化宽松政策将逐渐退出,使得资金外流的速度开始加快。

除此之外,中国金融系统内部杠杆率不断放大的因素更是不容忽视,大量资金在金融机构的操作之下通过杠杆投资和期限错配套取利差,资金在各个金融机构间循环往复获取利润,"影子银行"大行其道的同时,使风险不断积聚。

不仅如此,我国没有利率市场化使得市场中存在监管套利的机会。在我国当前的信贷和融资体系下,国有企业较民营企业在融资上具有先天优势,更容易以较低的成本获得资金,从而使其能通过委托贷款等方式进行套利,由此导致资金的重复计算,进而导致社会融资总量的虚增。

由此可见,"钱荒"的背后,更需要思考的不是有没有钱的问题,而是钱要如何用的问题。

值得注意的是,就在市场大声疾呼"钱荒"的同时,央行却并没有释放更多的流动性,这一调控指向似乎在暗示,中国的货币政策已经开始由简单的数量调控逐渐转向质量和结构的优化。

(资料来源:中国网,2013 年 6 月 24 日)

思考题

如何看待市场流动性充足情况下银行资金的错配?随着利率市场化改革的全面深入推进,商业银行的负债管理可能面临哪些新的问题以及应对建议是什么?

本 章 小 结

1. 银行负债是银行在经营活动中产生的尚未偿还的经济义务。商业银行作为信用中介,负债是其最基本、最主要的业务。在商业银行的全部资金来源中,90% 以上来自负债。商业银行的负债结构主要由存款、借入款项和其他负债三个方面的内容组成。银行负债的规模和结构,决定了整个银行的经营规模和方向。而负债结构和成本的变化,则极大地影响着银行的盈利水平和风险状况。

2. 不管在哪一个国家,存款始终是商业银行的主要负债和经常性的资金来源。活期存款、定期存款和储蓄存款,是各国商业银行的传统存款业务。在面临不同程度的利率管制和金融市场其他金融工具严峻挑战的情况下,现代商业银行依据存款的基本特征和规范,在坚持效益性和社会性的前提下,在所有传统存款领域不断创新存款工具,推出可转让支付凭证账户、货币市场存款账户、可转让定期存单、货币市场存款、自动转账服务账户、结构性存款以及丰富多彩的储蓄存款,以努力争取客户,扩大存款规模。

3. 商业银行的存款经营，以努力提高银行存款的稳定性为目标，注重存款结构和成本选择，努力实现逆向组合模式和总量单向变化模式，以在不增加货币投入的情况下，尽量组合更多的存款。可用资金的历史平均成本对评价银行经营状况有极为重要的意义；商业银行需要对利率预测的结果进行经常性调整，以尽量使存款边际成本的预测趋于正确。

4. 存款工具的营销由研究确定客户的金融需要，规划新的服务和改善原有服务，定价及推销等环节构成。存款工具的定价，既要考虑客户的需要，又必须顾及银行的经营效益。商业银行要在满足客户和确保银行经营效益之间寻求一个均衡点。

5. 借入负债是指商业银行主动通过金融市场或直接向中央银行融资。与存款负债不同，借入负债属于银行经营的卖方市场，它主要取决于银行经营的需要和银行经营者的主观决策，因而比存款负债具有更大的主动性、灵活性。

6. 商业银行的短期借款主要渠道有同业借款、向中央银行借款、转贴现、回购协议及欧洲货币市场借款等。商业银行的长期借款主要指各种类型的中长期金融债券。要掌握金融债券的经营管理重点，包括债券发行和资金使用的衔接，注意利率变化和货币选择，掌握好发行时机，研究投资者心理。

本章重要概念

银行负债	活期存款	定期存款
储蓄存款	可转让支付凭证账户	货币市场存款账户
自动转账服务账户	指数存款证	结构性存款
可用资金成本	边际存款成本	自动转账存款
大额存单	同业拆借	再贴现
再贷款	常备借贷便利	中期借贷便利
抵押补充贷款	定向中期借贷便利	回购协议
买断式回购（开放式回购）	质押式回购（封闭式回购）	担保债券
次级债	混合资本债券	永续债
可转债	可分离债	浮动利率债券
付息金融债券	外国金融债券	欧洲金融债券

复习思考题

1. 简述存款创新的原则和存款商品的营销过程。

2. 简述存款定价的原则与方法。

3. 简述商业短期借款的渠道和管理重点。

4. 简述金融债券的种类及其经营要点。

5. 试比较资本性金融债券中次级债与混合债的异同。

6. "对商业银行来说存款越多越好。"你认为这句话对不对？为什么？

7. 在当前我国银行间储蓄存款竞争激烈的环境下,请你为某银行设计一个储蓄存款新品种,并为这个新品种的推出规划营销步骤。

即测即评

请扫描右侧二维码检测本章学习效果。

第四章
现金资产业务

商业银行是高负债经营的金融企业。在日常经营活动中,商业银行为了保持清偿力和获取更有利的投资机会,必须持有一定比例的现金等高流动性资产,并对其进行科学管理。因此,现金资产业务是商业银行的一项重要业务,现金资产管理也是商业银行管理的一项重要内容。

第一节　现金资产的构成和作用

一、现金资产的构成

现金资产是银行持有的库存现金以及与现金等同的可随时用于支付的银行资产。商业银行的现金资产一般包括以下几类:

（一）库存现金

库存现金,是指商业银行保存在金库中的现钞和硬币。库存现金的主要作用是银行用来应付客户提现和银行本身的日常零星开支。因此,任何一家营业性的银行机构,为了保证对客户的支付,都必须保存一定数量的现金。但由于库存现金是一种非流动性资产,而且保存库存现金还需要花费银行大量的保卫费用,因此从经营的角度讲,库存现金不宜保存太多。库存现金的经营原则就是保持适度的规模。

（二）在中央银行存款

这是指商业银行存放在中央银行的资金,即存款准备金。在中央银行存款由两部分构成:一是法定存款准备金;二是超额准备金。

法定存款准备金是按照法定比率向中央银行缴存的存款准备金。规定缴存存款准备金的最初目的,是使银行备有足够的资金,以应付存款人的提存,避免因流动性不足而产生清偿力危机,导致银行破产。目前,存款准备金已经演变成为中央银行调节信用的一种政策手段,在正常情况下一般不得动用,缴存法定比率的准备金具有强制性。目前,我国中央银行对商业银行也实行法定存款准备金制度。

超额准备金有两种含义:广义的超额准备金是指商业银行吸收的存款中扣除法定准备金以后的余额,即商业银行可用资金;狭义的超额准备金是指在存款准备金账户中,超过了法定存款准备金的那部分存款。这部分存款犹如工商企业在商业银行的活期存款一样,是商业银行在中央银行账户上保有的用于日常支付和债权债务清算的资金。通常所说的超额存款准备金是指狭义超额准备金。超额准备金是商业银行的可用资金,因此,其多寡直接影响着商业银行的信贷扩张能力。而中央银行的法定存款准备金率之所以能够作为调节信用的手段,正是因为法定存款准备金率的变化,会影响商业银行超额准备金的多少。当法定存款准备金率提高时,商业银行的超额准备金就相应减少,其信贷扩张能力下降;反之,存款准备金率下降,商业银行的信贷扩张能力就增强。

(三)存放同业存款

存放同业存款是指商业银行存放在代理行和相关银行的存款。在其他银行保持存款的目的,是便于银行在同业之间开展代理业务和结算收付。由于存放同业的存款属于活期存款性质,可以随时支用,因而可以视同银行的现金资产。

(四)在途资金

在途资金,也称托收未达款,是指一家银行通过对方银行向外地付款单位或个人收取的票据。在途资金在收妥之前,是一笔占有的资金,又由于通常在途时间较短,收妥后即成为存放同业存款,所以,将其视同现金资产。

二、现金资产的作用

从商业银行经营管理的角度看,现金资产具有以下作用。

(一)保持清偿力

商业银行是经营货币信用业务的企业。作为企业,它与其他任何企业都一样,都是以盈利为目标。这就要求商业银行在安排资产结构时,尽可能持有期限较长、收益较高的资产。但商业银行又是一种风险性特别大的特殊企业,银行的经营资金主要来源于客户的存款和各项借入资金。从存款负债来看,由于它是商业银行的被动负债,其存与不存、存多存少、期限长短、何时提取等主动权都掌握在客户手中,作为银行只能够无条件地满足客户的要求。如果银行不能够满足客户的要求,就有可能影响银行的信誉,引发存款挤兑风潮,甚至使银行陷入清偿力危机而遭受破产命运。商业银行的借入资金也必须按期还本付息,否则也会因此而影响银行信誉,严重威胁银行的安全性。因此,商业银行在追求盈利的过程中,必须保有一定数量的可直接用于应付提现和清偿债务的资产,而现金资产正是为了满足银行的流动性需要而安排的准备资产。所以,商业银行保有一定数量的现金资产,对于保持商业银行经营过程中的债务清偿能力,防范支付风险,具有十分重要的意义。

（二）保持流动性

商业银行在经营过程中会面临复杂的经营环境。环境的变化,又会使银行各种资产负债的特征发生变化。从银行经营的安全性和盈利性的要求出发,商业银行应当不断地调整其资产负债结构,保持应有的流动性。在保持银行经营过程的流动性方面,不仅需要银行资产负债结构的合理搭配,确保原有贷款和投资的高质量和易变现性,同时,也需要银行持有一定数量的流动性准备资产,以利于银行及时抓住新的贷款和投资的机会,为增加盈利、吸引客户提供条件。

第二节 资金头寸的计算与预测

一、资金头寸及其构成

商业银行的资金头寸是指商业银行能够运用的资金。它包括时点头寸和时期头寸两种。时点头寸是指银行在某一时点上的可用资金,而时期头寸则是指银行在某一时期的可用资金。

商业银行的头寸根据层次来划分,可分为基础头寸和可用头寸。

（一）基础头寸及其构成

所谓基础头寸,是指商业银行的库存现金与在中央银行的超额准备金之和。之所以称其为基础头寸,不仅是因为库存现金和超额准备金都是商业银行随时可以动用的资金,而且还是银行一切资金清算的最终支付手段,无论是客户存款的提取和转移,还是对同业和中央银行的资金清算,都须通过基础头寸来进行。在基础头寸中,库存现金和超额准备金是可以相互转化的,商业银行从其在中央银行的存款准备金账户中提取现金,就增加库存现金,同时减少超额准备金;相反,商业银行将库存现金存入中央银行准备金账户,就会减少库存现金而增加超额准备金。

（二）可用头寸及其构成

所谓可用头寸,是指商业银行可以动用的全部可用资金,包括基础头寸和银行存放同业的存款。银行的可用头寸实际上包括两个方面的内容:一是可用于应付客户提存和满足债权债务清偿需要的头寸;二是可贷头寸。前者一般称为支付准备金（备付金）,通常一国中央银行为了保证商业银行的支付能力,都以备付金比率的形式规定商业银行必须持有的规模。如我国人民银行曾规定商业银行必须持有 5%～7% 的备付金。后者是指商业银行可以用来发放贷款和进行新的投资的资金,它是形成银行盈利资产的基础。从数量上看,可贷头寸等于全部可用头寸与规定限额的支付准备金之差。

二、资金头寸的预测

商业银行现金资产管理的核心任务是保证银行经营过程中的适度流动性。也就是说,银行一方面要保证其现金资产能够足以满足正常的和非正常的现金支出需要,另一方面又要追求利润的最大化。为此,需要银行管理者准确地计算和预测资金头寸,为流动性管理提供可靠的依据。

对银行资金头寸的预测,事实上就是对银行流动性需要量的预测。流动性风险管理是银行每天都要进行的日常管理。银行的现金资产每日每时都处于变动之中,一旦发生未料到的现金流入或流出的变动,银行就应该立即采取防范措施,通过变现资产或筹措资金来防止出现清偿力危机。但是,银行不能总是被动地应付风险,而应该积极采取措施,对可能的流动性风险预先准备。而积极的流动性风险管理首先要求银行准确地预测未来一定时期内的资金头寸需要量或流动性需要量。

银行资金头寸或流动性准备的变化,归根结底取决于银行存贷款资金运动的变化。任何存款的支出和贷款的增加,都减少头寸;反之,存款的增加和贷款的减少则会增加银行的资金头寸。表4-1列举了会引起银行资金头寸变化的资金来源和资金运用项目。

表4-1 银行主要资金来源与资金运用

资金来源(增加头寸)	资金运用(减少头寸)
贷款利息和本金	新发放的贷款
变现债券及到期债券	购买债券
存款增加	存款减少
其他负债增加	其他负债减少
发行新股	收购股份

另外,银行的有些资金来源和资金运用的变化,不会影响银行头寸总量的变化,但会引起头寸结构的变化,如向中央银行交存准备金的变化、收回或增加存放同业存款等。

表4-2是某银行资金头寸需要量的预测表。银行根据国民经济发展的有关信息、市场环境的变化等因素,估计未来1年中每个月的存贷款变化情况和应缴准备金变化情况,在此基础上,预测每个月的头寸(流动性)需要量。

表4-2 某银行资金头寸需要量预测　　　　单位:亿元

月份	存款总额	存款的变化	所需准备金的变化	贷款总额	贷款的变化	头寸剩余(+)或不足(-)
12	593			351		
1	587	-6.0	-0.6	356	+5.0	-10.4
2	589	+2.0	+0.2	359	+3.0	-1.2
3	586	-3.0	-0.3	356	-3.0	+0.3
4	591	+5.0	+0.5	365	+9.0	-4.5
5	606	+15.0	+1.5	357	-8.0	+21.5
6	620	+14.0	+1.4	345	-12.0	+24.6

续表

月份	存款总额	存款的变化	所需准备金的变化	贷款总额	贷款的变化	头寸剩余(+)或不足(-)
7	615	-5.0	-0.5	330	-15.0	+10.5
8	616	+1.0	+0.1	341	+11.0	-10.1
9	655	+39.0	+3.9	341	+0.0	+35.1
10	635	-20.0	-2.0	361	+20.0	-38.0
11	638	+3.0	+0.3	375	+14.0	-11.3
12	643	+5.0	+0.5	386	+11.0	-6.5

注:表中存款准备金是按10%的比率计算的。

从表中可见,该银行在1月份预计存款要下降,而贷款要上升,银行会出现现金支出大于现金收入,即出现流动性缺口10.4亿元。而在5月、6月和7月三个月贷款下降较多,使得这几个月出现了较大金额的剩余头寸。从10月份开始,银行贷款的现金支出又大量增加,出现支出大于收入的情况,头寸又出现不足,流动性缺口分别达38亿元、11.3亿元和6.5亿元。针对头寸预测表中预算的未来银行资金头寸余缺状况,银行管理者就应当采取措施,积极地调度头寸。当头寸过剩时,应设法将资金运用出去;当头寸不足时,应从金融市场上筹措新的资金来满足流动性的需要。

商业银行的资金头寸变化主要取决于存贷款的变化,因此,银行对头寸的预测,主要是预测存贷款的变化趋势。在存贷款的变化趋势预测中,由于存款是银行的被动负债,存款变化的主动权更多地掌握在客户的手中,银行无法直接控制存款的变化数量和趋势。但在正常情况下,存款的变化也不是没有规律可循的。通常,我们可以把存款按其变化规律分为三类:第一类是一定会提取的存款,如到期不能自动转期的定期存款和金融债券。这类存款因为有约,所以无须预测。第二类是可能会提取的存款,如定活两便存款、零存整取存款,以及到期可以自动转存的存款等。这类存款有可能提取,但又不能确定。第三类是随时可能提取的存款,如活期存款。存款预测的对象主要是第二类和第三类,把它们称为易变性存款。

在图4-1中,把存款的最低点连接起来,就形成了核心存款线。核心存款线以上的曲线为易变性存款线。核心存款稳定性较强,正常情况下没有流动性需求。银行存款的流动性需求通过易变性存款曲线来反映。虽然这一曲线只是大致反映存款的变化,但可以为存款周转金的需要量决策提供一个重要的依据。

商业银行贷款需求的变化不同于存款的波动。从理论上讲,银行贷款的主动权掌握在银行自己手中,银行只能在有头寸的情况下才能发放新贷款。但在实践中,情况往往不是这样。这是因为:首先,贷款能否到期归还,往往不取决于银行,而更多地取决于客户有无还款能力和还款意愿,即使有合同约束,贷款也不一定能够按期归还。其次,对于新的贷款需求,虽然银行有权拒绝,但在金融市场竞争激烈的情况下,银行一般不会轻易地去拒绝一个具有合理资金需要的客户,因此,从某种程度上说,银行贷款对于银行来讲也是被动的。正因如此,银行也必须对贷款的变化作出预测，以做到有备无患。

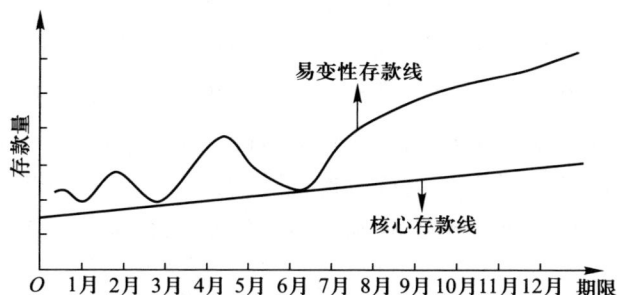

图 4-1 存款变化趋势图

图 4-2 中的贷款变化趋势线由贷款需求的最高点连接而成，它表示商业银行贷款需要量的变化趋势。而波动线则在趋势线以下，表示不同点上贷款需要量变化的幅度和期限。在一定时期内低于上限的贷款数，是商业银行为满足季节性和周期性变化需要而应持有的可贷头寸。

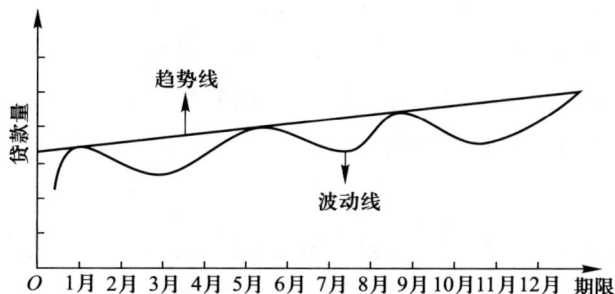

图 4-2 贷款变化趋势图

第三节 现金资产的管理

一、现金资产管理原则

现金资产是商业银行流动性最强的资产，持有一定数量的现金资产，主要目的在于满足银行经营过程中的流动性需要。但由于现金资产基本上是一种无盈利或微利资产，过多地持有这种资产，将会失去许多盈利机会，使银行的盈利性下降。因此，银行持有现金资产需要付出机会成本。银行现金资产管理的任务，就是要在保证经营过程中流动性需要的前提下，将持有现金资产的机会成本降到最低程度，作为银行经营安全性和盈利性的杠杆，服务于银行整体经营状况最优化目标。为此，银行在现金资产的管理中，应当坚持总量适度原则、适时调节原则和安全保障原则。

（一）总量适度原则

现金资产管理的总量适度原则是指银行现金资产的总量必须保持在一个适当的规模上。这个适当的规模是指由银行现金资产的功能和特点决定的在保证银行经营过程的流动性需要的前提下，银行为保持现金资产所付出的机会成本最低时的现金资产数量。总量适度原则是商业银行现金资产管理的最重要的原则。因为，现金资产是一种无利或微利资产，现金资产保留过少，银行就不能应付正常的提现需要和合理的资金需求，最终会导致银行的流动性风险和银行信誉、客户的丧失；反之，现金资产保留过多，银行所付出的机会成本就会增加，使银行的盈利性受到影响，如果过多地保持现金资产导致银行持续亏损，最终也会威胁银行经营的安全。只有坚持现金资产的适度规模，才能实现银行经营安全性和盈利性的统一，促进银行经营总目标的实现。

（二）适时调节原则

现金资产的适时调节原则是指银行要根据业务过程中的现金流量变化，及时地调节资金头寸，确保现金资产的规模适度。银行现金资产规模（存量）的变化，取决于在一定时期内银行业务经营过程中的现金流量的变化情况，当一定时期内现金流入大于现金支出时，银行的现金资产存量就会上升；反之，当一定时期内现金支出大于现金流入时，其现金资产存量就会下降。银行要保持适度的现金资产存量规模，就需要根据现金流量的变化情况，及时地进行资金调度。当现金收大于支而使现金资产存量超过其适度规模时，应及时将多余部分头寸运用出去；而当现金支大于收而使现金资产存量小于适度规模时，银行应及时筹措资金补足头寸。因此，适时调节资金头寸是实现现金资产规模适度的必要手段。

（三）安全保障原则

商业银行大部分现金资产由其在中央银行和同业的存款及库存现金构成。商业银行业务经营过程中，需要对库存现金进行保管、清算、运输等管理活动。由于库存现金是以现钞的形式存在，因此，必然面临被盗、被抢和清点、包装差错及自然灾害的损失的风险。因此，银行在现金资产特别是库存现金的管理中，必须健全安全保卫制度，严格业务操作规程，确保资金的安全无损。

二、库存现金的日常管理

银行库存现金集中反映了银行经营的资产流动性和盈利性状况。库存现金越多，流动性越强，则盈利性越差。为了保证在必要的流动性前提下实现更多的盈利，就需要把库存现金压缩到最低程度。为此，银行必须在分析影响库存现金数量变动的各种因素的情况下，准确测算库存现金需要量，及时调节库存现金的存量，同时，加强各项管理措施，确保库存现金的安全。

（一）影响银行库存现金的因素

影响银行库存现金的因素比较复杂，其中主要的有以下几个。

1. 现金收支规律

银行的现金收支在数量上和时间上都有一定的规律性。例如，对公出纳业务，一般是上午大量支出现金，而下午则大量收入现金。在1个年度当中，由于季节性因素的影响，有的季节银行现金收入多而支出少，而有的季节则支出多收入少。银行可以根据历年的现金收支状况，认真寻找其变化规律，为资金头寸的预测提供依据。

2. 营业网点的多少

银行经营业务的每一个营业网点,都需要有一定的铺底现金。这样,银行营业网点越多,其对库存现金的需要量也就越多。因此,从一般情况来说,银行营业网点的数量与库存现金的需要量是成正比的。

3. 后勤保障的条件

银行库存现金数量与银行的后勤保障条件也有密切关系。一般来说,如果银行后勤保障条件较好,运送现金的车辆、保安充足且服务周到,就没有必要在每个营业性机构存放太多的现金;否则,就必须在每个营业网点存放较多的现金。但是,这会增加占压现金费用。

4. 与中央银行发行库的距离、交通条件及发行库的规定

一般来说,商业银行营业网点与中央银行发行库距离较近,交通运输条件较好,商业银行就可以尽量压缩库存现金的规模。而中央银行发行库的营业时间、出入库时间的规定,也对商业银行的库存现金产生重要影响。如果中央银行发行库的营业时间短,规定的出入库时间和次数少,势必增加商业银行的库存现金。

5. 商业银行内部管理

除上述因素外,商业银行内部管理,如银行内部是否将库存现金指标作为员工工作业绩的考核指标,是否与员工的经济利益挂钩,银行内部各专业岗位的配合制度,出纳、储蓄柜组的劳动组合等,都会影响库存现金数量的变化。

(二)银行库存现金规模的确定

在实际工作中,要确定一个十分合理的库存现金规模显然是比较困难的。但在理论上,我们仍可以作一些定量分析,以便为实际操作提供理论依据或指导。

1. 库存现金需要量的匡算

银行库存现金是其为了完成每天现金收支活动而需要持有的即期周转金。匡算库存现金需要量主要应考虑两个因素:

(1)库存现金周转时间。银行库存现金周转时间的长短,受多种因素的影响,主要有:银行营业网点的分布状况和距离;交通运输工具的先进程度和经办人员的配置;进出库制度与营业时间的相互衔接情况等。一般来说,城市银行网点的分布比较分散,相互之间的距离较远,而且交通运输条件也较差,这样,其库存现金的周转时间也较长。同时,银行的库存现金是分系统按层次供给的,下级行的现金由上级行供给,因此,上级行库存现金的周转时间也包含了下级行库存现金的周转时间,因而,管理层次多的银行与管理层次少的银行相比,其库存现金周转时间也长一些。

(2)库存现金支出水平的确定。在银行业务活动中,既有现金支出,又有现金收入。从理论上讲,现金支出和现金收入都会影响现金库存。但在测算库存现金需要量时,主要是考虑作支付准备的现金需要量,因而不需要考虑所有的现金收支,而只要防止出现收不抵支的问题。所以,银行通常只需考察现金支出水平对库存现金的影响。测算现金支出水平,一方面要考虑历史上同期的现金支出水平,另一方面要考虑一些季节性和临时性因素的影响。在实际工作中,可用以

下公式来计算现金支出水平:

即期现金支出水平=前期平均现金支出水平×保险系数×历史同期平均发展速度

其中:

$$前期平均现金支出水平 = \frac{前30天现金支出累计发生额}{30}$$

$$保险系数 = 标准差 \times 置信概率度$$

$$标准差 = \sqrt{\frac{\sum(每天现金支出额 - 平均现金支出额)^2}{30}}$$

(置信概率度根据要求的数字准确程度来确定,如果要求数字的准确性达到95%,则置信概率为0.95,以0.95作为$F(t)$去查正态概率表,得$t=1.96$,此t值即为置信概率度。)

$$历史同期平均发展速度 = \sqrt[考察年数-1]{\frac{去年同月现金支出累计发生额}{最早年份同月现金支出累计发生额}}$$

式中:同月是指考察时点前半月和考察时点后半月相加。

求出即期现金支出水平后,以此与库存现金周转时间相乘,再加减一些其他因素,即为库存现金需要量。

2. 最适送钞量的计算

为了保持适度的库存现金规模,商业银行的营业网点需要经常性地调度现金头寸,及时运送现金。但运送现金需要花费一定的费用,如果这种费用过大,超过了占压较多现金而付出的成本,就得不偿失了。因此,银行有必要对运送现金的成本收益作一个比较,以决定最适的送钞量。在这个最适的送钞量上,银行为占用库存现金和运送钞票所花费的费用之和应当是最小的。可以运用经济批量法来进行测算。其公式是:

$$T = C \cdot Q/2 + P \cdot A/Q$$

式中:T表示总成本;

A表示一定时期内的现金收入(或支出)量;

Q表示每次运钞数量;

P表示每次运钞费用;

C表示现金占有费率;

A/Q表示运钞次数;

$Q/2$表示平均库存现金量;

$P \cdot A/Q$表示全年运钞总费用;

$C \cdot Q/2$表示库存现金全年平均占用费。

根据以上公式,用微分法来求经济批量的总成本T为极小值时的运钞数量Q,以及以Q为自变量,求T对Q的一阶导数T',则:

$$T' = \frac{\mathrm{d}T}{\mathrm{d}Q} = \frac{C}{2} - \frac{A \cdot P}{Q^2}$$

令 $T' = 0$,则:

$$\frac{C}{2} - \frac{A \cdot P}{Q^2} = 0$$

$$Q^2 = \frac{2A \cdot P}{C}$$

$$Q = \sqrt{2A \cdot P / C}$$

例如,中国工商银行某市分行在距中心库 30 千米处设一个分理处,根据往年有关数据测算,年投放现金量为 1 825 万元,平均每天投放 5 万元(全年按 365 天计算)。每次运钞需支出燃料费、保安人员出差补助费约 50 元,资金占用费率为年利率 6.6%,代入公式得:

$$Q = \sqrt{2 \times 1\ 825 \times 0.005\ 0 / 6.6\%} = 16.63(万元)$$

即每次运钞 16.63 万元,大约每 3 天送 1 次,按此计算的总费用为:

$$T = \frac{C \cdot Q}{2} + \frac{P \cdot A}{Q} = \frac{6.6\% \times 16.63}{2} + \frac{1\ 825 \times 0.005\ 0}{16.63} = 1.097\ 5(万元)$$

如果每天运钞 1 次,每次运钞 5 万元,其总费用为:

$$\frac{5 \times 6.6\%}{2} + \frac{1\ 825 \times 0.005\ 0}{5} = 1.99(万元)$$

如果每星期运钞 1 次,每次运钞 35 万元,其总费用为:

$$\frac{35 \times 6.6\%}{2} + \frac{1\ 825 \times 0.005\ 0}{35} = 1.416(万元)$$

上述 3 种方案比较,显然按经济批量法计算的第 1 种方案最经济。所以,该银行应当确定大约 3 天运送一次,每次运送 16.63 万元的现金。

3. 现金调拨临界点的确定

由于银行从提出现金调拨申请到实际收到现金需要有一个或长或短的过程,特别是对于那些离中心库较远的营业网点,必须有一个时间的提前量,绝不能等现金库存用完了以后才申请调拨。同时,为了应付一些临时性的大额现金支出,也需要有一个保险库存量。于是,就有一个问题,即应当在什么时候、在多大的库存量时调拨现金。这就是一个现金调拨的临界点问题。可以用以下公式来计算这个临界点:

现金调拨临界点=平均每天正常支出量×提前时间+保险库存量

保险库存量=(预计每天最大支出−平均每天正常支出)×提前时间

在上例中,该分理处的最适运钞量是 16.63 万元,提前时间为 1 天,平均每天正常支出 5 万元,预计每天最大支出量为 7 万元,则:

保险库存量=(7−5)×1=2(万元)

现金调拨临界点=5×1+2=7(万元)

因此,该分行的库存现金降到 7 万元时,就应当申请调拨现金 16.63 万元。

4. 银行保持现金适度量的措施

在测算了最适运钞量和现金调拨临界点之后,银行保持适度现金库存已经有了一个客观的依据。但要切实管好库存现金,使库存现金规模经常保持在一个适度规模上,还需要银行内部加强管理,提高管理水平。

(1) 应将库存现金状况与有关人员的经济利益挂钩。在对营业网点适度的现金库存规模作出测算的基础上,银行应将网点实际库存状况与适度库存现金量进行比较,并根据其库存掌握的好坏与经济利益挂钩。在实践中,硬性地规定限额指标效果并不一定好,比较可行的办法是,给基层营业网点下达内部成本考核指标,并将成本指标与有关人员的经济利益直接挂钩。由于现金库存量的大小直接影响到网点内部成本率的高低,所以,这有利于促使有关人员在保证支付的前提下,主动压缩库存规模,实现现金库存的最优化。

(2) 应实现现金出纳业务的规范化操作。银行库存现金量的大小,在很大程度上取决于对公出纳业务现金收支的规范化程度。因此,银行应尽可能在对公现金出纳业务中实现规范化操作。首先,银行应尽可能开展代发工资业务,将各开户单位的工资直接以存单形式存入本行,避免每月的大量工资性现金支出;其次,要把开户单位发工资日及每天的资金支出金额均匀地排列在每一天;再次,对开户单位发放工资和其他大额现金支出实行当天转账、次日付现的预约制度,由会计部门将每天的预约单及其金额通知出纳部门,出纳部门当天配款封包寄存,次日付现。掌握了客户发放工资和其他大额提现的时间和金额,就能够事先掌握绝大部分现金支出的时间和金额,其他小额支出对银行流动性就不会产生大的冲击,也容易调剂。

(3) 要掌握储蓄现金收支规律。储蓄业务面对的是广大的个人存款者,可控性差,也难以人为地将现金收支规范化。但根据统计资料的分析,事实上储蓄现金收支有很强的规律性。只要掌握了这种规律,银行就可以在保证支付的前提下,压缩备用金的库存。

储蓄业务的现金收支一般具有以下规律:一是在营业过程中,客户取款和存款的概率在正常情况下基本相等。也就是说,在正常情况下,不会出现大量客户取款而很少客户存款的情况,除非由于社会、经济、政治等特殊事件的发生,或遇严重自然灾害,或本行经营情况严重恶化,客户对本行的安全性产生怀疑,才会出现这种情况。因此,银行应当关心整个社会、经济和政治形势的发展变化,及时发现挤兑存款的苗头。二是在正常情况下,上午取款的平均数一般大于下午。主要原因是人们提取大额现金购买大件商品一般都是在上午取款。这条规律告诉我们,当天的现金收入抵用现金支出具有时差性,银行在每天营业开始时必须保留一定数额的备用金。三是在一般情况下,每个月出现现金净收入和净支出的日期基本固定不变。由于储蓄资金主要来源于个人的工资收入,通常,每月中、上旬职工将工资扣除消费后存入银行,表现为银行的净收入。而每月下旬,一些人需要从银行支取现金,补充消费的不足,表现为银行现金的净支出。

(4) 解决压低库存现金的技术性问题。第一,要掌握好现金的票面结构。营业网点所处地点不同,对票面结构的要求也不同。如果票面结构不合理,也会增加现金库存量。第二,要充分发挥中心库的调剂作用。银行的中心库最好与地处中心位置、有大量现金投放网点的业务库(如支行营业部)合二为一。但同时要设专人负责全辖各业务网点的现金余缺调剂,以提高全辖现金抵用率。第三,各营业网点的出纳专柜要建立当天收现当天清点,消灭主币封包、下班前各档并存的做法,尽可能把当天收进的现金全部用来抵用第二天的现金支出。第四,创造条件,使储蓄所上交的现金在当日入账。第五,对回收的残破币及时清点上缴,以减少库存现金。

（三）严格库房安全管理措施

从经营的角度讲,银行的库存现金显然是最为安全的资产。但事实上,库存现金也有其特有的风险。这种风险主要来自被盗、被抢和自然灾害的损失,也来自业务人员清点、包装中的差错,还可能来自银行内部不法分子的贪污、挪用。因此,银行在加强库存现金适度性管理的同时,应当严格库房的安全管理,在现金清点、包装、入库、安全保卫、出库、现金运送等环节,采取严密的责任制度、监测制度、保卫制度和有效的风险防范措施,确保库存现金的安全无损。

三、存款准备金的管理

存款准备金是商业银行现金资产的主要构成部分。存款准备金包括两个部分:一是按照中央银行规定的比例上缴的法定存款准备金,二是准备金账户中超过了法定准备金的超额准备金。因此,存款准备金的管理,包括满足中央银行法定存款准备金要求和超额准备金的适度规模控制两个方面。

（一）满足法定存款准备金要求

法定存款准备金是根据商业银行存款余额,按照法定的比率向中央银行缴存的准备金。法定存款准备金起初是出于防范商业银行流动性危机的需要而建立的,发展到现代,其目的已不仅限于此。它已作为中央银行调节商业银行信用规模和信用能力的一项重要工具,纳入货币政策的操作体系。商业银行对于中央银行的法定存款准备金要求只能无条件地服从。因此,对存款准备金的管理,首先应当满足法定存款准备金的要求。

法定存款准备金管理,主要是准确计算法定存款准备金的需要量和及时上缴应缴的准备金。在西方国家的商业银行,计算法定存款准备金需要量的方法有两种:一种是滞后准备金计算法,主要适用于对非交易性账户存款的准备金计算;另一种是同步准备金计算法,主要适用于对交易性账户存款的准备金计算。

1. 滞后准备金计算法

滞后准备金计算法是根据前期存款负债的余额确定本期准备金的需要量的方法。按照这种方法,银行应根据两周前的存款负债余额,来确定目前应当持有的准备金数量。这样银行可根据两周前的7天作为基期,以基期的实际存款余额为基础,计算准备金持有周应持有的准备金的平均数,如图4-3所示。

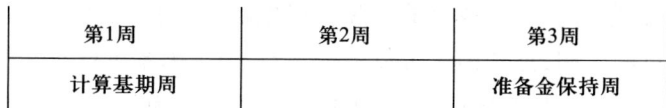

第1周	第2周	第3周
计算基期周		准备金保持周

图4-3 滞后准备金计算法

如某银行在2月7日(星期四)至13日(星期三)期间的非交易性存款平均余额为5亿元,按照8%的存款准备金率,该行在2月21日(星期四)到27日(星期三)这一周中应保持的准备金平均余额为 4 000 万元。

2. 同步准备金计算法

同步准备金计算法是指以本期的存款余额为基础计算本期的准备金需要量的方法。通常的做法是:确定两周为一个计划期,如从 2 月 5 日(星期二)到 2 月 18 日(星期一)为一个计划期,计算在这 14 天中银行交易性账户存款的日平均余额。准备金的保持期从 2 月 7 日(星期四)开始,到 2 月 20 日(星期三)结束。在这 14 天中的准备金平均余额以 2 月 5 日到 18 日的存款平均余额为基础计算。

按照滞后准备金计算法计算出来的准备金需要量与按照同步准备金计算法计算出来的准备金需要量的合计,就是银行在一定时期需要缴纳的存款准备金余额,如果余额不足,银行应当及时予以补足;如果已有的准备金余额已经超过了缴纳准备金数,则应及时从中央银行调减准备金,增加银行的可用头寸。

(二) 超额准备金的适度规模控制

超额准备金是商业银行在中央银行准备金账户上超过了法定存款准备金的那部分存款。超额准备金是商业银行最重要的可用头寸,是银行用来进行投资、贷款、清偿债务和提取业务周转金的准备资产。商业银行在中央银行的超额准备金虽然也能获得一定的利息收入,但与其他盈利资产如贷款和投资等相比,属于微利资产。因此,银行在超额准备金账户保留的存款不宜过多。银行超额准备金管理的重点,就是要在准确测算超额准备金需要量的前提下,适当控制准备金规模。

1. 影响超额准备金需要量的因素

影响商业银行超额准备金需要量的因素主要有以下几类:

(1) 存款波动。商业银行的存款包括对公存款和储蓄存款。一般来说,对公存款的变化主要是通过转账的形式进行的,如本行客户对他行客户付款,会导致对公存款下降,同时本行超额准备金流出;本行客户收取他行客户支付的货款,则会使本行对公存款增加,同时,超额准备金也增加。对个人的储蓄存款和部分对公存款的变化则主要是通过现金收支来表现的。当存款增加,首先表现为现金增加,然后,银行将现金交存中央银行,最终引起超额准备金的增加;反之,存款下降,银行现金支出增加,这时,需要从中央银行提取现金,导致超额准备金减少。

银行在分析存款波动对超额准备金需要量的影响时,重点应分析导致存款下降的情况,因为,只有在存款下降的情况下,才会导致超额准备金需要量的增加。存款的下降一般取决于近期因素和历史因素,即受到临近若干旬或月的存款下降幅度和历史上同期存款下降幅度的双重影响。如果以 1 旬为分析的区间,近期因素可以定为 3 旬,历史因素可以定为历史上某 1 年中以该旬居中的 3 旬。如果以 1 个月作为区间分析,近期因素可以定为 3 个月,历史因素可以定为历史上某 1 年中该月居中的 3 个月。但在实际匡算中,还必须扣除其他一些特殊因素,如企业贷款的收回,它同时使存款余额下降,但这种下降对超额准备金不产生影响。对存款变化的测算,可以用下面的方法计算:

$$\frac{\text{每旬(月)关键}}{\text{性存款降幅}} = \frac{\text{旬(月)中累}}{\text{计存款下降额}} - \frac{\text{其他因素}}{\text{(如贷款收回)}}$$

前 3 旬(月)平均关键性存款降幅 = 前 3 旬(月)累计关键性存款降幅 ÷ 3

保险系数 = 标准差 × 置信概率度(置信概率度的含义同前文)

$$\text{标准差} = \sqrt{\sum\left(\frac{\text{每旬(月)关}}{\text{键性存款降幅}} - \frac{\text{前 3 旬(月)平}}{\text{均关键性存款降幅}}\right)^2 \div 3}$$

$$\frac{\text{历史同期平}}{\text{均发展速度}} = \sqrt[\text{考察年数} - 2]{\frac{\text{去年同期关键性存款降幅}}{\text{最早年份同期关键性存款降幅}}}$$

(同期指以考察旬或月居中的 3 个旬或月)

本旬(月)存款波动周转金需要量 = 前 3 旬(月)平均关键性存款降幅 ×

保险系数 × 历史同期平均发展速度

（2）贷款的发放与收回。贷款的发放与收回对超额准备金的影响主要取决于贷款使用的范围。如果贷款的使用对象是本行开户的企业,本行在中央银行的存款将不会发生变化;如果贷款发放的对象是在他行开户的企业,或者本行开户的企业在取得贷款后立即对外支付,就会减少本行在中央银行的存款,从而使本行的超额准备金下降。此时,银行就需要准备足够的超额准备金。

同理,贷款的收回对超额准备金的影响也因贷款对象的不同而有所不同。他行开户的贷款企业归还贷款,会使本行超额准备金增加,而本行开户的贷款企业归还贷款不会影响超额准备金的需要量。

由此,贷款发放对超额准备金需要量的计算公式是:

$$\frac{\text{贷款发放对超额}}{\text{准备金的需要量}} = \frac{\text{用于对他行}}{\text{支付的贷款}} + \left(\frac{\text{用于对本行}}{\text{支付的贷款}} - \text{已收回贷款}\right) \times \frac{\text{法定存款}}{\text{准备金比率}}$$

（3）其他因素对超额准备金需要量的影响。除了存贷款因素外,其他一些因素也影响商业银行超额准备金的需要量。这些因素主要有:一是向中央银行借款的因素。当分析期商业银行向中央银行的借款数大于归还中央银行借款数时,商业银行的超额准备金会上升;反之,如果在分析期中商业银行归还中央银行借款的数额大于向中央银行借款的数额,其超额准备金数额就会下降。二是同业往来因素。当商业银行在分析期中同业往来科目是应付余额,表明在这一时期内该银行要向他行归还到期拆入款大于应该收回的拆出款,该行的超额准备金就会下降;反之,如果在分析期内银行同业往来科目为应收余额,表明该行到期应收回的拆出款大于应归还的拆入款,该行的超额准备金就会上升。三是法定存款准备金因素。当分析期内需要调增法定存款准备金时,就会从超额准备金中解缴法定存款准备金,从而减少超额准备金余额;而当分析期内需要调减法定存款准备金时,调减的部分自动增加商业银行的超额准备金。四是信贷资金调拨因素。当分析期内需要调出信贷资金时,会减少商业银行的超额准备金;而当可以调入信贷资金时,就会增加超额准备金。五是财政性存款因素。财政性存款的上缴,会减少商业银行的超额准备金。

根据以上各种因素,我们就可以测算在一定时期内商业银行超额准备金的需要量。

2. 超额准备金的调节

商业银行在预测了超额准备金的基础上,就应当及时地进行头寸调节以保持超额准备金规模的适度性。当未来的头寸需要量较大、现有的超额准备金不足以应付需要时,银行就应当设法补足头寸,增加超额准备金;而当未来头寸需要量减少、现有超额准备金剩余时,则应及时地将多余的超额准备金运用出去,寻求更好的盈利机会。

商业银行头寸调度的渠道和方式主要有以下几种:

(1)同业拆借。商业银行灵活调度头寸的最主要的渠道或方式是同业拆借。任何一家经营有方的银行,都应当建立起广泛的短期资金融通网络,在本行出现资金短缺时,可以及时地拆入资金;而当本行资金暂时剩余时,则可以及时地将资金运用出去,以获得利润。

(2)短期证券回购及商业票据交易。短期证券和商业票据是商业银行的二级准备,也是商业银行头寸调度的重要渠道。当商业银行头寸不足时,可以在市场上通过出售证券回购协议的方式补足头寸;而当头寸多余时,则可以通过买入回购协议的方式将资金调出。另外,商业银行也可以通过短期商业票据的买卖来调节现金头寸的余缺。

(3)通过中央银行融资。中央银行是金融体系的最后贷款人。当商业银行在经营过程中出现暂时性的资金头寸不足时,可以通过再贷款或再贴现的方式,向中央银行融资。但由于中央银行再贷款和再贴现是货币政策的操作手段,商业银行能否获得中央银行的贷款,在很大程度上取决于货币政策的需要和商业银行的经营状况。当中央银行的货币政策偏紧时,或商业银行经营状况不是很好时,从中央银行融通资金就比较困难。

(4)商业银行系统内的资金调度。商业银行实行的是一级法人体制。为了加强行内资金调度能力,各商业银行都实行二级准备制度。这样,各级银行在日常经营活动中,如果出现头寸不足或剩余,可以在系统内通过本行内的资金调度来调剂余缺。如当某个分、支行头寸不足时,可以向上级行要求调入资金;而当分行和支行头寸多余时,则可以上存资金。

(5)出售其他资产。当商业银行通过以上渠道或方式仍不能满足头寸调度的需要时,还可以通过出售中长期证券、贷款甚至固定资产来获得现金。通常情况下,中长期证券和贷款是商业银行盈利的主要来源,固定资产是商业银行经营的基本条件,如果仅仅从资金调度的角度来讲,只要银行通过其他渠道可以获得所需资金,一般不出售这些资产。但如果商业银行通过上述几种方式不足以满足资金调度的需要,或者预测这些资产未来的价格将有较大幅度的下降,或者目前出售这些资产确实能给银行带来丰厚的利润,银行也可以通过出售中长期证券和贷款或固定资产的方式来融通资金。

四、同业存款的管理

(一)同业存款的目的

除了库存现金和在中央银行的存款外,大多数商业银行还在其他金融机构保持一定数量的活期存款,即同业存款。这是因为,任何一家银行,由于业务特点和人力、物力的限制,都不可能在其业务触及的每一个地方设立分支机构,它在没有分支机构的地区的一些金融业务就需要委托当地的银行等金融机构来代理。那些较大的银行一般都是双重角色,一方面它作为其他银行的代理行而接受其他银行的存放同业款;另一方面它又是被代理行,将一部分资金以活期存款形式存放在其他代理行。这就形成了银行之间的代理业务。银行之间开展代理业务,需要花费一定的成本,商业银行在其代理行保持一定数量的活期存款,主要目的就是支付代理行代办业务的手续费。代理行可以将同业存入款用于投资,并以投资的收入补偿他们的成本,并获利。由于这部分存款也随时可以使用,与库存现金和在中央银行的超额准备金没有什么区别,因此也成为商业银行现金资产的组成部分。

按照银行现金资产管理的原则,同业存款也应当保持一个适度的量。同业存款过多,会使银行付出一定的机会成本;而同业存款过少,又会影响银行委托他行代理业务的开展,甚至影响本行在同业中的信誉。因此,银行在同业存款的管理中,需要准确地预测同业存款的需要量。

（二）同业存款需要量的测算

商业银行在同业的存款余额需要量,主要取决于以下几个因素。

1. 使用代理行的服务数量和项目

如前所述,银行将款项存放同业的主要目的是支付代理行代理本行业务的成本。因此,本行使用代理行服务的数量和项目,就成为影响同业存款需要量的最基本的因素。如果使用代理行服务的数量和项目较多,同业存款的需要量也较多;反之,使用代理行服务的数量和项目较少,同业存款的需要量也较少。

2. 代理行的收费标准

在使用代理行的服务数量和项目一定的情况下,代理行的收费标准就成为影响同业存款需要量的主要因素。收费标准越高,同业存款的需要量就越大。

3. 可投资余额的收益率

通常情况下,代理行是通过对同业存款的投资获取收益来弥补其为他行代理业务所支付的成本的,因此,同业存款中的可投资余额的收益率的高低,也直接影响着同业存款的需要量。如果同业存款中可投资余额的收益率较高,同业存款的需要量就少一些;否则,同业存款的需要量就多一些。

表4-3是某银行同业存款需要量的测算表。假设该银行在1个月中需要购买代理行的以下一些业务:支票清算10 540笔,每笔收费标准是0.045元;电子转账28笔,每笔收费标准是1.50元;证券保管7笔,每笔收费标准为3.00元;另外,代理行还为本行提供数据处理和计算机软件服务,其获得本行手续费100元。在本表中假设代理行同业存放款的准备金率为12%,平均浮存（即托收未达款）为7 200元,可投资余额的年收益率为8%。

在表4-3中,代理行为本行提供的服务的总成本是637.30元,代理行已经通过现金方式收取了本行100元的计算机服务手续费,为达到收支平衡,代理行还需要从同业存款的投资中获得537.30元的收益。但不是所有的同业存款代理行都可以用来投资,还需要扣除浮存和应提准备金。这样,通过上述公式的计算,该银行需要在其代理行存放至少99 767.05元的存款。

表 4-3　同业存款余额需要量测算表　　　　　　　　　　单位:元

1. ×月份代理行提供的服务项目	成本
支票清算（10 540 笔　每笔 0.045 元）	474.30
电子转账（28 笔　　　每笔 1.50 元）	42.00
证券保管（7 笔　　　　每笔 3.00 元）	21.00
数据处理及计算机软件服务	100.00
总　　计	637.30
2. 代理行收益项目	收益
计算机服务手续费	100.00
应从同业存款中获得的投资收益	537.30
总计	637.30
3. 同业存款余额需要量测算	同业存款余额
投资收益=投资收益率×(同业存款余额-浮存-应提准备金)×30/360	99 767.05

本 章 小 结

1. 现金资产是商业银行所有资产中最具流动性的资产。商业银行要维持资产的流动性,保持清偿力和获取更有利的投资机会,必须持有一定比例的现金资产,并对其进行科学管理。因此现金资产业务是商业银行的一项重要业务。

2. 商业银行的现金资产由库存现金、在中央银行存款、存放同业存款和在途资金组成。库存现金指的是保存在商业银行金库中的现金钞和硬币;在中央银行的存款由法定存款准备金和超额准备金构成,而只有超额准备金才是商业银行的可用资金;同业存款是商业银行存放在代理行和相关银行的存款;在途资金指的是本行通过对方银行向外地付款单位或个人收取的票据。

3. 商业银行现金资产管理的核心任务是保证银行经营过程中的适度流动性,即既要保证现金资产能满足正常的和非正常的现金支出需要,又要尽量降低持有现金的机会成本,以追求利润最大化。因此银行经营者必须正确计算和测算现金头寸,为流动性管理提供可靠依据。

4. 商业银行对现金资产的管理,必须坚持总量适度原则、适时调节原则和安全保障原则。

5. 商业银行的库存现金越多,流动性越强,盈利性则越差。要保证在必要流动性的条件下实现更多的盈利,就需将库存现金压缩到最低程度。为此,银行必须在分析影响库存现金数量变动的各种因素的情况下,准确测算库存现金的需要量,及时调节存量,并加强各项措施管理基础头寸,确保库存现金的安全。

6. 商业银行对中央银行的法定存款准备金要求必须无条件服从。因此对法定存款准备金的管理,主要是准确计算其需要量和及时上缴应缴的准备金。超额准备金是商业银行在中央银行存款账户上超过法定存款准备金的那部分存款,是商业银行最重要的可用头寸,是用来进行贷款、投资、清偿债务和提取业务周转金的准备资产。对超额准备金的管理重点,就是要在准确测算其需要量的前提下,适当控制其规模,以尽量减少持有超额准备金的机会成本,增加银行盈利收入。

7. 商业银行要准确地预测对同业存款的需要量,使之能保持一个适度的量。因为同业存款过多,会使银行付出一定的机会成本;而同业存款过少,又会影响委托他行代理业务的展开,甚至影响本行在同业之间的信誉等。

本章重要概念

| 现金资产 | 库存现金 | 超额准备金 | 资金头寸 |
| 基础头寸 | 可用头寸 | 可贷头寸 | |

复习思考题

1. 商业银行现金资产由哪些构成?其主要作用是什么?
2. 如何预测商业银行的资金头寸?
3. 商业银行现金资产管理的原则是什么?
4. 影响商业银行库存现金需要量的因素有哪些?如何测算商业银行库存现金的需要量和最适送钞量?
5. 影响商业银行超额准备金需要量的因素有哪些?银行如何调节超额准备金数量?

即测即评

请扫描右侧二维码检测本章学习效果。

第五章
贷款业务

贷款是商业银行的传统核心业务,也是商业银行最主要的盈利资产,是商业银行实现利润最大化目标的主要手段,然而贷款又是一种风险较大的资产,是商业银行经营管理的重点。

第一节　贷款种类和政策

一、贷款种类

银行贷款是商业银行作为贷款人按照一定的贷款原则和政策,以还本付息为条件,将一定数量的货币资金提供给借款人使用的一种借贷行为。这种借贷行为由贷款的对象、条件、用途、期限、利率和方式等因素构成。

从银行经营管理的需要出发,可以对银行贷款按照不同的标准进行分类。而不同的分类方法,对于银行业务经营与管理又具有不同的意义。

（一）按贷款的期限分类

商业银行贷款按期限可分为活期贷款、定期贷款和透支三类。活期贷款在贷款时不确定偿还期限,可以随时由银行发出通知收回贷款。这种贷款比定期贷款灵活、主动,在银行资金宽裕时可以任客户使用借以生利,而在银行需要资金时又可以随时通知收回贷款。

定期贷款是指具有固定偿还期限的贷款。按照偿还期限的长短,又可分为短期贷款、中期贷款和长期贷款。短期贷款是指期限在 1 年以内(含 1 年)的各项贷款,中期贷款是指期限在 1 年(不含 1 年)以上 5 年(含 5 年)以内的各项贷款,长期贷款是指期限在 5 年(不含 5 年)以上的各项贷款。定期贷款因其订明还款期限,一般不能提前收回,因此,形式比较呆板,但利率较高。短期贷款主要是流动资金贷款,目前我国银行经营的主要是短期周转贷款和临时贷款,还有出口打包贷款和出口押汇等短期融资业务。根据票据法的规定,我国票据贴现业务也都在一年以内,因此也属于短期贷款范围。中长期贷款是满足客户较长时期内的资金需求的,主要用于固定资产投资,也有部分是满足中长期的流动资金需求和消费需求,具体贷款种类包括中期流动资金贷款、技术改造贷款、基本建设贷款、农业基础设施贷款、科技开发贷款、消费贷款等。

透支是指活期存款户依照合同向银行透支的款项,它实质上是银行的一种贷款。在透支业务中,虽然不是所有订有透支合同的客户都会透支,而且往往有人透支,有人还存,但是,经常会出现在银根紧时客户均透支,而银根松时客户都还存的情况,使银行难以有效控制。

以贷款期限为标准划分贷款种类:一方面有利于监控贷款的流动性和资金周转情况,使银行长短期贷款保持适当比例;另一方面,也有利于银行按资金偿还期限的长短安排贷款顺序,保证银行信贷资金的安全。

(二) 按贷款的保障条件分类

按银行贷款的保障条件,银行贷款可以分为信用贷款、担保贷款和票据贴现。

信用贷款是指银行完全凭借客户的信誉而无须提供抵押物或第三者保证而发放的贷款。这类贷款从理论上讲风险较大,因而,银行要收取较高的利息,且一般只向银行熟悉的较大的公司借款人或资信良好的借款人提供,对借款人的条件要求较高。

担保贷款是指具有一定的财产或信用作还款保证的贷款。根据还款保证的不同,具体分为抵押贷款、质押贷款和保证贷款。抵押贷款是指按规定的抵押方式以借贷人或第三者的财产作为抵押发放的贷款;质押贷款是指按规定的质押方式以借款人或第三者的动产或权利作为质物发放的贷款;保证贷款是指按规定的保证方式以第三人承诺在借款人不能偿还贷款时,按约定承担一般保证责任或者连带责任而发放的贷款。担保贷款由于有财产或第三者承诺作为还款的保证,所以,贷款风险相对较小。但担保贷款手续复杂,且需要花费抵押物(质物)的评估、保管以及核保等费用,贷款的成本也比较大。在我国,抵押贷款、质押贷款和保证贷款都是按《中华人民共和国民法典》规定的方式来进行的。

票据贴现是贷款的一种特殊方式。它是指银行应客户的要求,以现款或活期存款买进客户持有的未到期的商业票据的方式发放的贷款。票据贴现实行预扣利息,票据到期后,银行可向票据载明的付款人收取票款。如果票据合格,且有信誉良好的承兑人承兑,这种贷款的安全性和流动性都比较好。

依据提供的保障条件划分贷款种类,可以使银行依据借款人的财务状况和经营发展业绩选择不同的贷款方式,以提高贷款的安全系数。

(三) 按贷款的用途分类

银行贷款的用途非常复杂,它涉及再生产的各个环节、各种产业、各个部门、各个企业,与多种生产要素相关。贷款用途本身也可以按不同的标准进行划分。但按照我国习惯的做法,通常有两种分类方法:一是按照贷款对象的部门来分类,分为工业贷款、商业贷款、农业贷款、科技贷款和消费贷款;二是按照贷款的具体用途来划分,一般分为流动资金贷款和固定资金贷款。

按照贷款用途划分贷款种类,其意义主要在于:首先,有利于银行根据资金的不同使用性质安排贷款顺序。一般来说,银行贷款首先应当满足企业的生产性流动资金需要,然后安排用于企业的固定资产投资资金需要。其次,有利于银行监控贷款的部门分布结构,以便银行合理安排贷款结构,防范贷款风险。

(四) 按贷款的偿还方式分类

银行贷款按照其偿还方式的不同,可以分为一次性偿还贷款和分期偿还贷款两种方式。一次性偿还贷款是指借款人在贷款到期日一次性还清贷款本金的贷款,其利息可以分期支付,也可以在归还本金时一次性付清。一般来说,短期的临时性、周转性贷款都是采取一次性偿还方式。分期偿还贷款是指借款人按规定的期限分次偿还本金和支付利息的贷款。这种贷款的期限通常按月、季、年确定。中长期贷款大都采用这种方式,其利息的计算方法常见的有加息平均法、利随本减法等。

按贷款偿还方式划分贷款种类,一方面有利于银行监测贷款到期和贷款收回情况,准确测算银行头寸的变动趋势;另一方面,也有利于银行考核收息率,加强对应收利息的管理。

(五) 按贷款的质量(或风险程度)分类

按照贷款的质量或风险程度,银行贷款可以分为正常贷款、关注贷款、次级贷款、可疑贷款和损失贷款5类。正常贷款是指借款人能够履行借款合同,有充分把握按时足额偿还本息的贷款。这类贷款的借款人财务状况无懈可击,没有任何理由怀疑贷款的本息偿还会发生任何问题。关注贷款是指贷款的本息偿还仍然正常,但是发生了一些可能会影响贷款偿还的不利因素。如果这些因素继续存在下去,则有可能影响贷款的偿还,因此,需要对其进行关注,或对其进行监控。次级贷款是指借款人依靠其正常的经营收入已经无法偿还贷款的本息,而不得不通过重新融资或拆东墙补西墙的办法来归还贷款,表明借款人的还款能力出现了明显的问题。可疑贷款是指借款人无法足额偿还贷款本息,即使执行抵押或担保,也肯定要造成一部分损失。这类贷款具备了次级贷款的所有特征,但是程度更加严重。损失贷款是指在采取了所有可能的措施和一切必要的法律程序之后,本息仍然无法收回,或只能收回极少部分。这类贷款银行已没有意义将其继续保留在资产账面上,应当在履行必要的内部程序之后,立即冲销。

按照贷款的质量或风险程度划分贷款种类,首先,有利于加强贷款的风险管理,提高贷款质量。银行贷款具有与生俱来的风险,按照商业银行稳健经营的原则,银行不仅要化解已经发生的风险,而且要及时识别和弥补那些确实存在但还没有发现的风险,即内在风险。按贷款质量或风险程度科学合理地划分贷款种类,不仅可以帮助识别贷款的内在风险,还有助于发现信贷管理、内部控制和信贷文化中存在的问题,从而有利于银行提高信贷管理水平,帮助银行稳健运行。其次,有利于金融监管当局对商业银行进行有效的监管。金融监管当局必须有能力通过非现场检查手段,对商业银行的信贷资产质量作出评估。如果没有对贷款按质量进行分类,那么监管当局的并表监管、关于资本充足率的要求、对流动性的监控等,都将失去基础。

（六）按银行发放贷款的自主程度分类

按银行发放贷款的自主程度,银行贷款可以分为自营贷款、委托贷款和特定贷款三种。自营贷款是指银行以合法方式筹集的资金自主发放的贷款。这是商业银行最主要的贷款。由于是自主贷放,因此,贷款风险及贷款本金和利息的回收责任都由银行自己承担。委托贷款是指由政府部门、企事业单位及个人等委托人提供资金,由银行（受托人）根据委托人确定的贷款对象、用途、金额、期限、利润等代为发放、监督使用并协助收回的贷款。这类贷款银行不承担风险,通常只收取委托人付给的手续费。特定贷款在我国是指经国务院批准并对可能造成的损失采取相应的补救措施后,责成国有独资商业银行发放的贷款。这类贷款由于事先已经确定了风险损失的补偿,银行也不承担风险。

按照银行发放贷款的自主程度划分贷款种类,有利于银行根据不同的贷款性质实行不同的管理办法;同时也有利于考核银行信贷人员的工作质量,加强信贷人员的责任心。

银行贷款是商业银行经营的主要产品,不同的银行因其经营特点的不同,所经营的贷款产品也各不相同。上述贷款种类的划分是银行贷款的一般分类,银行实际经营中的贷款种类通常会更加丰富。

二、贷款政策

（一）贷款政策的内容

贷款政策是指商业银行指导和规范贷款业务、管理和控制贷款风险的各项方针、措施和程序的总和。商业银行的贷款政策由于其经营品种、方式、规模、所处市场环境不同而有差别,但其基本内容主要有以下几个方面。

1. 贷款业务发展战略

银行贷款政策首先应当明确银行的发展战略,包括开展业务应当遵循的原则、银行希望开展业务的行业和区域、希望开展业务的品种和希望达到的规模和速度。大多数银行都将贷款业务视为其核心业务,因为,贷款质量和贷款的盈利水平对实现银行的经营目标具有举足轻重的影响。所以,在银行的贷款政策文件中都开宗明义地指出,贷款业务的开展必须符合银行稳健经营的原则,并对银行贷款业务开展的指导思想、发展领域等进行战略性的规划。

贷款业务发展战略,首先应当明确银行开展贷款业务应当遵循的基本方针。目前,各国商业银行普遍奉行的贷款经营方针是安全性、流动性、营利性。我国《商业银行法》规定商业银行应遵循的经营方针是效益性、安全性和流动性。在明确了银行贷款应遵循的经营方针的基础上,还必须根据需要和可能,确定银行贷款发展的范围（包括行业、地域和业务品种）速度和规模。确定贷款业务开展的范围和规模,既要考虑国家宏观经济政策的要求、当时经济发展的客观需要,又要考虑本行的实际能力,既不能过高地估计自己的发展能力,导致业务发展失控,增加贷款风险,也不能过低地估计自己的发展能力,束缚住自己的手脚,丧失业务发展的机会。

2. 贷款工作规程及权限划分

为了保证贷款业务操作过程的规范化,贷款政策必须明确规定贷款业务的工作规程。贷款工作规程是指贷款业务操作的规范化的程序。贷款程序通常包含三个阶段:第一阶段是贷前的推销、调查及信用分析阶段。这是贷款科学决策的基础。第二阶段是银行接受贷款申请以后的评估、审查及贷款发放阶段。这是贷款的决策和具体发放阶段,是整个贷款过程的关键。第三阶段是借款发放以后的监督检查、风险监测及贷款本息收回的阶段。这一阶段也是关系到贷款能否及时、足值收回的重要环节。贷款政策文件除了规定贷款工作的基本程序外,还必须明确规定贷款的审批制度。为了使贷款管理的各个环节和岗位相互制约、共同保证贷款质量,我国明确实行"审贷分离"制度,即将上述贷款程序的三个阶段分别交由三个不同的岗位来完成,并相应承担由于各个环节工作出现问题而带来的风险责任。在实行"审贷分离"制的情况下,通常将信贷管理人员分为贷款调查估评员、贷款审查人员和贷款检查人员。贷款调查人员负责贷前调查评估,承担调查失误和评估失准的责任;贷款审查人员负责贷款风险的审查,承担审查失误的责任;贷款检查人员负责贷款发放以后的检查和清收,承担检查失误、清收不力的责任。

贷款审批制度的另一个重要内容是贷款的分级审批制度。由于目前我国商业银行实行的是一级法人体制,商业银行内部的贷款审批需要实行分级授权制。贷款审批的分级授权是银行根据信贷部门有关组织、人员的工作能力、经验、职务、工作实绩以及所负责贷款业务的特点和授信额度,决定每位有权审批贷款的人员或组织的贷款审批品种和最高贷款限额。一般来说,分级授权的主要依据是贷款的金额,因此,贷款给银行带来的风险直接反映在贷款余额上,金额越大,风险越大,对贷款专业知识和经验的要求也就越高。授权一般由银行董事会或最高决策层统一批准,自董事会到基层行管理层,权限逐级下降。

3. 贷款的规模和比率控制

商业银行在贷款政策中应当为自己确定一个合理的贷款规模,因为,这有利于银行制定详细而周密的年度贷款计划。虽然影响贷款规模的因素十分复杂,但商业银行在贷款政策中还是有必要作出有关说明和规定。通常银行根据负债资金来源情况及其稳定性状况,以及中央银行规定的存款准备金比率、资本金状况、银行自身流动性准备比率、银行经营环境状况、贷款需求情况和银行经营管理水平等因素,来确定计划的贷款规模。这个贷款规模既要符合银行审慎经营的原则,又最大限度地满足客户的贷款需求。

评判银行贷款规模是否适度和结构是否合理,可用的衡量指标主要有以下几个:

(1)贷款/存款比率。这一指标反映银行资金运用于贷款的比重以及贷款能力的大小。我国商业银行法规定银行的这一比率不得超过75%。如果超过这一比率,表明贷款规模过大,因而风险也较大。在这一比率范围内,比率较低,说明其安全性较高,但盈利能力可能较低,增加新贷款的潜力也较大。

(2)贷款/资本比率。该比率反映银行资本的盈利能力和银行对贷款损失的承受能力。这一比例较高,说明银行在能收回贷款本息的前提下的盈利能力较强,承受呆账损失的能力较强。这一比例较低,说明银行资本盈利能力和损失承受能力较低。我国商业银行法根据《巴塞尔协议》规定的国际标准,确定商业银行资本总额与加权风险资产之比不得低于8%,核心资本与加权风险资产之比不得低于4%。

（3）单个企业贷款比率。该比率是指银行给最大一家客户或最大10家客户的贷款占银行资本金的比率,它反映了银行贷款的集中程度和风险状况。我国商业银行法规定,对同一客户的贷款余额不得超过银行资本金的10%,最大10家客户的贷款余额不得超过银行资本金的50%。在上述比率范围内,这一指标越低,说明贷款集中程度越低,按照风险分散的原则,其贷款风险程度也就越低。

（4）中长期贷款比率。这是银行发放的1年期以上的中长期贷款余额与1年期以上的各项存款余额的比率。它反映了银行贷款总体的流动性状况。这一比率越高,流动性越差;反之,流动性越强。

4. 贷款种类及地区

贷款的种类及其构成,形成了银行的贷款结构。而贷款结构对商业银行信贷资产的安全性、流动性、盈利性具有十分重要的影响。因此,银行贷款政策必须对本行贷款种类及其结构作出明确的规定。银行管理部门通常必须决定本行承做哪几种贷款最为有利。银行在考虑了诸如贷款的风险、保持流动性、银行所要服务的客户类型、银行工作人员的能力等因素后,应在企业贷款、消费贷款、农业贷款等贷款领域中分配贷款总额。当然,受地区经济发展的制约,贷款也可能集中在某一个领域。

贷款地区是指银行控制贷款业务的地域范围。银行贷款的地区与银行的规模有关。大银行因其分支机构众多,在贷款政策中一般不对贷款地区作出限制;中小银行则往往将其贷款业务限制在银行所在城市和地区,或该银行的传统服务地区,银行在这些地区的贷款投放量往往较大,而且与当地的工商界建立了良好的往来关系。这使得银行对该地区的经济情况比较了解,对借款人的信用分析、贷款质量跟踪检查较为方便、可靠,在该地区放款对银行来说较为安全。

5. 贷款的担保

贷款政策中,应根据有关法律确定贷款的担保政策。贷款担保政策一般应包括以下内容:① 明确担保的方式,如《中华人民共和国民法典》规定的担保方式有保证人担保、抵押担保、质押担保、留置以及定金;② 规定抵押品的鉴定、评估方法和程序;③ 确定贷款与抵押品价值的比率、贷款与质押品价值的比率;④ 确定担保人的资格和还款能力的评估方法与程序等。在贷款政策中明确上述担保政策,是为了在贷款中能够完善贷款的还款保障,确保贷款的安全性。

6. 贷款定价

在市场经济条件下,贷款的定价是一个复杂的过程,银行贷款政策应当进行明确的规定。银行贷款的价格一般包括贷款利率、贷款补偿性余额(回存余额)和对某些贷款收取的费用(如承担费等),因此,贷款定价也不仅仅是一个确定贷款利率的过程。在贷款定价过程中,银行必须考虑资金成本、贷款风险程度、贷款的期限、贷款管理费用、存款余额、还款方式、银行与借款人之间的关系、资产收益率目标等多种因素。

对于贷款业务量较大的银行来说,通常是由贷款委员会或信贷管理部门根据贷款的类别、期限,并结合其他各种需要考虑的因素,确定每类贷款的价格。有些银行的信贷管理部门还将其制作成统一的价格表,供信贷员在发放常规贷款时使用或参考。有些银行不制定统一的价格表,对于同一类贷款也根据不同情况制定不同的价格。即使使用统一的价格表的银行,对于金额较大、期限较长或存款余额较多的客户,也根据其特殊情况实行上浮或下浮。

7. 贷款档案管理政策

贷款档案是银行贷款管理过程的详细记录,体现银行经营管理水平和信贷人员的素质,可直接反映贷款的质量,在一些情况下,甚至可以决定贷款的数量。贷款档案管理政策是贷款政策的重要内容,银行应该建立科学、完整的档案管理制度。一套完整的贷款档案管理制度通常应包括以下内容:

(1) 贷款档案的结构。即应包括的文件。一份完整的贷款档案应包括三个部分:法律文件、信贷文件和还款记录。

(2) 贷款档案的保管责任人。信贷管理人员应该清楚所管档案的完整程度,对所缺内容及原因作书面记录,归入贷款档案。

(3) 明确贷款档案的保管地点。对法律文件要单独保管,应保存在防火、防水、防损的地方。

(4) 明确贷款档案存档、借阅和检查制度。

8. 贷款的日常管理和催收制度

贷款发放出去以后,贷款的日常管理对保证贷款的质量尤为重要,故应在贷款政策中加以规定。贷款发放以后,信贷员应保持与借款人的密切联系,定期或不定期地走访借款人,了解借款人的业务经营情况和财务状况,进行定期的信贷分析,并形成信贷分析报告存档。

同时,银行应制定有效的贷款回收催收制度。例如,在贷款还本付息到期日之前的一定时间内,应提前书面通知借款人偿还到期的贷款本息。当借款人未能按时还本付息时,银行应立即与借款人取得联系,并积极予以催收。如果借款人仍然不能还款,银行应进一步采取措施,通过上门催收、约见借款人或借款企业经理共同研究还款问题等办法,努力收回贷款本息。

9. 不良贷款的管理

对不良贷款的管理是商业银行贷款政策的重要组成部分。贷款发放以后,如在贷后检查中发现不良贷款的预警信号,或在贷款质量评估中被列入关注级以下贷款,都应当引起充分的重视。对于各种不良贷款,贷款政策中应当明确规定处理的程序和基本的处理方式,并根据各类不良贷款的不同性质以及质量等级,将监控、重组、挽救、追偿、诉讼、冲销等处理不良贷款和保全银行债权的各环节、各程序的工作落实到具体的部门,定岗、定人、定责,积极有效地防范、管理贷款风险,最大限度地维护、保全银行债权。

(二) 制定贷款政策应考虑的因素

商业银行的管理者在制定该行的贷款政策时,一般要考虑以下因素。

1. 有关法律、法规和国家的财政、货币政策

商业银行的贷款业务是在国家有关法律、法规的规范下,在一定时期国家宏观经济政策的指导下开展的。因此,在制定贷款政策时,商业银行的高层管理者,首先必须了解并掌握国家有关

的法律和法规,熟悉国家在一定时期的财政政策和货币政策要求,使商业银行的贷款业务既合法,又合理,既体现国家法律和政策的要求,又能取得较好的经济效益。

2. 银行的资本金状况

商业银行的资本金状况对贷款政策有重要影响。资本的构成、核心资本与附属资本的比例、资本与加权风险资产的比率、资本与存款的比率、贷款呆账准备金与贷款的比率等都会影响银行承担贷款风险的能力。资本实力较强、资本构成中核心资本比率较高、呆账准备金较充裕,银行承担贷款风险的能力就较强;反之,如果资本实力较弱、资本结构脆弱、呆账准备金较低,银行承担风险的能力也就较低,在发放高风险贷款时应十分谨慎。

3. 银行负债结构

商业银行的负债结构和负债的稳定性状况也是影响银行贷款政策的一个重要因素。按照稳健经营的原则,商业银行必须根据负债的结构来安排资产的结构,因此,银行负债的性质、期限、利率、费用等都直接制约着银行贷款结构的形成。在制定贷款政策时,银行管理者必须从本行负债结构及稳定性状况的现实和可能性出发,合理安排贷款的期限结构、用途结构和利率结构。

4. 服务地区的经济条件和经济周期

经济决定金融。银行所在地区的经济发展状况,对银行贷款政策有着直接的影响。在贷款政策文件中,应根据经济发展的现实条件的变化,及时地、不断地调整贷款的结构、投向,以确保贷款为经济发展服务。同时银行贷款政策应充分考虑经济周期的影响。在经济萧条、市场不景气时,银行大量发放中长期贷款往往要承受较大的风险。在经济结构调整时期,银行贷款的流向,要特别注意与国家产业政策相协调。

5. 银行信贷人员的素质

在制定贷款政策时,银行信贷人员的素质也是一个不容忽视的因素。信贷人员的素质包括其知识水平、能力、经验、责任心等。一般情况下,如果本行信贷人员素质较高,银行信贷业务可以更多地向具有较高风险和收益的领域拓展;反之,如果本行信贷人员总体上说素质较低,那么,在制定贷款政策时,不仅要对贷款各个环节的工作实施更加严格的控制,而且应尽量避免涉及高风险领域,以免由于信贷人员的知识、能力、经验不足和责任心不强,而给银行贷款带来不应有的损失。

三、贷款程序

为了保证贷款安全,对于任何一笔贷款,都必须遵循以下工作程序。

(一)贷款申请

凡符合借款条件的借款人,在银行开立结算账户、与银行建立信贷关系之后,如果出现资金需要,都可以向银行申请贷款。借款人申请贷款必须填写"借款申请书"。"借款申请书"的基本内容包括:借款人名称、性质、经营范围,申请贷款的种类、期限、金额、方式、用途、用款计划、还本付息计划以及有关的经济技术指标等。

为了便于贷款人审查贷款,借款人在递交"借款申请书"的同时,还必须提供以下资料:① 借款人及保证人的基本情况及有关法律文书,如营业执照、法人代表证明文件等;② 财政部门或会计师(审计师)事务所核准的上年度会计报表及申请贷款前 1 个月的财务报表或资产负债表;③ 原有不合理占用的贷款纠正情况;④ 抵押物、质物清单和有处分权人同意抵押、质押的证明,及保证人拟同意保证的有关证明文件;⑤ 项目建议书和可行性报告;⑥ 贷款人认为需要提供的其他文件、证明等。

如果借款人申请中长期贷款,除了上述资料外,借款人还必须提供以下资料:① 项目开工前期准备工作的情况报告;② 在开户银行存入规定比例资金的证明;③ 经批准下达的项目开工通知书;④ 按规定项目竣工投资所需自有流动资金落实情况及证明材料;⑤ 进出口协议或合同等。

(二)贷款调查

银行在接到借款人的借款申请后,应指派专人进行调查。调查的内容主要有两个方面:一是关于借款申请书内容的调查,主要审查其内容填写是否齐全、数字是否真实、印鉴是否与预留银行印鉴相符、申请贷款的用途是否真实合理等。二是贷款可行性调查,主要调查:① 借款人的品行。主要了解与借款人的资料有关的证明文件和批准文件。② 借款合法性。主要了解借款的用途是否符合国家产业、区域、技术以及环保政策和经济、金融法规。③ 借款安全性。主要调查借款人的信用记录及贷款风险情况。④ 借款的盈利性。主要调查、测算借款人的盈利情况及归还贷款本息的资金来源等。

(三)对借款人的信用评估

银行在对借款人的贷款申请进行深入、细致的调查研究的基础上,还要利用掌握的资料,对借款人进行信用评估,划分信用等级。信用评估可以由贷款银行独立进行,评估结果由银行内部掌握使用;也可以由监管当局认可的有资格的专门信用评估机构对借款人进行统一评估,评估结果供各家银行有偿使用。

(四)贷款审批

对经过审查评估符合贷款条件的借款申请,银行应当及时进行审批。银行要按照"分级负责、集体审定、一人审批"的贷款审批制度进行贷款决策,逐笔逐级签署审批意见并办理审批手续。为了保证贷款决策科学化,凡有条件的银行都应当建立贷款审查委员会,进行集体决策。

(五)借款合同的签订和担保

借款申请经审查批准后,必须根据《中华人民共和国民法典》由银行与借款人签订借款合同。在我国,借款合同的文本由银行拟定,报人民银行审定后自行印刷。对于保证贷款,保证人须向银行出具"不可撤销担保书"或由银行与保证人签订保证合同;对于抵押贷款和质押贷款,银行须与借款人签订抵押合同或质押合同。需办理公证或登记的,还应依法办理公证和登记手续。

(六)贷款发放

借款合同生效后,银行就应按合同规定的条款发放贷款。在发放贷款时,借款人应先填好借款借据,经银行经办人员审查无误,并由信贷部门负责人或主管行长签字盖章,送银行会计部门,将贷款足额划入借款人账户,供借款人使用。

（七）贷款检查

贷款发放后,银行要对借款人执行借款合同的情况即借款人的资信状况进行跟踪调查和检查。检查的主要内容包括:借款人是否按合同规定的用途使用贷款;借款人资产负债结构的变化情况;借款人还款能力即还款资金来源的落实情况等。对违反国家有关法律、法规、政策、制度和借款合同规定使用贷款的,检查人员应及时予以制止并提出处理意见。对问题突出、性质严重的,要及时上报主管领导甚至上级行采取紧急措施,以尽量减少贷款的风险损失。

（八）贷款收回

贷款到期后,借款人应主动、及时归还贷款本息。银行在短期贷款到期1个星期前、中长期贷款到期1个月前,应当向借款人发送还本付息通知单;借款人应当及时筹集资金,按时还本付息。一般可由借款人开出结算凭证归还本息,也可由银行直接从借款人账户中扣收贷款本息。贷款到期,由于客观情况发生变化,借款人经过努力仍不能还清贷款的,短期贷款必须在到期日的10天前、中长期贷款在到期日的1个月前,向银行提出贷款展期申请。如果银行同意展期,应办理展期手续。每笔贷款只能展期一次,短期贷款展期不得超过原贷款期限;中长期贷款展期不得超过原贷款期限的一半,且最长不超过3年。贷款展期后,如展期期限加上原贷款期限达到新的档次利率期限,则按新期限档次利率计息。如果银行不同意展期,或展期以后仍不能到期还款,即列为逾期贷款,银行对其应进行专户管理,并加大催收力度。

第二节 贷 款 定 价

贷款是商业银行主要的盈利资产,贷款利润的高低与贷款价格有着直接的关系。贷款价格高,利润就高,但贷款的需求将因此而减少。相反,贷款价格低,利润就低,但贷款需求将会增加。因此,合理确定贷款价格,既能为银行取得满意的利润,又能为客户所接受,是商业银行贷款管理的重要内容。

一、贷款定价原则

（一）利润最大化原则

商业银行是经营货币信用业务的特殊企业。作为企业,实现利润最大化始终是其追求的主要目标。信贷业务是商业银行传统的主营业务,存贷利差是商业银行利润的主要来源。因此,银行在进行贷款定价时,首先必须确保贷款收益足以弥补资金成本和各项费用,在此基础上,尽可能实现利润最大化。

（二）扩大市场份额原则

在金融业竞争日益激烈的情况下，商业银行要求生存、求发展，必须在信贷市场上不断扩大其市场份额。同时，商业银行追求利润最大化的目标，也必须建立在市场份额不断扩大的基础上。影响一家银行市场份额的因素非常复杂，但贷款定价过高就会使一部分客户难以承受，而最终失去这部分客户，缩小银行的市场份额。因此，银行在贷款定价时，必须充分考虑同业、同类贷款的价格水平，不能盲目实行高价政策，除非银行在某些方面有着特别的优势。

（三）保证贷款安全原则

银行贷款业务是一项风险性业务，保证贷款安全是银行贷款经营管理整个过程的核心内容。除了在贷款审查发放等环节要严格把关外，合格的贷款定价也是保证贷款安全的一个重要方面。贷款定价最基本的要求是使贷款收益能够弥补贷款的各项成本。贷款成本除了资金成本和各项管理费用外，还包括因贷款风险而带来的各项风险费用，如为弥补风险损失而计提的呆账准备金、为管理不良贷款和追偿风险贷款而花费的各项费用等。可见，贷款的风险越大，贷款成本就越高，贷款价格也就越高。因此，银行在贷款定价时，必须遵循风险与收益对称原则，在贷款价格中反映银行承担风险所应该得到的风险报酬。

（四）维护银行形象原则

作为经营信用业务的企业，良好的社会形象是商业银行生存与发展的重要基础。商业银行要树立良好的社会形象，就必须守法、诚信、稳健经营，要通过自己的业务活动维护社会的整体利益，不能唯利是图。在贷款定价中，银行应严格遵循国家有关法律、法规和货币政策、利率政策的要求，不能利用贷款价格搞恶性竞争，破坏金融秩序的稳定，损害社会整体利益。

二、贷款价格的构成

一般来讲，贷款价格的构成包括贷款利率、贷款承诺费、补偿余额和隐含价格。

（一）贷款利率

贷款利率是一定时期客户向贷款人支付的贷款利息与贷款本金之比率。它是贷款价格的主体，也是贷款价格的主要内容。贷款利率分为年利率、月利率和日利率。年利率是贷款利率的基本形式，通常以百分比来表示。银行贷款利率一般有一个基本水平，它取决于中央银行的货币政策和有关的法律规章、资金供求状况和同业竞争状况。根据贷款使用情况，在具体确定一笔贷款的利率时，可以使用低于一般利率的优惠利率和高于一般利率的处罚利率；根据确定一般利率的方式不同，贷款利率还可以分为固定利率和浮动利率。前者是指在发放贷款时确定在贷款期间不再变动的利率；后者则是指在贷款期间根据市场利率变化而实行定期调整的利率。

贷款利率的确定应以收取的利息足以弥补支出并取得合理利润为依据。银行贷款所支付的费用包括资金成本、提供贷款的费用以及今后可能发生的损失等。合理的利润水平，是指应由贷款收益提供的、与其他银行或企业相当的利润水平。

（二）贷款承诺费

贷款承诺费是指银行对已承诺贷给顾客而顾客又没有使用的那部分资金收取的费用。也就是说，银行已经与客户签订了贷款意向协议，并为此做好了资金准备，但客户并没有从银行贷出这笔资金，承诺费就是对这部分已作出承诺但没有贷出的款项所收取的费用。承诺费由于是顾客为了取得贷款而支付的费用，因而构成了贷款价格的一部分。

银行收取贷款承诺费的理由是：为了应付承诺贷款的要求，银行必须保持一定高性能的流动资产，这就要放弃收益高的贷款或投资，使银行产生利益损失。为了补偿这种损失，就需要借款人提供一定的费用。支付了承诺费的贷款承诺是正式承诺，当借款人需要使用贷款时，银行必须予以及时满足，否则，银行要承担法律责任。

（三）补偿余额

补偿余额是应银行要求，借款人保持在银行的一定数量的活期存款和低利率定期存款。它通常作为银行同意贷款的一个条件而写进贷款协议中。要求补偿余额的理由是：顾客不仅是资金的使用者，还是资金的提供者，而且只有作为资金的提供者，才能成为资金的使用者。存款是银行业务的基础，是贷款的必要条件，银行发放贷款应该成为现在和将来获得存款的手段。从另一方面讲，也是银行变相提高贷款利率的一种方式，因此，它成为贷款价格的一个组成部分。补偿余额的计算分为两个部分：一部分是按实际贷款余额计算的补偿余额；另一部分是按已承诺而未使用的限额计算的补偿余额。

（四）隐含价格

隐含价格是指贷款定价中的一些非货币性内容。银行在决定给客户贷款后，为了保证客户能偿还贷款，常常在贷款协议中加上一些附加条款。附加条款可以是禁止性的，即规定融资限额及各种禁止事项；也可以是义务性的，即规定借款人必须遵守的特别条款。附加条款不直接给银行带来收益，但可以防止借款人经营状况的重大变化给银行利益造成损失，因此，它也可以视为贷款价格的一部分。

三、影响贷款价格的主要因素

按照一般的价格理论，影响贷款价格的主要因素是信贷资金的供求状况。然而，由于信贷资金是一种特殊的商品，其价格的决定因素就更加复杂。通常，在贷款定价时银行应当考虑的因素主要有以下几方面。

（一）资金成本

银行的资金成本分为资金平均成本和资金边际成本。资金平均成本是指每一单位的资金所花费的利息、费用额。它不考虑未来利率、费用变化后的资金成本变动，主要用来衡量银行过去的经营状况。如果银行的资金来源构成、利率、费用等不变，银行可以根据资金平均成本来对新贷款定价。但如果银行资金来源结构、利率和费用等都处于变动状态，它对贷款定价意义就不大。资金边际成本是指银行每增加一个单位的可投资资金所需要花费的利息、费用额。因为它反映的是未来新增资金来源的成本,所以,在资金来源结构变化,尤其是在市场利率的条件下,以它作为新贷款定价的基础较为合适。

资金边际成本根据资金来源的种类、性质、期限等不同而不同,每一种资金来源都会有不同的边际成本。但银行通常不能按某一种资金来确定贷款价格,因而需要计算全部新增资金来源的平均边际成本。这种平均边际成本就是新增一个单位的资金来源所平均花费的边际成本。

(二)贷款风险程度

由于贷款的期限、种类、保障程度及贷款对象等各种因素不同,贷款的风险程度也有所不同。不同风险程度的贷款,银行为此所花费的管理费用或对可能产生的损失的补偿费用也不同。这种银行为承担贷款风险而花费的费用,称为贷款的风险费用,也是贷款的风险成本。银行在贷款定价时必须将风险成本纳入贷款价格之中。

一笔贷款的风险程度并由此而引起的银行贷款的风险费用受多种复杂因素的影响,如贷款种类、贷款用途、贷款期限、贷款保障、借款人信用、借款人财务状况、客观经济环境的变化等。所以,要精确地预测一笔贷款的风险费用显然是比较困难的。在实践中,为了便于操作,银行通常根据历史上某类贷款的平均费用水平并考虑发放 1 年期信用贷款的平均风险管理费用率为0.6%,并以此作为新贷款的风险费用率,则银行对同类企业发放同类贷款 500 万元,就应收取贷款风险费用 3 万元($5\ 000\ 000 \times 0.6\% = 30\ 000$)。

(三)贷款费用

商业银行向客户提供贷款,需要在贷款之前和贷款过程中做大量的工作,如进行信用调查、分析、评估,对担保品进行鉴定、估价、管理,对贷款所需各种材料、文件进行整理、归档、保管。所有这些工作,都需要花费人力、物力,发生各种费用。在贷款定价时,应将这些费用考虑进去,作为构成贷款价格的一个因素。当然,在实践中,银行贷款种类不同,所花费的贷款费用也不可能一样。为了操作方便,许多银行通常将各种贷款的收费种类及其标准作具体的规定,在确定某一笔贷款的收费时,只需按规定计算即可。

(四)借款人的信用及与银行的关系

借款人的信用状况主要是指借款人的偿还能力和偿还意愿。借款人的信用越好,贷款风险越小,贷款价格也应越低。如果借款人的信用状况不好,过去的偿债记录不能令人满意,银行就应以较高的价格和较严格的约束条件限制其借款。

借款人与银行的关系也是银行贷款定价时必须考虑的重要因素。这里所谓关系,是指借款人与银行的正常的业务关系,如借款人在银行的存款状况、借款人使用银行服务的情况等。那些在银行有大量存款,广泛使用本行提供的各种金融服务,或长期地、有规律地借用银行贷款的客户,就是与银行关系密切的客户,在制定贷款价格时可以适当低于一般贷款的价格。

(五)银行贷款的目标收益率

商业银行都有自己的盈利目标。为了实现该目标,银行对各项资金运用都应当确定收益目标。贷款是银行主要的资金运用项目,贷款收益率目标是否能够实现,直接影响到银行总体盈利目标的实现。因此,在贷款定价时,必须考虑能否在总体上实现银行的贷款收益率目标。当然,贷款收益率目标本身应当制定得合理。过高的收益率目标会使银行贷款价格失去竞争力。

（六）贷款供求状况

市场供求状况是影响价格的一个基本因素。贷款作为一种金融商品,自然也受这一规律的制约。这里的贷款需求是指借款人某一时期希望从银行取得贷款的数量;贷款供给是指所有银行在该时期内能够提供的贷款数量。当贷款供大于求时,贷款价格应当降低;当贷款供不应求时,贷款价格应当适当提高。

四、贷款定价方法

（一）目标收益率定价法

这是根据银行贷款的目标收益率来确定贷款价格的方法。在为一笔贷款定价时,贷款主管人员必须考虑发放贷款的预期收益、给借款人提供资金的成本、管理和收贷费用以及借款风险等。目标收益率定价法的公式如下:

$$税前产权资本（目标）收益率 = \frac{贷款收益 - 贷款费用}{应摊产权资本}$$

$$贷款收益 = 贷款利息收益 + 贷款管理手续费$$

$$贷款费用 = 贷款者使用的非股本资金的成本 + 办理贷款的服务和收贷费用$$

$$应摊产权资本 = 银行全部产权资本对贷款的比率 \times 未清偿贷款余额$$

例如,某信贷主管人员对某一公司客户以 12% 的年利率发放一笔 100 万元的贷款。借款人使用贷款的资金成本率为 10%,贷款管理成本为 2 000 元,已使用的资金净额占分配贷款资金的 8%。假定借款人使用的贷款资金净额等于未归还的贷款余额（即 100 万元）,运用上述的定价公式可得:

$$（12\% \times 1\ 000\ 000 - 10\% \times 1\ 000\ 000 - 2\ 000）/（8\% \times 1\ 000\ 000） = 22.5\%$$

即该笔贷款的税前预期收益率为 22.5%。将该收益率与银行的目标收益率相比较,若贷款收益率低于目标收益率,该笔贷款就需要重新定价。

在计算中,资金成本是贷款费用中最主要的部分。大多数银行在计算资金成本时将债务成本和股权成本分开。在计算债务成本时,先算出新增单项资金来源的边际成本,然后算出新增全部债务的加权边际成本。其中,单项资金来源的边际成本计算公式如下:

$$边际成本 = \frac{新增利息 + 新增购置成本 + 新增保险费}{1 - 新增非盈利性资产的资金百分比}$$

股权资本的边际成本可以通过红利估价模型、资本资产定价模型和股权收益率目标模型等方法计算。对于那些股票尚未上市公开交易的银行来说,通常用股权收益率目标模型来估算股权资本金的边际成本。在这种方法中,股权收益率一般根据负债成本再加上一定百分比来确定,并假设银行资本金市场价值等于资本金的账面价值。

假设银行通过比较负债成本率和资本金的预期收益率,确定了 12% 的股权收益率目标。如果其边际税率为25%，那么，该银行的税前股权收益率就可以确定为16%。计算过程如下：

$$净收益目标值/股权总额=12\%$$

$$税前收益目标值×(1-25\%)/股权总额=12\%$$

$$税前收益目标值/股权总额=12\%÷(1-25\%)=16\%$$

股权资本金的成本通常被作为银行的目标利润，它是银行贷款定价时的一个重要的衡量指标。

（二）基础利率定价法

基础利率定价法，又称交易利率定价法。这种定价方法允许借款额超过某一最低限额（如50万元）的借款人，在几种基础利率中选择，以决定该笔贷款的利率和展期期限。最通行的基础利率是国库券利率、大额定期存单利率或银行同业拆借利率等。客户可以从银行认可的利率表中选择基础利率，也可以选择到期日。所确定的贷款利率为同期市场利率加上一定数额。在到期日，经借、贷双方同意，贷款可以展期。而后，客户还必须再作一次同样的选择，即再次选择基础利率和到期日。这样，在一个特定的时间里，利率是固定的，但展期利率是未知数。

现以一个希望借款100万元的客户为例。××银行在接到某个公司代表要求贷款和约定面谈的电话以后，信贷人员查阅了该客户的档案，认为客户具备贷款条件。客户来后，在讲清可选择的基础利率之后，信贷人员通知客户，他的公司可以获得基础利率加0.75%的贷款利率。这家银行的基础利率是银行同业拆借利率、大额存款单利率和国库券利率，如表5-1所示。

表5-1　××银行基础利率

基础利率	到期日	标价	实际利率
银行同业拆借利率	3个月期	11.625%	12.375%
	6个月期	12%	12.75%
	1年期	12.625%	13.375%
大额存款单利率	1个月期	10.4%	11.15%
	2个月期	10.95%	11.70%
	3个月期	11.10%	11.85%
	6个月期	11.2%	11.95%
	1年期	11.65%	12.4%
国库券利率	13周至3月期	9.99%	10.74%
	26周至6月期	10.27%	11.02%
优惠利率		12.5%	12.5%

如果客户希望按1年期的固定利率，他就应选择能提供1年期最低利率的大额定期存单作为基础利率。在上面的例子中，假定借款人认为未来利率要上涨，上述决定是合算的。如果借款人认为未来利率不会上升，则选择国库券利率更为合算，因为在贷款展期时，他可以再次选择最低利率。同样，如果借款人预测未来利率将大幅下降，那么他最好选择1个月期的利率。

（三）成本加成定价法

这种方法也叫宏观差额定价法。它是以借入资金的成本加上一定利差来决定贷款利率的方法。这种定价法的特点在于不考虑承诺费、服务费和补偿余额等因素,贷款价格主要依据资金总成本及一定的利润目标来确定。其计算公式是:

$$贷款利率 = 贷款成本率 + 利率加成$$

其中,贷款成本包括资金成本、贷款服务成本和营业成本,利率加成则是银行应取得的合理利润。我国商业银行目前使用的主要是这种方法。

（四）优惠加数定价法和优惠乘数定价法

这两种方法是西方商业银行普遍使用的贷款定价方法。优惠加数是在优惠利率基础上加若干百分点而形成的利率,优惠乘数则是在优惠利率基础上乘以一个系数而形成的利率。

不同借款人,其风险等级是不同的。银行为控制信用风险,遂根据借款人的风险等级来确定该借款人所适用的优惠利率,优惠利率不同,优惠加数和优惠乘数也不同。表5-2是在不同优惠利率条件下的优惠加数和优惠乘数。

优惠加数和优惠乘数两种定价方法在概念上有些相似,但它们所得的利率标价是不同的,尤其是在优惠利率随市场利率变动而变动时,两者之间会有不同的变化。当利率上升时,优惠乘数利率会以更快的速度上升;反之,则以更快的速度下降。为了避免利率的剧烈波动而给借、贷双方带来利率风险,通常可以在协议中限定利率波动的上下限。

表5-2　优惠加数和优惠乘数定价分析

优惠利率水平	优惠加数		优惠乘数	
	风险等级 A(+1%)	风险等级 B(+2%)	风险等级 A(×1.1)	风险等级 B(×1.2)
6%	7%	8%	6.6%	7.2%
8%	9%	10%	8.8%	9.6%
10%	11%	12%	11%	12%

（五）保留补偿余额定价法

这种方法是将借款人在银行保留补偿余额看作其贷款价格的一个组成部分,在考虑了借款人在银行补偿余额的多少后决定贷款利率的一种定价方法。在这种方法下,借款人补偿余额的不同,贷款利率也有所不同。

例如,假定银行正在审查一笔1年期的100万元的流动资金贷款申请,并决定承诺这笔贷款,同时以承诺的0.5%的比率一次性收取贷款承诺费。据预测,该借款人在这1年中贷款的平均使用额度为80万元,年存款服务费为4 000元,其债务的加权边际成本为7%,贷款的风险及管理费用为5 000元,银行税前股东目标利润率为15%,贷款的资金来源中股权与债务比为1∶9,补偿余额的投资收益率为8%。下面我们考察在不同的补偿余额水平下贷款利率的确定。

表5-3和表5-4列举了两种定价方案。方案A假定借款人保留在账户上的可用于投资的

补偿性余额为 10 万元,方案 B 假定客户保留在账户上的补偿性存款余额为 6 万元(假设这些补偿性存款余额全部为可投资资金)。在方案 A 中,银行要弥补贷款各项成本并获得预期的目标利润(目标利润 = 银行税前股东目标利润率×股权资本比率×贷款数额 = 12 000元),除了收取贷款承诺费 5 000 元和补偿性存款余额的投资收入 8 000 元外,还需要收取贷款利息 64 000 元,这样,该笔贷款的利率应是 8%;在方案 B 中,补偿性存款余额的投资收入为 4 800 元,需要收取的贷款利息为 67 200 元,这样该笔贷款的利率应是 8.4%。这说明,在其他条件不变的情况下,补偿性存款余额从 10 万元下降到 6 万元,贷款利率相应地由 8% 上升到 8.4%。

表 5-3　保留补偿余额的定价分析　　　　　单位:元

费用	金额
存款服务成本	4 000
贷款风险及管理费用	5 000
借入资金利息	56 000
目标利润	12 000
小计	77 000

表 5-4　两种定价方案列举

收益	方案 A	方案 B
手续费收入	5 000 元	5 000 元
补偿性存款投资收入	8 000 元	4 800 元
应收贷款利息	64 000 元	67 200 元
应收贷款利率	8%	8.4%

注:方案 A:可投资的补偿性存款余额为 10 万元;方案 B:可投资的补偿性存款余额为 6 万元。

第三节　几种贷款业务的要点

一、信用贷款

(一)信用贷款的特点

信用贷款是指银行完全凭借款人的良好信用而无须提供任何财产抵押或第三者担保而发放的贷款。信用贷款是以借款人的信用作为还款保证。从广义上讲,它也是一种担保贷款,只不过是以借款人本身的信用作为担保。

与其他贷款相比,信用贷款具有以下几个特点。

1. 以借款人信用和未来的现金流量作为还款保证

由于信用贷款是凭借款人的信用发放的贷款,银行在发放贷款时,没有从借款人处取得任何财产作抵押,而只是获得借款人对于偿还贷款的一种承诺。这种承诺能否兑现,则取决于借款人未来的现金流量。

2. 风险大、利率高

由于考察借款人的信用状况主要看其既往的信用履历,而借款人未来现金流量又具有很大的不确定性,所以,与其他方式的贷款相比,信用贷款要承担更大的风险。按照风险与收益对称原则,银行对信用贷款应当收取比其他贷款更高的利息,也可以要求借款人在银行保留一定比例的补偿余额,作为对银行承担风险的一种补偿。

3. 手续简便

由于银行发放信用贷款可以省去对担保品选择、估价、管理和对保证人资格、信用、财务等方面的审查手续,所以贷款过程的手续相对比较简便。

(二) 信用贷款的操作程序及要点

1. 对借款人进行信用评估,正确选择贷款对象

借款人向银行提出借款申请后,银行首先应对借款人的资信状况进行全面而科学的分析(具体内容和方法见本章第四节)。同时,对借款申请书进行审查、核实。由于信用贷款是凭借款人的信用来发放的,所以,对客户的信用分析有特别重要的意义。在对借款人进行信用分析的基础上,银行应根据本行的贷款政策、原则和条件,正确选择信用贷款的对象。通常,银行只对那些与本行有着长期借贷交往历史,而且信誉高、经营好、经济实力强、无不良信用记录,预测未来现金流量足以偿还贷款本息的客户发放信用贷款。

2. 合理确定贷款额度和期限

银行确定以信用贷款方式发放贷款后,应根据企业的合理资金需求和银行的资金可供能力,作出贷款额度和利率的决策。信用贷款虽以借款人信用作贷款依据,但借款人的信用状况不可能成为确定贷款额度和期限的直接依据。银行确定贷款额度的直接依据通常有三:一是企业的合理资金需求;二是可作为偿还贷款来源的企业未来现金流量;三是银行的信贷资金可供量。这三个因素同时成为制约贷款额度的上限。确定贷款期限的直接依据是银行贷款制度的规定和企业正常资金周转期限或贷款项目投资回收期限。

3. 贷款的发放与使用监督

银行经审查确定贷款额度和期限后,便可与借款人签订借款合同,随后将贷款按合同划入企业账户。贷款发放后,银行应定期检查贷款使用情况,分析企业资产负债结构变化情况,发现问题及时纠正,消除贷款风险隐患。如发现借款人在使用贷款中有违反合同的行为,银行应及时发出警告并予以制止。如果警告和制止无效,银行有权停止贷款,并提前收回已发放的贷款。

4. 贷款到期回收

贷款到期,银行应提前向借款人发出收贷通知。如果借款人因客观原因不能按时还贷,应提前(短期贷款提前 10 天,中长期贷款提前 180 天)向银行提出展期申请,贷款合同期满,借款人应主动出具结算凭证还款,也可由银行直接从借款人账户中扣收贷款。借款人不能按期还款,银行应将其转入逾期账户,加收罚息,同时应要求借款人制订切实可行的还款计划,督促其尽早还款。

二、担保贷款

(一)担保方式与担保贷款种类

银行在对借款人进行信用分析后,如果借款人不符合发放信用贷款的条件,银行可对其发放担保贷款。通常在以下情况下,银行应要求借款人提供贷款担保:① 借款人的负债率较高,表明其财力脆弱;② 借款人没有建立起令人满意的、稳定的收益记录;③ 借款人发行的股票未能销售出去;④ 借款人是新客户;⑤ 借款人的经营环境恶化;⑥ 贷款的期限很长等。

担保贷款是指银行要求借款人根据规定的担保方式提供贷款担保而发放的贷款。我国《民法典》中规定的担保方式主要有保证、质押和抵押三种,相应地,我国目前的担保贷款也包括保证贷款、质押贷款和抵押贷款三种。

1. 保证与保证贷款

保证是指保证人与银行约定,当债务人不履行债务时,保证人按照约定履行或承担责任的行为。银行根据担保法中的保证方式向借款人发放的贷款称为保证贷款。

担保法中规定的保证方式包括一般保证和连带责任保证。当事人在保证合同中约定,债务人不能履行债务时,由保证人承担保证责任的,为一般保证。当事人在保证合同中约定保证人与债务人对债务承担连带责任的,为连带责任保证。银行发放保证贷款,贷款保证人就应当按法律规定承担债务的一般保证责任或连带保证责任,当债务人不能履行还款责任时,由保证人负责偿还。

2. 取得质押权与质押贷款

质押权是一种特别授予的所有权。在质押方式下,受质押人在债务全部清偿以前拥有债务人用作质押财产的权利,而且在某些情况下,受质押人还有出卖该财产的权利。以《民法典》中规定的质押方式发放的贷款称为质押贷款。

质押方式与抵押方式的不同点在于:在质押贷款中,借款人应将质押财产作法定的移交,但可以不作实际的实物交付,如只交付储放货物的仓库钥匙或货物的可转让仓单即可。我国担保法中规定的质押包括动产质押和权利质押两种。前者是指债务人或第三人将其动产移交债权人占有,将该动产作为债权的担保;而后者所包括的质物有以下 4 类:① 汇票、本票、支票、债券、存款单、仓单、提单;② 依法可以转让的股份、股票;③ 依法可以转让的商标专用权、专利权、著作权中的财产权;④ 依法可以质押的其他权利。在银行发放质押贷款的情况下,当债务人不能履行还款责任时,银行可以按照担保法的规定将质物折价或者以拍卖、变卖质物的价款优先受偿。

3. 抵押与抵押贷款

抵押是指债务人或者第三人不转移抵押财产的占有,将该财产作为债权的担保。银行以抵押方式作担保而发放的贷款,就是抵押贷款。

根据我国有关法律的规定,可以作为贷款抵押物的财产包括以下 6 类:① 抵押人所有的房屋和其他地上定着物;② 抵押人所有的机器、交通运输工具和其他财产;③ 抵押人依法有权处分的国有的土地使用权、房屋和其他地上定着物;④ 抵押人依法有权处分的国有的机器、交通工具和其他财产;⑤ 抵押人依法承包并经发包方同意抵押的荒山、荒沟、荒丘、荒滩等荒地的土地使用权;⑥ 依法可以抵押的其他财产。以抵押担保的方式发放贷款,当债务人不履行债务时,债权人有权按法律规定以抵押财产折价或者以拍卖、变卖抵押财产的价款优先受偿。

（二）保证贷款的操作要点

保证贷款因为有保证人对贷款提供了担保,体现了一种多边的信用关系,并使银行贷款具有了双重的信用保证,即除了作为借款人的相应保证外,还获得了保证人的信用保证。而要真正落实保证责任,避免出现空头担保现象,还需要在贷款过程中严格审核保证人情况。在保证贷款的操作过程中,应重点把握以下环节。

1. 借款人找保

借款人向银行提出贷款申请,银行审查同意贷款并要求借款人提供贷款担保时,借款人应根据贷款的金额、期限,寻求贷款保证人。贷款保证人应是具有法人地位并有经济承保能力的经济实体、其他组织和公民。根据我国法律规定,国家机关(经国务院批准为使用外国政府或者国际经济组织贷款进行转贷的除外)、以公益为目的的事业单位、社会团体、企业法人的分支机构和职能部门(有法人书面授权者除外)等均不得作为保证人。保证人承担了贷款的保证责任后,应开具贷款保证意向书,交借款人转送银行。

2. 银行核保

银行接到保证人的贷款保证意向书后,须对保证人的资格和经济承保能力进行审核。审核的主要内容包括:

（1）验证保证人的营业执照,审核保证人是否具有合法的地位;

（2）验证保证人和法人代表的印鉴是否与预留银行印鉴相符;

（3）审阅保证人的财务报表和有关文件,审查贷款保证意向书中所填情况是否真实;

（4）审查保证人的承保能力,看其资产净值是否大于其担保的债务额,避免因"皮包公司"之类的企业充当保证人而成为空头担保;

（5）审查保证人的财产是否已经作为债务抵押或用于对其他借款人的担保,防止因多头担保或相互担保而成为空头担保;

（6）审查保证人的生产经营、经济效益和信用履历情况,以避免因保证人无力担保或无意承担保证责任而使贷款产生损失。

3. 银行审批

银行在对上述情况进行审核以后,通过计算确定保证人能够提供有效担保的金额,然后根据核保结果,按程序审批贷款。如果保证人不是本行开户的企业,还要与保证人的开户银行取得联系,了解保证人的资信情况,请求协助审查保证人的承保资格和能力。然后,银行要与借款人、保证人三方签订合法完整的借款合同、保证合同,以明确各方责任。

4. 贷款的发放与收回

签订贷款合同和保证合同后,银行应及时按合同将贷款拨付借款人使用。银行和保证人应共同监督借款人按合同使用贷款和按期偿还贷款。贷款到期后，如果借款人按时还本付息，借款合同和保证合同随即失效。如果借款人无力偿还贷款本息，银行就应通知保证人主动承担担保责任，银行有权从保证人账户上扣收所担保的贷款本息。待贷款本息全部扣收完毕，保证合同随即失效。

（三）抵押贷款的操作和管理重点

由于质押贷款在大部分地方都与抵押贷款相似，因此，在这里，我们将这两种贷款统称为抵押贷款一并介绍。

1. 抵押贷款的分类

抵押贷款根据抵押物的不同，可以分为以下六类：

（1）存货抵押。存货抵押又称商品抵押，是以借款人的存货作为抵押品向银行申请的贷款。可作为抵押品的存货包括商品、原材料、在制品和制成品。当企业存货过多，短期内无法销售和消耗，致使巨额资金不能正常周转时，可以提供存货抵押，向银行申请贷款。

（2）证券抵押。这是以借款人持有的各种有价证券如股票、债券、汇票、本票、支票、存单等作为质物向银行申请的贷款。以有价证券作抵押，有的风险较小，如存单、国库券等；有的则风险较大，如股票等。银行接受有价证券作抵押时，应注意其安全性。

（3）设备抵押。这是以企业的机器设备、车辆、船舶等作为抵押品向银行申请的贷款。设备抵押与存货抵押统称为动产抵押。动产抵押的标的物，按我国法律规定，可转移占有，也可不转移占有。转移占有对银行贷款安全有利，但对企业生产经营不利；不转移占有既可使债务人获得资金融通便利，又不妨碍生产经营，对搞活金融、促进经济发展都有现实意义。

（4）不动产抵押。这是指借款人以土地、房屋等不能移动或移动后会引起性质、形状改变的财产作为抵押物向银行申请的贷款。以不动产作抵押，银行应依法履行过户手续，获得所有权，同时还要注意不动产的使用价值、易售性及抵押权等问题。

（5）客账抵押。这是指企业把应收账款作为抵押品向银行申请的贷款。银行办理客账抵押，应当注意审查应收账款的质量。作抵押的应收账款应当是真实的，银行不应对削价商品、残次商品所产生的应收账款办理抵押。

（6）人寿保险单抵押。这是银行以借款人的人寿保险单的标示金额为抵押而向借款人发放的贷款。银行承做人寿保险单抵押贷款，必须取得客户的人寿保险单，并获得法定的融通转让条件。银行对人寿保险单要进行认真的审查，选择由信誉良好的保险公司出具的保险单。

2. 抵押物的选择和估价

（1）抵押物的选择。借款人的贷款申请经银行审查确认需要以财产作抵押时，借款人应向银行提供拟作贷款抵押物的财产清单。银行从中选择符合要求的财产作为贷款的抵押。银行在选择抵押物时必须坚持以下四个原则：

一是合法性原则。即贷款抵押物必须是法律允许设定抵押权的财产。只有法律允许设定抵押权的财产，才能最终履行抵押责任，保证贷款安全。

二是易售性原则。即抵押物的市场需求相对稳定，一旦处分抵押物时能够迅速出售，且不必花费太多的处分费用。

三是稳定性原则。即抵押物的价格和性能相对稳定,市场风险小,同时,也易于保管,不易变质。

四是易测性原则。即抵押物的品质和价值易于测定。

按照上述原则选择好抵押物后,还要对抵押物进行法律审查和技术鉴定。具体内容主要包括:一是审查借款人对抵押物的权利是否真实、充分,对共同所有的财产,看其是否有共有各方同意设押的书面证明;二是审查抵押人提供的抵押物是否需要有关部门批准,如果需要有关部门批准,看其是否经过批准;三是审查租赁经营企业的设押物是否属于企业自有资产,如果是租赁资产,银行不得接受抵押;四是审查抵押物有无重复抵押现象;五是审查抵押物实物的真实、完好性;六是审查抵押物有无保险。抵押物保险期通常要求长于抵押期限 1~2 个月,为处分抵押物留出足够的时间。

(2)抵押物的估价。抵押物估价是对抵押物将来处分时的市场价格的估算。对抵押物的科学、合理的估价,是抵押贷款管理过程中一个十分关键的环节。估价过高,拍卖所得资金不足以补偿贷款资金,银行会受损失;估价过低,又会损害抵押人利益。因此,银行在对抵押物估价时,必须坚持科学性、公正性和防范风险原则,科学、合理地测定抵押物的价值。

对抵押物估价是一项需要十分负责、技术性很强的工作。不同的抵押物,估价方法也不同。对有价证券的估价主要预测未来市场利率的走势、证券债务人的经营状况和国家宏观经济政策和形势的变化。对不动产的估价主要看其所处地理位置及据以取得经济效益的大小。在此基础上,考虑外部配套环境和交通、通信便利程度以及不动产的新旧程度、造价、维护费用等因素后确定。对机器设备的估价,首先要确定其价值损耗,用会计净值减去技术损耗就是机器设备的估价值。

3.确定抵押率

抵押率又称"垫头",是抵押贷款本金利息之和与抵押物估价值之比。合理确定抵押率,是抵押贷款管理中的一项重要内容。通常,银行在确定抵押率时,应当考虑以下因素:

(1)贷款风险。贷款人对贷款风险的估计与抵押率成反向变化。风险越大,抵押率越低,风险小,抵押率可高些。

(2)借款人信誉。一般情况下,对那些资产实力匮乏、结构不当、信誉较差的借款人,抵押率应低些。反之,抵押率可高些。

(3)抵押物的品种。由于抵押物品种不同,它们的占管风险和处分风险也不同。按照风险补偿原则,抵押那些占管风险和处分风险都比较大的抵押物,抵押率应当低一些,反之,则可定得高一些。

(4)贷款期限。贷款期限越长,抵押期也越长,在抵押期内承受的风险也越大,因此,抵押率应当低一些。而抵押期较短,风险较小,抵押率可高一些。

4.抵押物的产权设定与登记

所谓产权设定,是指银行要证实并取得处分抵押物以作抵押债务的权利。借款人要将财产契约交指定机构登记过户,明确银行为产权所有者和保险受益人。根据我国担保法的规定,办理抵押登记的部门有:① 以无地上定着物的土地使用权作抵押的,为核发土地使用权的土地管理部门;② 以城市房地产或乡(镇)、村企业的厂房等建筑物抵押的,为县级以上人民政府规定的部门;③ 以林木抵押的,为县级以上林木主管部门;④ 以航空器、船舶、车辆抵押的,为运输工具的登记部门;⑤ 以企业的设备和其他动产抵押的,为财产所在地的工商行政管理部门。

抵押物登记的内容主要包括:① 抵押人姓名或企业名称、地址;② 抵押权人名称、地址;③ 抵押物品名称、数量、规格、价值;④ 贷款金额、币种;⑤ 抵押和贷款期限;⑥ 抵押物品保管方式;⑦ 抵押合同签订的日期、地点等。

5. 抵押物的占管、处分

(1) 抵押物的占管。占管包括占有和保管两层意思。占有和保管两者密不可分。占有包含了保管的责任,否则不成其为占有,而保管则以占有、持有为前提。抵押物的占管方式有两种:一是抵押人占管,二是抵押权人占管。根据法律中规定的抵押方式设定抵押的财产,一般抵押人不转移财产的占管;根据法律中规定的质押方式设定的质物,一般由抵押权人占管。无论是抵押人占管还是抵押权人占管,都应当承担相应的占管责任,保证抵押物的完好、无损。

(2) 抵押物的处分。贷款期满,借款人如果按期偿还贷款本息,银行应将抵押物及有关证明文件及时退回抵押人,抵押合同终止。如果借款人不能偿还贷款本息,就需要通过处分抵押物来清偿贷款。处分抵押物必须具备一定的条件,包括:① 抵押合同期满,借款人不能履约还款;② 抵押期间抵押人宣告解散或破产;③ 个体工商户作为抵押人在抵押期间死亡、失踪,且其继承人或受馈赠人不能偿还其债务。

抵押物的处分是指通过法律行为对抵押物进行处置的一种权利。抵押物处分方式主要有三种:① 拍卖。即以公开竞价的方式把标的物卖给出价最高者的一种行为。拍卖所得价款,首先用于支付处分抵押物的费用,再扣缴抵押物应纳税款,然后支付抵押物保管费用,最后偿还贷款本息,余额交还抵押人。② 转让。即通过合法方式将产权属己的财产所有权出让给他人。这种方式适用于证券和无形资产的处分,转让价款除支付有关转让公证费用外,主要用于清偿贷款本息。③ 兑现。这是指有价证券到期,持券人向证券市场或承兑银行要求兑现,由证券机构或承兑银行按票面记载利率将有价证券兑成现金支付给持券人。兑现的有价证券本息应首先用于清偿贷款。

三、票据贴现

(一) 票据贴现的概念与特点

票据贴现是一种以票据所有权的有偿转让为前提的约期性资金融通。从持票人来讲,贴现是以手持未到期的票据向银行贴付利息,取得现款的经济行为。由于票据的付款人对持票人是一种债务关系,在票据未到期前,他对持票人负债,而当票据经银行贴现后,银行持有票据,票据付款人就形成对银行的负债。因此,票据贴现不仅仅是一种票据买卖行为,它实质上是一种债权债务关系的转移,是银行通过贴现而间接地把款项贷放给票据的付款人,是银行贷款的一种特殊方式。

　　票据贴现与其他贷款方式相比,在贷款对象、还款保证、收息方式、管理办法等方面都具有不同的特点:第一,它是以持票人作为贷款直接对象。其他贷款一般都是以购货企业(付款人)为贷款对象,而票据贴现的直接受款人是持票人,即受款人。第二,它是以票据承兑人的信誉作为还款保证。贴现的票据一般要求经过承兑,而承兑人是票据的第一付款人,因而,承兑人的信誉就作为贴现的还款保证。第三,它是以票据的剩余期限为贷款期限。票据上载有付款日期,持票人有权无条件地按时收回票款。因此,贴现的期限就是从贴现日到付款日(票据到期日)的时间。第四,实行预收利息的方法。贴现贷款在发放时就预先将贴现利息扣除,因此,其利率(贴现率)一般较同期限的其他贷款低。

　　(二)票据贴现的操作要点

　　1.票据贴现的审批

　　持票人持未到期的承兑票据向银行申请贴现,应提交贴现申请和贴现票据。银行接到贴现申请后,要从以下几个方面进行认真的审查:

　　(1)审查票据的票式和要件是否合法。

　　(2)审查票据的付款人和承兑人的资信状况。银行为保证贴现款项的安全收回,应当收贴具有优良信誉的企业和银行作为付款人和承兑人的票据。

　　(3)审查票据期限的长短。商业上买卖赊账的付款期限都有一定的时间限制,由此产生的票据也应当有时间的限制。一般商业汇票的期限应在 6 个月之内,最长不超过 9 个月。超过这个期限的票据,银行一般不应收贴。

　　(4)审查贴现的额度。贴现的额度一般不得超过贴现申请人的付款能力。因为,贴现票据的偿付虽以付款人最为重要,但贴现申请人也有责任。当付款人拒付时,银行需要向贴现申请人追偿。如果贴现申请人没有足够的财力,银行贴现将面临风险。

　　银行通过上述审查,最终作出是否收贴的决策,在经过银行内部的审查、审批程序后,办理贴现手续。

　　2.票据贴现的期限与额度

　　票据贴现的期限是指从票据贴现日到票据到期日之间的时间。一般控制在 6 个月之内,最长不超过 9 个月。

　　票据贴现贷款的额度,即实付贴现额,按承兑票据的票面金额扣除贴现利息计算。计算公式是:

$$实付贴现额 = 贴现票据面额 - 贴现利息$$

$$贴现利息 = 票据面额 × 贴现期限(天数) × (月贴现率 ÷ 30)$$

　　3.票据贴现贷款的到期处理

　　票据贴现贷款到期后,付款人应事先将票款备足并交存开户银行,开户银行等到期日凭票将款项从付款人账户划转到贴现银行账户。这样,票据贴现贷款过程全部完成。

　　如果票据到期,付款人账户不足以支付票款,可按以下情况处理:

（1）以银行承兑汇票贴现的，承兑银行除凭票付款外，应对承兑申请人执行扣款。对尚未扣回的承兑金额，视同逾期贷款，应按统一利率收息并实行加息。

（2）以商业承兑汇票贴现的，其开户银行应将汇票退还贴现银行，同时，对付款人应比照签发空头支票的处罚规定处以罚款。贴现银行在收到退还的汇票后，应着手票款追偿，从贴现申请人账户上扣收贴现款项，同时，将汇票退还贴现申请人。对未扣回部分，银行应收取贷款利息并处以罚息。汇票退回后，由收付双方自行解决纠纷。

四、消费者贷款

（一）消费者贷款的概念与种类

消费者贷款是指银行以消费者个人为对象，以个人消费为用途而发放的贷款。消费者贷款是在商业银行传统贷款业务的基础上，为适应银行业日趋激烈的竞争和满足消费者的需求而发展起来的一项贷款业务。它对于拓展银行业务领域，扩大银行利润来源，鼓励和促进消费，都具有重要意义。

按贷款的偿还方式划分，消费者贷款一般可以分为以下三类。

1. 分期偿还贷款

分期偿还贷款是以分期偿还本金和利息为特征的贷款。它要求借款人在贷款到期之前，分期支付贷款本息。消费者申请分期偿还贷款的目的，主要是用于购买耐用消费品，如汽车、住房等。贷款额度一般较小，贷款本息一般按月偿还，以贷款所购商品作为贷款的抵押。

2. 信用卡贷款和其他周转限额贷款

信用卡是由发卡机构签发的用以证明持卡人信誉良好并持以在特定场所进行消费或提现的信用凭证。它具有转账结算、存款与取款、汇兑以及消费信贷等功能。信用卡使用过程如图5-1所示。

信用卡是货币信用经济发展到一定阶段的产物。最早出现的是商业信用卡。1945年富兰克林国民银行（Franklin National Bank）发行了世界上第

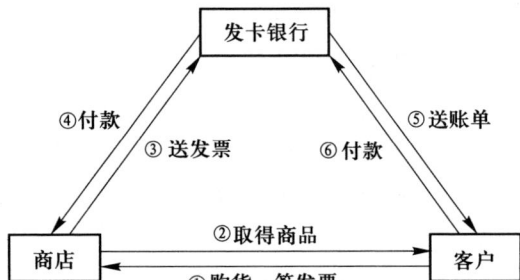

图5-1　信用卡使用过程

一张银行信用卡。到1996年6月，美国的信用卡发行量达到11亿张，交易额超过了7 000亿美元。中国的信用卡起步较晚，1985年6月中国银行发行了国内第一张信用卡。1993年起我国开始实施"金卡"工程，到2020年年底我国信用卡和借贷合一卡在用发卡数量共计7.78亿张，用信用卡消费也成为一种普遍的消费模式。

利用信用卡贷款和其他周转限额贷款都是与消费者的支票账户相联系的贷款，实际上是银行向其支票账户提供的，在一定期限、一定额度内进行透支的权利。这两种贷款因为是周转性的，所以，一般额度不大，且较稳定。但银行往往会面临客户恶意透支的风险。

3. 一次性偿还贷款

所谓一次性偿还贷款，就是要求借款人在贷款到期时一次性还清贷款本息的消费贷款。这

种贷款一般都有特定的用途,而且,期限较短,数额较大。贷款的安全性取决于借款人预期现金流量的时间和数额是否确定。

(二)消费者贷款的操作要点

与其他贷款相比,消费者贷款因为其借款人是个人,而个人的收入稳定性一般较差,银行对其未来的财务状况和资信状况的可控性也不如工商企业,所以贷款风险一般较大。为了确保贷款的安全,银行在消费者贷款的发放和管理过程中,必须坚持按程序、按规定的条件发放贷款,重点掌握借款人的资信状况和未来还本付息的能力。

1. 贷款的申请

消费者需要向银行申请贷款用于个人消费,必须提交借款申请。在借款申请中,应详细列述以下内容:

(1)借款的动机和用途。

(2)借款的数额和种类。

(3)申请人本人的有关资料,如借款人的姓名、年龄、职业、收入、财产、家庭成员、健康状况、信用履历等。

(4)银行要求提供的其他有助于了解申请人信用状况的合法资料。

2. 信用分析和贷前调查

银行在接到借款人提出的消费贷款申请后,应对借款人进行全面的信用分析,对借款申请中所列情况进行深入、细致的调查了解,以作出贷与不贷的决策。

对借款人进行信用分析和贷前调查的内容,除了对一般工商企业贷款中所应调查了解的内容之外,银行应针对个人借款者的特点,重点调查以下一些情况:

(1)借款人姓名、年龄、住址。

(2)借款人职业及职业稳定性。

(3)借款人收入及其稳定性,借款人家庭收入及其稳定性。

(4)借款人消费支出情况。

(5)借款人承担赡养义务的人口情况。

(6)借款人本人及由其承担赡养义务的家庭成员的健康状况。

(7)借款人的财产及其变现能力。

(8)借款人的信用履历。如是否与银行发生过借贷往来,有无违约记录。

(9)借款人可以提供的贷款抵押物及其质量等。

3. 贷款审批与发放

银行在审批消费者贷款时,一般有两种方法:一是经验判断法,即根据对借款人的信用分析和贷前调查,通过信贷人员的主观判断,来决定贷与不贷,贷多贷少。二是信用评分方法。这种方法是先由银行建立一个在统计上可靠的信用评分模型,然后,信贷员通过此模型对借款人进行等级评分。在模型中,对借款人的某些特征确定相应的分值,将借款人的特征输入模型,就得出该借款人的等级分。将借款人的等级分与银行事先规定的"可接受贷款分值""拒绝贷款分值"

进行比较,如满足前者,银行可以贷款,如满足后者,银行应拒绝贷款。如介于两者之间,银行应进一步调查某些情况,以最终决定贷与不贷。

4. 贷后检查与贷款的收回

贷款发放以后,要对贷款进行跟踪检查。通常要求借款人定期反映其收入、财产的变动情况,以便银行随时掌握借款人还款能力的变化。对信用卡贷款和其他周转性贷款,应重点检查是否有严重的恶意透支行为及其他欺诈行为。贷款到期后,应根据不同的贷款,采取不同的贷款收回方式。银行要区别不同情况,加强贷款回收管理。

（三）住房按揭贷款

住房按揭贷款是目前我国银行发放的一种主要的消费者贷款。它是由楼宇的购买者在支付一定的购房款(通常占总购房款的30%～40%)后,不足部分向银行申请贷款,以向卖房者(通常是发展商)付清全部房款。住房按揭贷款通常需以住房作抵押。

银行发放住房按揭贷款的一般程序是:

（1）银行与房地产开发商签订协议。在办理住房按揭贷款之前,银行通常要求住房建设项目已经完成工程总投资的30%以上,并已取得预售批文。在此基础上,银行与开发商双方经过协商,签署有关住房按揭贷款方面的协议。协议内容一般应当包括银行按揭贷款的成数、额度、期限、利率、办理贷款的起止日期、开发商工程完工的日期、对借款人提供还款担保以及资金使用的监督等。

（2）购房者与开发商签订住房买卖合同。

（3）购房者提出借款申请。

（4）开发商签字担保。开发商必须在每一份按揭贷款合同上签字担保,也可与银行签订一个总的担保承诺书,承担合同规定的具体责任。

（5）银行审批。银行重点对借款人的身份证明及其还款能力进行审查,确定贷款的安全性。银行审查合格后,批准贷款;如发现贷款申请人不符合贷款条件,则拒绝贷款。

（6）公证和登记。按揭贷款的协议由公证机关依法公证。公证时,合同三方当事人必须到场。公证费用由贷款申请人支付。合同经公证后,应将贷款抵押物进行抵押登记。

（7）购买保险和交付银行贷款手续费。办理按揭贷款的财产,须在银行指定的保险公司办理财产保险。有时,银行还要求客户购买财产与人身险合一的综合险。保险单的第一受益人是贷款银行。此外,银行对每笔按揭贷款收取贷款手续费,客户应在办理贷款时一次性交付银行。

（8）贷款的发放与收回。在发放贷款之前,借款人应在银行开立存贷账户。以后还款时,可先将有关款项存入该账户,由银行到期扣收,也可直接缴纳现金。客户可以按月也可以按季偿还贷款。

五、互联网贷款

（一）互联网贷款的概念

随着现代科技在商业银行业务中的广泛应用,越来越多的银行贷款通过线上办理。互联网贷款是指商业银行运用互联网和移动通信等信息通信技术,基于风险数据和风险模型进行交叉验证和风险管理,线上自动受理贷款申请及开展风险评估,并完成授信审批、合同签订、贷款发放、贷后管理等核心业务环节操作,为符合条件的借款人提供的用于消费、日常生产经营周转等的个人贷款和流动资金贷款。这里的风险数据是指商业银行在对借款人进行身份确认,以及贷款风险识别、分析、评价、监测、预警和处置等环节收集、使用的各类内外部数据。风险模型是指应用于互联网贷款业务全流程的各类模型,包括但不限于身份认证模型、反欺诈模型、反洗钱模型、合规模型、风险评价模型、风险定价模型、授信审批模型、风险预警模型、贷款清收模型等。

(二)互联网贷款的操作要点

1. 互联网贷款应遵循小额、短期、高效和风险可控原则

单户用于消费的个人信用贷款授信额度应当不超过 20 万元人民币,到期一次性还本的,授信期限不超过 1 年。在上述规定额度内,根据本行客群特征、客群消费场景等,制定差异化授信额度;对于单户用于生产经营的个人贷款和流动资金贷款,商业银行应根据自身风险管理能力,按照互联网贷款的区域、行业、品种等,确定授信额度上限。对期限超过 1 年的上述贷款,至少每年对该笔贷款对应的授信进行重新评估和审批。

2. 互联网贷款的风险管理

(1)商业银行发放互联网贷款应当建立涵盖营销、调查、授信、签约、放款、支付、跟踪、收回等贷款业务全流程的风险管理制度。

(2)应通过合法渠道和方式获取目标客户数据,开展贷款营销,并充分评估目标客户的资金需求、还款意愿和还款能力。

(3)在贷款申请流程中,加入强制阅读贷款合同环节,并设置合理的阅读时间限制。

(4)应在醒目位置充分披露贷款主体、贷款条件、实际年利率、年化综合资金成本、还本付息安排、逾期清收、咨询投诉渠道和违约责任等基本信息,保障客户的知情权和自主选择权,不得采取默认勾选、强制捆绑销售等方式剥夺消费者表达意愿的权利。

(5)在获得授权后查询借款人的征信信息,通过合法渠道和手段线上收集、查询和验证借款人相关定性和定量信息,可以包括但不限于税务、社会保险基金、住房公积金等信息,全面了解借款人信用状况。

(6)应构建有效的风险评估、授信审批和风险定价模型,加强统一授信管理,运用风险数据,结合借款人已有债务情况,审慎评估借款人还款能力,确定借款人信用等级和授信方案。

(7)应建立人工复核验证机制,作为对风险模型自动审批的必要补充。应当明确人工复核验证的触发条件,合理设置人工复核验证的操作规程。

(8)互联网贷款资金不得用于购房及偿还住房抵押贷款,股票、债券、期货、金融衍生产品和资产管理产品等投资,固定资产、股本权益性投资,以及法律法规禁止的其他用途。

3. 风险数据和风险模型管理

银行必须遵循合法、必要、有效的原则收集、使用借款人风险数据。建立风险数据安全管理的策略与标准,采取有效技术措施,保障借款人风险数据在采集、传输、存储、处理和销毁过程中

的安全,防范数据泄漏、丢失或被篡改的风险。风险模型从开发到退出需建立一整套管理机制,做到分工明确、责任清晰。

4. 信息科技风险管理

互联网贷款是金融科技在贷款业务中应用的产物,信息科技风险是互联网贷款特有的一种风险。信息科技风险管理的关键是需要建立安全、可靠、合规、高效的互联网贷款信息系统,并确保系统稳定运行、客户信息安全和数据安全。

第四节　贷款信用风险管理

一、信用分析

信用分析是对债务人的道德品格、资本实力、还款能力、担保及环境条件等进行系统分析,以确定是否给予贷款及相应的贷款条件。对客户进行信用分析,银行可以了解该客户履约还款的可靠性程度,从而为有针对性地加强贷款管理,防范信用风险提供依据。

借款人所具有的道德水准、资本实力、经营水平、担保和环境条件等都各不相同,这使得不同的借款人的还款能力和贷款风险也不尽相同。因此,许多商业银行对客户的信用分析就集中在五个方面,即所谓"5C":品格(character)、能力(capacity)、资本(capital)、担保(collateral)及环境条件(condition)。也有些商业银行将信用分析的内容归纳为"5W"因素,即借款人(who)、借款用途(why)、还款期限(when)、担保物(what)及如何还款(how)。还有的银行将这些内容归纳为"5P"因素,即个人因素(personal)、目的因素(purpose)、偿还因素(payment)、保障因素(protection)和前景因素(perspective)。借鉴国外商业银行的经验,结合我国国情,我们可以把贷款信用分析的内容分为以下五个方面。

(一) 借款人的品格

借款人的品格是指借款人不仅要有偿还债务的意愿,还要具备承担各种义务的责任感。所以,借款人的品格是一个综合性的概念,包括借款人的背景、年龄、经验,借款人有无不良的行为记录,借款人的阵容及协调合作情况,借款人的性格作风、现代经营管理观念及上下属的关系等。由于借款人的品格无法计量,因而银行既可以根据过去的记录和积累的经验进行一系列调查,对借款人的品格进行评估,也可以通过专门的征信机构了解借款人的信用状况,以评估其品格。但评估只表明借款人的主观还款意愿,并不能表明其确实能还本付息。

结合我国情况,在评估借款人还款意愿和承担义务的责任感时,必须充分考虑我国的实际情况。如果借款人存在不良的还款记录,要进一步分析其深层原因,看其是由于国家政策调整等因素造成的,还是由于借款人经营管理不善、挤占挪用贷款造成的。对于前者,不能简单地归结于借款人的品格问题。

(二) 借款人的能力

能力是指借款人运用借入资金获取利润并偿还贷款的能力,而获取利润的大小,又取决于借

款人的生产经营能力和管理水平。因此,分析、评估借款人的偿债能力,应从两个方面来考察:

一是要看企业的生产成本、产品质量、销售收入以及生产竞争力。这方面通常可以通过企业经营的一些经济技术指标来反映,如企业的资本比率、流动比率、设备利用率、折旧率、净值收益率、毛利和净利、销售收入增长率和生产占有率等。

二是要看企业经营者的经验和能力,特别是要分析企业主要决策者的决策能力、组织能力、用人能力、协调能力和创新能力。随着现代企业制度的建立,企业家阶层在企业中的地位将日益提高,从一定意义上讲,企业家的能力已成为企业生产经营能力的代名词。因此,从个体和群体两个方面了解企业领导班子的基本情况,对于了解并掌握企业的经营作风、管理水平和信用程度,都具有重要意义。

（三）借款人的资本

资本是借款人财产的货币价值,它反映借款人的财力和风险承担能力,并作为其从银行取得贷款的一个决定性因素。同时,资本也在一定程度上反映了企业经营者的经营成就。在评估借款人资本时,要注意其账面价值与实际价值的区别,以及资本的稳定性和变现能力。

（四）借款人贷款的担保

企业为贷款而提供的担保状况,也是影响贷款信用风险的一个重要因素。贷款担保的作用在于为银行贷款提供一种保护,即在借款人无力还款时,银行可以通过处分担保品或向保证人追偿而收回贷款本息,从而使银行少担风险,少受损失,保证贷款本息的安全。评价贷款的担保,要看企业提供的担保品是否适合于作担保品,担保品的整体性、变现性、价格稳定性,贷款保证人的担保资格、经济实力和信用状况,以及保证人担保能力是否与担保贷款额度相符等。

（五）借款人经营的环境条件

这是指借款人自身的经营状况和外部环境。借款人本身的经营状况包括经营范围、经营方向、销售方式、原材料供应渠道、竞争能力和对市场的应变能力、企业生产受季节性因素影响的程度及企业的生产设备、生产能力、生产规模、技术水平、人员素质、经济效益、发展前景等。这些因素大都是借款人的可控因素。借款人经营的外部环境是指借款人所在地区的经济发展状况。外部经营环境对借款人来讲具有不可控性,但对其经营状况有着重要影响并视不同行业、不同企业、不同性质的贷款而有所区别。有些借款人对环境变动的敏感性强一些,一些则弱一些;期限长的贷款受环境变动的影响大一些,因而风险也大一些。所以,银行在发放贷款时,必须对借款人的经营环境变动作出分析、预测,并采取必要的措施作为应变手段,以保证贷款的安全。

对借款人进行信用分析,既要进行静态分析,又要进行动态分析,既要注重定性分析,更要注重定量分析。因此,在实际的信用分析过程中,银行既需要对借款人过去的信用状况作全面的了解和分析,也要根据借款人生产经营发展的变化趋势,对借款人未来的经营状况和还款能力作出科学的预测,同时,要在定性分析的基础上,运用财务比率分析和现金流量分析等定量分析方法对借款人的财务状况和还本付息能力作出准确的估计。

二、信用分析技术

(一)财务报表分析

财务报表分析主要是对资产负债表、利润表和财务状况变动表进行分析。资产负债表是反映企业财务状况的综合性报表;利润表是表示企业在一定时期内业务经营的成本、费用及盈亏状况的报表;而财务状况变动表则是在一定时期内企业的资产、负债、资本等的变动情况。从反映企业还款能力和贷款风险的需要出发,财务报表分析的重点有以下几方面。

1. 资产项目

资产项目包括流动资产、固定资产和无形资产三大类。银行重点分析的内容有:

(1)应收账款。这是企业偿还短期债务的主要资金来源,也是企业流动资产中流动性仅次于现金的资产。对应收账款的分析,应着重掌握三点:一是应收账款的分布。应收账款集中于少数大户,坏账的风险往往大于应收账款分散在众多小户。二是应收账款账龄的分布。账龄过长的应收账款往往预示着不正常现象,风险一般较大。三是应收账款的抵押情况。如果企业应收账款有抵押出去的,就应从应收账款中扣除,因为这些账款已不能作为新贷款的还款来源。

(2)存货。这是指企业购入的原材料以及在产品、半成品和产成品,是企业流动资产的重要组成部分,也是偿债的主要物质基础。银行评价企业的存货,应重点分析五个方面的内容:一是存货的规模是否合理。即按企业现有的生产能力和生产规模来衡量存货是否过量,其中重点看原材料储备是否过多,产成品是否积压。二是存货保留时间的长短。如果某种存货保留时间过长,往往表明这种存货已不适用,需要从流动资产中扣除。三是存货的流动性状况。即存货是否能在市场上销售变现。流动性差、变现能力低的存货会占压资金,形成还贷风险。四是存货有无陈旧变质风险。五是存货是否投保。

(3)固定资产。固定资产是企业资本的一部分,可用于最后的债务清偿。当银行向企业发放中长期贷款,特别是发放以固定资产作为抵押的贷款时,就需要了解该企业固定资产的状况:一是要了解企业是否按规定提足了折旧。如果没有按规定提足折旧,表明固定资产中含有虚假成分。二是要了解企业固定资产是否全额投保。那些没有保险的固定资产并不一定能给银行贷款带来安全保障。三是要了解企业固定资产的变现能力。如果企业的固定资产使用范围窄,变现能力差,那么,当企业不能还本付息时,银行就很难通过变现固定资产来取得还款资金。

(4)投资。企业除了进行生产和经营外,还进行短期金融资产的投资,购买有价证券。有价证券代表企业的债权或股权,也能够给企业带来投资收入。银行分析企业的证券投资,首先要注意企业所持有的各种有价证券的合法性、流动性和盈利性,以及有价证券的期限、数额、结构是否合理,同时,要了解有价证券发行人的信用状况,从中分析可能影响企业偿债能力的财务关系或约定义务。发放以有价证券作质押的贷款,对企业证券投资的审查就更为重要。

2. 负债与资本项目

分析负债与资本项目的目的是了解企业的资金来源构成,借以判断企业的自身实力和银行贷款的风险。

（1）负债。企业的负债包括流动负债和非流动负债。流动负债主要包括应付账款、应付票据、应交税费和短期借款等。对流动负债的分析，首先要了解企业短期负债的数额有无漏计，如有漏计而没有发现的，会造成银行对企业偿债能力的高估；其次，要了解短期负债的期限，如已过期，可能会被处以罚款。非流动负债主要包括长期借款和应付债券等。分析非流动负债的重点是非流动负债的到期日和企业偿还非流动负债的安排，以正确评价企业的偿债能力。

（2）资本。资本的大小既能反映企业财力是否雄厚和债务状况的好坏，又能反映企业的风险承受能力大小。分析资本项目，首先要了解企业的资本是否存在虚假成分。其次要分析企业的资本结构。对股份制企业来说，普通股资本所占比例较大的企业，其资本实力也比较稳定；反之，则比较脆弱。再次，要考察企业是否按规定补充自有资本。如果是独资企业，银行还要考虑其企业以外的收益、资产、负债和资本状况，因为，当发生经济纠纷时，这些因素都有可能影响企业的偿债能力。

3. 利润表项目的分析

利润表反映了一定时期企业的经营成果。由于利润表属于动态报表，因而它可以弥补资产负债表只反映静态数据的不足。通过利润表，可以了解企业的经营业绩、理财成果和获利能力的大小。银行分析利润表，首先应了解企业营业收入、营业成本、各项费用的真实性，包括对各种账户和原始凭证的核对。其次，可采取纵向和横向比较的方法，将利润表中各项指标与上年度、同行业、同等条件的其他企业进行比较。如发现企业在某一方面的费用过高或收入过低，应进一步查明原因。

4. 财务状况变动表分析

对企业财务状况变动表的分析，有助于银行了解企业在一定时期内营运资产的变动和企业的流动性状况。例如，一家企业上年的销售大幅上升，净收入增加较快，与此同时，企业的资产也扩大。为了与较高的销售水平相适应，存货相应增加，应收账款也上升，固定资产投资也有所扩大。如果企业用发行股票或长期债券，或增加短期贷款的方式筹措资金，实现其资产的扩张，那么，该企业可保持良好的流动性。倘若财务状况变动表显示当年的主要资金来源是应付账款和应付票据，那么银行应认识到该企业虽然有盈利能力，但其当年的流动性已受应付账款和应付票据债务的影响，在审查贷款时，应了解企业准备如何改善其流动性状况。

（二）财务比率分析

财务比率分析是对企业财务状况的进一步量化分析。通过财务比率分析，可以了解企业的经营状况、债务负担、盈利能力，据此评判企业的偿债能力。银行用来进行信用分析的财务比率通常有以下四类。

1. 流动性比率

（1）流动比率。这是衡量企业短期偿债能力的最常用的指标。其计算公式是：

$$流动比率 = \frac{流动资产}{流动负债}$$

流动资产包括货币资金、交易性金融资产，应收票据、应收账款和存货等。流动负债包括应付账款、应付票据、短期借款、应交税费等。流动比率表明企业的短期债务可由预期的该项债务到期前变为现金的资产来偿还的能力。流动比率因企业的经营规模和经营性质不同而不同,一般在1.5到2.5比较合适。正常情况下,流动比率越高,偿债能力越强,债权人的债权越有保障。但也要注意,流动比率高可能是由于存货积压和产品滞销,也可能是因为资金未能在生产过程中充分利用。所以,银行对此应作充分的分析。

(2)速动比率。这是企业速动资产与流动负债的比率,也称酸性试验比率,是考察企业资产迅速变现能力的指标。其计算公式是:

$$速动比率 = \frac{速动资产}{流动负债}$$

速动资产是指可以迅速变现用来偿付流动负债的那些流动资产,它一般由货币资金、交易性金融资产和应收账款构成。其可以表示为流动资产减去存货。存货不包括在速动资产中,是因为在流动资产中,存货的流动性最差,且受残损变质、价格涨落和不易销售等因素的影响,因此,速动比率比流动比率更能够反映企业的短期偿债能力。这一比率通常应保持在1以上,即每一单位的流动负债至少需要有一个单位的能迅速变现的资产作保证。

(3)现金比率。为了进一步评价企业即期的偿债能力,银行还要对企业的现金比率进行分析。现金比率的计算公式是:

$$现金比率 = \frac{现金 + 等值现金}{流动资产}$$

式中的现金是指库存现金和银行存款,等值现金是指企业所持有的高流动性的交易性金融资产。现金比率越高,说明企业即期偿债能力越强。通常这一比率应保持在5%以上。

2. 盈利能力比率

(1)销售利润率。这一指标反映了企业每一单位的销售额可带来的利润数。其计算公式是:

$$销售毛利率 = \frac{销售收入 - 税额 - 销售成本}{销售收入}$$

(2)资产收益率。这是反映企业每一单位的资产的盈利能力的指标。其计算公式是:

$$资产净利率 = \frac{净利润}{资产总额}$$

(3)普通股收益率。这是反映企业普通股股东获利程度的指标。该指标对于企业的普通股股东来说具有重要的意义,也是最能反映企业实际盈利能力的指标。其计算公式是:

$$普通股收益率 = \frac{扣除税款和利息后的纯收益 - 优先股股息}{普通股权益额}$$

(4)股票市盈率。这是权益股票的市价与股票盈利水平的比率。它反映了投资者对该权益股票的偏好和对权益前景的信心。其计算公式是:

$$市盈率 = \frac{每股市价}{每股盈利}$$

3. 结构性比率

结构性比率包括负债比率、股东权益比率、偿债能力比率等。这些比率从不同的方面来分析、评估企业的偿债能力。

（1）资产负债率。资产负债率是企业负债总额与资产总额的比率。它反映了企业的负债程度。其计算公式是：

$$资产负债率 = \frac{负债总额}{资产总额}$$

（2）产权比率。这是企业负债总额与企业股东权益的比率。其计算公式是：

$$产权比率 = \frac{负债总额}{股东权益}$$

这一比率反映企业资本承担债务的能力。由于股东权益是企业最后和可靠的清偿能力，所以，这一比率越高，表明与企业股东权益相对应的负债越多，企业的负债程度越高，进而偿债的压力或负担也就越重，最后有可能因负担过重而丧失清偿能力。

（3）流动负债率。这一指标反映了企业流动负债在全部负债中的比重。其计算公式是：

$$流动负债率 = \frac{流动负债}{全部负债}$$

这一比率越高，表明企业长期负债的负担越轻，因而，对应长期负债的债权越有保障。但这一比率较高也反映了企业短期负债的偿债压力相对较大，因而需要有较多的流动资产来作还款保证。

（4）流动资产率。这是反映企业流动资产与总资产或总负债的比率。其计算公式是：

$$流动资产率 = \frac{流动资产}{总资产}$$

或

$$流动资产率 = \frac{流动资产}{总负债}$$

这两个指标都用来反映企业以流动资产偿还债务的能力。其中，流动资产对总资产的比率还反映企业的固定资产比率。在同行业内，这一比率越大，企业的流动性越好。流动资产率反映企业在不变卖固定资产的条件下以流动资产偿还债务的能力。

（5）股东权益比率。这一指标反映股东对资产的占有率。这一比率越高，说明权益实力越雄厚。计算公式是：

$$股东权益比率 = \frac{股东权益}{总资产}$$

这一比率反映一定量的资本能带动的资产数。这个比率越小，权益获得的杠杆收益就越多。但银行应注意，这个比率越小，同时说明企业的资本比率越低，其承担的风险也越大。因此，在贷款决策时，银行一般要求企业将财务杠杆比率控制在一定的范围之内。

（6）偿还能力比率。这是企业在扣除利息和税收之前的利润与借款利息之比，用来反映企

业支付贷款利息的能力。这一比率越大,其偿还利息的能力也越大。该比率也称利息保障倍数。计算公式是:

$$偿还能力比率=\frac{未扣除利息和税金前的利润}{利息费用+优先股股息}$$

4. 经营能力比率

经营能力比率主要是通过对各种周转比率的分析,来评估企业在各种业务活动中的效率及经营管理水平。

（1）资产周转率。这是企业的销售净额与资产总额的比率。其计算公式是:

$$资产周转率=\frac{销售净额}{资产总额}$$

销售净额是指销售收入减去销售退回和折扣的余额。资产周转率反映企业销售能力和全部资产的周转速度。这一比率越高,表明企业以一定的资产实现的销售收入越多,资产周转速度越快。

（2）固定资产周转率。这是企业销售净额与固定资产净值之比。计算公式是:

$$固定资产周转率=\frac{销售净额}{固定资产净值}$$

这是衡量企业固定资产利用效率的财务指标,它表示每一单位销售额需要使用多少固定资产。这一比率越高,固定资产的利用率也越高。但银行在具体运用这一指标时,要注意两个问题:一是即使销售额不变,由于固定资产净值减少,周转率也会呈上升趋势。而物价上涨时,销售额自然上升,周转率也随之上升。所以,固定资产使用年限越长,其周转率越高,这表明企业的设备需要更新改造。二是当对不同企业的固定资产周转率进行对比分析时,由于采用不同的折旧计算方法,两个指标也会有所差别,因而,不一定有可比性。

（3）存货周转率。这是企业销售成本与平均存货额的比率。其计算公式是:

$$存货周转率=\frac{销售成本}{平均存货额}$$

式中:

$$平均存货额=\frac{年初存货额+年末存货额}{2}$$

存货周转率是对企业现有存货流动性的估算,是衡量企业销售能力强弱和存货是否过多的指标,它反映企业在一定时期内存货周转或变现的速度。存货周转率以次数来表示,次数越多,即变现速度越快,偿债能力也越强。这一指标在不同行业中是有差别的,各行业都有一个合适的存货周转率,低于行业平均周转率,表明存货流动性较差,而周转次数过多,也可能表明存货不足或断档,使企业失去销售机会。另外,在分析这一指标时,还要注意计价方法对周转率的影响。

（4）应收账款周转率。这是企业销售净额与应收账款平均余额的比率。计算公式是:

$$应收账款周转率=\frac{销售净额}{应收账款平均余额}$$

应收账款周转率反映企业应收账款的变现速度和收回赊销账款的能力。这一比率越高,表明企业收账速度越快,资产流动性越高,偿债能力也越强。根据应收账款周转率,可进一步计算应收账款的账龄,即收回应收账款的平均天数,即:

$$应收账款账龄 = \frac{360 \text{天}}{应收账款周转率}$$

这一比率是用时间长短来衡量应收账款的周转速度和企业的收账能力。账龄越长,表明企业应收账款的周转速度越慢,企业有过多的资金滞留在应收账款上。

(三)现金流量分析

在银行贷款业务实践中,人们常会遇到这种情况:一家盈利的企业可能因不能偿还到期贷款而面临清算,而一家亏损企业却能偿还贷款并继续维持经营。可见,判断一家企业是否能够偿还贷款,仅看其盈利能力是不全面的。通常,利润是偿还贷款的来源,但不能直接偿还贷款。偿还贷款可靠的是现金,因此借款人最关心的也应当是企业的现金流量。所以,现金流量分析在企业信用分析中具有十分重要的地位。

1. 现金流量

现金流量是指现金的流出和流入量的总称。这里的现金包括两个部分,即现金和现金等价物。现金就是指企业的现金资产,包括库存现金、活期存款和其他货币性资金,但企业在使用中受到限制的存款和其他货币资金,如已办理质押的活期存款、不能随时支取的定期存款等,不包括在内。现金等价物是指企业持有的期限短、流动性强、易于转换为已知金额现金、价值变动风险很小的投资。按照《国际会计准则第 7 号——现金流量表》的规定,一项投资被确认为现金等价物,应当是在证券市场上流通的 3 个月以内到期的债券投资。

根据我国的会计准则,现金流量的内容可以分为 3 个部分,即经营活动产生的现金流量、投资活动产生的现金流量和筹资活动产生的现金流量。每一种现金流量又都分为现金流出量和现金流入量。现金流入量与现金流出量的差额,就是现金净流量。其中,经营活动的现金流入包括企业的销货现金收入、利息与股息的现金收入、增值税销项税款和出口退税、其他业务现金收入;经营活动的现金流出包括企业购货现金支出、营业费用现金支出、支付利息、缴纳所得税和其他业务现金支出。投资活动的现金流入包括出售证券和固定资产的现金收入及收回对外投资资本金;投资活动的现金流出包括企业购买有价证券和固定资产所产生的现金支出。融资活动的现金流入包括企业取得的短期和长期贷款以及发行股票或债券的现金收入;融资活动的现金流出则有分配股利和偿还借款本金的现金支出。

2. 现金流量表的编制与分析

现金流量表是根据企业资产负债表和损益表的有关数据来编制的,它反映了企业在一定时期内现金流量的规模、方向和结构,据此,银行可以评估企业的还款能力和财务实力。下面举例说明现金流量表的编制和分析方法。

××公司是增值税一般纳税人,其 2018 年 12 月 31 日和 2019 年 12 月 31 日的简要资产负债表和 2019 年度的利润表如表 5-5 和表 5-6 所示。

表 5-5 ××公司资产负债表 单位：元

资　产	2018 年 12 月 31 日	2019 年 12 月 31 日	负债及所有者权益	2018 年 12 月 31 日	2019 年 12 月 31 日
流动资产			流动负债		
货币资金	1 010	1 767	应付票据	139 702	200 000
应收账款	247 135	344 977	应付账款	452 163	757 385
存货	707 870	936 491	其他应付款	56 822	33 370
其他应收款	16 644	21 326	应交税费	19 306	25 501
预付款项	10 224	8 913	一年内到期的非流动负债	30 000	30 000
流动资产合计	982 883	1 313 474	流动负债合计	697 993	1 046 256
非流动资产			非流动负债合计	67 396	90 000
固定资产原值	80 629	155 704			
减：累计折旧	14 085	30 805			
固定资产净值	66 544	124 899	所有者权益		
债权投资	0	4 584	实收资本	20 000	20 000
			盈余公积	264 038	286 701
非流动资产合计	66 544	129 483	所有者权益合计	284 038	306 701
资产总计	1 049 427	1 442 957	负债及所有者权益总计	1 049 427	1 442 957

表 5-6 ××公司利润表

2019 年度 单位：元

项　目	本年累计数
一、产品销售收入	4 737 405
减：产品销售成本	3 695 176
二、产品销售利润	1 042 229
减：管理费用	993 151
财务费用	19 915
三、税前利润总额	29 163
减：所得税	6 500
四、净利润	22 663

根据上述资产负债表和利润表，可以计算××公司 2019 年度的现金流量并编制现金流量表。在现金流量表中，现金来源是指所有能增加现金（或相当于现金）资产的交易，现金运用是指所有会减少现金资产的交易，现金来源必须等于现金运用。在现金流量变动表中，任何负债的增加或非现金资产的减少都是现金来源，负债的减少和非现金资产的增加都是现金运用。股票的发行或盈余的净增加代表现金来源，营业收入也是现金来源，而现金支出、纳税和分红则是现金运用。这些项目的关系如表 5-7 所示。

表 5-7　现金来源与现金运用的关系

现金来源	现金运用
负债的增加	负债的减少
非现金资产的减少	非现金资产的增加
发行新股票	股票的偿付或退股
追加盈余(公积金)	盈余(公积金)的减少
营业收入	现金支出
非现金费用(折旧和摊销)	纳税
	红利分配

表 5-8 为××公司现金流量表。

表 5-8　××公司现金流量表

2019 年度　　　　　　　　　　　　　　　　　　　　　　　单位:元

项　　目	金　　额
一、经营活动产生的现金流量	
销售收入	4 737 405
减:应收账款的增加数	97 842
销售所得现金	4 639 563
其他应收款增加数	4 682
产品销售成本	3 695 176
加:存货增加数	228 621
减:预付账款增加数	305 222
减:应付票据增加数	60 298
购货所付现金	3 558 277
管理费用	993 151
减:预付款项减少数	1 311
加:其他应付款减少数	23 452
减:折旧费用	16 720
管理费用现金支出	998 571
财务费用现金支出	19 915
所得税	6 500
加:应交税费增加数	6 195
所得税支付的现金	305
经营活动产生的现金流量净额	57 813
二、投资活动产生的现金流量	
固定资产期初净值	66 544
减:固定资产折旧	16 720

续表

项　　目	金　　额
预期固定资产期末数	49 824
实际固定资产期末数	124 899
购置固定资产支出数	75 075
投资支付的现金	4 584
投资活动的现金净流量	−79 659
三、筹资活动产生的现金流量	
长期融资获得的现金	52 604
减:支付一年内到期的非流动负债	30 000
筹资活动产生的现金流量净额	22 604
四、2019 年度的现金净流量	758

该公司 2019 年度的净利润是 22 663 元,但剩余的现金仅 758 元。从现金流量表中可以看出,该公司经营活动中的现金流量为 57 813 元,但它在固定资产和投资方面支出太多,达 79 659元,再加上对外融资获得的 22 604 元现金收入之后,弥补了投资所支出的现金,剩下的仅有 758元。尽管如此,因为其现金流量大于 0,说明该公司还是有还款能力的。

用于判断企业现金流量是否足以偿还债务,还可以通过两个比率来衡量。这两个比率是:

比率一:业务中的现金流量/(红利+到期的非流动负债)

比率二:业务中的现金流量/(红利+到期的非流动负债+年初短期负债余额)

如果比率一大于 1,说明企业的偿债能力较强;如果比率二大于 1,说明企业偿付能力很强,不仅能偿付现有债务,并能举借新债。在本例中,经营活动中的现金流量是 57 813 元,到期的非流动负债是 30 000 元,比率一为 1.93;年初短期负债余额为 139 702 元,比率二为 0.34,表明企业举借新债能力不足。

根据现金流量的计算方法,我们还可以根据需要对企业在一年中的某一期间的现金流量进行计算,也可以对未来年度的现金流量进行测算,从而为估算企业短期偿债能力和未来偿债能力提供依据。

（四）大数据与人工智能在信用分析中的应用

传统的基于企业财务报表所进行的企业信用分析存在很大的局限性,很难从根本上解决信息不对称的问题。首先,财务报表所能提供的企业信用信息相对有限,并不一定能够反映企业全面的信用信息;其次,对于财务管理并不十分规范的中小企业和难以提供完整财务信息的个人借款者而言,单纯运用财务分析的方法并不能准确判断其信用状况。近年来,随着金融科技的发展,大数据和大数据技术、人工智能等手段正被逐步应用到银行信用风险管理中,从而使银行信用分析技术和风险管理产生了重大进展。

对于银行来说,所谓大数据,实际上是一种包括银行拥有的内部数据和外部数据、历史数据和实时数据、定量数据和定性数据的集合,是银行的一种信息资产。在对大数据进行一系列的加工、处理之后,可以用来精准地刻画借款人的信用状况,使银行比以往更加清晰地看见全面的借款人信用风险视图。

人工智能是指通过研究、开发用于模拟、延伸和扩展人的智能的理论、方法、技术及应用系统的一门技术。基于大数据的前提,人工智能对数据进行标准化处理,通过刻画更加准确的信用画像和更加优化的模型,对借款人进行信用风险的分析和预测。

大数据和人工智能的应用,将能弥补传统信用分析方法的缺陷,带来信用分析技术的一场革命性变革,极大地缓解银行信贷业务中存在的借贷双方信息不对称难题。

三、贷款损失的控制与处理

银行发放贷款以后,由于种种原因,会产生或大或小的损失风险。为了有效地控制风险,银行针对贷款的不同情况,对贷款进行科学的分类,并在此基础上采取相应措施防范贷款风险,控制贷款损失。

（一）贷款分类

为了准确地把握贷款风险,在贷款经营管理中,应对不同质量贷款进行分类管理。长期以来,我国银行采取的贷款分类办法是将贷款分为 4 个档次:正常贷款、逾期贷款、呆滞贷款和呆账贷款。这种贷款分类方法主要是以贷款是否逾期和逾期时间长短作为判断贷款风险的大小的依据,实质上是对贷款风险的一种事后统计,不利于银行对贷款风险进行事前控制。

1998 年起,根据中国人民银行制定的《贷款风险分类指导原则》,我国银行开始实行新的贷款 5 级分类办法,即从贷款偿还的可能性出发,将贷款分为 5 级,并且以此来评估贷款质量,揭示贷款的真实价值。5 级贷款分类的主要标准简介如下。

1. 正常贷款

借款人一直能正常还本付息,银行对借款人最终偿还贷款有充分的把握,各方面情况正常,不存在任何影响贷款本息及时全额偿还的因素,没有任何理由怀疑贷款会遭损失。

2. 关注贷款

借款人偿还贷款本息没有问题,但潜在的问题如果发展下去将会影响贷款的偿还。这类贷款往往具备以下特征:

（1）宏观经济、市场、行业等外部环境对借款人的经营产生不利影响,并可能影响其偿债能力;

（2）企业改制(如分立、租赁、承包、合资等)对银行债务可能产生不利影响;

（3）借款人的主要股东、关联企业或母子公司等发生了重大不利变化;

（4）借款人的一些关键财务指标如流动性比率、资产负债率、销售利润率等低于同行业平均水平或有较大下降;

（5）借款人未按规定用途使用贷款;

（6）固定资产贷款项目出现重大的、不利于贷款偿还的调整,如基建项目工期延长、概算调整幅度较大;

（7）借款人还款意愿差，不与银行积极合作；

（8）贷款抵押或质押品价值下降，或银行对其失去控制；

（9）贷款保证人的财务状况出现疑问；

（10）银行对贷款缺乏有效的监督；

（11）银行信贷档案不齐全，重要文件遗失，且对还款构成实质性影响；

（12）违反贷款审批程序，如越权发放贷款等。

3. 次级贷款

次级贷款是指缺陷已很明显的贷款。正常经营收入已不足以保证还款，需要通过出售、变卖资产或对外融资，乃至执行抵押担保来还款。这类贷款的特征有：

（1）借款人支付出现困难，且难以获得新的资金；

（2）不能偿还对其他债权人的债务；

（3）借款人内部管理出现问题，妨碍债务的偿还；

（4）借款人采用隐瞒事实等不正当手段套取贷款；

（5）借款人经营亏损，净现金流量为负数；

（6）借款人不得不拍卖抵押品、履行担保等来寻求还款资金。

4. 可疑贷款

可疑贷款是指已肯定要发生一定损失的贷款。只是因为存在借款人重组、兼并、合并、抵押物处理和诉讼未决等待定因素，损失金额还不能确定。这类贷款的特征是：

（1）借款人处于停产、半停产状态；

（2）贷款项目，如基建项目处于停建、缓建状态；

（3）借款人已资不抵债；

（4）企业借改制之机逃废银行债务；

（5）银行已诉诸法律来收回贷款；

（6）贷款经过了重组，仍然逾期，或仍不能正常归还本息，还款状况未得到明显改善。

5. 损失贷款

这类贷款全部或大部分已经损失。其特征是：

（1）借款人和担保人被依法宣布破产，经法定清偿后，仍不能还清贷款；

（2）借款人死亡、失踪，以其财产或遗产清偿后，未能还清的贷款；

（3）借款人遭受重大自然灾害和意外事故，损失巨大且不能获得保险补偿，确实无力偿还贷款；

（4）经国务院专案批准核销的逾期贷款；

（5）贷款企业虽未破产，工商部门也未吊销其营业执照，但企业早已关停，或名存实亡；

（6）由于体制原因和历史原因造成的，债务人主体已消亡而被悬空的贷款。

在上述 5 类贷款中，前两类属于正常或基本正常贷款，而后 3 类已出现明显的问题，属于不良贷款。

（二）不良贷款发生的表象

形成不良贷款的主要原因是来自借款人方面的因素。虽然在贷款发放时,借款人的情况是好的(否则银行就不会给予贷款),但随着各种因素的发展变化,借款人的财务状况和还款能力也会发生变化,从而给贷款带来风险。在实践中,我们可以看到,大多数借款人在违约之前,往往会表现出各种各样的不正常现象。如果信贷管理人员能够密切地监测借款人的各方面情况变化,就能给贷款提供预警信号,及时采取措施,防患于未然。

通常,银行信贷人员可以从以下一些表面现象中分析是否会产生不良贷款。

1. 企业在银行的账户上反映的预警信号

如果企业在银行的账户上出现以下一些不正常现象,可能表明企业的还款出现问题:

（1）经常止付支票或退票;

（2）经常出现透支或超过规定限额透支;

（3）应付票据展期过多;

（4）要求借款用于偿还旧债;

（5）要求贷款用于炒作本公司股票或进行投机性活动;

（6）贷款需求的规模和时间变动无常;

（7）银行存款余额持续下降;

（8）经常签发空头支票;

（9）贷款的担保人要求解除担保责任;

（10）借款人被其他债权人追讨债务,或索取赔偿;

（11）借款人不能按期支付利息,或要求贷款展期;

（12）从其他机构取得贷款,特别是抵押贷款。

2. 从企业财务报表上反映的预警信号

企业财务报表上如果出现以下情况,则可能存在影响贷款偿还的因素:

（1）银行不能按时收到企业的财务报表;

（2）应收账款的账龄明显延长;

（3）现金状况恶化;

（4）应收款和存货激增;

（5）成本上升,收益减少;

（6）销售上升,利润减少;

（7）销售额下降;

（8）不合法地改变或违反会计准则;

（9）主要财务比率发生异常变化;

（10）呆账增加,或拒做呆账及损失准则;

（11）审计不合格等。

3．在企业人事管理及与银行的关系方面的预警信号

当企业在人事管理上出现一些异常变化时,也可能影响到贷款的安全:

（1）企业主要负责人之间不团结;

（2）企业管理人员对银行的态度发生变化,缺乏坦诚的合作态度;

（3）在多家银行开户,或经常转换往来银行,故意隐瞒与某些银行的往来关系;

（4）董事会、所有权发生重要的变动;

（5）公司关键人物健康出现问题,且接班人不明确或能力不足;

（6）主要决策人投机心理过重;

（7）某负责人独断专行,限制了其他管理人员积极性的发挥;

（8）无故更换会计师或高层管理人士;

（9）对市场供求变化和宏观经济环境变化反应迟钝,应变能力差;

（10）用人不当,各部门之间不能相互协调配合;

（11）缺乏长远的经营战略,急功近利;

（12）借款人婚姻、家庭出现危机等。

4．在企业经营管理方面表现出来的预警信号

在企业的经营管理方面,如出现下述现象,当视为不正常现象:

（1）经营管理混乱,环境脏、乱、差,员工老化,纪律松弛;

（2）设备陈旧、维修不善、利用率低;

（3）销售旺季后,存货仍大量积压;

（4）丧失一个或多个主要客户;

（5）关系到企业生产能力的某些主要客户的订货变动无常;

（6）企业的主要投资项目失败;

（7）企业的市场份额逐步缩小;

（8）企业的生产规模不适当地扩大等。

（三）不良贷款的控制与处理

对于已经出现风险信号的不良贷款,银行应采取有效措施,尽可能控制风险的扩大,减少风险损失,并对已经产生的风险损失作出妥善处理。

1．督促企业整改,积极催收到期贷款

银行一旦发现贷款出现了产生风险的信号,就应立即查明原因。如果这些信号表明企业在经营管理上确实存在问题,并有可能对贷款的安全构成威胁,银行就应当加强与企业的联系,督促企业调整经营策略,改善财务状况。如果经查实问题比较严重,银行信贷人员应及时向主管行长汇报,必要时可向上级行汇报。问题原因查清后,银行应与企业一起研究改进管理的措施,并由企业作出具体的整改计划,银行督促其实施。对于已经到期而未能偿还的贷款,银行要敦促借款人尽快归还贷款。如借款人仍未还本付息,或以种种理由为借口拖延还款,银行应主动派人上门催收。必要时,可从企业在银行的账户上扣收贷款。

2. 签订贷款处理协议,借贷双方共同努力确保贷款安全

在所有已经出现风险信号的贷款中,最终不能偿还的贷款毕竟是少量的,大多数贷款通过采取有效措施,是可以全部或大部分收回的。因此,对于已经形成的不良贷款,银行要认真地分析企业还款能力不足的原因,与企业共同探讨改善经营管理、增强企业还贷能力的途径。在借贷双方协商一致的情况下,签订贷款处理协议,通过双方共同的努力来保证贷款的安全。处理不良贷款的措施常见的有以下几种:

(1)贷款展期。对于那些确因客观原因而使企业不能按期偿还的贷款,银行可以适当延长贷款期限,办理贷款展期。但根据规定,短期贷款展期的期限不超过原贷款期限;中长期贷款的展期期限不得超过原贷款期限的一半,且最长不超过3年。

(2)借新还旧。在我国,有些贷款是作为企业铺底流动资金来使用的,这种贷款主要是依靠企业补充的资本金来偿还的。在企业没有足够的资本金补充的情况下,这部分贷款将较长期地被企业占用。对于这种贷款,只要企业的生产经营基本正常,银行可以通过借新还旧的方式来处理。

(3)追加新贷款。有些贷款不能按时偿还的原因是企业生产经营资金或项目投资资金不足,从而不能形成生产能力或不能及时生产出产品。对于这种情况,银行应在充分论证、确认其产品有销路、有较好经济效益的前提下,适当追加贷款,并最终收回旧贷款和新贷款。

(4)追加贷款担保。当银行发现贷款风险明显增大,或企业原提供的担保已不足以补偿贷款可能产生的损失时,银行应及时要求企业提供新的追加担保。追加担保,既可以是企业的财产抵押或质押,也可以是保证人担保。

(5)对借款人的经营活动作出限制性规定。如果借款人不能按期还本付息,在银行认为有必要的时候,可以通过贷款处理协议,对借款人的经营活动作出限制性的规定,以限制企业从事有可能影响银行贷款安全的活动。如在还贷以前不准进行设备和厂房投资、不准继续生产已经积压的产品等。

(6)银行参与企业的经营管理。对于那些因经营管理不善而导致贷款风险增大的企业,银行可以在贷款处理协议中要求允许银行官员参加企业的董事会或高级管理层,参与企业重大决策的制定,要求特别派员充当审计员,甚至要求撤换或调整企业现有的管理班子。

3. 落实贷款债权债务,防止企业逃、废银行债务

为防止企业改制过程中逃、废银行债务,银行应区别企业重组的不同形式,明确并落实相应的债权债务:

(1)企业实行承包、租赁经营,发包方或出租方、承包方或租赁方必须在协议中明确各自的还贷责任,并办理相应的抵押、担保手续。对已设抵押或担保的财产,须经拥有抵押权或担保权的银行同意,方可承包、租赁经营。

(2)企业实行兼并时,被兼并方所欠贷款本息,由兼并企业承担;实行合并的企业的原有债务,由合并后新的企业承担。

(3)企业划小核算单位或分立时,分立各方在签订划分债权债务协议时,要经银行同意;无协议者,则由分立各方按资本或资产的划分比例承担相应的债务。

（4）企业实行重组时，贷款银行要参与资产评估，核实资产负债，不准用银行贷款入股。

（5）企业实行合资经营时，应先评估、后合资。对用全部资产合资的合资企业要承担全部贷款债务；用部分资产合资的，合资企业要按资本或资产的划分比例承担贷款债务。如借款企业无力偿还贷款，该合资企业要承担连带债务责任。借款企业未经银行同意，不能动用已向银行设立抵押权的资产，只能按照规定以自有资金或自有资金的一定比例与其他企业合资。

（6）企业被有偿转让时，转让收入要按法定程序和比例清偿贷款债务。企业已经设定抵押权或其他担保权的财产，不得转让。

（7）企业解散时，要先清偿债务，并经有关方面批准。在贷款债务未清偿以前，不得解散。

（8）企业申请破产时，银行要及时向法院申报债权，并会同有关部门对企业资产和债权债务进行全面清理。对破产企业已设定财产抵押或担保的贷款应优先受偿；无财产担保的贷款按法定程序和比例受偿。

4. 依靠法律武器收回贷款本息

贷款人不能按期偿还贷款，或经过银行努力催收后仍不能收回贷款本息的，银行就应当依靠法律武器追偿贷款。首先，如果借款人无力还款，银行应依法处分贷款抵押（质押）物，或追究保证人的担保责任，由处分抵押（质押）物的收入或保证人的收入归还贷款本息。如果抵押（质押）物的处分收入或保证人的收入仍不足以还贷，或贷款没有设定担保责任，银行应当对借款人或贷款保证人提起诉讼，要求法庭予以解决。

通过法庭解决债务问题需要花费一定的诉讼成本，因此，银行在诉诸法律以前，应当作出利弊权衡。如果所欠债务数量不大，或即使胜诉也不可能追回贷款，银行可主动放弃诉讼，改用其他方式追偿。另外，银行在向法院提起诉讼之前，应当对借款人和保证人的财产和收入情况进行调查。如果经调查其财产和收入的确存在，则应在胜诉以后，通过没收财产、拍卖资产、扣押收入和清算债务等方式，抵偿贷款本息。

5. 呆账核销

在我国商业银行贷款经营管理中，经过充分努力，最终仍然无法收回的贷款，应列入贷款呆账损失。报经批准后，按照财政部的相关规定，在提取的资产损失准备金中冲销。

第五节　贷款管理制度

为避免或减少贷款风险，提高贷款经济效益，银行不仅要掌握贷款风险管理的技术方法，同时也需要加强贷款过程的内部控制，通过建立和健全银行内部贷款管理制度，防范贷款风险的产生。

一、审贷分离制度

为保证银行信贷资金安全，提高信贷业务审批的透明度，商业银行法规定商业银行必须实行审贷分离制度。所谓审贷分离制度是指按照横向制衡和纵向制约的原则,将信贷业务办理过程中调查、审查、审批及经营管理各个环节的工作职责进行科学分解,由不同层次和不同部门承担,并规范各个相关责任者的行为,实现信贷部门相互制约的制度。

在审贷分离制度下,直接办理信贷业务的经营行和管理行原则上按照横向平行制衡的原则,设立客户部、信贷管理部、贷审中心,成立贷款审查委员会(简称贷审会)。客户部直接面对客户,为客户提供服务,营销并管理信贷业务,其职责是受理客户贷款申请,承担贷前调查、审批后的贷款合同签订及贷后管理。信贷管理部依据法律法规及银行信贷政策,对客户部提供的客户调查材料进行审查,并将审查评估意见报贷审会审议、有权人审批。信贷管理部的职责是制定信贷政策、管理制度、审查贷款、风险监控,对客户部承担法律支持,协调债权保全和制度检查等。贷审中心是银行进行信贷决策的议事机构。贷款的审批实行贷审会审议、有权人审批负责的制度。贷款审查委员会依照国家有关法律、法规、金融政策、产业政策及银行信贷政策对贷款项目进行独立审议,提出审议意见后报有权审批人审批。各部门在各自的职责范围内行使职能并承担相应的责任。

审贷分离制度要求严格授权管理,各级行必须在权限范围内办理信贷业务,超越权限的信贷业务由信贷管理部报有权审批行信贷管理部复审,上级行贷审会审议,有权审批人审批,经营行客户部实施经营管理。

实施审贷分离制度使信贷前后台业务分离,即信贷业务的调查与经营管理职能由前台部门承担,信贷业务的审查、审批和决策由后台部门负责。前台接触客户没有决策权,后台不接触客户有决策权,在管理机制上形成部门间相互制衡和业务流程各环节相互制约、各岗位自我约束与协作并重的商业银行内控和运行机制。

二、授权授信制度

为保障银行有效实行一级法人体制,强化银行的统一管理和内部控制,增强银行防范和控制风险的能力,银行必须按照一定的法律框架建立授权管理制度。授权是指授权主体就信贷业务经营和管理中有关权力事项,对授权对象所做出的一种限制性规定。银行授权是指银行一级法人对其所属业务职能部门、分支机构和关键业务岗位开展业务权限的具体规定。银行业务职能部门、分支机构和关键岗位应在授予的权限范围内开展业务活动,严禁越权从事业务活动。

授信可以分为广义授信和狭义授信。广义授信是指银行从事客户调查、业务受理、分析评价、授信决策与实施、授信后管理与问题授信等各项授信活动。狭义授信是指银行对其业务职能部门和分支机构所辖服务区及其客户所规定的内部控制信用高限额度。银行授信管理通常是指狭义授信,也就是银行对客户授信额度的管理,即银行根据信贷政策和客户条件对法人客户确定授信控制量,以控制风险、提高效率。

三、贷款责任制度

为了强化贷款管理过程中每个岗位、每个部门及每个管理人员的工作责任心,在实行审贷分

离的基础上,银行还应按照权责对应原则,建立贷款责任制度。贷款责任制度的主要内容包括:

（1）建立以行长责任制为中心内容的贷款管理责任制体系。

（2）将贷款管理的权限与相应的责任分级落实到部门、岗位和个人,按照"统一领导、分级管理、各司其职、各负其责"的原则严格划定信贷人员、信贷部门负责人、行长的贷款管理权限和责任。

（3）在划分贷款责任的前提下,明确奖罚条件和标准,实行"奖优罚劣",将贷款管理工作的业绩与有关人员的利益挂钩。对损失的贷款,银行应分清贷款责任,对由于信贷管理上或信贷人员个人原因造成的贷款损失,应追究有关责任人的行政、经济以至法律责任。

（4）建立信贷人员离职审计制度。贷款管理人员在调离原工作岗位时,银行稽核审计部门应对其在履职期间和权限范围内发放的贷款进行审计。审计不合格,或审计中发现问题的信贷人员,暂时不能调离,待问题搞清楚或作出处理后方能调离。

四、贷款质量的监测与考核

贷款质量的监测与考核,是指通过会计账户和指标体系,对银行贷款的质量进行动态监测,并据以考核银行、信贷部门及信贷人员经营管理水平和工作业绩的贷款管理制度。建立贷款质量监测考核制度,应将贷款增量管理与贷款存量管理结合起来,将审查贷款用途和检查贷款质量结合起来,将考核贷款盈利与考核贷款损失结合起来,从而有利于及时、准确地反映贷款的质量状态,加强贷款的安全性、流动性和盈利性管理,同时,也有利于公正地评价各级银行、各信贷管理部门及各信贷管理人员的经营管理水平和工作业绩。贷款质量监测与考核制度的主要内容一般包括以下三个方面。

（一）明确贷款质量分类标准及认定程序和办法

建立贷款质量监测考核制度,首先需要明确监测的目标,重点监测不良贷款。为此,必须按照中央银行的有关规定,明确划分贷款种类的方法和标准,如目前我国实行的贷款 5 级分类法。在此基础上,规定不良贷款认定的程序和办法,避免在贷款分类中的随意性,确保贷款分类能够真实反映贷款的具体状况。

（二）建立贷款质量监测考核指标体系

贷款质量的监测考核指标可以分为贷款安全性指标、贷款流动性指标和贷款盈利性指标。贷款安全性指标是监测考核的重点,它包括不良贷款比率、贷款集中程度和抵押贷款比率等。贷款流动性比率主要包括中长期贷款比率、短期贷款比率等。贷款盈利性比率包括贷款收益率、贷款收息率、贷款利差率等。对贷款质量进行监测考核,既要进行纵向比较,也要进行横向比较,以全面、准确地反映贷款的质量和贷款管理的水平。

（三）建立不良贷款的跟踪管理制度

对于已经被确认为有问题的贷款,银行应对其加以重点跟踪监测与管理。一方面应落实责任部门和个人,加强对不良贷款的催收力度,制订不良贷款的处理计划并组织实施;另一方面,要经常监测检查不良贷款总量和结构的发展变化情况,不断吸收不良贷款管理中的教训,总结不良贷款处理中的经验,为提高银行贷款管理水平提供依据。

本 章 小 结

1. 贷款是商业银行最主要的盈利性资产,也是商业银行传统的核心业务。一方面贷款是商业银行实现盈利性目标的主要手段,另一方面贷款又是一种风险很大的资产,因此贷款业务是商业银行的经营重点。

2. 银行贷款是商业银行作为贷款人按照一定的贷款原则和政策,以还本付息为条件,将一定数量的货币资金提供给借款人使用的一种行为。按照不同的标准对银行贷款进行分类,有利于银行从不同角度加强对贷款资产的经营管理。

3. 贷款政策是银行为实现经营目标而制定的指导贷款业务的各项方针、规则的总和,它直接体现银行的经营目标和经营战略,有利于指导信贷管理人员遵守各项法规,维持适当的授信标准,防范、控制信贷风险,确保贷款质量。

4. 银行利润的高低和贷款价格直接相关,商业银行依据利润最大化、扩大市场份额、维护银行形象等原则,运用目标收益率等多种定价方法合理确定贷款价格,既能为银行获取满意的利润,又能为客户所接受,因而成为商业银行贷款经营的重要内容。

5. 信用贷款、担保贷款、票据贴现、消费者贷款和互联网贷款是银行的几项主要贷款业务。其中消费者贷款是我国商业银行的新兴业务,主要有住房按揭贷款和信用卡业务。这对拓展我国银行业务领域、扩大银行利润来源,鼓励消费、拉动内需,都具有重要意义。互联网贷款是运用现代科技手段在线上发放的贷款,它在很大程度上改变了传统贷款从营销到风险管理的方式和手段。

6. 信用分析是对客户的品德与声望、资格和能力、资金实力、担保以及经营条件等进行分析。在信用分析中,财务分析和现金流量分析至关重要。通过分析,可以对客户的资信状况及其风险作出评估、预测,并据以确定是否给予贷款及相应的贷款条件。

7. 对贷款的损失控制,我国已实行多年国际上通行的正常、关注、次级、可疑、损失 5 级贷款分类。对不良贷款的处理,必须重视预警信号,并采取有效措施妥善处理风险损失。

8. 为避免和减少贷款风险,商业银行必须加强贷款过程的内部控制,通过审贷分离制度、授权授信管理制度、贷款责任制度、贷款质量监测和考核等制度的建立和健全,使商业银行的内部贷款管理制度不断趋于完善。

本章重要概念

贷款政策	贷款利率	贷款承诺费	补偿余额	信用贷款
担保贷款	保证贷款	抵押贷款	质押贷款	抵押率

票据贴现　　消费者贷款　　住房按揭贷款　　互联网贷款　　信用分析

现金流量　　不良贷款　　关注贷款　　次级贷款　　可疑贷款

审贷分离　　银行授信管理

复习思考题

1. 商业银行的贷款政策包括哪些内容？制定贷款政策应考虑哪些因素？

2. 商业银行贷款定价的原则是什么？

3. 银行发放信用贷款时应重点注意什么问题？

4. 银行在发放保证贷款时，如何进行核保？

5. 确定贷款抵押率应考虑哪些因素？各种因素对抵押率有何影响？

6. 银行办理票据贴现的业务流程和操作要点是什么？

7. 消费者贷款包括哪几种？我国发放住房按揭贷款的程序如何？

8. 什么是互联网贷款？互联网贷款风险管理应重点关注哪些方面？

9. 在信用分析中如何对企业的财务报表进行分析？

10. 在信用分析中如何进行现金流量分析？

11. 银行如何发现不良贷款的信号？如何控制不良贷款的损失？

12. 商业银行应建立哪些贷款管理制度？其内容是什么？

即测即评

请扫描右侧二维码检测本章学习效果。

第六章
银行证券投资业务

商业银行是典型的信用中介,因此,存款和贷款一直是它们传统的主营业务。然而,在现代商业银行的总资产中,总有一部分资金稳定地分布在各种证券上,它不仅为银行带来客观的利润,还为银行在流动性管理、资产优化配置以及合理避税等方面起到了积极作用。随着混业经营和巴塞尔资本监管协议的强力推行,传统的存贷款利差迅速收窄,贷款占用的经济资本较高,证券投资对于商业银行的意义更加凸显,它不仅是重要的利润来源,而且是银行调整资产组合、降低经济资本占用的重要手段。

第一节　银行证券投资的功能和主要类别

一、银行证券投资的功能

商业银行经营的总目标是追求利润最大化。与此相一致,银行证券投资的基本目的是在一定的风险水平下使投资收入最大化。围绕这个基本目标,商业银行证券投资具有以下几个主要功能。

（一）分散风险,获取稳定的收益

银行贷款利率较高,但贷款风险较大。在没有合适贷款机会时,银行将资金投资于高信用等级的证券,获取稳定的收益,可在分散风险的前提下保持或提高利润水平。

（二）保持流动性

尽管现金资产具有高度流动性,在流动性管理中具有重要作用,但现金资产无利息收入,为保持流动性而持有过多的现金资产会增加银行的机会成本,降低盈利性。

可销性很强的短期证券是商业银行理想的高流动性资产。它们既可随时变现，又有一定的利息收入，是银行流动性管理中不可或缺的第二准备。

（三）逆经济周期的调节手段

对于商业银行而言，贷款和证券在许多方面是资产组合的最好互补对象。贷款是顺经济周期的资产，在经济高涨时期，企业销售旺、利润高，贷款需求多，银行此时贷款风险较低，乐于发放贷款。但是在经济衰退期，企业销售困难、利润下降，贷款需求减少，银行此时贷款风险较高。与此相对，证券投资表现为银行逆经济周期投资的手段：在经济高涨时期，贷款需求旺盛，银行减少对证券的投资；在经济衰退期，贷款需求下降，风险增大，银行扩大对证券的投资，从而可以熨平银行收益的波动。

（四）合理避税

商业银行投资的证券大都集中在国债和地方政府债券上，而地方政府债券往往享有减免税收的优惠政策，故银行可以利用证券组合达到避税目的，使收益进一步提高。

（五）降低经济资本占用

《巴塞尔协议》的核心是，通过将银行资产的风险度与资本金密切关联的内在机制的设计，使银行从自身产生降低风险的动力。由于银行持有的证券多为国债券和金融机构债，这些证券对经济资本占用很低，银行持有这些证券在扩大盈利的同时，大大减少资产的涉险值（VaR），可实现资产规模扩大的幅度超过对权益资本数量的要求扩大的幅度。

二、银行证券投资的主要类别

在 1929—1933 年资本主义世界经济大危机以前，西方国家在法律上对商业银行证券投资的对象没有明确限制。大危机后，许多经济分析专家认为，这场由金融业危机引发的全面经济危机，与商业银行大量从事股票承销和投资密切相关。为了恢复公众对银行体系的信心，西方国家纷纷立法对商业银行证券投资业务予以规范，其中最有影响的是美国 1933 年颁布的《格拉斯-斯蒂格尔法》（Glass Steagall Act）。它严格禁止美国商业银行从事股票的承销和投资，但允许商业银行投资国库券、中长期国债券、政府机构债券、市政债券和投资级的公司债券。美国对商业银行证券投资的限定有理论和法律的支持，因而在世界各国有广泛的影响。除了日本的主银行模式、德国和北欧部分国家全能型模式下的商业银行可以从事股票投资外，绝大多数国家不允许商业银行染指股票业务。

20 世纪 80 年代以来，随着来自非银行金融机构的竞争压力增大，以及金融工具和交易方式的创新，西方商业银行努力扩展证券投资的业务范围，商业银行兼营投资银行的业务甚至成为一种趋势。例如 1993 年 1 月正式实施的欧盟"第二号银行指令"（Second Banking Directive），规定欧盟成员国银行业之间采取相互承认的原则，即欧盟内相互承认商业银行可直接或通过子公司间接经营包括证券承销与买卖、衍生金融工具交易等 13 类业务。特别是 1998 年 4 月美国花旗银行与擅长证券承销、企业并购策划的旅行者公司宣布组成花旗集团（21 世纪后两家机构又分手)和 1999 年美国国会通过《金融服务业现代化法案》,代表这个在理论上和法律上最严格实行金融分业的国家已经开始朝金融混业方向发展,这也预示着国际金融业的发展趋势。然而,在原来长期实行金融分业的国家里,金融混业遇到许多问题和矛盾,其中最突出的问题之一就是利益冲突,即各利益集团的原有利益如何重新分配。所以,在原来实行分业经营的国家里,商业银行从事投资银行的业务尚有许多法律和监管的冲突没有解决。因此,商业银行证券投资仍以各类债券,特别是政府债券为主要类别。下面对这些证券及特性给予介绍。

（一）国库券

国库券(treasury bill)是政府发行的短期债券,期限为 1 年以内,所筹资金主要用于中央财政预算平衡后的临时性开支。由于国库券期限短、风险低、流动性高,而成为商业银行流动性管理中的重要工具。国库券往往不含息票,也称零息债券,其交易以贴现方式进行。

（二）中长期国债

中长期国债(treasury notes and bonds)是政府发行的中长期债务凭证,2 ~ 10 年为中期国债,10 年以上为长期国债,所筹资金用于平衡中央财政预算赤字。中长期国债多为含息票证券。

（三）政府机构证券

政府机构证券(government agency securities)是指除中央财政部门以外其他政府机构所发行的债券,如中央银行发行的融资券、国家政策性银行发行的债券。政府机构证券特点与中央政府债券十分相似,违约风险小,故在二级市场上的交易十分活跃。

（四）市政债券

市政债券也称地方政府债券(municipal securities),是由地方政府发行的,所筹资金多用于地方基础设施建设和公益事业发展。市政债券就其偿还的保障来讲,划分为两类:第一类为一般义务债券(general obligation bonds),这种债券的本息偿还由地方政府征税能力作保证;第二类为收益债券(revenue bonds),这种债券的本息偿还以所筹资金投资项目的未来收益作保证。由于地方政府的财政状况差异较大,地方纳税能力大大弱于中央政府,故这类债券有一定的违约风险。为了在不提高成本前提下能顺利筹措所需资金,地方政府往往采取减税和免税的政策优惠,使投资者增加收益,故这种债券实际收益率并不低。

（五）公司债券

公司债券(corporate bonds)是企业对外筹集资金而发行的一种债务凭证。由于公司经营状况差异很大,且市场变化无常,故公司债券违约风险较大。为了保障商业银行投资的安全,许多国家在银行法中规定,仅允许商业银行购买信用等级在投资级别以上的公司债。何为投资级别的信用等级在各国有一定的差别,例如在美国,规定投资级别的债券是指权威信用评估机构所评信用等级在 BB 以上的债券。

（六）资产抵押类证券

两次大的事件促进了商业银行加快将表内信贷资产剥离到表外的资产证券化进程:第一次

从 20 世纪 70 年代开始,市场经济发达国家的存款性金融机构在市场利率波动、银行利率管制的环境下,遭遇了较严重的利率倒挂和"脱媒"问题。面对竞争的压力,存款性金融机构一方面努力进行金融创新,提高对存款的竞争力,另一方面考虑如何将利率锁定的长期性金融资产移出资产负债表,转换成现金后再按照市场的高利率重投资。在这个背景下,美国金融界首创了以住房抵押贷款为基础的抵押证券,然后又开发了以信用证应收款为抵押的证券和其他消费贷款为抵押的证券。第二次是《巴塞尔协议》的修订和实施,鼓励银行实施内部评级法(IRB),在银行内部引入将资产风险与资本金极度敏感挂钩的内嵌机制,导致在实施新资本监管约束的银行业进一步拓宽和放松了贷款对象,同时加快了贷款表内业务资产证券化的速度,再加上商业银行与投资银行联合构建资产池,将各类贷款放入池内进行组合,再运用以信用违约互换(CDS)为代表的一些所谓风险转移衍生金融工具,对这些证券再进行结构化处理和迷你处理,创造了各类"高度合成证券"。在银行内部和评级机构的风险模型评估模型中,这些资产证券化的债券都变为优质资产了。因此,各种资产抵押类证券(assets-backed securities)已经成为银行证券投资组合中的一个重要部分,而且银行在这类创新中不仅是产品的制造者,还是最大的购买者。

第二节　银行证券投资的风险和收益

银行证券投资强调在把风险控制在一定范围内的前提下,通过组合技术使投资收益最大。风险泛指不确定性。在金融市场上,投资风险指投资者投资对象未来收益的不确定性。潜在的投资风险与潜在的投资收益正相关。

一、证券投资风险的类别

在商业银行经营总原则的指导下,银行证券投资组合管理的目标是在控制风险的前提下增加收益。前面已经指出,投资风险可以用预期投资收益与投资实际现金流入的差距来度量,影响两者之间差距的因素即投资风险因素。下面对投资风险因素的类别进行讨论。

（一）信用风险

信用风险（credit risk）也称违约风险,指债务人到期不能偿还本息的可能性。由于银行投资主要集中在政府证券上,这类证券多以财政税收作为偿付本息保障,故违约风险不高。尽管有些国家出现过少数地方政府债券在经济衰退期不能按期支付本息的情形,但这种情形并不多见。银行证券投资中还有一部分是公司债和外国债券,这部分债券存在真实违约的可能性。在市场经济发达的国家里,银行在进行投资分析时,除了直接了解和调查债务人的信用状况外,更多地则依据社会上权威信用评级机构对债券所进行的评级分类,以此为标准对证券进行选择和投资决策。例如美国有三大私营证券评级公司,穆迪(John Moody's)、标准普尔(Standard and Poor's Co.)、惠誉(Fitch Publishing Co.),它们对各种债券和优先股股票进行评级。这三家公司对各信用等级规定的符号有所不同,但对等级划分所表述的风险内涵基本上是一致的,具体如表 6-1 所示。

表 6-1 三大评级公司债券评级标准及划分依据

穆迪	标准普尔	惠誉	评级标准
投资等级			
Aaa	AAA	AAA	信用质量最高,风险最小
Aa	AA	AA	信用质量高,但财务状况略弱
A	A	A	财务能力较强,但易受经济条件的影响
Baa	BBB	BBB	信用质量属中间等级,当期财务力量较强,但缺乏优良的投资特征
投机等级			评级标准
Ba	BB	BB	具有投机特征,当期尚能支付利息,但未来现金流不确定
B	B	B	较高投机性,对本金和利息的偿付很不确定
Caa ~ C	CCC ~ C	CCC ~ C	高度投机,违约可能性很大
	D	DDD	已经违约

表 6-1 中所列等级将债券分为两大类,投资级和投机级。金融监管部门鼓励银行购买投资级证券,有些国家甚至不允许银行购买投机级证券,以保障银行投资组合的质量。

这里必须指出的是,由 2007 年美国次贷危机引发的国际金融和经济危机给人类以下教训和启示:第一,借款人违约的风险始终是银行最大的、最应该高度重视的风险;第二,某些衍生品可以将违约风险转移到银行外部甚至银行系统外,但它们不会消失,一旦经济环境恶化,这些风险的集中爆发,必会将这些风险返回给银行和银行系统;第三,以内部评级法(IRB)为代表的风险计量模型存在缺陷,运用数据计算的风险抵消或对冲、运用参数变换进行的风险调整以及在加入一些所谓风险转移衍生品后对风险的扣除等,并不能从实质上改变银行资产内含的风险。因此,银行家要特别警惕对于风险计量模型和风险转移衍生品的过度使用。

（二）通货膨胀风险

通货膨胀风险(inflation risk)指由于不可预期的物价波动而使证券投资实际收入下降的可能性。银行投资主要购买固定利率收入债券,当物价上涨率超过所投资证券的税后收益率时,银行投资产生实际损失。需强调的是,不可预期的物价上涨对银行的影响很大,如果在投资决策中未将通货膨胀溢价因素给予恰当考虑,当通货膨胀率超过预期物价上涨率时,银行投资收益将大幅度下降。

（三）市场风险

市场风险是指因市场价格(利率、汇率、股票价格和商品价格)的不利变动而使银行证券投资发生损失的风险。市场风险存在于银行的交易和非交易业务中。市场风险可以分为利率风险、汇率风险(包括黄金)、资本市场价格风险和商品价格风险,分别是指由于利率、汇率、股票价格和债券价格,以及商品价格的不利变动所带来的影响。在银行证券投资中,面临的主要市场风险是利率风险(interest rate Risk)。

利率风险指由于市场利率水平波动而引起证券价格的变动,从而给银行证券投资造成资本损失的可能性。利率波动从两个方面对银行证券投资带来风险:第一,债券市场价格与市场利率反向变动,固定收入债券的价格随利率上升而下降。当银行因各种需要而在未到期前出售证券时,有可能因市场价格下降而产生资本损失。债券价格随市场利率波动的程度依各种债券的期限和特性而定。一般来讲,最终偿还期越长、息票支付水平越低,则证券市场价格波动幅度越大。

图6-1表明了具有相同最终偿还期,但息票支付水平不同的各种债券价格波动与利率变动之间的关系。从图6-1中可看出,当市场利率上下波动2个百分点时,不同息票支付水平债券的市场波动下降或上升幅度从

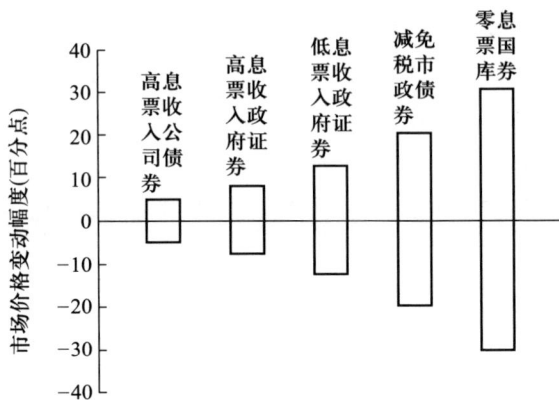

图6-1 假设市场利率上下波动2个百分点时各种债券市场价格的波动幅度

不足10%到30%多不等;银行重投资的收益水平会因利率下降而减少,在利率下降过程中,银行投资证券的息票收入和到期证券本金偿还有可能不得不按较低的市场利率重投资。

(四)流动性风险

流动性风险(liquidity risk)指某些证券由于难以交易而使银行收入损失的可能性。有些证券由于发行规模小或其他特征,使其可交易性大大降低。银行若需中途出售,将不得不大幅降低价格以吸引其他投资者购买。

(五)法律风险(illegal risk)

在互联网迅速发展的金融创新中,许多新事物、融资平台和资金池的性质处在灰色地带,这些投资的收益率极高,将其放入金融机构资金池的现象已经出现。然而,这些投资本身的合法性、高息不受法律保护的规则,一旦揉进银行的产品,就很难被投资者警觉。尽管银行在出售这些产品时说明投资损失自负,但社会公众出于对"银行讲信用,稳健经营"的信任依赖,不会轻易认同这类损失,而银行出于声誉风险的考虑,往往采取完全"兜底"承担损失的做法。

二、证券投资风险的测量

(一)灵敏度方法

灵敏度方法,是利用金融资产市值对其风险因子的敏感性来测量金融资产风险的方法。标准的风险因子包括利率、汇率、股票指数和商品价格等。

假定金融资产的市值为P,其风险因子为$x_1,x_2,\cdots,x_n$,市值P为风险因子$x_1,x_2,\cdots,x_n$的函

数,因此风险因子的变化将导致金融资产市值的变化,即:

$$\frac{\Delta P}{P} = \sum^{n} D_i \Delta x_i \tag{6-1}$$

式中,$D_1, D_2, \cdots, D_n$ 为资产市值对相应风险因子的敏感性,称为灵敏度。灵敏度表示当风险因子变化一个百分数单位时金融资产市值变化的百分数。灵敏度越大的金融资产,受风险因子变化的影响越大,风险越大。

公式(6-1)是灵敏度方法测量银行风险的基础。但只有金融资产市值变化与其市场因子变化呈线性关系时,公式(6-1)才成立。金融市场中,许多金融资产具有非线性动态行为,所以只有在假设市场因子仅发生微小变化时,金融资产市值的变化与市场因子的变化才近似呈公式(6-1)所示的线性关系。因此,灵敏度是一种对风险线性的近似测量。

针对不同的金融资产、不同的风险因子,存在不同类型的灵敏度。实际中常用的灵敏度包括:针对债券(或固定利率性金融工具)的久期(duration)和凸性(convexity),针对股票的 β 系数,针对衍生工具的 Delta、Gamma、Theta、Vega、Rho 等。例如,期权的 Delta 反映了标的资产变化 1 个百分点所导致的期权价值变化的百分点。

随着金融市场的规模增大、交易方式的动态性和复杂性的增加,灵敏度方法存在的主要缺陷在于其测量风险的单一性——不同的风险因子对应不同的灵敏度。这就导致以下几个问题:① 无法测量交易中极为普遍的、由类型不同的证券构成的证券组合的风险;② 由于不能汇总不同市场因子、不同金融工具的风险暴露,灵敏度方法无法满足市场风险管理和控制的中台、后台全面了解业务部门和机构面临的整体风险的需要,以致无法展开有效的风险控制和风险限额设定;③ 灵敏度方法在测量风险时,没有考虑证券组合的风险分散效应;④ 机构高层无法比较各种不同类型的交易头寸间的风险大小,并依此作出绩效评估和资本分配。

（二）波动性方法

波动性估计实际回报与预期回报之间可能的偏离。波动性可以通过规范的统计方法量化,其中,方差或标准差是最为常用的方法,它估计了实际回报与预期回报之间可能的偏离。人们在使用中通常把波动性与标准差等同起来。

单一资产方差的计算公式如下:

$$\sigma^2(\widetilde{R}_i) = \sum_{i=1}^{n} P_i [R_i - E(\widetilde{R}_i)]^2 \tag{6-2}$$

资产组合方差的计算公式如下:

$$\sigma(\widetilde{R}_p) = \sqrt{x_i^2 \sigma^2(\widetilde{R}_i) + x_j^2 \sigma^2(\widetilde{R}_j) + 2x_i x_j \mathrm{Cov}(\widetilde{R}_i, \widetilde{R}_j)} \tag{6-3}$$

式中,

$$\rho_{ij} = \frac{\mathrm{Cov}(\widetilde{R}_i, \widetilde{R}_j)}{\sigma(\widetilde{R}_i)\sigma(\widetilde{R}_j)} \tag{6-4}$$

$$\text{Cov}(\widetilde{R}_i, \widetilde{R}_j) = \frac{1}{T} \sum_{t=1}^{T} \left[\widetilde{R}_{it} - E(\widetilde{R}_i) \right] \left[\widetilde{R}_{jt} - E(\widetilde{R}_j) \right] \tag{6-5}$$

在以上公式中,$E(\widetilde{R}_i)$ 和 $E(\widetilde{R}_j)$ 表示资产 i 与 j 的预期收益,$\sigma(\widetilde{R}_i)$ 与 $\sigma(\widetilde{R}_j)$ 表示资产 i 与资产 j 的标准差。

波动性描述了收益偏离其平均值的程度,在一定程度上测量了金融资产市值的变化程度。但波动性方法主要存在两个缺点:① 只描述了收益的偏离程度,却没有描述偏离的方向,而实际中最为关心的是负偏离(损失);② 波动性并没有反映证券组合的损失到底是多大,对于随机变量统计特性的完整描述需要引入概率分布,而不仅仅是方差。所以,波动性方法一般用于事后的绩效评价,很少用于事前的投资决策。

(三) VaR 方法

VaR 方法(Value at Risk)是在一定置信水平和一定持有期内,某一金融资产或组合在正常的市场条件下所面临的最大损失额。从数学和统计的意义上看,VaR 就是在某个既定的损益预期分布中,对应一定置信水平的分位数。

可表示为:

$$\text{Prob}(\Delta P > \text{VaR}) = 1 - c \tag{6-6}$$

其中,ΔP 为证券组合在持有期 Δt 内的损失,VaR 为置信水平 c 下处于风险中的价值。

在 VaR 定义中,有两个重要参数——持有期和置信水平。任何 VaR 只有在给定这两个参数的情况下才有意义。持有期是计算 VaR 的时间范围。由于波动性与时间长度呈正相关,所以 VaR 随持有期的增加而增加。通常的持有期是一天或一个月,但某些金融机构也选取更长的持有期,如一个季度或一年。巴塞尔委员会对商业银行内部风险模型计算的 VaR 要求的考察期限为 10 个工作日,置信水平为 99%;花旗银行等多数大银行则选用 1 个工作日,置信水平 99% 作为模型参数。选择持有期时,往往需要考虑四种因素:流动性、正态性、头寸调整、数据约束。置信水平的选择依赖于对 VaR 验证的需要、内部风险资本需求、监管要求以及在不同机构之间进行比较的需要。同时,正态分布或其他一些具有较好分布特征的分布形式(如 t 分布)也会影响置信水平的选择。

考虑一种金融资产,假定 P_0 为金融资产的初始价值,R 是持有期内的投资回报率,则在持有期末,金融资产的价值可以表示为:

$$P = P_0(1 + R) \tag{6-7}$$

假定回报率 R 的期望回报和其波动性分别为 μ 和 σ。如果在某一置信水平 c 下,金融资产的最低价值为 $P^* = P_0(1 + R^*)$,则根据 VaR 的定义,在一定的置信水平下,金融资产在未来特定的一段时间内的最大可能损失,可以定义 VaR 为:

$$\text{VaR} = E(P) - P^* = -P_0(R^* - \mu) \tag{6-8}$$

根据以上定义,计算 VaR 就相当于计算最小值 P^* 或最低的回报率 R^*。

VaR 的优点有:① VaR 可以测量不同市场因子、不同金融工具构成的复杂证券组合和不同业务部门的总体市场风险暴露;② 由于 VaR 提供了一个统一的方法来测量风险,为比较不同业务部门的风险暴露大小、基于风险调整的绩效评估、资本配置、风险限额设置等,提供了一个简单可行的方法;③ VaR 概念简单,理解容易;④ VaR 充分考虑了不同资产价格变化之间的相关性,这可以体现出投资组合分散化对降低风险的贡献;⑤ 特别适合监管部门的风险监管。

但 VaR 也存在一些缺陷:① 它是一种向后看的方法(backward-looking),对未来的损失估计是基于历史数据,并假定变量间过去的关系在未来保持不变,显然,许多情况下,这并不符合实际;② VaR 是在特定的假设条件下进行的,如数据分布的正态性等,有时这些假定与现实可能不符;③ VaR 的计算有时非常复杂;④ VaR 只是市场处于正常变动下市场风险的有效测量,它不能处理金融市场处于极端价格变动的情形,如股市崩盘等。理论上讲,这些缺陷的根源不在 VaR 自身,而在于其所依据的统计方法。

金融市场中,常常出现一些极端情形,经济变量间、金融市场因子间的一些稳定关系就会遭到破坏,市场因子之间、市场风险和信用风险之间的因果关系也会出现较大变化,其他一些原本不该出现的意外联系在极端市场情况也会出现,市场因子和组合价值之间的关系也会发生根本改变。在这些极端情况下,VaR 赖以成立的假定和计算的参数发生巨大变化,而导致 VaR 方法估计的结果出现极大误差。为了测量极端市场状况下的金融市场风险,人们引入了压力试验方法。

（四）压力测试

压力测试通过测算银行在遇到假定的小概率事件等极端不利情况下可能发生的损失,分析这些损失对银行盈利能力和资本金带来的负面影响,进而对单家银行、银行集团和银行体系的脆弱性做出评估和判断,并采取必要措施。作为 VaR 方法的重要补充,压力测试能够帮助银行充分了解潜在风险因素与银行财务状况之间的关系,深入分析银行抵御风险的能力,形成供董事会和高级管理层讨论并决定实施的应对措施,预防极端事件可能对银行带来的冲击。压力测试也能够帮助监管者充分了解单家银行和银行业体系的风险状况及风险抵御能力。

如图 6-2 所示,VaR 能有效估计正常环境下资产的损失风险,但当金融市场处于极端价格变动的情形时无能为力,而压力测试则能有效评估一些小概率极端事件冲击的影响,它可以对一定

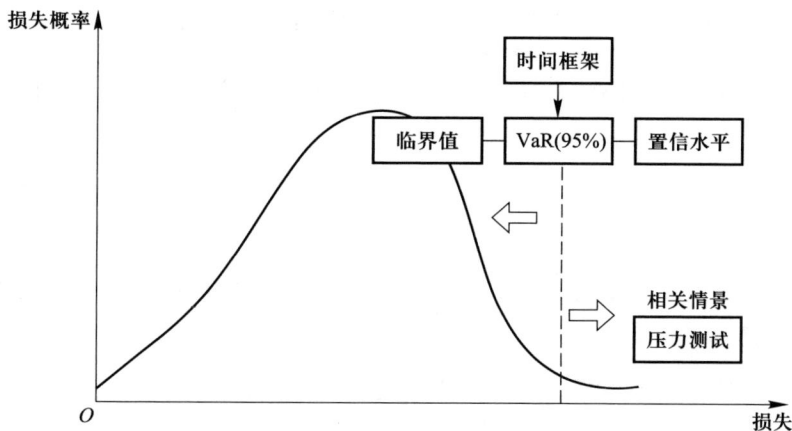

图 6-2　压力测试与 VaR 的关系

置信水平以外的突发事件的发生对金融资产损失或金融机构脆弱性的影响进行测试。压力测试与 VaR 的区别表现为以下几方面:① 就市场环境而言,VaR 衡量正常市场环境下的市场风险,而压力测试衡量异常市场环境下的市场风险。② 就分布假设而言,VaR 方法假设风险因子的变化是正态分布,因此它对信用风险中所涉及的"肥尾"现象无法把握,也就无法度量极端背景下的损失情况,而压力测试不对风险分布进行任何假设,能度量极端情况下的损失情况。③ 就损失发生的可能性而言,VaR 把对预期的未来损失大小和该损失发生的可能性结合起来,不仅让投资者知道发生损失的规模,而且知道其发生的可能性,压力测试只能说明事件的影响程度,却很难说明事件发生的可能性。

三、证券投资收益

证券投资收益是指投资者从买入到卖出期间获得的所有货币收入。证券投资收益的度量是通过计算证券投资收益率来实现的。证券投资收益率由持有期的证券红利(股息)和资本利得之和除以初始投资得到。在证券市场上,证券的收益率一般与市场利率正相关,而证券的市场价格与市场利率负相关。

(一) 零息票证券的收益率和价格

有些证券,如国库券,往往不含息,而以贴现的方式发行或交易,贴现率就成为反映这类证券投资回报的收益率。其计算公式为:

$$\mathrm{dr} = \frac{FV - P}{P} \cdot \frac{360}{n} \times 100\% \tag{6-9}$$

式中:dr 为以贴现率表示的收益率;

FV 为证券的面值;

P 为购买价格或本金;

n 为有效偿还期天数。

例:某银行购买每份面值为 10 万元、实际期限为 182 天的零息票国库券合约共 10 份,实际支付 958 660 元,银行该项证券投资的收益率为:

$$\mathrm{dr} = \frac{1\,000\,000 - 958\,660}{958\,660} \times \frac{360}{182} \times 100\% = 8.53\%$$

证券价格一般是收益率计算方式的逆向运算。已知贴现率,就可以计算出零息证券的市场价格。其公式为:

$$P = \frac{FV}{1 + \mathrm{dr} \cdot \dfrac{n}{360}} \tag{6-10}$$

以上题为例,设已知贴现率为 8.53%,面值总价格为 1 000 000 元、实际期限为 182 天的国库券应以什么价格购买?

$$\frac{1\,000\,000}{1 + 0.085\,3 \times \dfrac{182}{360}} = 958\,660(元)$$

（二）含息票债券的收益率和价格

含息票债券的利息支付每年定期进行。因此从含息票债券本利和来看,其平均偿还期要短于那类从发行日到期满才最终一次偿还本利和的债券。含息票债券的投资收益包括息票收入和由于市场价格波动而产生的投资利得以及投资损失。在仅考虑证券购买者将所购债券持有到期的情形下,含息票债券的最终平均收益率可表示如下:

$$\text{ry} = \frac{C + (FV - P)/n}{P} \times 100\% \qquad (6-11)$$

式中:ry 为最终回报率;

C 为息票收入;

FV 为债券面值;

P 为债券购买价;

n 为实际持有期(年)。

设银行对某含息票债券采取购买后持有到期的投资策略。此种债券为面值 1 000 元、息票每年支付 60 元、期限为 10 年的含息债券,当前市价为 920 元,该债券的最终平均回报率为:

$$\text{ry} = \frac{60 + (1\,000 - 920)/10}{920} \times 100\% = 7.39\%$$

（三）复利表达的收益率和价格

前面所列均为单利表达的收益率。如果考虑将所得利息再投资则所谓复利,即"利息生利息"的复利收益率。欧洲、北美及日本等国的债券均采用复利率计算方式,但运用上有所差别。欧洲、日本多采取每年付息一次的年复利计算,而美国等国家用每年付息两次的半年复利计算。我国金融产品的计息方式长期是单利,一直到偿还期结束才支付本息。但近年来我国对部分国债券支付方式改为年复利计算,每年支付一次。有时在激烈竞争中银行为了吸引客户,也推出了复利计算的金融产品。考虑复利收益率时的债券价格计算公式为:

$$P = \sum_{t=1}^{n} \frac{C_t}{(1+r)^t} + \frac{FV}{(1+r)^n} \qquad (6-12)$$

在实际中,从债券价格到复利收益率都利用计算机计算。复利收益率也可用近似表达式:

$$\text{ry} \approx \frac{C + (FV - P)/n}{(FV + P)/2} \times 100\% \qquad (6-13)$$

需要注意的是,复利收益率并不意味着实际实现的收益率,而只是指将息票收益按债券的复利收益率(最终收益率)再投资时才得以实现的收益率。

（四）证券投资组合收益

在投资实践中,投资者通常不是仅购买一种股票或债券,而是购买多种金融资产,组成投资组合以分散风险。此时,投资组合的收益率是各种金融资产收益率的加权平均,权重为各种金融资产的价值占投资组合价值的比重,其数学描述如下:

假定投资组合包含 m 种证券,每种证券已实现收益率分别为 $r_1, r_2, \cdots, r_m$,各证券的权重分别为 $x_1, x_2, \cdots, x_m$,且 $\sum_{i=1}^{m} x_i = 1$, $x_i \geq 0$,则投资组合 P 的收益率为

$$r_p = x_1 r_1 + x_2 r_2 + \cdots + x_m r_m = \sum_{i=1}^{m} x_i r_i \tag{6-14}$$

（五）应税证券与减免税证券收益率的比较

在一些国家,地方政府发行的市政债券往往有减免税的政策优惠。因此,银行在选择投资对象时有一个收益率比较的问题。在比较时,一般是将不同所得税税率的债券收益率进行技术处理,测算出各种债券的税后实际收益率,然后进行比较。不同税率债券的实际收益率之间比较有以下三种状况:

$$R_{\text{mun}}(1 - T_{\text{mun}}) \gtreqless R_{\text{tax}}(1 - T_{\text{tax}}) \tag{6-15}$$

式中:$R_{\text{mun}}(1 - T_{\text{mun}})$ 为减免税债券实际收益率;

R_{mun} 为减免税债券的税前收益率;

T_{mun} 为投资者对减免税债券所得利息收入所处的边际税率;

$R_{\text{tax}}(1 - T_{\text{tax}})$ 为应税债券实际收益率;

R_{tax} 为应税债券的税前收益率;

T_{tax} 为投资者对应税债券所得利息收入所处的边际税率。

举例说明这种比较:有两种可供银行选择投资的证券,一种是应税国债,名义收益率为 10%,另一种为免税市政债券,名义收益率为 8%,银行所处边际税率为 34%,问何种债券实际收益率高?

应税债券实际收益率为: $10\% \times (1 - 34\%) = 6.6\%$

免税债券实际收益率为: $8\% \times (1 - 0\%) = 8\%$

因此,免税债券实际收益率高于应税债券实际收益率。

在分析中,为了使应税债券与减免税债券之间的收益率方便地进行比较,可运用纳税均等收益率(tax-equivalent yield)进行判定。这种收益率指在差别税率存在前提下,应税债券实际收益率与减免税债券实际收益率相等时,应税债券应达到的名义收益率。根据式(6-15),可得出:

$$R_{\text{te}} = \frac{R_{\text{mun}}(1 - T_{\text{mun}})}{1 - T_{\text{tax}}} \tag{6-16}$$

式中:R_{te} 为纳税均等收益率。

以前例计算:

$$R_{\text{te}} = \frac{8\%}{1 - 34\%} = 12.12\%$$

这个数值表明,应税债券只有在名义收益率为 12.12% 或以上时,其实际收益率才可能等于或大于免税市政债券 8% 的收益率。

第三节　银行证券投资策略

商业银行在按流动性、安全性、盈利性的经营三原则考虑资金配置时,必然会在总资产中安排一个较稳定的部分投资在证券上。金融市场发达国家的商业银行,这一部分占总资产的比例一般在20%～25%。因此,有效的证券管理对于追求自我经济效益的商业银行来讲显得很重要。由于各国金融当局对商业银行持有证券范围的限制性,证券投资的违约风险较小,而主要是市场利率风险或期限控制风险。因此,银行证券投资策略的目标,一般强调在控制利率风险前提下实现证券投资流动性和收益的高效组合。本节仅讨论不同期限、不同种类、不同品质特性的政府证券,在不同的利率环境下,银行应如何进行组合。

一、流动性准备方法

流动性准备方法(liquidity-reserve method)是商业银行传统证券投资策略的一种,被认为是较保守或消极的投资策略。这种投资策略比较僵硬地看待金融资产的流动性与盈利性之间的替换关系,从而把证券简单地划分为流动性证券和收益性证券两类。流动性证券期限短、利率低、可销性强,而收益性证券期限长、利率高、可销性弱。流动性准备方法的基本思想可以概括为:证券投资应重点满足银行流动性需要,在资金运用安排上以流动性需要作为优先顺序的考虑。该方法将银行资产划分为4个层次(见图6-3)。第一个层次的构成以现金资产为主,即库存现金、在中央银行准备金存款和以清算为目的的存放同业款,被称为一级准备(primary reserve)。一级准备几乎不产生收益,其功能是满足银行日常提存、支付和清算等流动性需求。第二个层次的构成以短期国库券为主,具有风险低、期限短、可销性强和有一定收益的特征,被称为二级准备(secondary reserve)。二级准备的组成构筑了银行证券投资流动性准备方法的核心,它强调短期证券在作为一级准备的补充,满足流动性需要的同时,为银行带来了一定的利息收入。对银行的季节性资金需求、无法预料的贷款需求增长和其他突发性资金需求靠二级准备的随时变现来满足。第三个层次的构成以各类贷款为主,被称为三级准备(tertiary reserve)。贷款利息是银行资产运用的主要收益来源,然而贷款若能到期正常偿还,也会产生流动性供给,特别是以票据贴现和抵押为基础的商业性贷款,具有自偿性质,甚至可进行再贴现融资。第四个层次的构成以各类中长期债券为主,具有期限长、收益高、可销性弱的特征,被称为投资性准备(investment reserve)。由于商业银行并非随时都能找到风险较低的贷款项目和客户,有些项目尽管潜在收益较高,但因潜在风险也很高,银行不敢随意放贷。在资金未寻找到理想的放款机会时,银行倾向于将剩余资金投向长期证券,以提高资金获利能力。银行投资中长期债券的主要目的是产生收益,而所谓流动性准备的功能只是作为最后的保证。

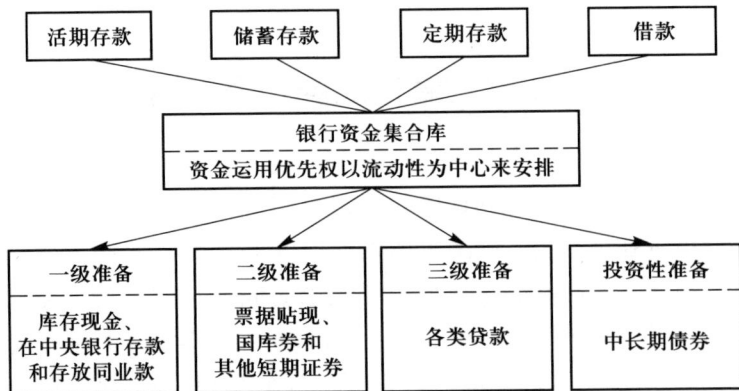

图 6-3　银行证券投资的流动性准备方法

随着经济环境的变化,流动性准备方法越来越显得被动和保守,在它指导下所产生的银行资产组合已不能适应商业银行的发展目标。

二、梯形期限策略

梯形期限策略(the laddered maturity strategy)是相对稳健的方法,它也称为期限间隔方法(spaced-maturity approach)。在利率波动的环境下,银行所投资证券的价格会随利率波动而变化,这对银行证券投资的技术要求很高。由于对利率波动的预测能力和保值技术能力的差异,不同银行可采取相对稳健或相对进取的投资策略。该方法的基本思路是:根据银行资产组合中分布在证券上的资金量,把它们均匀地投资在不同期限的同质证券上,在由到期证券提供流动性的同时,可由占比较高的长期限证券带来较高收益率。由于该方法中的投资组合很像阶梯形状,故得此名。

假设某银行资产组合中有 8 000 万货币单位资金将用于证券投资。该银行如果选择梯形期限策略,可将证券均匀地分布在 1～8 年期政府证券上。在这种投资组合中,1 年期证券占总投资 1/8,2 年期占 1/8,……,8 年期占 1/8,每年将有 1 000 万货币单位证券到期,可作为流动性准备或补充。如果银行现金资产正常,可将到期证券的现金重投资于 8 年期政府证券。可以想象,通过不断地重投资于最长期限的政府证券,若干年后,银行可以在保持证券组合的实际偿还期结构不变的情况下,获取更高的投资收益率。上述过程如图 6-4 所示。

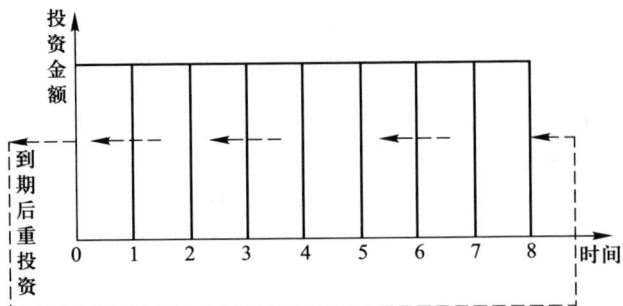

图 6-4　银行证券投资的梯形期限策略

梯形期限策略是中小银行在证券投资中较多采用的。其优点比较明显:① 管理方便,易于掌握。银行只需将资金在期限上作均匀分布,并定期进行重投资安排即可。② 银行不必对市场利率走势进行预测,也不需频繁进行证券交易业务。③ 这种投资组合可以保障银行在避免因利率波动出现投资损失的同时,使银行获取至少是平均的投资回报。证券投资的梯形期限策略与流动性准备方法一样,属于传统的投资策略,其特征可以概括为买入—持有到期。除此外,梯形期限策略具有的缺陷是:① 过于僵硬,缺少灵活性,当有利的投资机会出现时,不能利用新的投资组合来扩大利润,特别是当短期利率提高较快时。② 作为二级准备证券的变现能力有局限性。由于实际偿还期为 1 年的证券只是 $1/n$,故有应急流动性需要时,银行出售中长期证券有可能出现投资损失。

三、杠铃结构方法

杠铃结构方法(barbell structure approach)是指把证券划分为短期证券和长期证券两个组别,银行资金只分布在这两类证券上,而对中期证券一般不予考虑。这种证券组合结构反映在图上形似杠铃,故得此名。杠铃结构方法要求所投长期证券在其偿还期达到中期时就卖出,并将其收入重投资于长期证券。所投短期证券到期后若无流动性补充需要,再投资于短期证券。短期证券的期限由银行根据货币市场状态和证券变现能力自行决定,但一般在 3 年期以内。而长期证券的期限则在 7~8 年(见图 6-5)。

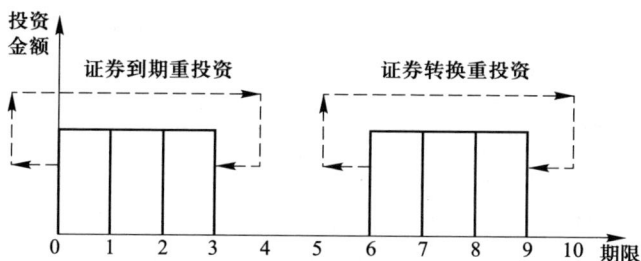

图 6-5　杠铃结构方法

从理论上讲,杠铃结构方法能使银行证券投资达到流动性、灵活性和盈利性的高效组合。短期证券保证了银行的流动性,长期证券的收益率较高,其投资组合的收益率不低于在梯形期限策略下的投资组合收益率。特别在利率波动时,投资损益相互抵消。如果市场利率普遍上升,长期证券市价下跌,出售长期证券时资本利得会减少,但到期短期证券的本利和未来收入却可以按不断上升的市场利率重投资。当市场利率下降时,短期证券重投资的收益率会降低,但长期证券市价上升,出售时的资本利得提高。正因为有以上优点,一些银行家认为杠铃结构方法比其他投资方法更接近银行流动性、安全性、盈利性原则所要求的综合效率边界。但也有一些金融专家提出,该方法对银行证券转换能力、交易能力和投资经验要求较高,对那些缺乏这方面能力和人才的银行来讲,其他简单方法也许更为有效。

四、利率周期期限决策方法

在利率波动的环境中,如果银行对利率的预测有较强的专家队伍,就可以采取较为主动和更富有进取性的投资策略。利率周期期限决策方法（cyclical maturity determination approach）就是其中一种。该投资策略认为,在预测利率将上升时,银行证券管理人员应更多地持有短期证券,减少长期证券,如图6-6(b)中反映的。而预测利率处于上升周期转折点并逐步下降时,银行应将证券的大部分转换成长期证券,如图6-6(c)所示。当利率下降至周期的转折点时,银行再次将证券组合转换成以短期证券为主。这种投资策略被认为最大限度地利用了利率波动。因为当利率上升时,到期证券的现金流将按不断上升的利率重投资,收益率自然提高。当利率达到上升周期阶段最高点时,银行将证券组合逐步调整到长期证券占较高比重的状态,等待下一轮利率下降周期的出现。

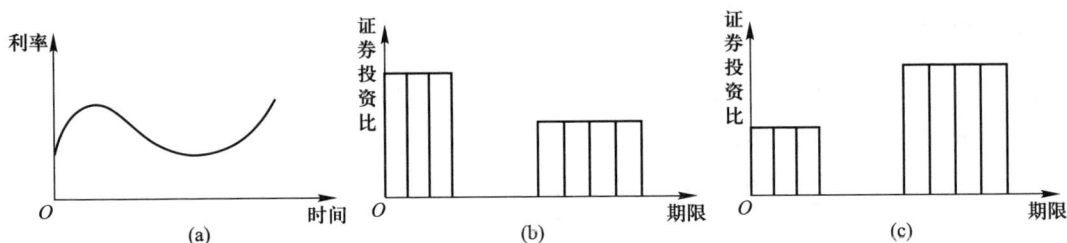

图6-6　利率周期期限决策方法

然而,这种投资策略在实施中也存在不少难度:第一,利率周期期限决策方法运用的环境是利率呈现出有规律性周期波动。当市场利率频繁波动时,该方法不具有可操作性。第二,该方法要求银行对市场利率变动方向有准确预测,如果预测方向错了,银行证券投资将损失惨重。第三,在股份制商业银行组织结构下,由于银行管理人员与董事会成员对投资获利方式和时机的选择往往存在差异,容易使该投资策略的实施效果大打折扣。例如,在经济复苏的初期阶段,银行信贷需求疲软,利率较低,银行证券管理层受到来自股东集团要求在证券投资上增加盈利的压力,因而十分容易出现忽略整个周期盈利水平,而仅看重增加当期盈利的倾向。由于此期间利率曲线向上倾斜,这种压力意味着银行会延长投资证券的期限。这样一来,银行实际上把投资的证券锁定在较低(相对于转折点)的利率上,并使银行在其证券组合急需进行调整时却降低了自身的流动性。第四,长期证券流动性低,在银行需要补充流动性或实施证券转换时,有时不易按意愿的价格变现或售出,甚至产生损失。

本 章 小 结

1. 证券投资在银行资产组合中的主要功能是分散风险,提高收益;保持合理流动性;合理避税。由于各国对商业银行风险控制较严,所以商业银行的证券组合中以债券为主,特别是各类国债、政府机构债券和市政债券。

2. 银行证券投资的风险有违约风险、通货膨胀风险、市场风险和流动性风险。证券投资的收益由利息收入和资本损益所构成。由于债券多为固定收入证券,故债券的价格与市场利率负相关。

3. 常用的银行证券投资市场风险评估主要有以下四种方法：灵敏度方法、波动性方法、VaR方法和压力测试。

4. VaR 是在一定置信水平和一定持有期内，某一金融资产或组合在正常的市场条件下所面临的最大损失额。从数学和统计的意义上看，VaR 就是在某个既定的损益预期分布中，对应一定置信水平的分位数。

5. 压力测试是一种以定量分析为主的风险分析方法，通过测算银行在遇到假定的小概率事件等极端不利情况下可能发生的损失，分析这些损失对银行盈利能力和资本金带来的负面影响，进而对单家银行、银行集团和银行体系的脆弱性做出评估与判断，并采取必要措施。

6. 商业银行证券投资的目标强调在控制风险下实现流动性和收益的高效组合。其主要的投资策略有：① 流动性准备方法。把持有的可销性很强的短期证券作为二级准备是该方法的核心。② 梯形期限策略。该方法强调把资金均匀地投资于不同期限的同质证券，在保证流动性的同时可提高平均收益率。③ 杠铃结构方法。该方法把资金分布在短期和长期证券两个组别上，以期获得流动性和盈利性的高效组合。

本章重要概念

一级准备	二级准备	国库券	公司债
央行票据	金融机构债	次级债	短期融资券
中票及企业债	混合资本债	资产证券化产品	灵敏度方法
波动性方法	VaR	压力测试	流动性准备方法
梯形期限策略	杠铃结构方法	利率周期期限决策方法	

复习思考题

1. 证券投资在商业银行投资组合中的主要功能是什么？
2. 为什么大多数国家立法限定商业银行证券投资的范围？
3. 商业银行证券投资面临哪些风险？
4. 商业银行证券投资面临的市场风险有哪些测度方法？比较各种测度方法的优缺点。
5. 商业银行证券投资各种策略的内容和优缺点是什么？
6. 银行利用证券投资进行避税的前提条件是什么？

即测即评

请扫描右侧二维码检测本章学习效果。

第七章
租赁和信托

租赁和信托是一项古老的传统业务,在当今世界已演变为一种相对独立的现代化业务。商业银行具有开展租赁和信托业务的相应条件和独特优势,现代经济的发展客观上也要求商业银行将租赁和信托视为新的业务增长点。当今发达国家的商业银行无不十分重视租赁和信托业务的开拓和发展。我国的金融业由分业经营向混业经营发展将是大势所趋。随着中国的银行朝全能银行方向发展,全面介入租赁和信托业务的时代即将来临。

第一节　租赁的基本概念

一、租赁的历史发展

租赁是指在一定期间内,出租人将资产的使用权让与承租人以获取对价的行为。

租赁体现的是所有权与使用权之间的一种信贷关系,由财产所有者(出租人)按契约规定,将财产租让给承租人使用,承租人根据契约按期缴纳一定的租金给出租人,出租人对财产始终保有所有权,承租人只享有使用权。租赁是一种非常古老的信用形式,经历了由古代租赁、传统租赁到现代租赁的三个历史阶段。

首先,古代租赁是一种古老的实物信用形式,租赁主要是指出租人和承租人相互交换使用物件,以满足对物件使用价值的需要。租赁双方没有采取固定的契约形式确定彼此的权利和义务,也没有固定的报酬。租赁物主要是土地、房屋、农具、船只等。

随着商品经济的发展,传统租赁逐渐产生。与古代租赁相比,出租人和承租人之间已经采取契约方式确定双方的权利和义务,并以收取报酬为目的。与此同时,有关租赁的法律规定也陆续出现。从 19 世纪开始,随着科学技术和工业化大生产的发展,机器设备、现代交通运输工具和通信设备等开始成为主要的租赁对象。但在传统租赁下,租赁的目的仍然只限于使用设备本身,租赁设备也只租不售,因此类似于一种分期付款的商业信用,主要是为了控制客户。

第二次世界大战后,现代租赁开始在美国发展起来。1952 年,美国的亨利·斯克菲尔德成立了世界第一家融资租赁公司——美国租赁公司,成为现代租赁体制确立的标志。与传统租赁不同,现代租赁是融资和融物相结合,并以融资为主要目的的租赁。美国作为现代租赁的发源地,已形成当今世界最大的租赁市场,除商业银行可以设置租赁公司从事租赁业务,还有独立的租赁公司以及设备制造厂商经营的租赁公司等。此外,各种金融机构,如投资银行、养老基金、保险公司等也都是租赁市场的参与者。同时,美国租赁市场上的租赁对象几乎无所不包,有飞机、轮船、汽车等现代交通工具,有信息处理设备、现代医疗设备、电信电话设备、办公设备等,还包括铁路、建筑机械、农业机械甚至灌溉系统等。根据 White Clarke(克拉克)的统计,美国 2018 年新增的融资租赁业务额约为 4 284 亿美元,占全球的 1/3,比 2017 年增长 4.4%。目前,美国 80%以上的资本设备采用租赁的方式取得。

二、现代租赁的概念和意义

(一)现代租赁的概念

现代租赁也称金融租赁或融资租赁,它是以融资为目的而进行的一种租赁活动。现代租赁的概念包含以下几个方面的内容:

(1)就租赁的目的而言,承租人是为了进行设备投资而进行租赁的。企业在进行设备投资时,不是直接购买所需设备,而是向租赁公司提出要求租赁所需设备,与租赁公司签订租赁合同,租赁公司则代为融资,并根据承租企业的要求,同供货厂商签订供货合同,购进相应设备,然后交给承租人使用。承租人对租进的设备具有完全自主的使用权,但需要按时向租赁公司交付租金。

(2)承租人在租赁期满后,对租赁设备有停租、续租的权利,也有留购的选择权,即可以按一定的名义价款取得设备的所有权。

(3)在现代租赁中,出租人提供的租赁物一般不是通用设备,而是承租人根据自己的生产需要而选定的具有一定规格、性能和型号的生产设备。出租人完全依据承租人的要求选购设备,然后交给承租人使用,承租人则按照租赁合同按期交付租金。在整个租赁期内,租赁设备的所有权属于出租人,承租人只有设备的使用权。有关设备的性能、技术标准由供货人直接向承租人负责,如有违约发生,承租人可直接向供货人提出索赔。

(4)从租赁期限上看,融资租赁的期限较长,很多设备的租期接近设备的使用年限,并且是不中断的,承租人必须按合同定期交付租金,不得中途解除合同。

(5)从租金的构成上看,现代租赁的租金由全部贷款加相应的利息与管理费等构成。

总之,现代租赁是具有融资和融物双重性能的信用交易,它是企业进行长期资本融通的一种手段。现代租赁是以融物的形式进行融资,采取的是金融和贸易相结合的形式,因此不同于银行借款、发行公司债券、分期付款等长期信贷方式,而成为一种独立的信用形式。目前现代租赁已成为仅次于银行贷款的第二大融资方式。

(二) 现代租赁的主要意义

(1) 利用现代租赁形式,企业不必先投入巨额资金购买设备,只要支付少量租金就可使用设备,这样不仅避免企业投产前的巨额资金支出,还可减少整个生产过程中的固定资产占用,进而有利于提高企业的资金流动性和资本利润率。正如世界上第一家现代租赁公司——美国租赁公司所宣称的:"利润不是通过占有机器生产出来的,而是通过机器的使用带来的。"

(2) 用租赁形式融通资金,可避免设备陈旧过时的风险,加快企业设备更新。现代科学技术飞速发展,新设备、新技术不断涌现,设备的技术寿命周期越来越短,陈旧过时的风险也越来越大。如果是企业自己购买设备,就必须承担设备陈旧过时的风险,而且处理旧设备的成本高;采用租赁方式,企业可根据对设备技术更新周期的预测确定租赁期限,一旦设备过时,就换掉旧设备,租用更新的设备,使企业避免设备陈旧过时的风险,有利于整个社会的设备更新和改造。

(3) 融资租赁可减少通货膨胀给企业造成的损失。因为签订租赁合同是全部租赁活动的首要环节,租金是在租赁开始时就确定的,在整个租期内固定不变,如果通货膨胀使货币贬值,也会使企业定期支出的租金的实际价值减少,从而减轻了企业资金支出的压力,同时避免了企业积累折旧的损失。

(4) 现代租赁可以扩大产品销售,有利于新技术和新产品的推广。发达国家的许多大公司就是利用租赁来扩大销售和占领市场的。因为企业用租赁方式向客户推销新产品,可以减少客户对产品不了解而产生的顾虑,使客户更容易接受新产品,而且企业在租赁设备的同时,还可通过对客户提供相应的服务与客户保持经常的往来,以稳固地占领市场份额。

三、租赁与其他信用形式的比较

(一) 现代租赁与银行贷款的比较

贷款是商业银行的主要盈利资产,它具有综合性和多样化的特点。虽然现代融资租赁和银行的中长期设备贷款在融资目的上是相似的,但两者的性质、融资方式和形式是不同的。

(1) 从信用范畴上讲,贷款是银行信用,而租赁则是租赁信用,因此两者的性质是不同的。虽然融资租赁和贷款都是为企业融通资金,即提供资金收取利息,但贷款是一种借贷关系,只涉及借贷双方,只签订借款合同。虽然借款人贷款的目的也是用于购置设备,但贷款人不直接介入购买行为,贷款人和供货人不直接发生关系。融资租赁是以融物的形式融资,它涉及出租人、承租人和供货商三方面的关系,出租人以向承租人提供设备的形式融资,给予承租人的是设备使用权。贷款合同的标的是资金,而租赁合同的标的则是设备。

(2) 对承租人来说,现代融资租赁是一种完全融资,而贷款则是一种不完全融资。借款人在向银行贷款时,银行通常要求借款人提供担保和抵押,而抵押品的价值一般总是被低估的。而且借款人即使得到了贷款,也往往不能全额使用,因为银行通常要求企业保留一部分贷款资金作为强制性存款,而贷款利息要按全额款计算。融资租赁以设备为标的物,实质上等于百分之百地评价了抵押品的价值。

（3）贷款是企业对银行的负债,贷款增加,企业的负债比率也随之提高。2018 年 12 月,财政部发布修订后的《企业会计准则第 21 号——租赁》,要求承租人在租赁期开始日对除短期租赁和低价值租赁外的租赁在资产负债表内确认租赁负债。因而短期租赁和低价值资产租赁不作为企业的负债,不计入资产负债表的负债项目,不改变企业的负债比率,也不影响贷款限额。因此对企业来讲,租赁不失为一种十分有利的融资形式,它既获得了资金,又不增加负担,对企业的信誉也很有利。

（二）现代融资租赁与分期付款的比较

现代融资租赁和分期付款在还款形式上有相似之处。分期付款是由买方向卖方分期支付货款,而租赁由承租人向出租人分期支付租金,两者都是资金的分期支付。但分期付款是商业信用,与租赁信用存在性质上的根本区别。分期付款一开始就是所有权的交易,即买方在支付第一笔款项后,就获得了设备的所有权,而融资租赁的承租人在整个租赁期内只能得到设备的使用权。在分期付款下,由销货方向购货方提供信用,买卖双方签订的是购货合同;在融资租赁中,承租人与出租人签订的是租赁合同,租赁中涉及的购货合同是由出租人根据承租人指定的设备及其条件与供货人签订的。在分期付款中,设备的所有权和使用权都属于购货方;在融资租赁中,设备的所有权和使用权则分别属于出租人和承租人。上述区别决定了分期付款和融资租赁在税收待遇上存在不同。分期付款只是作为买卖交易看待,不能享受租赁在税收上的优惠;但是,许多国家为了鼓励企业采用租赁方式,都对租赁作出税收的优惠规定,如果以租赁方式得到设备的使用权,在税收上可以享受优惠。

四、银行开展租赁业务的意义

目前,全球租赁市场上开展租赁业务的机构一般包括独立出租人、母公司或制造商附属的租赁公司、非银金融机构类租赁公司以及商业银行等几大类。据统计,发达国家的租赁市场上,银行及制造商背景的租赁公司占据的市场份额超过 80%。

商业银行进入租赁市场从事租赁业务具有重大的意义,它从根本上改变了租赁,促进了现代融资租赁的发展。首先,无论是独立出租人或企业和金融机构附属的租赁公司,其运作之初能使用的资金只能是股本金,而股本金在实际业务中远远不能满足现代租赁业务对资金的需求,商业银行尤其是资金实力雄厚的大银行,能为租赁业务源源不断地注入资金,从而促进了租赁市场的繁荣。其次,大银行客户众多,机构网点遍布全球,能充分运用现代通信技术,在承租人和供货方之间架起沟通的桥梁,推动租赁业务的顺利发展。最后,现代租赁业务要涉及利率、汇率、税率、折旧、设备的经济周期和技术周期、残值估价等一系列复杂的经济预测、技术鉴定和计算,而大银行信息优势明显,技术设备先进,高素质人才云集,因此有实力的较大的商业银行进入租赁市场,已成为租赁市场健康运行、蓬勃发展的必要条件。

对商业银行自身来说,租赁主要是一种资金运用,可列为资产业务。如由银行出资购买设备租借给承租人,由于在租赁期内设备的所有权属于银行,从而成为银行的固定资产;银行向租赁公司贷款,则直接形成贷款资产。同时,租赁业务也明显带有中间业务的色彩,如租赁公司或承租人委托银行提供信息,联系供货厂商,提供复杂的预测和计算服务,就属于信息咨询业务;在委托租赁中,银行为委托单位按时收取租赁费,就是一种代理业务;委托单位如不提取租赁费,就成为银行可以占用的中间业务负债等。因此租赁业务不但为商业银行提供了新的融资渠道,有利于银行资产业务的多样化和分散投资风险,而且为商业银行拓宽中间业务、加强服务功能提供了新的空间。

发达国家的实践证明,现代租赁对加快企业设备更新,推动企业技术进步意义重大,进而有利于缓和经济周期波动,保持整个社会经济的平稳发展。然而,目前我国商业银行除出租保管箱等经营性租赁外,现代融资租赁业务的开展还不很普遍,这既有体制上的原因,也有商业银行自身的原因。虽然现代融资租赁业务有一定的风险,但它为企业设备更新提供了一条投资少、见效快的捷径。因此银行开展租赁业务,对支持我国企业的现代化发展、逐步建立起具有中国特色的产融结合模式,都有十分积极的意义。可以认为,我国商业银行租赁业务的发展有着相当大的潜力。

案例 7-1

我国银行系金融租赁公司的发展

20 世纪 80 年代中期,我国的银行就以信托投资公司的名义开展融资租赁业务。1997 年亚洲金融风暴冲击了中国的金融体系,我国金融业实行分业经营,银行基本撤出了租赁业务。

2007 年 3 月施行的《金融租赁公司管理办法》明确规定了金融机构可以设立金融租赁公司,不仅是银行,包括保险公司等各类金融机构都可设立金融租赁公司。2007 年 8 月,中国工商银行开始筹建金融租赁公司,之后,各家股份制银行、城商行、农商行也纷纷参与设立金融租赁公司。

截至 2019 年年底,全国的 70 家金融租赁公司中有 47 家由银行控股或参股,约占总数的 2/3。其中银行全资 12 家、控股 31 家、参股 4 家。

2021 年 6 月,我国商业银行下设租赁公司的情况(部分)如表 7-1 所示。

表 7-1　我国商业银行下设租赁公司的情况(部分)

序号	公司名称	股东	注册资本/亿元人民币	注册地	注册时间
1	国银金融租赁股份有限公司	国家开发银行、海航集团、长江三峡集团等	126.42	深圳	1984
2	工银金融租赁有限公司	中国工商银行	180	天津	2007
3	建信金融租赁有限公司	中国建设银行	110	北京	2007
4	交银金融租赁有限公司	交通银行	140	上海	2007

续表

序号	公司名称	股东	注册资本/亿元人民币	注册地	注册时间
5	招银金融租赁有限公司	招商银行	60	上海	2007
6	民生金融租赁股份有限公司	民生银行、天津保税区投资公司等	50.95	天津	2008
7	农银金融租赁有限公司	中国农业银行	95	上海	2010
8	兴业金融租赁有限公司	兴业银行	90	天津	2010
9	光大金融租赁股份有限公司	中国光大银行、武汉新港建设投资开发集团、武汉轨道交通建设公司	59	武汉	2010
10	浦银金融租赁股份有限公司	浦发银行、中国商用飞机有限公司、上海国有资产经营公司	50	上海	2012
11	华夏金融租赁有限公司	华夏银行、昆明产业开发投资公司	80	昆明	2013
12	邦银金融租赁股份有限公司	中原银行、河南万松建设工程公司	30	天津	2013
13	北银金融租赁有限公司	北京银行等	31	北京	2014
14	哈银金融租赁有限责任公司	哈尔滨银行、东宁丽致建筑装饰工程公司、哈尔滨运通汽车销售服务公司	20	哈尔滨	2014
15	交银航空航运金融租赁有限公司	交通银行	140	上海	2014
16	珠江金融租赁有限公司	广州农村商业银行	10	广州	2014
17	中信金融租赁有限公司	中信银行	40	天津	2015
18	苏银金融租赁股份有限公司	江苏银行、江苏凤凰出版传媒集团、南京高精传动设备制造集团	40	南京	2015
19	永赢金融租赁有限公司	宁波银行	40	宁波	2015
20	天银金融租赁有限公司	天津银行、天津港集团等	17	天津	2016

商业银行设立金融租赁公司有很多好处：

一是发挥业务协同，通过银租联动促进商业银行的综合化经营。在目前分业经营的原则下，银行可以借助金融租赁公司在租赁市场上开展业务，介入航空设备、医疗设备、大型装备制造业等领域，和商业银行现有业务形成互补并丰富银行信贷业务的抵押品范围。

二是可以突破跨区域经营的限制，特别是对于区域性商业银行来说意义更大。由于金融租赁公司的业务范围不受注册地限制，可覆盖全国各地，从而与城商行或农商行之间产生区域协同效应。

三是银行借助租赁公司的营销拓展，可在资管业务等方面提升推介与合作的机会，帮助优化业务结构，开展租赁资产证券化等业务。

四是银行系租赁公司则可以借助母行的品牌优势,较好地开展业务,占领市场,反过来也为母行提供可观的财务贡献。

思考题

为什么银行系金融租赁公司在我国的租赁市场上占据多数份额?商业银行开设金融租赁公司对银行来说有何重要意义?

第二节　银行租赁业务的种类

根据租赁目的和投资回收方式,租赁可以分为经营性租赁与融资租赁两大类,银行主要从事融资租赁业务。

一、经营性租赁与融资租赁

（一）经营性租赁

1. 经营性租赁的概念

经营性租赁又称作业性租赁、服务性租赁或操作性租赁。这是一种短期租赁,指的是出租人向承租人短期租出设备,在租期内由出租人负责设备的安装、保养、维修、纳税、支付保险费和提供专门的技术服务等,因此其租金要高于融资租赁。经营性租赁的租期要短于设备的预期寿命,租赁合同可中途解约,一次租赁的租金不足以抵消购置设备的成本,故又称非全部收回租赁。经营性租赁是一个反复出租的过程,当第一个租赁期满后,承租人将设备退回,出租人再与第二个承租人签订合同,出租设备。

2. 经营性租赁的主要特点

（1）租赁关系简单,仅涉及两个当事人,即出租人和承租人。只签订一个合同,即租赁合同。

（2）承租人是不特定的多数,即一项设备的承租人不是一个特定的承租人,而是多个不确定的承租人。

（3）租赁的目的主要是短期使用设备。承租人利用经营性租赁,一般是由于只需要临时或短期使用某种设备,因此没有必要出钱购买。承租人也会因为技术原因而进行经营性租赁,如某种设备技术更新周期短,为避免购入设备造成陈旧过时的风险等。另外,当承租人对某种设备的技术性能不了解时,不敢贸然购买,也会采用这一租赁方式。

（4）租金的支付具有不完全支付性,即出租人无法只通过一次设备租用,在一个租赁合同期内收回全部投资,出租人每次对承租人出租所收取的资金,只是全部投资的一部分,投资回收只有依靠多次反复的租赁才能实现。

（5）租赁物件一般是通用设备或技术含量高、更新速度较快的设备。因为唯有租赁物件具有广泛的适用性,才能适合不同承租人的需要,以通过多次租赁而收回投资。

（6）租赁物件的选择是由出租人决定的。由于承租人很多，且不确定，所以租赁物件是由出租人根据对市场的调查、判断和经验来选择购置的，承租人只是在出租人已拥有的设备中选择自己需要的租赁物件。

（7）租赁物件的使用有一定的限制条件。由于出租人要依赖多个承租人才能收回自己的投资，因此对每个承租人使用租赁物件确定一定的限制条件，以保证租赁物的正常使用寿命。

（8）经营性租赁的租期一般比较短，承租人可提前告知出租人，中途解除合同。

在我国，商业银行参与的经营性租赁主要有两种形式：一种是商业银行向经营性租赁公司提供贷款融资；另一种是商业银行直接出租通用设备或技术含量高、更新速度快的设备。前者如银行的保管箱出租，后者如出租银行计算机、现代通信设施等。

（二）融资租赁

1. 融资租赁的概念

融资租赁也称为金融租赁，是指出租人根据承租人的决定，向承租人选定的第三者（供货人）购买承租人选定的设备，租给承租人使用，在一个不间断的长期租赁期间内，出租人通过收取租金的方式，收回全部或大部分投资。融资租赁在实质上转移了与资产所有权有关的全部风险和报酬。

作为现代租赁的融资租赁，是以商品资金形式表现的借贷资金运动形式，是集融资和融物于一体的信用方式，兼有商品信贷和资金信贷的双重特征。在这个运动过程中，出租人通过出租设备商品的形式向承租人提供了信贷便利；承租人直接借入设备商品，取得了使用权，这实际上是获得了一笔资金信贷，并在从事生产经营的过程中创造出新的价值。

2. 融资租赁的主要特点

这种既表现为设备融通的贸易形式，又反映为资金融通的信贷方式的融资性租赁，具有如下主要特点：

（1）设备的所有权和使用权分离。在融资租赁中虽然设备是由承租人指定的，由出租人出资购进，但在约定租期内，设备的所有权属于出租人。承租人获得的是设备使用权，并对租用的设备负有维修、保养以使之处于良好状态的义务。期满后，承租人可享有留购、续租、退租或另外签订租约等多种选择。这种所有权和使用权的分离，有利于确定现代化经营方式，适应社会化大生产的要求。

（2）租期分期归流。在融资租赁中，承租人交付租金的次数和每次所付金额均可由双方具体磋商。租期结束时，租金归流的累计数大体相当于购买设备的价款加上管理费用和出租人的盈利。

（3）资金与物资运动的紧密结合。融资租赁是以商品形态和资金形态相结合的方式提供信用。在向企业出租设备时解决了企业的资金需求，它不同于借款还钱、借款还物的一般信用形式，而是借物还钱，因而具有信用和贸易的双重性质。出租人在这里兼有金融机构（融通资金）和贸易机构（提供设备）的双重职能。出租人还直接与设备制造商发生购买关系，一方面连接设备的生产环节，一方面与承租人发生租赁关系，连接着设备的实际需求。由于融资性租赁能使产销紧密结合，因而是一种具有长期稳定特征的信用方式。

融资租赁除上述一些特点外,还具有如下特征:包括出租人、承租人、供货商至少三个方面的关系和两个以上的合同,合同具有不可撤销性;承租人对设备保养、维修、保险和过时风险承担责任等。

（三）融资租赁与经营性租赁的比较

根据融资租赁和经营性租赁的主要特点,可将两者的区别归纳如表7-2所示。

表7-2 融资租赁和经营性租赁的区别

区别	融资租赁	经营性租赁
当事人	出租人、承租人、供货商	出租人、承租人
承租目的	长期使用、添置设备	短期使用,接受服务
物件的类型	寿命较长的设备	更新较快的设备
物件的选择	根据承租人向供货商选定	在出租人的现货中选择
物件的使用	可以像自有设备一样使用	对承租人有一定的限制要求
租赁期限	时间较长	时间较短
租赁合同	中途不可解约,期满后有多种选择	中途可以解约,期满可以退租
承租人	特定的一个承租人	不特定的多个承租人
维修和保养	由承租人负责	由出租人负责

二、融资租赁的主要形式

（一）直接租赁、转租赁和回租租赁

以租赁业务的具体做法为标准,其可分为直接租赁、转租赁和回租租赁三种形式。

1. 直接租赁

直接租赁是指出租人在资金市场筹措到资金后,向制造厂商支付货款,购进设备后直接出租给承租人的租赁业务,即购进租出。直接租赁一般由两个合同构成:一是出租人与承租人之间的租赁合同,二是出租人根据承租人订货要求与厂商订立的购货合同。

2. 转租赁

转租赁是指由出租人从一家租赁公司或制造厂商租进一件设备后转租给客户的租赁业务,即租进租出。由于采取转租赁方式,一般都要签订两次租赁合同,故承租人通常要支付高于直接租赁方式的租金。

转租赁与直接租赁最主要的区别在于:前者是从租赁公司获得租赁融资便利,后者则是从银行等金融机构以传统信贷方式直接获得融资便利。

3. 回租租赁

回租租赁是指设备所有者将自己拥有的设备资产卖给租赁公司以获得融资便利,然后以支付租金为代价将其从租赁公司租回的租赁业务。回租的承租人与设备出售人为同一人,往往是承租人由于缺乏资金、急需改善财务状况所采取的一种筹资方式。

（二）单一投资租赁和杠杆租赁

以租赁中出租者的出资比例为标准,其可分为单一投资租赁和杠杆租赁两种形式。

1. 单一投资租赁

单一投资租赁是指由出租人承担购买租赁设备全部资金的租赁。出租人运用自有资金购买设备,必将为自身资金实力所限,因而是一种规模不大的传统租赁形式。

2. 杠杆租赁

杠杆租赁也称衡平租赁或代偿租赁,是指出租人一时无能力购买巨额价值的设备,如海上钻井平台、大型客机、成套的炼油或炼钢设备等,可在小部分自筹资金的基础上向其他银行或保险公司筹措大部分资金（一般占 60%～80%）,并以所购设备作为贷款抵押,以转让收取租金的权利作为贷款的额外保证,然后将设备租给承租人,以收取的租金偿还贷款。杠杆租赁是当前风行全球的租赁形式,后面将作进一步的具体介绍。

（三）国内租赁和国际租赁

以租赁交易所涉及的地理区域为标准,其可分为国内租赁和国际租赁。

1. 国内租赁

国内租赁指租赁交易只处于国内区域,交易中涉及的当事人同属一国居民,因而是一种融通国内资金的形式。

2. 国际租赁

国际租赁指租赁交易的地域扩展到国外,交易中涉及的当事人分别属于不同的国家。国际租赁又分为进口租赁和出口租赁。进口租赁是指由国外引进租赁设备,租给国内承租人使用,通常采用进口转租赁的方式,是利用国际资金、引进国际先进技术设备的重要手段。出口租赁是指将国内设备出租到国外,由国外承租人使用,因此出口租赁是扩大国内产品出口的一条重要途径。

（四）动产租赁和不动产租赁

以租赁物资的财产性质为标准,其可分为动产租赁和不动产租赁。动产租赁也叫设备租赁,是指以各种动产,如机器设备、运输工具、计算机为标的物的租赁交易。不动产租赁是指以房屋、土地等不动产为对象的租赁交易。

（五）企业租赁、混合租赁、厂商租赁

这是几种比较特别的租赁方法,下面加以简要介绍。

1. 企业租赁

企业租赁是以国家的代表部门作为出租人,将整个企业（全部资产）出租给集体或个人,由其作为承租人去经营。在租期内,承租人除按规定缴纳税金和提留利润外,还须向国家缴纳租金,并保证企业资产的完整和必要的更新。期满后不发生企业所有权的转移。

2. 混合租赁

混合租赁是指将租赁同合资经营、补偿贸易、来料加工等贸易形式相结合,承租人则以产品偿付租金。

3. 厂商租赁

厂商租赁是由设备生产厂商作为设备供应商委托第三方租赁公司(既可以是集团内部设立的租赁公司,也可以是集团外部进行合作的第三方租赁公司)或者自己作为直接出租人,对承租人办理的以自身设备为租赁标的的租赁交易。

很多跨国企业,如美国的国际商业机器公司(IBM)、通用电气(GE)等都大力开展厂商租赁,以促进产品销售,获得丰厚利润。同时由于拥有专业技术优势,可以为客户提供灵活的租赁方式和优质的租赁物的维修保养服务,在市场上占有较大的份额。2005 年 3 月,我国商务部正式公布了《外商投资租赁业管理办法》之后,跨国公司在进入中国开展业务的同时,越来越重视通过厂商租赁的方式为客户提供更灵活的设备融资方案,正在以更快的速度进入或准备进入中国金融租赁领域。而我国的一些大型企业也应该在这股浪潮中探索如何有效开展厂商租赁,扩大市场份额,在激烈的竞争中获得更大的发展。

三、融资租赁在我国的发展

融资租赁自产生以来,被世界各国普遍接受,因其在加速折旧、促进企业技术改造、提高企业产品竞争力方面的独特优势,在出现至今的五六十年的时间里,已经成为西方国家仅次于银行贷款的第二大融资方式。

中国改革开放以后,中国租赁有限公司和中外合资的中国东方租赁有限公司在 1981 年先后成立,以融资租赁为代表的现代租赁业开始在中国出现。到 1987 年年底,已有 14 家合资租赁公司和 15 家中资租赁公司成立,租赁合同金额超过 13 亿美元。但是,1988 年国家针对经济过热采取了措施进行治理,租赁业也因此降温。

1992 年邓小平发表南方谈话后,中国又掀起了新一轮建设高潮,租赁业也达到一个高峰。1997 年亚洲金融风暴后中国实行严格的分业经营,银行撤出了租赁公司。一些租赁公司在业务扩张的同时也出现滥用职权、违规高息揽储,导致不良债权激增,2000 年以后,中国人民银行相继关闭了华阳金融租赁公司、海南国际租赁公司和武汉国际租赁公司等经营陷入严重困境的租赁公司。

2000 年 6 月,中国人民银行颁布了《金融租赁公司管理办法》,使金融租赁业有了发展的根基。2007 年 3 月 1 日,新《金融租赁公司管理办法》开始施行,银行再次获准进入租赁业。之后,我国融资租赁企业的数量大幅增加,从 2010 年的 182 家增加到 2018 年的 11 777 家,增长了近 64 倍,注册资金折合约 33 763 亿元人民币。

2018 年 5 月,对融资租赁公司的监管职责由商务部划给中国银保监会,使我国租赁业的监管得到了进一步明确。

融资租赁对于解决我国中小企业融资难有着重要的意义。由于中小企业受规模小、可抵押资产少、信用等级低以及管理水平不高等因素的限制,融资非常困难。同时,我国银行业在开展业务时存在这样的矛盾:很多银行存在流动性过剩的问题,大量存款必须贷出;各银行都面临不良资产不断增加的巨大压力。因此,银行对没有足够抵押品的公司或小公司不敢轻易发放贷款。而融资租赁则是解决这一矛盾的有效途径。银行将资金贷给融资租赁公司,融资租赁公司以租赁的形式支持中小企业的发展,帮助中小企业购进设备,这样既不让资金占压,又解决了中小企业的燃眉之急。我国可以借鉴他国经验,充分发挥融资租赁这一强有力的融资方式的优点,大力为中小企业的发展融通资金。

但是在我国,银行与租赁业务并没有紧密结合。随着 2015 年国务院《关于促进金融租赁业健康发展的指导意见》的出台,融资租赁业有望迎来春天,而银行牵手融资租赁也已成为现实。一些触角敏锐的商业银行已经开始尝试提供采购支持计划和财富增值计划等全方位服务。随着越来越多的银行进入融资租赁业,融资租赁将会迎来新的发展机遇,而银行与融资租赁的结合也会带来更多的金融创新业务。

第三节　我国商业银行参与融资租赁的模式

一、杠杆租赁

(一) 杠杆租赁的意义

我们在前面的融资租赁主要形式中提到杠杆租赁比较特殊,因此,下面将重点分析这种租赁形式。

杠杆租赁是一种融资节税租赁,出租人一般只需提供全部设备金额的一部分投资,就可获得设备的所有权,享受 100% 的设备投资税收优惠。杠杆租赁主要用于资本密集型设备的长期租赁,如飞机、输油管道、工厂、石油钻井平台、卫星系统等。由于杠杆租赁中所购置设备成本中的大部分资金是以出租的设备为抵押,向银行和金融机构贷款取得,所以银行在这种租赁中有着深度的参与。银行(贷款人)提供贷款时对出租人无追索权,其还款保证在于设备本身和租赁费,同时需要出租人以设备第一抵押权、租赁合同及收取租金的受让权作为该项贷款的担保。

(二) 杠杆租赁的当事人

杠杆租赁是一项最复杂的租赁交易,共有 7 个当事人。具体介绍如下:

(1) 承租人。杠杆租赁中的承租人必须是具有相当资金实力的大客户,因为小企业难以承担无追索权贷款的风险。

(2) 设备制造商和供应厂商。

(3) 物主出租人。杠杆租赁中租赁资产的产权分属于多个大银行和大公司,它们均为物主出租人。

(4) 物主受托人。在具有多个物主出租人的情况下,为便于经营管理,通常委托一个物主受托人经营租赁资产。物主受托人是杠杆租赁的核心,具有三重身份:① 出租资产在法律上的所有者;② 承租人的出租人;③ 债权人的借款人。

(5) 债权人(贷款人)。一项杠杆租赁交易往往有好几个债权人,通常称为债权参加者或债权持有者。债权人多为银行。

（6）合同受托人。当债权人有好几个时，一般设立一个合同受托人，负责代表债权人与物主受托人联系。物主受托人把出租资产、租赁合同和收取租金的权利移交给合同受托人，使其在该项资产上有权行使担保。

（7）包租人或经纪人。他们在承租人和出租人之间充当中间人，负责安排起草租赁合同，寻找有利的借款来源，安排、促成租赁合同的签署等，从中收取佣金。包租人一般由租赁公司、投资银行担任。

（三）杠杆租赁涉及的合同

由于杠杆租赁的关系人多，因此需要签署多个合同文本。主要包括以下几种：

（1）参加协议。这是由杠杆租赁所有当事人签署执行的文件，它规定各当事人承担的责任和义务，同时载明成交的先决条件。

（2）购买和制造协议。这是承租人与制造厂商之间的协议，先由承租人签字，再由物主出租人签字。

（3）转让协议。这是购买协议的转让协议，由承租人与物主受托人签订，将购买协议项下的权利转让给物主受托人，但不转让责任，以达到为筹资建立担保的目的。

（4）信托协议。这是产权参加者和物主受托人之间的协议，规定物主受托人的相应责任及报酬标准。

（5）合同信托协议。合同信托协议由物主受托人与合同受托人签订，规定租赁合同项下的抵押和担保，由合同受托人代表贷款人持有抵押、担保利益；规定物主受托人应向债权人签订债权证书，载明还款责任、利率和支付方式。

（6）租赁合同。

（7）保证协议。除上述各种协议外，还可能附有各种保证协议，如承租人为一子公司，则由其母公司签订保证协议。

（四）杠杆租赁的交易程序

1．筹备阶段

该阶段主要包括以下内容：

（1）承诺，即包租人与未来承租人联系签署一项具有承诺性质的委托书；

（2）包租人寻找股权投资人和债权人；

（3）产生物主受托人和合同受托人；

（4）上述当事人签署一项参加协议。

2．正式进行阶段

该阶段主要包括以下内容：

（1）物主出租人和物主受托人签署信托协议，确定产权参加者同意预付的现金投资比例；

（2）物主受托人与合同受托人签订合同信托协议，确定贷款人在设备总投资中的贷款比例；

（3）物主受托人代表物主出租人与承租人签订租赁合同；

（4）物主受托人与合同受托人签订担保协议；

（5）承租人与厂商签订购货协议；

（6）承租人与物主委托人签署购买协议转让书；

（7）合同受托人向厂商交付货款；

（8）厂商将设备物权交给物主受托人；

（9）厂商向承租人直接发货；

（10）承租人向合同受托人交付租金；

（11）合同受托人收到租金后向债权参加者交付到期的债务本息，并在扣除信托费等费用后将租金余额交给物主受托人；

（12）物主受托人收到租金余额先扣除信托费等费用，再按出租比例分付给每个产权参加者。

（五）商业银行参与杠杆租赁

我国租赁业目前大多采用租赁业务中的直接租赁，但随着租赁业的发展，特别是出现了一些大型租赁项目，租赁公司凭借自有资金往往难以满足这些项目对资金的需要。

银行与杠杆租赁的结合更紧密，高度资本密集型设备（如飞机、船舶等）的租赁业务需要大量的资金，大部分由银行等金融机构投资人提供贷款。在我国现阶段，银行通过下设的金融租赁公司直接经营金融租赁，采取的方式可以为杠杆租赁。商业银行积极参与其中，可为租赁项目提供巨额资金。杠杆租赁由于可享受税收好处（有的国家为了鼓励投资，规定通过融资性租赁的投资项目可以加速租赁物件的折旧，这实际上是把一些应该上缴的税款用来偿还租金），对于租赁公司来说，其综合效益较好，租金回收也较安全，费用可以降低，因此目前在国外很盛行。对于银行贷款来说，由于取得高于贷款总额的设备的第一留置权，收回贷款也就有了保障，其风险控制类似于项目融资。实际上，很多国内银行也开始利用杠杆租赁为企业融资，如 2002 年中国工商银行与中国对外贸易运输（集团）总公司达成总额为 2.2 亿美元的杠杆租赁融资协议，并安排了首期提款。这个融资项目是工行首次独立安排的大型境外经营性租赁融资项目，不仅丰富了工行的国际信贷业务品种，而且使国际信贷业务进一步向高附加值产品靠拢。随着对外开放和经济的进一步发展，越来越多的银行将参与到杠杆租赁中，并发挥更大的作用。

二、融资租赁保理

（一）融资租赁保理的含义

保理，又称保付代理、托收保付，是贸易中以托收、赊销方式结算货款时，出口方为了规避收款风险而采用的一种请求第三者（保理商）承担风险的做法。融资租赁保理业务就是保理业务在租赁市场的应用。

融资租赁保理，是租赁公司向承租人提供融资租赁服务，并将未到期的应收租赁款债权转让给商业银行或其他保理商，保理商受让应收租赁账款的收益权并以此为基础，为租赁公司提供应收账款账户管理、应收账款融资、应收账款催收和承担承租人的信用风险等一项或多项综合金融服务。

（二）融资租赁保理的特点

一是融资租赁保理是基于设备的物权和租赁关系产生的债权,一般涉及保理银行、融资租赁公司与承租人三方关系。

二是租赁保理中所针对的融资租赁承租人范围十分广,可以是政府、事业单位、企业等,也可以是个人,只要与租赁公司形成租赁关系并经银行审核同意均可以。

三是租赁保理中的出租人是有条件的,一般需经商务部或银保监会批准设立,具有融资租赁的资质并且信用良好、经营正常。形成的租赁业务要符合国家关于融资租赁的法律法规及主管部门的相关规定。

四是该业务中含有两个合同。融资租赁公司与承租人之间存在租赁合同,保理银行与融资租赁公司签订保理合同。

五是融资期限可长可短,一般与租赁合同相配,有的可以短至 1 年,有的可长达 5 年,大型项目还可以适当放宽。

六是还款方式灵活,该业务一般涉及大型设备的出租,金额较大,可结合租赁业务实际设定的分期还款方式开展。

（三）开展融资租赁保理的意义

融资租赁保理是商业银行或保理商向出租人(租赁公司)提供融资服务的一项业务,它有利于盘活租赁公司的存量应收租金,加速其现金回笼;通过银行支持,扩大融资租赁规模;租赁公司将应收账款卖断给银行,可以降低运营成本,规避承租人的信用风险,优化财务报表结构。

对银行而言,通过提供资金,积极支持租赁市场的发展;在保理业务中获得租赁债权,有一定的财产作为担保,便于控制相应的风险;通过保理银行提供应收账款管理及催收服务,可发挥银行的专业优势,更好地提供金融服务。

（四）融资租赁保理的模式

商业银行提供的融资租赁保理产品十分丰富,模式也较多,具体有以下几种分类方法:

一是分为有追索权保理与无追索权保理。前者是如果承租人到期未偿还租金,由融资租赁公司或其他第三方向保理银行回购其未收回的融资款项,即租赁公司要为债务人提供坏账的担保;后者业务中,承租人到期未偿还租金时,银行只能向承租人追偿,不能向其他人追偿,也即承租人的坏账风险完全由银行承担。

二是明保理(公开型保理)与暗保理(隐蔽型保理)。前者是出租人在一开始即将债权转让的事实通知承租人,由承租人直接向银行或保理商偿还融资款;后者是出租人不将保理商的参与通知给债务人,租赁款到期时仍由出租人出面催款,在收到应收租金后向保理银行偿还融资款。暗保理可以避免承租人知道出租人转让应收租金的做法,仅在约定期限届满或约定事由出现后,才将应收租金转让的事实通知承租人。

三是可分为普通型融资租赁保理、回租型融资租赁保理、结构性融资租赁保理、再保理。普通型融资租赁保理是由保理银行针对租赁公司形成的一般融资租赁应收款进行的保理融资,先交付后保理,银行对"已形成租金"的应收账款开展保理融资。回租型融资租赁保理是一种针对承租人自有设备进行售后回租形成的租赁款进行保理。结构性融资租赁保理是针对"即将形成租金"的直接租赁进行保理,租赁公司向银行推荐尚未完成资金交付的优质租赁项目和客户,银行基于对租赁合同认可进行保理。由于银行要承担信用风险,一般要对承租人进行主体评级并对融资租赁项目进行债项评级,同时符合银行的要求才可开展授信。再保理模式是目前我国商业保理公司与银行进行合作而开展的业务模式,即商业保理公司将其受让的应收账款再转让给银行,以获得银行融资,或者获取中间手续费。例如,2012 年 12 月,天津市商务委等九部门拟定的《天津市商业保理业试点管理办法》第十九条规定:"支持银行与商业保理公司合作发展保理业务。银行可以向商业保理公司定期定量融资,购入商业保理公司的保理业务,提供应收账款管理、业务流程管理和电子信息系统服务,开发应收账款再转让等产品,建立适用的保理业务模式。"

三、其他模式

(一)发行理财产品参与租赁

这是指商业银行通过发行融资租赁资产理财计划,集中投资者的资金参与租赁市场的做法。这类业务具体有以下两种方式。

1. 银行发行理财产品对接应收租赁收益权模式

在这种方式下,银行与租赁公司合作,由银行发行理财产品直接购买租赁公司的应收租金收益权。租赁收益权对应的租赁业务,既可以是新增的租赁,也可以是存量租赁。该模式的好处是商业银行作为表外资产进行管理,不占用银行的信贷规模。

2. 融资租赁单一信托模式

这种模式是商业银行与信托公司、租赁公司开展合作,商业银行将发行理财产品所募集的资金委托信托公司设立融资租赁单一信托计划,将资金贷给融资租赁公司收取租金,获取信托收益。在该业务中的租赁公司一般由银行或有实力的第三方指定,银行也可以利用信托公司对资金进行专业化管理和运用。

商业银行通过发行理财产品参与租赁一般来说风险相对来说较小,主要因为有租赁资产作为抵押,一旦出现融资租赁坏账可以通过处置租赁资产来降低损失。同时,在设立理财时一般会附带回购条款,即期满或约定情形出现后由租赁公司溢价回购租赁资产收益权。因此,投资者获得的理财收益相对稳健。

(二)融资租赁资产证券化

融资租赁资产证券化是以应收租赁款为基础资产而发行的证券化产品。出租人作为发起人,将用途、性能、租期相同或相近且在未来能产生稳定现金流的租赁应收款集合起来,通过信用评级、信用增级等一系列处理,在金融市场上发行可流通的租赁资产支持证券。

租赁资产证券化的实质是以租金收益权为支持发行证券、融通资金的运作方式。租赁应收款是一种合适的资产证券基础资产。它形成后能在未来产生可预期的、稳定的现金流,可以制定标准化、高质量的合同条款。同时,由于承租人分散化、租赁违约率相对低,租赁资产具有风险可控的特性。另外可以通过合理的增信设计实现风险最小化。

2015年9月,国务院办公厅印发《关于加快融资租赁业务发展的指导意见》,鼓励融资租赁企业通过债券市场和资产证券化等方式筹措资金,资产证券化已成为融资租赁市场重要的融资渠道。据WIND数据,截至2016年年底,在交易所挂牌的企业资产证券化项目中,租赁资产证券化产品共发行172只,占比20.38%,发行金额1 645亿元。

2018年2月,沪深交易所、机构间私募产品报价与服务系统联合发布《融资租赁债权资产支持证券挂牌条件确认指南》和《融资租赁债权资产支持证券信息披露指南》,对发行人主体的信用等级、原始权益人资质、入池资产、基础资产分散性及其转让、现金流归集、风险控制等作出详细规定。其中,新规要求原始权益人应该运营满2年、主体AA评级或者为上市公司或上市公司子公司。

商业银行参与租赁资产证券化业务可以有以下几个角色:① 发起人,将其所持有的未来租赁应收款作为基础资产发行证券化产品;② 托管行,为金融租赁公司的租赁资产证券产品提供托管服务;③ 信息咨询机构,商业银行可以作为证券化产品的设计顾问,为发起人提供方案设计与相关信息;④ 承销商或分销商,通过银行的客户渠道帮助销售证券化产品。

案例 7-2

冀租稳健2017年第一期租赁资产支持证券

这是渤海国际信托股份有限公司(简称渤海信托)2017年3月推出的第一单标准资产证券化信托,是一个典型的租赁资产证券化产品,项目总规模15.1亿元。商业银行在其中发挥了联席主承销商(中国银行)及资金保管机构(中国农业银行河北省分行)的功能。

在该产品中,河北省金融租赁有限公司(简称河北金租)作为发起机构、资产服务机构与委托人,将租赁资产信托给渤海信托,后者(发行人)发行以信托财产为支持的资产证券化产品——冀租稳健2017年第一期租赁资产支持证券(简称"17冀租稳健1"),向银行间债券市场的合格投资机构出售不同等级的资产支持证券,将所得认购金额扣除承销报酬和发行费用的净额支付给发起机构。

该资产支持证券交易结构示意图如图7-1所示。

根据资金保管合同的约定,受托机构委托中国农业银行河北省分行对信托财产产生的现金资产提供保管服务。

根据设计,"17冀租稳健1"的现金流分配顺序为:① 税收和规费;② 各中介机构的报酬;③ 按照求偿顺序,分别偿付优先级证券利息;④ 按照求偿顺序,分别偿还优先级证券本金;⑤ 偿付次级证券本息。河北金租持有全部次级资产支持证券,比例为17.99%。

2017年3月7日,"17冀租稳健1"在银行间债券市场簿记建档发行,3月10日完成划款,正式成立"冀租稳健2017第一期租赁资产支持证券"。

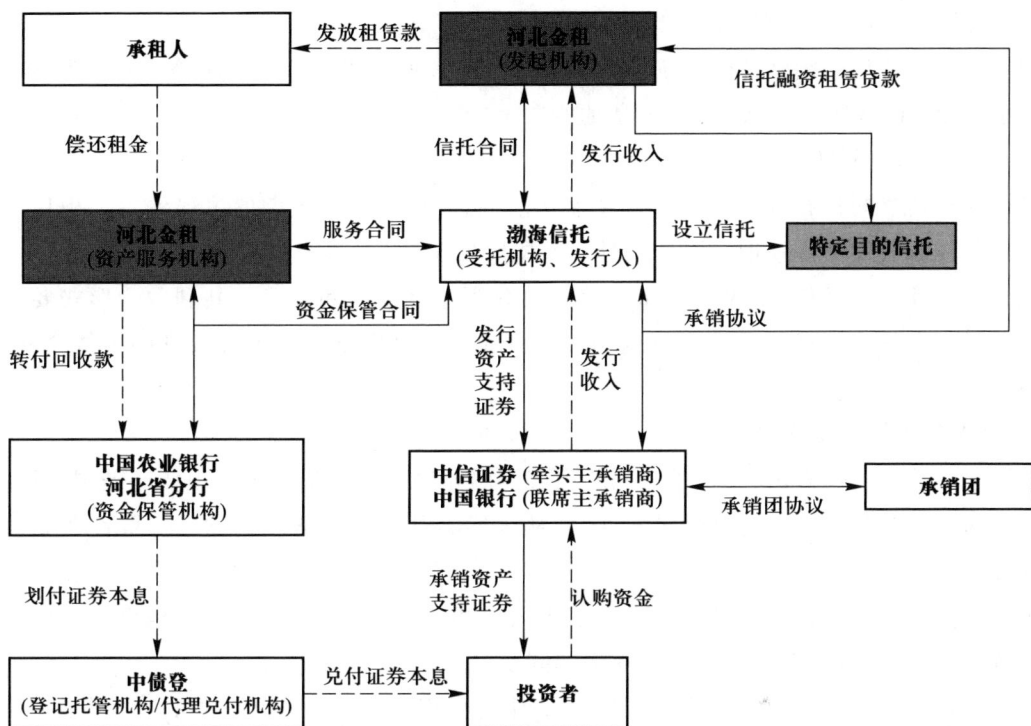

注:实线表示各方之间的法律关系,虚线表示现金流的划转。

发行人与发起机构、牵头主承销商(中信证券)以及联席主承销商(中国银行)签署承销协议,承销商负责证券的销售。

根据服务合同,河北金租负责资产的日常回收。

图7-1 "17冀租稳健1"的基本交易结构

(资料来源:冀租稳健2017年第一期租赁资产支持证券发行说明书。)

思考题

租赁资产支持证券对各方主体有何好处?商业银行如何在此类产品中发挥作用?

第四节 租赁合同与租金

一、租赁合同

(一)租赁合同的概念和内容

1. 租赁合同的概念

租赁合同是经济合同中的一种,指的是由出租方为承租方提供所需设备,承租方取得设备使用权并按期支付租金的协议。租赁合同以转让财产的使用权为特征,是以有形的、非消费物为目的的要式合同,是双务性的有偿合同。

租赁合同的签订必须坚持以下基本原则:① 当事人地位平等原则;② 等价有偿原则;③ 自愿和公平原则;④ 诚实守信原则;⑤ 合法原则。

2. 租赁合同的要件

签订的租赁合同只有具备一定的有效条件,才能成立并产生预期的法律效力。租赁合同成立的有效条件有实质要件和形式要件之分。实质要件包括:① 租赁当事人必须具有相应的民事行为能力;② 租赁当事人的意思表示真实;③ 内容不违背法律和社会公共利益。形式要件指签订租赁合同时必须采取书面形式,不得采用口头形式。凡不符合上述有效要件的租赁合同,均为无效租赁合同。

3. 租赁合同的主要条款

融资性租赁有不同做法,决定了合同的内容不尽相同。但无论是国内租赁还是国际租赁,作为要式合同通常有相对固定的合同格式,因此从内容上都具有一般性条款。一般性条款的主要内容如下:

(1)合同当事人。租赁合同的当事人一方为出租人,另一方为承租人。承租人是租赁标的的使用者,并确定当事人有无订约资格等法律问题。

(2)租赁标的。租赁合同的标的物是双方当事人权利和义务的指向对象。合同中要明确列出租赁标的物名称、规格、型号、数量、技术性能、制造厂家、交货地点等,并明确指出此标的物系由出租人根据承租人的要求出资购买,然后租给承租人使用的。

(3)租金。合同对租金的规定包括租金总额及其构成,租金支付方式、次数、时间和地点,每次支付金额,租金的货币种类,承租人预付租金的数额及时间,承租人延迟支付租金时向出租人交纳的罚息及计算方法等。

(4)租期和起租日条款。在租赁合同中必须订明租赁期限和起租日期。租赁期限一般是由双方根据租赁设备的使用寿命及利用租赁所产生的经济效益协定,但租赁期限不得长于租赁标的使用寿命期限。起租日期一般为租赁标的交付之日。

(5)租赁设备的交货和税款费用条款。在租赁合同中须订明交货和验收条款。按照惯例,卖方应按购货合同所定的交货地点向承租人交货,承租人则对照购货合同对租赁设备认真检查验收,出具验收证书和租赁设备收据交出租人。出租人收到验收证书和租赁设备收据后即认为验收完毕。对交货以后有关租赁设备的一切风险、费用均由承租人负担。在交货和验收条件中还须规定承租人检查验收期和发生迟交或不符合要求时的条款,以便在违约时明确责任。如果租赁标的物属于进口设备,为避免纠纷,租赁合同须明确规定有关进口设备所需缴纳的税费由哪方承担,一般不包括在租赁设备货价之内,由承租人支付。

(6)租赁标的物的维修和保养。租赁合同中要详细规定承租人承担的服务项目,租赁标的物的维修保养要求、费用负担,以及租期内租赁标的物损坏时承租人应承担的责任等内容。

(7)保险。在租赁业务中,一个必经的程序是对租赁标的物进行保险。保险一般分两部分,即财产保险和责任保险。租赁合同中要明确规定保险范围,谁负责投保,保险费用及承担,保险公司的选择,投保时间,保险受益人等内容。

（8）担保。租赁合同的担保有保证金、保证和抵押三种方式。保证金由承租人根据双方商定的金额在订立合同的同时交付给出租人,作为履行合同的保证。保证是由承租人以外的第三人作保证人,当承租人不履行债务时,出租人有权请求保证人履行债务或者承担连带责任。抵押是指承租人或第三人以其所有或经营管理的一定财产作为履行债务的担保,当承租人不履行债务时,出租人有权从该抵押财产的价值中优先受偿。在签订担保条款时,一定要明确担保的方式、范围、期限和责任等事项,并由有关当事人签字盖章。

（9）租赁期满后租赁标的物的处置。租赁期限届满后,承租人对租赁标的物有留购、续租或者退租三种选择。由于租赁标的物多为专业设备,因此我国目前多数采用留购方式。租赁合同中应明确规定由出租人和承租人商定租赁标的物的残值。承租人向出租人交纳一定的名义价款后,即获得设备的所有权。

（10）违约和争议的处理。出租人、承租人及担保人应事先就履行合同过程中的违约和争议协商确定解决办法,并在合同中明确规定。如对承租人延迟租金的支付、损坏租赁标的物,擅自变更租赁标的物和供货方、擅自改变租金币种或提高租金数额等违约现象的处理方法,在合同中有明确规定,可有效减少合同履行过程中发生的争议和纠纷。

（二）租赁合同中需注意的几个问题及其处理办法

1. 租赁合同与购货合同的关系

在租赁交易中,租赁合同是购货合同成立的前提,是主合同,购货合同是租赁设备的依据,是从合同,两者各自独立又相互依存,缺一不可。因此,这两个合同中的有关条款必须相互呼应,如应同时明确规定,除支付货款的责任由出租人承担外,其他条件如设备的交货、验收、索赔等都由承租人负责。还应规定,供货人如果未按购货合同的规定交付设备,致使承租人蒙受损害,承租人对供货人有直接提出损害赔偿诉讼的权利,但此项权利不得损害出租人根据购货合同诉讼供货人的权利。同时,即使此项索赔、诉讼发生,承租人仍需按合同规定按时起租,并向出租人支付租金等。

2. 承租人不得中途解约

租赁合同通常规定有禁止在租赁期满之前解除合同的条款。这是因为:首先,租赁标的物是由承租人自己选定的,一般不具有通用性,也不能期待通过出售租赁标的物使出租人收回与残剩租金相当的金额;其次,出租人购进设备的资金来源,绝大部分是第三者的贷款,出租人绝对不能因承租人不交租金而拒付贷款本息,正因为出租人既负担着购货合同和租赁合同的违约风险,又冒着贷款的信用风险,在租赁合同中才必须强调承租人有绝对义务遵守租赁合同,不能以任何理由中途解除租赁合同。

3. 出租人的免责和承租人的保障

购货合同中的设备是由承租人选定的,出租人仅仅根据承租人的要求与供货方签订购货合同;合同签订后由供货方将选购的设备直接交给承租人,并由承租人验收。因此出租人对租赁设备的质量、性能及适用与否均不承担任何责任,但承租人也并不能因此而受到损失。为了保障承租人的利益,在租赁合同中应规定将出租人即购货方的索赔权转让给承租人,所有因向供货方索赔而支出的费用均由承租人负担,而取得的赔偿金也归承租人。但不论承租人是否取得赔偿,承租人都应无条件按租赁合同规定交纳租金。

4. 租赁设备的所有权条款

租赁合同中必须明确规定租赁设备所有权归出租人所有,这是由租赁的特征所决定的。由于设备在承租人手中,如在租赁合同中没有规定一些法律保障条款,一旦发生承租人将租赁设备自由处理,或发生第三者对租赁设备的扣押,或承租人破产时第三者对租赁设备要求抵偿等,出租人的利益必将受到损害。

5. 对第三者的责任

为防止在履行合同过程中涉及出租方、承租方以外第三方的权益,合同中应规定:

(1) 出租方应在租期内保证租赁财产权的合法性,排除第三方财产权益的异议,确保承租方对租赁财产的使用权;

(2) 承租方在使用租赁财产的过程中,因自身过错致使第三方的权益受到损失时,应自己负责赔偿。

6. 转租赁条款

由于承租人在租赁期间承担无条件支付租金的义务,因此承租人应有权要求将租赁设备转租给他人使用,但是必须取得出租人的书面同意。因为租赁物如被转租给不可靠、无信用的第三者使用,出租人将蒙受损失。

7. 租赁债权的转让和抵押

在租赁合同中一般都规定出租人无须承租人同意,可将租赁合同规定的部分或全部权利转让给第三者,或者提供租赁设备作为抵押。这是因为租赁财产的所有权属于出租人,但这项抵押和转让的权利必须以不影响承租人根据租赁合同享有的各种权益为限。

8. 危险承担责任

这是指在租赁期限内,因不可抗力或其他不可归因于当事人双方的事由致使租赁标的物灭失、毁损的,承租人不能解除租赁合同,仍须向出租人支付规定的租金;非因承租人过失致使租赁标的物部分灭失时,承租人也不得就灭失部分要求减免租金。这是因为租赁的经济实质为出租人对承租人的融资,因此民法关于金钱债务不得以不可抗力为免责事由的原则同样适用于此。另外,相比于由租赁设备形式上的所有者负担危险,由具有现实支配权、享有租赁设备使用收益权的承租人负担更为合理。尤其对于动产,承租人即使无过失,但其放置场所、保管状态等往往对于事故的发生有很大影响。

二、租金

(一) 租金的构成

租金是指出租人转让某种资产的使用权给承租人而按约定条件定期分次向承租人收取的"报酬"。因此,租金是出租人定期获得的收入,或者说承租人为获得某种资产的使用权而按约定期限分次支付给出租人的费用。在租赁业务中,租金直接关系到双方的经济利益,因此租金的构成和计算方法是承租人和出租人双方最关心的问题。

现代融资性租赁是以信用形式表现的一种商品交换关系,是出租人为取得租金,承租人为取得资产使用权的一种特殊的等价交换行为,而租金则是这种交换关系中的交换价格。出租人要从租金中收回投资成本并获得必要的利润,而承租人则要根据租金来核算成本,使用租赁资产所获得的收入,除了支付租金外,还要取得一定的利润。

租金以耗费在租赁资产上的价值为基础,其构成具体包括以下三个方面。

1. 租赁设备的购置成本

这是计算租金的基础,也是构成租金的主要部分。出租人购置设备所支付的租金,要从租金中得到补偿,而且,租赁设备的购置成本包括设备原价、设备运输费、保险费等。在融资性租赁中,租赁期届满,承租人最后要向出租人支付一定的"设备残值名义价款",以获得设备的所有权。所以,设备残值名义价款不应成为租金的构成内容,应从租赁设备的总成本中扣除。

2. 利息

出租人用于购买租赁设备的资金,无论是自由资金还是对外贷款,都要计算利息。因为对外贷款要计付利息,而用自有资金购置设备也是一种资金融通,计算利息合理合法。在融资性租赁中,利息按租赁业务成交时银行贷款利率计算,并根据国际惯例一般按复利计算。

3. 营业费用

营业费用是指出租人办理租赁业务过程中所支付的费用,包括办公费、业务人员工资、差旅费和必要的利润。目前我国的租赁公司将费用分成手续费和利润两部分,把手续费列入成本从租金中收回,利润作为成本以外的附加值也从租金中收取。

(二)租金的计算方法

租金的计算方法很多,有的计算还比较复杂,而且运用不同的计算方法计算出来的租金存在比较明显的高低差异。各租赁公司或银行的租赁部门根据国际上惯用的计算方法都确定了自己的一套计算方法。限于篇幅,这里仅简要介绍几种常用的租金计算方法。

1. 附加率法

附加率法是指在租赁资产的设备货价或概算成本的基础上再加上一个特定的比率来计算租金的方法。出租人根据营业费用、利润等因素来确定这一特定比率。设 R 为每期租金,pv 为租赁资产的货价或概算成本,n 为还款次数,i 为每期利率,r 为每期附加率,则每期租金公式为:

$$R = \frac{\mathrm{pv}(1+ni)}{n} + \mathrm{pv} \cdot r \qquad (7-1)$$

这是单利计算公式,它也可以写成:

$$R = \frac{\mathrm{pv}}{n} + \mathrm{pv} \cdot i + \mathrm{pv} \cdot r \qquad (7-2)$$

上述公式表明,分期均匀还本 $\dfrac{\mathrm{pv}}{n}$,但每期均按租赁资产的货价或概算成本收取利息 pv·i,还收附加费 pv·r，所以用这种计算方法收取的租金要高于按其他计算方法收取的租金。

2. 年金法

年金法指以现值理论为基础的租金计算方法，即将一项租赁资产在未来各租赁期内的租金按一定的利率换算出现值，并使其现值总和等于租赁资产的概算成本的计算方法。年金法有等额年金法和变额年金法之分。

（1）等额年金法是指运用年金法并使各期租金均等的租金计算方法。在等额年金法中，等额租金为每期的期初支付，故称为先付资金计算。其公式为：

$$R = \frac{pv \cdot i}{(1+i) - \dfrac{1}{(1+i)^{n-1}}} \tag{7-3}$$

如在每期期末支付，则称为后付租金计算。其公式为：

$$R = \frac{pv \cdot i}{1 - \dfrac{1}{(1+i)^{n}}} \tag{7-4}$$

（2）变额年金法是指各期租金不等的年金法，它又可分为等差变额年金法和等比变额年金法。

等差变额年金法，是指运用年金法，并从第二期开始，使每期租金比前一期增加（或减少）一个常数（d）的计算方法。其公式为：

$$R_1 = \frac{1}{(P_{A/A,i,n})} \left\{ pv + \frac{d}{i} [n - (P_{A/A,i,n})] \right\} - nd \tag{7-5}$$

等比变额年金法，是指运用年金法，并从第二期开始使每期租金与前一期的比值是一个常数（q）的计算方法。其公式为：

$$R_1 = \frac{pv(1+i-q)}{1 - \left(\dfrac{q}{1+i}\right)} \tag{7-6}$$

3. 成本回收法

成本回收法指由租赁双方在签订租赁合同时商定，各期按照一定的规律收回成本，再加上应收的利息，即为各期租金。成本回收法各期的租金没有统一的计算公式，各期成本的回收额由双方商定，可以是等额的，也可以是等差或等比变额，还可以是无规律的。

一般在租金的计算中，以下几种主要因素能够影响租金总额的大小：计算方法、利率、租赁期限、租赁间隔期、付租方式、保证金的支付数量和方式、支付币种、计息日和起租日。

在我国商业银行参与的租赁业务中，一般是提供资金给租赁公司，租赁公司在定期收到租金时，应该优先偿还贷款。而在前面提到的商业银行参与的杠杆租赁中，承租人向合同受托人交付租金，合同受托人收到租金后向银行交付到期的债务本息，并在扣除信托费等费用后将租金余额交给物主受托人，物主受托人收到租金余额先扣除信托费等费用，再按出租比例分付给每个产权参加者。

第五节　信托业务

一、银行信托业务的意义

（一）银行信托业务的概念

信托是一种以信用为基础，以财产为中心，以委托为方式的财产管理制度。在现代市场经济条件下，商业银行和其他金融机构的信托业务处于这一财产管理制度的核心地位，它表现为一种以信用为基础的法律行为。

信托业务一般牵涉三方面的当事人，即授人信用的委托人、受信于人的受托人和受益于人的受益人。其运作的基本程序是：委托人依照契约的规定，基于自己或第三者（受益人）的利益，将财产的权利转让给受托人，由受托人依据谨慎原则占有、管理和使用信托财产，并处分其收益。

因此，信托行为有四项必须具备的条件：① 以信用为基础；② 具有特定的目的；③ 以信托财产为标的或主体；④ 为了第三者或委托人自己的利益，委托人授权受托人行使财产上的法定权利。在现代信托业务中，商业银行一般扮演受托人的角色。

信托有贸易信托和金融信托之分，商业银行所从事的主要是金融信托业务。金融信托是指经营金融委托代理业务的信托行为，包括代理他人运用资金、买卖债券，发行债券、股票，管理资产等主要业务。金融信托以财产所有权的转移性、资产核算的他主性和收益分配的实绩性为基本特征。金融信托与银行信贷、证券、保险并列为现代金融业的四大支柱。在国际上办理信托业务的主要机构有商业银行的信托部、专业性的信托公司和信托银行等。

（二）商业银行从事信托业务的意义

第一，商业银行从事信托业务是现代社会经济发展的客观要求。社会经济越发达，社会分工的专业化程度就越高，个人的活动越来越被局限于社会的某一个领域或行业，同时从事某项活动的专业化技能要求也越来越高。从理财的角度看，人们已很难完全通过个人的力量去实现财产的最优运用，必然要求借助他人的能力、知识、经验去管理和运用财产。商业银行作为金融行业，是专门从事资金管理、运用和提供全方位金融服务的金融机构，因此商业银行经营信托业务正是自身专业优势的进一步运用，它有利于充分发挥信托的财产事务管理职能、资金融通职能、社会投资职能，进而能从整体上提高社会财产的运用效益，促进现代化社会经济的稳定发展。

第二，伴随本外币贷款在社会融资规模比例中的下降，商业银行以委托贷款、信托贷款支持实体经济的力度加大。首先，中国人民银行对"社会融资规模"的定义说明为：一定时期（每月、每季或每年）内实体经济（及企业和个人）从金融体系获得的全部资金总额。社会融资规模的主要构成成分，首推信贷融资（即金融机构表内贷款和表外贷款）。由于金融机构表内贷款的规模容易受到货币政策取向的影响变化，尤其在货币政策从紧时期，商业银行纷纷通过表外贷款的形式保证收益和规避贷款规模限制，而实现表外贷款就是通过委托贷款、信托贷款方式进行，也进一步推动了该类信托业务的产生。其次,就商业银行本身而言,信托业务不仅开辟了新的利润来源渠道,有利于增加银行收益,而且扩大了银行的业务范围,丰富了银行的业务种类,从而分散了银行的经营风险,提高了银行资产的安全度。进入20世纪80年代中期以后,个人信托的个人退休金账户和公司信托的投资基金管理,正成为各家银行激烈竞争的焦点,银行信托业务与私人银行业务已日益融为一体。正如苏珊娜·C.哈奇在《革新信托业务》一书中所预言的:今天,人们所注意的是,在银行的每一家分支机构,工作人员都在积极开展信托业务。人们也注意到,银行不仅提供这些信托业务,而且和其他银行产品分拆交易,重新组合,以便为客户提供崭新的金融服务。

第三,大型商业银行满足现代信托业务的技术要求。受托人除必须有各项专门知识外,还必须有很高的信誉度,有广泛的信息资源,有大型计算机和现代化的通信设备等,经营成本较高,因而一般小银行难以涉足。而大型银行因为资金实力雄厚,信誉度高,专业人才云集,信息资源广泛,现代化设备齐全,从而具有从事信托业务的巨大优势。在发达国家,较大的商业银行普遍经营信托业务。

二、银行信托业务的种类

银行信托业务的种类和形式,要远远多于银行存贷款等传统业务。如按照委托人的身份划分,有个人信托、公司信托、政府信托和公共团体信托等;按照信托方式划分,有投资信托、融资性信托、动产或不动产信托、职工福利信托、公益信托、事务代理等。而以上的每一种信托,又都包含着广泛的业务内容。仅以个人信托为例,它就有身前信托和身后信托之分。如美国银行个人信托的业务范围就十分广泛,其中身前信托包括特种储蓄和支票账户、大额定期存款和旅行支票等;身后信托包括遗产信托、未成年人监护委托等。《中华人民共和国信托法》(简称《信托法》)将信托分为营业信托、民事信托与公益信托。营业信托也称为商事信托,是受托人以盈利为目的而承办的信托;民事信托也称为非营业信托,是受托人不以营利为目的而承办的信托。公益信托是出于公共利益目的而设立的信托。

2014年10月16日,中国人民银行发布《信托业务分类及编码》,区分了主动管理信托与被动管理信托。主动管理信托是信托机构在信托财产管理和运用中发挥主导性作用、承担积极管理职责的信托业务,如果信托机构在履行管理职责中,自主聘任投资顾问等代为处理相关信托事务的,仍可划分为主动管理;被动管理信托则是信托机构根据委托人或其指定的人的指示,对信托财产进行管理、运用和处分,不承担积极管理职责的信托业务。限于篇幅,这里仅就目前与我国商业银行直接相关的几种信托业务作一些简略的介绍。

(一)融资性信托

我国商业银行在改革开放初期曾经广泛从事融资性信托。融资性信托包括信托存款、信托贷款、买方信贷、卖方信贷等种类。这里仅以委托贷款为例。它是指委托单位将信托基金预先交存银行,并委托银行按其指定的对象和用途发放贷款,银行负责贷款的审查、发放和监督使用,并到期收回贷款,银行只收取手续费。我国比较流行的委托贷款主要有以下几种。

1. 甲种委托贷款

甲种委托贷款是指委托单位把按规定提留的可自主支配的各种预算外资金交存银行,作为委托基金,并委托银行按指定的贷款对象、用途、期限、金额、利率发放贷款。这类贷款的风险主要由委托人承担,银行除信誉担保外基本不承担风险,只是按规定收取1%~2.5%的手续费。

2. 乙种委托贷款

乙种委托贷款是指委托单位在尚未完全确定贷款对象或贷款项目细节的情况下,先与银行原则商议委托贷款事宜,并交存委托贷款基金。一旦委托单位确定贷款发放对象,再将乙种委托基金转为甲种委托基金。在未转以前,银行按信托存款的利率支付利息,并可动用这笔资金,但必须承担全部风险。

3. 专项委托贷款

专项委托贷款是指银行接受地方政府和企业主管部门等单位的委托,办理经国家批准的能源开发、交通运输、新技术、新产品的开发以及设备更新改造等某种专项资金的筹集,并按指定对象发放委托贷款。

(二)投资信托

所谓投资信托,指由信托机构将个人、企业或团体的投资基金集中起来,代替投资者进行有价证券投资,最后将投资收益和本金偿还给受益人,信托机构收取手续费的金融信托业务。投资信托是发达国家商业银行所普遍经营的最重要的信托业务之一。

商业银行之所以重视投资信托业务,原因有二:一是在将许多小额投资者的资金集中起来的同时,投资于多种股票和债券的组合,从而分散了风险;二是投资者作为受益人,可以随时出售持有的受益证书,从而保证了流动性。

由于主观和客观的种种原因,我国商业银行被禁止从事投资信托业务,我国的投资信托业务目前主要由独立的信托公司和证券公司经营。

(三)财产权信托

财产权信托是指委托人将非资金的信托财产委托给信托机构进行管理运用、处分,实现保值增值的目的。

财产权信托有以下特征:

(1)财产权信托属于非资金信托。

(2)作为财产权信托财产的财产权必须可以用货币进行衡量,因为该信托的目的主要是实现财产的管理和财产的保值与增值,无法用货币进行衡量的权利内容不能实现此种目的。

(3)委托人必须具有财产权的完整处分权(包括占有、使用、收益、处分四项权能)且该财产权必须是可以流通和转让的,而像退休金索取权、养老金索取权、抚恤金请求权等特殊性质的权利,依照法律规定不得强制执行,不得作为信托财产。

(4)权利必须真实存在且特定化,只有确定的财产权利才可以作为信托财产,而且设立信托关系时财产权必须特定。

财产权信托最能体现信托机构"受人之托、代人理财"的本源。它的种类较多,比如证券代持、股权代持、私募资产证券化、房屋代租、土地流转信托、以债权设立信托等都属于财产权信托。

（四）经济事务管理信托

这是以委托凭证为标的而建立的信托业务,指委托人交付资金或财产给信托机构,指令后者为完成信托目的而从事事务性管理的信托业务。信托机构在业务过程中既不负责募集资金,也不负责资金运用,只是做账户监管、结算以及清算等事务性工作。比如委托设计融资解决方案、财务顾问、代理应收应付款项、代理存款、专利转让、代理会计事务等,都是经济事务信托。

另外,信托机构的通道业务往往被统计在"事务管理类"项下。所谓通道类业务,是指委托人自主决定信托设立、信托财产运用对象、信托财产管理运用处分方式等事宜,自愿承担信托风险,受托人不承担积极主动管理职责的信托业务。由于2013—2014年暴露的信托风险个案很多都与通道类业务有关,2014年4月银监会发布《关于信托公司风险监管的指导意见》,加强了对此类信托的监管,其规模不断收缩。

（五）公益基金信托

公益信托是为了救济贫困、救助灾民、扶助残疾人,以及发展教育、科技、文化、艺术、体育、医疗卫生、环境保护等公益事业等公共利益目的而设立的信托。

目前我国银行从事的公益信托多为公益基金信托业务,主要有公积金信托和社会保险基金信托。公积金信托是住房货币化改革的产物。各机关、事业和企业单位按每一个职工工资总额一定的百分比按月提留住房公积金,然后在整个社会范围内统一起来集中交存银行,委托银行代为经营管理。社会保险基金是国家整个社会保障体系的基础环节,由所有企事业单位和职工个人按月共同出资统一交存银行,由商业银行集中经营管理。随着我国改革开放的不断深化,公益基金将呈几何级数增长,商业银行公益基金信托业务的规模将日益扩大。

商业银行对公益基金信托业务的经营管理,必须以保障本金安全作为第一原则,因为这关系到整个社会的安定和改革开放的进程。在此基础上维持公益基金的流动性,并力争有更多的收益。公益基金的收益主要用于扩大基金,商业银行除收取一定的手续费外,不能谋取其他收益。公益基金有特定的使用范围,如退休保险金和失业保险金的发放、住房公积金贷款等。银行可将公益基金的稳定金额用于营利性资产的投入,以进一步充实和扩大公益基金。

（六）个人理财和公司理财

个人理财和公司理财是信托、代理和咨询三位一体的新型银行业务。个人理财包括个人委托投资咨询管理、委托巨额款项处理、委托综合理财服务等,以实现包括现金、存款、外汇、债券、股票、房地产等个人资产的最佳配置。公司理财指企业委托银行提供财务咨询,担任投资顾问,为企业能以较低成本筹集资金、最有效地运用资金出谋划策。目前我国各商业银行正在筹建或已组建个人金融服务部和公司金融服务部,使信托业务和私人银行业务、商业银行业务融为一体,是再造和重塑银行业务流程的战略步骤,与当今世界银行信托业务的发展潮流相吻合。

三、我国商业银行开展信托业务的历程

（一）银行兼营信托业

新中国成立后,政府对信托业进行清理,并于1952年组建统一的公私合营银行,到50年代后期中国的信托业基本停止。

1978年十一届三中全会胜利召开,以中国国际信托投资公司为代表的各类信托机构开始筹建。1979年10月,中国银行总行在北京成立了信托咨询部;1980年6月,中国人民银行恢复了信托业务。到1982年年底,全国各类信托机构有620多家,其中:中国人民银行有信托部186家,中国人民建设银行有266家,中国农业银行有20多家,中国银行有96家,地方办的信托公司有50多家。

（二）分业经营的确立

针对信托领域的业务混乱及其对银行信贷资金的冲击,中国对信托业进行了多轮整顿,特别是1995年发布的《中华人民共和国商业银行法》第43条规定:"商业银行在中华人民共和国境内不得从事信托投资和股票业务。商业银行在中华人民共和国境内不得向非银行金融机构和企业投资。"从而以法律的形式确立了银行与信托分业经营的原则。1995年5月25日,中国人民银行批准《中国人民银行关于中国工商银行等四家银行与所属信托投资公司脱钩的意见》,脱钩工作于1996年结束。

2001年到2002年中国颁布"一法两规"(《信托法》《信托投资公司管理办法》和《信托投资公司资金信托管理暂行办法》),在法律上确立了信托制度,使信托业走上了规范化、法制化的道路。同时,信托投资公司进行重新登记,数量减少到50多家,使信托业务回归本源。

（三）银信合作的推进及规范

我国的信托业务主要由信托机构经营,当然,2001年以来银行也通过各种方式与信托机构开展合作。

早期的银信之间只有浅层次的业务合作,主要方式为信托公司运用商业银行的销售网点对客户进行信托产品的销售,以解决集合资金信托产品不超过200份和最低5万元的限制,以商业银行的客户资源弥补自身募集能力不足的缺陷。但出于该业务可能造成存款和客户流失的担心,商业银行的积极性并不高。

2006年,银监会发布《商业银行个人投资业务管理暂行办法》,准许银行经营委托投资业务,正式打开了银信合作的大门。以中国民生银行"双层信托—银信连结投资产品"为代表的银行信贷类投资产品的推出,解决了银行和信托双方各自的政策瓶颈,开创了商业银行、信托公司、项目提供方、个人投资者等多方共赢的局面。商业银行通过信托公司将其信贷资产转化为投资产品向客户发售,并将募集到的资金通过信托的方式专项用于替换商业银行的存量贷款或向企业发放贷款,大大推进了我国的金融业综合经营试点。

2008年,银监会颁布《银行和信托公司业务合作指引》,首次界定了银信理财合作业务,并对银信合作产品进行规范。

2009 年下半年到 2010 年上半年,由于银行金融机构的信贷规模受限,银信合作的信贷类理财产品发展迅猛,2010 年 7 月规模曾高达 2.08 万亿元。在银行主动型的银信合作理财业务中,先由银行将一个或多个贷款项目交由信托公司打包成为信托贷款计划(或信托贷款转让计划),再由银行发行针对这类计划的理财产品向大众投资者募集资金,此后产品的投资运行和贷款的后续管理仍由银行来完成。在运作中,信托公司仅"过过手"而已,因此又称为通道类产品。银行热衷这类产品的开发是由于以下原因:① 可以把资产负债表内的贷款项目腾挪到表外,从而逃避贷款的宏观规模控制,继续放贷。② 可以规避资本监管的要求,提高拨备率。③ 通过销售理财产品获取中间业务收入。投资者之所以欢迎这款产品,因为它的收益率通常在 10% 以上,要高于其他保证收益型和保本浮动型理财产品。这种银信合作的形式是信贷资产转让的一种典型代表,并不断突破信贷额度的限制,同时也由于其涉及了四大主体——商业银行、信托公司、理财产品消费者、贷款企业,使其在特征上与"影子银行"有诸多相似,引起了监管机构的担忧。

之后,一系列监管政策密集出台。银监会于 2010 年 8 月颁发了《关于规范银信理财合作业务有关事项的通知》,使银信合作的发展节奏得到有效控制;2011 年 1 月发布了《关于进一步规范银信理财合作业务的通知》,2013 年发布了《关于规范商业银行理财业务投资运作有关问题的通知》,等等。这些严格监管措施使得 2011—2016 年银信合作业务规模大幅下降。

2017 年,由于基金子公司、券商资管受到了约束,银行和信托的通道业务又出现了大规模增长,突破了万亿元大关,合作方式也多样化,涉及债转股、PPP、产业基金、消费金融以及财务管理领域的信托产品。

针对银信通道业务存在的风险隐患,2017 年 12 月,银监会发布《关于规范银信类业务的通知》,明确了银信类业务及银信通道业务的定义,对银信类业务中商业银行和信托公司的行为进行规范,并从多个层面加强监管。银信通道类业务再次被压缩。

（四）"资管新规"下银行信托业务的开展

2018 年 4 月 27 日,中国人民银行、银保监会、证监会及国家外汇管理局联合发布《关于规范金融机构资产管理业务的指导意见》(简称"资管新规"),这对商业银行的资管业务发展带来了机遇与挑战。银行信托方面的业务拓展出现以下几个特点。

1. 银行资管业务面临转型,表外理财与保本理财等业务受到限制

"资管新规"对商业银行系统的冲击很大,切割表内、表外主要针对商业银行,表外理财由于受到监管的限制大幅放缓。在打破刚兑的思想指导下,银行的保本理财项目受到限制,并逐步向净值型转化;银行将加快推进"非标转标",这也是资管净值化管理的关键。

2. 银行将通过设立资管子公司开展资管业务

"资管新规"提出:"过渡期后,具有证券投资基金托管业务资质的商业银行应当设立具有独立法人地位的子公司开展资产管理业务,该商业银行可以托管子公司发行的资产管理产品,但应当实现实质性的独立托管。"2018 年 3 月 23 日,招商银行发布公告称,拟全资设立招银资产管理有限责任公司,而后,交通银行、北京银行等也决定设立资管子公司,加上 2015 年就决定设立资管子公司但未获批复的浦发银行与中信银行,已有十多家银行决定设立资管子公司。2018 年 12

月2日,银保监会正式发布《商业银行理财子公司管理办法》,22万亿元规模的银行理财市场将进入独立子公司运作。截至2020年8月,有17家银行理财子公司开业(见表7-3)。理财子公司的设立意义重大,它能够丰富理财业务功能,推动产品创新,通过分离业务实现风险隔离。理财子公司既可以发行公募产品,又可以发行私募产品且不设销售起点、允许代销、首次购买无须面签,这些都会吸引客户,从而使其成为资管市场的生力军。

表7-3 已开业的银行理财子公司(截至2020年8月)

子公司	开业时间	注册资本(亿元)	注册地	子公司	开业时间	注册资本(亿元)	注册地
建信理财	2019年5月20日	150	深圳	宁银理财	2019年12月19日	15	宁波
工银理财	2019年5月20日	160	北京	杭银理财	2019年12月20日	10	杭州
交银理财	2019年5月28日	80	上海	徽银理财	2020年4月24日	20	合肥
中银理财	2019年6月24日	100	北京	信银理财	2020年6月16日	50	上海
农银理财	2019年7月22日	120	北京	渝农商理财	2020年6月28日	20	重庆
光大理财	2019年9月24日	50	青岛	南银理财	2020年8月27日	20	南京
招银理财	2019年10月31日	50	深圳	苏银理财	2020年8月28日	20	南京
中邮理财	2019日12月3日	80	北京	平安理财	2020年8月28日	50	深圳
兴业理财	2019年12月13日	50	福州				

3. 积极推进业务创新

在理财业务监管政策调整的背景下,银行应该积极创新,大力推进一些新的信托业务。近几年,财富管理、家族信托、消费金融信托等成为信托业的新热点,银行应该抓住机会,及时介入,为信托业务带来稳定的利润增长点。特别是2018年以来,家族信托在政策层面迎来重要利好,成为信托业务转型的突破口。

4. 推进商业银行与信托公司的合作

银信合作可以有多种形式,例如:一是银行作为保管人,与信托公司签订保管协议,代信托公司保管信托计划,按协议约定履行保管义务,对信托账户内的资金进行监管,获取相应的报酬;二是商业银行作为信托公司的代理人,利用银行的网点优势和客户资源优势,代销信托公司发行的信托计划;三是银行发行与信托计划挂钩的理财产品,作为投资者的代理人将资金投资于信托计划,银行与信托公司间签订信托文件,办理划转资金及开展其他授权业务。

案例 7-3

我国私人银行的家族信托

从2007年中国银行与苏格兰皇家银行合作推出私人银行业务以来,中国私人银行经历了十多年的发展。随着时代演进,私人银行所服务的高净值人士的财富管理理念也在不断发生改变,他们希望从专业机构获得专业的资产配置建议和综合金融服务,家族信托以及全权委托、家族基金及家族办公室等类家族信托业务,便成为私人银行转型的一个方向。

2014 年银监会发布的《关于信托公司风险监管的指导意见》提出"探索家族财富管理,为客户量身定制资产管理方案"。2018 年 8 月,银保监会发布《信托部关于加强资产管理业务过渡期内信托监管工作的通知》("37 号文"),将家族信托定义为单一个人或者家庭作为委托人,以家庭财富的管理、传承和保护为目的的信托,同时明确家族信托不属于资产管理产品范畴,而是信托的本源业务。"37 号文"强调家族信托财产不低于 1 000 万元,委托人不得为唯一受益人,单纯以追求信托财产保值增值为主要信托目的的信托业务不属于家族信托。

国内参与家族信托及类家族信托业务的相关主体包括商业银行、信托公司、保险公司、独立财富管理机构等。2012 年 9 月,平安信托推出境内首个家族信托——平安财富·鸿承世家系列单一万全资金信托。2013 年 7 月,招商银行也在深圳宣布推出境内私人银行家族信托业务。目前,平安信托、中融信托等信托公司,以及招商银行、北京银行、中国工商银行、中国银行、兴业银行等多家银行,已在家族信托领域实现了规模化发展。

银行、信托、第三方机构与家族办公室从事家族信托的业务模式各具特色,可分为资产管理型、投行及基金型、机构部门型、竞争合作型等多种模式。资产管理型业务模式的代表是中国工商银行的工银家族财富基金或全权委托业务,公司注册地为上海,自 2016 年 3 月开展业务以来,推出多款家族财富基金。当然,国内银行还与信托公司等机构合作,在房产管理、股权管理、慈善信托等家族信托应用中进行创新。例如,北京银行私人银行与北京信托合作开展家族信托业务,受托资产门槛为 5 000 万元,存续期限 5 年以上。北京银行私人银行可以针对客户的个性化需求,通过家族信托的安排和设计,围绕"创一代"企业家的子孙与事业,开展公益慈善、姻缘与血缘家庭关系管理、私人与法人财产分隔以及资产配置的国际化等业务。

私人银行是商业银行向"大投行、大资管、大财富"转型的重要结合点,而家族信托融各类财产的保护、管理和传承于一体,结合了法律、税务、保险、基金会、慈善、财富管理、投资、公司架构和资产管理等多个领域,被称为私人银行塔尖的服务,代表了私人银行今后发展的一个重要方向。

作为家族财富管理与传承的工具,私人银行的家族信托业务未来的发展需要紧跟高净值人群需求的转变,实现精神传承与物质传承并重,从家族财富迈向家族治理、家族事务管理与家族慈善。可以预见,家族信托将进一步为委托人发挥资产保值增值、代际传承的优势,为银行业带来新的利润增长点。

(资料来源:王菁:"政策解读:37 号文下商业银行家族信托业务的发展机遇",《银行家》,2018 年 12 月;白琳:"私人银行的家族财富管理蓝海",《中国外汇》,2018 年 2 月;曲光、王增武:"国内家族信托市场发展及其启示",《银行家》,2018 年 12 月)

本 章 小 结

1. 租赁和信托是两项古老的传统业务,在当今世界已成为相当独立的现代化银行业务。商业银行具有开展租赁和信托业务的相应条件和独特优势,现代经济的发展宏观上也要求商业银行将租赁和信托视为新的业务增长点。当代发达国家的大型商业银行十分注重租赁和信托业务的开拓和发展。

2. 租赁是所有权与使用权之间的一种借贷关系,它经历了古代租赁、传统租赁和现代租赁三个历史发展阶段。现代租赁是融资和融物相结合,并以融资为主要目的的租赁。

3. 现代融资性租赁对商业银行来说,主要是一种资金运用,可列为资产业务,但也明显带有中间业务的色彩。因此开展租赁业务不但能为商业银行拓展融资渠道,有利于商业银行资产多样化和分散投资风险,而且为商业银行拓展中间业务,加强服务功能提供了空间。

4. 租赁业务有经营性租赁和融资租赁之分。融资租赁按不同的标准可有多种划分方法。如按租赁业务的具体做法划分,有直接租赁、转租赁和回租租赁之分;以租赁中出资者的出资比例为标准,可分为单一投资租赁和杠杆租赁两种形式;等等。

5. 我国商业银行参与融资租赁的模式较多,本章着重就杠杆租赁、融资租赁保理、发行理财产品参与租赁、融资租赁资产证券化作了介绍。

6. 租赁合同是经济合同的一种,指的是由出租方融通资金为承租方提供所需设备,承租方取得设备使用权并按期支付租金的协议。本章具体介绍了租赁合同的一般性条款,并对租赁合同中需要注意的几个问题及其处理方法进行了阐述。

7. 租金是出租人转让某种资产的使用权给承租人而按约定条件定期向承租人收取的报酬。现代融资性租赁是以信用形式表现的一种商品交换关系,是出租人为取得租金、承租人为取得使用权的一种特殊等价交换行为,而租金则是其交换价格,因此合理确定租金至关重要。本章着重对租金的构成、租金的计算方法以及影响租金的因素进行了介绍。

8. 信托是一种以信托为基础,以财产为中心,以委托为方式的财产管理制度。银行开展信托业务具有积极的意义。

9. 信托业务的种类繁多,本章着重介绍了融资性信托、投资信托、财产权信托、经济事务管理信托、公益基金信托、个人理财和公司理财等与银行相关的信托业务品种。

10. 我国商业银行开展信托业务历经银行兼营信托业、分业经营、银信合作的推进及规范等不同阶段,在"资管新规"下银行必须推进信托业务的转型与创新。

本章重要概念

经营性租赁	融资租赁	转租赁	回租租赁	杠杆租赁
委托贷款	营业信托	民事信托	融资性信托	信托投资
财产权信托	经济事务管理信托	公益基金信托		

复习思考题

1. 简述商业银行开展租赁业务的意义。

2. 什么是融资租赁？它有哪些主要特征？

3. 试分析影响租赁的几个主要因素。

4. 你认为在我国出台"资管新规"的背景下,商业银行应当怎样规范发展信托业务？

5. 你认为我国商业银行与信托机构可以开展哪些信托业务合作？

即测即评

请扫描右侧二维码检测本章学习效果。

第八章

表外业务

金融创新使商业银行传统业务的利差缩小,市场份额不断受到侵蚀。对此,商业银行除了改进传统业务外,还必须不断扩大资产负债表外业务(简称表外业务)的经营种类。表外业务已成为现代商业银行经营的重要内容。本章对商业银行表外业务的发展及其种类作介绍,并对表外业务的管理作简要叙述。

第一节　银行表外业务的发展

一、表外业务的含义

表外业务(off-balance sheet activities,OBS),是指商业银行从事的,按通行的会计准则不列入资产负债表内,不影响其资产负债总额,但能影响银行当期损益,改变银行资产收益率的经营活动。

表外业务有狭义和广义之分。狭义的表外业务指那些未列入资产负债表,但同表内资产业务和负债业务关系密切,并在一定条件下会转为表内资产业务和负债业务的经营活动。通常把这些经营活动称为或有资产和或有负债,它们是有风险的经营活动,应当在会计报表的附注中予以揭示。广义的表外业务则除了包括狭义的表外业务,还包括结算、代理、咨询等无风险的经营活动,所以广义的表外业务是指商业银行从事的所有不在资产负债表内反映的业务。按照巴塞尔委员会提出的要求,广义的表外业务可分为两大类:一是或有债权/债务,即狭义的表外业务。包括:① 贷款承诺,这种承诺又可分为可撤销承诺和不可撤销承诺两种;② 担保;③ 金融衍生工具,如互换、期货、期权、远期合约、利率上下限等;④ 投资银行业务,包括证券代理、证券包销和分销、黄金交易等。二是金融服务类业务。包括:① 信托与咨询服务;② 支付与结算;③ 代理人服务;④ 与贷款有关的服务,如贷款组织、贷款审批、辛迪加贷款代理等;⑤ 进出口服务,如代理行服务、贸易报单、出口保险业务等。通常所说的表外业务主要是指狭义的表外业务。

二、表外业务发展状况

20 世纪 80 年代以来,在金融自由化的推动下,国际商业银行在生存压力与发展需求的推动下,纷纷利用自己拥有的优势大量经营表外业务,以获取更多的非利息收入。

1986 年年底,美国银行业的总资产是 33 890 亿美元,而表外业务金额则达 63 470 亿美元。美国大银行和金融中心银行所从事的表外业务规模远远超过中小银行,资产总额在 50 亿美元以上的 286 家货币中心银行经营的表外业务总额是其资产总额的 5.25 倍。美国银行 2006 年非利息收入(包括卡业务收入、佣金及手续费、托管及经纪服务费用、投行业务收入、股权投资收入、交易性业务收入、保费收入及其他表外业务收入)高达 381.82 亿美元,占总收入的 52.47%;即使在爆发金融危机后的 2008 年,美国银行非利息收入也高达 274.22 亿美元,占总收入的 37.68%。

国际清算银行(BIS)统计报告显示,1987 年金融衍生品场外交易(OTC)与场内交易名义本金之和不到 1.6 万亿美元,但是到 2007 年年底,金融衍生品场外交易与场内交易名义本金之和已超过 676 万亿美元。1987 年金融衍生品规模仅占全球 GDP 的 9%,20 世纪 90 年代中期,二者基本持平,到 2007 年,全球金融衍生品规模已经达到全球 GDP 规模的 10 多倍。

随着表外业务的大量增加,商业银行的非利息收入也迅速增长。从 1984 年至 1990 年,美国所有商业银行的非利息收入年均增长率为 12.97%。其中资产在 50 亿美元以上银行的非利息收入年均增长率达到 21.93%。表外业务收入已成为西方商业银行主要的盈利来源。据统计,1985 年美国银行业的非利息收入在全部收入中的比重为 20%,到 2019 年这一比重上升到 32.53%。摩根大通银行 2019 年的利息收入为 620 亿美元,非利息收入为 583.82 亿美元,占全部收入的 48.49%。美国银行 2021 年第 1 季度的净利息收入为 101.97 亿美元,非利息收入为 126.95 亿美元,占全部收入的 55.46%。德意志银行的表外业务收入在经营收入中的平均占比也达到 55.3%。瑞士银行的非利息收入占银行全部收入的比重则高达 66% 以上。

三、表外业务发展的原因

表外业务发展如此迅速,其原因是多方面的。归纳起来,主要有以下五个方面。

(一) 规避资本管制,增加盈利来源

早在 20 世纪 70 年代,西方许多发达国家特别是英、美等国为了维护银行体系的安全,就已经对商业银行的资本规模提出了要求,美国在 20 世纪 70 年代初提出著名的纽约公式,对商业银行的资本需要量作出了具体的规定。

1988 年 7 月,西方 12 国中央银行行长在瑞士巴塞尔签署通过了《巴塞尔协议》,对商业银行的资本结构和各类资产的风险权数作了统一规定。这一方面起到了保护银行经营安全的作用,使银行不再盲目地追求资产规模扩张,促使银行管理者重视资产质量管理。另一方面也制约了银行表内业务,尤其是表内资产业务的发展,从而使银行的盈利能力受到较多的限制。商业银行为了维持银行的盈利水平,纷纷设法规避资本管制给银行经营带来的限制,注重发展对资本没有

要求或对资本要求较低的表外业务,如开展票据发行便利、期权、期货等业务,使银行在不增加资本金甚至减少资本金的情况下,仍可以扩大业务规模,增加业务收入,提高银行盈利水平。

(二)适应金融环境的变化

20 世纪 70 年代中期以来,西方主要国家先后放松了金融管制,其结果是使银行业经营的环境发生了两个显著的变化:一是由于减少了对证券交易的限制,促进了金融证券化;二是逐步放松了对利率的管制,促进了利率市场化。

金融证券化给非银行金融机构和非金融机构大量进入证券市场提供了方便。投资银行也因此而有了长足的发展,直接融资规模也迅速扩大。许多非银行金融机构和非金融机构通过发行利率水平较高的有价证券,吸引了大量的社会资金,和银行争夺资金来源,导致脱媒现象出现,使银行资金来源减少,直接威胁着银行的生存与发展。

利率市场化虽然使银行获得了决定存、贷利率的自主权,但是银行的资金来源和资金运用却受到许多限制。在一般情况下,银行不可能通过大幅度提高存款利率来争夺资金,同时,银行为了保持一定的利差收益,也不可能大幅度降低贷款利率水平。再加上银行的贷款审查又比较严格,在直接金融有较快发展的情况下,资金需求者在融资市场上有较多的选择余地,于是,银行原来所拥有的贷款需求市场不断受到侵蚀。

在金融证券化和利率市场化的环境中,越来越多的商业银行面对资金来源减少,存贷利差缩小,资金运用又受到许多限制的困难。不少银行因无法摆脱这种困境而难以维持,只得被迫关闭。一些实力雄厚的大银行依靠自己人才多和客户多的优势,则选择大力发展表外业务的经营策略,从而使表外业务迅速扩张。

(三)转移和分散风险

1973 年,布雷顿森林体系崩溃,各主要货币的汇率开始浮动,以后又发展为普遍实行浮动汇率制度。汇率多变给各国商业银行的国际业务和外汇头寸管理带来重重困难,银行经常要面对汇率变动而带来的风险。20 世纪 70 年代中期还爆发了石油危机,使西方发达国家陷入严重的滞胀局面,也使许多国家陷入国际收支不平衡的困境。进入 80 年代,又发生了拉丁美洲国家债务危机,严重地影响了国际商业银行的资产质量和资信声誉。在银行资信等级降低的情况下,银行的存款来源进一步减少。银行面临着资金缺口扩大,流动性风险增大的问题。这些问题的出现迫使商业银行寻求新的经营方式和经营策略,以达到分散风险的目的。而许多表外业务如票据发行便利、互换、期货、期权等都具有分散风险或转移风险的功能,给银行提供了控制资金成本和套期保值的工具和手段,表外业务也因此而有了较大发展。

(四)适应客户对银行服务多样化的需要

表外业务经营比较灵活,只要交易双方同意,便可达成交易协议。随着金融管制放松和金融自由化,金融创新层出不穷,各种非银行金融机构相继推出许多集融资与服务于一体的金融业务。随着资金来源越来越广泛,客户对银行的需求不再仅仅局限于借款,同时也对银行的服务提出了更多、更高的要求,他们往往在去办理银行存款或借款的同时,要求银行能为他们提供各种防范风险和转移风险的方法，使他们能避免或减少因利率、汇率波动而造成的损失。商业银行为了巩固和客户的关系，便大力发展代理客户进行理财的金融衍生品交易业务，这也推动了银行表外业务发展。

（五）银行自身拥有的有利条件促使银行发展表外业务

银行在从事表外业务中有其独特的有利条件。和其他金融机构相比，银行的优势在于信誉高，具有规模经济效益，拥有大量优秀的专业人才。这些优势使得银行在从事表外业务时，成本较低，风险较小，容易取得客户信任。

例如，在担保业务中，银行所提供的风险担保对银行而言，成本就较低。因为在一般情况下，银行主要为其往来客户提供担保。由于银行已经了解和掌握其客户的财务及信用状况，所以在提供担保前所需支付的信用评估成本较低。对客户而言，银行提供的担保价格也相对便宜。这是由于银行对客户比较熟悉，所以银行一旦决定为某一客户提供担保，一般不要求客户另外提交担保准备金，这种担保准备金可由客户在银行的存款抵充。因此，客户得到银行提供担保时所支付的实际价格比较便宜，对客户有较大的吸引力。

正是由于银行在从事表外业务时，可利用成本较低、价格相对便宜的优势达到既巩固与客户的联系，又获得较大收益的目的，所以银行也乐于发展表外业务。

20世纪80年代以来，信息技术和数字产业迅速发展，对银行表外业务的发展起了巨大的推动作用。信息技术在银行业务中得到广泛运用，形成数据处理计算机化、资金划拨电子化、信息传递网络化。借助于信息网络和先进的数字处理技术，既大大加快了银行处理业务的速度，同时也使得银行从事表外业务能获得很可观的规模经济效益。银行还可以推出许多新的金融工具，有利于对风险进行比较准确的预测，提高风险监控效果。手机银行与网络银行的发展，使商业银行可以在更广阔的市场上开展各种金融业务，开展金融衍生工具交易，为客户提供更有效的财务管理、投资咨询业务，得到客户的广泛欢迎。正是借助于金融科技的力量，许多银行的表外业务规模都赶上甚至超过了其传统的表内业务，表外业务已经成为银行收益的新的增长点。

四、中国银行业开展表外业务的分析

截至2019年年末，我国商业银行表外业务取得较大发展，但经营管理水平还需要提高，在不少表外业务领域还比较落后。和欧美银行相比，我国银行表外业务收入占比较低。2019年，中国银行业非利息收入占比21.93%。其中，中国工商银行的手续费及佣金等非利息收入在营业收入中占比为18.2%，中国银行、中国建设银行、中国农业银行的该指标分别为16.32%、19.46%、13.86%，民生银行、兴业银行、平安银行、招商银行该指标分别为28.98%、27.38%、26.60%、26.51%。但有些银行表外业务收入占比还在个位数。这表明，一方面我国银行业表外业务的发展极具迫切性；另一方面，我国银行业在表外业务的发展上有巨大的潜力，借鉴与吸收国外银行在表外业务方面的经验，是大有可为的，例如票据发行便利、备用信用证、期权、期货和贷款出售等业务能否在我国顺利地发展，主要取决于我国银行业的经营管理水平和资本市场发展程度。1998年，中国银行上海分行与广东发展银行进行了我国第一笔贷款出售业务，金额为1亿元人

民币。这标志着我国商业银行已进入贷款出售业务领域。但从总体上看,我国商业银行开展表外业务,还需具备以下条件。

（一）更新商业银行经营理念

西方商业银行的经营管理经历了资产管理、负债管理及资产负债管理阶段以后,已经进入表内业务与表外业务综合协调管理的阶段。在利率市场化已经取得突破性进展,存贷利差不断缩小的情况下,我国银行需要更新经营理念,正确认识发展表外业务的意义。开拓表外业务和开展传统的资产负债业务是相辅相成的关系,发展表外业务的实质是有效地动员银行业的资金、信息、人才和技术优势,更好地提供金融服务,减少银行经营的风险,巩固和扩大银行的客户群,提高银行经营效益。从而切实将拓展表外业务与做好存款业务、提高信贷资产质量工作一样重视,齐抓并举。

（二）改善银行业技术手段

西方商业银行表外业务的发展与银行经营管理信息化及各种金融科技手段的应用是密不可分的,从金融产品的设计、评估、定价到营销、运营和管理,先进的技术和设备不可或缺。实际上,表外业务发展也是银行应用金融科技的结果。我国银行应坚持将技术进步置于战略层面,加大投入,不断提高银行管理和业务操作信息系统的质量,使表外业务的发展拥有坚实的物质基础。

（三）培养新型金融人才

表外业务涉及金融、税收、财会、法律等多个领域,需要大批谙熟金融市场业务、善于体察客户需要、把握金融创新的最新进展、了解市场法规的高素质人才,从而对银行从业人员的素质提出了更高的要求。要培养员工提高对开办表外业务的重要性的认识,通过强化服务意识,转变服务态度,改变服务作风,运用服务技巧,提高服务质量,进一步推动表外业务发展,增加商业银行自身的利润来源。发展表外业务本身就是一个人才培养的过程,只有使银行从业人员在市场实践活动中培养现代金融意识,不断了解和掌握国际金融业的创新成果,才能满足表外业务经营与管理的需要。

随着我国资本市场发展,直接融资规模将会不断增大,我国商业银行除了可以承做担保业务、贷款承诺等业务外,还可以选择业务关系比较稳定、信誉良好又需要发行有价证券融资的企业开展备用信用证业务、尝试票据发行便利业务。随着我国利率市场化发展,银行提供远期利率协议、互换业务以及期货期权业务也有着广阔的市场前景。此外,在实行资本充足率管制的约束下,银行可利用贷款出售来调整其资产结构。随着我国金融市场的发展和银行经营管理队伍素质的提高,银行发展表外业务一定会大有作为。

第二节　担　保　业　务

担保业务,即银行应某一交易中的一方申请,承诺当申请人不能履约时由银行承担对另一方的全部义务的行为。担保业务不占用银行的资金,但形成银行的或有负债,即当申请人(被担保人)不能按时履行其应尽的义务时,银行就必须代为履行付款等职责。银行在提供担保时,要承担违约风险、汇率风险以及国家风险等多项风险,因此是一项风险较大的表外业务,《巴塞尔协议》将银行担保业务的信用转换系数定为100%。银行的担保业务主要有备用信用证、商业信用证等。

一、备用信用证

备用信用证(standby letter of credit,SBLC)是银行担保业务的一种主要类型,通常是为投标人中标后签约、借款人还款及履约保证金等提供担保的书面保证文件。当某个信用等级较低的企业试图通过发行商业票据筹资时,常会面临不利的发行条件,此时它可以向一家银行申请备用信用证作为担保,一旦这家企业到期无力还本付息,由发证行承担债务的偿还责任。实际上,银行通过发放备用信用证给该企业,就相当于在借款存续期中把自己的信用出借给了发行人,可使发行人的信用等级从较低水平提高到一个较高的等级。

备用信用证是一种广泛的担保文件,其支付只凭出示特定的证据,而不允许银行介入事实上或法律上的纠纷。通常,开证行是第二付款人,只有当借款人自己不能履约时,才由银行付款。而开证行一旦付款,借款人必须补偿银行的损失。银行开立备用信用证要收取佣金。

(一)备用信用证的类型

按可否撤销来划分,备用信用证可分为:

1. 可撤销的备用信用证

在可撤销的备用信用证(revocable SBLC)中附有当申请人财务状况出现某种变化时,开证行可以撤销或修改信用证的条款,以保护自身的利益。

2. 不可撤销的备用信用证

不可撤销的备用信用证(irrevocable SBLC)的开证行不可以单方面撤销或修改信用证,对于受益人而言,开证行不可撤销的付款承诺使其有了一个确定的信用保障。通常情况下,不可撤销的备用信用证的佣金要高一些。

(二)备用信用证的作用

1. 对借款人的作用

利用备用信用证可使其由较低的信用等级上升到一个较高的信用等级,从而在融资中处于比较有利的地位,能以较低的成本获得资金。

2. 对开证行的作用

(1)备用信用证业务的成本较低。由于申请备用信用证的客户大多是与银行业务关系稳定且信用记录良好的客户,这可以大大减少银行信用评估所耗费的支出。

(2)备用信用证可给银行带来较高的盈利。一般情况下,备用信用证很少发生议付,这可以使银行在几乎不占用自有资金的情况下,仅凭出借自身信誉就可以获得一笔可观的收入,拓宽了收益渠道。

3. 对受益人的作用

备用信用证使受益人获得很高的安全性,特别是在交易双方并不熟悉时,更显示出这种安全性的重要。例如,招标人不用担心投标人违约而使招标出现流标,投资人不用担心投资资金无法收回等。

(三)备用信用证的交易程序

1. 订立合同

借贷双方先就交易条件进行磋商,订立信贷合同,明确规定以备用信用证方式提供担保,一般还应规定备用信用证的开证行、种类、金额、到期日、开证日等内容。

2. 申请开证

申请人向开证行递交申请书。在申请书中,除明确提出"请按所列条件开立备用信用证"的要求以及受益人的名称和地址、信用证的到期日外,还需要申请人向开证行提交保证与声明。申请人申请备用信用证时,有可能应开证行的要求缴纳一定的押金,押金的有无与多少应视申请人的资历、信誉等因素而定。

3. 开证与通知

开证行经过信用评估接受开证申请后,必须按申请书规定的内容,向指定的受益人开立备用信用证,并将信用证直接或间接传递给受益人。

4. 审核与修改

受益人在收到信用证之后,应立即认真审核,主要是审核信用证中所列条款与信贷合同或其他交易合同中的有关条款是否完全一致。如有出入,应立即通知开证行请求修改。修改信用证的传递方式与开证时相同。

5. 执行合同

例如在为借款人提供的备用信用证业务中,受益人收到信用证经审查无误,或收到修改通知书认可后,即可根据借款合同的规定向借款人提供借贷资金。受益人履行合同后,如果没有在合同规定的时间内得到借款人的偿还,则应编制并取得信用证规定的全部单据,开立汇票,连同信用证正本,通过一定的方式传递给开证行,要求开证行履约付款。

6. 支付和求偿

开证行收到受益人寄来的汇票和付款人未履约付款的证明后,经检验认为与信用证中的规定相符,则应按票款对受益人进行支付,同时开证行随即取代受益人,成为付款人的债权人,拥有要求赔偿所垫付资金的权利。

二、商业信用证

商业信用证(letter of credit,LC)是国际贸易结算中的一种重要方式,是指进口商请求当地银行开出的一种证书,授权出口商所在地的另一家银行通知出口商,在符合信用证规定的条件下,愿意承兑或付款承购出口商交来的汇票单据。信用证结算业务实际上就是进出口双方签订合同以后,进口商主动请求进口地银行为自己的付款责任作出的书面保证。

商业信用证产生的主要原因是:在国际贸易中的进出口商之间由于缺乏了解而互不信任,进口商不愿先将货款付给出口商,唯恐出口商不按约发货;出口商不愿先发货或将单据交给进口商,主要是担心进口商不付款或少付款。在这种情况下,银行就可以出面在进出口商之间充当一个中间人或保证人的角色,一面收款,一面交单,并代客融通资金,信用证结算方式由此产生。现在信用证结算已成为当今国际贸易和国内异地交易中使用最广泛、最重要的结算方式。

人们通常把商业信用证看作是一种结算工具。而实际上,从银行角度来看,商业信用证业务又是一项重要的表外业务。在这项业务中,银行以自身的信誉来为进出口商之间的交货、付款作担保,一般来说不会占用其自有资金,因此是银行获取收益的又一条重要途径。

(一) 商业信用证的分类

商业信用证的种类很多,大体有如下几种划分方法:① 按是否附有货运单据,可分为跟单信用证和光票信用证。② 按可否撤销,可分为可撤销信用证和不可撤销信用证。③ 按议付方式,可分为公开议付信用证、限制议付信用证和不得议付信用证。④ 按可否转让,可分为可转让信用证和不可转让信用证。⑤ 其他信用证,如背对背信用证、对开信用证、循环信用证、假远期信用证以及旅行信用证等类型。

背对背信用证是在原信用证不可撤销的条件下,银行应该信用证受益人的申请,以该信用证为保证而另行开立的以实际供货商为受益人的信用证。

对开信用证是在来料加工、补偿贸易等方式下,交易双方已经签订了原料或零部件贸易合同以及加工制成品贸易合同,在此基础上,以双方互为开证申请人和受益人而开立的、金额大致相等的两个信用证。一般情况下,第一张信用证的通知行是第二张信用证的开证行。

循环信用证是事先规定当信用证金额被全部或部分用完后仍可恢复到原来金额,可多次使用,直至该信用证规定的使用次数或累计总金额用完为止的信用证。

旅行信用证是开证行为便利旅游者在旅途中支付旅费、杂费和购买商品所开立的一种光票信用证。旅行信用证具有不可撤销性质,旅游者在申请开证时,一般须预交十足押金。开证申请人和受益人是同一个人,开证行和偿付行是同一家银行。开立信用证时,开证行单独提供一份"印鉴核对卡"(letter of indication),由旅游者当面在卡上预留印鉴,连同旅行信用证一并交由旅游者自带出国使用。索偿和偿付手续同信用证一样。旅行信用证的议付只能在银行营业时间内到银行去当面取款。旅行信用证比旅行支票更安全。旅行信用证可以开给一家或几家代理行,要求这些银行议付该信用证项下的汇票。同时把一份供议付行鉴定申请人签字真伪的证明信和旅行信用证一道交给申请人,还应交给申请人一份议付银行的名单。

假远期信用证是含有假远期条款的信用证。受益人凭此开立远期汇票,但经银行承兑后进行贴现而即刻得到票款。由开证申请人承担所发生的贴现费用。这种信用证对受益人来讲,实际上仍属即期收款。

(二) 商业信用证的特点和益处

1. 商业信用证的特点

（1）商业信用证结算方式中,开证行担负第一付款责任,是第一付款人。出口商可以直接向银行要求凭单付款,而无须先找进口商。开证行对出口商的付款责任是一种独立的责任,这一点与备用信用证的备用性有较大区别。

（2）信用证是一项独立的文件。进口商请求银行开证时要按合同内容填写申请书,开证行也要根据合同内容开证。但信用证一经开立,就完全脱离了买卖合同,成为一个独立的信用文件,开证行只需对信用证负责,只要出口商提供的单证符合信用证的规定,则开证行就有付款的责任,而不管实际中的交易情况如何,即信用证业务是以单证而不是货物作为付款依据。

2. 商业信用证的益处

（1）对进口商来说,商业信用证的使用,提高了其资信度,使出口商按约发货得到了保障,而且可以通过信用证条款来控制出口商的交货日期、单据的种类和份数等。另外,可以通过信用证中的检验条款来保证货物上船前的数量和质量。由于申请开证时,进口商只需交纳一部分货款作为押金即可,实际上是银行为进口商提供了一笔短期融通资金。

（2）对出口商来说,最大的好处就是出口收款有较大的保障,银行作为第一付款人,使付款违约的可能性降为极小。另一方面,由于开证行开出商业信用证都需有贸易和外汇管理当局的批准,所以利用商业信用证来结算,就可避免进口方国家禁止进口或限制外汇转移产生的风险。

（3）对开证行来说,它开立商业信用证所提供的是信用保证,而不是资金。开立信用证既不必占用自有资金,又可以得到开证手续费收入。同时进口商所交纳的押金,在减小垫款风险的同时,也可以为银行提供一定量的流动资金来源。

（三）商业信用证的交易程序

1. 开证申请人申请开立信用证

开证申请人（一般为进口商）在与其交易对手订立买卖合同之后,通过填写开证申请书（application for letter of credit）,向开证银行提出申请。

开证申请书中主要包括两方面内容:一是要求开立的信用证中所含的内容,也就是开证人按照买卖合同条款要求开证行在信用证上所列明的条款;二是开证申请人对开证行的声明或具结,用以明确双方的责任。

2. 开证行开立信用证

开证行根据开证申请人的申请向受益人开立信用证。所开信用证的条款必须与开证申请书所列一致。

3. 通知行通知信用证

通知银行收到开证银行开来的信用证后,应立即对信用证的密押（电开）或签字印鉴（信开）进行核对,确认无误后立即通知受益人。

4. 审查与修改信用证

受益人接到信用证后应立即根据合同条款认真审查信用证,如发现有的信用证条款不能接受,应及时要求开证人通知开证行修改。

5. 交单议付

开证行收到议付行寄来的汇票和单据后,应立即根据信用证条款进行检验,如果认为单证与信用证条款相符,应在合理的时间内将票款偿还议付银行。

6. 开证人付款赎单

开证银行将票款拨付议付行后,应立即通知开证人付款赎单。开证人收到通知后,也应立即到开证行检验单据,在确认无误后将全部票款及有关费用,一并向开证银行付清并赎取单据。

案例 8-1

备用信用证

中国 A 公司与外国 B 公司签订补偿贸易合同,约定由 A 公司从 B 公司引进某生产线,价格为 1 000 万美元,A 公司以 20% 现金及该生产线生产的产品作为价款,合同履行期限为 4 年。为了保证 A 公司履行合同,B 公司要求 A 公司以备用信用证形式提供担保。A 公司遂向国内 C 银行申请开立备用信用证。C 银行根据 A 公司的委托,开出了一份以 B 公司为受益人、金额为 800 万美元的备用信用证。该信用证受国际商会 2007 年修订的第 600 号出版物《跟单信用证统一惯例》(简称 UCP600)的约束。在 C 银行开立的备用信用证的担保下,B 公司与 A 公司间的补偿贸易合同生效。后来,A 公司未能于合同规定的日期内履约,B 公司便签发汇票连同一份声明提交 C 银行,要求其支付备用信用证项下的款项。C 银行对 B 银行提交的汇票和声明进行审查后认为"单证相符",便向 B 公司偿付了 800 万美元。

本案涉及一种特殊的信用证——备用信用证。备用信用证又称担保信用证、履约信用证、商业票据信用证,它是开证行根据申请人的请求,对受益人开立的承诺承担某项义务的凭证,即开证行保证在开证申请人未履行其应履行的义务时,受益人只要按照备用信用证的规定向开证银行开具汇票(或不开汇票),并提交开证申请人未履行义务的声明或证明文件,即可取得开证行的偿付。备用信用证属于银行信用,开证行保证在开证申请人不履行其义务时,即由开证行付款。如果开证申请人履行了约定的义务,该信用证则不必使用。因此,备用信用证对于受益人来说,是备用于开证申请人发生违约时取得补偿的一种方式,其具有担保的性质。同时,备用信用证具有信用证的法律特征,它独立于作为其开立基础的其所担保的交易合同,开证行处理的是与信用证有关的文件,而与交易合同无关。综上所述,备用信用证既具有信用证的一般特点,又具有担保的性质。

备用信用证开证行的付款责任与跟单信用证开证行的付款责任是有所不同的。在备用信用证业务中,备用信用证是一种银行保证,开证行一般处于次债务人的地位,其付款责任是第二性的,即只有在开证申请人违约时开证行才承担付款责任。而跟单信用证开证行的付款责任是第一性的,只要受益人提交信用证规定的单据,且"单证相符",开证行就必须立即付款,而不管此时开证申请人是否付款。

备用信用证最早流行于美国,因美国法律不允许银行开立保函,故银行采用备用信用证来代替保函,后来其逐渐发展成为为国际性合同提供履约担保的信用工具,其用途十分广泛,如国际承包工程的投标、国际租赁、预付货款、赊销业务以及国际融资等业务。国际商会在《跟单信用证统一惯例》2007 年修订版中,明确规定该惯例的条文适用于备用信用证,即将备用信用证列入了信用证的范围。

思考题

1. 备用信用证业务中,开证行的责任是什么?备用信用证的本质是什么?
2. 试结合我国经济发展的阶段性特点阐述中国银行业发展备用信用证业务的意义。

案例 8-2

中国银行提供备用信用证担保,助中船集团成为亚洲首家成功发行欧元债券的船舶企业集团

2015 年 2 月 18 日凌晨,中国船舶工业集团公司圆满、高效完成 5 亿欧元 3 年期债券全部发行工作,不仅开创了欧元历史上采用银行备用信用证(SBLC)增信方式发行债券的先河,也成为亚洲首家成功发行欧元债券的船舶企业集团。同时,中船集团所发债券的认购规模、定价收窄幅度等刷新了我国企业发行欧元债券的多项纪录。这是中船集团继 2013 年 12 月发行 8 亿美元债券之后,再次成功完成海外债券发行。本次发行不仅拓宽了中船集团海外融资渠道,进一步降低了融资成本,更重要的是,通过路演推介,将中船集团的发展历程、取得的业绩及发展战略向欧洲地区主要投资者做了宣传介绍,为中船集团进一步拓展欧洲地区业务、加快实施"走出去"战略创造了更便利的条件。

据介绍,此次债券发行被命名为"远航"项目,于 2015 年 1 月正式启动,到 2 月 18 日资金全部募集到位,历时仅 1 个月。该项目由中国银行、巴克莱银行和法国兴业银行担任联合全球协调人,建银国际、中国农业银行、中国工商银行、交通银行、澳新银行担任联合簿记管理人,以掉期利率中间价(MS)+155 点的价格发行了 5 亿欧元票面利率为 1.7% 的 3 年期债券。

"目前欧洲经济复苏乏力,欧元区已进入负利率时代。而随着欧洲量化宽松政策的推出,欧元汇率还存在进一步下行的可能。在利率、汇率双重利好的窗口期持有'软货币'负债,对中船集团进行低成本融资非常有利。"中船集团财务金融部相关人士表示。

另据了解,2015 年,中船集团旗下有 15 家成员单位存在欧元付汇需求,但目前这些企业多采用人民币即期购汇的方式支付欧元。如果通过发债募集到一定规模的欧元资金,可以帮助成员单位直接付汇,从而减少其当期人民币支出,降低资金成本。

不过,目前市场上欧元债券的发行主体大部分为欧洲企业,欧元债券在亚洲一级资本市场发行量很少,投资者需求并不强烈。而且市场上尚无 SBLC 结构的欧元债券流通,欧洲投资者对这种发行结构存在一定的疑虑,这增加了债券发行定价的难度以及路演工作的艰巨性。

　　为了确保债券成功发行,2月2—6日,"远航"项目团队先后在伦敦、巴黎、慕尼黑、法兰克福、中国香港五大金融中心进行了近20场的路演活动,向投资者详细介绍了中船集团在欧洲的业务拓展与规划,对投资者关注的债券发行结构、资金用途以及中船集团的信用状况、财务指标等做了一一解释和说明。最终,债券发行吸引了160多家投资机构下单,其中50%来自欧洲;认购规模超过发行规模的5倍,达到28亿欧元;发行价格在初始价格指引MS+180点的基础上收窄25点。认购规模、发行价格收窄幅度均刷新了我国企业欧元债券发行的纪录。巴克莱银行相关人士表示,中船集团良好的信用和形象增强了投资者信心,而各项工作的细致、到位使得该项目在最短时间吸引了最多投资者,实现了最高效的发行。

　　"远航"项目的成功也受到境外媒体的高度关注。《华尔街日报》《亚洲财经》《全球资本市场》等媒体详细报道了项目进展情况,并指出,本次欧债发行由中国银行提供备用信用证担保,该批债券获世界著名评级机构穆迪A1评级,并以SBLC结构发行,对国际资本市场具有示范意义,也将进一步提升中船集团在欧洲的知名度和市场竞争力。

(资料来源:《中国船舶报》,2015 年 2 月 18 日)

第三节　票据发行便利

一、票据发行便利及其产生的原因

　　票据发行便利(note issuance facilities,NIFs)是一种具有法律约束力的中期周转性票据发行融资的承诺,属银行的承诺业务。借款人根据事先与商业银行等金融机构签订的一系列协议,可以在一定的期限内(一般期限为5～7年),以自己的名义周转性发行短期融资票据,从而以较低的成本取得中长期资金。承诺包销的商业银行依照协议负责承购借款人未能按期售出的全部票据,或承担提供备用信贷的责任。银行的包销承诺为票据发行人提供了转期的机会,从而有力地保障了借款人获得资金的连续性。就银行借款者而言,票据通常是短期存款证,而对非银行借款者来说,票据通常采取本票的形式。在票据发行便利中,发行的票据可以循环,大部分票据的期限为3个月或6个月,有的票据期限范围可以更大一些,长的可达一年,短的可至一个星期或几天。大多数欧洲票据以美元计值,面额很大,通常为50万美元或以上,其销售对象主要是专业投资者或机构投资者,而不是个人投资者。持票人在他们的资产负债表中把票据列为一项资产,而银行的包销承诺通常不在资产负债表中列示,因此票据发行便利属表外业务。

　　一般认为,票据发行便利起源于辛迪加(syndicate)贷款,同时是国际金融市场中金融证券化的结果。在辛迪加贷款中,银团的角色主要有三种:牵头行、代理行和参与银行。各家银行作为一个集中的整体为客户服务,每一家银行既提供资金,又承担风险。普遍的做法是,主要的几家大银行往往集贷款安排、贷款管理、资金提供与风险承担于一身,即银行在参与辛迪加贷款后,在增加盈利来源的同时,增加了经营的风险。而商业银行所独有的贷款组织与安排上的优势,以及在信息方面的优势却没有得到充分的利用。

世界范围内的信息网络和新的服务公司的发展、数字技术在国际支付系统和业务交易上的广泛应用等,使得国际金融市场上各种类型的参与者都可以获得比以前更多的信息。这促使资金盈余者更多地把资金投向直接金融市场,而不再像以前那样主要依赖于商业银行的中介作用。一些非银行金融机构,特别是投资银行,都不同程度地经营一些本属于商业银行的业务。面对这种新的融资结构变化趋势的挑战,商业银行必须改变旧的经营观念。

票据发行便利就是在这种情况下产生的。作为辛迪加贷款的低成本替代品,票据发行便利一方面继承了辛迪加贷款中有众多银行参与,既能满足对巨额资金的需求,又能有效分摊风险的优点;另一方面充分发挥了银行在市场安排和信息提供上的优势,帮助借款人实现了以短期融资的利息成本来获得中期资金的好处。而且原来在辛迪加贷款中由单个银行承担的不同职能,在票据发行便利中可以分解开来由不同的银行来承担。发行银行只提供纯粹的票据营销服务和在借款人需要资金时的融资机制,从而使银行在没有多余资金的情况下也可以参与该项业务,为自己增加收益。包销银行主要承担提供期限转变便利的责任,因此包销银行只是提供临时性融资。从借款人角度来看,票据发行便利充分利用了借款人自身的信誉。通过票据发行便利融资的借款人一般都是具有良好信誉的企业,运用票据发行便利可以使它们以比银行优惠利率还低的短期票据利率来获得中期资金,充分发挥了其本身的融资优势。

总之,票据发行便利是商业银行适应国际金融市场上的证券化趋势而进行的一项成功的金融创新业务。它把本属于表内业务的银团贷款成功地转化为表外业务,减轻了对资本充足率要求的压力,同时使银行与企业建立了更广泛的合作,适应了融资方式发展的需要。

二、票据发行便利的种类

票据发行便利根据有无包销可分为两大类:包销的票据发行便利和无包销的票据发行便利。其中前者又可分为循环包销便利、可转让的循环包销便利、多元票据发行便利。下面分别加以简要介绍。

(一)循环包销便利

循环包销便利(revolving underwriting facility,RUF)是最早出现的票据发行便利形式。在这种形式下,包销的商业银行有责任承包摊销当期发行的短期票据。如果借款人的某期短期票据推销不出去,承包银行就有责任自行提供给借款人所需资金(其金额等于未如期售出的票据金额)。

(二)可转让的循环包销便利

可转让的循环包销便利(transferable revolving underwriting facility)是指包销人在协议有效期内,随时可以将其包销承诺的所有权利和义务转让给另一家机构。这种转让,有的需要经借款人同意,有的则无须经借款人同意,完全是根据所签的协议而定。可转让的循环包销便利的出现增加了商业银行在经营上的灵活性和流动性,便于相机抉择,更加符合商业银行的经营原则。

(三) 多元票据发行便利

多元票据发行便利(multiple component facility),这种票据发行便利方式允许借款人以更多更灵活的方式提取资金,它集短期预支条款、摆动信贷(swing line)、银行承兑票据等提款方式于一身,使借款人无论在选择提取资金的期限上,还是在选择提取何种货币等方面都获得了更大的灵活性。

(四) 无包销的票据发行便利

无包销的票据发行便利是于1984年下半年开始出现的一种NIFs形式。1985年由于一些监督官员在测定银行资本适宜度时采取了把包销承诺也包括进去(即包销承诺也转为表内业务的一部分)的做法,有力地刺激了无包销的票据发行便利的发展,该市场所安排的票据发行便利中,很多都是部分或全部没有包销承诺的。顾名思义,无包销的票据发行便利就是没有"包销不能售出的票据"承诺的NIFs。无包销的NIFs一般采用总承诺的形式,通常安排银行为借款人出售票据。无包销的票据发行便利出现的最根本原因是,采取这种形式的借款人往往是商业银行的最高信誉客户。他们有很高的资信度,完全有信心凭借其自身的信誉就能够售出全部票据,而无须银行的承诺包销支持,从而可为自己节省一笔包销费用,降低融资成本。

三、票据发行便利市场的构成

票据发行便利主要由四部分交易主体构成:借款人、发行银行、包销银行和投资者。

(一) 借款人

票据发行便利业务的产生就是为了适应一些资信较高的借款人通过直接融资渠道筹资的需要。因此票据发行便利市场上的借款人大多是资信度比较高的企业,它们认为自身的高信誉在融资中是一种有利条件,应充分加以利用。它们大都开始从原来的间接融资转向直接融资方式。从银行角度来讲,它把票据发行便利,特别是其中的承诺包销看作一种表外业务。银行只希望在不占用自有资金的情况下取得承诺费收入。借款人的信誉越高,银行需要实际履行包销业务的可能性就越小,因此银行在选择票据发行便利业务的对象时,为了自己的利益,会认真把关,只让一些信誉真正好的借款人进入这一市场。

(二) 发行银行

票据发行便利中的发行银行的票据发行功能类似于银团贷款中的贷款安排。发行银行先后经历了两种形式:最初,发行银行是由牵头行来承担,牵头行作为独家出售代理人发挥作用,并负责出售所发行的任何票据。从1983年开始出现了由银行投标小组负责的票据发行便利,投标小组成员对所发行的任何一种票据,在预先确定的最大幅度内都可投标。这一做法允许借款人从市场条件的改善中获利,同时让借款人预计到按最高成本所能获得的资金。由于是以竞价投标所得出的票据发行方案,其发行条件包括价格等会更合理一些。这种做法和以前由牵头行独家垄断发行相比有了较大的进步,1984年以后投标小组的做法通过连续投标小组制度的确立得到了进一步推广。

（三）包销银行

包销银行承担了相当于承担风险的票据包销职能。其最主要的职责就是按照协议约定,提供期限转变便利,以保证借款人在中期内不断获得短期资金。一旦借款人的票据未能如期售完,包销银行就有责任购买所有未售出的票据,或提供同等金额的短期贷款。但是由于采用竞价投标方式进行票据发行,使包销银行履约包销的可能性大大降低,从而使其能真正发挥保证的职能。当然,鉴于借款人信誉较高,所发行票据具有较大的吸引力,包销人(包销团的成员银行)也愿意并有权在票据销售期限内的任何时间里,按票据的市场销售价格,向牵头行购买它们所能买到的不超过其分配额度的票据,从而能够获得可以出售给其客户的票据,使票据发行不再完全被牵头行或投标小组垄断。

（四）投资者

投资者,即资金提供人或票据持有者,他们只承担期限风险。当借款人在票据到期前遭受破产而不能还款时,票据持有人就会受到损失。由于进入票据发行便利市场的借款人,特别是一些采用无包销票据发行便利的借款人,资信度都比较高,因此这种票据的期限风险比较小,投资于这种票据比较安全,且流动性比较高。

四、票据发行便利的程序

（1）由发行人(借款人)委任包销人(underwriter)和投标小组(tender panel)成员。

（2）在发行人与包销人和投标小组成员之间签订一系列文件。其中包括便利协议(facility agreement)、票据发行和付款代理协议(notes issuing and paying agency agreement)、投标小组协议(tender panel agreement)。

（3）在上述各项协议就绪后,如果发行人是中国某公司,则所安排发行的时间表就如表 8-1 所示。

表 8-1　票据发行便利发行时间表

天数	时间	行动
发行日前 5 天	9:00AM 北京时间	发行人向便利代理人提出要求
发行日前 5 天	2:00PM 北京时间	代理人邀请投标小组成员投标
发行日前 3 天	4:00PM 北京时间	代理人将收到投标
发行日前 2 天	3:00PM 北京时间	将中标的投标人的名字通知发行人,并将分配额度通知中标的投标小组成员
发行日前 2 天	10:00AM 伦敦时间	决定伦敦银行同业拆放利率(LIBOR)
发行日前 1 天	10:00AM 北京时间	通知中标的投标小组成员和发行人总的包销价格
发行日	10:00AM 纽约时间	由投标小组成员将款项付到发行人在纽约的账户上

五、票据发行便利市场经营中应注意的问题

票据发行便利作为银行的表外业务，虽然不直接形成银行负债的增加，但其承诺履约的不确定性也同样使银行面临一些风险，其中最主要的有流动性风险和信用风险两种。

作为一项金融创新业务，在看到其带来好处的同时，要充分注意到它可能带来的风险。事实证明，谨慎经营才是票据发行便利成功的关键。票据发行便利业务必须严格按照流动性、安全性、盈利性三原则来开展，具体应注意以下几点。

（一）严格把好市场准入关

银行作为市场中介主体，无论是以发行银行还是以包销银行的身份出现，都应该对提出票据发行便利要求的借款人的资信状况做出详细认真的调查，绝不可为了获得一笔较高的手续费或承诺费，就轻易让信誉较差的企业进入票据发行便利市场。包销银行在与借款人签订的便利协议中必须要订立在承诺有效期内借款人资信度下降时的特别处理条款。此外，银行对票据发行人的信用风险问题要给予特别关注，必须定期分析借款人的经营状况、财务状况，以及市场对借款人的评价，保持迅速反应的能力。

（二）加强自我约束性的内部管理

为了有效控制票据发行便利可能带来的风险，银行必须加强自身的约束管理，建立起一套完善的评估体系，使银行所从事的所有票据发行便利业务的风险处于一个安全的范围内。《巴塞尔协议》为各国银行提供了一种度量表外业务风险的方法。即以信用转换系数乘以项目金额，得出的数额按照表内同等性质的项目进行风险加权，并将此纳入评估银行资本充足与否的风险管理中去。根据《巴塞尔协议》的规定，票据发行便利的信用转换系数为 50%，这也为银行进行内部约束管理提供了非常重要的制度保障。

（三）注意保持银行的流动性

银行在从事票据发行便利业务时，要仔细衡量自身的流动性状况，严格做到把银行自身的流动性要求与票据发行便利的承诺额挂钩，以加强对流动性风险的防范。当银行承做承诺额较大的票据发行便利业务时，要在表内资产负债上做相应的调整，如适当增加流动性资产，减少流动性负债，提高流动比例。同时要注重客户分散化原则。如果一家银行的所有票据发行便利业务都集中在同一个借款人身上，甚至是一笔业务上，那就可能存在风险隐患。因此银行在开展此项业务时必须努力做到每笔业务量规模适中，做好客户分散性，而且尽量避免借款人来自同一行业，从而规避因某个行业的整体不景气而出现流动性风险。还要限制对单个借款人的承诺额，例如，明确规定不能超过银行自有资本的 10%，以便有效防范风险的过度集中。

（四）选择高资信的企业和银行

票据发行便利是高资信客户的自发需求，它本质上是一种直接金融，主要依赖于借款人自身的信誉来筹资。因此，选择在国际、国内金融市场上享有较高声誉的客户进行合作，对于票据发行便利的成功至关重要。

我国商业银行虽已具备了一些在国内从事票据发行便利的条件,但总体来看与国际大银行相比还有一定的差距,例如信用体系建设还不完善,法律法规还不健全,同国际大银行相比,我国银行从事票据发行、包销的经验也不足。因此,我国商业银行可以先利用成熟的国际金融市场,积极探索从事国际票据发行便利的经验,为国内借款人筹措资金,争取跻身于国际性票据发行便利市场,分享国际业务收入;另一方面,积极改善国内金融市场状况,选择资信高、业务关系稳定的客户,为其在国内提供票据发行便利创造条件,并以此为契机促进商业票据在资金融通中的广泛应用。

第四节　远期利率协议

一、远期利率协议及其产生的原因

（一）远期利率协议

远期利率协议(forward rate agreement,FRA)是一种远期合约,买卖双方商定将来一定时间段的协议利率,并指定一种参照利率,在将来清算日按规定的期限和本金数额,由一方向另一方支付协议利率和届时参照利率之间利息差额的贴现金额。远期利率协议建立在双方对未来一段时间利率的预测存有差异的基础上。通常,远期利率协议的买方预测未来一段时间内利率将趋上升,因此,希望现在就把利率水平确定在自己愿意支付的水平——协议利率上。如果未来利率上升,他将以从卖方获得的差额利息收入来弥补实际筹资所需增加的利息费用;如果未来利率下降,他在实际筹资中所减少的利息费用也将为支付给卖方的差额利息所抵消。但无论利率如何变化,其都可实现固定未来利率水平的愿望。相反,远期利率协议的卖方则预测未来一段时间内利率将趋下降,因此,希望现在就把利率水平确定在自己愿意接受的水平——协议利率上。如果未来利率下降,他以从买方获得的差额利息收入来弥补实际投资所带来的利息收入下降;如果未来利率上升,他在实际投资上所带来的利息收入增加也将为支付给买方的差额利息所抵消。但无论如何,其都可实现固定未来利率水平的愿望。可见,远期利率协议是一种双方以减少可能增加的收益为代价,通过预先固定远期利率来防范未来利率波动导致的风险,实现稳定负债成本或资产保值的金融工具。

（二）远期利率协议产生的原因

长期以来,如何才能更好地实现商业银行资产和负债的期限匹配一直是困扰银行经营者的问题。商业银行在日常经营管理中,资产和负债的期限经常不能实现完全匹配,尤其是资产期限长于负债期限的可能性极大,从而时常面临利率敞口风险的威胁。特别是当资产与负债的期限严重失调时,如果商业银行对利率的预测太过自信,采取投机态度的话,有可能使自己陷入严重困境,引发危机。传统上,商业银行主要利用远期市场来抑制这种失调。其一,通过远期存款或贷款交易,即交易的一方约定在未来某一段时间内,以预定的利率在交易的另一方那里存一笔款或贷一笔款,以保证无论利率如何变化,都能以既定的利率存款或贷款。其二,商业银行通过远期债券、存单等有价证券市场,进行与利率敞口期限相一致的前后反向买卖,以达到套期保值的目的。这些行为虽然防止了利率多变的风险,但却扩大了银行的资产负债总额,并且暗含着较大的信用风险,易导致本利的巨大损失。

进入20世纪80年代后,国际金融市场上利率变化无常而又波动剧烈,这给商业银行经营带来了更大的风险,从而对资产和负债的期限匹配提出了更严格的要求。正是在此情形下,一些信誉卓著的大银行开始尝试订立远期利率协议。

远期利率协议巧妙地利用了交易双方因借贷地位不同等原因所产生的利率定价分歧,免除了在交易成立之初即支付资金的不便,同时采取了名义本金、差额利息支付、贴现结算等有特色的方式。远期利率协议使商业银行实现了在不扩大资产负债总额的情况下避免风险,免除了因风险管理而带给资产负债表的进一步负担。对于受资本充足比率困扰,面临增加收益压力的商业银行来说,远期利率协议有利于它们削减本来用于风险管理的现金资产总额,提高了经营效益。正因为如此,远期利率协议很快便流行于国际金融市场。

二、远期利率协议的特点

(一) 成本较低

远期利率协议使风险管理成本缩小,而且远期利率协议无须支付保证金就可成交,直到起息日结算之前,只需一次支付少量资金。

(二) 灵活性大

远期利率协议在交易范围上极具灵活性。在交易的币种上,主要有美元、英镑、欧元、瑞士法郎和日元。从期限上看,从3个月到2年都可选择,大多数是3个月、6个月、9个月,事实上,有时期限更长,即使不是整数的期限也可以通过交易双方的协商而达成。从金额上看,一般都在2 000万~5 000万美元,实际上更大金额的交易都能进行。对交易者来讲,运作比较方便。

(三) 保密性好

远期利率协议交易避免了交易所公开竞价的形式,这使得一些不想引起市场注意的大银行、大公司更倾向于使用隐秘性强的远期利率协议,以满足它们保密的要求,避免了不必要的成本增加。

伴随着远期利率协议市场的迅速发展,英国银行家协会远期利率协议(FRA British Bankers' Association,FRABBA)已逐渐为伦敦、纽约等金融市场所接受,日益成为远期利率协议交易的标准化文件。这有利于提高交易的速度和质量,使每一笔交易仅需由一个电传确认即可成交,从而增加了远期利率协议的便利程度。

三、远期利率协议的类型

(一) 普通远期利率协议

在此类协议中,交易双方仅达成一个远期利率合同,并且仅涉及一种货币。普通远期利率协议(plain vanilla FRA)交易量最大,它在币种、期限、金额、协议利率等方面皆可因交易需要而调整,是其他各类远期利率协议的基础。

（二）对敲的远期利率协议

对敲的远期利率协议(FRA trip),是指交易者同时买入或卖出一系列远期利率合同的组合,通常一个合同的到期日与另一个合同的起息日一致,但各个合同的协议利率不尽相同。此时,远期利率协议充当了一种续短为长的连续式套期保值工具,由于固定了每一次短期债务转期时的远期利率,从而使那些相对长期的利率水平也得以提前确定。

（三）合成的外汇远期利率协议

合成的外汇远期利率协议(synthetic FRA in a foreign currency),是指交易者同时达成远期期限相一致的远期利率协议和远期外汇交易。通过远期外汇交易固定买入卖出的汇率,通过远期利率协议固定远期利率,从而变相固定了相应外汇的利率。

（四）远期利差协议

远期利差协议(forward spread agreement, FSA)被交易双方用来固定两种货币利率之间的差异。通常,典型的使用者是其资产和负债各由不同的货币构成的银行和公司。由于它们的这种财务结构隐含着这样一种风险,即负债货币利率上升的同时,资产货币利率可能下降,因此,唯恐利差扩大的一方成为利差协议的买方,唯恐利差缩小的一方成为利差协议的卖方,通常在结算日由一方以美元的形式来完成差额利息的支付,从而使双方都要承担结算上的美元汇率风险。

四、远期利率协议的交易程序

远期利率协议是根据 FRABBA 这一标准文件进行交易的。该协议的主要内容分 A、B、C、D、E、F 六部分。A 部分介绍了远期利率协议的发生、结算利率、远期利率协议文件的影响及今后的发展;B 部分是有关术语的定义,包括英国银行家协会远期利率协议指定银行(BBA designated bank)、营业日、买方、卖方、合约金额、合约货币、合约期限等 16 个专用术语定义;C 部分简要说明了报价的习惯做法,即除非协议双方指定,否则标准的远期利率协议的期限是指交易日后的一个整数的月份为起息日;D 部分是远期利率协议的条款和条件,包括陈述和担保、确认、结算、支付、取消、违约、豁免、适用法律等详细内容;E 部分是超过 1 年期的远期利率协议结算金额过程;F 部分是确认样本。

一般而言,远期利率协议的交易程序如下:

(1) 交易者通过路透终端机 FRAT 画面得到远期利率协议市场定价信息,并向有关报价银行询价,进而表达交易意愿。远期利率协议市场定价是每天随着市场变化而变化的,该市场定价仅作参考,实际交易的价格要由每个报价银行来决定。远期利率协议的报价与货币市场上货币拆借利率表达方式类似,但远期利率协议多了合约的指定远期期限。例如,某商业银行某日的美元远期利率协议报价是 3×6 "7.94~8.00",则其中 3×6 表示期限,表示从交易日起算的 3 个月后为该交易的起息日,而交易日起算的 6 个月后为到期日,期限为 3 个月;"7.94～8.00"表示利率价格,前者是报价银行的买价,后者是报价银行的卖价。如果报价银行向交易对方买入一个 3×6 的远期利率,那么该银行在结算日支付美元合约利率 7.94% 给对方,而相应收取结算日的即期市场美元利率;如果报价银行出售一个 3×6 的远期利率,即它在结算日那天可以收取 8% 的合约美元利率,而相应支付结算日的即期市场美元利率。

（2）报价银行对交易者的资信作了评估后,在协议日对交易加以确认。举例如下:

远期利率协议合同形式

确认注意:

致:(交易对手方)

发自:××银行

我们很高兴在此确认以下我们之间达成的远期利率协议交易。该交易受 1985 年英国银行家协会制定的利率协议条款和条件的约束。

合约币种和金额:

决定利率日期:

结算日: 到期日:

合约利率(年利率,利率基准日以 360 天或 365 天计算):

卖方名称:

买方名称:

非标准各项和条件(若有):

任何远期利率协议的付款请贷记以下我行账户:

请速使用电话或电报确认以上交易。

如果交易者对内容无异议,并按要求的方式加以确认的话,则此项交易就宣告成立。

（3）报价银行在结算日确认结算,举例如下:

远期利率协议合同   协议日期

确认注意:结算

致:(交易对手方)

发自:××银行

有关我们之间根据 1985 年英国银行家协会制定的远期利率协议的条款和条件达成的以下远期利率协议交易:

合约币种与金额:

决定利率日期:

结算日: 到期日:

合约期限(天数)

合约利率(年利率,利率基准以 360 天或 365 天计算)

卖方名称:

买方名称：

非标准各项和条件(若有)：

结算利率(年利率)：

结算金额(美元、英镑等)：

结算指示：

我方将在结算日支付××金额至贵方以下账户：

我方将在结算日收到××金额,请贷记我方以下账户：

值得一提的是,远期利率协议的结算日并不是整个交易期限的到期日,而是整个交易的起息日。在上述合同中,如果规定结算日即交易日后的第 3 个月后的这一天,那么由于是在起息日进行差额利息支付,因此就应当采用贴现方式：

$$结算金额 = \frac{本金 \times 利差 \times \dfrac{实际天数}{360 \text{天或} 365 \text{天}}}{1 + 市场利率 \times \dfrac{实际天数}{360 \text{天或} 365 \text{天}}}$$

下面以实例说明远期利率协议的实施。

若 A 商业银行发放了一笔金额为 1 000 万美元、期限为 6 个月、利率为 10% 的贷款,前 3 个月的资金来源有利率为 8% 的 1 000 万美元存款支持,后 3 个月准备通过在同业市场上拆借资金来支持。银行预期美元的市场利率不久将上升,为避免筹资成本增加的风险而从 B 银行买进一个 3 个月对 6 个月的远期利率协议,参照利率为 3 个月的 LIBOR,协议利率为 8%。

到结算日那天,市场利率上升,3 个月的 LIBOR 为 9%,于是,远期利率协议的协议利率与 LIBOR 之间的利差,将由作为卖方的 B 银行支付给作为买方的 A 银行,支付的金额为：

$$\left[10\ 000\ 000 \times (9\% - 8\%) \times \frac{90}{360}\right] \Big/ \left(1 + 9\% \times \frac{90}{360}\right) = 24\ 449.88(美元)$$

A 银行的实际筹资金额为：

$$10\ 000\ 000 - 24\ 449.88 = 9\ 975\ 550.12(美元)$$

A 银行 3 个月到期支付利息为：

$$9\ 975\ 550.12 \times 9\% \times \frac{90}{360} = 224\ 449.88(美元)$$

A 银行支付的本息和为：

$$9\ 975\ 550.12 + 224\ 449.88 = 10\ 200\ 000(美元)$$

A 银行实际承担的利率仍然为：

$$\frac{200\ 000}{10\ 000\ 000} \times \frac{360}{90} = 8\%$$

如果到结算日那天,3 个月的 LIBOR 为 7%,与原来的预测相反,市场利率下降了,这时,远期利率协议的协议利率与 3 个月的 LIBOR 之间的利差,将由作为买方的 A 银行支付给作为卖方的 B 银行。支付的金额为：

$$\left[10\ 000\ 000\times(8\%-7\%)\times\frac{90}{360}\right]\Big/\left(1+7\%\times\frac{90}{360}\right)=24\ 570.02(美元)$$

A银行的实际筹资金额为：
$$10\ 000\ 000+24\ 570.02=10\ 024\ 570.02(美元)$$

A银行3个月到期支付利息为：
$$10\ 024\ 570.02\times7\%\times\frac{90}{360}=175\ 429.98(美元)$$

则A银行支付的本息和为：
$$10\ 024\ 570.02+175\ 429.98=10\ 200\ 000(美元)$$

A银行实际承担的利率仍为：
$$\frac{200\ 000}{10\ 000\ 000}\times\frac{360}{90}=8\%$$

通过以上两种情况分析可以发现，A银行购买了远期利率协议后，不论日后利率如何变化，都将达到其固定利率成本的目的。通过这种交易安排，A银行可以稳定地获取2%的贷款收益。

五、远期利率协议的定价

远期利率协议产生之初，仅仅是单纯地作为风险管理工具。随着远期利率协议的优越性逐渐为市场所认识，越来越多的大金融机构、大公司都倾向于利用它来管理风险，于是，善于洞察市场需求的商业银行不失时机地承担起远期利率协议市场制造者的角色，通过不断报价，来充当交易的中介人，并从中获得收益。商业银行的这种选择不是偶然的。首先，商业银行拥有的资金、信息优势使它有可能成为远期利率协议的交易中介，通过自身风险管理和进一步寻求交易的对手方来冲销相应的远期利率协议风险头寸。其次，商业银行作为经常性的大规模的市场制造者，利用其自身套期保值能力所提供的远期利率报价，较之其客户完全凭借自身套期保值所产生的实际远期利率来说必然更经济，这就使商业银行能够通过报价进而充当交易中介来与其客户分享这种套期保值转换所带来的好处。

对于商业银行来说，远期利率协议的定价由三部分组成：一是远期利率，其高低主要取决于交易期限、币种、金额等条件和报价银行的市场活动能力，远期利率往往构成整个定价的基础。二是启用费或年差价，启用费的高低因报价银行实力和具体交易要求而异，起伏较大。三是利差收益，即商业银行从事远期利率协议交易所需获得的服务报酬，通常是25个基点。以下就远期利率协议定价的核心——远期利率的创造举例说明。

由于商业银行通常是通过现货资金市场来创造相应的远期利率，即出售一个远期利率协议意味着银行需要创造一个远期贷款利率，买入一个远期利率协议意味着银行需要创造一个远期存款利率。所以如果某商业银行向客户出售一个3×6的1 000万美元远期利率协议，就意味着该银行必须创造一个从3个月以后开始的为期3个月的1 000万美元贷款利率。如果此时现货资金市场美元利率为：

3 个月(年利率)　　　　　　　　　　　11.00% ～11.20%

6 个月(年利率)　　　　　　　　　　　11.80% ～12.00%

为保证能在交易日的 3 个月之后发放一笔为期 3 个月的 1 000 万美元贷款,银行必须按即期利率 12% 借入一笔期限为 6 个月的资金,并以即期利率 11% 把该资金即期拆放 3 个月,从而这笔即期拆入的资金数额应为 $\dfrac{1\,000}{1+0.11\times\dfrac{3}{12}}=973.236\,0$(万美元),其 6 个月后的本利和为 $973.236\,0\times$

$\left(1+12\%\times\dfrac{6}{12}\right)=1\,031.630\,2$(万美元)。因此,为保持借放款收支平衡,交易日的 3 个月之后为期 3 个月的 1 000 万美元贷款利率应为 $\dfrac{1\,031.630\,2-1\,000}{1\,000}\times\dfrac{12}{3}=12.65\%$。利用现货资金市场操作具有期限、金额等方面的灵活性,容易与客户的需要相吻合。但缺点也是显而易见的,如果银行要从事相应的抵补交易,则容易导致资产负债规模的扩大。

商业银行提供远期利率的另一条途径是利用金融期货市场的远期价格发现功能,通常是根据利率期货的买价确定出售的远期利率,根据利率期货的卖价确定买入的远期利率。如果银行要向客户出售一个 3×6 的远期利率,此时银行所能得到的利率期货市场 3 个月后到期的利率期货报价是 $\dfrac{88.94}{88.95}$,则银行根据期货的买价 88.94,出售给客户的远期利率,确定为 11.06%。在这种情况下,提供远期利率协议的银行假定在远期期间期货交易额有差价风险,将在整个远期期间收取启用费或年差价。利用利率期货来为远期利率定价,具有简便易行、抵补操作占用资金少的特点,但并不能保证远期利率协议的结构与期货合约的规模和日期完全一致。

六、中国开展远期利率协议业务的可能性探讨

远期利率协议作为盛行于国际金融市场上的一种常用的风险管理工具,是市场经济体制和发达的金融业所孕育的产物,它能否为我国的商业银行开辟一条新型的风险管理途径,则取决于以下条件。

(一)利率市场化进程

远期利率协议是针对利率的反复易变而产生的,因此,变化的信贷资金市场供求能否决定利率的涨落,便直接影响着远期利率的兴衰。我国的存贷款利率市场化基本实现,这就使银行和客户都面临着来自利率波动的风险。就此而言,我国目前已经基本具备远期利率协议运作的市场环境。随着我国对外开放度不断扩大,我国企业和银行在国际金融市场上经常要面对利率波动带来的影响,因而我国除了从事国际金融业务的机构可以充分利用远期利率协议,国内金融业务运用远期利率协议也具备一定的市场条件。

(二)金融市场的发展

远期利率协议的定价实质上反映了商业银行从事套期保值的能力,因而要求同业拆借市场、

利率期货市场相当成熟,使商业银行有充分实现套期保值策略的场所。从国内来看,同业拆借市场和国债期货市场虽然已有了较大发展,但相较成熟的金融市场尚有相当距离。在国际金融市场上,我国商业银行进行远期利率协议交易还是可行的。

(三)资信高的银行和客户

远期利率协议是一种场外交易的金融工具,它没有交易所的监督,因此纯粹是交易双方之间的信用交易,对交易双方的信誉有着很高的要求。从国内来看,我国的信用制度还有待完善,在信用意识还不强、信用制度还不完善的环境中容易导致远期利率协议的信用风险发生。由于在国际金融市场上存在为数不少的高资信度银行和跨国公司,我国商业银行在国际金融市场上可望找到比较理想的合作者进行远期利率协议交易活动。

综上所述,我国已经具备运用远期利率协议的基本条件,国际金融市场上较好的市场环境以及我国商业银行及企业外汇资金业务迅速扩大所带来的外汇利率敞口风险,能有力地促成我国银行利用远期利率协议,从而有利于我国银行获得此项金融创新技术,有利于我国银行摸索和积累远期利率协议交易的经验,为发展人民币的远期利率协议交易创造条件。随着我国利率市场化以及人民币自由兑换目标的实现,远期利率协议将会成为我国商业银行从事国际、国内金融业务中重要的避险工具。

案例 8-3

中国工商银行外汇远期利率协议

一、业务简述

外汇远期利率协议,是指客户与中国工商银行(简称工行)约定在未来某一日,交换在约定名义本金基础上分别以合同利率和参考利率计算的利息的金融合约。其中,外汇远期利率协议的买方支付以合同利率计算的利息,卖方支付以参考利率计算的利息。目前外汇远期利率协议浮动端利率为 3 个月 LIBOR、6 个月 LIBOR 等。

二、适用对象

该产品适用于具有自身需求的、以套期保值为目的、在中华人民共和国境内(不含港澳台)设立的企业法人客户。

三、功能特点

该产品是最基础的场外利率衍生工具,交易双方一对一达成协议。具有结构清晰简单、要素灵活的特点。客户可通过该产品规避短期利率波动的市场风险,锁定企业融资成本。也可利用金融市场存在的套利机会,通过基础产品和远期利率协议交易的组合,降低企业融资成本。

四、特色优势

1. 有竞争力的产品报价:外汇远期利率协议市场较为发达,市场流动性相对较好,产品种类丰富,工行可直接在市场上询价并对冲。工行拥有专业且经验丰富的交易、产品设计和量化分析团队,具备灵活的定价机制和较强的同业竞争力,能够提供较优的报价。

2. 个性化的产品设计:工行在产品设计上能够灵活多变,可根据客户需求按照产品期限、结构等要素进行灵活组合,满足客户个性化需求。

3. 优质的产品服务:工行定期为客户提供产品的评估报告,并结合市场行情和客户需求提供优质的动态管理服务。

五、产品价格

工行根据外汇远期利率市场的价格走势向客户进行报价,并根据市场变化实时更新。

六、服务渠道和时间

符合准入条件的法人客户可以在支行或分行营业时间内向开办该业务地区的支行或分行申请办理。

七、申办流程

1. 客户评估:工行对客户开展尽职调查,根据客户经营性质、金融衍生交易经验、内部管理控制等对客户进行综合评估,为客户推荐适合的产品种类。

2. 签署总协议:客户申请办理外汇远期利率协议业务,须与工行签订相关业务协议。

3. 落实担保措施:客户应交纳保证金或落实其他担保措施,也可占用衍生交易专项授信额度。

4. 风险揭示及签署确认书:工行向客户进行风险提示,提示内容包括现金流分析、市值及影响因素、市值潜在损失等。客户须对风险提示内容进行书面确认并签署确认书。

八、风险提示

客户叙作的远期利率协议可能因为利率的波动产生浮动盈亏。当交易体现为亏损时,客户终止将承担相应的损失。但如果远期利率协议与套期保值的基础资产完全匹配,远期利率协议的浮动盈亏不会影响管理的有效性。

九、业务案例

业务背景:某企业客户计划 3 个月后融入一笔以 3 个月 LIBOR 为基准的短期资金。

客户需求:客户担心 LIBOR 上涨,希望在利率上升的环境中得到保护。

解决方案:客户与工行叙作外汇远期利率协议交易,向工行支付按固定利率 0.45% 计算的利息,从工行收取按浮动的 3 个月 LIBOR 计算的利息,与原贷款成本对冲。

(资料来源:中国工商银行网站,2021 年 4 月 13 日)

思考题

外汇远期利率协议有什么功能? 存在哪些风险?

第五节　互　换　业　务

一、互换业务及其产生的原因

(一) 互换

互换(swap),是两个或两个以上的交易对手方根据预先制定的规则,在一个时期内交换一系列款项的支付活动。这些款项有本金、利息、收益和价格支付流等,可以是一项,也可以是多项,以达到多方互利的目的。通常,互换的最低交易单位是 1 000 万美元,美元以外的货币经换算后,要相当于这一金额;互换中使用较多的货币是美元、欧元、瑞士法郎、英镑、日元和新加坡元;期限较多的是 5～7 年,超过 10 年的也时而有之;一般都是以市场利率、汇率或其他价格为基础,由双方协商决定价格条件;有多种多样的资金流向安排可供协商选择,如到期一次偿还、分期偿还、本利均等偿还等。

(二) 互换业务产生的原因

20 世纪 70 年代初期布雷顿森林体系崩溃,汇率波动加剧使得一些新的金融工具产生了,其中值得一提的是对放贷款(back to back loan)。所谓对放贷款,即交易双方彼此向对方提供各自所需要的币种的货币贷款,两份贷款的放款日期和到期日完全相同,同时贷款的一切支付流与现货和期货交易的支付流完全相同。对放贷款使非居民有可能绕过外汇管制,获得所需币种的贷款。但在商业银行等金融机构看来,对放贷款有两个令其顾虑的缺陷:首先,在大多数情况下,对放贷款在双方的资产负债表上都是一份新债务;其次,两份贷款是在两份协议上分别成交的,如果一方不能如约偿还债款,另一方仍有义务继续履行债务的支付。正是因为货币互换作为新的金融交易技术克服了对放贷款的以上两个缺陷,才获得了普遍认可。在通常情况下,货币互换既不增加交易双方资产负债表的资产额,也不增加它们的负债额,一般以表外业务的形式出现。此外,互换交易是通过一份合同成交的,当一方不如约偿还债款时,另一方也可中断债务支付的义务,因此互换交易在一定程度上可以限制单个协议的信贷风险。既然互换可以用来把一种货币的债务转化为另一种货币的债务,作为货币互换思想的自然延伸,利率互换也应运而生。

互换业务因使参与交易的各方都能不同程度地获取利益而备受青睐。通常,筹资者的规模、收益能力、信用级别各不相同,同时不同筹资场所中信息的不对称性不同,其结果不仅使不同的筹资者在同一筹资场所的筹资成本存在差异,而且使同一筹资者在不同的筹资场所筹资成本也有很大差异。一般来说,从银行借款时,银行有能力审查企业资信,而且贷款期限短,优良企业的筹资优势较之一般企业并不明显。但是购买公司债券的一般投资者,作为债权人审查企业信用状况的能力是有限的,优良企业对债权人支付的风险费(risk premium)比一般企业要少得多。同样的道理,国际金融市场较之国内金融市场,对筹资者之间存在的信用能力差别的反应要敏感得多。如果市场是完善的,那么不同的市场对两个筹资者资信的相对评价——利率差异应该是不明显的。然而,现实经济中不同的市场对两个筹资者资信的相对评价总是存在不一致,互换正是旨在借助各个筹资者的比较优势来对市场之间的这种差异进行套利,并将这部分好处分配给有关各方,这正是互换业务具有吸引力的原因所在。

互换业务实际上是指运用互换这种技术进行包括筹措资金在内的一系列财务活动,因此也称其为互换融资(swap finance)。企业在日常的财务管理中,总是力求保持适当的资产负债结构,以达到安全性、流动性和收益性的最佳组合。一般而言,资产具有较大的流动性和可转换性。与资产不同,债务一旦形成就必须履行下去,直至到期为止。因此相比之下,资产可以流动,而负债基本没有流动性可言,互换就是基于寻求使债务与资产一样可以互相交换而产生的交易方法。随着商品互换和股权互换的产生,互换的概念正在经济、金融领域中不断地延伸。

熟悉和掌握互换的商业银行,已经跨入了一个新的发展时代。首先,互换拓宽了商业银行的经营收益范围,借助于互换,商业银行充分发挥了其巨大的信息优势和交易能力,既分享了在不同金融市场之间的套利,又获得了撮合交易的手续费。由于互换交易的起始金额巨大,因此互换交易收入相当可观。其次,互换丰富了商业银行风险管理的手段。互换有利于商业银行规避不利的市场条件和管制,它是比较利益原理在国际金融领域的运用,既可降低商业银行的筹资成本,又可扭转其浮动利率负债和固定利率资产造成的结构上的劣势,从而有助于银行的稳定经营。最后,互换促进了商业银行提供全面的金融服务。目前欧洲债券市场上债券发行的70%～80%均与互换有不同程度的联系。通过提供优越的互换交易方案,商业银行可以获得承担企业债券发行的业务,进而设计出适合于互换目的的债券。商业银行以互换作为有力的依托,正跻身于各种直接融资服务领域。

二、互换的特点

互换是一种场外交易活动,所以它有着较大的灵活性,并且能很好地满足交易双方保密的要求。除此之外,互换业务还有两个特点:一是可保持债权债务关系不变,二是能较好地限制信用风险。

一般而言,互换以企业的债务作为交易对象更受到法律制约。作为债务交换的互换交易,真正处理的只是债务的经济方面,而对原债权债务人之间的法律关系没有任何影响,即可以保持债权债务关系不变。这是互换交易的主要特点。

由于互换交易是指对手方之间通过一份合同成交,双方相互交换资金,所以一旦一方的当事人停止了支付,另一方的当事人也可以不履行义务,因此在一定程度上限制了单个协议的信用风险。

三、商业银行从事的互换交易类型

互换的种类有利率互换、货币互换、商品互换和股权互换等。商业银行经常进行的互换交易主要是利率互换和货币互换。

(一)利率互换

利率互换(interest swap)是指两笔债务以利率方式相互交换,一般在一笔象征性本金数额的基础上互相交换具有不同特点的一系列利息款项支付。在利率互换中,本金只是象征性地起计息作用,双方之间只有定期的利息支付流,并且这种利息支付流表现为净差额支付。利率互换是交易量最大的一类互换。它的类型主要有三种:

(1)息票利率互换(coupon swap),即从固定利率到浮动利率的互换。

(2)基础利率互换(basis swap),即从以一种参考利率为基础的浮动利率到以另一种参考利率为基础的浮动利率的互换。

(3)交叉货币利率互换(cross-currency interest rate swap),即从一种货币的固定利率到另一种货币浮动利率的互换。

(二)货币互换

货币互换(currency swap)是指双方按约定汇率在期初交换不同货币的本金,然后根据预先规定的日期,按即期汇率分期交换利息,到期再按原来的汇率交换回原来货币的本金,其中利息的互换可按即期汇率折算为一种货币而只作差额支付。货币互换实际上是利率互换,即不同货币的利率互换。

四、互换的交易程序

(一)选择交易商

互换使用者之间的直接交易,往往因高昂的搜寻成本、缺乏流动性和具有一定的信用风险等问题而难以成功,因此,互换使用者一般都倾向于借助互换交易商来完成互换交易。互换交易商都是活跃在利率和货币互换市场上的大银行。使用者在选择互换交易商时,除了需要比较他们的信誉外,还需要比较他们收取的利率差价或佣金。在交易量最大的利率互换市场上,交易商提出的互换价格用利率来表示,以基点为单位。如果利率用美元来表示,那么固定利率通常以同期限的美国政府票据的收益率为基础,按半年复合计算方法计算的年收益率标价,1年确定为365天;浮动利率通常以伦敦银行同业拆借利率为基础,按年拆放利率标价,1年确定为360天。

(二)参与互换的使用者与互换交易商就交易条件进行磋商

通常,双方在电话中就互换的利率、支付的时间、互换的期限等主要问题达成口头协议后,在24小时之内用传真、电信等方式加以确认。双方经过确认以后,只有正式签署互换文件,互换才正式在法律上生效。互换交易的协议是采用国际互换交易协会(International Swap Dealers Association,ISDA)拟定的标准文本——《利率和货币互换协议》(Interest Rate and Currency Exchange

Agreement,简称主协议,有 1987 年版和 2002 年版)。在主协议项下,交易双方的每一笔互换均受主协议条款和条件的约束。有了这样一个主协议,交易双方对于每一笔互换交易仅需有一个信件或电传,确认每笔互换交易日、生效日、到期日、利率、名义本金、结算账户等,即可迅速成交、履行合约。因此,主协议中所明确的交易双方的权利和义务,对交易者来说十分重要。如果协议中的条款和条件有不明确或不妥当之处,对交易某一方必定会不利,也许会造成潜在的经济损失。了解、熟悉主协议和互换确认的各项内容,特别是有关的主要条款,是交易者参加交易的必备条件。

（三）互换交易的实施

互换交易的实施主要是一系列款项的交换支付。

例如,A 公司在 2019 年 12 月 31 日发行了 1 亿美元的欧洲债券,同时与 X 银行做利率互换把它变成浮动利率债务,如图 8-1 所示。

这笔交易的日程表如图 8-2 所示。

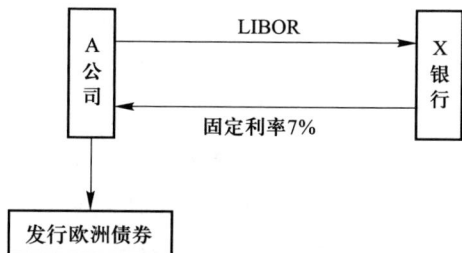

图 8-1 A 公司与 X 银行利率互换交易

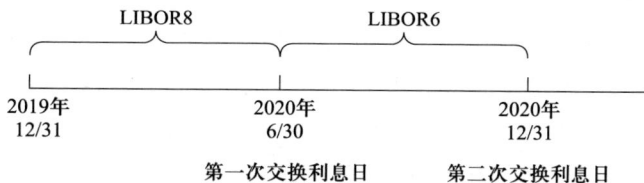

图 8-2 某公司与某银行利率互换交易日程表

日程表显示 A 公司外债付息是每半年(每年 6 月 30 日和 12 月 31 日)按年利率 7% 支付。第一次的利息交换清算是 7% 的固定利率和 8% 的 LIBOR 之差额;第二次的利息交换清算是 7% 的固定利率与 6% 的 LIBOR 之间的差额。下面计算必须交换的利息支付。

2020 年 6 月 30 日,对 A 公司来说,它应收取的利率是 7%,应支付的利率是 8%,两者之差额 1% 是应付的,按下列计算,应付利息是 50 万美元。

$$100\,000\,000 \times (8\% - 7\%) \times \frac{6}{12} = 500\,000 (美元)$$

2020 年 12 月 31 日,因为此时 LIBOR 下降了,低于固定利率,所以 A 公司这次应该收取的利息是 50 万美元。

$$100\,000\,000 \times (7\% - 6\%) \times \frac{6}{12} = 500\,000 (美元)$$

五、互换的定价

互换的定价主要涉及利率和汇率的确定。典型的一笔利率互换价格是指市场一定期限的浮动利率与一个固定利率的交易,而以固定利率表示利率互换价格。典型的一笔货币互换价格是用交换货币的远期汇率来表示,而远期汇率是根据利率平价理论,计算出两种货币的利差,用升水或贴水表示,加减于即期汇率。此外,在大多数货币互换交易中,本金交换的通常做法是用即期汇率,交易期间的利息互换又是根据相应货币的利率互换价格来进行结算的。因此货币互换从本质上讲也是一种利率互换,以利率互换来说明互换的定价具有一般代表性。

利率互换价格决定于一个固定利率的报价状况,而浮动利率是由市场利率决定的,一般是使用 6 个月的 LIBOR。固定利率往往是指一定年限的国债收益率加上一个利差作为报价。例如,一个 5 年期国债收益率为 8.2%,利差是 68 个基本点,那么这个 5 年期利率互换的价格为 8.88%。按照市场惯例,这是利率互换的卖价,其意是按此价格,报价人愿意出售一个固定利率而承担浮动利率的风险。如果是买价,就是一个 5 年期国债收益率 8.2% 加 63 个基本点,即为 8.83%,其意是按此价格,报价人购买一个固定利率而不愿承担浮动利率风险。由于债券流通市场上有不同年限的国债买卖,因此国债的收益率是组成利率互换定价的最基本部分,而利差的大小主要取决于互换市场的供需状况和竞争的程度。利率互换价格中的利差,是支付浮动利率的对手方抵补风险的一个费用。利差一般是 50 个基本点到 70 个基本点。不同的报价人根据各自头寸情况、市场供需情况,以及交易对手的国别、信用风险的不等,可以有不同的报价。

利率互换参考价格可以直接从路透终端机中得到,由于互换经常被用来满足客户的特殊需要,因此互换的定价往往因交易而异,而理解互换定价的关键又是套利。这种套利是基于不同资信级别的借款人之间的成本差异而产生的。通常,高资信的借款人在固定利率与浮动利率两个市场上都具有筹资优势,但更倾向于发挥自己在固定利率市场上的比较优势;低资信借款人在两个市场上都不具有绝对优势,但倾向于发挥自己在浮动利率市场上的相对优势。按照同一债务到期日和同一融资方式,不同资信级别的借款人的融资成本总是存在一个差异——资信利差(quality spread)。在任何一个给定的融资时期,它都是市场对借款人之间资信差异的一个度量。重要的是,这种资信差异随时间推移有放大的趋势,即低资信借款人的筹资成本曲线较高资信借款人的筹资成本曲线要陡,如图 8-3 所示。

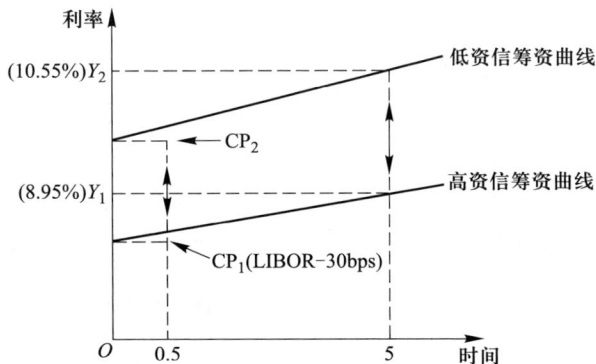

图 8-3 资信筹资曲线

如图 8-3 所示,如果某一 AAA 级资信的借款人能够按照 LIBOR-30bps 的利率发行 6 个月的商业票据(CP$_1$)和按照 8.95% 的固定利率进行 5 年期筹资,同时,某一 A 级资信的借款人能够按照 LIBOR+60bps 的利率发行 6 个月的商业票据(CP$_2$)和按照 10.55% 的固定利率进行 5 年期筹资,那么,在浮动利率市场上,两者的资信利差是 90 个基本点,在固定利率市场上,两者的资信利差是 160 个基本点,从而两个市场间的资信利差差异(quality spread differential, QSD)为 70 个基本点。一般认为,资信利差差异是互换交易的利益源泉,正是对此差异的套利导致了各交易对手方筹资成本的节约。如果对手方 1 是高资信借款人,在互换中支付浮动利率。对手方 2 是低资信借款人,在互换中支付固定利率。则总的资信利差差异可表示如下:

$$QSD = (Y_2 - Y_1) - [(LIBOR + X_2) - (LIBOR + X_1)]$$

其中,Y_1、Y_2 分别表示各自筹资的固定利率;$LIBOR + X_1$,$LIBOR + X_2$ 分别表示各自筹资的浮动利率。

由此可见,利率互换定价的实质,是如何根据交易各方的力量分割套利所得。分割的比例则取决于双方筹资需求的强烈程度对比、信誉实力对比等。如果银行作为互换的一方,还要视银行自身的互换组合情况,一般银行本身只要有可冲销的互换头寸,总是倾向于较低的报价成交,反之则要求较高的报价作为不相匹配风险的补偿。通常,相对于直接采用浮动利率筹资而言,高资信借款人通过互换创造了复合的浮动利率借款;相对于直接采用固定利率筹资而言,低资信借款人通过互换则创造复合的固定利率借款,如果双方实现了如下的利益分享:

$$QSD = G_1 + G_2$$

其中,G_1、G_2 分别表示各自从互换中的得利,那么,该互换交易必然有如图 8-4 所示的价格设计。

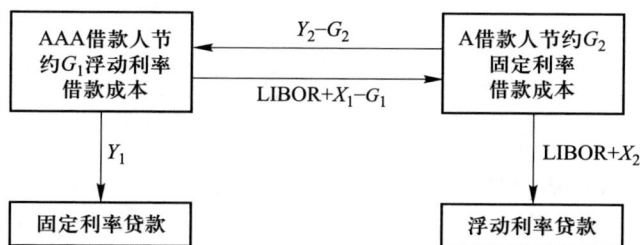

图 8-4　借款人的信息序列(the borrower information continuum)

六、中国发展互换业务问题的探讨

(一)经济主体融资渠道多元化

互换是交易各方充分利用在不同市场上筹资的比较优势来实现利益共享,经济主体如果面临直接、间接、国际、国内等多重融资渠道的选择,必然有利于发现自己的比较优势,创造出潜在的互换机会。中国的一些银行、企业已有了债券融资、境外融资的经历,这是中国开展互换业务的基础。

(二)金融市场的发展

金融市场的发展不仅为拓宽融资渠道创造出付息形式各异的债务工具,而且为开展互换的金融机构提供了套期保值和定价的场所。互换是一组远期合约的批量式组合,其定价需要依据现货、期货、远期、期权市场所产生的连续的收益曲线。尽管我国金融市场发展历史较短,但由于互换是国际性很强的业务,因此,国内金融市场存在的不足并不会严重阻碍互换业务的开展。

(三)银行获取金融信息的能力

互换银行需要与大型机构有密切的关系,熟悉其财务状况、筹资能力及需求信息,同时要精于分析,深谙金融行情,善于捕捉有利可图的交易机会。我国商业银行长期与各大企业有密切的联系,有望提出合意的互换方案,但是在国际金融市场上,与发达的商业银行比,我国银行的信息获取能力尚需提高。

（四）高资信的客户

由于违约风险至关重要,因而互换交易基本限于在各国政府和大的金融机构、大企业之间进行,几乎没有个体交易者。国内企业的信用意识不够强,则必然增大开展互换的阻力,使互换交易的范围相当有限。相比之下,在国际金融市场上,则易于找到比较理想的交易对手。

总之,在中国开展互换业务已具备了一些基本条件,有些银行已经开展了一些互换业务,但尚属起步阶段。我国的商业银行应加强同国际金融市场的联系,逐步介入互换便利者的角色,承担起中国与国际金融机构间的互换经纪人的角色,并随着时机的成熟,进一步向作为盘存中介的互换交易商迈进。

案例 8-4

互换业务

人民币利率互换集中清算首日成交 72.2 亿元。

来自上海清算所的消息称,2014 年 7 月 1 日上清所人民币利率互换集中清算业务共 66 笔、72.2 亿元,涉及金融机构 30 家。当日达成的第一笔交易为交通银行与海通证券以 FR007 为参考利率、名义本金 1 亿元的利率互换交易;第一笔提交上海清算所集中清算的代理业务,为浦发银行与渤海证券的以 FR007 为参考利率、名义本金 5 000 万元的交易。当日代理清算业务 13 笔、11.5 亿元,占当日业务总量的 22.85%。5 家综合清算会员中,代理清算业务的前 3 名分别为交通银行、浦发银行和兴业银行。

当日提交集中清算的人民币利率互换交易相对活跃,其中,以 FR007 为参考利率的交易 53 笔、33.2 亿元,占 46%,以 SHIBOR_ON 为参考利率的交易 7 笔、35 亿元,占 48.5%,以 SHIBOR_3M 为参考利率的交易 6 笔、4 亿元,占 5.5%。中外资金融机构都有参与,外资金融机构 10 家 33 亿元,占比为 22.85%;银行、证券、保险类金融机构也都有参与,银行类金融机构为主要参与者,占比达到 83%。

根据中国人民银行《关于建立场外金融衍生产品集中清算机制及开展人民币利率互换集中清算业务有关事宜的通知》,2014 年 7 月 1 日为金融机构之间新达成的,以 FR007、SHIBOR_ON 和 SHIBOR_3M 为参考利率,期限 5 年以下的人民币利率互换交易应提交上海清算所集中清算的第 1 天,也是上海清算所利率互换集中清算代理业务开展的第 1 天。当日,上海清算所利率互换集中清算系统运行正常,综合清算会员代理清算确认、中央对手方合约替换、风险敞口计算、盯市损益计算、利息计算等顺利完成。

(资料来源:《金融时报》,2014 年 7 月 2 日)

案例 8-5

中国首次同 G7 成员国签署货币互换协议

中国正在稳步推进人民币的国际化,同其他国家开展货币互换合作是其中的一种做法,最新的合作对象是英国。这是中国首次同 G7(七国集团)成员国签署货币互换协议。

经国务院批准,2013 年 6 月 22 日,中国人民银行与英格兰银行签署了规模为 2 000 亿元人民币/200 亿英镑的中英双边本币互换协议,旨在为双边经贸往来提供支持,并有利于维护金融稳定。互换协议有效期 3 年,经双方同意可以展期。

中国人民银行表示,近年来,伦敦市场人民币业务取得了一定的进展。与英格兰银行建立双边本币互换安排,可为伦敦人民币市场的进一步发展提供流动性支持,促进人民币在境外市场的使用,也有利于贸易和投资的便利化。中英双边本币互换协议的签署,标志着中国人民银行与英格兰银行在货币金融领域的合作取得了新的进展。

中英签署货币互换协议的动议由来已久。同年 2 月份英格兰银行行长默文·金访华期间曾透露,将与中国央行签署 3 年期的货币互换协议。他说这一协议的签署,将会支持英国国内的金融稳定,一旦发生离岸人民币流动性短缺的情况,英格兰银行将有能力为英国合格机构提供人民币流动性。

英国伦敦离岸人民币市场的蓬勃发展的确增加了签署这类协议的必要性。有统计数据显示,2012 年伦敦的人民币信用证开证总额增长了 13 倍,人民币进出口融资增长了 100%。2012 年人民币现货外汇交易同比增长了 240%,日均交易量达 25 亿元。其他的可交割人民币外汇工具也有较大增长,外汇掉期产品的日均交易量达到 33.6 亿元。

货币互换协议是指互换双方可在必要之时,在一定的规模内,以本国货币为抵押换取等额对方货币,向两地商业银行设于另一方的分支机构提供短期流动性支持。通过货币互换,将得到的对方货币注入本国金融体系,使得本国商业机构可以借到对方货币,用于支付来自对方的进口商品。这样,在双边贸易中,出口企业可以收到本币计值的货款,可以有效规避汇率风险、降低汇兑费用。

从 2008 年开始,中国同周边国家、主要的贸易伙伴等大约 20 个国家和地区签署了货币互换协议。

(资料来源:证券时报网,2013 年 6 月 24 日)

思考题

1. 中国银行业的利率互换业务目前发展的情况如何?其未来发展前景又如何?
2. 中国发展货币互换业务对推动人民币国际化有何意义?

第六节　期货与期权

一、金融期货

期货交易(futures transaction),是指交易双方在集中性市场以公开竞价的方式所进行的期货合约交易。而期货合约是指由交易双方订立的,约定在未来某日按成交时所约定的价格交割一定数量某种商品的标准化合约。

(一) 金融期货交易及其发展

金融期货(financial futures)交易是指以某种金融工具或金融商品(如外汇、债券、存款证、股票指数等)作为标的物的期货交易方式。一般情况下,金融期货交易是以脱离了实物形态的货币汇率、借贷利率、各种股票指数等作为交易对象的期货交易。

世界上第一张金融期货合约是 1972 年 5 月 16 日由美国芝加哥商品交易所(CME)设立的国际货币市场(简称 IMM)所推出的外汇期货合约。它是由于外汇风险的急剧增加等原因导致的结果。其标的货币最初有七种外币,分别为英镑、加拿大元、德国马克、日元、瑞士法郎、墨西哥比索和意大利里拉。以后又增加了荷兰盾、法国法郎、澳大利亚元,与此同时停止了意大利里拉和墨西哥比索的交易。

国际货币市场开办外汇期货交易取得了巨大成功,有力地推动了金融期货的发展。这种发展主要体现在三方面:一是金融期货品种不断丰富。从外汇期货的产生开始,人们就不断对金融期货加以创新,主要表现为20 世纪 70 年代推出了各种利率期货,80 年代又推出了各种股票指数期货。目前实际交易中的金融期货种类繁多,仅利率期货这一类就有数十种之多。二是金融期货市场不断发展,出现了一批著名的专业性金融期货市场,如伦敦国际金融期货交易所(LIFFE)、新加坡国际货币交易所(SIMEX)、东京国际金融期货交易所(TIFFE)和法国国际期货交易所(MATIF)。另外,80 年代以来出现的金融期货市场之间的国际连接(international links)有效地促进了金融期货交易的国际化。最典型的例子就是新加坡国际货币交易所与芝加哥商品交易所之间的相互对冲(mutual offset)交易方式,不仅增加了市场流动性,延长了交易时间,而且为投资者或投机者规避隔夜风险提供了可能。三是金融期货交易的规模不断壮大。这种规模的扩大不仅表现为绝对数量的增加,而且表现为在期货交易总量中金融期货交易比例提高。从 1985 年开始,美国的利率期货交易量超过其他农产品期货交易量,成为成交量最大的一种期货交易。

(二) 金融期货的种类

商业银行经营的金融期货交易主要有三种:货币期货、利率期货和股票指数期货。黄金期货性质尚存有争议,这里不予叙述。

1. 货币期货

货币期货(curreney futures)又称为外汇期货(foreign exchange futures)或外币期货(foreign currency futures),是指在集中性交易市场以公开竞价的方式进行的外汇期货合约的交易。外汇期货合约是指由交易双方订立的,约定在未来某日期以成交时所确定的汇率交收一定数量的某种外汇的标准化契约。

2. 利率期货

利率期货(interest rate futures)是指交易双方在集中性市场以公开竞价的方式所进行的利率期货合约的交易。利率期货合约是指由交易双方订立的,约定在未来某日期以成交时确定的价格交收一定数量的某种利率相关商品(即各种债务凭证)的标准化契约。利率期货以各种利率的载体作为合约的标的物,实际上利率期货就是附有利率的债券期货。

最早出现的利率期货是美国芝加哥商品期货交易所(CBOT)于 1975 年 10 月推出的美国国民抵押协会抵押证期货(government national mortgage association)。利率期货一经产生,便迅速发展壮大,目前利率期货交易量占了全世界衍生工具场内交易量的一半还多。中国的国债期货就属于利率期货的一种类型。

3. 股票指数期货

股票指数期货(stock index futures),全称为股票价格指数期货,又可简称为股指期货或期指,是指以股票市场的价格指数作为标的物的标准化期货合约的交易。

最早出现的股票指数期货是美国堪萨斯市期货交易所(KCBT)于 1982 年 2 月 24 日推出的价值线综合指数期货合约。国际金融市场中作为股指期货合约标的物的股票指数主要有如下几种:道琼斯股价平均指数(Dow Jones averages)、标准普尔综合股价指数(Standard & Poors composite index)、纽约证券交易所综合股价指数(New York stock exchange composite index)、主要市场指数(major market index)、价值线综合股价指数(value line composite index)、金融时报指数(Financial Times-stock exchange 100 index)、日经 225 指数(Nikkei 225 index)、东京证券交易所股价指数(TOPIX)、恒生指数(Hang Seng index)等。我国现在的股指期货交易标的是沪深 300 指数。

二、金融期权

(一)金融期权及其发展

金融期权(financial options)是一种能够在合约到期日之前(或在到期日当天)买入或卖出一定数量的基础金融产品的权利。通常买方有权执行合约,也可以放弃执行该合约,而卖方只有执行的义务而无放弃的权利。

最早出现的金融期权是以现货股票作为交易对象的股票期权。这种股票期权早在 19 世纪即已在美国产生。但在 1973 年之前,这种交易都分散在各店头市场进行,因而交易的品种单一,交易规模也十分有限。金融期权获得真正发展的契机是在 1973 年 4 月 26 日,全世界第一家集中性期权交易市场——芝加哥期权交易所(Chicago Board Options Exchange,CBOE)正式成立。

此后金融期权交易得到了迅速发展。主要表现在:① 作为期权合约标的物的股票的种类大大增加;② 越来越多的交易所竞相开办股票期权业务;③ 业务种类从原来的看涨期权扩展到看跌期权交易;④ 交易量大幅增加。

（二）金融期权的分类及盈亏分析

1. 金融期权的分类

根据金融期权合约和期权交易行为的不同,金融期权交易可分为四种:买入看涨期权(buy call 或 long call)、卖出看涨期权(sell call 或 short call)、买入看跌期权(buy put 或 long put)、卖出看跌期权(sell put 或 short put)。

2. 金融期权的盈亏分析

合约的买入者为了获得以后的选择权,必须支付一定数量的权利金(premium)给卖出者。从权利、义务角度来看,合约双方的权利义务具有明显的不对称性。具体表现为:合约签订后,买方有执行交割的权利,而无必须执行的义务,主动权在他手中;卖出者只有被动接受执行交割指令的义务,而无相应的权利,但有一定的经济补偿,即获得权利金。

下面分别是对四种交易情况的盈亏分析(见图 8-5)。

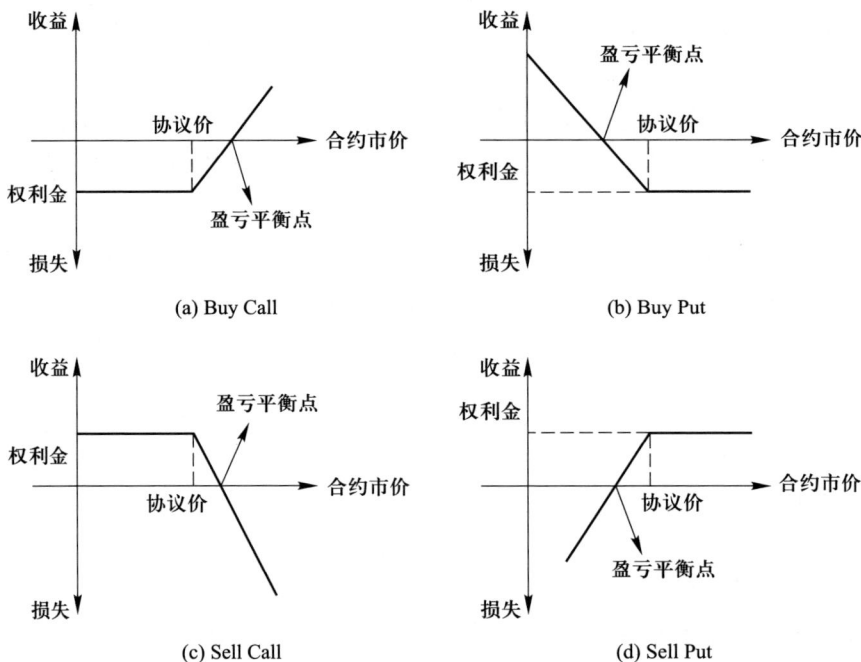

图 8-5　金融期权交易的盈亏分析

（1）在买入看涨期权中,(如果愿意的话)合约的买方有权在到期日或到期日之前按协议价买入合约规定的金融工具,他为此付出的代价是交付一笔权利金给合约的卖方。在合约有效期内,当合约市价低于协议价时,买方将选择不执行合约,其损失是权利金;当合约市价高于协议价,买方会选择执行合约。此时随着合约市价的上升,合约买方的损失逐渐减少;当市价超过盈亏平衡点后,执行合约就会给买方带来一定的收益,这种收益是随着市价的上升而增加的,理论上可以达到无穷大。

(2)在买入看跌期权中,买方预期合约价格会下跌。如果合约市价真的下跌,并低于合约中的协议价格,那么买方可通过执行合约,即以协议价出售标的物,从而获取一定的利润;当市价高于协议价,则买方不会执行合约,只损失权利金,与买入看涨期权不同,买入看跌期权的收益有一个比较明确的上限。

(3)与买入期权相反,期权的卖出方的损益状况是:有收益时,收益存在一个上限,即权利金;发生损失时,其可能的损失却是无限的,一般来说要大于权利金。即当期权买方要求执行期权合约时,对卖方来说就意味收益小于权利金甚至亏损;当期权买方放弃执行合约时,即意味着卖方可获得权利金这笔收入。

（三）金融期权的演变

经过几十年的发展,金融期权已由最初的股票期权演变出三大类:股权期权、利率期权、货币期权。此外还有其性质尚存争议的黄金及其他商品期权。

1. 股权期权

股权期权是指买卖双方以某种与股票有关的具体的基础资产为标的物所达成的期权协议。主要又分为两种:

(1)股票期权。它以某种股票作为合约的标的物。

(2)股价指数期权。它以某种股票价格指数作为合约的标的物。

2. 利率期权

利率期权即买卖双方以与借贷票据有关的具体的基础资产为标的物所达成的期权协议。主要分为三种:

(1)实际证券期权,即在一定的时间里按照一定的价格买进或卖出国库券、政府票据、政府债券的权利。

(2)债券期货期权,即在一定的时间里按照一定的价格买进或卖出政府债券期货的权利。

(3)利率协定。利率协定是一种以减少利率波动的不利影响为目的而达成的期权协定。利率协定有三种形式,即上限协定、下限协定和上下限协定。

3. 货币期权

它是指买卖双方以与外汇有关的基础资产为标的物所达成的期权协议。主要有货币现货期权和货币期货期权之分。

4. 黄金及其他商品期权

这是指买卖双方以与黄金及其他商品相关的基础资产为标的物所达成的期权协议。黄金期权又包括金块期权和黄金期货期权。

（四）商业银行从事的期权交易

商业银行主要从三个层次上参与期权交易。

1. 场外期权交易

商业银行通过电话或路透交易系统直接与客户进行交易,这种交易既包括面向非银行客户的零售市场,又包括面向金融机构的批发市场。由于场外交易市场具有保密性好,交易成本低,可以根据客户特别需要制定期权等特点,其交易规模已远远超过了交易所的期权交易量。

2. 交易所期权交易

在这种交易中,商业银行通常以获得交易席位的方式来成为交易所的做市者。参与标准化程度高的交易所期权交易,可以使商业银行从忙于促成交易中解脱出来,致力于期权交易战略策划。

3. 隐含型期权交易

它主要是把期权经营思想与商业银行日常业务融合而产生的创新,如可转换债券、货币保证书和包销协议等。这些由期权与其他金融工具相融合创新出的金融产品大大地拓宽了商业银行的期权经营领域。

(五)期权交易对商业银行经营管理的意义

1. 期权是商业银行进行风险管理的有力工具

期权的优点体现在它能够在降低风险管理成本的同时,使商业银行不丧失在有利条件下获利的可能性。这在进行或有资产和或有负债的风险管理中表现得尤为明显。

2. 期权使商业银行获得了有力的财务杠杆

商业银行可以充分利用自身在融资、信息收集、规模交易方面的优势,运用适当的期权交易获得巨额收入。

3. 期权为商业银行管理头寸提供了一项进取型技术

商业银行可以通过出售期权来对其日常经营的巨额外汇、债券、股权头寸进行积极管理,从而获取可观的权利金收入。

目前,随着我国商业银行海外业务的发展,已经可以介入国际金融市场的期权交易,一方面作为期权买方进行风险管理,另一方面可作为期权卖方进行积极的管理头寸。通过对国际期权市场的了解,在摸索、积累期权业务的经验中,尝试低风险的交易战略,从而为开展全面的期权交易做好技术准备。

案例 8-6

利 率 期 权

假设某银行发行了 1 亿美元债券,债券利息基于浮动利率而非固定利率,不论 LIBOR 如何,银行每年按照 LIBOR+3% 进行支付,而银行总共只愿意承担 8% 的利率水平,即 5% 的 LIBOR。

为了避免利率大幅上涨带来的损失,获得保护,银行购买了利率看涨期权。当 LIBOR 超过 5% 时,银行有获得支付的权利(而没有义务)。该期权合同规定了名义本金为 1 亿美元,正好与银行的债务匹配;规定了执行利率为5%的LIBOR,也就是银行的套期保值利率;规定了到期日,也就是该看涨期权期满的时间。

现在,假设LIBOR上升至6%,那么银行应该按LIBOR+3%=9%的利率向它的债券持有人支付利息,而这将超过它们自己设定所能接受的最大8%的利率水平。幸运的是,这时看涨期权处于实值状态,期权发行者(通常是投资银行)将向银行进行支付。实际支付的数额是由实际利率与执行利率的差额以及本金共同确定的。其公式为:

$$看涨期权收益=(实际利率-执行利率)\times名义本金$$

在这个例子中银行收到的支付(6%-5%)×1亿美元=100万美元。实践中,银行将按9%的利率为其1亿美元的债券支付900万美元利息,同时它将收到看涨期权带来的100万美元收益,所以它的最终支出维持在800万美元。看涨期权帮助银行将它们浮动债券的利率维持在8%以下。当然,如果市场利率下跌,那么银行的支付利率将低于8%,银行将获益,因为可以按低于8%的利率水平支付利息。

(资料来源:查科,德桑.金融工具与市场案例.丁志杰,译.北京:机械工业出版社,2008)

思考题

何谓金融期权?它对银行规避风险有何实际意义?

第七节　其他主要的表外业务

一、贷款承诺

贷款承诺(loan commitment)是银行与借款客户之间达成的一种具有法律约束力的正式契约,银行将在有效承诺期内,按照双方约定的金额、利率,随时准备应客户的要求向其提供信贷服务,并收取一定的承诺佣金。贷款承诺业务也是银行承诺业务之一。

(一)贷款承诺的类型

1. 定期贷款承诺

在定期贷款承诺(term loan commitment)下,借款人可以全部或部分地提用承诺金额,但仅能提用一次。如果借款人不能在规定的期限内提用所承诺的全部资金,则承诺金额实际就降至已提用的金额为止。

2. 备用承诺

备用承诺(standby commitment)又可分为:

(1)直接的备用承诺(straight standby commitment)。在这种备用承诺下,借款人可以多次提用承诺,即一次提用了部分贷款并不会失去对剩余承诺在剩余有效期内的提用权利,然而一旦借款人开始偿还贷款,尽管偿还发生在承诺到期之前,已偿还的部分就不能被再次提用。

(2) 递减的备用承诺(reducing standby commitment)。这种备用承诺是在直接的备用承诺基础上,附加承诺额度将定期递减的规定,当剩余未使用的承诺不足以扣减时,银行可要求借款人提前偿还本金,以补足扣减的承诺额。这种承诺意在鼓励提用承诺的借款人尽早提用或尽早偿还。

(3) 可转换的备用承诺(convertible standby commitment)。这是在直接的备用承诺基础上,附加一个承诺转换日期规定。在此日期之前,借款人可按直接的备用承诺多次提用。如果一直未用,那么在此日期以后,备用承诺将变成定期贷款承诺,仅能提用一次。如果已发生了提用(在此日期前),那么在此日期后,承诺额就降至已提用而又未偿还的金额,未提用部分失效。

3. 循环承诺

循环承诺(revolving commitment)又可分为:

(1) 直接循环承诺(straight revolving commitment)。在直接循环承诺下,借款人在承诺有效期内可多次提用,并且可反复使用已偿还的贷款。只要借款人在某一时点上使用的贷款不超过全部承诺额即可。

(2) 递减循环承诺(reducing revolving commitment)。在直接循环承诺的基础上,附加一个定期递减的规定,每隔一定的时期扣减承诺额,即为递减循环承诺。

(3) 可转换循环承诺(convertible revolving commitment)。在转换日之前是直接的循环承诺,在转换日之后是定期贷款承诺,承诺额就降至已提用而又未偿还的金额,未提用的承诺额失效,即为可转换循环承诺。

(二) 贷款承诺的定价

贷款承诺的定价就是确定承诺佣金。银行收取承诺佣金的理由是,为保证将来应付所承诺的贷款需求,银行必须保持一定的放款能力,这就需要放弃高收益的贷款和投资,保持一定的流动性资产,这使银行丧失了获利机会,需要借款人提供一定的费用作为补偿。

贷款承诺定价的核心是佣金费率的确定。佣金费率的确定是非规范且不统一的,通常由银行和借款人协商确定。影响佣金费率的因素主要有借款人的信用状况、借款人与银行的关系、借款人的盈利能力、承诺期限长短、借款人提用资金的可能性等,通常佣金费率不超过1%。在佣金费率确定以后,可从整个承诺金额、未使用的承诺金额、已提用的承诺金额中协定一个作为计费基础,习惯上多采用未使用的承诺金额,根据承诺期限计算总的承诺佣金。

(三) 贷款承诺的交易程序

(1) 借款人向银行提出贷款承诺申请,并提交详细的财务资料,由银行进行信用审查,确定提供承诺的可行性。

(2) 需要承诺的借款人和有承诺意向的银行就贷款承诺的细节进行协商,主要在承诺类型、额度、期限、佣金、偿还安排、保护性条款等方面谋求一致,并在此基础上签订贷款承诺合同。

(3) 借款人在提用资金之前,在合同规定的时间内通知银行,银行将在限定的时间内把提用金额划至借款人存款账户。

（4）借款人按期缴纳佣金和利息,并按合同规定的偿还计划归还本金。

（四）贷款承诺的优点

（1）对借款人而言,贷款承诺有如下优点:

首先,贷款承诺为其提供了较大的灵活性,获得贷款承诺保证后,借款人可以根据自身的经营情况,灵活地决定使用贷款的金额、期限,从而达到合理、有效地使用资金,减少资金冗余。

其次,贷款承诺保证了借款人在需要资金时有资金来源,提高了他的资信度,从而可以使其在融资市场处于一个十分有利的地位,降低融资成本。

（2）对承诺银行而言,贷款承诺为其提供了较高的盈利性。一般情况下,借款人只是把贷款承诺作为一个后备性保障,而不会经常使用,因此银行在不需要动用资金的情况下,仅凭信誉实力就可获得收入。

二、贷款出售

贷款出售(loan sales)是指商业银行一反以往"银行就是形成和持有贷款"的传统经营哲学,开始视贷款为可销售的资产,在贷款形成以后,进一步采取各种方式出售贷款债权给其他投资者,出售贷款的银行将从中获得手续费收入。

（一）贷款出售的类型

1. 更改

在更改(novation)形式下,出售银行将彻底从与借款人达成的合同中退出,由贷款的购买者取而代之,并与借款人重新签订合同,出售银行与借款人和购买者不再有任何联系。

2. 转让

在转让(assignment)形式下,出售银行事先通知借款人,将贷款合同中属于出售银行的权利转让给购买者,即购买者取得直接要求借款人还本付息的权利。

3. 参与

在参与(participation)形式下,并不涉及贷款合同中法定权利的正式转移,但在出售银行与购买者之间创造出一个无追索权的协议,购买者通过支付一定的金额,取得获取相应贷款本金所产生收益的权利。出售银行通常继续提供售后服务,继续管理贷款抵押品、代收利息等,在借款人和购买者之间拨付资金。

（二）贷款出售的特点

对于出售贷款的银行来讲,贷款出售首先具有较高盈利性。银行通过出售贷款,可把获得的本金用来形成利差更高的贷款,或者可以再度形成贷款后售出,从而在不多占用资金情况下反复赚取手续费,以充分发挥自己评估信用、形成贷款的优势,使自己兼具投资银行的功能。其次,贷款出售实现了银行资产的流动性。通过各种方式的贷款出售,银行把原来不具有流动性的贷款变成了可销售资产,大大提高了资产管理的能动性。此外,贷款出售还便于回避管制。通过减少贷款,缩小了银行的风险资产总额,从而减少对资本的需求,缓解了管理当局要求增加资本的压力。

对于购买贷款的银行来讲,购入贷款首先有助于实现其分散化的贷款组合。购入对其他地区、其他行业的贷款,可以使自身的贷款组合分散化,降低总体资产的风险,而风险的降低又有利于对外融资成本的降低。其次,购买其他银行出售的贷款开辟了新的投资领域。由于出售的贷款有不少是优质贷款,购买者可以节省一部分信用审查费用,这使得购买者获得了一种比较安全,而且收益比较好的投资方式。

对于借款人来讲,贷款出售促进了融资的便利性。由于贷款具有出售的可能,银行通常更易于满足借款人的资金要求,使其不必与多个银行再度寻求联系,既节约了信贷费用,又享受到了大银行提供的规模服务。由于贷款具有可销售性,银行将乐于先形成贷款然后视需要而售出,从而使企业获得更多的筹资机会,同时银行间"形成贷款以求出售"的竞争动机会促成贷款利率被压低。

(三) 贷款出售的定价

贷款出售的定价主要是确定出售贷款的本金和利率,这种定价往往因贷款转移的方式不同、贷款的质量不同等因素而有异。一般来说,可分优质贷款与劣质贷款两类来对出售的贷款进行定价。通常,优质贷款出售多是在参与形式下进行的,出售的贷款本金保持不变,只是在利率方面进行调整,即出售银行以低于自己所收利息的利率把贷款出售给购买者。原来的利率与新的利率之间的利差作为贷款出售的手续费,由出售银行获得,利差大小主要视贷款本身的质量、出售银行的信誉等因素而定。而劣质贷款的出售通常是在转让的方式下进行的,出售的贷款利率一般保持不变,出售银行采取折扣方式以低于贷款本金面额的方式售出,从而收回部分本金。

银行旨在通过低质量贷款的出售来实现资产结构调整,出售时的折扣程度取决于贷款的质量、期限长短及借款人财务状况等因素。从 20 世纪 90 年代末起,我国银行也开始从事贷款出售业务。

(四) 贷款出售的交易程序

以下通过最普遍的参与式贷款出售来说明其交易程序:

(1)银行根据借款人的资信及经营情况确定信贷额度,并在此额度范围内提供信贷。

(2)银行根据出售贷款的期限选择某个基础利率(如商业票据利率等)作为基准,调整若干基点形成利差,在金融市场上提出出售贷款的报价。

(3)购买贷款的银行或机构与出售银行接洽,出售银行向购买者提供借款人必要的资信及财务资料,以便于购买者判断和选择。

(4)出售银行和购买者协商贷款买卖的具体细节,签订参与贷款买卖的基本协议书,签订参与合同时,无须通知借款人。

(5)出售银行根据参与合同,定期将借款人的利息支付和本金偿付转给购买者,直至该贷款到期。

第八节 表外业务的管理

一、表外业务的特点

表外业务的特点和其产生的原因直接有关。与传统的表内业务相比,表外业务有以下鲜明的特点。

(一)灵活性大

从前述表外业务操作过程可以发现,表外业务不仅种类多,而且操作程序灵活。商业银行在表外业务活动中,可以多种身份和多种方式参与其中。银行可直接作为交易者进入市场,如期权、期货、票据发行便利、贷款承诺、信用证业务等;可以在表外活动中充当中间人,如在互换业务中充当中介人,在票据发行便利业务中充当安排人。商业银行经营的表外活动既可在有形市场进行,也可在无形市场进行,如外汇期权、期货等。商业银行在期权、期货、贷款出售交易中,可以选择在场内交易,也可以选择柜台交易。总之,表外业务活动怎样安排主要取决于商业银行的选择,其中也有许多偶然因素在起作用。表外业务交易方式完全由商业银行自主选择,其灵活性非常大,只要交易双方同意,就可达成交易协议。

(二)规模庞大

由于现行金融法规一般对表外业务不要求资本金或只要求较少的资本金,所以就赋予表外业务较高的杠杆率,银行只需较少的资本金就能从事巨额的交易活动,所以表外业务中的大部分项目都具有以小博大的功能。据统计,每笔表外业务金额至少在百万美元,大多数在几千万美元到上亿美元,有的可达几十亿美元。

(三)交易集中

由于表外业务可以以小博大,每笔交易额动辄成千万或上亿美元,因此,从事表外业务的机构也以大银行居多。有的表外业务甚至需要多家银行共同参与才能完成。

(四)盈亏巨大

表外业务杠杆率高,资金成本低,若预测准确,操作得当,有很高的收益。但一旦预测失误,操作不当,便有巨额亏损,甚至危及银行的生存。

(五)透明度低

按现行银行会计制度的规定,除了一部分表外业务要以附注形式在资产负债表上有所反映外,大多数表外业务是不反映在资产负债表上的,这使表外业务的规模和质量不能在财务报表上得到真实体现。金融管理当局、股东、债权人等都难以了解银行的经营状况。往往是表外业务规模越大的银行,其经营透明度就越低。而表外业务多是或有资产和或有负债,在金融市场波动日趋频繁的情况下,银行的表外业务随时都有可能转化为表内业务,这会增加银行经营的难度和负担,其至造成银行的巨额亏损。其结果,不仅银行外部人员难以了解银行经营状况,银行内部人员也不易把握银行经营的风险状况,从而弱化了对银行经营活动的监督与控制。

二、表外业务的风险

由于表外业务杠杆率高,自由度大,而透明度差,所以表外业务隐含的风险也多。巴塞尔委员会对表外业务有专门的规定。根据巴塞尔委员会的定义,表外业务主要有以下 10 种风险。

(一)信用风险

信用风险是指借款人还款的能力发生问题而使债权人遭受损失的风险。表外业务不直接涉及债权债务关系,但由于表外业务多是或有债权和或有负债,当潜在的债务人由于各种原因而不能偿付给债权人时,银行就有可能变成债务人,例如在信用证业务和票据发行便利业务中,一旦开证人或票据发行人不能按期偿付,银行就要承担偿付责任。在场外期权交易中,常会发生期权卖方因破产或故意违约而使买方避险目的落空,在场外期权交易远超过场内交易规模的情况下,银行面临的信用风险更加突出。这种风险经常与潜在的债务人的预期盈利能力有关。

(二)市场风险

市场风险是指由于市场价格波动而使债权人蒙受损失的风险。在银行的表外业务活动中,由于利率和汇率多变,经常会因利率和汇率变化而使银行预测失误,遭到资产损失。特别是在金融衍生产品如互换、期货、期权等交易中,往往会由于利率和汇率的突然变化,有悖于银行参与互换等交易的初衷,非但没能达到避险、控制成本的目的,反而使银行蒙受巨大损失。

(三)国家风险

国家风险是指银行提供给国外债务人的资产遭受损失的可能性,它主要由债务人所在国政治、经济、军事等各种因素造成。在银行的表外业务活动中,国家风险发生的概率还是比较高的,尤其是一些小国债务人,往往会因一个政治事件或自然灾害等原因,使债务人无法如期履约。国家风险会引发出三个派生风险:一是转移风险,是指由于债务人所在国限制外汇出境,使债务人不能按期履约而引起的风险。例如在跨国互换交易中,如果交易对手不是以其本币支付,那么一旦该国实行外汇管制,限制外汇流出,就有可能使另一方遭到资金结算困难的损失,发生转移风险。二是部门风险,是指由于债务人所在国经济政策调整而使债务人所在行业或部门经营受到影响,从而使债务人不能按期履约所引起的风险。三是主权风险,是指由于债务人所在国的信用等级变动(主要是信用等级下降)而给债权人带来的风险。

(四)流动性风险

流动性风险是指在表外业务活动中,特别是在进行金融衍生品交易中,交易一方要想进行对冲,轧平其交易标的的头寸时,却找不到合适的对手,无法以合适的价格在短时间内完成抛补而出现资金短缺所带来的风险。当银行提供过多的贷款承诺和备用信用证时,就已隐含着银行无法满足客户随时提用资金要求的风险。一旦出现大范围金融动荡,大家都会急于平仓和收回资金。结果导致在最需要流动性时,银行面临的流动性风险最大。

（五）筹资风险

筹资风险是指银行因自有资金不足,又无其他可动用的资金,在交易到期日无法履约的风险。这种筹资风险往往发生在那些过度从事杠杆率较高的表外业务活动的银行身上。它和前述流动性风险有密切关系。在银行流动性不足时,其信用等级也会受到影响,其筹资难度便会加大。

（六）结算风险

结算风险是在从事表外业务后,到交割期不能及时履约而产生的风险。结算风险发生的原因较复杂,有可能是由于会计技术操作上的原因造成的,也有可能是由于债务人或付款人偿还能力不足造成的。结算风险会使银行面临信用风险、市场风险和流动性风险。

（七）操作风险

操作风险是由于银行内部控制不力,对操作人员的授权管理失误,或者是业务人员工作失误以及内部工作人员利用计算机犯罪作案等给银行带来的损失。由于表外业务透明度较差,其运作中存在的问题不易被及时发现,因此,操作风险较大,而且一旦发生操作风险,银行损失惨重。尼克·里森判断失误以及对尼克·里森的监控出现漏洞,断送了有200多年历史的巴林银行,就是一个典型的例子。

（八）定价风险

定价风险是指由于表外业务内在风险尚未被人们完全掌握,无法对其作出正确的定价而丧失或部分丧失弥补风险能力的损失。表外业务能否正确定价关系到银行能否从交易的总收入中积累足以保护银行利益的储备金,从而有能力在风险初露端倪时及时抑制对银行的连锁影响,或使银行能够在事发后弥补部分损失。但是表外业务自由度大,交易灵活,使人们至今仍未能准确识别其内在风险状况,就难以对其作出正确的定价。

（九）经营风险

经营风险是指由于银行经营决策失误,导致在表外业务,特别是金融衍生品交易中搭配不当,使银行在交易中处于不利地位,或在资金流量时间上不对应,而在一段时间内面临风险头寸敞口所带来的风险。

（十）信息风险

信息风险是指表外业务给银行会计处理带来诸多困难,而无法真实地反映银行财务状况,使银行管理层和客户不能及时得到准确的信息,从而作出不适当的投资决策所遭到的损失。尽管某些表外业务可降低单个交易的风险,但由于现行会计制度无法及时、准确地反映表外业务给银行带来的盈亏,使整个银行账目产生虚假变化,进而使管理层据此作出不适当的投资决策。运作情况重叠出现得越多,反映在银行账户变化上的错误信息也越多,管理层作出的投资决策失误也越严重,银行面临的风险也就越大。

三、表外业务的管理

由于表外业务既可以给银行带来可观的收益,但也可能使银行陷入更大的困境,尤其是具有投机性的表外业务,其经营风险难以估算,所以自 20 世纪 80 年代后期开始,商业银行都加强了对表外业务的管理,各国金融管理当局和巴塞尔委员会也都制定和颁布了一些对表外业务的监管措施。现在,对表外业务的管理已成为商业银行内部管理的重要内容,也是金融管理当局实行宏观金融监控的一个重要方面。

（一）商业银行对表外业务的管理

商业银行对表外业务的管理措施主要有以下几个。

1. 建立有关表外业务管理的制度

（1）信用评估制度。加强对交易对手的信用调查和信用评估,避免与信用等级较低的交易对手进行交易。在交易谈判中,坚持按交易对手的信用等级确定交易规模、交割日期和交易价格。有的银行对一些期限较长的表外业务,还要求定期重新协商合同条款,避免风险转嫁。

（2）业务风险评估制度。对表外业务的风险建立一整套评估机制和测量方法,在定性分析的基础上进行定量分析,确定每笔业务的风险系数,并按业务的风险系数收取佣金。例如美国银行对期限短、风险系数较小的备用信用证所收的佣金为担保金额的 25～50 个基点,而对期限长、风险系数大的备用信用证则收取 125～150 个基点的佣金,无追索的贷款出售,收费率较低,只有 15 个基点。

（3）双重审核制度。表外业务潜在风险大,为了能做到防患于未然,各国商业银行吸取了巴林银行的教训,普遍实行双重审核制度,即前台交易员和后台管理人员严格分开,各负其责,以便于对交易活动进行有效监管。前台交易员要根据市场变化,及时调整风险敞口额度,后台管理人员则做好跟踪结算,发现问题及时提出建议或向上级部门报告,以便及时采取补救措施。

2. 改进对表外业务风险管理的方法

经过 10 多年的实践,人们总结出了一些行之有效的表外业务风险管理方法。

（1）注重成本收益率。表外业务的收费率不高,但每笔业务的成本支出并不和业务量成正比,因此银行从事表外业务存在成本收益率问题。只有每笔业务成交量达到一定的规模,才能给银行带来较大的业务收入,使银行在弥补成本开支后,能获得较多的净收益,提高银行的资产利润率,增强银行抗风险的能力。当然,这是以每笔表外业务的风险系数既定为前提的。倘若风险系数过大,银行就应当谨慎从事,甚至放弃这笔业务。

（2）注重杠杆比率管理。表外业务可以小博大,其财务杠杆率高。如果说按原有杠杆率来从事表外业务,在市场波动较大的情况下,一旦失误,可能使银行所利用的表外业务工具因价格（如股指、汇率、利率等）急剧下跌遭到惨重损失而将银行全部资本都赔光。所以许多商业银行在从事表外业务时,都不按照传统业务的杠杆率行事,而是根据银行本身的财务状况及每笔业务的风险系数,运用较小的财务杠杆率,以防万一预测失误,银行陷入危险的境地。

（3）注重流动性比例管理。为了避免因从事表外业务失败而使银行陷入清偿力不足的困境,许多商业银行针对贷款承诺、备用信用证等业务量较大,风险系数也较高的特点,适当提高流动性比例要求。有的还在贷款承诺中要求客户提供补偿余额,在备用信用证项下要求客户提供押金,以减少风险,保证银行拥有一定的清偿能力。

（二）对表外业务活动监管

国际上对表外业务活动监管通常有以下几个方面。

1. 完善报告制度，加强信息披露

巴塞尔委员会要求商业银行建立专门的表外业务报表，定期向金融监管当局报告交易的协议总额、交易头寸，反映对手的详细情况，使金融监管机构尽可能及时掌握全面、准确的市场信息，以便采取适当的补救措施。不少国家金融监管机构还要求银行对表外业务的场外交易状况作详细说明，包括报告某些表外业务如期权交易的经营收入。

1993 年《巴塞尔建议书》就要求商业银行将交易账簿和贷款账簿相分离。贷款账簿记载日常存放款进行套期抵补的期权头寸等，这些头寸主要受长期信用风险影响。而交易账簿记载其他期权头寸，这些头寸主要受短期市场风险影响。这种短期风险又可分为特殊风险与一般风险两类，应分别实施监管。这些规定为建立期权交易报告制度确立了基础。

2. 依据资信认证，限制市场准入

一些国家金融监管当局为了规范表外业务，抑制过度投机，规定凡从事某些表外业务如远期利率协议、互换等交易活动的商业银行和其他机构，必须达到政府认可的权威的资信评级机构给予的某个资信等级，其目的是使这些表外业务的交易能被限制在一些资金实力雄厚、信誉卓著的交易者之间，以降低信用风险。

3. 严格资本管制，避免风险集中

1988 年的《巴塞尔协议》对商业银行从事表外业务提出了严格的资本要求。《巴塞尔协议》认为将所有的表外项目都包括在衡量资本充足的框架中是十分重要的。考虑到对某些表外项目的风险估测经验是有限的，而且对某些国家来说，当这类表外业务的金额很小，尤其是以新的多种创新工具的形式出现时，即使使用复杂的分析方法和详细频繁的报告制度，也很难作出正确的统计，因此委员会采用了一种适用性较强的综合方法来加以处理。即通过信用转换系数把各类表外业务折算成表内业务金额，然后根据表外业务涉及的交易对手方或资产的性质确定风险权数，再用这些权数将上述对等金额进行加总，汇总到风险资产总额中去，最后按标准资本比率对这些项目分配适宜的资本。《巴塞尔协议》将表外项目分成五类，并分别规定了信用风险转换系数：

（1）贷款的替代形式（如负债的普通担保、银行承兑担保、可为贷款和证券融资提供金融担保的备用信用证），信用风险转换系数为 100%。

（2）与特定交易相关的或有负债（如履约担保书、投标保证书、与交易有关的担保书和用于特别交易的备用信用证），信用风险转换系数为 50%。

（3）短期可自动清偿和与贸易相关的、由于货物的移动所产生的或有负债（如有海运船货作抵押的跟单信用证），信用风险转换系数为 20%。

（4）初始期限超过一年的其他承诺、票据发行便利（NIFs）额度和循环承购便利函（RUFS），信用风险转换系数为 50%。初始期限在 1 年之内的，或者是可以在任何时候无条件取消承诺的，其信用风险转换系数可以为 0%。

（5）同利率和汇率有关的项目（如汇率互换、利率互换、期权、期货），采用特殊的方法换算。

1988 年 7 月《巴塞尔协议》规定可用"初始风险暴露法"和"现时风险暴露法"两种,现在统一规定只用现时风险暴露法一种。在现时风险暴露法中,各种期限的不同项目信用风险转换系数规定如表 8-2 所示。

表 8-2　信用风险转换系数表

剩余日期	利率合约	汇率合约与黄金
一年或一年以下	0.35%	1.5%
一年以上不足两年	0.75%	3.75%(即 1.5%+2.25%)
以后每加一年	0.75%	2.25%

按信用风险转换系数将表外业务折成表内业务,然后根据资本充足率公式计算出每项业务所需要的资本量。

除此之外,1993 年 4 月巴塞尔委员会还曾开发了一种标准化方法,对互换这类衍生产品进一步提出市场风险的资本要求。这种标准化计算方法主要有两个内容:

一是到期日阶梯法。主要确定三个量:① 一个可操作的到期日组合的数目(代替一系列连续到期日);② 每一个到期日组合一个具有代表性的现期交易量(代表每一个工具有一个现期交易量);③ 每一个到期日组合一个有代表性的利率变动(代表每一个到期日组合中,每一种到期日对应一种不同的利率变动)。

二是将每一互换头寸转换为简单债券工具的组合。这些工具被划分为若干个到期日组合。例如,一个 10 年期的利率互换,一个按浮动利率收取利息,一个按固定利率收取利息,这份互换交易可看作以下一个利息确定日(通常为 6 个月)为到期日的浮动利率债券多头头寸和一份 10 年期固定利率债券的空头头寸的组合,在多头头寸和空头头寸相互抵补的情况下,再计算出未避险的净额头寸对资本的要求量。

由于每一到期日组合规模不同,以及存在缺口风险和差价风险,即使在同一到期组合内,正的头寸和负的头寸也可能无法进行完全的套头抵补。巴塞尔委员会提出可以用垂直否定法,按每一到期日组合中多头头寸所需资本量和空头头寸所需资本量中较少者的 10% 来计算实际资本需要量。

对不同到期日组合的资本需要量计算可用水平否定法,由于期限较长的到期日组合中头寸抵补程度较差,资本需求量就要相应增加。

(三) 调整会计揭示方法

表外业务具有自由度大、透明度差的特点,但传统的会计原则又不能充分予以揭示,这是因为传统的会计原则强调权责发生制原则、历史成本原则和充分揭示原则。按权责发生制原则的要求,资产和负债都要按过去已发生的交易事项来记载。预计未来必定有的资源流出和流入,则无法形成资产和负债,而不能在财务报表上反映出来。而表外业务大多以契约或合约为基础,它所体现的交易都要在未来的某一时刻履行或完成,由于这类未来交易是否能发生,要取决于利率、汇率等的变化,这就使得未来的资源流入流出时间及金额都有很大的不确定性,因而不能在财务报表上及时反映。

按历史成本原则的要求,财务报表上记载的是一种账面成本,与现实成本不同,有时有很大差距。许多表外业务是按市价来进行交易的,并且往往采用柜台交易方式,难以在市场找到参考价格,所以无法及时反映市场价格瞬息万变的情况,也就难以对表外业务盈亏和风险程度作出恰当的估计。

按充分揭示原则的要求,一个公开发布的财务报告应揭示对报告使用者有重要影响的全部经济信息,而会计记录又必须以信息资料可以货币化计量为基础,因此表外业务中许多具有重要决策意义的非量化的会计信息就无法得到充分反映。

以上这些会计原则使得有关表外业务的真实信息被扭曲或掩盖了,不利于对表外业务加强管理。

国际会计准则委员会针对传统会计制度的缺陷,对表外业务的会计揭示问题做了一些规定。

首先,规定在对表外业务进行会计揭示时,一般仍要坚持标准会计的权责发生制原则和审慎原则。当权责发生制原则与审慎原则不一致时,应适用审慎原则,即只有当收入和利润已经以现金或其他资产形式实现,而其他资产也可合理地、确定地最后变为现金时,才能计入损益。

其次,规定表外业务各项目应在资产负债表的正面,合计金额的下端用附注形式反映出来。其中,或有负债应通过"承诺和背书""担保""保证和作为附属抵押品的资产"等来反映,承诺应通过"销售和回购产生的承诺""其他承诺"来反映,利率合约、汇率合约的估价也要反映。

最后,规定对表外业务中的避险交易和非避险交易有不同处理方法。避险交易是为减少现有资产、负债、表外头寸的利率和汇率风险而进行的交易。在对属于避险交易的业务进行确认后,应按市价转移。非避险交易是指一般买卖或投机交易这类交易应按市价估价,并应计入完成交易的全部成本。如果持有的金融工具头寸数目巨大,而抛补价与现有市价相差较大,对所用市价还应做调整。若是长头寸,应扣除适当贴水;若是短头寸,则加适当升水。

美国会计准则委员会还规定:所有会计主体,还应提供有关利率、汇率、价格或其他市场风险的数量信息,例如,当期头寸及当期业务的详细信息,市场变化对权益或年度收入可能发生的影响,利率重订的缺口分析,金融衍生工具头寸及其他头寸的期末风险值及当期平均风险值等,以便评价银行等运用衍生工具的业绩。

案例 8—7

银行业加速处置不良贷款

近日,银行业信贷资产登记流转中心有限公司(简称银登中心)发布竞价信息显示,截至2021 年上半年,已有 5 家银行零售类不良资产包在银登中心完成了竞价,涵盖信用卡、个人消费、个人经营等多种形式。

6 月初,工商银行在银登中心以线上公开竞价的方式发布 2021 年第 5 期个人不良贷款(个人经营类信用贷款)转让公告:涉及 11 户,债权合计 436.6 万元。今年上半年,民生银行、兴业银行、交通银行、平安银行陆续发布个人不良贷款转让公告,涉及借款人分别是 19 户、23 户、56 户、113 户,分别涉及未偿本息总额约 1 862.6 万元、891.4 万元、1 186.7 万元、7 741.3 万元。

对于出让方银行而言,目前不良资产批量转让的清收工作交由受让方负责,包括客户的账务处理、征信申报、服务衔接等原则上也交由受让方,出让银行将对前期此类工作烦琐但低效的账户进行"销户",实际上实现了不良资产的彻底"出表"。

同时,为服务市场协助监管,银登中心发布已开立不良贷款转让业务账户机构统计表。数据显示,截至 7 月 23 日,国有大型商业银行(包含地方分行)有 148 家,股份制商业银行(包含地方分行)有 155 家,金融资产管理公司(包含地方分公司)有 100 家,地方资产管理公司有 38 家,金融资产投资公司 2 家。

银保监会有关负责人表示,积极发挥银登中心试点平台作用,银登中心按照试点工作要求,制定不良贷款转让试点业务规则,具体承担不良贷款资产登记、挂牌展示、转让服务、信息披露和市场监测等工作,并及时向监管部门报送试点情况,进一步促进了不良贷款转让业务健康、有序开展。

从批量转让项目实际情况看,最高的资产包估值达 4 折。随着批量转让业务的常态化,买卖双方都会逐步回归理性,从现有可比较的资产情况来看,预计正常价格应该在本金 1 折左右。

下一步,清收处置能力强的市场化机构将获得新的机遇。受益于商业银行委托催收业务的扩张,市场头部的催收公司已经积累了较为丰富的客户数据,可以借助统计方法对借款人进行精准分类、估值。尽管如此,根据有关规定,资管公司对批量收购的个人贷款,只能采取自行清收、重组等手段处置,不得再次对外转让。因此,资管公司还需要以自身为主,灵活处置与市场化催收公司的关系,避免暴力催收等违法行为的发生。

(资料来源:《经济日报》,2021 年 8 月 6 日)

思考题

1. 中国工商银行等五家银行处置不良资产的方式是什么?
2. 参与这种不良资产处置方式的机构要遵守哪些约束条件?

案例 8-8

央行"精准拆弹"处置中小银行风险,表外业务正成为防控重点

中小金融机构风险正在引起监管层更多关注。2019 年 11 月 25 日,央行发布《中国金融稳定报告(2019)》(简称《报告》)指出,"稳妥化解中小银行局部性、结构性流动性风险"已成为防范化解金融风险的重要工作之一。

一系列纾困措施就此开展,"精准拆弹"也成为《报告》的关键词。部分中小银行风险处置过

程积极稳妥,路径各有不同。存款保险管理也迎来了独立法人机构。

同时,银行业压力测试显示,个别未通过测试的参试银行表外业务规模较大。这类中小银行的经营风险和流动性风险,正成为防控系统性金融风险的重点部位。

央行有关部门负责人表示,整体看,我国中小银行风险应对能力不断提升,风险防控的主动性、前瞻性有所增强。下一步,人民银行将持续关注中小银行流动性状况,加强市场监测,不断加大对中小银行的政策支持,推动中小银行进一步完善公司治理,提高风险防控水平,实现中小银行健康可持续发展。

- **中小银行风险处置积极稳妥**

今年以来,部分中小银行相继暴露出一些风险,引起市场广泛关注。

2018 年四季度,央行金融机构评级覆盖了 4 379 家银行业金融机构,包括 24 家大型银行、4 355 家中小机构(含 3 990 家中小银行和 365 家非银行机构)。在 4 355 家中小机构中,评级为 8 ~ 10 级的有 586 家,D 级的 1 家(评级结果为 8 ~ 10 级和 D 级的金融机构被列为高风险机构),共占比 13.5%,主要集中在农村中小金融机构。与前一年相比,高风险机构数量增加 167 家,占比也上升了 3.8 个百分点。但与此同时,《报告》显示,近年来通过早期纠正措施,已有 164 家机构评级结果改善,退出高风险机构名单。

截至 2019 年三季度末,中小银行核心一级资本充足率 10.25%,贷款损失减值准备 1.74 万亿元,较上季末增加 24.4%;超过 99.2% 的中小银行流动性比例高于监管要求。

而在《存款保险条例》落地 4 年后,5 月 24 日,我国存款保险管理终于迎来了独立法人机构存款保险基金管理有限责任公司。半年以来,在处置包商银行问题过程中,存款保险制度发挥了重要作用。

具体而言,存款保险基金出资、人民银行提供资金支持,以收购大额债权方式处置包商银行风险,是较为稳妥的处置方式,既最大限度地保护了客户合法权益,避免了客户挤兑和风险向众多交易对手扩散,又依法依规打破了刚性兑付,实现对部分机构激进行为的纠偏,进而强化市场纪律。同时,人民银行适时适度向市场投放流动性,及时稳定了市场信心,有效遏制了包商银行风险向其他中小金融机构蔓延,守住了不发生系统性风险底线。

"存款保险对中小银行更有利。"央行有关部门负责人表示。一方面,存款保险制度可以大大增强中小银行的信用和竞争力;另一方面,存款保险可以有效稳定存款人的预期,进一步提升市场和公众对银行体系的信心,增强整个银行体系的稳健性。

- **银行体系有抗风险冲击能力**

数据表明,银行体系对整体信贷风险恶化有一定的抗冲击能力。

《报告》公布的银行业敏感性压力测试结果显示:在轻度冲击下,参试银行整体资本充足率将从 14.24% 降至 13.56%,下降 0.68 个百分点;在中度冲击下,参试银行整体资本充足率降至 12.20%,下降 2.04 个百分点;在重度冲击下,参试银行整体资本充足率降至 9.42%,下降 4.82 个百分点。

值得注意的是,测试将表外业务纳入测试范围,且对其流失率的设置比对流动性覆盖率

(LCR)框架的设置更为审慎,一些项目的赋值是 LCR 框架下流失率的 10 倍以上。

从测试结果看,个别未通过测试的参试银行表外业务规模较大,需要关注极端情况下由于或有融资义务导致资金流失对银行的不利影响,加强表外业务管理。

事实上,银行业风险抵御能力也在进一步增强。银保监会数据显示,2019 年三季度末,商业银行不良贷款余额、不良贷款率双升,但数据上升并不意味着银行风险上升。

(资料来源:第一财经,2019 年 11 月 26 日)

思考题

监管机构为什么要将银行表外业务纳入敏感性压力测试范围?这对我国中小银行经营会产生什么影响?

本 章 小 结

1. 为了规避资本管制,增加盈利来源,转移和分散风险,并适应客户对银行服务多样化的要求,商业银行利用其自身的优势和高新技术大力发展表外业务。这是在金融国际化、金融自由化和金融证券化条件下,商业银行追求发展的一种选择。

2. 表外业务是指商业银行从事的,按通行的会计准则不列入资产负债表内,不影响其资产负债总额,但能影响银行当期损益,改变银行资产报酬率的经营活动。表外业务有狭义和广义之分。狭义的表外业务一般是指有风险的经营活动,应当在会计报表的附注中予以提示。广义的表外业务除了包括狭义的表外业务,还包括传统的无风险的中间业务。

3. 担保业务是银行以自己的信誉为申请人提供履约保证的行为。银行在提供担保时,要承担申请人违约风险、汇率风险和国家风险。银行提供担保业务的主要方式有备用信用证、商业信用证。备用信用证主要用于为债务人提供融资担保。商业信用证主要用于为买方提供付款担保。

4. 票据发行便利是一种具有法律约束力的中期票据融资承诺,这是金融证券化的结果。票据发行便利比辛迪加贷款有更多的优点,适应融资方式和结构发展的需要,是一项有广阔市场前景的金融创新。票据发行便利可分为包销的票据发行便利和无包销的票据发行便利。票据发行便利业务最主要的风险有流动性风险和信用风险。

5. 远期利率协议是交易双方以降低收益为代价,通过预先固定远期利率,防范未来利率波动,实现稳定负债成本或资产保值的一种金融工具。远期利率协议分普通远期利率协议、对敲的远期利率协议、合成的外汇远期利率协议和远期利差协议等。远期利率协议的定价应考虑远期利率、启用费和利差收益三个因素。

6. 互换是交易各方根据预先制定的原则,在一段时间内交换一系列款项的支付活动。该业务往往发生在信用等级不同,筹资成本、收益能力也不相同的筹资者之间。互换业务能保持债权债务关系不变,并能较好地限制信用风险。商业银行可借助互换业务发挥其巨大的信息优势和活动能力,获取较多的收益,并丰富其风险管理手段,拓宽其业务范围。商业银行从事的互换交易主要是利率互换和货币互换。

7. 金融期货交易和金融期权交易是商业银行进行风险管理的工具,也是商业银行获得财务杠杆收益的重要来源。它们是国际商业银行从事的重要表外业务。

8. 贷款承诺是银行与借款人之间达成的一种具有法律约束力的契约。它可使借款人灵活地使用贷款金额、期限,提高资金使用效率,又可使银行凭其信誉而获得较高的收益。

9. 贷款出售是指商业银行采取各种方式出售贷款债权给其他投资者,优化其贷款资产组合,并缓解资本管制压力的一种业务活动。贷款出售的定价方式因贷款转移的方式和贷款质量差异而不同。

10. 表外业务因灵活性大、透明度差而有较高的风险,它既可给银行带来可观的收益,也可能使银行陷入更大的困境,所以有必要对表外业务活动加强管理。商业银行内部要建立信用评估、风险评估和双重审核制度,注重杠杆比率管理和流动性比例管理。巴塞尔委员会要求商业银行建立专门的表外业务报表,定期报告有关表外业务的情况,并对表外业务的风险衡量作了具体规定。

本章重要概念

表外业务	备用信用证	票据发行便利	远期利率协议	互换业务
贷款承诺	贷款出售	外汇期货	利率期货	金融期权
股权期权	利率期权	货币期权		

复习思考题

1. 什么是表外业务? 它有什么特点? 商业银行为什么要发展表外业务?
2. 票据发行便利有哪些种类? 我国是否应当开展票据发行便利业务? 为什么?
3. 远期利率协议为什么会受到国际商业银行的普遍重视而迅速发展?
4. 简述互换业务的交易程序及其特点。
5. 贷款承诺有哪些类型? 商业银行从事贷款承诺业务有何意义?
6. 贷款出售有哪些类型? 商业银行为何要从事贷款出售业务?
7. 为何要对表外业务活动加强监管? 如何加强对表外业务活动的监管?

即测即评

请扫描右侧二维码检测本章学习效果。

第九章
其他业务

商业银行的其他业务,包括结算业务、代理业务和咨询顾问业务等。这些业务具有收入稳定、风险度低的特点,集中体现了商业银行的服务性功能。随着社会经济的现代化发展,社会各阶层对这类服务的需求大幅度增长,商业银行的其他业务已成为世界各国银行业务竞争的焦点。本章主要就结算、代理、咨询等业务进行一般性的介绍,并就目前中国的商业银行正积极开拓的个人金融服务和投资银行业务展开一些具体的探讨。

第一节 结 算 业 务

一、支付结算概述

(一) 支付结算的概念和意义

支付结算从广义上讲,是指单位、个人在社会经济活动中使用票据等支付工具进行货币给付及资金清算的行为。银行办理支付结算是银行代客户清偿债权债务、收付款项的一项传统业务。对商业银行来说,这是一项业务量大、收益稳定的典型中间业务。根据中国人民银行 2002 年发布的《商业银行中间业务参考分类及定义》,支付结算业务"是指由商业银行为客户办理因债权债务关系引起的与货币支付、资金划拨有关的收费业务"。世界各国的商业银行关于货币支付及资金清算的手段工具大体相同。目前,我国商业银行的支付结算业务也基本与国际接轨。

支付结算是在银行存款业务基础上产生的中间业务,也是当前我国商业银行业务量最大的一项中间业务,商业银行通过支付结算业务成为全社会的转账结算中心和货币出纳中心。它不仅能为银行带来安全、稳定的收益,也是集聚闲散资金、扩大银行信贷资金来源的重要手段。规范和发展商业银行的支付结算业务,对市场经济的健康稳定发展,具有不可估量的重大社会意义:① 加速资金周转,促进商品流通,提高资金运转效率;② 节约现金,调节货币流通,节约社会流通费用;③ 加强资金管理,提高票据意识,增强信用观念;④ 巩固经济合同制和经济核算制;⑤ 综合反映结算信息,监督国民经济活动,维护社会金融秩序的稳定。

（二）支付结算的任务、原则和纪律

1997 年中国人民银行颁布的《支付结算办法》规定:"支付结算工作的任务,是根据经济往来组织支付结算,准确、及时、安全办理支付结算,按照有关法律、行政法规和本办法的规定管理支付结算,保障支付结算活动的正常进行。"

凡参与支付结算活动的当事人,包括银行、单位和个人都必须遵守下列三项基本原则:① 恪守信用、履约付款;② 谁的钱进谁的账,由谁支配;③ 银行不垫款,不得损害社会公共利益。

关于结算纪律的要求有:

（1）单位和个人办理结算时,必须严格遵守银行结算办法的规定,不准出租、出借账户;不准签发空头支票和远期支票;不准套取银行信用。

（2）银行在办理结算时,要严格遵守结算办法的规定,向外寄发的结算凭证和收到的凭证,要及时处理,不准延误、积压,不准挪用、截留客户和他行的结算资金;未收妥的款项不准签发银行汇票、本票;不准向外签发未办汇款的汇款单;不准拒绝受理客户和他行的正常结算业务。

二、结算工具

票据和结算凭证都是办理支付的结算工具,票据是具有一定格式,并可用于证明债权债务关系或所有权关系的书面凭证。由于票据具有要式性、无因性和流通性等特点,票据的签发、取得和转让必须具有真实的交易关系和债权债务关系,因而票据凭证既具有支付功能,也具有汇兑功能和信用功能。

票据按能否转让流通分成流通票据和非流通票据。由于流通票据可以在市场上提前转让而成为主要的票据种类,当然非流通票据经过一定的程序也可转变为流通票据。最常见的流通票据是汇票、本票和支票。

（一）汇票

汇票包括银行汇票和商业汇票。

1. 银行汇票

银行汇票是出票银行签发的,由签发银行在见票时按照实际结算金额无条件支付给收款人或者持票人的票据。从理论上看,银行汇票有三个基本关系人,即出票人、收款人和付款人。但由于银行汇票是自付证券,其出票人即付款人,因而具有本票的性质,因此实际关系人只有两个,即出票人和收款人。我国的银行汇票主要用于转账,但填明"现金"字样的汇票也可以支取现金。凡国内的企业单位和居民个人需要支付的各种款项均可使用银行汇票。银行汇票一律记名,提示付款期限为自出票日起 1 个月,持票人如超过付款期限提示付款,则付款人不予受理。

2. 商业汇票

商业汇票指由出票人签发的委托付款人在指定日期无条件支付确定的金额给收款人或者持票人的票据。凡在银行开立账户的法人及法人内部独立核算的单位之间,只有具有真实交易关系的债权债务清算,才能使用商业汇票。商业汇票有出票人、收款人和付款人三个基本关系人。商业汇票作为一种有价证券,以一定的货币金额表现其价值,代表了财产所有权和债权。为维护社会金融秩序,必须强调出票人不得签发无对价的商业汇票,严禁用虚假商业汇票骗取银行或其他票据当事人的资金。商业汇票按承兑人的不同,有商业承兑汇票和银行承兑汇票之分。

(1)商业承兑汇票。是由收款人签发,经付款人承兑,或由付款人签发并承兑的票据。在银行开立账户的法人之间进行购销活动等真实的商品交易,可使用商业承兑汇票。商业承兑汇票一律记名,汇票承兑期限由交易双方商定,最长不超过 6 个月。

(2)银行承兑汇票。是由收款人签发,并由承兑申请人向开户银行申请,经银行审查同意承兑的票据。银行对承兑申请人的审查有以下三方面:首先,必须是在本行开立存款账户的法人及其他经济组织;其次,必须与本行具有真实的委托付款关系;最后,资信状况良好,具有支付汇票金额的可靠资金来源。凡不符合上述条件者银行一律不予受理。

银行承兑汇票的收款人或背书人需要资金时,可持未到期的银行承兑汇票并填写贴现凭证,向其开户银行申请贴现。贴现银行需要资金时可用未到期已贴现的银行承兑汇票向央行申请再贴现,也可向其他银行申请转贴现。

(二) 支票

支票是出票人签发的,委托办理支票存款业务的银行在见票时无条件支付确定的金额给收款人或者持票人的票据。支票的出票人,为经中国人民银行当地分行批准办理支票业务的银行机构、开立可使用支票存款账户的单位和个人。支票是一种支付凭证,有三个关系人,即出票人、收款人和付款人。按其支付方式分,我国的支票可分为现金支票和转账支票。现金支票可以转账,转账支票不能支取现金。我国支票的提示付款期限为自出票日起 10 日内,超过提示付款期限提示付款的,开户银行不予受理,付款人不予付款。

根据《支付结算办法》第 125 条的规定:出票人签发空头支票、签章与预留银行签章不符的支票、使用支付密码地区支付密码错误的支票,银行应予以退票,并按票面金额处以 5% 但不低于 1 000 元的罚款;持票人有权要求出票人赔偿支票金额 2% 的赔偿金。对屡次签发的,银行应停止其签发支票。

(三) 本票

依据出票人不同,本票可分为商业本票和银行本票两种。银行本票是银行签发的,承诺自己在见票时无条件支付确定的金额给收款人或持票人的票据。我国的企业、单位和个人在同一票据交换区域需要支付各种款项时,均可使用银行本票。银行本票分为定额和不定额两种,目前流行的主要是不定额本票。本票的付款期限我国过去规定是 1 个月,自 1997 年 12 月开始延长至 2 个月。对超过付款期限提示付款的,代理付款人不予受理。银行本票见票即付,视同现金,它具有信誉高、支付能力强的特点。

　　汇票、支票和本票都可流通转让,票据收款人在票据到期日前,可将票据及其所载权利自由转让给他人,受让人也可同样再转让给他人。票据转让的方式一般有交付转让和背书转让两种,无论是出让和受让都有法律明文规定,受法律保护。在所有票据中,只有远期汇票在到期前才需办理承兑。即期汇票和已到期汇票,仅需付款提示,无须办理承兑;本票是承兑式信用证券,更无须向自己申请承兑。银行对远期商业承兑汇票,意味着同意贴现,故存在一定的风险,必须坚持谨慎原则,进行严格审查。

　　2010 年,全国累计发生票据业务 8.8 亿笔,金额 275 万亿元,分别占全国非现金支付业务的 3% 和 32%。2019 年,全国累计发生票据业务 1.90 亿笔,金额 133.81 万亿元,比 2018 年分别下降 14.46% 和 10.11%,各种票据业务情况见表 9-1。

表 9-1　2019 年全国的票据业务情况

	笔数(笔)	同比变化	金额(亿元)	同比变化
支票	1.68 亿	-16.73%	114.74 万	-12.72%
商业汇票(实际结算)	2 106.78 万	11.32	18.25 万	12.58%
银行汇票	23.31 万	-12.88%	1 759.67	-10.67%
银行本票	68.78 万	-40.78%	6 419.47	-34.83%

资料来源:中国人民银行:《2019 年支付体系运行总体情况》,2020 年 3 月 17 日。

　　为了推进票据业务的电子化发展,2009 年 10 月 28 日,由中国人民银行建设并管理的电子商业汇票系统(Electronic Commercial Draft System,ECDS)正式建成运行。这标志着我国票据市场开始迈入电子化时代,对促进电子商务和票据市场发展产生深远的影响。十多年来,电子商业汇票系统的业务量保持不断增长。2019 年,电子商业汇票系统出票 1 990.21 万笔,金额 19.50 万亿元,同比分别增长 37.19% 和 16.11%;承兑 2 030.32 万笔,金额 19.96 万亿元,同比分别增长 36.32% 和 16.11%;贴现 677.22 万笔,金额 12.38 万亿元,同比分别增长 61.53% 和 27.28%;转贴现 838.09 万笔,金额 38.75 万亿元,同比分别增长 20.20% 和 12.49%。

　　近年来,随着网上银行业务的迅猛发展,传统票据业务已呈快速下降趋势,网上支付、移动支付、电话支付等电子支付业务保持增长态势。2019 年,银行共处理电子支付业务 2 233.88 亿笔,金额 2 607.04 万亿元。其中,网上支付业务 781.85 亿笔,金额 2 134.84 万亿元,同比分别增长 37.14% 和 0.40%;移动支付业务 1 014.31 亿笔,金额 347.11 万亿元,同比分别增长 67.57% 和 25.13%;电话支付业务 1.76 亿笔,金额 9.67 万亿元,同比分别增长 11.12% 和 25.94%。另外,非银行支付机构 2019 年发生网络支付业务 7 199.98 亿笔,金额 249.88 万亿元,同比分别增长 35.69% 和 20.10%。

　　移动互联网时代的银行票据业务发展也离不开第三方机构的参与,亟须《票据法》加以规范。综合业界各方面对《票据法》的修改意见可归纳为:① 将电子票据纳入规范和调整范畴;② 确立票据截留、票据影像、支付密码的合法性;③ 对票据交易主体实行许可制度,组建全国性的票据评级机构,实施信用惩戒制度;④ 删除有关票据基础及其法律责任的条款,进一步明确票据的无因性,重塑票据法的灵魂;⑤ 特别补充票据涂销、票据参加、票据丧失的补救和空白票据等方面的规范;⑥ 建立全国统一的电子票据平台,实现实时监管;⑦ 确立融资性票据的合法地位,严格规范融资性票据行为,适度开放票据的融资功能等。

三、支付结算方式

(一) 汇款

1. 国内汇兑

国内汇兑指汇款人委托银行将其款项汇付给收款人的结算方式。凡企业、单位和个人的各种款项结算,均可采用汇兑结算方式。汇兑分为信汇和电汇两种,由汇款人选择使用。汇出银行受理汇款人签发的汇兑凭证,经审查无误后,应及时向汇入银行办理汇款,并向汇款人签发汇款回单。汇款回单只能作为汇出银行受理汇款的依据,不能作为该笔汇款已转入收款账户的证明。汇入银行对开立存款账户的收款人,应将汇给其的款项直接转入收款人账户,并向其发出收账通知。收账通知是银行确已将款项转入收款人账户的凭据。银行给企业、单位或个人的收付款通知和汇兑回单,应加盖银行转讫章。

2. 国外汇款

国外汇款指商业银行凭借自己的资信,通过国外分支行或代理行之间的资金划拨,为各类客户办理汇款授受或了结债权债务关系的一种业务。国外汇款的分类方式与国内汇兑相同。根据结算工具传递方向与资金运动方向是否一致,国际汇款可分为顺汇和逆汇两种。两者一致的称为顺汇,又称汇付法;两者相反的称为逆汇,又称出票法。顺汇又可分为电汇(T/T)、信汇(M/T)和票汇(D/D)三种。电汇成本较高,故费用较高;信汇、票汇成本较低且银行无偿占用客户款项的时间较长,故费用较低。国际汇款结算方式一般涉及四个当事人,即付出款项的汇款人、接受款项的收款人、办理汇出汇款的银行(汇出行)、受汇款行委托解付汇款的银行(汇入行或解付行)。此外,汇入行与汇出行之间没有建立直接账户往来关系的,还要有其他代理行参与汇款业务。

银行汇出的汇款如发生收款人不在当地或收款人拒收等情况,可以退汇。退汇是指汇款在解付以前撤销手续。若汇款已解付而汇款人要求退汇,汇入行不能向收款人追索,只能由汇款人自己向收款人交涉退回。在票汇的情况下,在寄发汇票之前可要求注销汇票退款;如汇款人已将汇票寄出而又要求退汇,则汇出行一般不予受理。汇款人若遗失汇票,可以书面形式向汇出行提出申请,要求挂失止付。如在挂失止付前汇款已被冒领,则由汇款人自行负责。汇出汇款后如超过预计解付期限而收款人尚未收到款项,汇款人可持汇款单向汇出行查询,经查明如未接到国外付款行的解讫通知,汇出行应立即向汇入行发出查询。

国外汇入汇款,原则上应在汇款头寸收妥后解付。若双方约定或代理合约已有规定,可在汇款头寸收到之前根据通知列明的提前解付办法,经上级行批准后垫付解付,但仍须严格审查,谨慎从事。在汇入行通知收款人取款后,若超过一定的期限(该期限各国有不同规定)收款人仍不来取款,该汇款就告失效,由汇入行通知汇出行注销;票汇超过一定的期限后,收款人来银行取款时,汇入行要在取得汇出行的重新授权后才能照付。

汇款结算中使用何种货币,一般由汇款人确定。汇款人从现汇账户中支取原币,以原币汇出国外时,无须按买卖价折算;如需汇出不同货币,应按买入价和卖出价套算后汇出。当汇出行向汇款人收取本币、汇出外币时,按银行买入外汇汇率计算。汇入行代解汇款时,如汇款货币是本币,则不存在货币套算问题;如汇款货币是外币,汇入行可根据收款人的意见直接支付外币或套算成本币解付。

（二）托收结算

1. 国内托收结算

（1）托收承付。这是指根据购销合同由收款人发货后委托银行向异地付款人收取款项,由付款人向银行承认付款的结算方式。托收承付是我国特有的异地结算方式,主要限于国有企业和经银行审查同意的集体企业。收付双方使用托收承付必须签有符合法律规定的购销合同,并在合同上注明使用托收承付结算方式。对托收承付的回单和承付通知,要加盖业务公章。收款人对同一付款人发货累计三次收不回货款的,收款人开户银行应暂停向该付款人办理托收;付款人累计三次提出无理由拒付的,付款人开户银行应暂停其对外办理托收。

（2）委托收款。这是指收款人委托银行向付款人收取款项的结算方式。凡在银行开立账户的企业、单位和个人凭已承兑商业汇票、债券、存单及付款人债务证明办理款项结算的,均可使用委托收款结算方式。委托收款在同城、异地均可使用。在同城范围内,收款人收取公用事业费,可使用同城特约委托收款。这一收款方式必须具有双方事先签订的经济合同,由收款人向开户银行授权,并经开户银行同意,报经中国人民银行当地分支行批准。

2. 国际托收结算

国际托收结算是指债权人为向国外债务人收取款项而向其开出汇票,并委托银行代收的一种结算方式。债权人办理托收时,要开出一份以国外债务人为付款人的汇票,然后将汇票以及其他单据交给当地托收银行,委托当地托收银行将汇票及单据寄交债务人所在地的代收银行,由代收银行向债务人收取款项并寄给托收行转交委托人（债权人）。

在国际托收中,托收行不承担有关票据的责任,只需将汇票和单据寄交代收行办理。代收行只需核对各项单据有无缺漏,并按委托书所载明的收款办法收款,至于票据到期是否照付,完全取决于付款人的信用,代收行不承担付款责任。托收结算方式不仅可用于国际贸易结算,也同样适用于非贸易结算,如外币旅行支票的托收以及外币汇款中的逆汇。

托收有光票托收和跟单托收之分。光票托收是指委托人开立的汇票不附带货运单据。有时汇票也附带发票等票据凭证。但只要不附带货运单据的就都属于光票托收。光票托收虽然简单易行,但因缺乏切实可靠的单据作保证,故在进出口贸易中并不广泛使用,通常只用于收取出口货款的尾数、佣金、代垫费用等款项。

跟单托收是指委托人将附有货运单据的汇票送交托收银行代收款项的托收方式。根据不同的交单方式,跟单托收有付款交单和承兑交单两种。

付款交单（D/P）指代收银行在进口商付清了货款之后,才把货运单据交给进口商的一种交单方式。根据汇票的不同期限,有即期付款交单和远期付款交单之分。所谓远期付款交单,是指代收行把远期汇票及单据向进口商提示,进口商审核无误后即在汇票上签字承兑,但单据仍由代收行保留。待汇票到期付清货款后,代收行才将全部货运单据交给进口商提货。

承兑交单(D/A)是指代收行收到托收行转来的远期汇票和货运单据后,立即通知付款人到该行取单。付款人审核无误后即在远期汇票上签字承兑,然后代收行将货运单据交给付款人提货。待汇票到期进口商才向代收行交付货款。承兑交单取决于进口商的信用,必须对进口商的付款有充分把握,如对进口商的信用了解不够,则风险较大,出口商一般不愿使用。

（三）信用证结算

信用证结算通用于国际和国内,是当今国际贸易领域使用最广泛的结算方式。信用证是指开证行根据申请人的要求和指示,向受益人开立的具有一定金额、在一定期限内凭规定的单据在指定地点付款的书面保证文件。信用证结算方式就是付款人根据贸易合同,请当地银行开立以收款人为受益人的信用证,银行经审核同意并收取一定的保证金后即开具信用证,收款人接到信用证后履行合同,开证银行接到有关单据后向收款人付款,付款人再向开证银行付款的结算方式。

信用证结算涉及的基本当事人有:① 开证申请人,一般为进口商或购货商;② 开证行,即开证申请人要求开立信用证的银行;③ 受益人,即信用证保证金额的合法享有人,一般为出口商或销货商。信用证结算的其他当事人有:① 通知行,即代理开证行将信用证或开证电报的内容通知受益人的银行;② 保兑行,指接受开证行的委托和要求,对信用证的付款责任以本行名义实行保付的银行;③ 议付行,指具体办理议付的银行;④ 偿付行,一般指开证银行的付款代理行。

信用证可从不同的角度划分为若干种类。根据开证行是否可以撤销信用证,可分为可撤销信用证和不可撤销信用证;根据是否要求受益人提供规定的单据,可分为光票信用证和跟单信用证;根据有无另外保证可划分为有保兑信用证和无保兑信用证;根据受益人可否转让使用信用证的权利,可分为可转让信用证和不可转让信用证;根据付款要求划分,可分为即期付款信用证、远期付款信用证、承兑信用证和议付信用证。此外,还有预支信用证、背对背信用证、对开信用证和循环信用证等。在国际贸易中普遍使用的是不可撤销的跟单信用证,这种信用证需要出口商提供货运单据后,才由开证银行付款。

信用证结算方式的基本特点是:

（1）有银行信用作为保障。由开证行负第一性的付款责任,付款承诺是一定要兑现的,因而出口商收款有保证。

（2）信用证是独立的文件。它虽然以贸易合同为依据,但不依附于贸易合同。开证行只对信用证负责,只要表面上"单证一致""单单一致",银行就履行付款责任。

（3）只管单据。在信用证结算方式下,受益人要保证收款,就一定要提供相应单据,开证行要拒付也一定要以单据上的不符点为理由。

（四）保函结算方式

保函是指银行应某商业交易一方当事人的要求,以其自身的信誉向商业交易的另一方担保该商业交易项下的某种责任或义务的履行,而作出的一种具有一定金额、一定期限、承担某种支付责任或经济赔偿责任的书面付款保证承诺。

保函有两个基本特征：

（1）保函是由保证人向债权人为债务人作保证，保证其履行合约中的义务。因此保函有三个当事人：委托人，一般是债务人；受益人，一般是债权人；保证人，通常是银行或其他金融机构。

（2）在保函中，委托人负有首要责任，只有在委托人不清偿债务时，保证人才有责任支付，保证人的责任是从属性的。

随着国际贸易的发展，国际市场上的竞争日趋激烈，国际贸易方式也相应发生了一些变化，招标购买和投标竞卖已成为当前的一种趋势，这使得保函结算方式在贸易合同项下有了广泛的发展。一般来说，贸易合同项下的保函，主要有投标保函、履约保函、定金保函、付款保函、质量保函、延期付款保函和补偿贸易保函等类型。

根据人民银行的统计，2019 年，全国银行业金融机构共发生托收承付、国内信用证、贷记转账、直接借记等业务 88.41 亿笔，同比下降 9.15%；金额 2 759.28 万亿元，同比增长 0.06%。

四、支付结算系统的现代化发展趋势

电子计算机和现代通信设施在银行业中的广泛应用，打破了过去商业银行资金往来完全通过票据交换和邮电部门转移的局面。地区性和国际化的网络化电子资金调拨系统的建立，使异地包括国际银行资金结算业务从几天、几周缩短到 3～5 分钟。现代国际银行业的支付结算系统正在朝着无人自动服务、无现金交易、无凭证结算的"三无"方向发展，这同样也是中国银行业支付结算的发展方向。现将其主要内容简介如下。

（一）无人自动服务

无人自动服务指由银行设置大量的自动付款机（CD）、自动存款机（AD）、自动柜员机（ATM）、币券兑换机、自助服务终端、可视柜台（VTM）、智能柜台等设施为客户提供的服务。这些自动服务设备的效率都很高，一次自动取款时间平均为 33 秒左右，并可使金融服务突破银行营业时间的限制。据中国人民银行统计，2019 年年末我国银行拥有 ATM 机具 6 109.77 万台，全国每万人对应的 ATM 数量为 7.87 台，分别较 2018 年年末减少 1.31 万台与下降 1.56%。近年来，随着计算机多媒体技术的发展和应用，以及互联网的高速发展，出现了电话银行、电视银行、网上银行、企业银行、跨国多功能同步交易等崭新的自动服务项目。

（二）无现金交易

无现金交易主要是指银行同业自动财务转账系统和售货点终端机转账系统。

1. 银行同业自动财务转账系统（GIRO 系统）

目前许多国家的企业、公司在发放工资、退休养老金、社会保险金和股息红利时，不再向有关人员支付现金，而是把反映记录有每个收款人的实发金额的数据载体交给其开户行，然后集中在票据交换所进行数据交换，再由各银行将录有收款人账号及金额的数据载体取回，并利用本行计算机记入顾客事先指定的账户。同时，顾客如需交纳各项公用事业费、电话费等款项，可由银行

按预先签订的协议,根据委托单位提交的录有付款人账户及金额的数据载体,通过数据交换,由各行把有关数据载体取回,在顾客的往来账户或活期储蓄账户中扣除。每月月末,由开户行分别向顾客寄送一份对账用的清单。

2. 售货点终端机转账系统(POS 系统)

这是指连接银行和商店的供顾客选购商品时自动支付的一种专用设备。使用时,顾客将由开户银行发给的银行卡在 POS 终端上刷卡,即可实现由银行把货款从自己的账户转到商店的账户上。POS 是连接银行、商店和顾客的一体化网络,它比 ATM 只能处理银行和顾客间的存取款和收付业务更完善。目前,POS 的形式也有多种多样,包括传统 POS、移动 POS(mPOS)、电话POS、智能 POS 等,可以完成消费、取现与转账等多种业务。

根据中国人民银行的统计,2019 年年末,我国银行联网 POS 机具 3 089.28 万台,较上年末减少 325.54 万台;全国每万人对应的 POS 机具数量 221.39 台,同比下降 9.88%。

(三)无凭证结算

在计算机技术高度普及的情况下,快速高效的电子信息交换或电子数据处理正在代替传统结算记账必须有纸面凭证的做法,无凭证结算正成为发展趋势。

1. 银行间资金收付处理系统

这种系统由各商业银行利用终端设备,通过通信专线,同装置在中央银行的主处理机连接。划转资金时,必须经双方银行确认后,方可在各自的中央银行往来存款账户上转账。为确保这一系统的安全可靠,各国都设置了多重的密码管理措施。

2. 银行间电子转账系统

计算机大型化和远距离网络化改变了异地和国际资金调拨通过电传、电报及邮寄等传统通信手段进行处理的方式。现在通过电子资金调拨系统办理一笔异地或国际银行间的资金结算业务只需要几秒钟,这种电子转账系统的主要代表有环球银行间同业金融电信协会(Society for Worldwide Interbank Financial Telecommunications,SWIFT)、美国联邦储备电子调拨系统 (Fedwire)、纽约清算所银行间支付系统(Clearing House Interbank Payment System,CHIPS)和伦敦自动支付清算系统(Clearing House Automated Payment System,CHAPS)、瑞士的同业往来清算系统等。SWIFT 是 1973 年 5 月由来自美国、加拿大和欧洲的 15 个国家的 239 家银行宣布正式成立的非营利性组织,目前为全球 198 个国家的 7 000 多家金融机构提供全球结算服务。它的总部设在比利时的布鲁塞尔,同时在荷兰阿姆斯特丹和美国纽约分别设立交换中心,最高权力机构是 25 名董事会成员领导下的执行股东会。它的成立是为了解决各国金融通信与国际支付清算业务需求的匹配问题,目前在促进世界贸易的发展、加速全球范围内的货币流通和国际金融结算、促进国际金融业务的规范化等方面发挥了积极的作用。Fedwire 系统是由美国联邦储备系统开发与维护的电子转账系统,主要提供电子化的联储资金和债券转账服务,是一个实时全额结算(RTGS)系统。它的用户包括美国联邦储备银行及其分支机构、国库和其他政府代理机构,以及储蓄机构、信贷联盟、外国中央银行及政府机构。CHIPS 是由纽约清算所协会(NYCHA)经营管理的清算所同业支付系统,是全球最大的私营支付清算系统之一,主要进行跨国美元交易的清算。

CHAPS 是主要的英镑清算系统,是英国大额支付实时全额结算系统,由 CHAPS 清算公司 (CHAPS Clearing Company)直接管理,是世界上最大的全额结算系统之一。

近来,西方还出现了卫星银行,通过卫星通信网络把国内总行和国外分行连接起来,办理客户的国际结算业务。

案例 9-1

我国支付结算系统的发展

中国人民银行自 20 世纪 80 年代起就开始着手建设全国金融卫星通信网,在 1991 年 4 月 1 日正式联网成功,并通过该网开办了全国电子联行业务,办理异地资金划汇,减少在途资金,加速资金周转。20 世纪 90 年代,中国人民银行加强了区域网络建设和同城资金清算系统建设,在大部分城市实现了同城清算的自动化和半自动化,一个初具规模的现代化资金清算系统已经形成。随着互联网的发展,以网络为代表的信息技术使传统商业银行的经营理念和经营方式受到前所未有的冲击,也使得银行的支付结算业务扩展到了金融服务范围。作为电子支付和结算的最终执行者,网上支付结算极大地缓解了电子商务发展过程中的瓶颈。

从 1991 年 10 月开始,中国着手建设中国国家金融通信网(CNFN)和中国国家现代化支付系统(China National Automatic Payment System,CNAPS),从此,全国电子联行(EIS)系统逐步向 CNAPS 过渡。

2005 年,人民银行大额实时支付系统(HVPS)在全国建成运行,用于处理同城和异地的商业银行跨行之间(也包括行内一定金额以上的)大额贷记业务。系统实现了资金实时到账,提高了资金周转速度,为金融市场资金结算和跨境贸易人民币结算提供了有力支持。

2006 年,小额批量支付系统(BEPS)建成运行,用来处理同城和异地纸凭证截留的借记支付业务以及每笔金额在 5 万元以下的小额贷记支付业务,通过支撑多种支付工具的应用为银行业金融机构跨行清算和业务创新提供了公共平台。

2007 年,全国支票影像交换系统建成运行,通过引入影像技术实现实物支票截留,支持支票全国通用,便利了企事业单位和个人的异地支付活动。

2008 年,境内外币支付系统建成运行,为境内银行业金融机构提供美元、欧元、日元等 8 个币种的境内清算服务,在降低外币结算风险的同时,提高了外币清算效率。

2009 年 10 月,电子商业汇票系统建成运行,为电子票据的签发、流转等提供基础设施支持,标志着我国商业汇票进入电子化时代,有效防范了票据风险,繁荣了票据市场。

2010 年,网上支付跨行清算系统(俗称"超级网银")建成运行,除了银行外,像支付宝、财付通等第三方支付也可以接入,并实现 7×24 小时实时到账,单笔上限 5 万元。这进一步提高了网上支付等新型电子支付业务跨行清算的处理效率,支持并促进了电子商务的快速发展。

2011 年,随着中国支付清算协会的成立,非银行金融机构的第三方支付进入规范运行,推动网上支付、电子货币发行和清算、银行卡和票据跨行清算、集中代收等多类支付业务的进一步发展。

2012年,中国人民银行着手第二代支付系统的建设工作,非现金支付工具蓬勃发展,银行卡成为中国居民使用最广泛的非现金支付工具,固定电话支付、移动支付、互联网支付等新兴支付方式蓬勃发展,逐步形成较为成熟的创新支付业务模式。2013年,第二代支付系统上线切换试点运行工作顺利完成,随着信息技术在零售支付领域的广泛运用,零售支付的创新日新月异,支付和结算效率提高,成本降低,极大便利了社会公众生活。

同时,我国也大力推进人民币的国际支付、结算与清算。

2012年4月12日,央行决定组织开发独立的人民币跨境支付系统(Cross-border Interbank Payment System, CIPS),进一步整合现有人民币跨境支付结算渠道和资源,提高跨境清算效率。2015年10月8日,CIPS一期正式启动,采用实时全额结算方式,各直接参与者一点接入,采用国际通用报文标准,运行时间覆盖全球大多数主要时区,大大提高了人民币跨境清算效率,这标志着人民币国内和国际支付兼顾的现代化支付体系取得重要进展。

2018年3月26日,CIPS二期投产试运行,10家中外资银行同步试点上线,运行时间由5×12小时延长至5×24小时+4小时,实现对全球各时区金融市场的全覆盖;在实时全额结算(RTGS)模式的基础上引入定时净额结算机制(DNS)模式,实现混合结算功能;引入金融市场基础设施类直接参与者,提高人民币跨境和离岸资金的清算、结算效率。到2020年8月,已有97个国家和地区的984个机构和中国CIPS对接。

目前,我国的支付系统包含中国人民银行支付系统及其他机构支付系统两个层次。前者分为大额实时支付系统、小额批量支付系统、网上支付跨行清算系统、同城清算系统、境内外币支付系统、全国支票影像交换系统等,后者包括银行业金融机构行内支付系统、银行卡跨行支付系统、城市商业银行汇票处理系统和支付清算系统、农信银支付清算系统、网联清算系统等。

2019年,我国的支付系统共处理支付业务5 685.12亿笔,金额6 902.22万亿元。其中:中国人民银行支付系统共处理支付业务180.17亿笔,金额5 212.49万亿元,同比分别增长14.68%和13.35%;银行行内支付系统共处理业务164.69亿笔,金额1 218.69万亿元,同比分别下降55.12%和8.51%;银行卡跨行支付系统共处理业务211 351.75亿笔,金额173.60万亿元,同比分别增长280.62%和44.32%;人民币跨境支付系统处理业务188.43万笔,金额33.93万亿元,同比分别增长30.64%和28.28%。

今后,中国将继续以建设安全、便利、高效的支付体系为宗旨,健全支付体系的法律法规制度,完善支付结算基础设施,鼓励和促进非现金支付工具的发展、普及和创新,强化支付服务市场的监督管理,实现支付体系的更大发展并积极推进人民币的国际支付结算。

(资料来源:中国人民银行:《2019年支付体系运行总体情况》,2020年3月17日)

思考题

我国为什么要推进现代化支付系统的建设?人民币跨境支付系统的推出对于人民币国际化有何重要作用?

第二节 代理业务

一、代理业务的概念和意义

(一)代理业务的概念

代理业务是指商业银行接受政府、企业单位、其他银行或金融机构以及居民个人的委托,以代理人的身份代表委托人办理一些经双方议定的经济事务的业务。在代理业务中,委托人和银行必须用契约方式规定双方的权利和义务,包括代理的范围、内容、期限以及纠纷的处理方式等,并由此形成一定的法律关系。

代理业务是典型的中间业务,在代理过程中客户的财产所有权不变,银行则充分运用自身的信誉、技能、信息等资源优势,代客户行使监督管理权,提供各种金融服务。在代理业务中,银行一般不动用自己的资产,不为客户垫款,不参与收益分配,只收取代理手续费,因而是风险较低的银行业务。

商业银行代理业务的种类繁多,服务范围广泛,并随着经济和金融业的发展,在传统代理业务不断改进和完善的基础上,源源不断地推出创新品种。但长期以来,我国银行代理业务的主要对象局限于企事业单位和政府部门。自改革开放以来,随着个人金融服务需求的增长,以居民个人为对象的代理业务得到发展。目前以个人金融服务为核心的私人银行业务,正日益成为我国各商业银行的竞争焦点。

(二)发展代理业务的意义

首先,代理业务的发展是社会分工深化的必然趋势。企事业单位和个人向银行申办代理业务,目的是满足自身没有能力办,或虽有能力办但成本太高的财产管理和业务处理的需要。由银行统一代理这些财产管理和业务处理,可使企业从组建机构、人员培训到业务开支等各方面的成本支出大幅度降低。若所有企业都按社会分工的原则,把可委托办理的业务均委托银行代理,其规模经济的效用不但能使每个企业的平均经营成本下降,而且能避免社会劳动的大量重复和消耗,这对提高企业经济效益和整个社会的经济效益显然有着巨大的推动作用。

其次,代理业务对稳定社会经济秩序,促进单位和个人行为的规范化,也有其积极作用。如商业银行通过代理保管业务,能对企业的无形资产进行特别的保存和保护,有效防止商业秘密的泄露和被盗;通过代理遗产处置之类的经济事务,能保证居民个人的正当权益不受侵害,有利于维护良好、稳定的社会秩序。银行通过代理业务能及时发现企业经营管理中存在的问题,可向企业提出相关建议,实施纠正措施,从而有利于企业改善经营管理,促进企业经营行为的规范化。

最后,开办代理业务能充分发挥商业银行电子化程度高、资金实力强、人员素质好、业务网点多的资源优势,从而能在不改变银行资产负债规模的条件下获得更多的利润,成为银行新的效益增长点。代理业务的发展,有利于稳定和扩大银行的客户关系,增加银行的资金来源,为商业银行的积极进取提供了广阔的天地。

二、代理收付款业务

(一) 代理收付款业务概述

代理收付款业务是商业银行利用自身结算便捷的优势,接受客户委托,代为办理指定款项的收付事宜的业务。

在企业的日常经营活动中,除一般买卖交易的款项支付外,还有大量定期或不定期、规则或不规则的小额款收付,如职工工资、退休金及水、电、煤等公用事业的支付,劳务费、运费、租金、罚没款、赔偿金的支付,还有股票、债券、基金等本息红利的收付等。这些款项收付涉及面广,收付频繁,且一般金额不大,是十分烦琐的事务性工作。商业银行利用自身的计算机网络和结算优势开展代理收付款业务,既能帮助企事业单位和居民个人从繁杂的款项收付中解脱出来,又可取得手续费收入,并有助于挖掘和扩大存款资源,因而具有"一举四得"的功效。

企事业单位在委托商业银行代理收付款时,应先与银行签订代理收付款协议,明确代理收付款的内容、范围、对象、时间、金额、方式和费用等。在收付款之前,委托单位要向银行出具收付款项的合法依据及有关单据。代理付款时,委托人还必须先将代付款交存银行。商业银行将代收款项收妥后,即转入委托单位的银行账户。

商业银行代理收付款项时,只负责按规定办理具体的收款手续,不负责解决收付双方的任何经济纠纷。代理手续费由委托人与商业银行按金额和业务笔数协商计收。

目前我国商业银行的代理收付业务大体可分为以下几类:① 代理发放工资、养老金及代扣利息税;② 代理企事业单位和个人收付公用事业费、税款、劳务费、学费、有线电视费、电信费、行政事业罚款、工商行政管理费、报刊订阅费等各项费用;③ 代理保险业务;④ 代理彩票销售及兑奖;⑤ 代理信托计划业务,根据与信托公司签订的代理协议约定,代理信托公司推介信托计划和收付信托资金;⑥ 代理退缴税;⑦ 住房公积金归集。

因限于篇幅,下面仅就代理发放工资做一些简单介绍。

(二) 代理发放工资

代理发放工资是商业银行利用自身的机构、网络及先进的电子设备,通过联行及其基层行处,代为企事业单位发放职工工资的业务。近几年来,随着自动取款机在我国各大中城市的广泛使用,以借记卡和信用卡方式发放职工工资,已成为这一业务的主要发展方向。代理发放工资业务,先由委托单位和商业银行签订委托代理协议,详细商定各个有关条款,明确双方的权利义务,然后具体办理代理发放业务。

通过代理发放工资业务,商业银行不但可以取得手续费收入,而且可以稳定和吸收大量的居民存款,因而成为大中城市各商业银行业务竞争的热点。商业银行要想在竞争中取胜,稳定和不断拓展代理发放工资业务,就必须树立为客户着想的服务至上观念,不断改善服务方式,创新服务品种。如将代理发放工资业务和自动转账付款授权业务相结合,由客户授权银行通过工资账户代付各项费用,包括水、电、煤气费及电话费、房租、有线电视费、学杂费等,以消除客户和银行间频繁取款、付款的麻烦。再如可借鉴发达国家的经验,把客户工资账户办成自动转账存款账户,先将客户工资全部存放定期存款账户,并按存放期限计息,当客户取款时,再将取款金额转到活期存款账户。这样既满足了客户注重利息收益的需要,又避免了客户为获取定期存款利息而频繁转存的麻烦,还消除了银行存款转移和流失的隐患。

三、代理融通和代理行业务

(一)代理融通业务

代理融通又称待收账款或应收账款权益售与,指的是商业银行接受客户委托,以代理人的身份代为收取应收账款,并为委托者提供资金融通的一种代理业务。

代理融通业务的产生和发展,主要是出于满足工商企业扩大销售和收回货款的需要。国外工商企业经常采取赊销方式来扩大产品销路,一旦购买方拖延不付,赊销方就会陷入资金周转不灵的困境,因此需要有一种力量和办法来维持和保证商业信用关系,使之不受到干扰和中断,以利于各经济单位的正常运作。尤其是随着国际贸易的发展,国际市场竞争日益加剧,出口商为争取海外市场,更需要商业银行为其在海外的客户提供信用服务。而商业银行分支机构众多,在本国和世界范围形成巨大的网络,具有较高的信誉,故有能力为工商企业提供代理融通服务。

代理融通业务通常涉及三个方面的当事人:一是商业银行;二是出售应收账款、取得资金融通的工商企业;三是取得商业信用、赊欠工商企业货款的顾客。三者的关系在于工商企业向顾客赊销货物或劳务,然后把应收的赊销账款转让给银行,由银行向企业提供资金融通并到期向顾客收账,由工商企业向银行支付一定的手续费和垫付利息。

商业银行从事代理融通业务,有较高的利息收入和其他服务的手续费收入,并事先对赊欠顾客有资信调查,规定授信额度,因此资金风险较小。而且对赊销企业的资金融通有法律追索权,也比较可靠。但商业银行从事代理融通业务必须投入很多人力、物力进行资信调查,如放款对象是经营出口的企业,调查范围就要扩大到国际领域,自然花费更大,同时要承担债务风险和被欺诈的风险。

由于工商企业和赊账顾客之间的往来具有延续性,因此代理融通是一项有发展潜力的业务,是国外商业银行普遍从事的一种长期的代理业务。我国商业银行目前尚未开展这一业务,但对处于深化经济改革和转轨时期的中国来说,巨大的企业应收账款问题亟待解决,代理融通业务有着很大的发展潜力。通过开办代理融通业务,可以探索出适合我国国情的商业信用和银行信用的结合点,进一步密切和客户的关系,有利于拓宽和促进其他业务的发展,给商业银行带来新的效益增长点。

(二)代理行业务

代理行业务是指商业银行的部分业务由指定的其他银行代为办理的一种业务形式。代理行可分为以下两类:

一类是国内银行之间的代理。因为即使分支机构再多的银行也有辐射不到的地区和领域,有些业务就需要由其他银行来代理。尤其是对实行单一银行制的国家来说,代理行业务显得更为普遍和重要。如代理行制度一直是美国历史上大部分时间内银行间业务的主要形式。20世纪80年代以来,美国的单一银行制虽然有所改革,但代理行业务至今仍是各商业银行的一项重要业务。我国实行的是总分行制,国有控股银行分支机构遍布全国,从而限制了国内代理行业务的发展。但自改革开放以来纷纷诞生的商业银行,由于机构网点少,国内代理行业务也随之发展起来。我国国家开发银行等三大政策性银行的很多业务,就是通过其他国内商业银行代理的。

另一类是国际银行间的代理。因为任何一家规模巨大的跨国银行,都不可能在世界范围内遍设海外机构,国际业务全球性和海外机构有限性的矛盾,是产生代理行关系的主要原因。这样,在没有海外机构又有国际业务的地方,都可通过代理行代为经营,因此银行间的代理业务就为在不同国家或不同货币金融中心的银行提供了财务上的沟通。代理行为对方银行或对方银行的客户提供各种银行服务,如为对方接收存款、发放贷款、调拨资金、进行国际结算、买卖有价证券等。代理行关系一般都是双向的,即一家银行以对方银行为代理行时,对方银行也同时以这家银行为代理行;虽然代理双方相互提供服务,但彼此不全把存款、贷款或优先权让与对方,除非客户优先指定对方银行为交易对象。在一般情况下,一家银行的代理行数量要远远超过其海外机构的数量。

四、保付代理业务

(一)保付代理业务的含义

保付代理(factoring)业务简称保理,是指商业银行以购买票据的方式购买借款企业的应收账款,并在账款收回前提供融通资金以外的各项服务,如信用分析、催收账款、代办会计处理手续、承担倒账风险等。

(二)保付代理业务的程序

出口商以赊销方式出售商品,为能将其应收账款售与保理机构,首先要向本国银行保理机构提出申请,在双方签订协议后,由出口商将进口商的名称及有关交易的具体情况提供给保理机构。然后由出口方的保理机构要求进口方的保理机构对进口商的资信进行调查,并将调查结果及可以向进口商提供赊销金额的具体建议反馈给出口商保理机构。如进口商的资信可靠,进口方保理机构就对进口商的交易加以确认,并对出口商确定一个信贷额度,额度内的坏账由保理机构负责,超额部分由出口商自负。出口商待货物装运后,立即将发票、汇票、提单等全部单据售与出口方的保理机构。保理机构在扣除利息和承购费后,在给定的贷款额度内按汇票金额的80%~90%,立即或按双方确定的日期把货款支付给出口商,其余10%~20%的金额留存银行,以供冲抵退货或其他货物风险,待账款收妥后再归还出口商。进口方的保理机构则负责向进口商催收货款,并向出口方保理机构划付。

(三)保付代理业务的特点和作用

保理业务对出口商来说,将单据卖断给保理机构以后,只要出口的商品品质和交货条件符合合同规定,保理机构对出口商就没有追索权,全部信贷风险和汇率风险都转嫁给保理机构承担。作为出售应收债权的出口商,大多数是中小企业,对国际市场了解不多,而银行等保理机构却熟知海外市场的情况,有条件对进口商进行深入的资信调查。因此保理业务可以帮助中小出口商打入国际市场。而且保理机构提供托收、催收账款,代办会计处理等一系列综合服务,从而有利于出口商加速资金周转,节省管理赊账的人力、物力。此外,出口商通过保理业务卖出票据后,可以立即收到现金而又不增加企业的负债,从而有利于满足出口商进一步融资的需要。

对进口商而言,保理业务节省了向银行申请开立信用证和交付押金的手续,从而减少了资金积压,降低了进口成本,同时能迅速得到进口物资。其不利之处是货价成本相应提高。

对银行等保理机构来说,除了可按应收账款的1%~2%收取手续费外,还可获得一定的利息收入,这些费用通常都会转移到进口货价中。但货价提高的金额一般仍低于因交付开证保证金而使进口商蒙受的利益损失。

（四）保付代理业务的分类

按出口商出售单据后是否可以立即获得现金,分为到期保理业务和标准保理业务两类。到期保理业务是指保理机构在出口商出售单据时不立即支付现金,而是允诺在票据到期时再无追索权地向出口商支付票据金额,这是最传统的保付代理业务。现在较流行的是标准保理业务,即出口商运出货物取得单据后,立即把单据卖给保理机构,取得现金。

保理业务按是否公开又分为公开保理和不公开保理两种类型。公开保理是在票据上写明让进口商将货款付给某一保理机构,不公开保理就是按一般托收程序收款,而进口商并不知道该票据是在保理业务下承办的。

（五）保付代理业务的费用构成

保理费用由两部分构成:承购手续费和利息。承购手续费是保理机构为出口商提供服务而收取的酬金,手续费的多少取决于出口交易的性质、金额和风险的大小,一般占应收账款金额的1%~2%。利息是指保理机构从向出口商付现到票据到期收回货款这一个时期的融资成本。利率一般参照当时市场的优惠利率而定,通常高两个百分点左右。

案例 9-2

我国保理业务的发展状况及面临的挑战

中国的保理业务始于20世纪80年代末期。1987年10月,中国银行与德国贴现和贷款公司(Disko Factoring Bank)签署国际保理总协议,开始试办保理业务。1993年,中国银行正式加入全球最大的国际保理商组织——国际保理商联合会(Factors Chain International,FCI),成为国内最早的FCI会员,并率先在国内同业中叙做了国际保理业务。之后近10年,中国保理业务一直处于起步阶段。

2000 年以后,中国保理业务实现了高速发展,国际和国内业务总量从 2000 年的 1.12 亿美元,至 2009 年跃升为 962.39 亿美元。据 FCI 统计,从 2008 年 1 月开始,中国出口双保理业务量跃居世界第一。2010 年,国际、国内保理业务分别完成了 459.60 亿美元、10 525.52 亿元人民币,在全球范围内继续保持总量和增速的领先,并一直保持到 2014 年。2015 年至 2016 年中国保理业务量排名降到第二。2017 年,中国保理业务量约为 4 055.37 亿欧元,较 2016 年增长 34%,占全球保理业务量的 15.6%,超过英国,又重返全球第一,其中国内保理 2.55 万亿元,占总保理量的 84.02%。2018 年,中国保理业务达到 4 115.7 亿欧元,占全球保理业务量的 14.87%。2019 年,受中美贸易摩擦的影响,中国保理业务量减少 2%,但仍占全球保理业务量的 16%。

在业务量扩大的同时,我国的保理企业数量也不断增加。在政府部门 2012 年正式认可商业保理后,2014 年下半年商务部制定《商业保理业管理办法》,扩大保理的试点范围。2013 年年底,国内商业保理企业已达 284 家,仅 2013 年就新增了 200 家商业保理企业,较 2012 年年底增长了 4.5 倍。截至 2019 年 6 月末,全国已注册商业保理企业 12 081 家,较 2018 年与 2019 年年初分别增加 4 222 家和 540 家。

中国不断规范和引领保理业务发展,参加国际保理商联合会组织的活动,反馈中国保理行业的声音。在中国银监会的指导和各商业银行的支持下,2009 年 3 月 10 日,中国银行业协会组织成立了保理专业委员会,国内已经开办保理业务的 17 家银行成为专业委员会成员,中国银行任保理业务专业委员会第一届主任单位。保理专业委员会的成立是中国保理业务发展过程中的一个里程碑,标志着我国保理业团结协作、共同发展新篇章的开始。2014 年 4 月,银监会正式印发了《商业银行保理业务管理暂行办法》(银监会 2014 年第 5 号令,简称《办法》)。作为我国首个国家级监管层面专门针对保理业务的管理文件,《办法》对促进银行保理业务的健康发展具有非常重要的指导作用。《办法》中明确了保理业务相关定义和分类,要求商业银行根据自身特点,健全、完善保理业务管理制度,建立与业务规模和复杂度相适应的业务组织架构。同时要求商业银行在保理融资业务当中回归"三查"制度,切实做好贷前调查、贷时审查、贷后检查工作,细化业务流程及风险点控制,提高对潜在风险的甄别能力,加强融后资金的监测力度,强化内部控制,做好风险隔离工作,要真正做到风险的早预判、早发现、早应对,防患于未然。同时要求银行加强系统支持,提升业务效率,降低操作风险。2014 年 8 月 18 日,根据《银行业协会工作指引》和《中国银行业协会章程》,银行业协会制定了《中国银行业协会保理专业委员会工作规则》,进一步明确了保理专业委员会的工作职责,保障其及时、有效地开展各项工作。2018 年 4 月,融资租赁、商业保理、典当行三类机构的监管职能由商务部划归银保监会。2019 年 11 月,银保监会正式下发了《关于加强商业保理企业监督管理的通知》加强对保理的监管,这也是银保监会获得商业保理监管职能后出台的首份"类金融"单个监管文件。它对商业保理业务经营划出了多条"红线",对商业保理业务的集中度、关联交易、不良资产分类、拨备计提、杠杆比例等作出了明确规范。

保理业务作为重要的贸易融资类业务品种之一,服务于社会基础的商业运转,有效地盘活了企业间的应收账款,提升了企业的经营效率。但与此同时,由于保理业务基于企业间的赊销贸易背景开展,在经济增速放缓的形势下,也就更直接地面临着企业应收账款违约的巨大压力,中国保理业务未来发展也面临着全新的挑战。

同时,随着保理业务近年来在中国的快速发展,一些系统性的新问题在不断涌现,制约着业务发展的进一步提升。这些问题大致可归纳为以下三个方面:

一是中国保理业的发展亟须法律体系的完善。我国保理业务的法律基础主要是通过《民法典》中的相关债权让与条款来规范的。然而从实践来看,相关法律、法规的针对性不强,不够清晰,使得在发生合同纠纷的仲裁、诉讼时,往往存在较大操作难度和不确定性,难以保障业务参与各方的权益。

二是中国保理商自身的专业经营能力须进一步提升。根据中国服务贸易协会商业保理专委会在抽样调查基础上估算,在逾万家已注册的商业保理企业中,目前约有2 400家商业保理企业开业,占注册企业总量的20%,这意味着约有80%的注册商业保理企业没有开业。目前,在中国保理业内,存在个别借保理之名叙作流动资金贷款的情况,这么做不仅是放松了对保理融资的审查审批和过程管理,其实质更是放弃了保理这一信贷技术为保理商提供的风险控制保障。当前市场上出现的风险状况较多的保理融资业务,往往正是这一类以保理之名叙作流贷之实的"李鬼",这也使得一些还不太了解保理业务的人容易产生误解,忽略了保理业务在自偿性方面的独特优势,严重影响了中国保理业的健康发展。

三是缺乏企业赊销交易信息交换共享机制,社会征信体系有待加强。社会征信体系作为保理业务的重要辅助体系,目前在我国尚不完善,开办保理业务的银行难以取得非上市企业的公开财务信息,无法对本行客户以外的企业进行有效的信用评估;银行难以确认应收账款的真实性,业内已经发生了多起贸易背景虚假、合同诈骗等风险事件。因此,有必要尽快建立工商、税务等相关部门的信息共享、交换和沟通机制。

2019年,随着金融监管政策逐步实施和行业自身调整,全国商业保理企业注销、吊销数量激增。截至2019年6月底,商业保理企业注销、吊销共计927家。其中,2019年上半年注销、吊销的企业数量为434家,占全部注销、吊销总量的47%,接近前7年总和。而在2019年诺亚财富"踩雷"承兴国际34亿元融资项目等一系列的风险事件中,相关保理公司也陆续暴露出不少风险管理问题。

当前,我国的经济信用化、产业金融化、交易在线化、资产证券化的发展推动了保理行业的增长。另外,随着"一带一路"建设的不断推进,以及进出口额的进一步扩大,未来我国国际保理市场将不断扩大。如何进一步提升银行类保理商与商业保理公司的专业经营能力、夯实发展的微观基础,实现两者相互补充,共同推动中国保理业的健康、有序发展,值得深思。

（资料来源:中国银行业协会保理专业委员会官网;FCI:《FCI全球行业年报2020》;
陈彦蓉:"强监管促商业保理企业规范发展",《金融时报》,2019年11月5日）

思考题

请结合案例说说保理业务与信用证业务的区别,并请谈谈中国保理业存在哪些亟待改进的问题。

五、基金托管业务

(一)基金托管业务的含义

基金托管业务是指有托管资格的商业银行接受基金管理公司委托,安全保管所托管的基金的全部资产,为所托管的基金办理基金资金清算款项划拨、会计核算、基金估值、监督管理人投资运作等业务。基金托管业务包括封闭式证券投资基金托管业务、开放式证券基金托管业务和其他基金的托管业务。

(二)开展基金托管业务的相关规定

商业银行既为基金管理人,又是基金托管人,双重角色可能给投资人带来潜在的利益冲突。为此,我国的《商业银行内部控制指引》第97条、第98条、第99条和第100条对商业银行开展基金托管业务中的内部控制作出了规定:商业银行从事基金托管业务,应当在人事、行政和财务上独立于基金管理人,双方的管理人员不得相互兼职;商业银行应当以诚实信用、勤勉尽责的原则保管基金资产,严格履行基金托管人的职责,确保基金资产的安全,并承担为客户保密的责任;商业银行应当确保基金托管业务与基金代销业务相分离,基金托管的系统、业务资料应当与基金代销的系统、业务资料有效分离;商业银行应当确保基金托管业务与自营资产相分离,对不同基金独立设账,分户管理,独立核算,确保不同基金资产的相互独立。

托管人主要是由有良好的信誉及较强实力的商业银行来充当。一般来说,基金托管人的职责主要包括以下四方面:① 安全保管基金的全部资产;② 负责基金投资资金的清算;③ 负责审核基金账务和资产估值;④ 对所托管的基金投资运作进行监督。

1998年,为完善证券投资基金治理结构,国内开放式证券投资基金首次引入托管机制,由此诞生了银行基金托管业务。随着银行托管机制不断延伸至各类资产管理领域,银行基金托管业务演化成为银行资产托管业务。2009年3月12日,中国银行业协会托管业务专业委员会成立,中国银行业协会会员中有独立托管业务管理职能部门并取得相关托管业务资格的单位均可以申请加入托管委员会。中国工商银行为首届托管委员会的主任单位,第二届、第三届托管委员会由招商银行担任主任单位,第四届主任单位由平安银行担任,2019年第五届主任单位仍为中国工商银行,常委会还包括中国银行、中国农业银行、中国建设银行、交通银行、招商银行、中信银行、中国光大银行、民生银行、浦发银行、兴业银行、平安银行、北京银行、杭州银行、江苏银行、广州农村商业银行、徽商银行等26家银行。托管委员会的宗旨是依法维护银行业和会员单位的合法权益,完善托管业务自律管理体系,促进银行业托管业务的持续、健康发展。托管委员会工作的基本原则是"公平公正、民主集中"。

2010年年末,我国银行业资产托管规模为9.26万亿元,实现托管收入92.54亿元。到2018

年年末,中国银行业资产托管规模达 145.76 万亿元,较上年增长 3.01%,存托比(托管规模/本外币存款余额)达 79.86%,托管系数(托管规模/银行业总资产)为 55.8%。2018 年实现资产托管收入为 520.94 亿元,从各类产品托管规模构成看,银行理财占比最高,为 19.73%,信托财产占比为 13.38%,保险资金占比为 12.64%。

商业银行由于经营网点较多、结算电算化程度高,并且具有较高素质的金融专业人才,能为基金的托管提供良好的服务,不会因为托管的环节而影响基金的运作,使得基金管理人放心,也可针对客户的各种需求,与基金公司共同探讨研发一系列的产品组合,可以满足客户的不同需求。同时,银行按照协议规定的有关内容条款对资产的运作过程进行有效的监控,及时向委托人反馈有关资金使用情况,按照规定约束基金管理者的行为,如资金投向、比例等,防止基金管理者挪用资金及违反协议的行为,尽可能地保障投资者利益。

银行开展基金托管业务,除了获得托管收入外,在托管过程中还有大量的资金沉淀,可产生收益。对银行来说,这种收益极具吸引力。此外,证券投资基金托管业务具有风险低、稳定性高、不占用银行资产等特点,通过基金托管业务的开展还可以更好地扩大银行的客户来源,提升服务质量、扩大服务范围等。

当前,"资管新规"使得资管行业进入了竞争、创新、混业经营的大资管时代。为更好地满足不同资产管理机构的需求,托管行提供的服务也要从原来的以资产安全保管、清算交收为核心的基础服务向以基金行政、现金管理、绩效分析与评估等高附加值、综合型的增值服务升级。我国银行的托管业务综合化服务还有待于进一步提升。

六、个人理财业务

(一) 商业银行个人理财业务的含义

个人理财是利用客户的各项财务资源,帮助实现其人生目标的过程。2005 年银监会颁布的《商业银行个人理财业务管理暂行办法》,对商业银行理财业务的定义为:个人理财业务是商业银行为个人客户提供的财务分析、财务规划、投资顾问、资产管理等专业化服务活动。2018 年 9 月颁布的"资管新规"配套细则《商业银行理财业务监督管理办法》进一步进行规定:理财业务是指商业银行接受投资者委托,按照与投资者事先约定的投资策略、风险承担和收益分配方式,对受托的投资者财产进行投资和管理的金融服务。

个人理财业务是财富管家的社会化,是一国社会财富管理的基础,尤其在目前的中国,由于个人投资渠道狭窄,加之管制利率下存款的长期负利率,而有着巨大的发展空间。

(二) 商业银行理财产品的特点

商业银行理财产品广义来讲主要包括银行存款、国债买卖、商业银行理财计划、基金、信托产品等,主要有以下几方面特点。

1. 与居民的储蓄习惯相匹配,且收益更高

目前我国商业银行理财产品的投资期限与居民现有的储蓄存款期限高度匹配,以 3 个月以

下的短期为主,还包括少数期限较长的产品,相比活期存款 0.35% 的年收益率,近似流动性的理财产品的年化收益率一般都能达到 2% 以上,甚至更高。对投资者的闲置资金,特别是闲置活期存款具有很强的吸引力。因此,银行理财产品符合居民的储蓄习惯,对储蓄存款的替代性很强。

2. 投资风险较低,满足客户对风险承受的需求

我国商业银行受到的风险监控及自身风险管理在金融业中相对严格,商业银行拥有专业化的风险管理团队,整体风险控制能力较强。多数理财产品投资标的为债券、票据等风险较低的固定收益类资产;在结构性产品的设计开发过程中相当注重风险的可控性;组合类产品由于投资的范围较广,能适当分散风险。由于对投资对象的选择以及自身的风险管理能力,商业银行理财产品的整体风险较低。

3. 理财产品不断发展,投资类型更丰富,设计更合理

为了满足不同投资者的需求,我国商业银行理财产品不断发展创新,投资范围已经从初期的固定收益类产品,扩展到了股票、基金、商品、衍生品、指数、期货等投资品种。通过 QDII 等渠道,投资币种从单一的人民币扩展到了美元、欧元、英镑、澳元及港元等币种。在产品设计上,从起初简单复制国外成熟产品,逐渐过渡到自主设计创新,产品结构更加多元化,也更加合理化。特别是结构性理财产品不断推陈出新,在合理风险下,满足投资者的更高收益需求。

4. 商业银行信用好且服务渠道便利

与其他金融机构相比,商业银行在我国居民心目中信用等级较高。商业银行销售的理财产品或明或暗包含了银行的信用担保,使理财产品的风险可控。同时,我国商业银行在网点数量、信息化程度以及专业销售、投资管理团队建设上都有明显的优势,在理财产品的销售上,商业银行可以通过其自身便利的网络进行广泛的营销。

(三)商业银行理财产品的分类

目前商业银行的理财产品大致可做以下分类。

1. 按收益类型划分

按收益类型不同,理财产品可以分为保证收益理财产品和非保证收益理财产品:

(1)保证收益理财产品是指商业银行向客户承诺支付固定收益,银行承担相关风险,或商业银行向客户承诺支付最低收益并承担相关风险,额外收益由商业银行和客户按照约定分配,并分担相关风险的理财产品。

(2)非保证收益理财产品又可分为保本浮动收益理财产品和非保本浮动收益理财产品。保本浮动收益理财产品是指商业银行向客户保证本金支付,依据实际投资收益支付客户收益,客户承担收益的相关风险。非保本浮动收益理财产品是指商业银行不保证客户本金支付,根据实际投资收益情况向客户支付收益,客户承担全部相关风险。

保本理财产品募集资金必须用于非常安全的投资范围,通常是金融机构拆借、货币市场或国债。所以,保本理财产品的收益率会相对比较低,期限也不会太长,通常不会超过半年。而非保本理财产品的收益相对较高。

2018 年 4 月 27 日,监管部门联合发布了《关于规范金融机构资产管理业务的指导意见》(简

称"资管新规"），要求"打破刚兑"，商业银行在理财产品销售时不得作出保本保收益的承诺，在产品出现兑付问题时不得使用银行自有资金或者滚动发行新理财产品来垫付。因此，"资管新规"发布后发行的基本上都是非保本理财。2019年年末，全国共有377家银行业金融机构有存续的非保本理财产品，共存续4.73万只，存续余额为23.40万亿元，同比增长6.15%。

"资管新规"力求银行通过净值化管理，实现"买者自负"，让资管业务回归到"受人所托，代人管理"的本源。所谓净值型理财，是指按照份额发行并定期或不定期披露单位份额净值的理财产品。它的运作透明度高，定期披露产品运作公告，投资者在投资期内可准确掌握产品的投资情况及产品净值等信息，便于决策；它的估值更为透明，在市值法的估值体系下，净值型产品净值可真实反映出投资资产的市场价值；它所投资资产的流动性高；由于每期的净值会产生一定的波动，故更适合有一定风险承担能力、追求更高收益的投资者。

根据"资管新规"，银行在2020年后只能发行净值型产品（新产品），过渡期内仍可以发行预期收益型产品（老产品），但规模上不得超过"资管新规"发布前产品的整体规模，并且产品配置的资产到期日不得晚于2020年年底。截至2019年年末，预期收益型（非净值型）产品存续余额13.27万亿元，同比减少2.74万亿元，降幅17.13%。净值型理财产品存续余额10.13万亿元，同比增加4.12万亿元，增幅达68.61%。净值型产品占全部理财产品存续余额的43.27%，同比上升16.01个百分点。

2. 按照募集形式划分

按照募集形式可以将理财产品分为公募理财产品和私募理财产品。

（1）公募理财产品面向不特定社会公众公开发行，公开发行的认定标准依照《中华人民共和国证券法》执行，投资门槛低、风险外溢性强，因此国家在对其投资范围、杠杆比例、流动性管理、信息披露等方面的监管要求相对严格。

（2）私募理财产品是指面向特定合格投资者非公开募集的理财产品，通常对投资者的金融资产要求的门槛较高，一般需要投资者家庭金融净资产不低于300万元或者3年内年均收入不低于40万元。

2019年末，银行公募理财产品存续余额为22.33万亿元，占全部理财产品存续余额的95.43%；私募理财产品存续余额为1.07万亿元，占全部理财产品存续余额的4.57%。

3. 按运作方式划分

按运作方式可以将理财产品分为封闭式理财产品和开放式理财产品。

（1）封闭式理财产品是指有确定到期日，且自产品成立日至终止日期间，投资者不得进行认购或者赎回的理财产品。商业银行发行的封闭式理财产品的期限不得低于90天，银行应当至少每周向投资者披露一次封闭式公募理财产品的资产净值和份额净值。

（2）开放式理财产品是指自产品成立日至终止日期间，理财产品份额总额不固定，投资者可以按照协议约定，在开放日和相应场所进行认购或者赎回的理财产品。

4. 按理财投资的方向和性质划分

按理财投资的方向和性质，大致可将理财产品分为固定收益类、权益类、商品及金融衍生品类、混合类、QDII 类产品和结构性理财产品等。

固定收益类产品投资于存款、债券等债权类资产的比例不低于 80%;权益类产品投资于股票、未上市企业股权等权益类资产的比例不低于 80%;商品及金融衍生品类产品投资于商品及金融衍生品的比例不低于 80%;混合类产品投资于债权类资产、权益类资产、商品及金融衍生品类资产且任一资产的投资比例未达到前三类产品标准。

银行在发行理财产品时,应当按照分类标准向投资者明示理财产品的类型,并按照确定的产品性质进行投资。在产品成立后至到期日前,银行不得擅自改变产品类型。非因银行的主观因素导致突破前述比例限制的,应当在流动性受限资产可出售、可转让或者恢复交易的 15 个交易日内调整至符合要求。混合类产品投资债权类资产、权益类资产和商品及金融衍生品类资产的比例范围应当在发行产品时予以确定并向投资者明示,在产品成立后至到期日前不得擅自改变。

QDII 类产品是具有代客境外理财业务资格的商业银行受客户委托,将人民币资金兑换成美元,直接在境外投资,到期后将美元收益及本金结汇成人民币后分配给客户的理财产品。此类产品主要投资于境外股票、基金、结构性票据、债券以及其他投资品种。该类产品的到期收益率不仅受投资产品价格波动的影响,还与汇率变动相关。商业银行选择的境外理财产品往往具有高收益、低风险的特点,是客户享受国际资本市场利益的平台。

结构性理财产品是将固定收益证券的特征与衍生交易特征融为一体的新型理财产品。结构性理财产品内含有一个或多个衍生工具,可挂钩到不同的产品组合中,以不同的形式推出,其结构也呈现多样化趋势。常见的挂钩标的有:利率、汇率、股票、基金、商品及相关指数、风险等国际金融市场标的资产。由于金融衍生产品市场的不确定性较大,所以相对于其他理财产品而言,结构性理财产品是高风险高收益并存的产品。

2019 年,穿透后来看,银行理财资金投向存款、债券及货币市场工具的余额占全部投资余额的 71.75% 。其中,债券资产占理财产品投资余额的 59.72%。

(四)商业银行理财业务需解决的问题

为确保商业银行的理财业务能持续、健康、快速发展,需要着重解决以下几个方面的问题:① 健全理财产品设计风险管理机制。② 对客户的风险等级开展有效评估。③ 产品宣传销售过程中加强对客户的风险揭示。④ 建立完整的事前、事中、事后信息披露机制。⑤ 需要加强理财产品销售人员管理。⑥ 银行自身需要提高控制理财产品风险的能力。

在我国,大部分投资者很难以较低的价格得到有效的市场信息,且缺乏专业的理财知识和投资分析能力,不能适时适当地对自己的投资组合做出调整,因此,个人理财中的咨询业务有着较大的需求量和发展空间。随着高端用户需求的增加,现行咨询业务不能提供全面的服务,商业银行的咨询业务差别化、分层次服务的发展和收费已成较明朗的趋势。在发展个人理财业务时,应当注重对市场的细分,丰富个人理财业务内涵,培养和选拔专业的理财客户经理,提高理财人员的素质。

七、其他代理业务简介

（一）现金管理

现金管理是指商业银行协助企业科学地分析现金流量,使企业能科学、合理地管理现金(包括活期存款)余额,将多余的现金用于投资,增加收益。银行协助企业进行现金管理,使企业既不占压资金,又能保证资金灵活周转,通过合理安排资金而获取最佳经济效益。同时,银行可收取一定的手续费,并进一步加强与客户的紧密联系。需要指出的是,作为代理业务的现金管理完全不同于长期以来我国银行的现金管理工作。我国银行的现金管理是按现金收支计划和有关政策管理社会现金流通量,是一种国家行为的宏观管理职能。而作为代理业务的现金管理则是一种服务行为,属于微观经济性管理。

（二）代理证券业务

代理证券业务是指银行接受委托办理的代理发行、兑付、买卖各类有价证券的业务,还包括接受委托代办债券还本付息、代发股票红利、代理证券资金清算等业务。有价证券主要包括国债、公司债券、金融债券、股票等。

商业银行开办代理证券业务,属受托代理性质,应与委托方签订业务协议,明确商业银行既不是发行人,也不是有价证券的买卖人,只负责经办代理发行、收款、付息、资金转账等事务,从中收取手续费,不承担资金交易损失、还本付息等责任。为防止银行资金违规流入股市,目前我国商业银行不能开办代理股票买卖业务。

（三）代理清欠

代理清欠是指商业银行接受单位和个人的委托,对委托人被拖欠的款项进行催款、清理,并按清欠的性质、金额和难易程度收取手续费的业务。代理清欠的范围包括商品交易的货款、劳动供应的款项以及被长期拖欠的其他款项等。代理清欠的手续费一般分两次收取:第一次是在银行受理催收业务时收取的业务手续费,无论欠款是否收回概不退还;第二次是收回欠款后银行按实际收回金额的一定比例收取手续费。

（四）代理监督

代理监督是指商业银行接受经济合同当事人的委托,代为监督签约各方认真履行合同的有关规定,以保证当事人的合法权利,银行相应收取一定费用的业务。代理监督的内容主要有:监督供货合同的执行,保证供货方按时、按质、按量交货,购货方按时、按期付清货款;监督工程合同的执行,保证建设项目的质量,检查所用材料是否合格,费用是否超支;监督其他委托事项,如基金的托管、赠予款项的使用等。

（五）代理会计事务

代理会计事务是指商业银行接受单位或个人经济户的委托,收取一定费用的业务。该项业务既有综合性事务,也有单项事务。具体内容有:受托帮助建账,制定财务会计的有关规章制度,编制预算、决算报告和财务管理的建议,受聘担任常年会计顾问,辅导培训会计人员等。商业银行代理会计事务必须严格遵守法规、条例和财经制度,手续费则按事务工作量的大小由双方商定。

（六）代理保管

代理保管是指商业银行以自身所拥有的保管箱、保管库等设备条件,接受单位和个人的委托,代为保管各种贵重金属、契约文件、设计图纸、文物古玩、珠宝首饰以及股票、债券等有价证券。代理保管的方式主要有出租保管箱、密封保管、露封保管等。银行按保管物品的不同,按年收取手续费。

（七）代购代销

代购代销是指商业银行接受委托单位的委托向国外寻求客户,代购进口商品或代销出口商品并收取一定手续费的业务。银行在办理这种业务时,可代为询价、洽谈、签约、办理国际结算。

（八）代办集资

代办集资是指地方政府或经济组织为兴办某一重点项目,经上级有关部门和中央银行的批准,委托商业银行代为集资的业务。商业银行可立账代收资金,代为到期还本付息,代理集资款项的使用与监督事务。

（九）个人外汇、证券买卖业务

个人外汇、证券买卖业务是指商业银行接受客户委托,代理买卖外汇、证券,以取得证券收入或手续费收入的业务。由于这项业务的风险较小,银行除可取得手续费收入外,还可吸收保证金存款,因而颇有发展潜力。

目前,银行代客买卖证券业务因受分业经营的限制而暂时停办,所以在中国主要指银行代理个人外汇买卖。

个人外汇交易是指个人委托银行,参照国际外汇市场实时汇率,把一种外币买卖成另一种外币的交易行为,属于实盘交易。自从1993年12月中国工商银行上海分行开始代理个人外汇买卖业务以来,我国的银行个人外汇买卖业务得到了迅猛的发展。目前,中国工商银行、中国农业银行、中国银行、中国建设银行、交通银行、招商银行等都开展了个人外汇买卖业务。交易币种有美元、欧元、英镑、港元、日元、澳大利亚元、加拿大元、瑞士法郎、瑞典克朗等。投资者在银行开户后可通过柜台、自助终端、电话银行、手机银行、网上银行等多个渠道进行不同币种之间的即期外汇交易。

第三节　咨询顾问业务

一、咨询顾问业务概述

（一）咨询顾问业务的概念

咨询顾问业务是指商业银行依靠自身在信息、人才、信贷等方面的优势,收集和整理有关信息,并通过对这些信息以及银行与客户资金运动的记录和分析,形成系统的资料和方案提供给客户,以满足其业务经营管理或发展需要的服务活动。

根据信息的银行属性和社会属性的不同,有无偿信息咨询业务和有偿信息咨询业务之分。无偿信息咨询业务包括初期信息咨询、义务性信息咨询和交互性信息咨询等;有偿信息咨询业务则包括银行运用已有的信息资源向客户提供信息并收取费用的一般信息咨询。本节所介绍的主要是有偿信息咨询业务。

（二）商业银行开展咨询顾问业务的意义

商业银行开展咨询顾问业务,是现代后工业信息社会发展的必然趋势。在现代市场经济的社会中,信息是一种宝贵的资源和财富,商业银行凭借其社会资金运动总枢纽这一得天独厚的条件,以及拥有大型计算机信息数据库和高素质金融人才的优势,能及时捕获大量的信息资源,并通过科学的加工处理迅速向社会反馈,以适应知识经济社会各方面征询信息的需求。

商业银行开展咨询顾问业务对社会经济的发展意义重大。在现代化的市场经济社会中,要充分利用市场机制来调节经济,其前提是各行各业必须能广泛地获取信息,及时了解市场动态。商业银行作为社会经济信息的聚集地,通过咨询顾问业务,不断地传递、反馈信息,为社会各界提供信息服务,使各经济单位能依据市场信息的变化不断修正其生产和交易计划,从而能使整个社会的生产交易行为与社会经济的发展需要相适应。同时,信息服务可以加强商品市场、金融市场、技术市场和劳务市场的沟通和联系,促进市场机制的完善,进而实现生产、流通和消费的良性循环。

商业银行通过开展资信评估、信息咨询等咨询业务,能使经济活动中的交易双方彼此了解对方的资信情况,通过信息沟通而减少纠纷,使交易双方的经济利益不受损失,并加速资金周转,进而提高企业的经济效益。尤其是在国际经济交往中,由于国际市场瞬息万变,稍有不慎,在激烈竞争中就极易导致本国经济单位的经济损失,商业银行通过咨询业务,发挥参谋作用,可以有效维护本国经济单位的利益。如商业银行可通过咨询顾问业务为国内企业引进技术出谋划策,通过多家对比帮助企业选定最佳方案,使引进的技术设备既适合本国国情,又降低费用成本。

商业银行利用所掌握的国内外资料和国际电信设备,可为客户提供短期汇率预测信息,使客户减少汇率变动带来的损失。此外,商业银行还可以利用国内外银行间的咨询网络,对交易的有关方面进行资信调查,及时识破各种掮客的诈骗活动等。

商业银行从事咨询顾问业务,能充分利用和挖掘银行固有的资源优势,大大拓宽商业银行的业务领域,增加银行收益,因而咨询顾问业务成为商业银行新的利润增长点。

（三）我国商业银行的咨询顾问业务

我国商业银行的咨询顾问业务起步于20世纪80年代中期,在这之前,银行主要以提供无偿的经济、金融信息为特征。自20世纪80年代中期以来,我国银行的有偿信息咨询业务发展较快,已成为银行业务扩张的重要领域,并为社会经济的持续高速增长,作出了相应的贡献。如中国工商银行在改革开放初期以提供经济、金融信息为主;20世纪80年代中期以资信评估为主;进入20世纪90年代后,则对信息咨询、资信评估、资产评估、工程监理和审价、审计及有关经济、金融、法律等几大信息咨询业务进行多样化、系统化和规范化的开发。

我国商业银行的咨询顾问业务虽已有了较大的进展,但与国际商业银行相比,还存在较大差距,主要表现为业务发展不平衡、范围较窄、经营水平和服务手段不高等问题。今后应着重健全和完善银行的咨询顾问机构,加大先进设备和技术的投入,强调系统性、广泛性、有用性、动态性的信息数据库建设,努力引进和培养咨询顾问的从业人员,重视研究我国咨询顾问业务的风险处理办法等,以加快我国银行咨询顾问业务与国际接轨的步伐。

二、评估类信息咨询

评估类信息咨询业务主要包括工程项目评估、企业信用等级评估和验证企业注册资金。

(一) 工程项目评估

工程项目评估包括市政工程项目、建筑项目、企事业单位和个人的各类固定资产投资项目、企业的技术改造项目等的评估。对工程项目进行评估,可以为政府、企事业单位和个人的投资决策提供科学依据,也为银行自身的投资性贷款提供安全保障,它是实现资源优化配置、保证工程项目实施、提高经济效益的重要手段。工程项目评估依据委托单位提出的咨询委托书、项目建议书和可行性研究报告等,运用系统工程和价值工程的理论和方法,通过大量的定量分析,对项目的技术设计、市场设计、市场前景、经济效益等方面作出综合评价,得出定性结论。其评估的主要内容有:① 项目概论;② 市场预测;③ 技术和设计分析;④ 投资计划;⑤ 财务预算和财务效益分析;⑥ 社会经济效益分析;⑦ 不确定性分析;⑧ 总结和建议。

工程项目评估的一般程序为:① 受托单位接受委托单位的委托书后,预审评估条件是否齐全完备;② 受托单位组织有关专家成立评估小组,到委托单位进行评估;③ 评估结束形成书面报告后,受托单位领导及有关专家组成评审小组对评估报告进行审定;④ 受托单位向委托单位通报评估结果,送交评估报告。

(二) 企业信用等级评估

企业信用等级评估是银行咨询部门开办的一项信用认定业务。这项业务无论对银行和企业都有重要意义。它是银行信贷择优的前提,是企业市场定位的身份证,因而是促进企业改善经营管理、提高信誉等级的有效措施。按国际惯例,企业信用等级评估一般从企业的资金信用、经济效益、经营管理和发展前景四个方面,按 AAA、AA、A、BBB、BB、B、CCC、CC、C 共三等九个信用等级对企业进行划分。

企业信用评估的程序为:① 委托企业提出申请,填写委托书,与受托单位签订合同;② 受托单位组织评估小组到企业进行调查,写出评估报告;③ 由专家评审委员会进行评审,确定委托单位的信用等级;④ 颁发信用等级证书,并予以跟踪监测,及时加以调整。信用等级证书的有效期为一年。

(三) 验证企业注册资金

银行咨询部门对企业注册资金的验证业务,是指接受工商管理部门的委托,对准备登记开业和已登记开业的新老企业法人的自有资金数额的真实性和合法性进行核实和验证的业务。它既包括新办企事业单位和私营、个体工商业登记注册资金的验证,也包括老企业、事业单位确认和变更注册资金的验证。验资主要有两个方面的要求:

(1)验证注册资金的真实性。这是指注册资金必须实有和自有,任何借入资金不得视作自有资金。企业单位可以用技术、专利、商标等投资,但不能作为注册资金。

(2)验证注册资金来源的合法性。国有企业投办国有企业,可用企业公积金和上级主管部门的拨款;集体企业投办集体企业,可用公积金和生产发展基金;事业单位投办第三产业,原则上用自有资金,不得以任何形式动用当年经费和各项专用资金等。

验资程序较为简单,主要是申请验资手续,进行验证,最后出具验资证明。

三、委托中介类信息咨询

委托中介类信息咨询主要包括技术贸易中介咨询、资信咨询、专项调查咨询和委托常年咨询顾问等业务。这类业务在20世纪80年代中期至90年代,在银行业务中占一席之地。目前银行仍在开展的咨询业务是委托常年咨询(融资)顾问业务,其他咨询业务因各种原因已逐步从银行的常规业务中淡出。

(一)技术贸易中介咨询

商业银行开展技术贸易中介咨询业务,对开拓技术市场,沟通技术贸易渠道,促进科技成果迅速转化为技术生产力,具有十分积极的意义和作用。

银行咨询部门开展的这项业务的主要内容是:① 参与技术转让;② 参与技术开发;③ 提供技术咨询;④ 参与技术服务;⑤ 参与技术协作。

银行从事这项业务时,应注重积极沟通信息,实事求是地评价和介绍技术项目,协助双方认真审定技术内容、交易方式、交易价格等,协助签订交易合同,并督促双方履行合同条款。银行开展技术贸易中介业务,须与社会科研部门、技术部门、技术市场管理部门、科技咨询部门等密切协作或联合开展业务,并聘请信息员,保持科技部门和生产部门的密切联系。

(二)资信咨询

银行开展资信咨询业务,是站在中间人的立场,通过提供企业主要财务资料和对企业资信作出公正评价,来满足企业在生产经营活动中了解交易对方信用程度的需要。

资信咨询业务有一般性资信咨询和风险性资信咨询之分。对一般性资信咨询业务的办理,要求委托方必须签订咨询委托书,并提供有关资料,明确咨询内容和要求,商定经济责任和收费标准;银行则按合同要求签发资信证明,为委托单位提供交易双方的经营状况、付款(货)的信用能力等情况。对于风险性资信咨询,银行除向委托单位提供交易双方的一般资信资料外,还负有监督、保证按期付款(货)的经济责任。

(三)专项调查咨询

专项调查咨询是根据特定的目的和要求,在指定的范围内,由银行咨询部门组织力量,运用科学方法,收集各种资料,通过加工、整理出咨询报告,为经济部门和企业当参谋、出主意。

专项调查咨询是一种适应性很强的业务,范围可宽可窄。其主要内容有:

(1) 行业和产品的供销现状、趋势或供销中某一特定问题的调查;

(2) 投产某个商品的市场销售、经济效益、资金需求等方面的调查;

(3) 同行业、同类产品质量等方面差距的调查;

(4) 横向经济联合项目调查;

(5) 补偿贸易的可行性调查;

(6) 外汇行情、物价趋势的调查。

(四) 委托常年咨询顾问

委托常年咨询顾问是指客户委托银行对其日常经营管理提供咨询。鉴于这种需要的经常性和重复性特点,银行咨询部门可委托群体或个人,以常年咨询顾问的方式满足客户的需要。这项业务要求咨询顾问经常或定期进驻客户单位,全面深入地了解客户单位的经营管理状况,关注其动态的发展变化,使单位决策和咨询论证密切结合,进而提出正确的建议。

四、综合信息类咨询

(一) 企业管理咨询

企业管理咨询是指根据企业的要求,由银行咨询部门委派专门人员,在调查研究的基础上,运用科学的方法,对企业经营管理中存在的问题进行定性和定量分析,提出切合实际的改善企业管理状况的建议,并在实施过程中进行指导。企业管理咨询有综合管理咨询和专题管理咨询之分。综合管理咨询指对企业经营管理全过程或经营方针进行咨询;专题管理咨询是对企业经营管理的某个方面、某个系统提供咨询,如组织机构设置、市场营销、新产品开发或成本管理等。企业管理咨询是以提高企业管理素质和经济实效为目的的创造性劳动和服务工作。随着我国市场经济的发展,企业间竞争日趋激烈,这一业务有着广泛的需求。

(二) 常年经济信息咨询

常年经济信息咨询是指商业银行充分利用众多信息网络和丰富的信息资源优势,通过提供信息资料、召开信息发布会和举办业务技术辅导讲座等途径,把各种动态信息,包括综合金融信息、宏观经济信息、行业产品信息和有关政策、法规、制度等及时、准确地传播给咨询客户和社会各界。

五、投资银行业务

投资银行(简称投行)业务是指商业银行为客户提供财产咨询、担任投资顾问、从事企业产权交易和收购、兼并、重组等中介性服务的业务。

(一) 我国银行投资银行业务的发展史

1993 年之前,我国处于经济体制改革的过渡阶段,金融监管缺位,商业银行不仅从事银行业务,也涉足信托、证券、保险等金融业务,还通过下设的信托和证券公司将同业拆借的信贷资金投放到证券和房地产等高风险领域,存在较大的风险。

1995 年实施的《中华人民共和国商业银行法》规定,"商业银行在中华人民共和国境内不得从事信托投资和股票业务",从而使信托和证券业务逐步从商业银行业务中分离出去。

2001 年,中国人民银行颁布《商业银行中间业务暂行规定》,明确了商业银行可以开展除证券交易、承销和经纪业务以外的其他投资银行业务。

近年来,随着企业投融资需求的多元化以及金融脱媒的不断深化,投资银行业务已经成为商业银行的一项战略性新兴业务,具有一定规模的银行纷纷设立了投资银行部,希望通过发展投资银行业务提升自身的综合金融服务能力,推动业务战略转型,但仍然处于新兴阶段。

1996 年 8 月,招商银行正式成立了投资银行部,专门负责开展投资银行业务,率先填补了我国银行界在这一领域的空白。2002 年,招商银行在香港成立了全资附属子公司——招银国际金融有限公司,主要经营并购业务、财务顾问业务、债务融资工程承销业务、信贷资产证券化等业务。中国工商银行于 2002 年进入国内投资银行市场后,成立了投行研究中心,组建了国内银行第一支投行分析师团队,逐步探索出了一条适合客户金融服务需求、国内监管框架、金融市场环境以及内外部经营约束条件的投行业务发展道路,形成了由咨询顾问类、重组并购类、资产转让与资产证券化、直接融资类构成的四大投行业务产品线。2009 年又在香港正式启动了自己的全资投行子公司。中国工商银行凭借其覆盖境内外的投行服务网络和专业的服务团队,在已经确立起来的市场规模、服务品质和品牌影响力的优势基础上,进一步提升投行业务服务实体经济质效与防控金融风险的能力,加大上市公司、产业并购、国企改革、"一带一路"等重点领域并购贷款的支持力度,推进投贷联动与市场化债转股投资。投资银行业务已为该行带来了丰厚的回报,2019 年投资银行业务收入达到了 238.6 亿元,承销境内债券项目 1 802 个,主承销规模达到 15 173.50亿元,境内主承销规模在国内排第一。[①]

其他银行也初步形成了具备自身特色的投行业务。有的银行以传统银行业务为基础来开展投行业务,比如以国家开发银行为典型代表重点发展银团贷款业务,以国家开发银行、四大行等为典型代表重点发展信用评级为 3A 级以及大型央企客户为主的债务融资投行业务,以交通银行、中信银行、招商银行等为典型代表专注于私募债投行业务,以浦发银行、中国光大银行等为典型代表专注于结构化票据投行业务。

投资银行业务使银企关系由传统的主从关系转变为相互依存关系,从单纯的信贷关系转变为银行参与企业的发展,作为企业财务顾问,为企业如何在国内金融市场低成本筹集资金、如何最有效地运用资金出谋划策。

(二)我国银行投资银行业务的主要种类

国内商业银行在现有金融管理体制下开展的投资银行业务,具体包括财务顾问、银团贷款、并购重组、项目融资、不良资产结构化处置、资信评级、私募股权投资、专业理财、债务融资工具承

---

① 数据来源:《中国工商银行 2019 年度报告》。

销发行、资产证券化等。

不同业务的经营侧重点存在差异,例如:短期融资券、中期票据等企业债的发行、承销侧重为企业提供直接融资服务;企业重组和并购贷款业务侧重于为企业提供并购重组资金、产业链整合方案和投融资顾问等服务;资产证券化项目侧重于服务企业大型项目,提供项目评估和方案设计。

商业银行投行业务的主要利润来源为:向融资方收取的融资顾问费,向投资方收取的风险管理服务费和交易服务费。在投行业务中,商业银行一般只是为投融资双方提供交易撮合以及相关的便利性服务,资金来源和运用均不体现在商业银行的资产负债表内,即商业银行利润主要来源于中介费用,也不承担相关业务风险。

(三)我国银行投资银行业务发展存在的问题及对策

从国际银行的经营实践看,一旦商业银行介入投资银行活动,银行的收益便顿然改观,银行的竞争力便能超过非银行金融机构。因为投资银行业务是一项在特定条件下多种金融服务相结合的金融创新,是一种高附加值的高级智力服务。投资银行业务不仅可以为商业银行带来丰厚的非利息收入,而且有利于加强对贷款企业的监督,密切与客户的联系,巩固银行业务的市场份额。

综观我国商业银行投行业务,主要存在以下制约:① 法律上的限制。目前《商业银行法》规定国内金融业仍然实行分业经营、分业监管的政策,这对银行开展投行业务构成制度上的约束。② 业务范围限制。由于监管制约,商业银行投行业务产品比较单一,仅局限于非金融企业债务融资工具承销、财务顾问等,无法介入企业资本运作、金融衍生产品创设等投行业务核心领域,业务发展空间有限。③ 业务定位模糊。由于国内商业银行的存贷款业务仍处于核心地位,新兴业务尚处于从属地位,业务定位模糊,甚至在一定程度上被异化为规避信贷规模管制的监管套利工具。④ 运行机制限制。目前商业银行投行业务的组织架构、团队建设、业务流程、考核激励、风险管理等往往受制于商业银行的整体架构和相关文化,与投行业务自身特点并不适应,一定程度阻碍了业务的良性发展。

因此,商业银行要推动投行业务发展,必须成为:① 金融基础资产提供商。商业银行投行业务的重点在于筛选客户并根据客户需求设计可行的融资方案(包括融资金额、融资期限、交易结构、风控措施等要素),形成金融基础资产。② 风险管理服务提供商。作为金融基础资产提供商,商业银行可以将从项目筛选准入到项目后续管理的全流程风险管理作为一项专业化服务提供给其他金融机构,并收取相应的服务费用。

值得关注的是商业银行在发展投资银行业务过程中的潜在风险。其最大的风险来自资金的混同:当投行业务的风险通过资金混合传递以及风险的杠杆作用,影响存款等业务的安全性时,势必影响银行本身的信誉,引发整个信用系统的风险。为此,商业银行应建立一套符合投行业务特点的风险管理体系。

(1)在投行业务风险管理政策方面。由于投行业务与传统信贷业务在业务模式等方面存在明显差异,两者的风险管理政策应有所区别。例如在风险容忍度上,由于投行业务属于高风险、高收益业务,为了获取更高收益,商业银行显然应给予投行业务更高的风险容忍度。在风险管理策略上,传统信贷业务属表内业务,在风险事件认定、资产质量分类等方面有严格的监管要求,内部风险管理标准既关注实质风险,也关注形式风险,并将融资主体的信用风险和流动性风险等量齐观。而投行业务一般属于商业银行的表外业务(除资产自持情况外),外部监管要求相对宽松,商业银行除承担一定程度的声誉风险外,理论上并不承担其他风险,因此内部风险管理标准应更多地体现对实质风险管理的要求,适当弱化对形式风险管理的要求,应更侧重于对信用风险的管控,而给予流动性风险一定的容忍度,因为一定范围内的流动性风险可以通过交易结构设计来缓释和化解,而且流动性风险溢价是投行业务超额利润的主要来源。

（2）在投行业务风险管理体制方面。由于商业银行投行业务与传统信贷业务在风险管理的策略和政策上有着明显差异,在原有的信贷业务风险管理体制下很难实现投行业务在风险管理和业务效率方面的双重目标,建立相对独立的投行业务风险管理体制非常必要。建立独立的投行业务风险管理团队和业务审批流程,不仅可以保证投行业务风险管理政策的有效实施,提高投行业务审批效率,更重要的是可以加快投行业务风险管理人员的培养和经验的积累,提高投行业务风险管理的专业化程度,提升投行业务风险管理能力。

案例 9-3

向商业银行发放券商牌照会给中国带来什么影响?

2020年6月27日,有媒体报道"中国计划向商业银行发放券商牌照"。28日,证监会新闻发言人表示,证监会目前没有更多的信息需要向市场通报。发言人表示,发展高质量投资银行是贯彻落实国务院关于资本市场发展决策部署的需要,也是推进和扩大直接融资的重要手段。"关于如何推进,有多种路径选择,现在尚在讨论之中。不管通过何种方式,都不会对现有行业格局形成大的冲击。"

如果向商业银行发放券商牌照可能会打破我国现在金融业分业经营的模式,向混业经营进行探索,为打造"航母级"券商做准备。

目前,虽然银行没有券商牌照,但包括中国工商银行、中国农业银行、中国银行、中国建设银行在内的多家商业银行绕道境外,直接或者通过子公司收购持有券商股份,以控股证券公司。如中国银行经国务院特批,通过香港子公司中银国际控股持有中银国际证券33%股份,实际已经拥有了境内券商子公司。力求金融全牌照的金融机构也在增多。

同时,我国的金融监管模式也已经改变,原来是"一行三会",这是分业监管、分业经营,2018年后改为"一行两会"。

证监会曾在2019年年底表示,希望中国能够创建一家"航母级"的投资银行,与华尔街各大金融巨头竞争,并推动中国券商行业在国际范围内的扩张。但是,中国本土却缺乏"航母规模"的券商,在与国外各大投行相比处在极为弱势的地位,高盛一家公司的资产规模比中国全部证券公司的资产规模之和还要大。根据中证登的数据,截至 2020 年 5 月,我国股东账户的持有人数仅为 1.66 亿,远低于中国工商银行、中国农业银行、中国银行、中国建设银行中任一家的客户数量。

而 2020 年 4 月 1 日起,中国的金融市场已经向全球开放。2020 年 3 月 27 日,高盛集团和摩根士丹利同时宣布,摩根士丹利对摩根士丹利华鑫证券有限责任公司的持股比例将从 49% 升至 51%,高盛集团对高盛高华证券有限责任公司的持股比例从 33% 增至 51%。高盛、摩根士丹利、野村证券等均已经获得了全资控股国内证券公司的资格,这对投资银行业产生重要影响。

如果有些实力雄厚的商业银行拿到券商牌照,国内券商行业将面临巨大的"鲶鱼效应",即实力强的头部券商在竞争中通过大股东注入资本金、兼并重组等做大做强,成长为国际性大券商,而一些实力弱的中小券商可能会被兼并或者淘汰,行业头部效应会更加明显。

如果向商业银行发放券商牌照,对券商是利好还是利空? 短期对券商行业肯定是利空,特别是小券商,但对大券商影响不大,反而加速行业资源向头部券商集中。对拿到券商牌照的银行肯定是利好,获得了开展新业务的机会,而有可能从投行业务开始试点。从资金入市的角度来看,我国居民资产大搬家是大势所趋,从储蓄、买理财,到引导居民资金入市,而银行正是推动资金入市的重要渠道。如果银行拿到券商牌照,长远来看对银行和股市是好事。

根据我国现在券商行业的发展状况,要激活和打造头部券商,有三条路可以选择:一条是多家大型券商合并,或者大券商兼并中小券商,在激烈的市场竞争中真正做大做强;二是引进"鲶鱼",如华鑫股份背后的摩根士丹利;三是国内引进一流的竞争对手,比如实力雄厚的商业银行,而商业银行的资金实力、客户资源和业务拓展能力绝对是一流的。

目前,由于相关法规的规定,中国不允许不同的金融部门混业经营开展不同的业务。但是,很多银行旗下的子公司已经取得了保险、期货等业务的牌照,不过还没有银行及银行子公司能够申请到证券牌照。如果银行能拿证券牌照,可能会打破我国现在金融业分业经营的模式,向混业经营进行探索。

(资料来源:杨德龙:《向商业银行发放券商牌照或为打造"航母级"券商做准备》,东方财富网,2020 年 6 月 29 日)

思考题

你认为有必要向商业银行发放券商牌照吗? 与券商相比,商业银行在经营投行业务方面有何优势与劣势?

本 章 小 结

1. 商业银行的其他业务,主要包括结算业务、代理业务和咨询顾问业务等。这些业务具有收入稳定、风险度低的共同点,集中体现了商业银行的服务性功能。随着社会经济的现代化发展,社会各阶层对这类服务的需求大幅度增长,商业银行的其他业务已成为世界各国银行业务竞争的焦点。

2. 支付结算是银行代客户清偿债权债务、收付款项的一种传统业务,也是在银行存款业务基础上产生的中间业务。商业银行按照有关法规,在坚持结算原则、遵循结算纪律的前提下,准确、及时、安全地办理支付结算,以保持支付结算活动的正常进行。

3. 汇票、本票、支票和相关结算凭证是办理支付结算的工具。支付结算的方式有国内汇兑和国外汇款、国际和国内的托收结算、信用证结算和保函结算等。

4. 电子计算机和现代通信设施在银行业中的广泛应用,打破了过去商业银行资金完全通过票据交换和邮电部门转移的局面。现代国际银行的支付结算正在朝着无人自动服务、无现金交易、无凭证结算的"三无"方向发展,这同样也是中国银行业支付结算的发展方向。

5. 代理业务是指商业银行接受客户的委托,以代理人的身份代表委托人办理一些经双方议定的经济事务的业务。发展代理业务能推进企业和整个社会经济效益的提高,有利于企业改善经营管理,促进企业实现经营行为的规范化,同时有利于稳定和扩大银行的客户关系,增加银行的资金来源。

6. 商业银行代理业务的种类繁多,随着经济和金融的发展,在传统代理业务不断改进和完善的基础上,还源源不断地推出创新品种。本章重点介绍了代理收付款、代理融通和代理行业务、保付代理业务、基金托管业务以及个人理财业务,对其他多种多样的代理业务也作了一般性的简要介绍。

7. 咨询顾问业务是指商业银行依靠自身在信息、人才、信贷等方面的优势,收集和整理有关信息,并通过对这些信息以及银行与客户资金运动的记录和分析,形成系统的资料和方案提供给客户,以满足其业务经营管理或发展的需要的服务活动。

8. 商业银行的咨询顾问业务范围广泛,本章将其分为评估类信息咨询、委托中介类信息咨询和综合信息类咨询及投资银行业务,并对各类项下的一些主要业务,如企业信用等级评估、技术贸易中介咨询和企业管理咨询等业务做了简要介绍。

本章重要概念

结算	代理	汇票	支票
本票	汇款结算	托收结算	代理融通
代理行	保付代理	基金托管	工程项目评估
企业管理咨询	个人理财业务	公募理财	私募理财
净值型理财	结构性投资理财	外汇宝	投资银行业务

复习思考题

1. 简述银行支付结算现代化系统发展的内容。
2. 商业银行为什么要发展代理业务?你认为中国的商业银行应怎样发展代理业务?

3. 2018 年 4 月 27 日,监管部门联合发布了"资管新规",你认为它对银行的个人理财业务产生什么影响?

4. 你认为我国商业银行的投资银行业务发展存在哪些问题? 如何进一步发展?

5. 请你为本市某家银行设计拓展投资银行业务的规划和具体实施步骤。

即测即评

请扫描右侧二维码检测本章学习效果。

第十章
国际业务

商业银行的国际业务源于国际贸易的发生和发展,国际贸易金融是银行传统的国际业务。随着金融市场逐步完善并趋于一体化,以及先进技术被广泛应用,商业银行国际业务的发展空间得以拓展。目前,国际银行业务已成为各国商业银行逃避管制、分散风险、追求高利润的途径。银行业务国际化已成为各商业银行寻求自身发展的手段。目前,商业银行的国际业务主要有三类,即国际贸易金融、外汇买卖和国际借贷。

第一节 国际业务的经营目标与组织机构

银行国际业务从广义上讲是指所有涉及外币或外国客户的活动,包括银行在国外的业务活动以及在国内所从事的有关国际业务。因此,银行国际业务与国内业务相比,在业务的记账单位、交易对象、业务规模及业务空间等上均有着显著的区别。国际业务在这些方面的特点决定了其在经营目标及组织机构上也有着其特殊性。

一、国际业务的经营目标

商业银行的经营目标是实现"三性",即流动性、安全性、盈利性。国际业务是银行的重要业务之一,其经营目标应与银行的经营目标一致。但由于国际业务的特殊性,因此,银行国际业务经营目标在具体表述上应有别于国内业务。

从盈利性而言,国际银行业务是银行追逐高利润的重要手段。近年来,许多跨国银行的国际业务收入已超过了国内业务收入,甚至有些银行靠国际业务的盈余来填补国内业务的亏损。为此,在盈利性目标的表述上应强调以下几点:

315

第一,维持和扩大其在国际银行业务市场中的份额,积极增加国际贸易金融、外汇买卖以及国际借贷活动,促使其资产规模的迅速增大。

第二,努力获取最大限额的垄断利润,全面开拓各种有利可图的国际金融业务和金融服务,争取获得较高的或有利的信贷利润率。

第三,在全球范围内建立和发展与客户的广泛联系,既与同行携手协作,互相融通、彼此代理,又必须认真应对竞争者的挑战。

从安全性与流动性而言,国际业务其经营环境的复杂性及不可预见性远远高于国内业务。银行因经营国际业务而面临额外风险,这些风险主要包括信用风险、外汇风险和国家风险。如何通过各种有效的方法将其经营的国际业务的风险控制在适当的范围内,乃至通过经营该类业务实现分散风险的目的是银行必须加以注意的。

首先,建立银行内部风险评估系统,确定防范风险的措施,减少由国家风险所造成损失的可能性。银行的国际业务往往受主权国家因自身利益而拒绝履行或拒绝承担担保的责任的影响,而使经营国际业务的银行承受主权风险,或因东道国政府的政策或法规禁止、限制资金转移而使经营国际业务的银行无法将其在东道国的存款收入汇出所造成的转移风险。对国家风险的分析和防范应贯穿于整个国际业务中。

其次,加强银行信用管理,降低银行国际业务的信用风险。银行国际业务的信用管理应充分考虑国家风险的影响。借款人所处的国家其经济环境、会计环境、法律环境等不同,由国际业务引发的对借款人信用调查与分析则显得格外重要。整个信用调查和分析的框架中包括国家风险及其对信用的影响、借款人经营策略分析、借款人会计分析、财务报表分析及预测分析。在此基础上确定借款人的信用等级以及放款量的最高限额。信用给定后还应进行信用追踪,根据借款人信用等方面的变化做出相应的调整。

最后,加强外汇风险管理。国际业务风险除了利率风险、信用风险和流动性风险外,还包括汇率风险。各国使用的货币不同以及汇率波动,使银行存在外汇储备头寸、外汇债权债务和国际贸易结算风险。就银行而言,其经营国际业务而存在的外汇风险是客观现实,有些风险属系统性风险,很难防范。为此,银行应采取外汇风险防范措施,尽量减少外汇风险。

银行在经营国际业务中,其基本的经营目标应体现出经营战略。每个银行的国际业务,其总体的发展方向、范围和经营方式并不相同。为此,它们或采用面向特定地区型战略,或采用面向特定业务型战略,或采用面向特定部门型战略等。可以肯定,银行在国际业务中采用的不同战略直接影响其具体的经营目标,即它们在盈利性、安全性及流动性上的要求往往视其战略而定。

二、国际业务的组织机构

商业银行的国际业务只有通过一定的组织机构的实施和运作才能完成。目前,中小型银行直接通过总部的国际业务部开展有关的业务,而大型银行乃至跨国银行则大多通过其国外分行和分支机构或国外代理行等来经营国际业务。由于各国对外开放程度及管制不一,各家银行的实力、信用及战略不同,各国的文化、历史、法律环境差异较大,因此,银行在国际业务的组织机构的设计上必然存在较大的差异。下面逐一介绍常见的几种组织机构。

（一）国际业务部

国际业务部(international business department)设在总行,它负责经营和管理银行所有国际业务,包括国际借贷、融资租赁和国际市场上的证券买卖等。整个银行内其他国际业务机构的经营情况通过国际业务部上划总行汇报。

（二）国外分行

银行的国外分行(foreign branch)从法律上讲是总行的一个组成部分,俗称国外联行。它不是独立法人,但从属于总行的能独立经营业务的分行,其资产、负债等均为总行的一部分。国外分行受东道国法规的约束。国外分行可以在当地法律允许的范围内从事存款放款业务、国际结算业务、贸易融资业务、证券买卖业务以及各项咨询业务等。国外分行多设在国际金融中心,具有广泛的市场,有机会更迅速地获知信息并在银行间和货币市场上吸收更多的存款。国外分行的出现是银行业务国际化的产物,其数量的多少也是跨国银行规模大小的标志之一。跨国银行将国外分行作为其国际业务组织机构的首选。美国商业银行的国际业务约有 60% 是通过在国外分行经营的。在我国,中国银行是目前拥有最多国外分行的中资银行。

（三）国外代表处

通常,在不允许开设分行的国家,或在允许建立分行但尚没有条件建立分行的国家或地区,银行可先设立代表处(representative office)。这是商业银行在国外设立分行,从事国际业务经营的第一步。代表处不能经营如存贷业务等的一般国际业务。它的主要作用是扩大总行在该地区的声誉和影响,为总行招揽生意,宣传和解释总行所在国政府的经济政策,调查和分析东道国的政治、经济信息以及东道国客户的信用状况和环境,为总行是否在该地开设分行以及今后在该地区所采用的经营战略提供决策依据。由于国外代表处不对外经营,因此,各国对设置代表处的限制很少。国外代表处是跨国银行进入一个新的国家或地区的方便途径,往往也是国外分行设立前的必经之路。

（四）国外代理处

国外代理处(agency office)与国外代表处不同。国外代理处不被允许吸收公众存款,但是可以提供或购买贷款、开立信用证、向客户提供技术支持和建议、为客户管理现金账户以及协助客户完成证券交易。

（五）国外代理行

跨国银行的国际业务有着广泛的地区性,而跨国银行受成本等因素影响,其不可能在世界各地均设有国外分行,银行国际业务的广泛性与其国外分行数量的有限性往往形成矛盾。为拓展自身在海外的国际业务,银行必须在海外寻找代理行(foreign agency),建立代理行关系,签订合约,相互委托业务。代理行按是否开有账户分成两类:一是互有账户关系的代理行,建立这种关系的代理行间可直接划拨头寸;二是无账户但有印押关系的代理行,这些代理行间的头寸划拨须通过有账户关系的第三家银行来进行。代理行关系往往是双向的,互相提供服务,并为身处不同国家或不同货币金融中心的银行提供财务上沟通的便利,方便了不同银行间资金划拨清算、代收、代付。银行国际业务的处理在很大程度上依赖于国外代理行,它们是处置银行国际业务的重要组织机构,从这类机构的数量而言,它远远多于国外分行。

(六) 国外子银行

商业银行国外子银行(foreign subsidiary)与国外分行不同,前者的财务独立于总行,其资产、负债和信用政策并非是总行(母行)的完整的组成部分。国外子银行与其在国内的母行之间的关系是控股与被控股关系。国外子银行经营的国际业务以国际借贷为主,也包括融资租赁、提供信息咨询等。随着投资银行与商业银行的相互渗透,许多跨国银行在海外组建具有投资银行或商人银行属性的子银行,从事证券买卖业务等。

(七) 国际联合银行

国际联合银行(international union bank)是由几个跨国银行一起投资组建的银行,其中任何一家银行都不能持有国际联合银行50%以上的股权。该类银行的组建是跨国银行国际性银行贷款面广量大的特征对跨国银行组织形式提出的必然要求,其主要目的是便于经营国际辛迪加贷款。目前,该类银行主要以国际货币市场为依托从事欧洲货币贷款。

(八) 银行俱乐部

与前面几种组织机构不同,银行俱乐部(banking club)是一种松散的组织形式,俱乐部成员银行间仅仅是一种国际合作关系。由于俱乐部成员行大多来自欧洲,银行俱乐部也称欧洲银行集团。这类集团已有一定的数量,比较有名的如欧洲银行国际公司、阿尔法集团、欧洲联营银行公司、欧洲联合合作金库等。俱乐部的组织形式以及成员行的来源决定了此类俱乐部建立的目的:为了协调和促进各成员行间的国际业务,分散各自经营风险,适应欧洲货币联盟的发展前景,与美、日等跨国银行抗衡。

国际业务组织机构的设计与跨国银行的组织体系、业务结构、市场布局、竞争策略、垄断方式等密切相关。在最近几十年中,跨国银行的经营环境发生了巨大的变化:首先,资本的国际流动随着金融自由化而不断增强;其次,国际结算和资金融通的需求因国际贸易的迅速发展而提高。这些变化了的环境使跨国银行的经营策略发生改变,具体表现为:跨国银行的垄断和集中度加强;形成了全球化的国际银行网络,提高了银行国际化程度;银行业务因竞争需要呈多样化和全能化态势;更加注重对货币市场的利用,尤其是加强与欧洲货币市场和日渐成长的亚洲货币市场的联系;加强对第三世界国家和外国银行的资本渗透。为了与这些变化了的环境相适应,银行尤其是跨国银行花大力气设计国际业务的组织机构,在国际业务组织机构的法律规范、利益的定位、地理位置的选择、组织形式的选择以及业务选择上做足文章。

第二节　国际业务活动及其与国际金融市场的关系

商业银行通过其海外的组织机构积极拓展其国际业务。同时,这类组织机构是融通外汇资金的窗口,它们借助国际货币市场和资本市场发挥外汇资金融通的功能。

一、国际贸易融资

(一) 银行贸易融资

国际贸易融资是最传统的外汇资金融通渠道。该类融资的具体方式很多,如票据贴现、进出口押汇、票据再筹资、委托买卖、票据承兑、保付代理。它们常由信用证结算引发。这些外汇资金的筹集大多为短期贸易融资。

国际贸易往往涉及四个基本当事人:买方、卖方、买方银行(进口地银行)和卖方银行(出口地银行)。在信用证结算项下,进口地银行又称开证行或承兑行,而出口地银行又称受证行或议付行。信用证的结算过程主要为:进出口商达成使用信用证支付的购货合同后,进口商向开证行申请信用证。经开证行同意后,取得与进口金额等值的信用证。国外出口商备货发运后,它通过出口地银行开出以开证行为付款行的汇票,并附必要的单证,向本地代理行提示。出口地银行将汇票连同单据一并寄开证行,开证行审核无误后,视即期和远期两种情形分别兑现和承兑汇票。

对出口地银行而言,信用证结算过程由受证通知、议付及收汇三个环节构成。这三个环节中均涉及融资内容。比如在受证通知环节有打包放款,在议付环节有出口押汇、贴现等。

对进口地银行而言,信用证结算过程由开证和审单付款两个环节构成。这两个环节也有许多融资内容,比如进口押汇、保证金存款等。

(二) 进出口融资

进出口融资是商业银行国际业务的重要组成部分,这一业务与国际贸易结算一起,极大地方便了国际贸易与经济往来,促进了世界经济的协调发展。进出口融资包括卖方信贷、买方信贷、混合贷款、福费廷等。这些多为长期贸易融资。

进出口融资涉及四个或四个以上基本当事人。就进口地银行这一重要当事人而言,它们实际上可以通过出口地银行直接提供给它们的买方信贷,或由出口国政府和商业银行共同提供的混合贷款等实现筹集资金的目的。即使出口地银行直接将资金贷给进口商,但由于往往以进口地银行为担保,因此,进口地银行在整个过程中相当于起着间接融资的作用。

就另一个重要当事人——出口地银行而言,尽管在进出口融资过程中,它们往往扮演着资金输出方或信贷者的角色,但它们的角色又是进出口融资顺利进行的保障。在现代金融市场上,出口地银行利用远期交易等新的金融工具,在进出口融资中发挥着更重要的作用。

二、国际借贷

商业银行的第二个外汇资金融通渠道为国际借贷(international lending)。国际借贷按不同的标准可分成不同的种类。按贷款期限分,有短期借贷、中期借贷和长期借贷三种;按贷款行和组织状况分,有单一银行借贷和多银行借贷两种。这些借贷分类互有交叉,比如单一银行借贷通常又是短期借贷。国际借贷在国际金融市场上进行。

国际金融市场由资金的供求对象、信用工具和信用中介机构三大基本要素组成。

(一) 国际货币市场

国际货币市场是1年以内短期国际资金交易的市场。按借贷方式,该市场又可分为银行短期信贷市场、短期证券市场和贴现市场。

在银行短期信贷市场,商业银行通过向工商企业提供短期信贷或进行同业拆借进行借贷活动来达到资金融通的目的。

在短期证券市场,主要运用各种短期信用工具进行市场交易活动。市场融资工具较多,交易量很大。比如,商业银行可借助该市场通过发放商业票据进行大量筹资。

在贴现市场,商业银行在两方面进行借贷活动:一是以其吸收的一部分存款,用通知放款、隔日放款形式拆放给另一信用中介机构——贴现公司;二是向贴现公司购进所需的一定数额和规定到期期限的短期票据。这些活动也能满足银行部分外汇资金的筹措需要。

(二) 国际资本市场

国际资本市场较难界定,一般将融资期限在1年以上的中长期资本借贷者或证券发行者和交易者组成的市场网络称为国际资本市场。它由国际中长期信贷市场和国际证券市场组成。

在国际信贷市场,贷款人既包括资金雄厚的大银行,也包括中小银行及能从事放贷业务的非银行金融机构;借款人则包括银行、企业、政府机构以及国际机构。国际信贷市场有独家银行贷款,也有辛迪加贷款。国际信贷市场是一个国际上众多的商业银行和银行集团均可参与的广泛市场,资金来源多样化,供应能力强,能很好满足筹资者的需要。这种市场上的借贷方式一般较为灵活,借贷金额、期限、还本付息方式均可由借贷双方协商决定,选择空间大,但借贷条件严格,且借款人因这类信贷期限较短而承受较大的还贷压力。早期的国际信贷活动主要是银行为国际贸易提供资金融通的便利,而目前,国际信贷活动已成为国际资本融通中的主流。

在国际证券市场,银行作为借款人可以在国际市场上发行以外币计值的债券,该类债券有外国债券和欧洲债券之分。外国债券是国际债券的传统组成部分,其发行须事先得到发行地所在国政府证监机构的批准,并受该国相关金融法令的约束。欧洲债券作为一种无国籍债券,不受外币所属国法律限制和官方机构管制,发行简便。因此,较之于外国债券,欧洲债券市场已是国际资本市场上一个重要融资渠道。以美元计值的欧洲债券为例,其规模10倍于外国债券。

在国际股票市场,银行还可以通过国际股票市场筹集外汇资金。多重挂牌上市、存托凭证、全球记名股票以及欧洲股票是该市场的重要融资工具。从国际股票发行额而言,其规模远不如国际债券,但国际股票能通过活跃的交易市场而保持高流动性,其股价的放大效应强。因此,国际股票市场不失为银行重要的外汇资金融资渠道。

资料链接:

想了解国际银行统计数据,可查阅国际清算银行网站(www.bis.org)和美国联邦储备系统网站(www.federalreserve.gov)。

第三节 贸易融资与国际贷款

贸易融资是传统的商业银行国际业务,国际贷款则是商业银行另一项主要的国际业务。这两类业务在商业银行国际业务中占主导地位。上文已述,银行外汇资金融通的目的与方式主要与这两类业务有关,下面,分述这两类业务的主要内容。

一、进出口押汇

进出口押汇(bill purchased)按承做地点的不同可分为进口押汇和出口押汇。前者指进口地银行所承做的押汇,事实上是进口地银行向进口商提供的一种特殊短期贷款;后者指出口地银行承做的押汇,是指出口地银行向出口商提供的一种特殊短期贷款。按押汇有无凭信可分为凭汇信押汇和不凭汇信押汇,它们之间的区别在于押汇时是否出具进口地银行对出口商所签发的含有担保性质的凭信。

银行在承做凭汇信出口押汇时,应严格审核押汇条件,首先在对申请人的资信作全面审核的基础上决定是否承做押汇,在银行对出口商交来的单据和汇票进行审核并确认单证及单单相符后才受理付款。对信誉好的出口商,可在出口商出具"赔偿保证书"后凭保先付。银行承做不凭汇信出口押汇时,基本的要求同凭汇信出口押汇,但应考虑押汇行无凭信的特点。因此,押汇行往往要求申请人提供保证人签字的保证书。

银行承做进口押汇时的要求并不同于出口押汇。在信用证结算项下,进口地银行常在审单付款环节承做进口押汇,由于信用证是含有担保性质的凭信,所以,进口地银行在进口商付款赎单时会接受进口商的借款申请以满足其付款要求。银行在确认进口商资信可靠,收到出口商出具的"信托收据"后,可办理对进口商押汇。而在受理不凭汇信进口押汇的过程中,其结算背景多为托收结算。因此,银行在承做此类押汇时,除了遵照凭汇信进口押汇的基本规则外,还应严格遵照国外委托行关于委托收款的指示。

尽管银行在不同的押汇形式下,其具体的做法各有差异,但进出口押汇的基本要素是一致的,这些要素包括押汇额度、押汇天数及押汇利率等。这些要素如何设定将直接影响银行承做进出口押汇的风险与收益。

在押汇额度的给定上,银行对承兑和付款交单进行押汇时应在资信调查基础上,对有实力的申请人才能叙作,且授信额度不高于货物交易额的90%。同时,银行为防止风险,可能要求接受信用者购买出口信用保险并将保单过户给银行。

在押汇天数的估算上,即期票据的押汇天数是邮程加银行处理单据的工作日。远期票据的押汇天数按议付日至到期日的工作日计算[①]或按定期的天数加上即期计息天数计算[②]。

在押汇利率的确定上,美元、英镑、日元、欧元的押汇利率目前参照伦敦银行同业拆借利率,其他外币则采用固定利率。

进出口押汇这种特殊的短期贷款形式有着较高的安全性。银行在押汇时所得的汇票到期后,如进口商不能支付,银行可向出票人追索,信用风险转向出口商。同时,进出口押汇具有汇款的特点,如果收款天数超过预定的贴现天数,银行对受益人有索取超过原贴现天数利息的要求权。

二、短期贸易贷款:打包放款

打包放款(packing credit)是出口地银行在出口商备货过程中因出口商头寸不足而向出口商提供的一种短期资金。银行向出口商提供的这种短期贸易贷款是支持出口商按期履行合同义务、出运货物。由于该贷款早先主要解决受益人包装货物之需,故俗称打包放款。

以信用证结算为例,打包放款的金额及放款期限有一定的要求。一般而言,打包放款的金额不超过信用证金额的80%。当然,如果银行的资金充裕或者客户信誉较好,则放款额可放宽,国外有些银行在资金充裕时甚至有将放款额放宽到信用证金额100%的情况。放款期一般不超过信用证有效期,如果出口商在之后又申请了出口押汇,则打包放款的到期日就是出口押汇日,银行在发放出口押汇时可以从受益人账户中扣除打包放款本息。

银行在进行打包放款时以出口商提交的正本信用证为抵押,由于出口商申请打包放款时尚在打包中,因此,用作抵押的信用证必须是贷款银行可凭此议付、付款或承兑的。为防止意外,银行在收下正本信用证后,除了限制出口商必须向贷款行交单以确保信用证能议付、付款或承兑外,还应确保受益人不会瞒着贷款行同意撤销信用证。

三、票据承兑

票据承兑(bank acceptance's financing)通常也称银行承兑。票据一旦由银行开出并承兑,承兑银行就有义务在规定日期支付规定的金额。经过银行承兑的汇票,持票人可以在汇票到期之前到市场上贴现,筹措资金。在发达的金融市场上,票据承兑是可贴现的工具,可转让、可销售。因此,票据承兑在进出口贸易融资中被广泛运用。银行承兑既可产生于商业信用证的支付,也可

---

① 适用于出票后定期或提单日后定期付款的远期票据。
② 适用于见票后定期付款的定期票据。

由银行协议安排。

（一）银行承兑汇票

银行承兑汇票是出口商通过银行向进口商提供的融资,与商业承兑汇票不同的是,银行与进口商、出口商各自达成了两个相互独立的债权债务关系。

银行承兑汇票的期限一般为30天、90天或180天,平均为90天左右。进口商从银行得到资金所付出的成本要大于银行向汇票持有人(出口商)提供的收益率。这个差额可以视为银行为提供承兑业务而收取的佣金,且随汇票期限的长短及进口商信誉的高低而变化,但一般不超过1%的年率。对于货币市场的投资者来说,银行承兑汇票和大额可转让定期存单(CDs)十分相似,因此,这两种工具的市场收益率也十分接近。银行承兑汇票是投资者青睐的短期投资品种,常被视为现金等价物。

（二）贴现融资

贴现融资是指出口商将其持有的银行承兑汇票向银行或在货币市场申请贴现。如果政府为鼓励出口而给银行以直接或间接的出口融资补贴,那么,银行承兑汇票贴现率一般要比短期银行贷款等其他短期融资方式的利率低一些。如果出口商的汇票投过保险,那么,出口商可以获得更加优惠的贴现率。

出口商在收到银行承兑汇票之后可以立即贴现,也可以持有至到期日。比如,某出口商现有一张30天、面额为100万欧元的银行承兑汇票,年贴现率为3%,年佣金率为0.5%。如果持票人决定持有至到期日,则30天后它将得到$100 \times (1 - 0.5\% \div 12) = 99.9583$万欧元;如果出口商决定立即贴现,则它将得到$100 \times (1 - 3\% \div 12 - 0.5\% \div 12) = 99.7083$万欧元。如果出口商按3%对持有至到期日现金流入进行贴现,那么持有至30天后得到的99.9583万欧元的现值为$99.9583 \div (1 + 3\% \div 12) = 99.709$万欧元。显然,出口商此时会选择持有至到期日。但当贴现率提高后,情况可能会变化。

贴现融资可分为具有追索权的贴现融资和不具有追索权的贴现融资两种。前者具有这样的特点,即如果汇票到期时进口商没有能力或不愿付款,则银行有权向票据贴现人退还票据,追索贴现款;而后者则由银行承担贴现后的信用风险。

四、保理

保理(factoring)是指银行为了满足出口商应收账款筹资,向出口商购买其应收账款的行为。保理俗称"购买应收账款",购买应收账款的银行被称为客账经纪商。银行购买应收账款后,应收账款的信用风险和收款风险由客户方转移过来。因此,银行购买应收账款的程序较为严格。

客账代理经营协议签署过程中,银行应注重协议的内容。通常应明确以下内容:第一,客账经纪商不承担退货和销售折扣的责任;第二,采用通知方式时,出售应收账款的企业(委托人)须通知其欠账客户今后直接将货款交付给客账经纪商;第三,确定客账经纪商购买应收账款的价款,通常以应收账款价值扣除佣金后的余额计价;第四,采用不通知方式时,委托人应将收到的应收账款回款及时交客账经纪商,如要支用,则应向客账经纪商支付利息;第五,确定佣金及利息率,通常佣金按购入应收账款价值的 1.5% 计收,利息率则比主利率高出 3%～5% 。

客账代理经营协议签订后,委托人(出口商)将客户的购货订单送交客账经纪商,以征得信用认可。当客账经纪商同意购入这些订单所产生的应收账款时,委托人才接受客户的订单。同时,委托人准备两份发货单据的复印件,作为发货的依据送交客账经纪商。客账经纪商将其中一份寄委托人客户,表明该笔账款已由客账经纪商代理,以后有关该项应收账款的各种文件全部由客账经纪商掌管。

五、出口信贷

出口信贷(export credit)是由政府支持,用以鼓励本国商品出口,加强本国商品的国际竞争力,由本国商业银行或其他金融机构为支持本国出口商扩大出口而提供较低利率优惠贷款的一种融资方式。按贷款对象进行分类,出口信贷可分为卖方信贷(seller's credit)与买方信贷(buyer's credit)。

(一)卖方信贷

卖方信贷是出口地银行向本国出口商提供的中长期贷款,以便本国出口商向外国进口商提供延期或分期付款等优惠的付款条件,来增强其产品对进口商的吸引力。在卖方信贷支持的贸易中,商业银行提供的贷款一般不超过出口商品总值的 85% 。在延期付款方式下,由出口商按出口货物金额出具汇票,其中 15% 的货款以定金方式由进口商在买卖合同签订后的若干天内付清,其余 85% 货款在全部交货后的某段时间内偿还,并支付延期付款的利息。卖方信贷的基本流程为:银行与出口商签订贷款协议,其内容包括贷款金额、利率、期限、担保等,进口商分期偿还出口商 85% 货款的本息,出口商再将此款偿还其从银行取得的贷款。

银行实施卖方信贷时,它除了向出口商收取贷款利息外,还计收信贷保险费、承担费和管理费等。这些均由出口商承担,但出口商又将之附加于出口货物的款项中转嫁给进口商,为此,延期付款货价比现汇付款价高出 3%～4% 。

(二)买方信贷

买方信贷是一国的出口地银行提供给另一国的进口商或进口地银行的一种利率较优惠的出口信贷。根据以上定义,买方信贷有两种形式:一是由一国的出口地银行预先向另一国的进口地银行提供一个总的买方信贷额度,签一个买方信贷总协议,规定一些总的信贷原则,一旦项目落实,需要使用时再分别由使用单位向进口地银行申请贷款;二是事先没有买方信贷协议,而是在办理进口手续、签订进口商务合同时,由出口地银行和进口地银行签订相应的信贷协议。两种形式中以第一种最为常见。

在具体操作过程中,买方信贷事实上可视为由进口地银行实施转贷。进口商与出口商签订合同后,进口商预付相当于交易额 15% 的现汇定金,进口商以此作为申请使用买方信贷的门槛条件。买方信贷常与即期跟单信用证结合起来使用,进口地银行要求进口商付款赎单时,进口地银行相当于做了一笔转贷业务,同时进口商或进口地银行开具一系列分期还款的本票或汇票,经银行承兑或背书后交贷款银行(出口地银行)。此类贷款期限一般为5～7年,利率参照经济合作与发展组织(OECD)利率,每半年还款一次。

卖方信贷与买方信贷各有特点。卖方信贷属出口商与本国银行之间的关系。出口商对他国进口商提供商业信用,采用延期付款的方式。因此,出口商的报价必然包含延期付款的利息、保险费以及汇价变化损失。买方信贷属进口商与他国出口地银行或进口地银行与他国出口地银行的关系。出口地银行对他国进口商或进口地银行提供的是银行信用。从接受信用者而言,买方信贷的成本较低。但是,卖方信贷手续简便等优点是买方信贷所不具备的。

六、福费廷

福费廷(forfeiting)又称"票据包买",是商业银行为国际贸易提供的一种中长期融资方式。在延期付款的国际贸易中,出口商把经进口商承兑并经由进口地银行担保后,期限在半年以上(一般为5～10年)的远期汇票,以贴现方式无追索权地出售给出口商所在地银行或其他金融机构,实现提前取得现款的目的。此类融资方式在延期付款的成套设备、机器、飞机、船舶等贸易中运用得非常广泛。

从福费廷的定义来看,它似乎在形式上与一般票据贴现相似。然而,它有其自身的特点:

第一,福费廷业务所涉金额巨大,且付款周期长。出口商在使用该项融资方式时,必须与进口商协商,在征得同意后,其开具的汇票必须经由进口地一流银行担保。

第二,福费廷这种特殊的汇票贴现实质是汇票让售,是出口商将汇票的所有权转给了商业银行或其他金融机构,作为票据包买方的商业银行对出口商就失去了追索权。包买方为避免票据包买所带来的风险转移,它们对进口商及担保行的信用极为关注。

第三,福费廷业务比较复杂,各项费用较高。福费廷的费用主要包括贴现利息、承担费和罚款。贴现率是以再贴现率为基本贴现率,再加上其所承受的商业、政治、货币等风险报酬来测算的,因此,该贴现率常比欧洲货币市场同期浮动贷款利率高出0.75%～1%。承担费是出口商与包买方自签订协议至贴现日前的一段时间内,由出口商向包买方支付的费用,按年率0.5%～1.5%计付。罚款是出口商未能按期向包买方交出汇票而按规定支付给包买方的罚金。

在运用福费廷融资时,进出口双方在洽谈资本货物交易时,事先与其所在地银行联系。票据包买方在了解交易情况后,开给出口商一张载明包买交易详情、贴现率、承兑票据最迟见票日期以及票据期限等的包买责任承诺书。出口商在有效期内接受包买人报出的实盘,包买交易就算达成。

由于票据包买具有买断性,且金额巨大的特点,因此,包买方对出口商因索取货款而对进口商签发的远期汇票的担保作严格要求,即必须取得进口商所在地一流银行的担保,其方式为进口地银行在汇票票面上签章,保证到期付款。这种方式称背书(endorsement),或由银行出具保函(letter of guarantee)。担保行的资质只有经包买方确认后,进出口双方才能签订定有"福费廷"的贸易合同。

七、国际银团贷款

国际银团贷款也称国际辛迪加贷款(syndicated loan),是由一家或数家商业银行牵头,多家或数十家银行为参与行,共同向某一借款人或项目提供的金额较大的中长期贷款。国际银团贷款是国际信贷的重要方式之一。20世纪70年代以来有较大的发展。国际银团贷款可分直接和间接两种具体形式。前者是银团内各成员行委托一家银行为代理行,向借款人发放、收回和统一管理贷款;后者是由一家牵头行将参加贷款份额转售给其他成员银行,全部贷款管理工作由牵头行负责。

(一)银团成员及分工

银团成员及具体分工如下。

1. 牵头行

牵头行(lead bank)是银团的组织者。主要工作有:发起和筹组银团贷款,分销银团贷款份额;对借款人进行贷前尽职调查,草拟银团贷款信息备忘录,并向潜在的参加行推荐;代表银团与借款人谈判确定银团贷款条件;代表银团聘请相关中介机构起草银团贷款法律文本;组织银团成员与借款人签订书面银团贷款合同;银团贷款合同确定的其他职责。

2. 经理行

经理行(management bank)是参加认购集团的银行,负责安排和召集各银行参加银团。

3. 参与行

参与行(participating banks)是参加银团并按一定比例认购贷款的银行。通常最低认购额在100万～200万美元之间。

4. 代理行

代理行(agent bank)是充当银团贷款管理人的银行,负责发放、回收和贷款管理工作。

(二)银团贷款的优势

商业银行实施银团贷款有着单一贷款所没有的效果。第一,银团贷款能分散国际贷款的风险,增加对接受贷款人的控制力;第二,每个成员行能在其信用规模限度内实施有效的贷款;第三,为本身无力从事国际贷款的中小银行提供了走向国际贷款市场的机会;第四,有利于银行进一步拓展国际业务。

(三)银团贷款的协议

银团由许多成员行构成,它们共同对借款人提供银行信用,但是银团中直接与借款人发生关系的为牵头行或代理行。另外,银团成员在银团中的义务、权利不同,它们的利益风险各异。因此,须用银团贷款协议来规范成员行之间、成员行与借款人之间的行为。

银团贷款协议由牵头行拟定。该协议的要点为:

第一,贷款限额。国际银团贷款金额从1 000万美元到几亿美元不等,甚至十几亿美元的规模也有。该贷款由牵头行负责推销给众多的参与行,也有由借款人指定或牵头行邀请的参与行认购。若贷款规模较小,该贷款往往由牵头行和经理行提供全部贷款资金。该贷款的安排一般需 6 周完成,牵头行一般拿下全部信用额的 10%。

第二,期限。国际银团贷款的期限一般在 1～15 年,大多则在 3～10 年。银团贷款期限由宽限期和偿还期组成。在宽限期内,借款人可提取贷款,无须还本,只需付息。

第三,有效提款期。国际银团贷款的有效提款期较长,从几个月到三四年不等,视贷款项目的需要和贷款期而定。有效期结束时未进行借款的承诺总额的余额即自动注销。

第四,利率及费用。借款双方均担心利率变动造成的损失固定化,为此,作为中长期贷款的银团贷款,一般均采用分期按市场利率进行调整的浮动利率。调整频率通常为 3 个月或半年一次,市场利率常以伦敦银行同业拆借利率为基数,再加上一个加息率,或在美国商业银行的优惠利率上加一个加息率确定,或参照贷款货币发行国国内的利率决定。加息率视借款人资信状况而定。

银团成员还要向借款人计收费用,包括前端费用(fronted fees)、承担费(commitment fees)和代理行年度费。前端费用包含参加费和管理费,该费用由借款人在贷款协议签订后一次性支付。这两种费用按贷款总额的 0.25%～0.5% 计收,银团成员可按出资份额分享参与费,管理费则由牵头行和经理行分享。承担费按年度内贷款未提取金额的比例计算,以补偿银行预备资金的利息损失。承担费费率为 0.375% 至 0.5% 之间。代理行年度费一年一次性计收,补偿代理行在组织管理银团贷款过程中有关事务性开支和其他开支。

第五,还款。银团贷款的还款方式有到期一次偿还、分期等额偿还(无宽限期)和宽限期满分次等额偿还三种。由于外汇贷款存在汇率风险,因此,借贷双方往往就是否能提前还贷进行商议。

第六,贷款币种。贷款所使用的币种直接决定了借贷双方各自所承受的外汇风险。为此,银团贷款币种一般选择发达国家或地区发行的硬通货,如欧元、美元等。商业银行选择长期趋势看涨的货币比较有利。

在实施银团贷款过程中,如果银团认为贷款风险较大,则往往要求借款人为该笔贷款提供颇具实力的担保银行;或采用各种保值条款,使用远期外汇业务等手段降低或分散风险。

随着国际资本市场融资格局发生重大变化,迫于竞争压力,银团贷款延长了平均偿还期,放宽了合约条款,并放宽了再融资条件,这些创新降低了借款人的融资成本。

第四节 外 汇 买 卖

外汇买卖是商业银行重要和基本的国际业务。它的存在基于几个重要的现实:客户有进行货币兑换的需要;跨国银行持有的外汇头寸和外汇债权或债务受汇率变化影响而导致银行外汇头寸风险;外汇债权债务风险和对外贸易结算风险。为此,银行有通过外汇买卖降低外汇风险的要求和需要。与以上几个现实对应,银行在外汇市场的两个层次上开展业务,即应客户的需要办理外汇买卖和为平衡外汇头寸、防止外汇风险而在银行同业市场上进行轧差买卖。

一、外汇市场

外汇市场是指由外汇需求和外汇供给双方以及外汇交易中介机构所构成的外汇买卖场所和网络。[①] 当今的外汇市场由这种有形和无形的市场组成,且以无形市场为主。按活动范围分,外汇市场可分为国内外汇市场和国际外汇市场;按外汇交易的类型分,外汇市场又可分为现货市场和包括期货、远期、期权、互换的外汇市场;按交易对象分,外汇市场有批发性与零售性之分。不同的外汇市场在结构、作用及运作等方面存在差异。这里,我们不讨论市场本身。在从事外汇买卖业务时,买卖双方最关注的是汇率及其变化趋势。

（一）汇率的标价方法

汇率是一种货币与另一种货币的价格之比,它实际上是一国货币用另一国货币表示的价格。它使各国货币能够直接进行比较。根据两种货币在汇率表示中所起的作用不同,其可分为基准货币和报价货币。汇率的报价方式有直接报价和间接报价之分。直接报价以外币为基准货币,本币为报价货币,即以一定单位的外国货币作为基准折算成一定数额的本国货币;间接报价法是指以一定单位的本国货币为基准,折算成若干数额的外国货币来表示汇率的标价方法。世界上大多数国家采用直接报价法。

（二）汇率的种类

汇率的种类很多,下面我们仅就几种重要的汇率种类作一介绍。

1. 按外币挂牌的档数分为单档汇率和双档汇率

（1）单档汇率指银行对每一种外币只有一个牌价。银行向客户买入或卖出外汇时均按此汇率办理。银行承做外汇买卖时不是赚汇差,而是向客户收取一定的手续费。比如苏联曾采用此种汇率。

（2）双档汇率指对每一种外币挂出两个牌价:一个是银行买入各种外币的汇率(买入价),另一个是银行卖出各种外币的汇率(卖出价)。买入价低于卖出价,银行赚取其中的差额。世界上大多数国家采用此类汇率。

2. 按现汇与现钞分为现汇汇率和现钞汇率

（1）在双档汇率下,现汇汇率是指银行买卖现汇时使用的汇率,与现钞汇率相对应。从外汇角度而言,外汇包括外币现钞。但从银行结算角度而言,现汇是指可通过账面划拨进行国际结算的支付手段,不包括外币现钞。

现汇汇率分为买入汇率(汇买价)和卖出汇率(汇卖价)。买入汇率是银行向客户买入即期外汇时使用的汇率,卖出汇率是银行向客户出售即期外汇时使用的汇率。直接标价法下,买入汇率在先,卖出汇率在后。比如,英镑与人民币汇率为 GBP100 = RMB906.63/913.3,其中汇买价为

---

① 陈彪如,马之骕. 国际金融市场. 上海:复旦大学出版社,1998:130.

906.63,汇卖价为913.3。

（2）现钞汇率指银行买卖外币现钞时使用的汇率。根据国际惯例,外汇现钞在发行国本国外不能作为国际支付手段,只有将其运到发行国或国际金融中心出售后才能转换成作为国际支付手段的现汇。其间会发生一定的运保费等费用,这些费用均应从外汇汇率中扣除,因此各国的现钞汇率均低于现汇汇率。现钞汇率分为买入汇率（钞买价）和卖出汇率（钞卖价）。现钞买入汇率指银行买入外币现钞时使用的汇率;现钞卖出汇率指银行卖出外币现钞时使用的汇率。

买价与卖价的平均价称为中间价。

3. 按制定汇率的方法划分为基本汇率和套算汇率

（1）基本汇率指本国货币与基准货币的汇率。这一汇率是套算本币对其他货币的汇率的基础。目前,作为基准货币的通常为美元,因而把本国货币对美元的汇率作为基本汇率。

（2）套算汇率指在基本汇率制定出来后,通过各种货币对关键货币的汇率套算出来的本币对其他货币的汇率。比如,若1美元=6.5元人民币,1美元=0.92瑞士法郎,则1瑞士法郎=7.065元人民币。可见,1美元=6.5元人民币为基本汇率,而人民币与瑞士法郎的汇率为套算汇率。

4. 按外汇交易交割期限划分为即期汇率和远期汇率

（1）即期汇率是指目前的汇率,用于外汇的现货买卖。

（2）远期汇率是指将来某一时刻,比如3个月后的汇率,用于外汇的远期买卖。

即期汇率与远期汇率通常不一样。以某种外汇汇率为例,在直接标价法下,远期汇率高于即期汇率时,我们称该种外汇的即期汇率与远期汇率之差为升水;反之,则称该外汇即期汇率与远期汇率之差为贴水。

我国于1994年1月1日将人民币汇率并轨后,实行以市场供求为基础的单一的有管理的浮动汇率制度。2005年7月21日起,我国开始实行以市场供求为基础、参考一篮子货币进行调节、有管理的浮动汇率制度。

第一,明确了汇率调控的方式。实行以市场供求为基础、参考一篮子货币进行调节、有管理的浮动汇率制度。人民币汇率不再盯住单一美元,而是参照一篮子货币[1]、根据市场供求关系来进行浮动。同时,根据国内外经济金融形势,以市场供求为基础,参考一篮子货币计算人民币多边汇率指数的变化,对人民币汇率进行管理和调节,维护人民币汇率在合理均衡水平上的基本稳定。

第二,中间价的确定和日浮动区间。中国人民银行于每个工作日闭市后公布当日银行间外汇市场美元等交易货币对人民币汇率的收盘价,作为下一个工作日该货币对人民币交易的中间

---

① 这里的"一篮子货币",是指根据我国对外经济发展的实际需要,选择若干种主要货币,赋予相应的权重,组成一个货币篮子。货币篮子内的货币构成,将综合考虑在我国对外贸易、外债、外商直接投资等外经贸活动占较大比重的主要国家、地区及其货币。参考一篮子货币表明外币之间的汇率变化会影响人民币汇率,但参考一篮子货币不等于盯住一篮子货币,它还需要将市场供求关系作为另一重要依据,据此形成有管理的浮动汇率。

价格。每日银行间外汇市场美元对人民币的交易价仍在人民银行公布的美元交易中间价上下0.3%的幅度内浮动,非美元货币对人民币的交易价在人民银行公布的该货币交易中间价上下3%的幅度内浮动。

第三,调整了起始汇率。2005年7月21日19时,美元对人民币交易价格调整为1美元兑8.11元人民币,作为次日银行间外汇市场上外汇指定银行之间交易的中间价,外汇指定银行可自此时起调整对客户的挂牌汇价。这是一次性地小幅升值2%,并不是指人民币汇率第一步调整2%,事后还会有进一步的调整。

2007年5月21日,中国人民银行调整了银行间即期外汇市场人民币兑美元交易价浮动幅度,由上下0.3%扩大至0.5%。之后,经历了数次调整。2012年4月14日,中国人民银行进一步扩大银行间即期外汇人民币兑美元交易价浮动幅度,由上下0.5%扩大至1%。2014年3月15日,将银行间即期外汇市场人民币兑美元交易价浮动幅度由上下1%放宽至2%,即每日银行间即期外汇市场人民币兑美元的交易价可在中国外汇交易中心对外公布的当日中间价上下2%的幅度内浮动。外汇指定银行为客户提供当日美元最高现汇卖出价与最低现汇买入价之差不得超过当日汇率中间价的幅度由2%扩大至3%。

二、外汇交易的方式

外汇市场,尤其是国际外汇市场上的外汇交易极其丰富,交易的方式多种多样。随着金融衍生工具的发展,新的外汇交易方法层出不穷。其中最基本的外汇交易方式有以下几种。

(一)现货交易

现货交易(spot transaction)是指交易双方以即期外汇市场的价格成交,并在成交后的第2个营业日交割的外汇交易。定义中所指的交割是指买卖合同到期日,交易双方在该日互相交换货币。比如,甲、乙两家商业银行按 $1=JPY105 汇率达成一笔现货交易,金额1 000万美元。第三天,甲行将1 000万美元划入乙行账户,而乙行则将105 000万日元划入甲行账户,这笔现货交易就此结束。

现货交易被广泛使用,它是外汇交易中最基本的交易。在资金划拨、汇出汇款、汇入汇款、出口收汇、进口付汇等业务发生时,银行往往需要满足客户对不同货币的需求,建立各种货币的头寸,满足客户结算之需。另外,现货交易还可以用于调整持有外汇头寸的不同货币的比例,以避免外汇风险。

(二)远期交易

远期交易(forward transaction)是指买卖交易双方成交后,按双方签订的远期合同,在未来的约定日期进行外汇交割的交易方式。常见的远期外汇买卖期限为1个月、2个月、3个月、4个月、5个月、6个月和1年。为方便起见,在日常交易中,通常将在成交2个营业日以后的任何一个营业日都视作远期外汇买卖交割日。

银行采用该交易的目的是满足进出口商和资金借贷者为避免商业或金融交易遭受汇率波动

的风险之需,或银行本身为了平衡期汇头寸,或为了赚取汇率变动的差价。

远期交易较现货交易有着更强的灵活性,其在交割时间、交易的价格等方面均可以由商业银行与交易对方商定。

远期交易交割日的起算日为成交后的第 2 个营业日,至于交割日期的确定,则交易双方在遵循"日对日、月对月、节假日顺延、不跨月"的规则下商定。通常有固定交割日和择期交割远期交易两种:前者指交易双方按在交易合同中规定的日期交割,如果其中一方延误交割期,它必须向另一方支付利息和罚金;后者是指交易双方在约定的某一时日交割。

银行在交易价格的测定上,在考虑了诸如进出口贸易中的应收和应付款,对外负债规模等影响未来外汇供求的因素后提出报价。

远期交易的报价有直接远期报价和掉期率(swap rate)报价。直接远期报价下,外汇的远期汇率等于即期汇率加升水(premium)或即期汇率减贴水(discount);掉期率报价下,以基本点表示的远期汇率与即期汇率的差额作为报价。掉期率与远期汇率可以转换,在升水、贴水已知的情况下,可按表 10-1 所列的规则将掉期率转换为远期汇率[①]。

表 10-1 转换规则表

掉期率形式	计算方法	基本货币	标价货币
高/低	减	贴水	升水
低/高	加	升水	贴水

比如,2011 年 1 月某美国公司向银行询价,银行用掉期率标价法报出远期英镑价格:spot:USD1.564 0/50;30-day2/3;90-day26/28;180-day30/22。根据表 10-1 中所列的规则,对应的远期汇率分别是:30-dayUSD1.564 2/1.565 3;60-dayUSD1.566 6/1.567 8;180-dayUSD1.561 0/1.562 8。在业务操作中,交易员一般都采用掉期率报价方式,原因在于即远期之间的差额对即远期汇率的变动不敏感。

商业银行在远期外汇交易中应注意外汇风险的转移。在远期外汇交易中,由于远期外汇交易缺乏保证金制度,因此,商业银行可能承受较大的信用风险。为此,商业银行通过银行间做一笔反向的远期交易,将风险转移到银行间的市场中,或与客户商谈取消该远期外汇合约的事宜,或要求客户进行资产抵押,尽可能减少银行损失。

(三) 外汇期货交易

外汇期货交易(currency futures option)是指在有形的外汇交易市场上,由清算所(clearing house)向下属成员清算机构(clearing firm)或经纪人,以公开竞价方式进行具有标准合同金额和清算日期的远期外汇买卖。外汇期货交易始于 1972 年芝加哥商品交易所的国际货币市场,而后,其他期货交易所也开始设有外汇期货交易。目前,外汇期货交易的主要国际市场有:伦敦国

[①] 陈彪如,马之骉. 国际金融市场. 上海:复旦大学出版社,1998:157.

际金融期货交易所（LIFFE）、巴黎的 MATIF、法兰克福的 DTB、新加坡的 SIMEX、东京的 TIFFE、悉尼期货交易所等。

外汇期货交易与远期交易在交割时间、合同形式等方面极为相似。但是，在具体运作上，外汇期货交易较之于外汇远期交易，有着显著的特点：

第一，外汇期货交易有固定的交易场所，比如芝加哥国际货币市场和伦敦国际金融期货交易所等。其中芝加哥国际货币市场的交易额占世界外汇期货交易总额的 50%。

第二，外汇期货交易是一种固定的、标准化的形式，具体体现在合同履约价格、到期日均标准化，而非通过协商确定，或者说非量身定做。比如，以芝加哥国际货币市场为例，一份日元期货合约的履约价为 1 250 万日元，一份英镑期货合约的履约价为 6.25 万英镑等。1 年有四个到期日，它们分别是 3 月、6 月、9 月、12 月的第三个星期三。

第三，外汇期货交易的买方只报买价，卖方只报卖价，并由交易所确定每日限价。

第四，外汇期货交易的远期合约大多很少交割，交割率甚至低于 1%。

第五，外汇期货交易的买卖双方无直接合同责任关系，买卖双方分别与清算所有合同责任关系。

外汇期货交易是一种采取按一定比例的保证金进行交易的方式。它也是商业银行进行保值、防范汇率风险的手段之一。因此，当信用风险是银行面临的主要问题时，外汇期货交易是外汇远期交易的最好替代。但是，外汇期货交易的风险巨大，在外汇期货交易中如何控制风险是银行外汇期货交易经营管理的重要内容。

例 10-1：假如某一国际银行甲为英镑期货的买方，买入一份英镑期货合约，履约面值为 62 500 英镑，并按规定在交易所存入足额的保证金。合约订立之日的即期汇率为 1 英镑 = 1.300 美元。假如营业日 1、营业日 2 的汇率分别为 1 英镑 = 1.301 美元和 1 英镑 = 1.290 美元。问：银行每天的损益为多少？

解：银行甲在外汇期货持有期内每天的损益如下：

营业日 1：62 500×(1.301−1.300)=62.5 美元（收益）

营业日 2：62 500×(1.290−1.301)=−687.5 美元（损失）

（四）外汇期权交易

1982 年，美国费城股票交易所首先进行英镑对美元的外汇期权交易，之后，增加了日元、德国马克、法郎等对美元的外汇期权交易（foreign exchange option）。现在，芝加哥、伦敦、巴黎、新加坡等地都有供外汇期权交易的场所。

外汇期权交易是指买卖远期外汇权利的交易。在这种交易中，外汇期权的卖方和买方在规定时期内按双方商定的条件，比如一定的汇率，购买或售出指定数量的外汇。与外汇期货交易相似的有：一是外汇期权交易的履约价格和到期日也是标准化的。以芝加哥国际货币市场为例，一份英镑期权的面值为 31 250 英镑，一份欧元期权的面值为 62 500 欧元，到期日为 3 月、6 月、9 月和 12 月的第三个星期三的前一个星期六。二是场内交易具有保证金制度，银行可以免受信用风险。在汇市有利于买方时，买方将买入看涨期权，可以获得在期权合约有效期内按某一具体履约价格购买一定数量某种外汇的权利;在汇市不利时,卖方将卖出看跌期权;在汇市捉摸不定时,投资者倾向于购买双向期权,即买方同时买进了看涨期权和看跌期权。在外汇期权交易中,期权买方向卖方支付期权费,该费用被视为买方购买期权的价格。

外汇期权交易对买方而言,它在期权有效期内无须按预定价格履行合同交割义务。因此,它所承担的代价仅限于其所支付的期权费。此外,外汇期权的买方无须履行合同的义务,这种状态有利于买方为外汇资产和收益进行保值。与外汇期货有两点不同:一是风险的不对称性。外汇期权的买入方在支付了期权价格之后,可以享受外汇价格上涨所带来的所有好处,或可以获得外汇价格下跌所带来的所有利益。二是交易更具灵活性。外汇期权可在场内,也可在场外进行交易。

外汇期权交易的本意是提供一种风险抵补的金融工具。银行在外汇期权交易中既充当买方,也充当卖方。银行作为期权买方时,它承担了卖方可能违约的信用风险,因此,它倾向于从同业批发市场或交易所场内购买期权来消除信用风险,而非其客户处。银行作为卖方时,其承担期权合约下金融标的价格变化的市场风险。对于这种源于汇率或利率波动的市场风险的控制,国际银行界有消极管理和积极管理之说。前者主张采用建立在彻底无为而治基础上的集中保险法;后者主张采用 δ 中性套期保值法。

例 10-2:某国际银行持有 100 万英镑现金,为了规避英镑贬值风险,拟通过芝加哥国际货币市场购入看跌外汇期权,每份期权合约的面额为 31 250 英镑,履约价格为 152 美元。每英镑的看跌期权价格为 0.005 美元。问:银行应该购买多少份合约?规避英镑风险的成本为多少?

解:

(1)购买的看跌期权合约数为:

1 000 000/31 250 = 32 份

(2)每份英镑看跌期权的价格为:

0.005×31 250 = 156.25 美元

购置 32 份看跌期权的成本为:

156.25×32 = 5 000 美元

（五）外汇互换交易

外汇互换交易(swaps option)是指互换双方在事先预定的时间内交换货币与利率的一种金融交易。双方在期初按固定汇率交换两种不同货币的本金,随后在预定的日期内进行利息和本金的互换。

由于外汇互换的条件反映了合约双方对所交换的两种货币的汇率走势的判断及各自对利率变动的看法,所以外汇互换交易主要包括货币互换和利率互换。这些互换内容也是外汇互换交易有别于掉期交易的标志,因为后者是套期保值性质的外汇买卖交易,其双面性的掉期交易并未包括利率互换。

银行在外汇互换交易中,它可充当交易一方,或充当中介人。银行通过互换可以降低筹资成本;通过互换工具消除其敞口风险,尽量避免汇率风险和利率风险;外汇互换属表外业务,可以规避外汇管制、利率管制和税收方面的限制。因此,近年来,这种交易在国际金融市场上发展迅速。

银行作为中介方参与互换的安排时,它运用公开或非公开介绍的方式进行。

(1)在公开方式下,银行将互换双方安排成面对面直接谈判。银行在这过程中充当咨询和中介,因此,不承担风险,仅收取包含介绍费和咨询费等在内的手续费。

(2)在非公开方式下,互换双方分别与银行签合约,为此,银行承担了交易双方的违约风险,这种风险是双重的。另外,银行为撮合这类交易,向交易双方或一方出售灵活性和适应性,这将导致互换双方在期限或利息支付等方面承受不完全匹配的差额风险。因此,在非公开方式下,银行必须加强对风险的管理与控制;否则,将与运用这种金融工具的本意相悖。

例10-3:澳大利亚B银行与美林证券签订互换协议,期初美林证券按照即期汇率1澳元=0.7059美元,用6800万澳元从澳大利亚B银行换回4800万美元,在合约期内,美林证券每隔半年按照LIBOR减40个基本点的浮动利率向澳大利亚B银行支付美元利息,本金为4800万美元;第5年年末,美林证券再用4800万美元从B银行换回1.3亿澳元。问:澳大利亚B银行面临的风险是什么?

解:

(1)澳大利亚B银行首先面临未来澳元和美元比价变动的汇率风险,如果澳元看涨,B银行将面临汇兑损失。

(2)由于LIBOR为浮动利率,所以,澳大利亚B银行还面临利率风险。

显然,澳大利亚B银行由此承受了一定的汇率风险和利率风险。为此,澳大利亚B银行就有了进一步运用衍生工具将自身承担的风险进行规避的意愿。

三、银行参与外汇买卖的原因

从以上外汇交易的方式可知,作为外汇市场的主要参与者,银行不仅是外汇供求的中介,而且是外汇供求的最大客户,它是外汇市场的主体。应该说,银行参与或进行外汇买卖的深度和广度不同,因此,它们参与外汇买卖的原因也各有差异。通常,银行参与外汇买卖是为了规避外汇风险、调节货币结构、调剂外汇头寸等。

(一)规避外汇风险

作为中介,银行按客户的要求,代客户在国内和国际外汇市场上完成客户委托的各种外汇交易。银行经营的这类中介业务是银行的传统业务,也是银行中间收入的来源之一。从传统的意义上讲,银行的这类业务不会引发太大的外汇风险。但是,随着外汇买卖工具和手段的不断创新,银行在充当中介时,其越来越像是扮演了一个风险中介转嫁机构的角色。一方面,新的外汇买卖工具为银行摆脱汇率风险提供了可能及手段;另一方面,银行由此承受的从客户转来的外汇风险加大。为此,银行必然加大参与外汇买卖的深度与广度,通过外汇买卖及创新工具将外汇风险转嫁出去。

银行持有一定数量和规模的外汇资产和负债,除了通过各类交易增加银行的收益外,还要通过各类外汇交易降低银行自身的外汇资产与负债的外汇风险。银行作为交易一方,它们必须不断调整资产和负债的币种结构、利率和期限结构,通过远期交易规避汇率风险,或通过外汇期货交易使银行实现保值,减少汇率风险,或通过货币互换等工具消除其敞口风险。外汇交易手段的创新,从某种意义上讲,是银行避险冲动所致。

（二）调节货币结构

银行外汇资产和负债在汇率波动的情况下存在风险,因此,银行经营者必然考虑这些外汇资产和负债的货币结构。在外汇资产和负债一定的情况下,若这种资产和负债的货币结构不一,银行以本币表示的收益就会有差异。另外,调节货币结构还有调整银行外汇资产和负债暴露头寸的需要,目的是降低外汇风险,这已在避险动因中表述过。

（三）调剂外汇头寸

在银行外汇交易的客户中,有许多客户为进出口商和外汇存款人等。由这些客户引发的外汇交易活动多数为货币兑换以及源于贸易结算的套汇业务的汇入和汇出款业务。银行进行货币兑换是为了满足客户调剂外汇头寸的需要;贸易结算中的套汇业务要求银行在其中充当货币供应者与另一种货币买入者的角色,这一过程是银行进行外汇头寸调剂的过程。在银行所受理的包括汇入、汇出、非贸易托收等非贸易业务中,客户也会要求银行替其调剂外汇头寸。在传统的外汇买卖业务中,银行的功能主要是替客户调剂外汇头寸,方便客户进行贸易与非贸易结算。

四、银行经营外汇交易的策略

经营外汇交易能给银行带来巨大的收益,但银行也招致了对应的风险。因此,银行在外汇交易中,除了贯彻盈利性、安全性和流动性三项经营原则之外,还应在其他方面有所考虑,在总的经营原则下制定经营策略。

（一）在汇率预测基础上进行外汇交易决策

汇率的波动受制于经济和非经济因素的影响,这些因素涉及宏观与微观两个层面。为此,银行应采用基本分析法和技术分析法对外汇市场进行分析,考察汇率的中长期趋势,并据此判断是否进行交易,以及用何种方式进行交易。建立在短期波动预测上的过度短期投机行为对银行外汇业务的拓展并不利。

（二）选择合适的交易方

在外汇交易中,选择资信良好、作风正派的交易方。这是外汇交易安全、顺畅实现的前提。选择交易方应考虑以下四个方面:

第一,交易方的服务。交易方的服务应包括及时向对手提供有关交易信息、市场动态以及它们对经济指标或未来汇率波动产生影响的程度预测等。

第二,交易方的资信度。资信度与交易方的实力、信誉与形象极其有关。交易方资信度的高低直接影响交易风险,如果交易方资信不佳,银行在外汇交易过程中承担信用转移风险的概率加大。

第三,交易方的报价速度。报价速度的快慢也是一个衡量指标。优质的交易方,其报价速度快,方便银行抓住机会,尽快促成外汇交易。

第四,交易方报价的水平。好的交易方应该在报价上显示出很强的能力,它们的报价能基本反映市场汇率的动向和走势,具有竞争性和代表性。

（三）建立和完善外汇交易程序及规则

外汇交易是银行具有高风险的一种国际业务,建立和完善外汇交易程序起到了控制风险的功能。稳健原则应贯穿于整个外汇交易过程。在外汇交易前,银行应详细了解和掌握外汇交易的程序和规则,特别是初入一个新市场或初试一种新的金融工具时应在对交易环境及对方有了充分认识后才能开始交易。在外汇交易时,应遵循各项交易规则,保证外汇交易正常进行。

（四）选择和培养高素质的交易员

交易员是一把双刃剑,既能给银行带来丰厚的利润,也能使一家大银行遭受损失甚至灭顶之灾。因此,应当选择心理素质好、专业能力强,且恪守职业操守的交易员。

第五节　离岸金融业务

离岸金融业务(off-shore banking activities)是银行国际业务中重要的组成部分。离岸金融是金融自由化、国际化的产物。从离岸金融的历史沿革及对国际金融市场的推进作用看,它的产生使信贷交易实现了国际化,并为国际金融中心的扩展创造了重要条件。截至 20 世纪末,全球有近 70 个国家和地区创建了离岸金融中心。

一、离岸金融业务的含义

（一）离岸金融业务的定义

离岸金融业务是指在本国境内发生的外国机构(或个人)之间以外币进行的交易,它特指非居民(主要包括境外的个人、法人、政府机构、国际组织)间的融资活动,即银行吸收非居民的资金,为非居民服务的金融活动。传统的离岸金融中心为伦敦,伦敦的欧洲货币市场是离岸金融市场的核心组成部分,作为欧洲货币市场的延伸——亚洲货币市场也是离岸金融市场的组成部分。

与离岸金融业务相对应的概念是在岸金融业务,后者是指居民与非居民间的金融业务。

离岸金融业务与传统的国际金融市场业务不同。其特点为:

第一,由于离岸金融市场的幅度与深度超过国际金融市场,因此,离岸金融业务具有币种多、规模大等特征。

第二,离岸金融业务仅限于外国借贷双方间,借贷关系单一。

第三,离岸金融业务一般不受业务交易所在地金融当局政策、法令和外汇管制的约束。

（二）离岸金融业务发生和发展的原因

离岸金融业务产生和发展的基本原因是生产国际化、贸易国际化和资本国际化。生产国际化、贸易国际化要求银行的金融业务面向世界,跨国公司经营的国际化使银行扩展了其海外的业务,银行经营国际化必然增加其在海外的分支机构,从而推动了离岸金融业务的发展。资本国际化流动及合理配置是对离岸金融业务发展的内在要求,离岸金融市场的出现,为资本国际化提供了广阔的舞台和高效顺畅的渠道。作为离岸银行机构,由于其在国际资本流动方面所受的限制和约束较少,从而增加了资本流动的效率,有助于资金、资源在全球市场按营利性、安全性和流动性原则进行合理配置和有效利用。

离岸金融业务产生的理论基础是金融创新理论和金融市场全球一体化理论。金融创新是各种金融要素的重新组合,是为了追求利润而形成的市场变革。西方关于金融创新的理论颇多:按约束诱导型创新理论,只要外部环境变化而改变对企业的金融约束,出现了扣除创新成本之后的利润最大化机会,金融机构就会乐意创新;按回避管制创新理论,金融机构可以通过创新逃避政府管制以获取企业应得利润和管制以外的利润机会;按希克期和涅汉斯金融创新理论,金融创新的主要动机是降低交易成本。从西方金融创新的动因理论可知,离岸金融业务的产生和发展是金融创新的结果。

金融市场一体化要求国内金融市场和传统的国外金融市场紧密联结;要求市场环境具备信息沟通灵敏、金融交易自由、交易成本低且呈一致性的特点;要求市场的覆盖面广,且极少甚至不受各国金融监管及其法律法规的影响。很显然,离岸金融市场具备了金融市场一体化的功能,符合一体化的要求和条件。金融市场一体化的发展需要离岸金融业务。

技术进步是离岸金融业务产生的直接推动力。它降低了交易成本,使全球的金融机构和市场连成一体成为现实。

二、离岸金融业务的种类

目前,世界上已出现了数十个形式各异的离岸金融市场。按离岸金融市场的业务经营和管理来划分,有内外混合型离岸金融市场、内外分离型离岸金融市场、避税港离岸金融市场和渗透型离岸金融市场。这四类市场的业务特点不一。

(一) 内外混合型离岸金融市场及业务

内外混合型离岸金融市场是指离岸金融市场业务和国内金融市场业务不分离,以发挥两个市场的资金和业务的互补性。因此,这类市场的资金流向不定,既可流入国内也可从国内向国外流出,对从境外流入的资金的利息免征利息税,外汇资金不实行存款准备金制度。伦敦和香港离岸金融市场属此列。在伦敦和香港市场,允许非居民经营在岸业务。

1. 伦敦离岸金融市场及业务

伦敦离岸金融市场就是伦敦欧洲货币市场。在这个市场上,从立法上讲,不能在伦敦直接经营欧洲英镑业务,只允许经营所在地国以外的欧洲货币。该市场内外一体化的特征在于允许非居民经营在岸业务和国内业务,但须缴纳存款准备金和有关税款。由于在岸业务受金融当局严格限制。所以在岸业务在该市场占的规模很小。伦敦离岸金融市场呈国际化态势,表现在其国内金融市场和国际金融市场一体化。

2. 香港离岸金融市场及业务

香港离岸金融市场是亚洲重要的离岸金融中心。其主要特点有:一是境内外金融活动融合,从未刻意区分境内和境外业务,使得两种账户间没有确切区分,无论本地居民和非本地居民,货币的使用也没有规定,均可进行自由的资本和金融交易。二是外汇储备丰富,外汇储备由外汇基金持有。三是全球最多国际银行开业之地,在这个市场上,有众多金融机构发挥着作用。在这些金融机构中,正规金融机构占主导地位。我国香港的银行实行三级银行体制,按接受存款活动的限制大小划分成三类银行。在港的外资银行是我国香港银行业的主流。香港的金融业务品种多样,技术装备先进。

（二）内外分离型离岸金融市场及业务

内外分离型离岸金融市场是专门为非居民业务交易而创立的市场。此类市场将境内业务和境外业务分开,禁止非居民经营在岸业务和国内业务。分离型市场有助于隔绝国际金融市场资金流动对本国货币存量和宏观经济的影响。为此,在该市场上,管理当局对非居民业务予以优惠,对境外资金的注入不实行国内的税制、利率限制和存款准备金制度。纽约、新加坡、东京的离岸金融市场均属此类。

1. 纽约离岸金融市场及业务

该市场于 1981 年由美国联邦储备银行批准设立,也称为国际银行设施（international banking facility, IBF）离岸金融市场,是专为非居民交易而创设的市场。该市场允许所有获准吸收存款的美国银行、外国银行申请加入 IBF。纽约离岸金融市场的交易严格限于机构与非居民间,进入离岸市场的金融必须开设 IBF 账户,离岸交易必须在此账户内进行,且须为境外与境外的交易。该市场交易可豁免存款准备金、利率上限、存款保险,市场交易者免缴利息税和地方税。存放在 IBF 账户上的美元视同境外美元。应该说,美国对离岸金融市场的限制较多。

2. 新加坡离岸金融市场及业务

新加坡离岸金融市场诞生的标志性事件是,1968 年 10 月 1 日,新加坡政府允许美国美洲银行新加坡分行在银行内设立一个亚洲货币经营单位（Asian currency unit, ACU）,以欧洲货币市场的方式接受非居民的外国货币存款,提供外汇交易和资金借贷等业务。目前,新加坡离岸金融市场设立亚洲货币账户,以此将外币交易的账目与新元交易的账目分开。该市场为一个短期资金市场,其利率波动频繁,但利差偏小。新加坡离岸金融市场经历了多个重要发展阶段,2000 年 1 月起,逐步放松对交易佣金的管制,鼓励外国证券进入新加坡,积极吸引外国公司到新加坡发行证券,并在新加坡证券交易所上市,积极开发新的金融衍生产品,提高对东南亚及国际金融市场的影响力度。这些改革措施使新加坡的离岸金融市场也从内外分离型市场向一体型市场过渡转型。

3. 东京离岸金融市场及业务

该市场无具体交易场所,只是在获准进行离岸业务的银行中,通过设立海外特别账户处理境外业务。拥有海外特别账户的银行可以用任何一种货币对所有的非居民、非个人客户提供存放款业务。该市场也有免税、无利率限制等优势,但该市场不允许经营债券和期货。早年,东京离岸金融市场是绝对的内外分离型,严格禁止资金在境内市场间和在岸、离岸账户间流动。之后,东京离岸金融市场完全取消了资金从境内流出的限制,只保留离岸金融市场流入境内的限额。

东京离岸金融市场和中国香港、新加坡离岸金融市场一起构成亚洲离岸金融市场的中心。

（三）避税港型离岸金融市场及业务

避税港型离岸金融市场业务也称走账型或簿记型离岸金融市场。这类市场没有或几乎没有实际的离岸业务交易，只是在不征税的地区名义上设置机构，并通过这一机构将境内与境外的交易进行记账和划账，目的是逃避税收和管制。中美洲加勒比海和中东等地的一些离岸金融属此类。这类离岸金融中心分布很广，但由于缺乏像伦敦和纽约那样大型市场的基本设施和条件，加勒比海离岸市场一般只是记账中心而不进行实际交易业务，国际交换的功能仍依赖伦敦、纽约、法兰克福等功能型中心。

（四）渗透型离岸金融市场及业务

该类离岸市场的基础是分离型离岸金融市场，即离岸业务与在岸业务分立两大账户，居民的存款业务与非居民的存款业务分开，但允许离岸账户上的资金贷给居民，这是最突出的特点。这种类型的金融市场主要出现在发展中国家，典型的如雅加达离岸金融市场。

渗透型离岸金融市场主要源于发展中国家。原因是：首先，发展中国家金融实力较弱，为避免外部冲击，需要保持独立的金融政策，这就决定了发展中国家的离岸金融市场中离岸业务与在岸业务相分离。其次，发展中国家通常实施外汇管制，这就排除了内外混合型离岸金融市场的可能性。

三、银行从事离岸业务的形式

银行从事离岸业务的形式很多，并且不少形式是离岸金融业务和在岸业务均采用的。通常，银行从事离岸业务的形式有以下几种。

（一）存款形式

存款形式有通知存款、定期存款和存单（CDs）等。通知存款就是隔夜至7天存款，可随时发出通知提取。定期存款分7天、1个月、3个月，最长不超过5年，尤以1个月与3个月的定期存款最为常见，每笔存款不得低于5万美元。存单是由商业银行发行的一种存款证明，具有不记名可转让的特点，可在二级市场上出售。存单按期限可分为短期存单和中期存单（1～5年），按利率可分为固定利率存单和浮动利率存单。存单的币种以美元居多，其最低面额为10万美元，发行对象主要是银行或非银行金融机构投资者。20世纪70年代以来，存单很快成为一种主要的筹资工具。存单在欧洲货币市场和亚洲货币市场比较流行。但在有些离岸金融市场，因担心美元资产外流而对存单的发行进行限制。

（二）放款形式

放款形式有银行同业短期拆放、中长期放款和发行欧洲债券三种。

银行同业短期拆放主要凭信用，期限短则隔夜，长则不到1年。中长期放款金额大、期限长，往往采用银团贷款形式，采用定期浮动计息，每3个月或6个月定期浮动一次。发行欧洲债券按发行条件可分为发行固定价格债券、浮动利率票据、可转换债券、授权证债券以及合成债券五种。

欧洲货币市场上还出现了新的离岸金融业务形式。主要有:多种货币贷款、灵活偿还期限贷款、分享股权贷款和多种选择贷款等。其中,分享股权贷款是指贷款人愿意接受低于市场的利率来分享贷款项目的股权,这种放款方式可使借贷双方共同分担项目风险。而多种选择贷款是一种灵活的辛迪加贷款,银行允许借款人在银行的帮助下选择几种融资方式。

(三)参与国际证券的发行

商业银行参与部分国际证券的发行。随着金融管制的放松,商业银行参与国际证券发行的程度将更深更广。目前,国际债券(包括外国债券和离岸债券)、国际股票(包括多重挂牌上市、存托凭证和离岸股票)越来越成为跨国公司重要的融资手段。其中,存托凭证的发行有赖于商业银行的服务。

存托凭证也是国际股票融资的一种方式,是专为非本国公司提供的一种股权融资方式。中国、日本、英国、荷兰、德国、澳大利亚等国的许多公司都利用美国存托凭证(ADR)在美国获得资金。除了美国接受外国企业(泛指非美国公司)以 ADR 方式在美国融资外,英国、荷兰也接受外国公司的此类融资要求。

ADR 的融资程序为:外国公司首先向美国证券管理机构进行登记注册;与美国某商业银行(存托银行)签订存托协议;由存托银行在外国公司的母国选定保管银行(通常是存托银行的联行或关系良好的代理行);外国公司将真实股票存入保管银行;存托银行向投资者签发 ADR;存托银行将股款交外国公司;外国公司定期将股息转给保管银行;保管银行将股息转给存托银行;由存托银行向投资者支付股息。由以上融资程序看,商业银行扮演了重要的角色。

资料链接:

想进一步了解美国存托凭证,可查阅 www.adr.com 等相关专业网站。

(四)离岸票券融资

离岸票券(euronotes)是一种短期性的融资工具。它是由公司、银行和政府筹集资金时所使用的短期融资工具。其特点是:到期日 1~6 个月不等、以浮动利率为主(比如,LIBOR ± 0.125%)、发行方式同票券发行便利(可参见下文)。

(五)离岸商业本票(票据)

离岸商业本票(euro-commerical papers)是一种短期融资工具。其特点是:发行者的信誉良好(多为信誉良好的大公司、国际银行或政府)、无抵押担保的承诺票据、不通过银团承销(由第三者直接出售给保险公司、共同基金等投资者),与国内商业票据相比,其到期日较长、信用等级较低、次级市场交易活跃。

(六)存款票券

存款票券(deposites notes)是由国际银行所发行的一种中长期无抵押担保的票券。其到期日一般为 9 个月、1 年、5 年、20 年不等,还可长达 30 年,发行利率或为固定利率或为浮动利率。存款票券的面值和到期日以投资者的需求而定,存款票券通过经纪商发售,发行面额不是一次就以大额的方式发行,而是以多次小额度方式发行。

（七）票据发行便利

票据发行便利(note-issuance facilities,NIFs)是指借款人可以在未来一段时间内(3～5 年或 10 年内)随时进行融资的一种融资方式。其特点有:第一,借款人与银团协定融资计划或合约(包括融资规模、利率、期限等融资条件)。第二,借款人须支付银团承办费用,按融资信用金额的 0.03%～0.2% 计算。如果借款人信用良好,可按费率下限计算;否则,按上限计算。第三,票据发行便利以浮动利率为主。

当借款人采用这种融资方式时,必须支付承办费以及未来一切相关费用的现值,以取得使用票据发行便利的权利,但届时不一定行权。因此,它可以被视为对基点的一种买权契约(合约)。当市场基点率差低于 NIFs 合约上所规定的固定基点时,借款人不会行权。否则,行权。

（八）转动承办融资

在合约有效期内,借款人可以多次通过银团发行票券筹集资金。银团组织固定不变,每一次融资都是由相同的银团承办促销。

转动承办融资(revolving under-writing facilities)和票券发行便利融资有一个显著区别,后者的利率是指标利率加上一个固定的基点,而前者则加上一个可调整的基点(可根据借款人信用的变化进行调整,或根据市场利率的变化进行调整),只是基点有一个上限。

可见,离岸金融业务创新形式与规避风险、实现资产保值、降低经营成本、争取客户的要求一致。创新形式多为表外业务形式,常见的有金融期货、期权、互换、远期利率协议和票据发行设施等。其中,远期利率协定是交易双方为防范利率风险而把远期利率确定在某一水平上的一种远期合约。而票据发行便利允许借款人以发行短期票据来赢得承销机构包销每期票据并承担不能全额销售的风险的承诺,借款人则以向包销机构支付有关费用和利息为代价。

从银行经营离岸业务的形式看,其特点鲜明:一为短期性,二为灵活性,三为兼容性。其中,兼容性表现在不同业务互相交叉上。

本 章 小 结

1. 广义上讲,银行国际业务是指所有涉及外币或外国客户的活动,与国内业务相比,其在交易对象、业务规模及空间上均有显著区别。这些决定了其在经营目标及组织机构上的特点。国际银行业务是追逐高额利润的重要手段,其经营环境的复杂程度和不可预见性使其在安全性和流动性上的要求也高于国内业务在这方面的要求。各国银行在从事国际业务时,往往视其开放程度、实力、信用和战略,乃至文化、历史环境而设计其组织机构,常见的有国际业务部、国外分行、国外代表处、国外代理行、国外子银行、国外联合银行等。

2. 商业银行可通过国际业务的组织机构,在国际货币市场和国际资本市场上筹集外汇资金,发挥其组织的功能。国际贸易融资是传统的外汇资金融通渠道,银行的国际业务组织机构充当出口地银行和进口地银行进行资金融通。国际借贷则是第二个外汇资金筹资领域,银行的国际业务组织作为供求对象在国际货币市场和国际资本市场上发挥其融资功能。

3. 贸易融资和国际贷款是商业银行两大国际业务。商业银行进行贸易融资与国际贷款的具体业务包括进出口押汇、打包放款、票据承兑、出口信贷、保理业务、福费廷、银团贷款等。这两类业务在商业银行国际业务中占主导地位。

4. 外汇买卖是商业银行重要和基本的国际业务。为此,商业银行在外汇市场上从客户和自身的需要这两个层次上开展外汇交易。外汇交易的方式随着金融衍生工具的发展而不断推陈出新,其中最基本的外汇交易方式有外汇现货交易、外汇远期交易、外汇期货交易、外汇期权交易、外汇互换交易。外汇买卖的存在基于客户和银行自身避免外汇头寸风险、外汇债权债务风险和外贸结算风险等现实需要。外汇交易的收益和风险具有对称性。因此,银行在外汇交易中,应在总的经济原则下制定经营策略,包括汇率预测、交易方法的选择、完善交易程序和规则等。

5. 作为金融自由化和国际化产物的离岸金融业务,它的产生使信贷交易实现了国际化,并为国际金融中心的扩散创造了重要条件。离岸金融市场有内外混合型、内外分离型、渗透型和避税港型四类。不同类型的离岸金融市场有着不同的业务特点。从离岸金融业务的形式而言,包括存款、放款和参与国际证券发行等多种形式。尽管离岸金融业务与在岸金融业务在形式上极其相似,但前者在短期性、灵活性和兼容性上特点鲜明。

本章重要概念

国际银行业务	进出口押汇	国际贷款
离岸银行业务	外汇业务	买方信贷
卖方信贷	票据承兑	银团贷款
福费廷	保理	银行承兑
外汇市场	外汇交易	外汇远期交易
外汇期货交易	外汇期权交易	外汇互换交易

复习思考题

1. 简述跨国银行在国外的分支机构的异同点和作用。

2. 商业银行业务国际化的背景及其发展趋势如何?

3. 何为银团贷款?其组织形式如何?为何国际贷款多为银团贷款形式?请加以说明。

4. 银行经营的福费廷和票据贴现业务有何不同?

5. 讨论各外汇交易形式并说明它们之间的差异。

6. 哪些因素可能对汇率产生影响？这些因素与汇率的关系如何？

7. 离岸金融业务和在岸金融业务间的区别和联系是什么？

8. 任选一家在美国发行 ADR 的中国企业或中国概念企业，找出哪些商业银行参与了 ADR 发行。它们在发行中分别扮演了什么角色？

9. 为什么越来越多的跨国公司在中国香港发行人民币债券(俗称熊猫债券)？

即 测 即 评

请扫描右侧二维码检测本章学习效果。

第十一章
商业银行资产负债管理策略

第一节 资产负债管理理论和策略的发展

商业银行的资产负债管理有广义和狭义之分。广义的资产负债管理,指商业银行按某种策略进行资金配置,从而实现银行管理层确定的流动性、安全性和盈利性的组合目标。银行的资产负债管理既不单纯站在资金运用的角度,如信贷、证券投资等,也不单纯站在资金来源的角度,如资本金、存款、借款等,而是站在银行总体的高度,按照既定经营目标对银行表内外所有品种、期限和利率特性的整体资金进行的配置和组合。

广义的资产负债管理按其经历的过程,可划分为资产管理思想阶段、负债管理思想阶段和资产负债综合管理思想阶段。狭义资产负债管理的内涵和定义,来源于西方发达国家20世纪70年代,金融中介机构(主要是商业银行)针对监管当局放松金融管制和利率市场化所引致利率风险的防范和控制的手段和策略,后来得到金融学术界和实务界的高度认同和总结,并不断发展。它的核心内容指,在利率波动的环境中,银行通过策略性改变利率敏感资金的配置状况,来实现的目标净利息差额,或者是通过调整银行总体资产和负债的持续期,来维持银行正的资产净值(net worth)。学术界和实务界目前涉及和讨论的资产负债管理都是狭义上的。

一、资产管理思想

在20世纪60年代以前,商业银行是金融中介机构的主要代表,间接融资是经济活动中最主要的融资方式。商业银行的资金来源以活期存款为主,资金供给相对充裕,资金来源的水平和结构被认为独立于银行决策之外。在这种环境下,商业银行管理的中心是维护流动性,在满足流动性的前提下追求盈利性。因而银行将资金配置的重心放在资产负债表的资产方面。概括而言,商业银行资金配置中的资产管理(asset management)理论认为,资金来源的水平和结构是银行不可控制的外生变量,银行应主要通过资产方面项目的调整和组合来实现"三性"原则和经营目标。下面根据资产管理思想和策略所提出的顺序,依次给予介绍。

（一）资产管理理论沿革

1. 商业性贷款理论

资产管理思想可以追溯到 18 世纪英国商业银行所遵循的确定银行资金分配方向的理论,即商业性贷款理论(the commercial loan theory)。该理论认为,商业银行在分配资金时应着重考虑保持高度的流动性,这是因为银行的主要资金来源是流动性很高的活期存款。由于存款决定是外在的,因此,银行资金的运用只能是短期的工商企业周转性贷款。这种贷款期限较短,且以真实的商业票据作为贷款的抵押,这些票据到期后会形成资金自动偿还,所以该理论又被称为自偿性贷款理论(self-liquidation theory)和真实票据理论(real-bill theory)。商业性贷款理论认为商业银行不宜发放不动产抵押贷款和消费贷款,即使发放这些贷款,也应将其限定在银行自有资本和现有稳定性存款水平范围内。

商业性贷款理论产生于西方商业银行发展初期。当时英国的产业革命刚刚开始,大机器工业尚未出现,占支配地位的还是工场手工业和发达的商业,所需资金多数属商业周转性的流动资金。金融机构管理处在较低水平上,中央银行还没有产生,也就没有作为最后贷款人角色的银行。因此,流动性风险是商业银行日常面临的主要风险。

该理论的缺陷是显而易见的,它忽视了活期存款的余额有相对稳定的一面,从而使银行资金配置太多地集中在盈利性较低的短期流动资金贷款上。而且以真实票据为抵押的商业贷款的自偿性是相对的。在经济衰退阶段,票据违约现象相当普遍,从而使真实票据的自偿程度大大降低。该理论的另一个大的缺陷是,由于银行将资金的运用限定在商业流动资金贷款上,而不努力拓展其他贷款和资产运用业务,商业银行的业务局限在十分狭窄的范围内,不利于银行的发展和分散风险的运作。然而,在理论上毕竟是商业性贷款理论第一次明确了商业银行资金配置的重要原则,即资金的运用要考虑资金来源的性质和结构,以及商业银行相对于一般工商企业应保持更高的流动性的运作特性。这些思想为商业银行进行资金配置、稳健经营提供了理论基础。

2. 资产可转换性理论

第一次世界大战以后,由于西方强国迅速恢复经济,而后加上经济危机爆发和加深,这些国家开始大量发行公债,政府借款需求急剧增加。商业银行也逐步把资金部分转移到购买政府证券中去。资产可转换性理论(the shiftability theory)应运而生。该理论被认为是由美国的莫尔顿于 1918 年在《政治经济学杂志》上发表的《商业银行及资本形成》一文中提出的。这个理论仍然强调商业银行应考虑资金来源的性质而保持高度的流动性,但将资产运用的范围放宽到证券上,在很大程度上拓展了银行盈利性资产的范围。资产可转换性理论的主要内容可概括为:流动性要求仍然是商业银行需特别强调的,但银行在资金运用中可持有可转换性资产或具有高度流动性的资产。这类资产一般具备信誉高、期限短、容易转让的特性,使银行在需要流动性时可随即转让它们,获取所需现金。在资产可转换性理论的鼓励下以及面对当时社会条件的变化,商业银行资产组合中的票据贴现和短期国债比重迅速增加。资产可转换性理论突破了商业性贷款理论对商业银行资产运用的狭窄局限,使银行在注重流动性的同时扩大了资产组合的范围。

3. 预期收入理论

预期收入理论(the anticipated income theory)为美国金融学家赫伯特·V.普罗克诺(Herbert V. Prochnow)于1949年在《定期贷款与银行流动性理论》一书中首次提出并给予较系统的阐述。该理论的基本思想是,商业银行的流动性状态从根本上来讲取决于贷款的按期还本付息,这与借款人未来的预期收入和银行对贷款的合理安排密切相关。贷款期限并非一个绝对的控制因素,只要贷款的偿还是有保障的,银行按照贷款各种期限合理组合,使资金回流呈现出可控制的规律性,同样可保障银行的流动性。该理论产生的背景为第二次世界大战后,美国经济从战时状态转入恢复和发展,鼓励消费的经济政策使得消费品市场对生产企业的设备更新提出要求。在对商业银行的借款需求中,中长期借款需求增长很快。对银行而言,中长期贷款不仅利率较高,而且本息回收的前景很好。商业银行希望进行资产组合的结构调整,增加发放利息率较高的中长期信贷。这些行为均需要获得理论上的支持。预期收入理论并不否认商业性贷款理论和资产可转换性理论的科学部分,但极大丰富了如何判断银行资产组合中流动性和盈利性关系的思维方式,强调了借款人的预期收入是商业银行选择资产投向的主要标准之一。预期收入理论无疑比前两种理论仅强调按照资产的期限来决定银行的流动性更为科学,从而为商业银行在更广的领域内选择资产组合奠定了理论基础。

(二)资产管理方法

1. 资金分配方法

资金分配方法(the funds allocative approach)提出的时间也是20世纪40年代。它根据资产管理理论的思想,提出商业银行应如何安排资金组合的运作策略。其主要内容是:商业银行在把现有的资金分配到各类资产上时,应使各种资金来源的流通速度或周转率(turnover rate)与相应的资产期限相适应,即银行资产与负债的偿还期应保持高度的对称关系,所以它也被称为期限对称方法。那些具有较低周转率或相对稳定的资金来源应分配到相对长期、收益高的资产上,反之,那些周转率较高的不稳定性存款则主要应分配到短期的、流动性高的资产项目上。例如,活期存款有较高的周转率和准备金比率,其偿还期被视为零,从期限对称原则出发,它们应主要分配作为一级准备的现金资产和作为二级准备的短期证券资产上,剩余部分可用于中短期贷款和证券投资。定期存款稳定性较高,则主要运用于贷款和中长期证券投资的盈利性资产。资本金一般不要求法定准备金,且不存在到期偿付的要求,这部分资金主要用来购置建筑物和设施。这些关系可用图11-1来表示。

2. 线性规划方法

资金分配方法仅体现一种资金管理的策略思想,但银行在运用中需要可供操作的方法。计算机技术在银行业务中的广泛使用,使银行有可能将计算多变量的数学多元求解法引入银行资金配置决策中,寻求最优配置方案。线性规划模型(the linear programming approach)也称管理科学方法,就是一种较有效的方法,它被银行用来解决在一些变量受约束时,线性函数值如何取得最优的问题。线性规划模型在银行资金管理中的运用主要包括四个步骤,即建立模型目标函数,

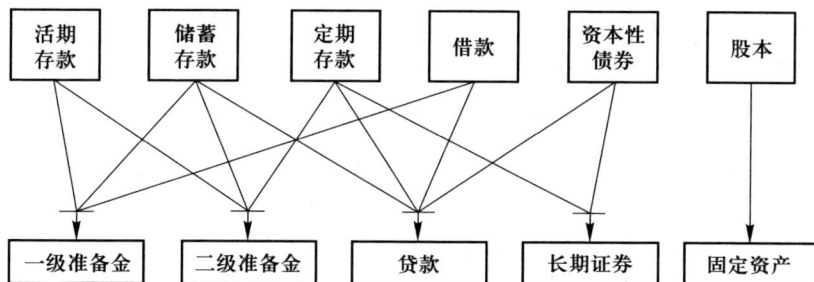

图 11-1　资金分配方法

选择模型中的变量,确定约束条件,最后求出线性规划模型的解。① 建立模型目标函数。由于在确定目标函数中运用"财富最大化"概念极为困难,这个目标函数通常使用更为常用的术语定义。一般来说,银行企图最大化的目标函数包括各类资产收益率、净收益等,银行把它们作为股东财富最大化的近似反映。② 选择模型中的变量。主要考虑决策和预测这两类变量。决策变量是那些银行可以进行控制,而且银行企图优化其组合数额的资产和负债项目,如同业拆借、国库券、CDs、贷款和资本债券等。预测变量是银行不能进行控制,并主要由银行外部事件决定的因素,如利率波动、现金流量、存款和放款的品种和期限等。③ 确定约束条件。在银行业务经营中,存在许多限制性因素,如法律限制、流动性要求、资本要求等。因此在线性规划模型中,银行应当确定各种限制性因素的控制变量和它们的范围。④ 求出线性规划模型的解。建立完模型后,把各项数值输入计算机进行运算,求出银行以何种比例分配资金,才可以使银行利润或股东财富最大化。我们以一个简单的例子来说明:

设一家银行资金总来源为 2 500 万货币单位,这些资金的运用可以作为贷款(x_1),也可以作为二级准备金,即短期证券(x_2)来持有。设贷款收益率为 12%,短期证券收益率为 8%。又假定高级管理人员确定的流动性标准是,总资产中每 10 货币单位至少有短期证券 2 货币单位,在本例中,即短期证券与总贷款的比例至少要等于 25%(为了简单起见,法定准备金、存款成本等因素不予考虑)。

我们把以上所考虑的因素以数学方式表达:

目标函数和约束:　　　　　　　　定义

最大化 $Z_{\max}=0.12x_1+0.08x_2$　　　　目标函数

服从于约束条件 $\begin{cases} x_1+x_2 \leqslant 2\,500\ 万 & 总量约束 \\ x_2 \geqslant 0.25x & 流动性约束 \\ x_1 \geqslant 0, x_2 \geqslant 0 & 非负约束 \end{cases}$

我们再以更直观的几何图(见图 11-2)来表示。

目标函数 Z 表明各种收益资产对银行总收益贡献的均衡点的组合的轨迹,在图 11-2 中表现为一条常规利润线。在目标函数曲线 Z 上的每一点都代表产生同样总收益的贷款与二级准备金的不同组合的均衡。

第一个约束 $x_1+x_2 \leqslant 2\,500$ 表明,银行贷款和准备金受到所获总资金来源的制约,可行的资产选择必须位于或低于三角形 AOB 内。

第二个约束 $x_2 \geqslant 0.25x_1$ 表明,二级准备资产必须等于或大于总贷款的25%,以符合流动性标准。因此,可行的资产组合必须处在或高于 OD 线。

第三个约束 $x_1 \geqslant 0$ 和 $x_2 \geqslant 0$ 表明,贷款和短期证券不可能是负数。

由于求最优解的方程是二元,所以一个方程会有无穷解,这个三角形 AOE 区域描绘了满足三个约束的资产组合所有的点。

为了确定最佳资产组合,通过反复试验,利润函数 Z 向右上方移动。Z 函数向右上方移动代表更高水平的总利润。在 E 点上,所选择的贷款和二级准备金组合在满足了三个约束条件的同时,使银行的收益最大

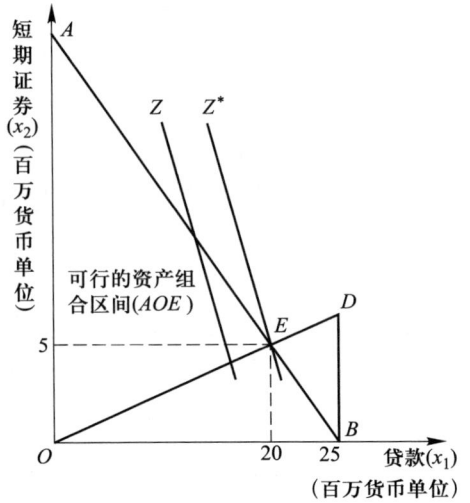

图 11-2 线性规划模型下的资金组合

化,这个点被称为最佳资产组合点。在这一点上,资金管理者投资 500 万货币单位在短期证券上,发放 2 000 万货币单位贷款,目标函数 Z^* 代表总收益 280 万货币单位。

在 20 世纪 50 年代中期,不少西方国家商业银行主动运用线性规划方法求解资产管理模型,在一些拥有专业技术职员的大银行中已获得成功。它们把分析技术理想地结合到决策过程中,使银行资金管理的精确性得到了极大的提高。但这种方法对一些小银行的效果并不令人满意。

无论哪一种资产管理的思想和方法,都认为商业银行在资金配置中应把重心放在资产负债表的资产项目方面,而且流动性在银行考虑资产组合中具有优先地位。在当时的经济环境中,这种以资产管理为重心的分析角度的确抓住了商业银行经营对象——货币资金运行的特殊性。然而资产管理的各种方法也表现出它的被动性和保守性的一面,一旦经济运行环境发生大的变化,商业银行的资金配置就显得手段不多而且效率很低。

二、负债管理思想

在商业银行的资金配置方法中,负债管理(liability management)与具体负债业务的管理是完全不同的概念。作为广义资产负债管理的一个阶段,负债管理思想的基本内容是:商业银行资产按照既定的目标增长,主要通过调整资产负债表负债方的项目,通过在货币市场上的主动性负债,或者"购买"资金来实现银行三性原则的最佳组合。西方商业银行资金配置的策略从资产管理转向以负债管理为主,有其环境变化的背景。在西方各国对商业银行实行严格利率管制的年代,金融市场上较高的利率对商业银行资金来源造成很大冲击,出现了"脱媒"(dis-intermediation)的状况,银行面临资金来源的巨大压力。在这种状况下,商业银行若不调整资金配置策略,一味地强调从资产方考虑资金配置组合,必将使银行陷入严重资金来源短缺的困境。因此,银行负债管理思想源于利率管制下的金融创新。从 1961 年美国花旗银行首创大额定期可转让存单

到以后涌现的各种含息的交易性存款,使得银行家们充分意识到,如果所需要的资金可以通过在货币市场上"购买"获得,那为什么一定要把自己的资金配置重点限定在资产方和被动性负债限度内呢? 为什么要储备过多的低收益流动性资产呢?

商业银行的负债管理一改传统资产管理中期限严格对称的"纪律"和追求盈利性时强调存款制约的原则,不再主要依赖维持较高水平现金资产和出售短期证券来满足流动性需要,而是积极主动在货币市场上"购买"资金来满足流动性需求和积极适应目标资产规模扩张的需要。严格来讲,负债管理作为资金配置管理的一个阶段并无系统的理论,下面用图 11-3 来描述负债管理的思想(实线表示对流动性有直接影响,虚线表示对流动性有间接影响)。从图中可看出,如果银行遇到突然提存或贷款对流动性的需要,在传统的资产管理方法下主要依赖变现二级准备金来

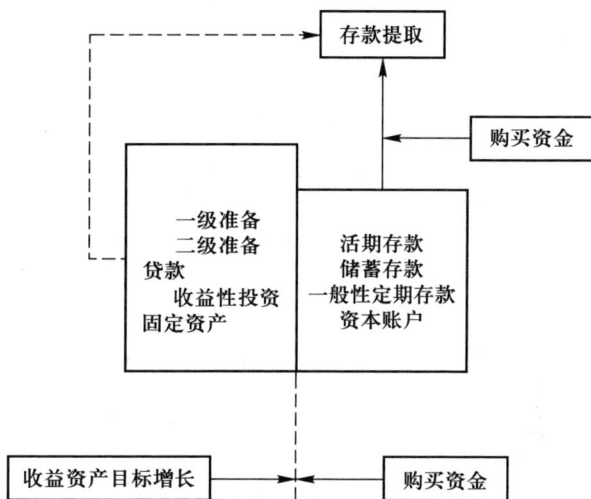

图 11-3　负债管理策略

满足。然而在负债管理阶段,流动性则依靠在货币市场上购买资金来补充,同时商业银行利用主动负债来不断适应盈利性资产的战略性扩张。

商业银行运用负债管理策略使银行降低了流动性资产储备水平,扩大了收益性资产,提高了资产的盈利能力。它的出现标志着商业银行在资金管理上更富进取性,摆脱了被动负债的制约。然而,负债管理也给银行增加了风险,因而只有较大银行才有能力承受大量"购买"资金所带来的成本迅速提高的压力,和相对应提高贷款利率所面临的"逆向选择"借款人增加的风险。

三、资产负债管理的阶段和思想

负债管理思想被商业银行普遍接受后,金融创新出现浪潮,各种新型金融工具和交易方式采取显性和隐性的方式提高资金价格,利率限制实际上被冲破了。20 世纪 80 年代后,西方各国先后取消或放松利率管制,银行界甚至整个金融界出现金融自由化浪潮,种类繁多的浮动利率资产和浮动利率负债品种纷纷涌现。商业银行争取到在金融市场上主动融资权利的同时,面临新的风险,即利率风险。在市场利率波动的环境下,资产和负债的配置状态极有可能对银行利润和经营状况产生很大影响。商业银行资金管理开始把目标转向如何通过协调负债与资产的关系来保持净利息正差额(net interest margin,NIM)和控制正的自有资本净值(net worth,NW),其管理思想是资产负债联合管理,即前面提到的狭义的资产负债管理(后面简称资产负债管理)。

资产负债管理(asset liability management,ALM)也称相机抉择资金管理(discretionary fund management)。其管理的基本思想是:在融资计划和决策中,银行主动地利用对利率变化敏感的资金,协调和控制资金配置状态,使银行维持的净利息正差额(NIM)和正的资本净值(NW)。

在利率波动环境中,不可预期的利率波动从两个方面给银行带来风险:第一,利率性敏感资产与利率敏感性负债之间的缺口状态,它会使利率在上升或下降时影响银行净利息差或利润;第二,利率波动引起表内各项固定利率资产和固定利率负债的市值变动,从而影响按市场价值计算的银行自有资本净值。下面以图 11-4 来表示不可预期的利率波动对银行净利息差带来的影响。

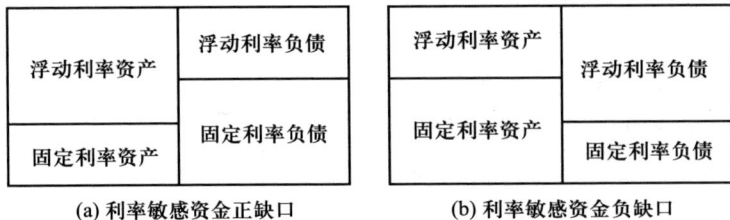

(a) 利率敏感资金正缺口   (b) 利率敏感资金负缺口

图 11-4 利率敏感资金缺口

在图 11-4(a)中,浮动利率资产大于浮动利率负债,被称为利率敏感性资金正缺口。在图 11-4(b)中,浮动利率资产小于浮动利率负债,称为利率敏感性资金负缺口。资金缺口越大,利率风险的敞口越大,从而使银行潜在的损失和收益增大。在资金正缺口状态下,如果利率下降,则较多负债的利率固定在较高水平上,较多资产的利率必须随着不断下降的市场利率下调,从而使银行净利差减少。在资金负缺口状态下,如果利率上升,则较多负债的利率必然随着市场利率上升,而较多资产的利率则固定在相对低水平上,也会使银行净利息差减小。因此,从图 11-4 中我们可以直观地看到,在利率波动环境中,利率敏感性资产和负债的配置状况极大地影响着银行净利息差额。

用一个关系表达式可以很容易地把利率敏感资金缺口、利率变动以及对银行净利息收益的影响归纳出来,即:

$$\Delta \mathrm{NII}_{\exp} = \mathrm{GAP} \times \Delta i_{\exp}$$

式中,$\Delta \mathrm{NII}_{\exp}$表示在一段期间内银行净利息收入的预期变动;GAP 表示一段期间内的利率敏感资金缺口;$\Delta i_{\exp}$表示利率水平的预期变动。

表 11-1 就不同敏感资金缺口在利率波动时对银行净利息的影响进行了归结。资产负债联合管理的目标之一就是要降低利率波动对银行净利息收益的影响,管理水平高的银行甚至可以在利率波动中扩大盈利。

表 11-1 利率敏感资金缺口与银行净利息收入变化

资金缺口	利率变化	利息收入变化	变动比较	利息支出变化	净利息收入变化
正	上升	增加	>	增加	增加
正	下降	减少	>	减少	减少
负	上升	增加	<	增加	减少
负	下降	减少	<	减少	增加
零	上升	增加	=	增加	不变
零	下降	减少	=	减少	不变

在利率波动的环境中,除了利率敏感资金配置状态会对银行经营业绩产生影响外,银行资产负债的整体配置状态也会对银行的风险状态产生很大影响。例如,除了浮动利率资产和负债外,银行还持有大量的固定利率资产和负债,在利率发生波动时,固定利率资产和负债的账面价值不变,但是市场价值会发生变化。如果资产和负债的期限配置严重失衡,利率波动会对按市场价值计算的银行股本或自有资本产生极大的影响,即银行有可能出现在利率波动中按市场价值计算的股本价值(market value of equity,MVE)下降,从而导致资本充足率不足的风险。利率波动对银行整体资产负债市场价值的影响和对资本市场价值的影响的分析,要借助持续期的概念和持续期缺口模型的分析。持续期的概念比较难以理解,它指考虑了未来现金流的金融工具的加权平均时间,持续期缺口实质上反映了期限配置缺口。有关这方面的内容在下面有详细介绍,但是为了理解的方便,我们在目前先假定金融工具的持续期就等于偿还期(这只是零息票债券的特例),因此,持续期正缺口可以近似地理解为银行总资产的期限长于总负债的期限,持续期负缺口可以近似地理解为银行总资产的期限短于总负债的期限,持续期零缺口指两者期限基本相等。利率波动对银行整体资产负债市场价值的影响以及对资本净值市场价值的影响的风险分析可用表11-2进行归结。

表 11-2 利率波动对银行净值的影响

持续期缺口	利率变动	资产市值变动	变动比较	负债市值变动	净值市值变动
正	上升	减	>	减	减
正	下降	增	>	增	增
负	上升	减	<	减	增
负	下降	增	<	增	减
零	上升	减	=	减	无
零	下降	增	=	增	无

当然,如果银行有能力对利率走势进行预测,而且预测准确率很高,那么这类银行可以主动调整利率敏感性资金的配置状况,达到保值避险,甚至利用利率波动实现增加利润的目的。当然,预测错了则银行很可能遭受巨额损失。

这里特别需要指出的是,广义资产负债管理思想的三个阶段,并不都是对前一阶段思想或理论的简单替代。准确地说,它们之间是一种扬弃和发展的关系,每一个新的阶段都包含着对前阶段理论和思想合理成分的继承。

第二节 资产负债管理在商业银行的运用之一
——融资缺口模型及其运用

融资缺口模型(funding gap model)是资产负债管理基本方法之一。银行运用该模型的目的,是银行相关技术部门根据对利率波动趋势的预测,相机调整利率敏感性资金的配置结构,以扩大净利息差额率,从而实现利润最大化目标。融资缺口(funding gap,FG)由利率敏感性资产(RSA)与利率敏感性负债(RSL)之间的差额来表示,即 FG=RSA-RSL。很显然,融资缺口有零缺口、正缺口和负缺口三种状态。当银行资金配置处于零缺口时,利率敏感性资产等于利率敏感性负债,利率风险处于免疫状态;当处于正缺口时,利率敏感性资产大于利率敏感性负债,处于利率敞口的该部分资金使得银行在利率上升时获利,利率下降时受损;当处于负缺口时,利率敏感性资产小于利率敏感性负债,利率风险敞口部分使得银行在利率上升时受损,利率下降时获利。敏感性比率(sensitive ratio,SR)是融资缺口的另一种表达,它是利率敏感性资产与利率敏感性负债之间的比率关系,用公式可表达为 SR=RSA/RSL。

一、融资缺口模型的运用

如果银行难以准确地预测利率走势,采取零缺口资金配置策略显得更为安全。因为在利率敏感性资产与利率敏感性负债配平状态下,无论利率上升或下降,浮动利率资产和浮动利率负债的定价是按同一方向和在等量金额基础上进行的。这种策略对那些中小银行来讲是适合的,但有些银行,特别是大银行有雄厚的力量和专家队伍,有能力对利率波动方向进行较准确的预测,这种零缺口策略就显得过于呆板和保守。假设银行有能力预测市场利率波动的趋势,而且预测是较准确的,银行资产负债管理的专家完全可以主动利用利率敏感性资金配置组合技术,在不同的阶段运用不同的缺口策略,获取更高的收益率。这一模型的运用用图 11-5 来表示。

在图 11-5 的上部分,纵轴表示利率,横轴表示时间,曲线表示利率的波动。图 11-5 的下部分,纵轴表示银行资金配置敏感性比率值,横轴表示时间,曲线表示利率敏感性资金的配置状态。

当预测市场利率上升时,银行应主动营造资金配置的正缺口,使利率敏感性资产大于利率敏感性负债,即敏感性比率大于1,从而使更多的资产可以按照不断上升的市场利率重新定价,扩大净利息差额率。从理论上分析,当利率上升到顶点时,银行融资正缺口应最大,或敏感性比率值最高。但由于利率峰值很难精确预测,而且市场利率一旦从顶峰往下降,降速很快,银行极有可能来不及反向操作。所以,当利率处于高峰区域时,银行就应改为反向操作,使敏感性比率逐步降到1,或尽可能恢复零缺口状态。当利率开始下降时,银行应主动营造资金配置负缺口,使浮动利率负债大于浮动利率资产,即敏感性比率小于1,使更多的负债可以按照不断下降的市场利率重新定价,减少成本,扩大净利息差额率。

必须强调的是,银行期望通过不断改变利率敏感性资金缺口来获利并非易事。首先,利率预测往往准确率不

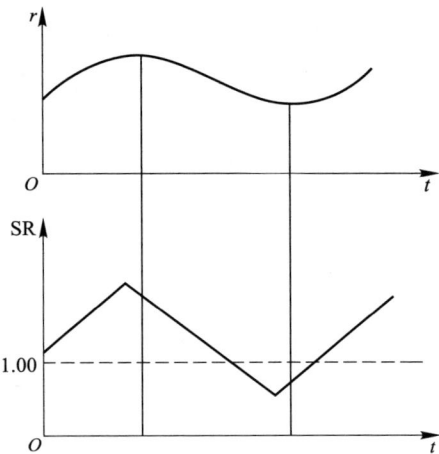

图 11-5 融资缺口模型的运用

高,特别是短期利率更难预测。一旦实际利率走势与预测反向,银行会发生损失。在经过一系列挫折后,国外部分商业银行已改用采取长时间间隔划分来克服这个困难,即把对利率的上升与下降预测与经济周期相联系。其次,即使银行对利率变化预测准确,银行对利率敏感性资金缺口的控制也只有有限的灵活性。因为当银行大多数的客户对利率走势的预测与银行一致时,客户对金融产品的选择与银行根据自身利益意愿提供的产品正好相反。例如,当双方均预测利率上升时,银行希望增加浮动利率贷款以获利,但客户却会要求获取固定利率贷款以锁定成本,从而使银行在现有客户群中调整资金配置的空间不大。随着金融衍生产品和交易的不断扩展,这个矛盾可以在金融市场上通过利率互换和其他金融衍生品交易来解决。

二、利率敏感性资金配置状况的分析技术

为了使银行在利率变化的环境下能及时监测并调整资金配置,银行有必要对所有将随市场利率重新定价的资金进行归类分析。那些被称为对利率敏感的资金可分为按协议规定定期按某种基准利率调价的资产和负债,以及在计划期内到期有可能重投资的资产和负债。

商业银行在监测利率敏感性资金配置状况和利率波动风险时,常运用利率敏感性资金报告(rate sensitivity report)来进行分析。利率敏感性资金报告是一种按时间跨度分段统计资金价格受市场利率影响的期限架构表。该表将一定的期间,一般为一年时间的总跨度划分为若干相对短的期间段,每分段期间内的资金价格将受到相应时期市场利率的影响。那些按固定利率计价,且期限超过一年的资产和负债单独计算。期间分段的频度根据银行自身需要来确定,可按周、旬、月划分。银行资产负债管理人员根据利率敏感性资金报告提供的信息,结合市场利率波动的趋势来分析本行潜在的利率敞口风险,并按照既定的策略对利率敏感性资金的目标缺口进行调整。

下面以一家假设在利率完全市场化环境下美国的商业银行为例,来说明如何运用利率敏感性资金报告分析银行融资缺口和风险。表 11-3 是假设的美国 Thrump 银行在 2019 年年底对2020 年该行资金配置状态进行整理后得出的利率敏感性资金报告。报告将该银行利率敏感性资产和利率敏感性负债按选择的时间间隔进行分类,分析的时间总跨度为一年。表中各栏内的数字反映在规定期间内按市场利率重新定价的各项目的金额。例如,该银行共持有 950 万美元的国债券和政府机构债券,其中 70 万美元证券在 8～30 天内到期重投资,360 万美元证券在31～90 天内到期重投资,120 万美元在 91～180 天内到期重投资等。如无流动性方面的特殊需要,这些到期重投资的证券一般将按市场利率重定价。在贷款中,所有的浮动利率贷款假设都是按周调整定价利率。在 1～7 天的贷款中列入利率敏感性贷款范围的共计 630 万美元,其中商业贷款 100 万美元,分期偿还贷款 30 万美元,同业拆出和回购业务 500 万美元。在负债和权益方面,货币市场存款账户(MMDA)和超级可转让支付任命书账户(super NOWs)的利率每周按市场利率调整一次,故均列入 1～7 天栏内;资产总计一行和负债与权益总计一行反映各期间段利率敏感性资产和负债的头寸状况;期间缺口一行的数字反映各期间段该银行未配平的,将受市场利率波动影响的资金缺口状态,该行数字由利率敏感性资产减利率敏感性负债得出,如 1～7 天,利

率敏感性资金为负缺口,缺口值为-1 600 万美元;累积缺口表明在整个期间内银行总的利率风险状况,该行数字由前面各期间段资金缺口数累加而得,如31～90 天累积缺口为-1 500 万(-1 600+900-800)美元。从美国 Thrump 银行的利率敏感性资金表中得知,如果短期市场利率下降,银行的净利息差额率会提高,收益增加。如果短期市场利率上升,银行净利息差额率则下降,收益减少。特别是在最近半年之内,如果市场短期利率发生变化会对银行绩效产生极大影响,因为半年内累积缺口将达-2 200 万美元,该数字超过银行收益资产总额的 25%。

对于实施融资缺口管理模型的商业银行来讲,利率敏感性资金报告的作用极为重要,它描述了不同时间段市场利率变动对银行净利息差额的潜在影响和影响程度。商业银行资产负债管理人员既可以利用其来分析过去时间段利息差额变动的原因,也可以利用其预测未来的利率风险。

表 11-3　假设美国 Thrump 银行利率敏感性资金报表

2020 年 1 月 1 日　　　　　　　　　　　　　　单位:百万美元

	1～7 天	8～30 天	31～90 天	91～180 天	181～365 天	一年以上	不含息项目	总计
资产								
国债券和政府机构债券		0.7	3.6	1.2	0.3	3.7		9.5
货币市场投资			1.2	1.8				3.0
地方政府债券			0.7	1.0	2.2	7.6		11.5
同业拆出和回购	5.0							5.0
商业贷款	1.0	13.8	2.9	4.7	4.6	15.5		42.5
分期偿还贷款	0.3	0.5	1.6	1.3	1.9	8.2		13.8
总收益资产								85.3
现金和存放同业							9.0	9.0
其他资产							5.7	5.7
非盈利资产							14.7	
总资产	6.3	15.0	10.0	10.0	9.0	35.0	14.7	100.0
负债和权益								
货币市场存款账户	17.3							17.3
超级 NOW 账户	2.2							2.2
定期存款	0.9	2.0	5.1	6.9	1.8	2.9		19.6
大额存单	1.9	4.0	12.9	10.1	1.2			30.1
同业拆入和回购								
一般 NOW 账户					7.4			7.4

	1~7 天	8~30 天	31~90 天	91~180 天	181~365 天	一年以上	不含息项目	总计
储蓄存款						1.9		1.9
含息负债								78.5
活期存款							13.5	13.5
其他负债							1.0	1.0
权　　益							7.0	7.0
不含息负债和权益							21.5	—
总负债和权益	22.3	6.0	18.0	17.0	10.4	4.8	21.5	100.0
期间缺口	−16.0	9.0	−8.0	−7.0	−1.4	30.2		
累积缺口	−16.0	−7.0	−15.0	−22.0	−23.4	1.8		

第三节　资产负债管理在商业银行的运用之二
——持续期缺口模型及其运用

在利率波动的环境中,由于浮动利率资产与浮动利率负债匹配所带来的利率敞口风险,融资缺口模型可以对其进行控制和管理。然而,银行固定利率的资产和负债匹配关系并非没有风险,由于各项资产和负债的市场价值会随市场利率发生波动,这或者使银行资产在变现时产生资产损失,或者导致银行的权益净值发生变化,使股东财富受损。持续期缺口管理就是银行通过对银行综合资产和负债持续期缺口调整的方式,在利率波动中来控制和管理由总体资产负债配置不当给银行带来的风险。

一、持续期的含义

持续期(duration)也称久期或存续期,最初由美国经济学家弗雷德里克·麦考利(Frederick Macaulay)于 1936 年提出。持续期作为一种全新的概念在当时出现,使人们对固定收入金融工具的实际偿还期和利率风险有了更深入的了解,同时被广泛地用于预测由于市场利率变动所引起的债券价格的变动。20 世纪 80 年代以来,持续期又被金融机构运用于资产负债管理之中。

从经济含义上讲,持续期是固定收入金融工具现金流的加权平均时间,也可以理解为金融工具各期现金流抵补最初投入的平均时间。在计算中,持续期等于金融工具各期现金流发生的相应时间乘以各期现金流现值与该金融工具现值的商之和。

$$D = \frac{\sum_{t=1}^{n} \frac{C_t \cdot t}{(1+r)^t}}{\sum_{t=1}^{n} \frac{C_t}{(1+r)^t}} \qquad (11-1)$$

式中:D 表示持续期;t 表示各现金流发生时间;C_t 表示金融工具第 t 期现金流;r 表示市场利率。

设 $\frac{C_t}{(1+r)^t} = pv_t$,则有:

$$\sum_{t=1}^{n} \frac{C_t}{(1+r)^t} = \sum_{t=1}^{n} pv_t = p_0$$

公式(11-1)可写成:

$$D = \frac{\sum_{t=1}^{n} \frac{C_t \cdot t}{(1+r)^t}}{p_0} \qquad (11-2)$$

如果把固定收入债券各期将收回的现金流的现值表示为金融工具总现值 p_0 的一部分,即作为一种各期将收回的现金流的现值占总现值或最初总投入的权重,则公式可变形为:

$$D = \frac{\sum_{t=1}^{n} pv_t \cdot t}{p_0} = \sum_{t=1}^{n} \left[\frac{pv_t}{p_0} \cdot t \right] = \sum_{t=1}^{n} \left[w_t \times t \right] \qquad (11-3)$$

式(11-3)把各期现金流的现值表示为金融工具总现值 p_0 的一部分,即各期现金流现值占该金融工具总现值的比例,其和等于1。把这些比率作为权重(w_t)分别乘以各期现金流发生的时间,就得到该项金融工具的持续期。持续期在经济意义上还可以理解为该项金融工具各期现金流抵补最初投入的加权平均时间。

持续期还有一种近似表达:

$$D \approx -\left[\frac{\Delta p/p}{\Delta r/(1+r)} \right] \qquad (11-4)$$

式中:p 表示金融工具购买时市场价格;Δp 表示金融工具价格变动;r 表示金融工具购入时市场利率;Δr 表示市场利率变动。

式(11-4)可以理解为金融工具的价格弹性,即市场利率变动的百分比所引起金融工具价格变动百分比的关系。由于利率变动对固定收入的金融工具价格变动的影响是反向的,故其变动关系用负数表示。式(11-4)经过变形,可以引出计算金融工具价格变动的近似表达式:

$$\Delta p \approx -p \times D \times \frac{\Delta r}{1+r} \qquad (11-5)$$

下面用一个例子来说明持续期的计算。设某固定收入债券的息票为每年 80 美元,偿还期为 3 年,面值为 1 000 美元。该金融工具的实际收益率(市场利率)为 10%,现行市场价格为 950.25 美元,求该债券的持续期。

在持续期计算中,应先计算每期现金流的现值,然后将每个现值乘以相应的发生时间,再把各项乘积相加,并除以该债券的市场价格,得到该债券的持续期为 2.78 年,如表 11-4 所示。

表 11-4　金融工具持续期的计算

单位:美元

现金流发生时间	现金流	现值利率因子/10%	现值	现值×时间
1	80	0.909 1	72.73	72.73
2	80	0.826 4	66.12	132.23
3	1 080	0.751 3	811.40	2 464.21
总计			950.25	2 639.17
持续期 = 2 639.17/950.25 = 2.78(年)				

二、持续期缺口模型

在利率波动的环境下,利率风险不仅来自浮动利率资产与浮动利率负债的配置状况,也来自固定利率资产与固定利率负债的配置状况。就固定利率资金配置而言,当市场利率变化时,固定利率资产和负债的市场价值会发生变化,从而使银行权益净值(NW)或自有资本的市场价值上升或下降,从而对《巴塞尔协议》监管下的资本充足率要求和银行经营状况产生不利影响。另外,当银行资产与负债的偿还期未配平时,如果银行来自资产的现金流入先于负债现金支付发生,银行可能面临必须按下降的利率进行重投资的风险。如果银行的债务现金流入先于资产现金流入产生,它又可能面临借入资金成本上升的风险。因此,银行关心来自全部资产和负债的总风险暴露。持续期缺口管理就是通过相机调整资产和负债结构,使银行控制或实现一个正的权益净值以及降低重投资或融资的利率风险。

持续期缺口(duration gap)定义为:

$$D_{\mathrm{Gap}} = \mathrm{DA} - \mu \mathrm{DL} \tag{11-6}$$

式中:D_{Gap} 表示持续期缺口;DA 表示总资产持续期;DL 表示总负债持续期;μ 表示银行市场价值的资产负债率,即 MVL/MVA(MVL 和 MVA 分别为银行总负债和总资产的市场价值)。

一家商业银行的总资产持续期是由它各项资产持续期总和构成的,于是有:

$$\mathrm{DA} = \sum_{i=1}^{m} W_i^A D_{A_i} \tag{11-7}$$

式中:W_i^A 表示某项资产市值 A_i 与银行所有资产总市值(MVA)的权重,即 $W_i^A = A_i/\mathrm{MVA}$,MVA $= A_1 + A_2 + A_3 + \cdots + A_m$,$i = 1,2,\cdots,m$;$A_i$ 表示银行某项资产市值;D_{A_i} 表示银行第 i 项资产的持续期;m 表示银行各类资产的数量。

同理,银行总负债的持续期是由它各项负债持续期总和构成的:

$$\mathrm{DL} = \sum_{j=1}^{n} W_j^L D_{L_j} \tag{11-8}$$

式中:W_j^L 表示为某项负债市值 L_j 与银行所有负债总市值(MVL)的权重,即 $W_j^L = L_j/\mathrm{MVL}$,MVL $= L_1 + L_2 + L_3 + \cdots + L_n$,$j = 1,2,\cdots,n$;$L_j$ 表示为银行某项负债市值;D_{L_j} 表示为银行第 i 项负债的持续期;n 表示为银行各类负债的数量。

根据会计恒等式,总资产等于总负债与净值之和,若以 DNW 表示净值持续期,则又有:

$$\mathrm{DA} = \mu \cdot \mathrm{DL} + (1-\mu) \cdot \mathrm{DNW} \tag{11-9}$$

$$(1-\mu) \cdot DNW = DA - \mu DL \tag{11-10}$$

由式(11-10)可知,持续期缺口实际上可被看作净值(net worth)的持续期。

式(11-5)已指出,对于固定收入金融工具而言,市场利率引起金融工具价格的反向变动。因此,当持续期缺口为正,银行净值的市场价值随着利率上升而下降,随着利率下降而上升。当持续期缺口为负,银行净值的市场价值随市场利率升降同方向变动。当持续期缺口为零时,银行净值的市场价值免遭利率波动的影响。对这些变动关系的总结如表11-5所示。

表11-5 利率波动对银行净值的影响

持续期缺口	利率变动	资产市值变动	变动比较	负债市值变动	净值市值变动
正	上升	减	>	减	减
正	下降	增	>	增	增
负	上升	减	<	减	增
负	下降	增	<	增	减
零	上升	减	=	减	无
零	下降	增	=	增	无

三、持续期缺口模型的运用

我们已经清楚地了解到,在利率波动的环境中,固定利率资产和负债的配置状况也会给银行带来风险,特别是对银行净值市场价值的影响很大。商业银行的自有资本是经营管理的重要内容之一,金融市场上对银行自有资本的净值极为敏感,因此,它对银行的安全性影响极大。商业银行一般采用持续期缺口管理来控制利率风险,实现维持正净值的银行绩效目标。下面用一案例来说明商业银行对持续期缺口模型的运用。[①]

假设一家刚开业的银行,其资产项目和负债项目的价值均为市场价值。设该银行仅拥有三类资产:第一类是现金资产;第二类是收益率为12%、最终偿还期为3年的商业贷款;第三类是收益率为8%,最终偿还期为6年的国债券。该银行的负债则是由年利率5%、期限为一年的定期存款和年利率7%、偿还期为3年的大额存单构成的。该银行股本为80亿美元,或为总资产的8%。在分析中不考虑违约、预付和提前支取的情况发生,利息按年复利计算。表11-6说明了该银行资产持续期、负债持续期以及持续期缺口的最初状态,即资产加权平均持续期超过负债的加权平均持续期,缺口为1.42年。

表11-6 假设银行资产负债表

资产	市场价值/亿美元	利率/%	持续期/年	负债和净值	市场价值/亿美元	利率/%	持续期/年
现金	100			一年期定期存款	620	5	1.00
商业贷款	700	12	2.69	大额存单	300	7	2.81

---

① 本案例参考了 Timothy W. Koch 等著的 *Bank Management*(2000 年版)。

续表

资产	市场价值/亿美元	利率/%	持续期/年	负债和净值	市场价值/亿美元	利率/%	持续期/年
国债券	200	8	4.99	总负债	920		1.59
	—		—	股本	80		
总计	1 000		2.88	总计	1 000		

资产持续期 = (700/1 000) × 2.69 + (200/1 000) × 4.99 = 2.88(年)

负债持续期 = (620/920) × 1 + (300/920) × 2.81 = 1.59(年)

预期净利息收入 = 0.12 × 700 + 0.08 × 200 − 0.05 × 620 − 0.07 × 300 = 48.00(亿美元)

持续期缺口 = 2.88 − (920/1 000) × 1.59 = 1.42 年(年)

样本项目持续期计算:

$$商业贷款 = \frac{\dfrac{84}{1.12} + \dfrac{84 \times 2}{(1.12)^2} + \dfrac{784 \times 3}{(1.12)^3}}{700} = 2.69(年)$$

$$大额存单 = \frac{\dfrac{21}{1.07} + \dfrac{21 \times 2}{(1.07)^2} + \dfrac{321 \times 3}{(1.07)^3}}{300} = 2.81(年)$$

当该银行项目和负债项目契约确定后,假设市场利率在瞬间上升了1个百分点,该银行的总资产和总负债的市场价值将以不同的幅度变化,从而该银行股本净值也将改变。该银行按市场价值计算的资产负债表表明,随着利率上升了1个百分点,该银行总资产市场价值下降了26亿美元,总负债的市场价值下降了14亿美元。因此,该银行净值的市场价值下降了12亿美元,资本充足率按市场价值计算由8%下降到7%。

由市场利率上升对银行资产和负债市场价值以及股本净值市场价值的影响在表11-7中予以反映。各项价值变动的近似值可以利用公式(11-5)求得。如果市场利率下降,则会产生相反的结果,该银行自有资本净值的市场价值会上升。

表 11-7　利率瞬间变化后的假设银行资产负债表(所列利率均增长1个百分点)

资产	市场价值/亿美元	利率/%	持续期/年	负债和净值	市场价值/亿美元	利率/%	持续期/年
现金	100			一年期定期存款	614	6	1.00
商业贷款	683	13	2.68	大额存单	292	8	2.80
国债券	191	9	4.97	总负债	906		1.58
	—		—	股本净值	68		
总计	974		2.88	总计	974		

资产持续期 = 0.70 × 2.68 + 0.20 × 4.97 = 2.88(年)

负债持续期 = 0.68 × 1 + 0.32 × 2.80 = 1.58(年)

预期净利息收入 = 45.81(亿美元)

资产市场价值增量 = −26.00(亿美元)

负债市场价值增量 = -14.00(亿美元)

股本净值市场价值增量 = -12.00(亿美元)

利用持续期近似表达式进行样本项目市场价值变动测算:

商业贷款市场价值增量:$\Delta p = 0.01/1.12 \times (-2.69) \times 700 = -16.81$(亿美元)

大额存单市场价值增量:$\Delta p = 0.01/1.07 \times (-2.81) \times 300 = -7.88$(亿美元)

为了使银行股本净值市场价值免遭利率波动的影响,该银行可采取完全免疫的策略,让持续期缺口等于零,使总资产的加权平均持续期等于总负债的加权平均持续期与该银行的资产负债率的积。在本例中,该银行的资产的平均持续期超过负债的平均持续期。该银行可以通过把总资产的持续期缩短1.42年,或者把总负债持续期延长1.54年,或者资产负债两边期限同时调整。在本例中,银行通过把一年期定期存款减少至340亿美元,并新发行年利率8%、偿还期6年的大额存单280亿美元的组合来实现。在新的组合下,利率的任何变动都不再对该银行的资本净值市场价值产生影响。

表11-8上部分表明了新的组合,该银行调整后的持续期缺口为零;该表下部分是该银行实施零持续期缺口配置后,假设利率变动时对银行资本净值市场价值的免疫效果。表11-8下部分反映出,当所有利率上升1个百分点时,无论是资产还是负债的每一项目的市场价值都下降,但总资产的市场价值下降值与总负债的市场价值下降值一样,该银行自有资本净值80亿美元保持不变。

表11-8 银行资产和负债持续期缺口为零

资产	市场价值/亿美元	利率/%	持续期/年	负债和净值	市场价值/亿美元	利率/%	持续期/年
现金	100			一年期定期存款	340	5	1.00
商业贷款	700	12	2.69	3年期存单	300	7	2.81
国债券	200	8	4.99	6年期存单	280	8	6.00
			2.88	总负债	920		3.11
				股本净值	80		
总计	1 000			总计	1 000		

$D_{Gap} = 2.88 - 0.92 \times 3.11 \approx 0$

利率增长1%,$D_{Gap} = 0$

资产	市场价值/亿美元	利率/%	持续期/年	负债和净值	市场价值/亿美元	利率/%	持续期/年
现金	100			一年期定期存款	337	6	1.00
商业贷款	683	13	2.68	3年期存单	292	8	2.80
国债券	191	9	4.97	6年期存单	265	9	6.00
			2.86	总负债	894		3.07
				股本净值	80		
总计	974			总计	974		

银行可以选择许多衍生金融品处理方法把该银行持续期缺口调整到零,其免疫效果是一样的。总之,在利率波动的环境中,银行经营风险增大,但人类社会是不断进步的。融资缺口模型和持续期缺口模型可以部分解决利率波动给银行带来的风险,这两种模型各有利弊,各有解决问题的侧重点,商业银行可以根据自己的需要来灵活掌握。

　　在传统的资产负债理论中,利率敏感性资金缺口模型和持续期缺口模型重点关注和解决利率波动给银行带来的利率风险。在 20 世纪 90 年代以后,伴随着全面风险管理理念和框架的出现,资产管理理论也有了自身的新发展。其典型特征是:引入了更严谨的数理模型来支持金融决策;在处理利率风险的同时,从资金配置的角度来处理相应的市场风险、信用风险、流动性风险等问题;运用范围得到了很大的扩展,除了银行外,年金、保险公司、机构投资者,甚至在个人投资者中都广泛运用资产负债管理的理论和方法来处理资金配置问题。在 21 世纪后,随着环境的变化,资产负债管理无论在理论和模型上都有了新的发展,而且,对资产负债管理的运用,已经从以商业银行为主,扩展到保险公司、共同基金等金融中介。资产负债管理理论和模型的发展,主要有四种具有代表性的模型,它们分别是均值-方差模型、离散时间多期模型、连续时间模型和随机规划模型。这四种模型和方法都有它们各自的优缺点。如,风险测度中估值误差影响、单期局限等缺陷限制了均值-方差模型在实践中运用,而"维数发难"等问题则困扰着离散时间的多期模型和连续时间模型,并限制了它们在实践中运用广度。随机规划模型和方法接纳了一些更接近于现实的假设,因而被金融行业较多地运用来处理现实问题。然而,随机规划模型计算复杂,计算成本很高,很难求解。所以,在近一段时期内,资产负债管理的研究重点将会更多地考虑如何运用更加有效的计算方法,设计出既能融合现存模型的优点又能更加反映现实条件的模型,为使用资产负债管理的金融机构和投资者提供更有效的资金配置策略。

本 章 小 结

　　1. 广义的资产负债管理指商业银行按一定的策略进行资金配置,来实现银行流动性、安全性和盈利性的目标组合。按其经历的过程,可划分为资产管理思想阶段、负债管理思想阶段和资产负债综合管理思想三个阶段。而狭义的资产负债管理指前述第三个阶段,强调在利率波动环境中,通过策略性改变利率敏感性资金配置状况,来实现银行目标净利息差额,或通过调整资产或负债的持续期,来维持银行正的资本净值。

　　2. 资产管理理论认为,银行资金来源的水平和结构是银行不可控制的外生变量,银行应主要通过资产方面项目的调整来实现银行三性原则的组合。这种理论又依次经过了商业性贷款理论、资产可转换理论、预期收入理论、资金分配方法以及线性规划方法等。

　　3. 负债管理理论认为,商业银行资金配置应根据既定的目标资产增长,主要通过对负债方项目的调整,即在货币市场上主动性负债或"购买"资金来实现三性原则的组合。负债管理相对于资产管理来讲更为积极和主动。

　　4. 资产负债联合管理策略出现于西方国家利率市场化以后。该策略有两类基本模型:第一类是融资缺口模型,银行根据对利率波动的预测,相机调整利率敏感性资金的配置,以实现目标的净利息差额率。第二类是持续期(也称久期)缺口管理,银行通过对总资产和总负债持续期缺口的调整,使银行保持一个正的权益净值。

5. 在21世纪后,随着环境的变化,资产负债管理无论在理论和模型上都有了新的发展,运用范围也大大扩展。资产负债管理理论或模型的发展,主要有四种具有代表性的模型,它们分别是均值-方差模型、离散时间多期模型、连续时间模型和随机规划模型。

本章重要概念

资产管理思想	负债管理思想	资产负债管理思想
自偿性贷款	一级准备	二级准备
净利息	利率敏感性资金	持续期
持续期缺口	融资缺口	敏感性比率

复习思考题

1. 商业银行管理理论中,资产管理思想与负债管理思想各自强调的管理重心和所处环境差异是什么?

2. 二级准备在银行资产组合中的意义和作用是什么?

3. 当预测利率处于不同的周期阶段时,银行应如何配置利率敏感性资金?为什么?

4. 持续期的经济含义和特征是什么?

5. 当利率处于不同周期阶段时,资产负债持续期正缺口和负缺口对银行净值有什么影响?

即测即评

请扫描右侧二维码检测本章学习效果。

第十二章
商业银行绩效评估

商业银行绩效评估涉及以下三个方面:首先是利用银行财务报表获取相关信息认识银行经营活动及效果。其次,设计一套指标体系将报表信息结合起来,从多个角度展示银行综合经营业绩,以便于内部考核和外部同行比较。最后,在巴塞尔资本监管协议指引下,采取将利润指标和风险指标同时下达的方式进行计划和考核,这是一个巨大的进步。本章主要对这三方面进行论述。

第一节 银行财务报表

商业银行经营活动过程和结果体现在其财务报表中,财务报表为银行绩效评价提供必要信息。财务报表按所反映和涉及的经济属性可简单分为存量报表、流量报表和现金流表。所谓银行存量报表反映的是银行在某一时点上的资金来源和运用的分布状态。银行流量报表反映的是银行在某一会计年度(季度)收入和支出的分项累计和总和累计金额。银行现金流表将前面两类报表联结起来,重新产生一张反映在权责发生制会计记账原则下更真实的、突出以现金展示的资金流入和流出。

一、资产负债表

资产负债表是使用最多的财务报表,是一种存量报表,反映了特定时点上银行的财务状况,是银行经营活动的静态体现。通过银行资产负债表可以了解报表日银行实际拥有的资产总量、构成情况,以及银行资金的来源渠道及具体结构,从总体上认识该银行的资金实力、清偿能力情况。比较连续期间的资产负债表可了解到银行财务状况的变动情况,有助于对其未来发展趋势做出预测。

　　银行资产负债表的编制原理同一般企业基本相同,也是根据"资产=负债+所有者权益"这一平衡公式,按设定的分类标准和顺序,将报表日银行的资产、负债、权益的各具体项目予以适当排列编制而成。银行经营活动与工商企业有显著差异,在报表反映内容上也有自身特点。银行总资产中各种金融债权占较大比重,固定资产主要是房产和设备所占比重很小,西方商业银行固定资产与总资产的比值一般不足2%。其次商业银行更多地依靠负债获取资金,自有资金权益类资本一般不足10%。同工商企业相比,银行资本更多地发挥的是管理性职能,即监管部门通过建立相关资本金管理法令,来约束、引导银行业的正常发展。在资产、负债具体项目的分类、排列顺序上,银行报表也有别于工商企业,并不按照项目流动性加以分类、排列。另外,由于所处经营环境、面临经济法规不同,开展的业务各有特点,商业银行在资产负债表具体科目设置、会计处理上也不尽相同,但总体上大同小异。表12-1为一家美国商业银行公布的资产负债表。

表12-1　XYZ银行资产负债表

（2019年12月31日）　　　　　　　　　　单位:百万美元

项目	期初	期末
资产		
现金及存放同业	2 300	1 643
证券投资	3 002	2 803
交易账户证券	96	21
出售联邦基金及回购协议下证券的持有	425	278
贷款总值	15 412	15 887
减:贷款损失准备	195	394
预收利息	137	117
贷款净值	15 080	15 421
银行房产、设备净值	363	365
客户对银行承兑负债	111	70
其他资产	1 179	1 104
资产合计	22 586	21 705
负债和所有者权益		
存款		
支票存款	3 831	3 427
储蓄存款	937	914
货币市场存款	1 965	1 914
定期存款	9 981	9 452
在国外分支机构存款	869	787
总存款额	17 583	16 494
借入资金		
购买联邦基金及回购协议下证券出售	1 836	2 132

项目	期初	期末
其他短期债务	714	897
长期债务	639	617
应付未承兑票据	111	70
其他债务	423	348
负债合计	21 306	20 558
所有者权益		
普通股	212	212
优先股	1	1
资本公积	601	603
累计未分配利润	466	332
库藏股	0	(1)
所有者权益合计	1 280	1 147
负债和所有者权益合计	22 586	21 705

表 12-1 是 XYZ 银行按照国际会计准则提供的资产负债表,下面借此对银行资产负债表的主要项目和含义做简要介绍。需要指出的是,资产负债表是按期末余额来表述的,但在对银行进行财务状况分析和业绩评价时,则往往多采用期初、期末平均额来考察银行在整个报表期间的经营活动。在中国,监管当局和银行内部长期以来按照期末余额来考核绩效,导致在季末特别是年末的虚假行为、突击存款和放款,使得依据财务信息评价绩效的准确性大幅下降。但从 21 世纪开始,中国各商业银行已经意识到按照期末余额进行绩效考核所带来的信息失真的弊端,纷纷开始改为按照平均余额考核。2015 年,中国人民银行改为按照各银行存款的平均余额来计算和提取法定存款准备金,这一规则的改变也将极大地促进银行对报表分析和绩效考核按照平均余额来进行,降低为实现各种目的随意调整报表的"期末现象",提高绩效分析和考核的准确性。

（一）资产项目

（1）现金资产是银行全部资产中流动性最强的部分,可以随时满足客户的提存要求和贷款请求,因而它还有一学术名称,即一级准备金。银行现金资产主要包括银行的库存现金、在中央银行的准备金账户上存款(法定存款和备付金)、存放同业活期存款和托收未达款项等。由于现金资产基本上是无收益的,银行在经营中总是力图在缴足法定存款准备金和确保银行流动性的前提下,减少对现金资产的持有。

（2）二级准备并不是一独立科目,它包括若干具有较强流动性的资产项目,它们以银行同业拆借和所持有的短期政府证券为代表,其特点是流动性较强,有一定的收益,但收益率很低。在表 12-1 中"交易账户证券""出售联邦基金和回购协议下证券的持有"是二级准备的主要部分。"证券投资"中的短期投资部分也归于二级准备。其中"交易账户证券"是一特殊科目,只有经常与公众、其他金融机构进行证券买卖的银行才设置该科目,该账户余额表示银行持有的即将销售出的证券数额,该账户应以证券市价作为计价基础。出售联邦基金和回购协议下证券的持有均是银行调拨头寸、进行流动性管理的方式,一般而言,小银行多是资金拆出行,以此谋得收益。大银行多为拆入行,通过连续拆入短期资金而获得稳定的资金来源。总的看来,二级准备在收益性、流动性方面介于贷款资产和现金资产之间,商业银行持有二级准备的目的主要是必要时出售这类资产获取流动性,并非由此取得利润。

(3)证券投资是银行主要的盈利资产之一,在银行混业经营和贷款进入证券化时代后,银行持有各类证券比率持续上升,中小银行的持有比率甚至可能高达30%。按照持有目的划分,银行持有的证券可分为维护流动性和获利两大部分,前者用以维护银行自身支付需要的流动性正常状态,后者以盈利为主要目的。商业银行持有的证券分为四大类:国库券及政府机构债券,市政债券,金融机构债和高品质的企业债券以及票据。商业银行一般不投资于企业股票。银行证券投资组合中政府债券占有较大份额,主要因为这类债券基本不存在信用风险,安全性很高,可在二级市场转让,有较高流动性,还可给银行带来免税收入。另外,政府债券是商业银行从外部借款时合格的抵押品。

证券投资科目在记账时一般以购入时的成本价作为记账基础,其市价在资产负债表附注中披露。短期投资部分也可直接采用市价记账。但对证券投资科目进行分析时,通行的规则是要考虑其市价波动情况。

(4)贷款是银行资产中比重最大的一项,也是银行收入的主要来源,银行贷款可进一步划分为消费信贷、不动产贷款、工商业贷款、农业贷款及对证券机构、经纪人贷款等。在资产负债表中,银行贷款以总值、净值两种方式加以表述。贷款总值是以上述形式存在的,报表日尚未结清的贷款余额的账面价值;总值扣除一些抵减项目后得出贷款净值。第一个抵减项目是贷款损失准备金,该科目反映了银行对未来可能发生的贷款损失的预计值。第二个抵减项目为预收利息,指银行收到的贷款客户预付的利息。设置该抵减科目有利于核算报表日银行贷款的真实价值。

(5)固定资产主要指银行房产、设备的净值,该项所占比重一般较低,属于非盈利性资产。银行通过对客户抵押品行使取消赎回权所得的不动产需再单独设置一个"其他不动产"科目予以反映。

(6)未结清的客户对银行承兑的负债。该科目来自银行承兑行为,商业银行往往将这一表外业务纳入资产负债表内。银行对客户签发票据做出承兑后,有权要求客户在一定的期限内向该银行缴存一定的款项,也承担向客户的债权人付款义务,因而承兑行为在资产方"未结清的客户对银行负债"科目和负债方"未结清承兑余额"科目中同时反映出来,所以这两个科目账面余额也必然相等。

(7)其他资产包括银行持有的、对不纳入合并会计报表的子公司投资及一些数目小不单独列出的项目。

(二)负债

(1)存款是银行最主要的负债,占全部资金来源的60%~80%。在表12-1中,存款按其类型分别反映。第一类,支票存款账户,包括不含息和含息的可签发支票的活期存款。国外无论厂商或个人都习惯使用支票,商业银行在对这些支票进行结算和清算时需要花费很多人力和物力,所以国外商业银行不对该类账户支付利息,只是通过一定的服务来吸引客户,存款人可对该账户签发支票提款、转账。然而在 20 世纪 70 年代开始的金融创新中,以美国为代表的银行纷纷以隐性或显性的方式提高存款利率,甚至包括活期存款,特别是在个人支票存款类别上。在 21 世纪银行业进入微利和零利率时代后,支票类存款的利率基本不再存在,有些国家甚至对活期存款实行负利率。第二类,储蓄存款。银行储蓄存款主要是针对居民或个人开办的。银行对该账户支付较低利息,允许客户随时提取。20 世纪 70 年代在金融创新中出现了"可转让支付命令"账户,赋予储蓄账户以某些支票存款的优点,客户对该账户签发的"可转让支付命令书"可以起到类似支票的作用,银行同时支付利息。货币市场存款账户也出现于金融创新中,该账户特点是利率可按市场利率的波动做相应调整,并允许客户在一定条件下签发支票。第三类,定期存款。定期存款是银行稳定的资金来源,它在传统上多采取存折、存单形式。20 世纪 60 年代末,美国花旗银行首创大额可转让定期存单,这类存单可在二级市场上流通,流动性很高,利率仍为按照对定期存款所支付的高利率,故对厂商存款人有很大吸引力。

20 世纪各国资本市场快速发展和金融创新以来,商业银行存款在全部资金来源中所占比重有所下降,主动借款部分增加,存款内部构成也有明显变化,其中大额可转让定期存款类的比重明显上升,远远超过活期存款。这一点在大银行表现得格外显著。

(2)借款是商业银行的重要资金来源,特别是一些大银行更注重利用借入资金来支持资产业务的扩张。银行以借入资金方式筹资速度较快,也无须缴纳存款准备金。

短期借款主要包括购买同业拆入、回购协议下证券出售、向中央银行再贴现或借入的款项,也包括商业银行通过发行票据借入的短期资金。

长期借款包括商业银行在国内外金融市场上借入的长期资金,及发行的长期资本债券。商业银行还可发行债务、股本混合性融资工具获得长期资金。后两个科目有时在资本账户内加以反映。

其他负债指递延税款贷项,应付未付项目以及未结清的银行承兑等。

(三)净值

银行净值是股东对银行资产的所有权部分,是银行资产与负债之差。净值可分为四个部分:普通股和优先股,这是股东投入的股本,按面值记账,发行溢价收入进入公积金部分;未分配利润由历年税后利润中未分配部分累积而成,未分配利润中一部分可用来转增股本;公积金包括发行溢价、接受的捐赠资产,也包括利润分配中按规定提出的部分。此外,银行资产重估的增值部分也记入该账户。

银行资本账户内还可以专门设置一些准备项目,主要是股利准备金、证券损失准备金、贷款损失准备金的意外部分等。这类准备项目是从银行税后利润中提取形成的,并不一定在报表中公开反映。

在实施巴塞尔资本监管协议后,该协议规定长期债务可在计算资本充足率时计入二级资本,故资本账户中还可以包括债务资本,主要是银行发行的长期债券。资本债券期限一般长达 10 年以上,持有人不得提前要求偿付,且当银行破产清算时,这类债务资本不得用于清算赔偿。2008

年美国次贷危机引发全球金融危机后,为了维护银行体系的稳定性,2013 年公布的巴塞尔资本协议第三次修订稿中,将债务资本的比重大幅降低。表 12-1 中将这一项目归入长期借款中。

二、利润表

利润表是商业银行最重要的财务报表之一。与资产负债表不同,利润表是流量表,是银行在会计年度期间经营活动的动态体现,它着眼于银行的盈亏状况,提供了经营中的收入、支出信息,总括地反映出银行的经营活动及效率。利用利润表提供的财务信息,分析其盈亏原因,可以进一步考核该行的经营效率、管理水平,对其经营业绩做出恰当评价,并可认识该银行发展趋势,预测出该银行的经营前景、未来获利能力。按照国际会计准则,银行利润表也采取权责发生制的记账原则。

银行损益表包括收入、支出和利润三个主要部分。编制所依据的平衡公式是"收入-支出=利润",各科目的设置处理取决于银行所采取的会计核算方法、面临的管理法规,也取决于所开展的业务,有一定差别,但报表的基本结构、编制方法是相同的。下面我们仍以 XYZ 银行为例,对银行利润表做一简单说明。

表 12-2 在构成方式上并未简单按照收入、支出、利润这一顺序列出,而是从收益费用配比的角度出发,将收入、支出依发生性质,即是否同利息相关做了分类,最后按利息净收入、非利息净收入、税前利润这一方式做出表述。另外,表 12-2 只反映了该行的营业利润,未反映一些营业外特殊项目的收益情况。关于这类收益的处理将在后面给予说明。

表 12-2　XYZ 银行利润表

（2019 年 12 月 31 日）　　　　　　　单位:百万美元

项目	金额
利息收入	
贷款利息收入	780
证券投资利息收入	76
免税	40
应税	37
其他利息收入	
利息收入总计	933
利息支出	
存款利息支出	513
短期借款利息支出	101
长期借款利息支出	30
利息支出总计	644
利息净收入	289
提取贷款损失准备	255
提取贷款损失准备后利息净收入	34

项目	金额
非利息收入	
客户存款服务费用	29
信托业务收入	26
其他	119
非利息收入总计	174
非利息支出	
薪金、福利支出	130
房产、设备占用使用费	44
其他支出	135
非利息支出总计	309
非利息净收入	(135)
税前利润	(101)
所得税	(3)
税后利润	(98)

注:括号内数字为负值。

（一）利息收入

利息收入是银行主要的收入来源,20世纪70年代以前会占银行总收入的90%以上,而目前在西方国家仅占50%左右。银行利息收入受多种因素制约,既取决于市场需求、法定准备金率等外部因素,也受到银行自身经营策略影响。总的说来,利率越高,生息资产比重越大,所获利息收入也就越多。利息收入可具体细分为以下几类。

1. 发放贷款利息、费用收入

这是银行最大的收入来源。表12-2中显示该行贷款利息收入7.8亿美元,占全部利息收入的80%以上。

2. 证券投资利息收入

这部分收入的地位仅次于贷款收益,特别在不少国家政府证券的投资收入可获得部分免税（政府债券利率较低）,所以由证券投资取得收益对银行有较重要的意义。

3. 其他利息收入

包括存放同业所得利息,同业拆出、进行证券回购所得收入,以及购买其他银行发行定期存单所得利息。

（二）利息支出

利息支出是银行最主要的成本开支,反映了银行以存款负债业务为主形成资金来源的重要特征。

1. 存款利息支出

这是利息支出的主要部分,银行为获得较稳定的资金来源,有时会以较高利率发行定期存单,因而这类利息支出数额较大。

2. 借款利息支出

20世纪60年代以来,西方商业银行在负债业务方面主动性加强,更加注重利用购买资金来获得资金来源,借款利息比重呈上升趋势,其中短期借款利息主要指开展向中央银行短期借款、同业拆借、进行证券回购、发行短期商业票据等业务所支付的利息。长期借款利息还包括银行向其发行的金融债券特别是附属资本债券所支付的利息,这种利息支出在性质上接近于支付优先股股息,但能起到抵税作用。

银行利息收入与支出的差,称为净利息收入、利差收入。这是决定银行经营业绩的关键所在,进行绩效评价时应着重考察。

3. 提取贷款损失准备

银行在经营中贷款资产会发生损失,银行可以通过建立准备金来弥补这类预计损失,其中可在所得税前计提的部分记入"提取贷款损失准备"科目,并累计记入资产负债表中的"贷款损失准备金"账户。在我国,贷款损失准备金俗称"拨备"。

由于提取贷款损失准备被记入税前支出,该科目具有抵税作用,银行在经营中倾向于多提准备,因此该科目也受到银行监管部门、税收部门的重视。银行监管部门对商业银行的贷款损失准备有两种计提方法:其一是经验方式,即按报表当年及前五年发生的贷款损失平均数据提取;另一种方法是准备方式,即按当年年末贷款余额提取。美国国会在1987年通过了新的税收法案,要求资产规模在50亿美元以上的商业银行必须依照"特定注销方式"来冲销坏账,计提准备。在这种方式下,只有当一项贷款被明确认定为毫无价值,且经监管部门同意后,银行才可将其注销,并计提贷款损失准备。在贷款损失准备是否在税前计提的问题上,我国财政部与银行业有较大分歧,早期对于超过贷款总额1%以上的经验贷款损失准备的呆账损失准备金采取税后提取。但在我国商业银行20世纪90年代大规模剥离不良资产后,改为对全部贷款损失准备金的提取都采取税前计算的方式。

(三)非利息收入

非利息收入主要指银行提供服务而取得的费用及佣金收入,以及金融衍生品交易的收入等。具体项目如下:

(1)存款账户的服务费用。主要指对存款人开立银行账户、不能保持要求的最低金额以及根据签发支票收取的人工费、保管费。

(2)其他服务费、佣金收入。包括代买卖证券、贵重金属、信息咨询、办理信用卡、承销国债等收入。

(3)其他收入。指银行所得信托收入、融资租赁收入、表外业务收入等各种非利息收入。

(4)随着利率市场化和汇率波动,银行推出多种旨在避险的金融衍生品,包括远期合约、金融期货、期权和互换等。这些金融衍生品需求和交易量巨大。对于金融衍生品,银行不仅是最大的制造商,而且是最大的经纪商和最大的自营商,由此产生的各类收入占银行表外收入的绝大部分。

总的说来,随着银行业竞争加剧,经济、金融环境的变化,银行利差收入的增长有限,且波动较大,而各种非利息收入有助于银行开拓其他收入来源,减弱利差收入的波动带来的负面影响。

（四）非利息支出

非利息支出是银行间接费用的主要部分。具体包括以下三部分。

1. 薪金与福利支出

这包括供给经营管理人员和职工的报酬、奖金、养老金、福利费用,还包括银行缴纳的失业保险税、社会保险税等。

2. 各种资产使用费用

这包括银行房产、设备的维修费用、折旧费用,设备房屋的租赁费用及相应税款开支。

3. 其他费用

这包括业务费用、营销和业务拓展、广告费用及出纳短款损失等。

（五）利润

利息净收入扣除提取贷款损失准备金后与非利息净收入之和,构成银行利润,因核算口径不同,银行利润有多个层次。

1. 税前营业利润

税前营业利润是营业收支相抵后的余额,该指标意义在于明确应税所得,税前营业利润扣除免税收入即为应税所得。

2. 税后营业利润

应税所得减去应付所得税后的余额,加上免税收入就得到了税后营业利润。该指标可以看作银行正常经营活动的最终结果,较好地反映了银行业绩,是进行绩效评价时的基本指标。

3. 纯利润

银行经营过程中可能发生一些特殊项目,如证券买卖、设备盈亏、会计处理方法变更等,这些特殊项目可以看作银行营业外活动,最终会影响银行的盈亏状况。纯利润指标中包括了这类特殊项目,是报表期银行全部活动的体现。但由于它包含了一些不常发生的营业外项目收支,反而不能准确反映银行的经营业绩。计算纯利润时,应将特殊项目净损益及相应所得税额并入税后营业利润中。是否单独计算纯利润,各国之间的差异较大。

三、银行现金流量表

现金流量表,又称现金来源和运用表,它是反映商业银行在一个经营期间的现金资产的来源和运用的增减变化情况的财务报表,是反映银行经营状况的三大报表之一。随着银行业的不断发展及经济环境的变化,现金流量表的重要性也在不断加强。

资产负债表反映的是银行资产和负债在某一时点上的配置状态,损益表反映的是银行在某一个时期内各项收入和支出的名义状态。之所以说损益表是名义状态,主要原因之一是会计记账是按照权责发生制的原则进行的。银行经过一段时期的经济活动,银行真实的财务状况会发生变化,即各类收入、支出和权益的规模及结构会有变动。银行真实财务状况变动的原因很难直接看出,但它们可归结为银行各项资金的来源、运用的增减变动,这是一个动态过程。尽管资产负债表是静态存量报表,不能揭示财务状况变动的原因,但银行资产负债表中相关科目期初与期末增量变动的结果,可以通过技术处理成动态现金利润报表。现金流量表沟通了资产负债表和损益表,弥补了二者的不足,将企业的利润同资产、负债、权益变动结合起来,全面反映了报告期间内银行现金收入、支出和资金结构变动的情况,从中可看出银行财务状况真实性变动的结果及原因。

现金流量表以现金为编制基础,以各项目的现金的运用、来源为反映对象,从动态的角度组织内容。这里"现金"的含义并非指现金及其等价物,而是以真实现金还原的收入和支出以及利润。报表按会计恒等式"现金来源增加=现金运用增加"进行编制,对该等式具体解释如下。

现金来源主要有三个途径:首先是营业中所得现金,其次是减少、出售非现金资产换取现金,最后是通过举债、增发股本等从外部融资。现金运用也分为三个部分,即购买非现金资产、偿还债务本息、支付股利。仅从上述现金运用、来源的含义来看,二者不一定相等,差额等于现金资产的变动额。换一个角度看,将现金资产视同普通资产,它的减少也可以带来其他资产的增加,或是负债减少,因而现金资产的减少可以看作特殊现金来源。同样,现金资产的增加可以看作特殊的现金运用,经这种调整,则可以得出等式"现金来源=现金运用"。这就是现金流量表的编制原理。

表12-3是一张具体的银行现金流量表,借此简要说明报表结构并对该银行财务状况做一简单分析。

表 12-3　XYZ 银行现金流量表

(2019 年 12 月 31 日)　　　　　　　　　　　单位:百万美元

项目	金额
现金来源	
营业	
净利润	(98)
非付现费用	
折旧、预提费用	16
提取贷款损失准备	255
其他	(19)
营业所得现金	154
资产减少	
现金与存放同业	687
证券投资	195
交易账户证券	75

续表

项目	金额
出售联邦基金与回购协议下证券持有	147
其他资产	42
负债增加	
短期债务	479
长期债务	2
其他现金来源	41
现金来源合计	1 822
现金运用	
股息支出	36
资产增加	
证券投资	—
贷款	590
其他	—
负债减少	
存款	1 084
长期借款	25
其他债务减少	65
其他现金运用	22
现金运用合计	1 822

注:括号内数字为负值。

现金流量表由两部分构成,下面具体加以介绍。

(一) 现金来源

1. 经营中所得现金

这一部分由净利润扣除应计收入,加上非付现费用构成。在会计核算中设置非付现费用是为了使净利润更真实地反映银行盈亏状况,但非付现费用仅在账面上得以处理,并未导致现金流出,因而将这一部分加回到净利润中。同理,应计收入并非真实现金流入,也应扣除。银行付现费用一般包括预提费用、计提折旧、提取贷款损失准备、递延税款贷项发生额等。

2. 减少资产所得现金

减少资产所得现金包括减少非现金资产所得及减少现金资产所得。表中反映出该银行现金资产减少较大,以出售、减少非现金资产所得现金很少。

3. 增加负债、增发股本所得现金

增加负债、增发股本所得现金是银行从外部获得的新的现金来源。

合计现金来源为上述三项之和,在账务处理时应结合具体科目的变动情况。

（二）现金运用

1．支付现金股利

支付股利直接导致现金的流出。

2．支付现金增加资产

这里所指的资产既包括有形资产,也包括多种金融债券及现金项目,资产规模的扩大意味着现金运用的增加,表中反映报表期间银行将较大的资金量投放到贷款资产中。

3．减少债务

负债业务是银行获取资金的主要方式,偿本付息是现金资产的净流量,即一项现金运用。

现金运用合计为上述三项之和。编制正确的现金流量表中现金运用必等于现金来源。

表12-3反映出了该银行主要财务变化状况及原因。报表显示,该银行在报表期间主要资金运用是支付提存10.84亿美元,远远超过其从外部以增加负债形式所吸取的资金,同期该银行营业所得现金较少,只是通过资产减少才取得足够现金资产,最终结果是经营规模下降。这一点在表12-1中也有所反映,而现金流量表补充说明了其中具体原因。

四、银行表外业务分析

商业银行的利润并非全部来自银行所投资的盈利资产,许多带来收益的经营活动在资产负债表中并未得到反映,这就是所谓的表外业务。银行开展表外业务适应了多变的市场环境,拓展了新的收入来源,同时表外业务带来了一定的风险,影响银行的稳健经营。但不可否认,表外业务成为影响银行经营业绩的重要因素。

（一）表外业务对银行经营业绩的正面影响

1．对银行收益的影响

商业银行通过各类表外业务,获得了大量手续费、佣金收入,开拓了新的收入来源,削弱了利息收入波动带来的不利影响。此外,银行还可利用各类衍生工具在承担一定风险的前提下进行投机,利用金融衍生工具的杠杆性追逐高额利润。这两种因素使得近年来银行收益中来自表外业务的比重不断上升。由于表外业务能极大提高银行的资产盈利能力,在不相应增加资金运用、扩大银行资产规模的同时,开展表外业务就可以给银行带来更多收入,降低资本占用,使得资产和资本回报率提高。

从长期来看,随着金融市场的不断发展,各经济实体的投资、融资渠道趋于多样化,商业银行传统的存贷业务优势受到严重挑战,利差收入的增长空间有限,再加上巴塞尔资本监管协议客观上引导银行行为的调整,迫使银行在经营中更加注重对表外业务的运用。

2．对银行扩张信用、创造资金来源的影响

第二次世界大战结束以来,西方许多国家出现过资金"脱媒"现象,商业银行采用负债管理方法,通过主动购入资金、开办新的存款业务(如 NOWs、ATS)来吸收资金扩张信用。从 20 世纪

80 年代起,弥补资金缺口的重点转向资产方,商业银行通过资产证券化、贷款出售等业务,使资金运用产生相应新的资金来源。另外,商业银行还开展票据发行便利、开具备用信用证等业务。我国商业银行则通过买入返售、信托贷款等业务,利用自身信誉优势和渠道优势销售保险和基金等开展表外业务,它们的效果一方面体现在在不增加自有资本情况下扩展了银行的收入,另一方面,银行开展更加宽泛的表外业务在一定程度上支持了银行对实体经济的信用投入,弥补了资金供求缺口。

3. 降低了银行业的经营成本

开展表外业务不须上缴法定存款准备金,一定程度上避开了对银行资本充足率的要求,较少接受监管部门的监督管理,因而进行表外业务降低了银行业的经营成本。另一方面,开展表外业务降低了银行的融资成本。以贷款出售为例,银行通过贷款出售融入资金,出售的贷款事先经过银行的专业评估,且售出银行一般具有较高的信用等级,因而能很好地吸引贷款购买者。这类资金来源无疑具有较低的融资成本。

4. 增强了银行资产流动性

表外业务中涉及的许多金融工具提高了资产的可转让性,其设计目的就是改善银行资产的流动性。还是以贷款出售为例,银行通过该业务将流动性较差的贷款进行证券化处理,将低流动性资产转为高流动性资产,有效提高了银行对整体资产流动性的控制和调节水平。

5. 改善了银行收益风险的组合

20 世纪 70 年代以来,布雷顿森林体系的解体和各国宏观经济的不稳定表现使得金融市场动荡不安,银行经营中受到汇率风险、利率风险、信用风险等多种风险因素影响。传统业务对这些风险无能为力,而许多表外业务,特别是多种衍生金融工具,设计初衷就是帮助银行锁定成本、收益,进行套期保值。一般而言,各类衍生金融工具依附于相应的基础资产,银行利用这些衍生工具可将其基础资产所承受的风险重新组合、转移出去。

（二）表外业务对商业银行经营的负面影响

1. 表外业务加大了银行经营的监管难度

商业银行开展的表外业务较少受到金融法规的限制,其形式多种多样,既可进行交易所内场内交易,又可进行场外交易。一般情况下,只要双方认可即可达成某些表外业务协议。另一方面,表外业务不直接在财务报表中反映,银行外部人员,包括股东、债权人和金融监管部门无法准确了解到银行进行表外业务的真实情况,难以对商业银行的这类活动进行有效监管。

2. 表外业务本身带有一定的风险

许多表外业务,如担保、承兑等,对银行来说是一种或有负债,加大了银行未来的经营风险。此外,金融衍生工具一般具有高杠杆性,银行经营这类业务的风险自然大大提高。虽然许多衍生金融工具在设计时就考虑到利用交易所交割、保证金制度、涨跌停板限价、盯市等多种方式来减少风险,但考虑到其高杠杆特性的放大作用,这类投机交易中风险程度相当大。最后,表外业务的避险、套期保值功能只在局部有效,只是将风险从风险厌恶方转移到风险偏好一方,并未从根本上消除风险。相反,由于一笔业务往往同时牵涉数家银行,一家银行的违约行为势必引起连锁反应,从而对整个金融体系的稳定性造成负面影响。2008 年由美国次贷危机引发的全球金融和经济危机,就是华尔街大肆滥用金融创新,不负责任地对不合格借款人发放次级贷款,对其运用违约互换将风险"剥离",然后进行所谓结构化组合和运用"迷你"技术进行分割,将其变为了连银行家自己都看不懂的合格金融产品,终于酿成大祸。这场危机对经济和金融系统的破坏影响到现在还没有消除干净。

第二节 商业银行绩效评价

商业银行绩效评价是指对其经营总目标实现程度的考核、评估,是将一定的绩效评价指标应用于一定的评估方法的过程。设计绩效评价指标体系是进行评估的关键,必须服从银行经营总目标,明确银行经营总目标是首要任务。一般而言,处于不同发展阶段、不同的经营环境的商业银行在经营中所追求的具体目标有所不同,但从经济学最凝练的理性经济人假设出发,各类银行的经营目标在根本上是一致的,即实现股东财富最大化。

考察银行经营目标实现程度可从两个方面入手:一是银行获利情况,二是风险程度。这是设计绩效评价指标的基本出发点。其次,银行的经营环境比一般企业更为复杂,加之其独特的资产负债结构,银行流动性和清偿力状况是其能否生存的关键,也为银行债权人和监管部门所关注,因而在设计风险类指标时将清偿力指标和流动性指标单独列出,便于重点考察。最后,绩效评价指标大多采用比率形式,这样可以剔除银行规模差异对绩效分析的干扰,还可将银行财务报表中的原始信息有机地结合起来,更准确地反映银行绩效。

本节包括两部分内容:一是绩效评价指标的设计,二是介绍绩效评价方法。

一、商业银行绩效评价指标

商业银行绩效评价指标是一组财务比率指标,按实现银行经营总目标过程中所受的制约因素分为四类,即盈利指标、流动性指标、风险指标和清偿力指标。

(一)盈利指标

盈利指标衡量商业银行运用资金赚取收益的同时控制成本费用支出的能力。盈利指标的核心是资产收益率和股本回报率,利用这两个财务指标及其他派生财务比率指标可较准确地认识银行的获利能力。

1. 资产收益率

资产收益率(ROA)又称投资报酬率,是银行纯利润与全部资产净值之比。其计算公式为:

$$资产收益率 = \frac{纯利润}{总资产额(净值)} \times 100\%$$

资产收益率指标将资产负债表、损益表中相关信息有机结合起来,是银行运用其全部资金获取利润能力的集中体现。有两点需补充说明:一是计算资产收益率指标时可以选择总资产的期末余额值做分母,这一数据可以方便地在资产负债表上直接取得,但银行利润是一个流量指标,为准确反映银行在整个报表期间的经营获利能力,采用总资产的期初与期末余额的平均数做分母效果更好;二是银行纯利润包括一些特殊的营业外项目,因而资产收益率指标的变动有时不能简单理解为银行正常营业获取利润能力的改变,还应结合具体情况分析。

2. 银行利差率

银行利息收入一直是其主要收入来源,利息支出是其主要成本支出项目,利差收入是影响商业银行经营业绩的关键因素,银行利差率的主要计算公式为:

$$银行利差率 = \frac{利息收入 - 利息支出}{盈利资产} \times 100\%$$

盈利资产指那些能带来外部利息收入的资产。银行总资产中,除去现金资产、固定资产外,均可看作盈利资产,在计算中分母也应采取平均值。一般情况下,银行经营规模的扩大,盈利资产的增多会引起相应利息收入的增加,但银行利差率的提高表明银行利差收入的增长幅度大于盈利资产增长幅度,即银行在扩大资金运用,增加收入的同时,较好地控制相应的融资成本(利息支出)。因而该指标可有效反映银行在筹资放款这一主要业务中的获利能力。在计算银行利差率时有时也可用平均总资产做分母,意义基本相同。

3. 非利息净收入率

非利息净收入率不仅是银行盈利能力的标志,也反映出银行经营的范围效率和管理效率。其计算表达式为:

$$非利息净收入率 = \frac{非利息收入 - 非利息支出}{总资产净值} \times 100\%$$

由损益表中可知银行非利息收入来自手续费、佣金、投资的资本利得以及衍生交易带来的各种收益之和。获得这类收入不需要相应增加资产规模,较高的非利息净收入会明显提高银行的资产收益率。非利息支出包括提取贷款损失准备、员工薪金、福利、折旧等间接费用,同银行管理效率直接相关,因而较高的非利息净收入率意味着较低的各类间接费用开支,表明银行管理效率良好。

总的说来,非利息净收入率的提高是银行盈利能力和管理效率良好的表现。但有时也意味着经营中潜在风险的提高,主要因为非利息收入中的较大部分通过表外业务取得,常伴随着一定的或有负债及其他风险,且不在财务报表中明确表示,因而应用指标时应多注意其他相关信息,了解相应风险状况。

4. 银行利润率

它相当于一般企业的营业利润率。其计算表达式为:

$$银行利润率 = \frac{纯利润}{总收入} \times 100\%$$

从计算式中可以看出,该指标反映了银行收入中有多大比例被用作各项开支,又有多大比例被作为可以发放股利或再投资的利润保留下来。该比例的高低,既说明了银行获取收益的能力,也说明了银行控制成本和损失的能力。

5. 权益报酬率

权益报酬率(ROE)又称净值收益率、股东收益报酬率等,计算表达式为:

$$权益报酬率 = \frac{纯利润}{资本总额} \times 100\%$$

该指标反映了银行资本的获利程度,是银行资金运用效率和财务管理能力的综合体现,同股东财富直接相关,受到银行股东的格外重视。权益报酬率具有极强的综合性,是杜邦财务分析法的核心指标,在本节的第二部分有详细介绍。

（二）流动性指标

流动性在任何企业经营中都是盈利性和安全性之间的平衡杠杆。商业银行由于自身不寻常的资产负债结构,更加受到流动性危机的威胁,这也是将流动性指标从一般风险指标中分离出来的原因。流动性指标反映了银行的流动性供给和各种实际的或潜在的流动性需求之间的关系。银行流动性供给在资产方和负债方均可存在,如银行拆入资金或出售资产都可以获得一定的流动性。流动性需求也可通过申请贷款和提存等形式作用于资产负债两个方面,因而流动性指标在设计时应综合考虑银行资产负债两方面情况。

1. 现金资产比例

该指标是银行所持现金资产与全部资产之比,在中国俗称备付金比率。计算公式为:

$$现金资产比例 = \frac{现金资产}{总资产} \times 100\%$$

现金资产具有完全的流动性,可随时应付各种流动性需求。该比例高反映出银行流动性状况较好,支付能力强,抵御流动性风险的能力较强。

2. 短期国库券持有比例

短期国库券是银行二级准备资产的重要组成部分,对银行流动性供给有较大作用。该指标的计算公式为:

$$短期国库券持有比例 = \frac{短期国库券}{总资产} \times 100\%$$

一方面,短期国库券自身有较强的变现能力,银行出售国库券可直接获得流动性供给;另一方面,短期国库券是一种被普遍接受的抵押品,银行可以用其进行质押贷款,即持有国库券也可产生间接的流动性供给。该比值越高,银行的流动性越好。

3. 持有证券比例

商业银行资产组合中很大部分是所投资各类证券。这些证券一般均可在二级市场上变现,为银行带来一定的流动性供给。该指标的计算公式为:

$$持有证券比例 = \frac{证券投资}{总资产} \times 100\%$$

单纯应用该指标判断银行流动性具有很大局限。这主要是因为证券的变现能力同其市场价值密切相关,在市场利率上升时,证券市价下跌,特别是一些长期证券难以按记账价值流转出去,只产生十分有限的流动性。因此分析持有证券给银行提供的流动性时,须结合指标评判市值/面值。一般情况下,指标市值/面值越低,说明银行所持有证券的变现力越低,从中可获得的流动性供给越小。

4. 贷款资产比例

该指标是银行贷款资产与全部资产的比值(中国银行业习惯采取贷款/存款之比)。该指标的计算公式为：

$$贷款资产比例 = \frac{贷款}{总资产} \times 100\%$$

贷款是银行主要盈利资产。一方面,由于它是非标准化的资产,流动性较差,该比值较高反映银行资产结构中流动性较差部分所占比例较大,流动性相对不足。另一方面,贷款内部各组成部分具有不同的流动性。其中一年内到期的贷款在下一营业周期内自动清偿,可以带来相应的现金流入,提供流动性,因而可以用一年内到期贷款/总贷款作为贷款资产比例的补充指标。该补充指标值越高,说明银行贷款中流动性较强部分所占比例越大,银行的流动性状况越好。

5. 易变负债比例

该指标是易变负债与全部负债之比,计算公式为：

$$易变负债比例 = \frac{易变负债}{总负债} \times 100\%$$

易变负债包括银行吸收的证券、经纪人存款、可转让定期存单及各类借入的短期资金。这类负债受资金供求关系、市场利率、银行信誉等多种因素影响,其融资成本、规模均难以为银行所控制,是银行资金来源中不具备稳定性的部分。该指标反映了银行负债方面的流动性状况,其比值越高,说明银行资金来源方的稳定性越差,或者表达潜在的流动性越不稳定。

6. 流动性比率

银行流动比率是指银行的流动资产和流动负债之比,它反映了银行的资产流动状况,计算公式为：

$$流动性比率 = \frac{流动资产}{流动负债} \times 100\%$$

流动资产是指可以在一年内或超过一年的一个营业周期内变现或耗用的资产,包括现金及银行存款、贵金属、存放中央银行及同业的款项、拆出资金、短期放款、短期投资、应收及预付款项、在一年内到期的长期投资等;流动负债是指将在一年内或超过一年的一个营业周期内偿还的债务,包括短期借款、拆入资金、应付票据、应付账款、应付工资、短期存款、应交税费、应付利润、预提费用、在一年内到期的长期负债等。流动性比率是衡量银行短期偿债能力最通用的比率。它反映了银行的短期债务人的求偿权受银行流动资产保障的程度,而这些资产被期待在与这些求偿权到期日相当的期间之内变现。

上述两个指标主要从负债方面考虑商业银行流动性情况,在运用这两个指标进行银行业绩分析时必须注意银行的规模。一些大银行,特别是地处金融中心的大银行,在经营中更多地利用增加短期负债来获取流动性,小银行依靠资产变现取得流动性,因而对于规模不同的银行同一指标数值所反映的流动性状况可以有较大差异。

(三) 风险指标

在财务管理和财务分析中,风险被定义为预期收入的不确定性,这种收入的不确定性会降低企业价值。商业银行面临复杂多变的经营环境，收益水平受多种因素的干扰，风险指标将这些因素做了分类，并定量反映了商业银行面临的风险程度和抗风险能力。

1. 利率风险

当前的商业银行业务日益多样化，成为"金融百货公司"，以多种金融服务获取收益。但从根本上来看，其主要收入来源仍然是各种生息资产，成本项目主要是为融资而发生的利息支出，利率的波动往往会引发银行利差收入以至全部营业收入的波动，这就是利率风险。资金配置不同的银行面对相同的利率波动所受影响是不同的，即利率风险暴露不同。如第十一章所述，商业银行面临的利率风险，可以用风险缺口和持续期缺口做简单测算。

2. 信用风险

银行的信用风险指银行贷款或投资的本金、利息不能按约得到偿付的风险。银行的主要资产和收入来源是各类金融债权，信用风险对其经营业绩影响很大，以下几个指标反映了银行所面临的多种实际和潜在的信用风险程度及银行为此所做的准备情况。

（1）贷款净损失/贷款余额。贷款净损失是已被银行确认并冲销的贷款损失与其后验收账工作重新收回部分的差额，反映了信用风险造成的贷款资产真实损失情况。该指标衡量了银行贷款资产的质量状况，比值越大，说明银行贷款资产质量越差，信用风险程度越高。

（2）低质量贷款/贷款总额。按照《巴塞尔协议》对银行资产质量新的分类方法，资产（贷款）按照违约的程度或质量被划分为正常、关注、次级、可疑和损失五大类。前两类属于质量较好的贷款，后三类属于不良贷款或低质量贷款。该比值越高，银行贷款总量中的信用风险越大，未来发生的可能的贷款损失越大。

（3）贷款损失准备/贷款损失净值（拨备覆盖率）。贷款损失准备来自银行历年税前利润，在会计上作为费用来处理，它根据对未来可能出现的贷款损失的估计进行提取，用于弥补可能出现的损失。在《巴塞尔协议》下，要求至少对损失类全覆盖，但随着风险管理要求提高，世界各国、包括中国银行业都要求银行对五级分类中的后三类实行全覆盖。至 2015 年年底，中国不少商业银行对后三级不良资产拨备覆盖率甚至超过 100%。一般而言，该比值越高，既表明银行未来的潜在风险越高，也表明银行抵御信用风险的能力越强。

（4）贷款损失保障倍数。该指标是当期利润加上贷款损失准备金后与贷款净损失之比。该比值大，说明银行有充分的实力应付贷款资产损失，相同的贷款损失造成的银行利润波动幅度小，信用风险带来的不利影响较小。

上述指标集中考察了银行贷款资产的信用风险状况，并未对其证券投资进行信用风险评估。这主要因为银行所持有的证券以政府债券为主，信用风险程度较低，一般情况下，不需要进行重点分析。

3. 流动性风险

（1）流动性覆盖率。该指标计算公式为：

$$流动性覆盖率 = \frac{合格优质流动性资产}{未来 30 天现金净流出量} \times 100\%$$

流动性覆盖率旨在确保银行具有充足的合格优质流动性资产,能够在规定的流动性压力情景下,通过变现这些资产满足未来至少 30 天的流动性需求。银行的流动性覆盖率应当不低于 100%。

(2)净稳定资金比例。该指标计算公式为:

$$净稳定资金比例 = \frac{可用的稳定资金}{所需的稳定资金} \times 100\%$$

净稳定资金比例旨在确保银行具有充足的稳定资金来源,以满足各类资产和表外风险敞口对稳定资金的需求。银行的净稳定资金比例应当不低于 100%。

(3)流动性比例。该指标计算公式为:

$$流动性比例 = \frac{流动性资产余额}{流动性负债余额} \times 100\%$$

银行的流动性比例应当不低于 25%。

(4)流动性匹配率。该指标计算公式为:

$$流动性匹配率 = \frac{加权资金来源}{加权资金运用} \times 100\%$$

流动性匹配率衡量银行主要资产与负债的期限配置结构,旨在引导银行合理配置长期稳定负债、高流动性或短期资产,避免过度依赖短期资金支持长期业务发展,提高流动性风险抵御能力。银行的流动性匹配率应当不低于 100%。

(5)优质流动性。该指标计算公式为:

$$优质流动性资产充足率 = \frac{优质流动性资产}{短期现金净流出} \times 100\%$$

优质流动性指标旨在确保银行保持充足的、无变现障碍的优质流动性资产。在压力情况下,银行可通过变现这些资产来满足未来 30 天内的流动性需求。银行的优质流动性资产充足率应当不低于 100%。

上述 5 个指标都是流动性风险监测和预警指标,与前述商业银行流动性指标密切相关,其中,指标(1)和指标(2)是在《巴塞尔协议Ⅲ》的倡导下建立的。

(四)清偿力指标

银行清偿力是指银行运用其全部资产偿付债务的能力,反映了银行债权人所受保障程度,清偿力充足与否也极大影响了银行的信誉。从等式"净值 = 资产 − 负债"来看。银行清偿力不足或说资不抵债的直接原因是资产损失过大,致使净值过小,负债不能得到完全保障。但清偿力不足的根本原因是资本金不足,未能与资产规模相匹配,因而传统的清偿力指标主要着眼于资本充足情况。

1. 净值/资产

净值是银行全部资金中属于银行所有者的部分,具有保护性功能,即吸收银行资产损失,保护债权人权益的功能。净值比例将资本量与资产总量结合起来,简单地反映出银行动用自有资金,在不损害债权人利益的前提下应付资产损失的能力。该比值越高,表明银行清偿能力越强。但其基本假设前提是银行资产规模和可能发生的损失之间存在简单的比例关系。该指标是一项传统指标,优点是计算方便。随着银行业务的不断发展,资产、负债结构有了很大改变,不同资产所面临的风险有较大差异,资产规模和资产可能遭受的损失之间不再保持简单的比例关系,该指标的有效性有所下降。

2. 净值/风险资产

20 世纪 50 年代,西方商业银行的资金运用由单纯贷款资产转向贷款和政府债券的资产组合。这两类资产所含的风险程度迥然不同,简单地应用净值/资产指标已无法确切反映银行的清偿力,必须依据资产性质做出修正。银行业计算清偿力的考核重点转向净值对风险资产的比率。这时的风险资产计算比较简单,即将总资产扣除现金、同业拆借和政府债券这三项后的剩余部分。将这三类无风险资产排除后,净值/风险资产指标更多地体现了资本吸收资产损失的保护性功能,在一定程度上反映了银行清偿力状态。但是这项指标显得过于粗糙,没有考虑贷款组合本身的组合和质量。

3. 资本充足率指标及其发展

1988 年 7 月通过的《巴塞尔协议》首先从产生清偿力强弱的角度对银行资本进行分类。协议将银行资本分为核心资本和附属资本两类,核心资本具有较强的保护性功能,是银行的永久性股东产权,包括普通股、非累计优先股、资本盈余、未分配利润等部分。核心资本中应扣除商誉。银行附属资本的构成较为复杂,分为四类。① 未公开储备。这类储备不在对外资产负债表中标明,也不与任何已确认的损失或负债相关,应自由地及时应付未来不可预计损失。② 重估准备。这是银行资本的虚拟变化,对其应打 55% 的折扣。③ 普通准备金、普通贷款损失准备金。其可以弥补未来资产损失,也应被归于附属资本内。④ 债务股权混合性质的资本工具和长期次级债券。在银行资产清算时,它们对银行资产的要求权排在存款、借款等负债之后,执行了银行资本的保护性功能,应被看作附属资本。

其次,《巴塞尔协议》将风险资产分为表内、表外两个部分进行核算。针对表内资产,按风险程度划分为五个类别,设置 0%、10%、20%、50%、100% 五个风险权重。计算形式为:

$$表内风险资产 = 表内资产 \times 相应风险权重$$

针对表外资产,《巴塞尔协议》按表外业务规模、敞口部分风险出现的可能性设置了信用转换系数,将其视为相应表内资产。

$$表外风险资产 = 表外资产 \times 信用转换系数 \times 相应风险权重$$

最后,《巴塞尔协议》提出了以下三个指标:

$$一级资本充足率 = \frac{核心资本}{风险资产} \times 100\%$$

$$二级资本充足率 = \frac{附属资本}{风险资产} \times 100\%$$

$$总资本充足率 = 一级资本充足率 + 二级资本充足率$$

《巴塞尔协议》规定 1993 年以前从事国际业务的银行总资本比率不低于 8%,其中核心资本比率不低于 4%。

总的看来,上述三个指标符合了当前银行的业务发展特点,是衡量银行清偿力的有效工具。

在 2008 年爆发国际金融和经济危机后,金融业反思了《巴塞尔协议》,巴塞尔委员会 2012 年再次修改该协议,新协议简称《巴塞尔协议Ⅲ》。其主要修改如下:第一,跨境实施。在跨境实施中,国际银行母行必须与东道国监管当局密切配合。第二,适用范围。不强求新兴国家均实施《巴塞尔协议Ⅲ》,也不对发达国家所有银行有强制性要求。第三,在框架的复杂性和适用性之间寻找平衡,这种权衡反映了监管政策在简单性和风险敏感性之间的平衡。第四,在模型中,通过系数调整降低了银行对中小企业贷款的经济资本占用。第五,资本金构成和比率的调整。其中最主要的调整有:根据协议,普通股最低要求将从当前的 4% 提升至 4.5%。这一更严格的要求将分阶段实施并在 2013 年 1 月 1 日至 2015 年 1 月 1 日之前实现。一级资本金(包括普通股和其他符合要求的金融工具)比率将在同一时间范围内从 4% 提升至 6%(6% 只是过渡,最终目标是达到 7%)。根据这份新协议,所有成员国执行期将从 2013 年 1 月 1 日开始,而且必须在此日期之前将协议规则转化为国家法律规范。另外,通过这次金融危机更加暴露出,银行确实具有"大而不能倒"(too big to fail)的问题,而巴塞尔资本监管协议推行的内部风险计量,赋予银行太多的主观自主权。2015 年 11 月,金融稳定理事会公布了 35 家"全球系统性重要银行"(global systemically important financial institution,G-SIFIs),中国银行、中国工商银行、中国农业银行和中国建设银行均名列其中。国际监管组织要求世界各国合作,对它们采取更审慎、严格的监管措施,致力于解决"大而不能倒"的问题。中国监管当局出于审慎原则,将工、农、中、建、交和招行、中信银行七家银行均列为系统性重要银行。全球系统性重要银行的核心资本充足率要求追加到 8%,二级资本充足率将根据重要程度达到 1.5%～3%,特大银行资本充足率可能高达11%～12%。

二、绩效评价方法

银行绩效评价方法主要指比率分析法和综合分析法。比率分析法以上述指标体系为核心,从盈利能力、流动性、风险性和清偿力四个方面对银行经营业绩作出分别评价,最后形成完整结论。而综合分析是将银行的经营业绩看作一个系统,从系统内盈利能力和多风险因素的相互制约关系入手进行分析。

(一)比率分析法

比率分析法的核心是绩效评价指标。但孤立的指标数据是毫无意义的,并不能说明银行业绩好坏,只有在比较中才能发挥作用。比较的形式主要有同业比较和趋势比较。将一家商业银行的绩效评价指标值与同业平均水平进行横向比较,可以反映出该银行经营中的优势与不足。在连续期间对指标值进行比较,可以看出该银行的经营发展趋势,并对未来情况做出预测。在实际分析中,同业比较和趋势比较应结合起来使用。在应用财务比率进行绩效评价时,也应注意到银行规模上的差异,很多情况下,绩效评价指标的差异来自规模差异及相应经营方法上的不同,不能等同于经营业绩之间的差距。最后,在利用财务比率分析时,还应注意表外情况,如经济环境的变化、利率走势等。

下面给出一个应用比率分析的具体例子。评价对象银行 ZSB 为一个给定的银行,它地处我国二线城市,资产规模不太大,是典型的中型银行,进行对比的同业水平是规模相近的中小银行的平均水平。数据采样期间为 2015—2019 年,此期间市场利率呈下降趋势。具体指标如表 12-4 所示。

表 12-4　ZSB 主要指标数据及同业平均(简称同业)　　　　　　单位:%

指标	2019 年		2018 年		2017 年		2016 年		2015 年	
	ZSB	同业	ZSB	同业	ZSB	同业	ZSB	同业	ZSB	同业
一、盈利指标										
(1) 资产收益率	1.31	0.84	1.41	0.68	1.00	1.03	0.77	1.04	1.60	1.12
(2) 营业外净收益率	0.64	0.03	1.88	0.12	0.43	0.04	0.12	0.00	0.43	0.00
(3) 非利息收入/平均资产	0.30	0.58	0.33	0.64	0.34	0.64	0.28	0.60	0.28	0.55
(4) 利息收入/平均资产	9.31	8.88	10.18	9.71	10.85	10.80	11.16	11.54	11.21	11.19
(5) 银行利差率	4.10	3.90	4.41	4.15	4.28	4.43	3.31	4.34	4.05	4.54
二、流动性指标										
(6) 易变负债/负债总额	40.24	5.41	34.15	7.93	43.75	1.05	37.32	0.22	26.07	1.20
(7) 短期资产/易变负债	15.25	143.50	4.51	149.44	2.47	126.12	31.96	120.96	32.72	114.86
(8) 贷款/资产	43.74	48.70	44.54	48.95	48.78	52.16	49.68	52.83	49.67	50.86
三、风险指标										
(9) 利率敏感性缺口	-18.25	-6.25								
(10) 贷款净损失率	0.29	1.17	2.33	1.73	1.73	1.39	1.17	0.85	0.34	0.87
(11) 低质量贷款比率	2.44	3.02	2.56	3.11	1.83	2.86	3.08	2.47	2.06	1.99
(12) 贷款损失保障倍数	6.54	6.20	4.24	3.87	5.08	4.93	9.38	9.08	9.51	9.59
(13) 贷款损失准备/贷款净损失	3.65	2.99	1.32	1.50	0.88	1.71	0.71	3.03	1.55	2.87
(14) 贷款损失准备/贷款	3.23	1.85	3.00	1.67	1.41	1.39	0.77	1.26	0.49	1.10
(15) 内部人员贷款比例	0.13	0.18	0.10	0.22	0.22	0.20				
四、清偿力指标										
(16) 核心资本充足率	8.42	8.85	8.73	8.82	8.07	8.74	7.76	8.60	7.52	8.54
(17) 资产增长率	12.08	3.51	2.77	4.01	1.88	5.43	-3.16	6.68	6.26	8.67
(18) 核心资本增长率	7.46	5.98	14.18	5.28	3.37	7.27	0.96	7.71	7.25	9.21
(19) 现金股利比例	71.43	45.75	72.23	47.30	106.70	45.03	108.35	46.83	65.50	40.19

1. 盈利指标

指标(1)~指标(5)是主要盈利指标。从指标(1)资产收益率来看,除了 2016 年外,ZSB 的该项指标数据均高于或近似于同业平均水平。但由指标(2)看出,ZSB 的营业外净收益率明显高于同业水平,可推论其核心盈利能力并未达到同业水平。这里仅以 2019 年为例,该年度 ZSB 的资产收益率高于同业水平 0.47 个百分点,而营业外净收益率高出同业水平 0.61 个百分点,相应的营业利润率高于同业水平有 0.15 个百分点。因而 ZSB 可靠的核心盈利能力略高于同业水平。

其次对 ZSB 盈利前景做一些预测,这时应考虑其收入来源。指标(3)和指标(4)显示,ZSB 的非利息收入低于同业水平,且远低于其利息收入,因而分析重点应放在利差收入上。指标(5)显示 ZSB 的利差收入率高于同业水平。这种优势可以存在于两个方面,或是 ZSB 的贷款资产比重较高,或是 ZSB 在有关利率敏感性资产、负债方面配置较为成功。就这几年情况为例做出分析,从指标(8)中反映出,ZSB 的贷款资产比率低于同业水平,那么,利差收入上的优势只能归结于资金配置方面,指标(9)证实了这一点。ZSB 存在一个负的利率敏感缺口,缺口规模远远大于同业水平。结合市场利率波动,可以得出结论,ZSB 的利差收入优势来自不断下降的市场利率,但隐含着利率风险,其未来盈利能力很大程度上取决于利率走势,一旦利率向上波动,ZSB 的盈利水平将受很大负面影响。

2. 流动性指标

指标(6)～指标(8)反映了 ZSB 的流动性存在严重问题。指标(6)显示,ZSB 严重依靠易变负债作为资金来源。一般情况下,中小银行无法及时主动地调整其负债规模和结构,ZSB 过高的易变负债比例表明其负债结构不当,存在较大的且不稳定的流动性需求。

指标(7)说明,ZSB 短期资产与易变负债的对应情况也远远未达到同业水平。银行短期资产是最可靠的流动性供给,ZSB 的指标(7)数据非常之低,表明 ZSB 依靠出售资产应付负债方流动性需求的能力很差。

3. 风险指标

指标(9)是利率风险指标。数据表明 ZSB 存在利率敏感性缺口,且缺口约为同业水平的三倍,风险程度大大超过同业水平,这与 ZSB 过度依赖利率敏感性的易变负债有关。

指标(10)～指标(14)是有关信用风险指标。

指标(10)贷款净损失率衡量银行贷款资产的整体质量。数据显示,ZSB 的贷款质量在 2019 年有了很大提高,且四年来第一次优于同业水平。

指标(11)低质量贷款比率也反映出相同情况。由此可得出结论,近期 ZSB 在控制贷款信用风险方面较为成功,贷款资产质量良好。

指标(12)～指标(14)反映了银行为可能发生的贷款损失所做的准备情况。连续比较可以看出,ZSB 的这三项指标数据在 2017 年后均有所提高,且高于同业数据,表明 ZSB 抗风险能力在改善,强于同业水平。

指标(15)内部人员贷款比例反映银行潜在的由内部交易引起的欺诈风险,ZSB 的该项数据很低,表明这类风险程度较低,类似于同业水平。

4. 清偿力指标

指标(16)～指标(19)是清偿力指标。从指标(16)核心资本充足率来看,ZSB 在 5 年内均略低于同业水平,且在 2019 年降幅较大,这与 ZSB 在 2019 年度资产规模增长过快有关。ZSB 的清偿力风险主要来自过高的现金股利分配。指标(19)显示连续五年内 ZSB 的股利分配超过了当年的利润,这使得 ZSB 的内部资本积累远未达到应有水平,降低了其清偿能力。

（二）杜邦分析法

银行的经营业绩是包括多个因素的完整系统,其内部因素相互依存、相互影响。比率分析法人为地将银行业绩分为四个方面,割裂了其中联系,综合分析法弥补了这种不足,将银行盈利能力和风险状况结合起来对银行业绩做出评价。杜邦分析法是一种典型的综合分析法。其核心是净值收益率(ROE),ROE 有极强的综合性。

1. 两因素的杜邦财务分析

两因素的杜邦财务分析是杜邦分析的基本出发点,集中体现了其分析思想,其模型为:

$$净值收益率 = \frac{纯利润}{净值} = \frac{纯利润}{资产} \times \frac{资产}{净值}$$

即 ROE = ROA × EM。EM 称为股本乘数,ROE 是股东所关心的与股东财富直接相关的重要指标。上面的两因素模型显示 ROE 受资产收益率、股本乘数的共同影响。资产收益率是银行盈利能力的集中体现,它的提高会带来 ROE 的提高,也就是说,ROE 指标间接反映了银行的盈利能力。

ROE 指标也可体现银行的风险状况。增加股本乘数,可以改善 ROE 水平,但也带来更大风险。一方面,股本乘数加大,银行净值比重降低,清偿力风险加大,资产损失较易导致银行破产清算。另一方面,股本乘数会放大资产收益率的波动幅度,较大的股本乘数导致 ROE 不稳定性增加。

因而两因素模型以 ROE 为核心,揭示了银行盈利性和风险之间的制约关系,从这两个角度可以对银行绩效进行全面分析评价。

2. 三因素及四因素的杜邦分析方法

银行资产收益率取决于多个因素,将其分解可以扩展二因素分析模型,能更好地从 ROE 指标出发分析、评价银行业绩。

$$ROE = \frac{纯利润}{资产} \times \frac{资产}{净值}$$

$$= \frac{纯利润}{总收入} \times \frac{总收入}{资产} \times \frac{资产}{净值}$$

$$= 银行利润率(PM) \times 资产利用率(AU) \times 股本乘数(EM)$$

模型显示,银行 ROE 指标取决于上面这三个因素,其中银行利润率和资产利用率也包含丰富内容。

首先,看银行利润率。它的提高,只有通过合理的资产、服务定价扩大资产规模增加收入,同时控制费用开支使其增长速度小于收入增长速度才能得以实现,因而该指标是银行资金运用能力和费用管理效率的体现。资产利用率体现了银行的资产管理效率。银行的资产组合包括周转快、收益低的短期贷款、投资,又包括期限长、收益高的长期资产,还包括一些非盈利资产。各类资产在经营中都起一定的作用,不可或缺。良好的资产管理可以在保证银行正常经营的情况下提高其资产利用率,导致 ROA 指标的上升,最终给股东带来更高的回报率。

通过上面的分析,三因素模型可以理解为:

$$ROE = 资金运用费用管理效率 \times 资产管理效率 \times 风险因素$$

采用这种分析方法,可以从这三个方面理解 ROE 指标的决定或变化原因,准确评价银行业绩。

银行利润率不只是同其资金运用、费用管理效率相关,也同银行的税负支出有关。

$$PM = \frac{纯利润}{总收入} = \frac{纯利润}{税前利润} \times \frac{税前利润}{总收入}$$

在银行利润表部分已说明,银行税前利润是其营业中的应税所得,不包括免税收入和营业外净收入。纯利润/税前利润越高,反映银行的税负支出越小,税负管理越成功。税前利润/总收入也反映了银行的经营效率,是银行资金运用、费用管理能力的体现。将 PM 分解后,可得到四因素的杜邦分析模型:

$$ROE = \frac{纯利润}{税前收入} \times \frac{税前利润}{总收入} \times 资产利用率 \times 股本乘数$$

由此可以将 ROE 指标理解为:

$$ROE = 税负支出管理效率 \times 资金运用费用管理效率 \times 资产管理效率 \times 风险因素$$

从杜邦分析模型中可以看出,ROE 指标涉及了银行经营中的方方面面,杜邦分析法通过综合性极强的净值收益率指标,间接体现了银行经营中各方面情况及其间的制约关系,可以以此对银行业绩进行全面的分析评估。

第三节 内部转移定价

当前大型银行越来越成为一系列各不相同的、相对拥有较大自主权的业务单元的组合,但这些业务单元的资产与负债的数量并不相对应,因而它们或者成为净资金提供者(负债大于资产),或者成为净资金使用者(资产大于负债)。于是就产生了利润贡献在不同业务单元进行分配的问题。大多数银行开始建立和实行资金转移定价体系,以解决银行各业务单元的绩效评估问题。内部资金转移定价体系(funds transfer pricing system,简称 FTP 体系)是商业银行内部资金中心与业务经营单位按照一定规则全额有偿转移资金,达到核算业务资金成本或收益等目的的一种内部经营管理模式。资金中心与业务经营单位全额转移资金的价格称为内部资金转移价格(简称 FTP 价格)。

一、内部资金转移定价体系的基本原理

在 FTP 体系的管理模式下,资金中心负责管理全行的营运资金,业务经营单位每办理一笔业务(涉及资金的业务)均需通过 FTP 价格与资金中心进行全额资金转移。具体地讲,业务经营单位每笔负债业务所筹集的资金,均以该业务的 FTP 价格全额转移给资金中心;每笔资产业务所需要的资金,均以该业务的 FTP 价格全额向资金管理部门购买。对于资产业务,FTP 价格代表其资金成本,业务经营单位需要支付 FTP 利息;对于负债业务,FTP 代表其资金收益,业务经营单位从

中获取 FTP 利息收入,不同业务单位的联系如图 12-1 所示。

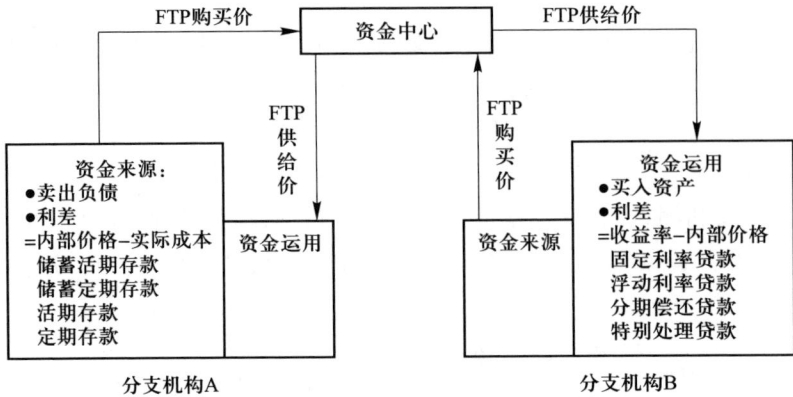

图 12-1　FTP 体系的运作原理

在 FTP 模式下,分支机构利润来源主要有:① 借出资金收益,按 FTP 借出价格确定的应得收益与其筹集资金的实际成本之间形成的收益;② 资金运用收益,贷款收入与按 FTP 借入价格确定的应付成本之间形成的收益。

二、内部资金转移定价体系的定价方法

FTP 体系的存在和应用必须以银行内部存在资金的有偿流动为前提条件。银行可通过设立资金管理部门集中管理资金,来实现内部资金的有偿流动。FTP 价格的合理确定,有利于资金的集中、配置、计价,以及理顺全行产品、部门和地区收益线,为管理层进一步的经营决策提供科学有力的参考。同时通过对全行资金集中和配置期限结构的分析,FTP 体系能更真实地掌握全行的流动性风险和利率风险分布状况,为科学、有效地管理流动性风险和利率风险提供依据。FTP 体系的有效运用还有利于基层营业机构增强成本意识,提高在产品和客户营销、市场拓展、产品创新过程中的议价能力。

（一）单一资金池定价法

所谓单一资金池,是假设资金池中所有资金都具有相同的属性,其利率敏感性、流动性都是完全相同的。所以,在进行内部资金计价时,资金的提供方和使用方也按同一利率进行计价,这一利率可以通过在该银行实际资金成本的基础上加点生成,也可以按照外部市场的某一利率水平确定。在这种方法下,内部资金转移定价体系中不存在需要调节的项目,各部门和机构总的利息支出应该等于总的利息收入,总行资金部只是起到一个中介作用,其本身并不反映任何资金利润。

采用单一资金池定价法的优点是简单易懂,比较容易操作,而且不需要大量的人力资源和科技资源,同时还可以为吸收存款提供一定的动力。这一方法的缺点是,银行面临的利率风险没有集中到总行管理,资金的提供方和使用方都面临着较大的利率风险。同时,如果该银行对基准利率的选择发生偏差,就会造成高息负债的过度吸收或低收益资产的大量投放。

（二）多重资金池定价法

所谓多重资金池，是假设资金池中的资金具有不同的属性，总行资金部根据其利率敏感性、流动性、到期日等因素将全部资金的来源和运用分为不同的种类。所以，在进行内部资金计价时，资金的提供方和使用方也按不同利率来对不同的资金进行计价。由于使用了不同的利率，总行资金部收取的利息和支出的利息将很难调节一致，最终将在总行资金部的利润表上反映出利润或亏损。

采用多重资金池定价法的优点是：由于银行拥有一套完整的利率体系，这样就可以使每种利率更加接近市场利率，同时在内部利率的使用上也更加灵活，更能准确地反映资产负债管理当局的经营战略和经营意图。但这一方法比较复杂且难以理解，在制定和调整内部资金转移价格时会有一定的困难，同时在日常操作中也需要更多的人力和科技力量的投入，一般情况下需要一套复杂的管理系统才能实现内部资金转移定价体系的所有目标。

（三）配比筹资定价法

在配比筹资情况下，总行资金部将会进入资金市场为新的资产业务筹措资金，所筹措的资金在期限和计息方式上与对应的资产项目完全一致，其目的就是锁定筹措资金的利率，并在贷款期限内保持稳定的资金来源和利差，消除所有的风险敞口，从而完全规避银行所面临的利率风险和流动性风险。

实际操作中，一家商业银行既有资产业务又有负债业务，如果完全采用配比筹资定价法，为每一项资产业务筹集相对应的债务资金，同时又为每一项负债寻找相对应的资产，虽然可以完全规避利率风险和流动性风险，但其交易成本非常巨大，很容易造成资金的闲置和商机的浪费，并最终导致全行的利润下降。所以在实务操作过程中，大部分商业银行采用模拟配比筹资的方式，即按照配比筹资过程中的市场价格进行资金定价，但并不实际融入或融出资金。

（四）期限匹配定价法

期限匹配定价法是当前银行业运用最广泛的内部资金定价模式，此模式中最为核心的部分是 FTP 曲线的构建。

1. FTP 曲线的构建

FTP 曲线表现为资金的转移价格及其期限间的数量关系，银行建立 FTP 曲线的步骤为：① 选用合适的基准利率曲线；② 按照内外部环境的具体状况作调整。

选取基准收益率曲线有如下三种方法：① 以市场价格为基准；② 以银行自身平均成本为基准；③ 以银行自身的边际成本为基准。在 FTP 曲线的实际运作中，不能仅根据基准利率直接投入使用，需要视具体的内外部环境情况作适当调整。

2. 根据产品与 FTP 曲线确定价格

（1）原始期限匹配法。原始期限匹配法是针对有明确期限且利率固定的业务，根据其期限确定 FTP 价格的一种方法。在业务发生当天，将业务的原始期限所对应 FTP 收益率曲线上的利率作为该业务的 FTP 价格。此价格一经确定在业务到期之前都保持不变。

（2）重定价期限匹配法。重定价期限匹配法是针对有明确期限的浮动利率业务,根据其重新定价期限确定 FTP 价格的一种方式。重定价期限匹配法的 FTP 价格由两部分构成,分别为期限基础价格和期限流动性溢价。其中期限流动性溢价主要用来衡量业务资金实际占用期限(原始期限)超过重新定价期限所对应的流动性成本。因此在确定该业务的 FTP 价格时,需要先根据业务的原始期限确定其在 FTP 收益率曲线上的 FTP 价格,作为期限基础价格。随后根据业务的原始期限与重新定价期限确定其期限流动性溢价,通常重新定价周期越短期限流动性溢价越高。在获得以上两部分价格后,相加得到重定价期限匹配法下的 FTP 价格。

（3）现金流定价法。在原始期限匹配法与重定价期限匹配法中适用的贷款都不涉及到期日之前的本金偿还情况,而现金流法是专门针对分期偿付业务的一种定价方法,可以将其理解为把本金分解为若干部分,针对每一部分本金都使用原始期限匹配法或重定价期限匹配法确定其 FTP 价格,然后再将所有本金的 FTP 价格加权平均得到该笔业务的 FTP 价格。这个价格在重定价周期内(浮动利率业务)或者原始期限内(固定利率业务)保持不变。其计算公式为:

$$\text{FTP 价格} = \frac{\sum(\text{每份资金} \times \text{期限} \times \text{对应期限 FTP 价格})}{\sum(\text{每份资金} \times \text{期限})}$$

第四节　银行绩效评估中的风险因素修正

为了更好地反映银行的经营绩效与对应的风险,现在许多大银行都开始对经营绩效进行风险调整,将风险因素考虑进银行的经营绩效评价体系。经济资本作为当今国际银行业的风险管理文化和先进管理工具,不仅可以衡量一家商业银行的整体抗风险能力,而且还可以成为评价商业银行分支机构或业务条线经营绩效的标尺。实施经济资本管理的商业银行,通过以经济增加值(EVA)和风险调整的资本收益(RAROC)作为业绩评估和考核激励的核心指标,解决了追求利润与控制风险之间的矛盾,真正将风险与收益指标有机结合起来,从而使得绩效考核体系更加科学合理。

一、经济资本及其分配

（一）经济资本的理解

银行的损失可划分为预期损失、非预期损失和极端损失,如图 12-2 所示。其中,预期损失(expected loss,EL)是商业银行预期在特定时期内资产可能遭受的平均损失。非预期损失(unexpected loss, UL)是一定条件下的最大损失值超过平均损失值的部分。这里的一定条件下,对应的是置信水平。如在 99% 可能性的条件下,最大损失值不会超过 X,也就是在 99% 置信度下最大损失值是 X。极端损失是一定置信水平下的最大损失值所没有包括的损失。这部分损失无法封口,在损失分布图上表现为向右边不断延伸的部分,在风险管理上是无法完全解决的一个缺口。预期损失是平均损失值,与置信水平的设定无关,而非预期损失和极端损失是通过置信度来划分的。

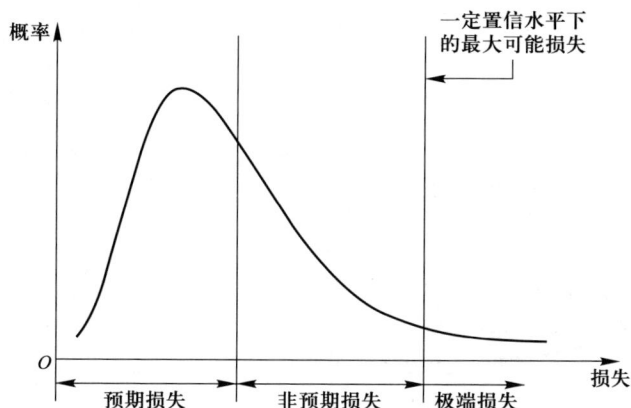

图 12-2　银行损失分布图

巴塞尔委员会将预期损失和非预期损失分开处理。对一定置信水平下的非预期损失,用资本金来缓冲;对预期损失,通过计提一般准备金来缓冲;极端损失无法用资本金覆盖。(见图 12-3)

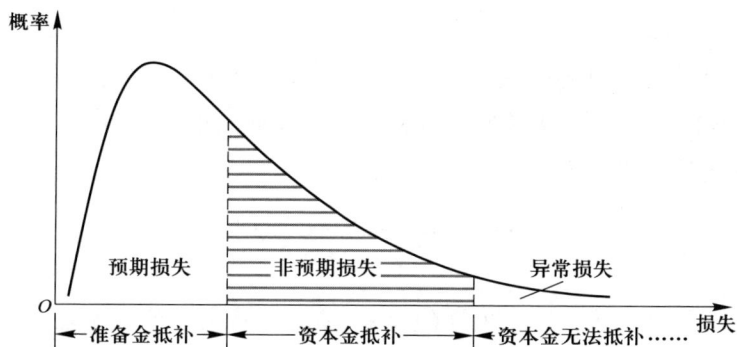

图 12-3　银行应对损失的手段

经济资本(economic capital,EC),又称风险资本(capital at risk,CAR),是指商业银行管理层内部评估的、在一定置信水平下用来缓冲资产或业务非预期损失的资本。经济资本是随着现代商业银行风险管理的发展而出现的新概念,它并不一定等同于真实的账面资本,而是作为银行风险管理的一种工具。经济资本作为测度值,没有在银行财务报表上得以体现,具有虚拟性;但精确计量出的商业银行非预期损失又是有科学依据的,具有客观性。一般来说,置信水平越高,经济资本越大,如图 12-4 所示。

银行必须在价值最大化目标与具体的经营管理活动之间建立适当的关系及其运行机制,这就是银行的经济资本管理制度。经济资本管理的核心是体现经济资本对风险资产增长的约束和对资本回报的明确要求。经济资本在银行战略管理、风险管理、产品定价和绩效管理中都具有重要作用。

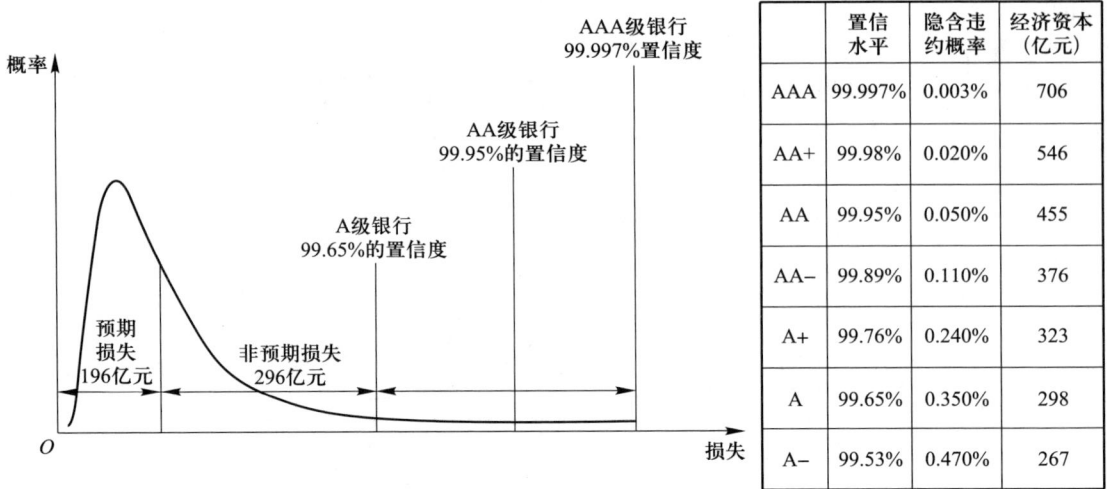

	置信水平	隐含违约概率	经济资本（亿元）
AAA	99.997%	0.003%	706
AA+	99.98%	0.020%	546
AA	99.95%	0.050%	455
AA−	99.89%	0.110%	376
A+	99.76%	0.240%	323
A	99.65%	0.350%	298
A−	99.53%	0.470%	267

图 12-4 经济资本与置信水平的关系
注:同等情况下,目标评级越高,要求经济资本也越多

(二) 经济资本配置方法

1. 独立分配模式

独立分配模式是最简单的模式,是指将各个业务单元作为互不相关的孤立经济资本配置单位,完全不考虑业务单元之间、业务单元和机构整体之间收益的相关性,由每一业务单元的风险决定初始经济资本配置。用公式表示为:

$$EC_{总} = EC_1 + EC_2 + EC_3 + \cdots$$

2. 按系数分配模式

为了克服独立分配模式未考虑相关性的缺陷,使得经济资本配置不至于夸大机构整体的经济资本需求,可采用按系数分配的模式对业务单元进行资本配置。用公式表示为:

$$EC = a_1 \times EC_1 + a_2 \times EC_2 + \cdots + a_n \times EC_n$$

3. 按边际风险贡献分配模式

这种配置模式既考虑了各业务单元之间的相关性,也考虑了各业务单元的风险特性。具体地说,某个业务单元的边际风险贡献是指增加或减少该业务单元给机构带来的风险增量或减量。用 EC_j 表示第 j 个业务单元的边际风险贡献,EC_{-j} 表示除 j 以外的其他业务单元所需经济资本,则有:

$$EC_j = EC - EC_{-j}$$

4. 按绝对风险贡献分配模式

该模式以资产组合理论为基础,明确承认各业务单元之间相关性对计算经济资本总量和各业务单元经济资本量的作用。它在对单个业务单元配置经济资本时,以该业务单元对机构整体和其他业务单元的"绝对风险贡献"(ARC_i)为基础,用公式表示为:

$$EC_i = \frac{ARC_i}{\sigma_p} \times EC = \frac{p_i \sigma_i}{\sigma_p} \times EC$$

式中,

$$ARC_i = \frac{cov(L_i, L)}{\sigma_p}$$

经济资本在银行业的推广已经比较广泛,它比较清晰地指明了银行利润、业务、风险三者之间平衡发展的方向,为银行在制定计划和绩效考核中,如何科学地将利润与风险同时分配打下了良好的基础。由于各行风险计量的方法和思路的差异,经济资本配置的具体计算差别很大。在中型银行,大多数还是按照《巴塞尔协议》标准法的风险系数转换法来测算和分配经济资本;而对于少数大银行,已经部分采取计量模型对市场风险和信用风险测算非预期损失,对承担其业务的部门和下级机构配置经济资本。

二、经济增加值模型(EVA 模型)

以建立在会计收益基础之上的净利润指标作为银行经营绩效评价系统,忽略了对权益资本成本的确认和计量,容易使银行经营者形成"资本免费"的幻觉。现行的财务会计只确认和计量债务资本的成本,而对于权益分红则作为收益分派处理。这样权益资本的隐含成本——占用权益资本收益的机会成本——就未加以揭示。因此,银行对外报告的净收益实际应包括两部分:权益资本成本和真实利润。如果银行报告的净收益为零,报告阅读者就会认为所有资本成本都得到了补偿,但实际上此时获得补偿的只是债务资本成本,而权益资本成本并未得到补偿,这容易误导财务决策。更重要的是,它使得资本的使用者形成"免费资本"的幻觉,误认为权益资本是一种免费资本,可以不计成本、随心所欲地使用,这会造成银行的经营者不重视资本的有效使用。

为了改变传统经营绩效评价的上述缺陷,经济增加值(economic value added,EVA)模型应运而生。EVA 模型由 Joe M. Stern 等人创立。1964 年,Joe M. Stern 从芝加哥商学院毕业后,进入大通曼哈顿银行工作,通过对实际运作的了解和思考,深感当代流行的会计准则和会计收益等在衡量公司市场价值方面的严重缺陷,在此基础上提出 EVA 方法。1982 年,Joe M. Stern 离开大通曼哈顿银行,与 G. Bennett Stewart 合伙成立斯登·斯特沃特财务咨询公司(Stern Stewart & Co.),专门从事 EVA 模型应用咨询,并将 EVA 注册为商标。EVA 模型经过该公司几十年不遗余力的推广,已成为美国资本市场上极具影响力的对企业竞争力和资本运作进行绩效评价的方法。

EVA 模型是一种新的绩效评定方法,它的提出为评价银行经营绩效提供了一个新的思路和新的解决方案。EVA 是指资本收益与资本成本(包括经济资本的占用)之间的差额。更具体地说,EVA 就是指银行税后营业净利润与全部投入资本(借入资本与自有资本之和,以及经济资本占用)成本之间的差额。如果这一差额是正数,说明银行创造了价值;反之,则表示银行发生价值损失。如果差额为零,说明银行的利润仅能满足债权人和投资者预期获得的收益。

三、风险调整的资本收益的含义和计算

风险调整的资本收益(risk adjusted return on capital,RAROC)是国际银行业用于评价经营管

理绩效的改进型技术手段。早在 20 世纪 70 年代末,美国信孚银行(1799 年被德意志银行收购)首创了风险调整的资本收益技术,改变了传统上银行以净值收益率(ROE)为中心来考察经营业绩的模式。它的特点是更深入、更明确地考虑了风险对银行这类特殊企业的影响。20 世纪 90 年代后半期,该项技术在不断完善的过程中得到国际先进银行的广泛认可,逐渐成为当今银行理论界和实践中公认的最有效的绩效考核方法之一。我国大中型商业银行自 21 世纪以来,基本采用经济增加值(EVA)和风险调整的资本收益(RAROC)这两个平行相关指标来考核银行绩效,做到了利润和风险度同时分配和绩效考核。这是一个巨大的进步。

风险调整的资本收益的基本表达式为:

$$RAROC = \frac{收益(R) - 预期损失(EL)}{风险资本\ CAR}$$

公式中,收益可以包括利息收益和非利息收益(如业务收费等),公式中风险资本(capital at risk,CAR)是根据银行所承担的风险计算的最低资本需要,用以衡量和防御银行超出预期损失的那部分损失。

风险资本的经济学原理在于:银行业务发展所带来的风险可以分解为三个层次的损失,即预期损失、超出预期平均水平的非预期损失,以及超出银行正常承受能力的极端损失。其中预期损失是在一般正常情况下银行在一定时期可预见到的平均损失,这类损失要通过调整业务定价和提取相应的一般准备金来抵补,从业务的收益中作为成本来扣减掉。

非预期损失是指超出了一般预期水平的损失。这部分损失银行必须有充足的资本来抵补,以尽可能降低存款人的损失。风险资本就是一道与银行实际承担的最大可能损失直接联系的风险防线,这如同防洪堤坝的设计,要根据一定时期内最大水位超出一般平均水位的情况来设置。

异常损失则是指超出银行正常承受能力的损失,通常发生概率极小,但具有一旦发生损失巨大的特点,如美国的"9·11"事件或突发灾难等。这部分损失银行一般无法做出更有效的准备,一旦发生意味着银行面临倒闭的风险。银行通常通过压力测试和情景模拟等手段予以关注,并制定相应的应急计划谋求生存。考虑纳税因素,资本是企业最稀缺和最昂贵的资金资源(与股东账面资本回报要求相联系,国际上通常以税前 25% 或税后 15% 为标准来作为股东对正常回报的正常要求)。因此银行管理者必须对风险资本进行管理,既要保证有充足的风险资本覆盖风险,又要保证风险资本的使用是经济的、有效的,即在最大程度防范风险的前提下,使资本量最小。

四、风险调整的资本收益率在银行绩效评价中的应用

风险调整的资本收益率评价方法可以贯穿于国际先进银行的各类风险、各个层面和各种业务,对银行整个经营发展发挥着重要的作用:

(1)在银行总体层面,RAROC 是进行资本分配和设定经营目标的手段。银行最高管理层在确定了银行对风险的最大可承受能力的基础上,计算出银行总体需要的风险资本并将之与监管资本和账面资本进行比较,评价自身资本充足状况。同时,它要求将有限的风险资本在银行内各类部门、各个层面和各种业务之间,按照风险进行分配,对银行的总体风险和各类风险进行总量控制。它还将股东回报要求转化为对银行总体和各个业务线的明确目标,用于业务的审批和绩效的考核。

（2）在单个业务层面,RAROC 是业务决策的依据,可以衡量一笔业务的风险与收益是否匹配,决定该笔业务做与不做,同时以此为据对业务和产品进行定价。

（3）在资产组合层面,RAROC 是组合管理的坐标和有力工具。银行在考虑单个业务的风险和组合效应之后,可以依据对组合资产的 RAROC 测算和动态监测,衡量各类组合的风险收益是否平衡,并对 RAROC 指标恶化的项目,或有明显不利变化趋势的组合资产及时采取处置措施。例如,可通过资产出售、证券化或其他信用衍生工具等方法进行积极的处理,从而为高收益的新业务腾出空间,谋求银行总体在可接受风险下收益的最大化。

（4）通过对各项业务、产品,甚至每一笔具体交易用共同的 RAROC 基础进行比较,管理者可以采取有效的奖罚措施鼓励员工的正确行为,激励他们自觉追求风险可接受情况下盈利最大化的目标。同时,通过这种比较,管理者可以明确做出哪种业务应该扩张,哪种业务应该收缩的战略调整。

本 章 小 结

1. 财务报表为银行绩效评价提供必要信息。商业银行主要财务报表有资产负债表,它提供有关存量变量信息,静态反映银行经营活动。损益表提供流量信息,动态反映银行业绩。现金流量表将这两种性质不同的报表信息联系起来。

2. 商业银行绩效评价是通过一组财务比率指标进行的。这组指标分为 4 大类:第一类盈利指标,衡量商业银行运用资金赚取收益和控制成本费用的能力;第二类流动性指标,反映银行流动性供给与流动性潜在需求的关系或银行及时支付能力的状态;第三类风险指标,反映银行面临的风险程度和抗风险能力;第四类安全性指标或清偿力指标,反映银行运用资产偿付债务的能力,也反映了银行债权人所受保障的程度。

3. 绩效评价方法主要有比率分析法和综合分析法。比率分析法以上述指标体系为核心,从不同角度对银行经营业绩进行评价。综合分析是将银行的经营业绩看成一个系统,从系统内盈利能力和多风险因素的相互制约关系入手进行分析。

4. 内部资金转移定价体系是商业银行内部资金中心与业务经营单位按照一定规则全额有偿转移资金,达到核算业务资金成本或收益等目的的一种内部经营管理模式。FTP 价格的合理确定,有利于资金的集中、配置、计价,以及理顺全行产品、部门和地区收益线。

5. 经济资本是指商业银行管理层内部评估的、在一定置信水平下用来缓冲资产或业务非预期损失的资本。经济资本在银行战略管理、风险管理、产品定价和绩效管理中都具有重要作用。

6. 随着风险管理成为银行中介的核心功能,对银行绩效的评价引入了风险因素,EVA 和 RAROC 是两种最具代表性的考核指标,它们将过去利润与风险分别考核的传统理念打破,将两者巧妙地糅合在一起,同时对利润和风险进行分配和考核,注意了业务和风险发展的关系,在银行管理上是一个历史性进步。

本章重要概念

现金资产	同业拆借	净值	债务资本
或有负债	绩效	易变负债	股本乘数
资产利用率	杜邦分析法	ROA	ROE
内部资金转移定价	经济资本	EVA	RAROC

复习思考题

1. 商业银行财务报表有哪几类？各自反映什么内容？

2. 商业银行绩效评价指标体系由哪几类构成？各自侧重分析哪些方面？

3. 简述杜邦分析法评价要素的分解和组合。

4. 银行内部资金转移定价的原理是什么？如何进行银行内部资金转移定价？

5. 经济资本与监管资本的区别是什么？

6. 为什么说 EVA 和 RAROC 是将利润与风险糅合在一起的绩效考核指标？

即 测 即 评

请扫描右侧二维码检测本章学习效果。

第十三章
商业银行经营风险与
内部控制

商业银行资产负债的状态决定了商业银行是一种不同于工商企业的特殊企业,其显著特点是高风险性。盈利性对银行的约束力很强,银行在追求其价值最大化的经营过程中,与其经营目标相对称的是高经营风险。银行经营面临的风险有环境风险、管理风险、支付风险和金融风险。显然,银行除了面对一般企业常见的风险外,还需直面特殊的风险。即使是面临与一般企业相同的经营风险,也由于商业银行资产负债结构上的特点而使银行承受的这类风险具有特殊性。因此,商业银行的风险管理就显得尤为重要。商业银行风险管理应体现在其资产负债的总体经营及各项业务中,突出风险的预测和内部控制。

第一节　商业银行风险

商业银行的经营目标包括盈利性、流动性和安全性。安全性反映银行免受损失的可靠程度,其对应的概念为风险性,即银行免受损失的可能性。因此,商业银行的风险是客观存在的。这种风险源自银行所经营的所有业务。

一、商业银行风险的含义

商业银行风险是指商业银行在经营活动中,因不确定因素的单一或综合影响,使商业银行遭受损失或获取额外收益的机会和可能性。商业银行风险的含义涉及四个基本要素,即商业银行风险承受者、收益与风险的相关度、不确定因素和风险度量。

（一）商业银行风险承受者

商业银行在经营过程中,以中介机构或交易者的角色与经济活动的有关实体发生关系。这些实体可能是工商企业,或是其他商业银行,或是非银行金融机构,或是居民,等等。风险具有可转移性,因此,商业银行风险可能部分来源于其委托方或交易对手的转移风险,银行的客户会使用金融工具将其风险转移过来,增加了商业银行的风险。同时,商业银行风险可转移给客户。从这个意义上讲,商业银行及其客户都是银行风险的承担者。

（二）收益与风险的相关度

收益与风险一般具有对称性。商业银行风险与其收益呈正比例关系,银行风险越高,银行遭受损失的可能性越大,但取得超额收益的机会也随之增加。银行在确定其经营目标时,盈利性与安全性往往很难调和,有对冲性。过分强调利润的约束力,则会减弱银行免受损失的可靠程度。因此,盈利性和安全性应在银行总体经营策略下进行有效的权衡。

（三）不确定因素

银行经营面临的不确定因素与银行经营的经济环境、经营策略、银行经营者、金融工具的选择等有关。银行经营者对风险的好恶程度不同,银行在金融工具上的不同选择直接影响其避险的效应,行业的竞争以及来自非银行金融机构的竞争压力同样会影响银行风险。因此,商业银行风险可以与经营过程中各种因素相互作用,形成一种自我调节和自我平衡的机制。

（四）风险度量

商业银行可以通过度量风险的大小来识别和判断其承受经营风险的程度。但是商业银行的某些风险并不能计量。银行风险由可计量风险和不可计量风险构成。因此,银行在风险分析上除了运用包括概率与数理统计在内的计量方法外,还要运用综合分析法等非计量方法评估风险及其影响程度。

二、商业银行风险的成因

从系统论而言,商业银行在一定的经济环境下,按其经营策略开展业务活动,业务活动的结果则反映了这一经济环境及其经营策略的效应,以及银行从业人员在执行过程中的偏差而造成的与预期的差异。

（一）商业银行风险源于客观经济环境

从宏观经济环境而言,国家宏观经济条件、宏观经济政策和金融监管等发挥效应的大小是商业银行风险的源头。例如,宏观经济中通货膨胀的高低以及经济周期的不同阶段将对银行的信用管理、利率水平以及银行各项业务产生巨大影响,因此,通货膨胀、经济周期等是商业银行的主要风险源之一。宏观经济政策必然对一国的货币供应量、投资水平与结构、外汇流动等产生影响,这又反过来对商业银行的盈利性和安全性产生直接和间接的影响。金融监管当局的目标往往与银行的经营目标不一致。金融监管当局的目标是安全性、稳定性和结构性,为此,它强调对商业银行实行监管。各国监管当局监管的方式、力度和效果可能使商业银行处于相对不利的状态。

从微观经济环境而言,行业竞争、市场风险及法律条文的变更又是商业银行风险的另一类源头。例如,金融自由化后,商业银行受到来自非银行金融机构的竞争,使其在经营上的压力不断增加,这种激烈的竞争会增加商业银行的经营成本,增大盈利的不确定性,与商业银行稳健经营原则相悖;金融市场上资金的供求、利率和汇率等市场变量的走势很难把握。很显然,无论是资产负债总体状况,还是每一项资产负债项目,银行在经营过程中,由利率和汇率等市场变量的变化造成的各种经营风险是银行无法回避的。法律条文的改变可能使商业银行的经营范围、经营行为等发生变化,这些变化可能使商业银行处于不利的竞争地位。

（二）商业银行风险源于经营策略及管理水平

银行都有其经营策略,经营策略是基于商业银行的管理目标而设计的。商业银行经营管理的基本目标是通过购买与出售金融产品和金融服务的银行活动来增加银行的内在价值,兼顾银行的安全性和流动性。在这样的经营目标下,商业银行的经营策略应体现出这样的思路,即引导商业银行的各种具体业务的管理在深化安全性、流动性的前提下,以实现银行市场价值最大化为目标。理论上讲,商业银行以实现包括自身价值增值在内的多重目标为目的而设计的经营策略往往是合理的,但该经营策略会因为银行价值增值目标与其他目标发生冲突而最终不能完成或落实,因此,商业银行的经营策略不当会引发商业银行的风险。

商业银行经营管理水平是资产负债业务管理水平、财务管理水平、人事管理水平等的综合体现。财务管理的目标是通过提高资金运用效率来获取更多的盈利,但是否能如愿则与银行投资决策、筹资决策和盈利决策的能力与水平有关,风险贯穿于决策过程。人事管理由劳动管理和人事管理构成,商业银行尽管可以通过贯彻全面发展原则、激励原则、物质利益原则和经济效益原则来建立和完善其劳动人事管理制度,但是包括银行家在内的从业人员在追求银行目标过程中还会考虑到其自身的利益,这不利于银行目标的实现,并给银行带来风险。

三、银行风险的类别

商业银行风险的分类标准有许多:按风险的主体构成可分为资产风险、负债风险、中间业务风险和外汇风险;按风险产生的原因可分为客观风险和主观风险;按风险的程度可分为低度风险、中度风险和高度风险;按风险的性质可分为静态风险和动态风险;按风险的形态可分为有形风险和无形风险;按业务面临的风险可分为流动性风险、利率风险、信贷风险、投资风险、汇率风险和资本风险。最后一种风险分类方法最为常见,下面加以详细介绍。

（一）流动性风险

流动性风险(liquidity risk)是指商业银行没有足够的现金来弥补客户取款需要和未能满足客户合理的贷款需求或其他即时的现金需求而引起的风险。该风险将导致银行出现财务困难,甚至破产。

商业银行具有流动性需求,即客户对银行所提出的必须立即兑现的现金需求,包括存款客户的提现需求和贷款客户的贷款要求。商业银行应进行有效的现金头寸管理,以满足客户不同形式的现金需求,体现银行的可靠性与稳健性。

满足银行流动性需求有两条途径：一是商业银行在其资产负债表中"储备"流动性，即持有一定量的现金性资产；二是商业银行在金融市场上"买入"流动性，即通过在金融市场上买入短期资产增加其流动性。但是，银行保持流动性往往以牺牲其收益为代价。因此，对银行流动性需求的测定就显得非常重要。银行流动性需求有短期流动性需求、长期流动性需求、周期流动性需求和临时流动性需求，这些流动性需求存在短期变化、长期变化、周期变化和暂时现金需求变化等相对有规律可循的波动。银行流动性需求应在这些波动分析的基础上进行预测。但是，银行流动性需求是否能得以满足，除了受需求量的测定值合理与否的影响之外，还受银行现金来源是否可得的影响。评判商业银行流动性风险及其程度的指标主要有存贷比率、流动比率、大面额负债率和存贷变动率等。

（二）利率风险

利率风险（rate risk）是指因市场利率波动造成商业银行持有资产的资本损失和对银行收支的净差额产生影响的金融风险。该风险因市场利率的不确定性而使银行的盈利或内在价值与预测值不一致。应该说，商业银行存贷的类型、数量和期限在完全一致的条件下，因利率的变动对银行存款和贷款的影响呈反向变化，具有对冲性，也就不存在银行存贷间的利差净收益。但是，银行自身的资产负债结构和数量在现实中并不完全一致。因此，商业银行自身的存贷结构是产生利率风险的重要原因。

市场利率波动是造成银行利率风险的主要因素，而市场利率波动受一国货币供求的影响。一般而言，当中央银行扩大货币供应或金融市场的融资渠道畅通时，利率会随银行可贷资金供给量的增加而下降；当经济处于增长阶段，投资机会增多时，对可贷资金的需求增加，利率也由此上升；在通货膨胀情况下，市场利率等于实际利率与通货膨胀率之和，当价格水平上升时，市场利率也会相应提高。因此，研究利率风险，必须重点研究中央银行的货币政策、宏观经济环境、价格水平、国际金融市场等对市场利率的影响。随着世界金融市场一体化步伐的加快和金融自由化影响力的扩展，市场利率的波动性越发明显，商业银行受利率风险的影响越来越显著。商业银行利率风险的衡量指标是利率风险敞口和利率的变动。

（三）信贷风险

信贷风险（credit risk）是指接受信贷者不能按约偿还贷款的可能性。信贷风险是商业银行的传统风险，是银行信用风险中的一部分。这种风险将导致银行产生大量无法收回的贷款呆账，将严重影响银行的贷款资产质量，过度的信贷风险可致使银行倒闭。

商业银行的信贷业务作为核心业务，其收益是银行的主要收入，贷款资产是银行资产的主要部分。银行在贷款过程中，不可避免会因为借款人自身的经营状况和外部经济环境的影响而不能按时收回贷款本息。因此，认识信贷风险首先应认识影响银行信贷风险的因素。信贷风险是外部因素和内部因素的函数。外部因素是包括社会政治、经济的变动或自然灾害等在内的银行无法回避的因素；内部因素是商业银行对待信贷风险的态度，这类因素体现在其贷款政策、信用分析和贷款监管的质量之中。

信贷风险对银行的影响往往不是单一的。信贷风险常常是流动性危机的起因,贷款不能按时收回将直接影响银行的流动性。同时,利率风险会波及信贷风险,当利率大幅度上升时,借款人的偿债力下降,银行信贷风险加大,信贷风险与利率风险和流动性风险之间有着内在联系,具有互动效应。

(四)投资风险

投资风险(investment risk)是指商业银行因受未来不确定性的影响而使其投入的本金和预期收益产生损失的可能性。按商业银行投资内容分,投资风险包括证券投资风险、信托投资风险和租赁投资风险等。投资风险属银行信用风险之列。

商业银行的投资性资产在提供流动性保障、创造收益、减少经营风险及贷款风险上起着十分重要的作用。但是,商业银行在进行投资时,本身也承担了一定的风险,尤其是它在证券投资方面承担了较大的风险。商业银行投资风险来自四个方面,即经济风险、政治风险、道德风险和法律风险。

1. 经济风险

经济风险包括内部风险和外部风险,是银行投资风险的主要来源。内部风险是由被投资方自身经营不善而引发的,一是被投资方经营无方而使运营结果得不到应有补偿,二是被投资方财务运营得不到补偿而出现破产、违约的可能。外部风险由被投资方之外的经济因素引发,包括市场风险、购买力风险、利率风险和汇率风险。因此,投资风险对商业银行的影响也非单一性的。

2. 政治风险

政治风险由政治体制变动和政策变动引发,会强烈影响国内经济活动,并在投资收益的变化中反映出来。因此,它对银行投资成败的影响较大。

3. 道德风险

道德风险是由被投资方的不诚实或不履行义务引发的,从而使银行投资造成损失的可能性。

4. 法律风险

法律风险是由投资行为不符合法律规范而引发的,从而使银行因投资行为失效而遭受损失的可能性。

(五)汇率风险

商业银行汇率风险(exchange rate risk)是指银行在运作国际业务中,其持有的外汇资产或负债因汇率波动而造成价值增减的不确定性。汇率风险属于外汇风险范畴。

随着银行业务的国际化,商业银行的海外资产和负债比重增加,商业银行面临的汇率风险加大。如何规避汇率风险成了商业银行风险管理的重要内容。

汇率风险源于国际货币制度,国际货币制度包括固定汇率制度和浮动汇率制度两大类。在固定汇率制度下,汇率风险较之于信贷风险、利率风险小得多;在浮动汇率制度下,汇率波动的空间增大,表现为波动频繁及波动幅度增大,由此产生的汇率风险成为有较多国际业务的商业银行必须正视的重要风险之一。

汇率风险与国家风险、代理行信用风险和外汇交易风险等一道构成外汇风险。汇率风险与外汇风险的其他内容有关联。汇率风险的衡量指标主要有汇率风险敞口和汇率的变动等。

（六）资本风险

商业银行资本风险(capital risk)是指商业银行最终支持清偿债务能力方面的风险。该类风险的大小说明银行资本的耐力或耐受程度。银行的资本愈充足,它能承受违约资产的能力就愈大。但是银行的资本风险下降,盈利性也随之下降。

商业银行的资本构成了其他各种风险的最终防线,资本可作为缓冲器而维持银行清偿力,保证银行持续经营。随着金融自由化的推进和扩散,世界各国的银行间竞争加剧,来自非银行金融机构的竞争压力增大,银行的经营风险普遍加大。在这种情况下,加强资本风险管理尤为重要。国际金融监管组织、各国金融管理当局和各国商业银行均意识到资本风险的严峻性。为此,一方面,监管当局加大了对资本的监管力度;另一方面,各国银行加强了资本风险管理。

第二节　商业银行风险预测

由于商业银行风险由许多不确定性因素引发,因此,从风险管理的要求而言,如何从不确定的宏观和微观环境中识别可能使商业银行产生意外损益的风险因素,并以定量和定性方法加以确定,构成了风险管理的前提条件。银行应通过对尚未发生的潜在的各种风险进行系统归类和实施全面的分析研究,揭示潜在的风险及其性质,对特定风险发生的可能性以及造成损失的范围与程度进行预测。

风险预测是风险管理的一个环节,是整个风险管理中最棘手的部分,也是风险控制的前提条件。风险预测主要由调查分析、风险识别和风险预测三个步骤组成。

一、调查分析

银行在经营过程中,其所处的经营管理环境不一,将遇到不同的经营风险。为此,银行有关部门必须通过调查分析来认识风险和了解风险的状况。

（一）银行的营业环境分析

银行的营业环境由国外环境和国内环境组成。通过对银行所处的营业环境情况的分析,来了解银行所处的金融系统的竞争结构和市场环境。在了解、分析银行所处的国内和国外竞争环境的状况及其发展趋势的基础上,对其面临的国家风险与市场风险进行归类。

（二）银行的管理环境分析

银行管理环境由一个国家管理当局的管理质量和管理方法组成。此类分析应注意分析管理当局如下能力:当银行出现问题时,管理当局干预和解决问题的能力和意愿;管理当局平衡各金融机构在国内金融体系中的位置的能力。这有助于银行预测当其出现风险或面临危机时管理当局可能采取的行为。

（三）银行的地位分析

银行目前和未来在整个金融系统中的地位高低，对其在危机时从政府处得到的支持力度有着重要影响。在对银行风险进行识别和衡量前，必须对银行在国内金融系统中的地位进行了解。

二、风险识别

按银行业务面临的风险，银行风险可划分为流动性风险、利率风险、信贷风险、投资风险、汇率风险和资本风险六种。银行在调查分析的基础上，应通过综合归类，揭示哪些风险应予以关注，这些风险的成因何在，它们引起的后果是否严重等。

（一）银行经营环境引发的风险的识别

银行经营环境会引发包括国家风险、利率风险和竞争风险在内的银行风险。在识别国内经营环境所带来的风险时，应充分关注银行所在地竞争环境状况及发展趋势的特征，即其他金融机构的竞争力、在各个细分市场中同业的竞争力、银行享有政府支持和特权的情况、政府监管银行体系的程度、外国银行的竞争力等。这些特征表明银行面临的潜在风险有利率风险、国家风险和竞争风险。如果银行源于同业的竞争压力过大，则竞争风险必须予以考虑和揭示。

银行所处的国际环境及其变化趋势可能引发汇率风险、信贷风险等。如果银行从事的国际业务面广量大，或银行持有的外汇资产和负债数目可观，那么，银行应注重汇率风险。

（二）银行管理环境引发的风险的识别

首先，按风险识别要求，分析银行所在国金融管理当局的管理质量和方法，以及国家管理当局对银行风险的干预和控制能力。一般而言，管理质量高的国家，其银行的风险较小，后果也较轻；反之则较大。

其次，分析、预测银行所在国金融管制的变化。主要分析两个方面，即金融自由化进程和银行面临的金融非中介化程度及发展趋势。随着金融自由化的推进和扩散，整个金融体系的不稳定因素增加，尤其对于正在建立利率、汇率市场机制的发展中国家，银行将面临较高的利率和汇率风险。同时金融自由化的负面产物——管理自由化可能使银行承受更高的信用风险。金融非中介化是金融业竞争的产物，它迫使银行改变经营策略，涉足新的业务领域，以增加利润，但银行由于缺乏新业务的经营管理经验，容易产生经营风险。

再次，分析银行与其管理当局的关系。银行通过其与管理当局的交往来评价存在的风险及其程度。银行与管理当局的交往有以下几种形式：管理当局是否对银行进行过特殊审计，或寄送要求银行谨慎经营的信件；是否要求或强制过本银行参与某银行或公司经营；银行是否在资本充足性、资产质量等方面与管理当局发生过矛盾；银行是否曾向中央银行请求过紧急援助；银行的经营者在风险控制等方面是否受过管理当局的批评等。银行与其管理当局交往的深度和广度对银行确认和识别风险意义重大。

最后，分析国际金融管理变化和发展趋势。在国际金融市场一体化的进程中，必须加强国际金融管理。国际金融管理的变化和发展趋势对银行经营管理影响巨大,它有可能给银行带来新的经营风险或改变原有风险的影响程度。比如资本充足性的国际标准将有助于防止或减缓表外业务风险对银行的负面影响。

(三)银行在金融系统中的地位引发的风险的识别

银行在金融系统中的地位对其在关键时刻可能得到的政府支持起着十分重要的作用。因此,分析银行的地位有助于银行的风险识别。银行在金融系统中的地位高低往往体现在两个方面:

首先,银行风险在某些特定的时刻(比如破产)会传递给与其有利益关系的个人、法人和政府机构。银行越大、越重要,其风险的波及面越宽。为此,在分析时,应了解银行是否已获得一定的、明确的合法补偿手段(比如政府担保、保险等)作保障,在银行发生违约或破产等突发事件时,来保障银行存款人或其他各种证券持有人的利益,这种保障在某种程度上也减轻了银行的相关风险。

其次,银行作为企业,有其自身的经营目标。如果银行的经营目标与一国经济和金融发展的现时与将来的目标一致,银行的市场占有率高,银行在国内资本市场上的地位突出,银行对所在国当局制定政策有影响,那么,政府必然会对其进行强有力的支持,即使银行发生危机,政府也不会撒手不管。

(四)银行债权人的法律地位引发的风险的识别

银行债权人的求偿次序及相关的权利义务由法规规定,不同的银行债权人,其法律地位不同。对银行债权人而言,其面临的法律风险由法律法规的变化引起。分析银行债权人法律地位时,应分析银行各种债权人法律地位的变化。比如,在美国,按照政府存款保证金制度和紧急援助措施,同属于一家银行控股公司的所有联营银行负有交叉补偿责任,也就是说,如果其中一家联营银行发生流动性困难乃至破产,其他联营银行必须予以支持。这样,一方面提高了银行债权人的法律地位,但另一方面,各家联营银行实际承担的风险差别不大。

(五)银行所有权及法律地位引发的风险的识别

银行因所有制性质不同,有国有商业银行、股份制商业银行、城市商业银行、农村商业银行等区别。在非完全市场原则下,国有商业银行要比股份制商业银行或私人银行获得更多的来自政府的支持,而且非常明确。国有商业银行的法律地位及所有权的特殊性决定了其承受的经营风险较小。而在完全市场原则下,各银行所有权的主体及法律地位相对平等,银行之间来自所有权和法律地位的风险差别不大。

三、风险预测

银行风险预测是对特定风险发生的可能性或造成损益的范围与程度进行衡量。风险预测以风险识别为基础,它是风险识别的延续或延伸。在长期的风险研究和风险管理实践中,形成了一系列银行风险预测方法,特别是科技的发展为预测提供了很好的手段,也为银行风险预测的准确性提供了可能。总体而言,银行风险预测有定量分析和定性分析两种手段。

（一）定量分析

定量分析是指利用历史数据资料,通过数学推算来估算商业银行未来的风险。数理、计算机等工具被引入后,建立风险预测模型是定量分析的关键。比较常见的定量分析法有时间序列预测法、马尔可夫链预测法、累积频率分析法、弹性分析法等。

1. 时间序列预测法

时间序列预测法运用事物发展的连续性原理(即把未来看成过去和现在的延续)和数理统计的方法来预测未来。商业银行运用时间序列预测法预测风险,其实质是根据过去和现在的风险情况来预测未来同类风险发生的概率及造成的影响。

（1）指数平滑法。指数平滑法属趋势分析法范畴,它是根据历年资料,按时间的发生先后予以排序,再采用数理统计的方法来推测未来的变动趋势。这种方法在运用中有一定的前提条件,即所需相关资料至少在短期内具有一定的规律性,以及不考虑随机因素的影响。其计算公式为:

$$\hat{X}_t = \alpha X_{t-1} + (1-\alpha)\hat{X}_{t-1} \quad (0 \leqslant \alpha \leqslant 1) \tag{13-1}$$

式中: $\hat{X}_t$ 为未来预测数额;

X_{t-1} 为本期实际数额;

$\hat{X}_{t-1}$ 为本期预测数额;

α 为平滑系数,是本期实际数额的权数;

$(1-\alpha)$ 是本期预测数额的权数。

α 值越小,下期的预测值就越接近于本期预测值;反之,则接近于本期实际值。这种预测方法的关键是测算 α 值,一般可选用不同的 α 值代入公式(13-1)分别进行试算,然后以预测值最贴近实际值的那个 α 为准。

这种方法可运用于商业银行利率风险、汇率风险和投资风险的预测。尽管利率、汇率和证券价格等受许多随机因素的干扰,但它们的短期变动具有一定的规律性。可以使用指数平滑法预测利率、汇率和证券价格,然后分析利率、汇率、证券价格的变动幅度以及对银行损益所造成的影响。

指数平滑法的局限性在于平滑系数的确定带有主观性,不同的平滑系数会使预测结果出现较大的差异。

（2）回归预测分析法。任何一种商业银行风险均受多种经济变量影响,它们之间有两种关系:一是确定性的函数关系,即在函数关系中的每个变量都是稳定的,它们之间的关系可用明确的数学形式表达,比如,资本=资产×资本资产比率;二是非确定性的相关关系,即变量之间存在着某种规律性,但常常因随机因素的影响而具有不确定性,比如,利率风险=F(利率风险敞口,利率的变动),以及汇率风险=F(汇率风险敞口,汇率的变动)等。回归预测分析是研究相关关系的一种方法,通过建立回归方程式,分析、讨论变量间的相关程度,以确定该方程式在进行风险预测上的合理性。回归分析法按自变量的多少分为一元回归分析法和多元回归分析法。由于多元回归分析法有较为复杂的数学过程,限于篇幅,以一元回归分析法来描述其在风险预测中的运用。

一元回归数学模型表示自变量和因变量两者之间的线性关系。其数学表达式为:

$$Y_i = a + bX_i + e_i \quad (i = 1, 2, \cdots, n) \tag{13-2}$$

式中:X_i 为自变量,假设是预先给定的,视为确定性变量;

Y_i 为因变量;

e_i 为各种不确定因素对 Y 的总影响,即误差项;

a 和 b 为常数,a 为起始值,b 为斜率。

假定 e_i 符合正态分布,则在预测时,可用直线 $\hat{Y}_i = \hat{a} + \hat{b}X_i$ 来计算其相关程度。

根据最小二乘法,可求得 $\hat{a}$、$\hat{b}$:

$$\hat{a} = \frac{\sum\limits_{i=1}^{n} Y_i - b \sum\limits_{i=1}^{n} X_i}{n}$$

$$\hat{b} = \frac{\sum\limits_{i=1}^{n} (X_i - \overline{X})(Y_i - \overline{Y})}{\sum\limits_{i=1}^{n} (X_i - \overline{X})^2}$$

$$r(相关系数) = \frac{\sum\limits_{i=1}^{n} (X_i - \overline{X})(Y_i - \overline{Y})}{\sqrt{\sum\limits_{i=1}^{n} (X_i - \overline{X})^2 \sum\limits_{i=1}^{n} (Y_i - \overline{Y})^2}}$$

式中,

$$\overline{X} = \frac{1}{n} \sum_{i=1}^{n} X_i$$

$$\overline{Y} = \frac{1}{n} \sum_{i=1}^{n} Y_i$$

在 $\hat{a}$、$\hat{b}$ 确定后,就能通过模型得到预测值,并通过相关系数 r 来判断预测值的精确度。

2. 马尔可夫链预测法

马尔可夫链预测法以无后效性为基础,适用于记忆性较强的随机模型。无后效性是指自然界的事物与过去的状态并无关系,而仅仅与事物的近期状态有关。因此,应用马尔可夫链预测随机事件未来趋势的变化无须大量历史数据,就能完成短期或长期趋势分析。

由于马尔可夫链预测法的数学过程相当复杂,下面仅介绍其思路。利用该法预测银行风险的过程有三个环节:

(1)划分系统状态。根据不同种类的银行风险及不同预测目的,划定不同状态以及给予不同的状态空间。比如,资本风险,有"正常"和"不正常"两种状态。另外,用 1 表示"正常",用 2 表示"不正常",则该风险的状态空间为 $E = \{1, 2\}$。这是初始状态的划分。

（2）状态转移概率与转移概率矩阵。风险状态的转移完全是随机的,这种随机性可用概率描述。仍以资本风险为例,假定在 12 个月中状态转移情况如表 13-1 所示。

表 13-1　状态转移情况表

本期状态	下期状态		
	1	2	合计
1	2	5	7
2	4	0	4

根据表 13-1 所列的状态转移频率,转移概率为:$P_{11}=\dfrac{2}{7}$,$P_{12}=\dfrac{5}{7}$,$P_{21}=\dfrac{4}{4}$,$P_{22}=\dfrac{0}{4}$(P_{11} 为状态 1 转移至状态 1 的概率,P_{12} 为状态 1 转移至状态 2 的概率,以此类推),转移概率矩阵为 $P\begin{bmatrix}0.285 & 0.715\\1 & 0\end{bmatrix}$。

（3）预测。利用马尔可夫链预测模型确定预测值。该模型的一般形式为:

$$S^{(k+1)} = S^0 P^{(k+1)} \tag{13-3}$$

式中:S^0 为初始的概率向量;

P 为转移概率矩阵。

3. 累积频率分析法

累积频率分析法是在统计规律稳定、历史资料齐全的情况下进行风险概率预测的一种方法。该方法有四个步骤:首先,描述概率分布,即描述不同风险产生的损益及其概率;其次,计算样本的数学期望值;再次,计算反映报酬率偏离期望报酬率的综合差异的标准差;最后,计算标准离差率,用相对数来表示离散程度,即风险大小。

累积频率分析法通常用于预测非系统性风险,它在商业银行预测投资风险时运用得非常普遍。现以银行单一证券投资风险预测为例来说明累积频率分析法的运用。

银行根据证券收益率及其变动的概率用加权平均法计算出期望收益率加权平均值。其计算公式如下:

$$E_{(k)} = \sum_{i=1}^{n} K_i P_i \tag{13-4}$$

式中:$E_{(k)}$ 为某证券投资收益率的期望值;

K_i 为该证券投资第 i 次变动的收益率;

P_i 为该证券投资第 i 次变动的概率;

n 为该证券投资收益率变动的次数。

以证券投资收益率的期望值为参照,计算出各投资收益率与期望值间的离散程度。其计算公式为:

$$\sigma = \sqrt{\sum_{i=1}^{n} \left[K_i - E_{(k)} \right]^2 P_i} \tag{13-5}$$

式中:σ 表示该证券投资收益的标准差,该标准差越大,说明投资风险越大。

如果要用相对数来表示投资风险大小的话,则可用以下公式表示:

$$Q = \frac{\sigma}{E_{(k)}} \qquad (13-6)$$

式中:Q 表示标准离差率,该离差率的大小与投资风险之间的关系同标准差的判断一致。

4. 弹性分析法

弹性分析法是以风险因素与风险损益之间的因果关系为基础,来分析风险因素变化对风险损益的影响,又称为差量分析法或敏感性分析法。它的表示方法通常为:风险因素变动(上升或下降)一个百分点,商业银行风险损益将变动几个百分点。这种方法运用广泛,比如汇率风险和利率风险预测中均用到此法。现以该方法在利率风险预测中的运用加以说明。

利率风险由利率风险敞口和利率的变动引发。它们的函数关系为:

$$利率风险 = F(利率风险敞口,利率的变动)$$

式中:利率风险敞口是利率风险产生的基础,利率风险敞口由商业银行资产负债结构的不匹配引起。

商业银行的资产与负债可按利率的特点分成三类:一是利率、期限相匹配的资产负债,这种结构资产负债对称,不存在利率风险敞口,利率波动因对冲性而对银行的盈亏不产生很大影响。二是固定利率的资产和负债,利率的波动因这类资产和负债的利率被固化而对净利息收益率的影响甚微。三是浮动利率的资产和负债,即利率敏感性资产(ISA_s)和负债(ISL_s)。显然,利率敏感性缺口(ISG)是指在一定期间内银行利率敏感性资产和负债之间的差额。不同的市场利率条件下,该缺口的伸缩对商业银行的盈利性乃至流动性和安全性均产生重要影响,商业银行的利率风险可根据对缺口的测度加以预测。

根据利率敏感性缺口的定义,可由下式表示:

$$\text{ISG} = \text{ISA}_s - \text{ISL}_s \qquad (13-7)$$

如果 $\text{ISG}>0$,则称为正缺口;如果 $\text{ISG}<0$,则称为负缺口。银行经营利率敏感性资产和负债的净利息收入(NII)为利率敏感性资产利息收入减去利率敏感性负债利息支出。设利率为 r,则以上情形可用式 13-8 表示:

$$\text{ISG} \cdot r = \text{ISA}_s \cdot r - \text{ISL}_s \cdot r = \text{NII} \qquad (13-8)$$

当利率变化时,净利息收入(NII)也将发生变化,可用下式表示:

$$\Delta\text{NII} = \text{ISA}_s \cdot \Delta r - \text{ISL}_s \cdot \Delta r = \text{ISG} \cdot \Delta r \qquad (13-9)$$

由式 13-9 可知,在正缺口下,市场利率上升,商业银行的收益上升,净利差增加;在负缺口下,利率上升增加了银行的经营成本,减少了银行的净利差。因此,式 13-9 提供了这样的描述,即利率变动 1 个百分点,银行净利息收入相应变动几个百分点。由于存在正、负缺口,因此,敏感性系数是一把双刃剑。

(二) 定性分析

定性分析,又称判断预测法,是指由熟悉业务并有一定理论知识和综合判断能力的专家和专业人员,根据其经验及掌握的有关商业银行的历史资料和情况,对商业银行未来的风险进行预测。定性分析可以作为定量分析的补充,两者并不矛盾。定性分析常用的方法有以下几种。

1. 专家意见法

专家意见法是传统的预测方法。其形式主要有三种:意见汇集法、专家小组法和德尔菲法。

(1)意见汇集法。它是由银行预测人员根据预先拟定的提纲,对那些对预测内容比较熟悉、对预测内容未来的发展趋势比较敏感的银行高层、业务主管和业务人员进行调查,在广泛征求意见的基础上,进行整理、归纳、分析、判断,最后作出预测的结论。

这种方法成本较小,运用灵活,并能根据影响预测内容的情况变化,及时对预测数进行修正。但预测结果易受个人主观判断影响,以及因对一些专门问题不易深入等,从而影响了预测值的精确度。

(2)专家小组法。它是商业银行召集有关汇率、利率、资本管理、资产负债管理等方面的专家,组成预测小组,以召开调查讨论会的形式,在明确所要预测问题的目的、内容和范围后,通过讨论和发表意见作出种种预测,然后根据专家小组集体的意见进行综合和统一,作出最后的预测判断。

由于各专家小组面对面地进行集体讨论和研究,因此,这种方法便于全面考虑某一问题未来发展的各种可能性,较全面、深入。但参加人数少、代表性差,往往易为权威人士所左右。为避免这种情况,美国著名的兰德公司发明了专家意见分别征询法,即德尔菲法。

(3)德尔菲法。它主要采用通信的方法,通过向有关专家发出预测问题调查表的方式来收集和征询专家们的意见,在经过多次反复、汇总、整理、归纳各种专家意见后,作出预测判断。该方法在特点和程序上优于以上两种方法。具体表现在:

第一,保密性。商业银行根据调查内容制定好风险调查表后,向事先成立的专家组成员发信,要求他们独立作出判断并提出书面意见,这种背对背完成风险调查内容的方法可免受其他人的干扰。

第二,反馈性。商业银行收齐专家组各成员意见后,经过整理、归类,然后反馈给专家组每位成员,要求他们借鉴别人意见,并在保密情况下作出第二次预测判断。这种反馈的过程有多次,目的是使预测判断趋于成熟。

第三,集中判断。经多次反馈后,银行预测工作人员运用统计学和数学工具将最后一次反馈形成的不同意见采用中位数、平均数或加权平均数的方法予以综合,最后得出基本一致的预测结果。

这种方法使专家组成员在一个宽松的环境中发表意见,易于全面深入考虑所预测的内容,同时反馈的过程有助于各专家之间取长补短,有助于预测结果的收敛,为风险预测的准确性提供了可能。在具体运用这种方法时,商业银行在制定风险调查表时应避免加入过多的主观成分。该方法被广泛用于诸如投资、汇率、信贷风险的预测中。

2. 主观概率法

主观概率法是指人们对某一随机事件出现的可能性做出主观估计(即主观概率),对银行风险产生的可能性及其影响进行测算的一种方法。应该说,随机事件的客观概率的测定有两个难点,即需要做大量的试验以及需要克服方法论本身的缺陷。客观概率测定的这些难点为主观概率法的推行提供了可能。通常,由专家或银行高层决策者在过去、现在的有效信息基础上,根据自己在过去长期工作中的经验对随机事件出现的可能性进行估计。主观概率在这种预测方法中被视为客观概率的近似值。

主观概率法在使用过程中也必须遵循概率论的基本假设,即:

$$\begin{cases} 0 \leqslant P(E_i) \leqslant 1 \\ \sum_{i=1}^{n} P(E_i) = 1 \end{cases} \quad (i = 1, 2, 3, \cdots, n)$$

式中:E_i 是测试样本空间的第 i 个随机事件;$P(E_i)$ 为第 i 个随机事件出现的概率。

主观概率法可用于测定利率风险、汇率风险和投资风险等。以利率风险预测为例,假定存在利率风险敞口,则利率的波动将影响银行的损益。因此,通过测定利率波动可预测利率风险及其对银行的影响度。运用主观概率法预测利率波动的做法为:

首先,收集过去一段时间内每一时段的浮动利率数据。这一段时间中每一时段应该具有时序性。至于这一段时间多长,以及如何再进一步细分,则以预测需要而定。

其次,编制利率波动主观概率意见征询表。该征询表的主要内容包括征询者所关心的一组时间序列利率情况,以及有助于进行主观概率估计的从 1% 到 99% 的累积概率区间的位置,如图 13-1 所示。

图 13-1 中,A、B、C、D、E 表示预计利率出现的概率,如果被征询者指定 E,则表明他认为将来某一浮动利率水平有 99% 的可能接近实际值。F、G、H、I 为每一概率区间的中值。

再次,将一组时间序列利率及意见征询表一同发给被询问的专家或银行决策层人员,由他们在参考历史利率资料的基础上根据自己的知识和经验,将最终的估计写在征询表上。

最后,根据反馈意见的汇总情况进行分析,并作出利率波动的预测。为精确起见,可用累积分布函数曲线图描述预测情况,如图 13-2 所示。

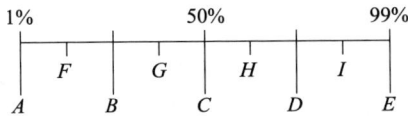

图 13-1 累积概率区间

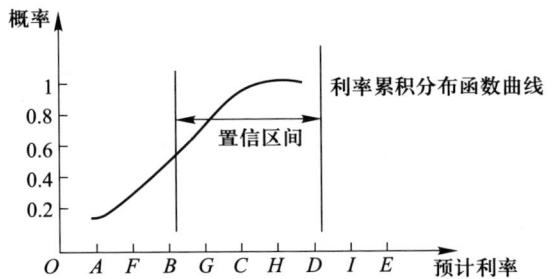

图 13-2 利率累积分布函数图

置信区间往往根据利率预测值与实际值的偏差要求率推断。若月浮动利率的预测值和实际值不能相差 0.1 个百分点,当专家估计月利率的平均值为 0.8%,则利率预测值在 0.7% ~ 0.9%,然后根据利率累积分布函数在纵坐标上找出 0.7% 和 0.9% 对应的概率,这两个概率之差即

为月利率在 $0.7\%\sim0.9\%$ 的可能性。

3. 交叉影响法

交叉影响法是指根据未来几个事件相互之间的影响来预测每一随机事件发生的可能性。该方法由戈登和海沃德在 1968 年提出。这种方法的基本思路是:先寻找和确定一系列事件之间的相互关系;然后假设其中某一事件发生后对其余事件是否产生影响,以及影响的程度,并用矩阵交叉反映;最后利用交叉影响矩阵,来预测某一事件发生后其他事件发生的概率。

交叉影响法可被广泛用于商业银行风险预测中。假设有三种风险之间存在依从关系,这些事件及其概率如下:

E_1:流动性风险,其概率为 $P_1=0.4$;

E_2:信贷风险,其概率为 $P_2=0.1$;

E_3:利率风险,其概率为 $P_3=0.5$。

E_1、E_2 和 E_3 之间的关系及其相互影响如表 13-2 所示。

表 13-2 中,1、0 为影响系数,1 表示 E_i 发生将增大另一事件发生的概率,具有正影响效应;0 表示两个事件之间无明显关系或影响很小。如果出现-1,则表示 E_i 发生将抑制或消除另一事件发生的概率,具有负影响效应。

表 13-2　三因素交叉影响矩阵

事件(风险)	事件发生的概率	对其他事件的影响		
		E_1	E_2	E_3
E_1	0.4	0	1	1
E_2	0.1	1	0	0
E_3	0.5	1	1	0

根据交叉影响矩阵表,我们可以用以下公式调整 E_i 发生后,其余事件(E_j)发生的概率:

$$P_j^1 = P_j + K \times S \times (P_j - 1) \tag{13-10}$$

式中:P_j^1 为事件(E_i)发生后 t 时间另一事件发生的概率;

P_j 为事件(E_i)发生前 t 时间另一事件(E_j)发生的概率;

K 为影响系数;

S 为 E_i 发生对 E_j 的影响度,其变动幅度在 0 至 1 之间。

承上例,在考虑了 E_1 对 E_2 的影响度后,便可根据已知条件得出 E_2 发生的概率,并以此类推。

事件 E_i 发生后,另一事件 E_j 发生的概率的调整程度可用图 13-3 描述。

交叉影响法有两个难点:一是有彼此依从关系的事件各自的概率的估计;二是两个事件之间的影响程度的估计。在定性分析法下,前者可用前面介绍的主观概率法测定,而后者则可用德尔菲法确定。

4. 领先指标法

领先指标法是指对描述经济金融发展过程中的各种指标进行分析,找出预测目标(指标)与相关指标之间的时间关系,即将相关指标分成领先指标、同步指标和滞后指标三类,然后利用领先指标变化趋势对预测目标作出预测。[①] 领先指标法的原理是利用经济指标之间存在的前趋与后继关系,在分析、讨论前趋指标的基础上,推测后继指标,以达到预测目的。

商业银行运用此法作风险预测时的步骤如下:

首先,找出预测目标的领先指标、同步指标和滞后指标。比如使用资本资产比率进行资本风险预测时,银行的盈利水平是资本充足性的领先指标,利润留存水平是资本充足性的同步指标。

其次,收集领先指标、同步指标和滞后指标的数据,通过作图,画出这三类指标的时间序列图,如图 13-4 所示。

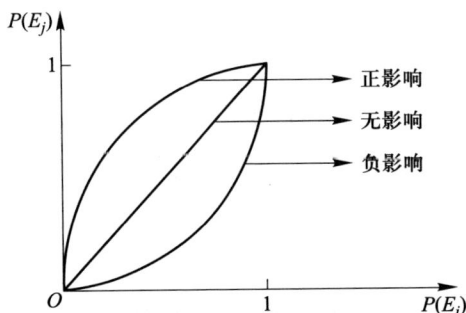

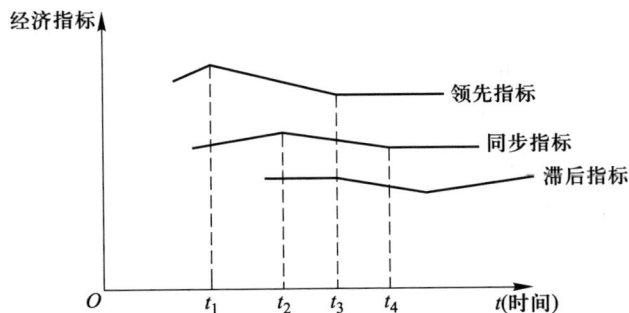

图 13-3　概率调整图　　　　　图 13-4　三类指标时间序列图

图 13-4 中,t_1 为领先指标出现最高点的时间;t_2 为同步指标出现最高点的时间;t_3 为领先指标出现最低点的时间;t_4 为同步指标出现最低点的时间,其中 $T=t_2-t_1$ 为最高点领先时间。比如,利润实现与利润分配处于不同的时刻,前者在先,后者在后,两者的时滞即为领先时间。这一领先时间的确定是此方法的难点所在。一般可用定量方法(如数学模型)和非定量方法(如作图法描述和确认)予以解决。

最后,在找到领先时间后,就可以根据指标的前趋和后继关系,求得预测结果。如果要预测将来某一时刻的预测值,只需要求得 $t-T$ 时刻的实际值。承上例,如果在利润分配率确定的情况下,要预测将来的盈利水平,进而预测资本风险,则只要计算 $t-T$ 时刻的现实利润水平即可。

资料链接:

想了解我国商业银行风险评级、监管核心指标,可查阅银监会 2005 年颁布的《商业银行风险监管核心指标(试行)》(2006 年 1 月 1 日起试行)。

---

① 李辉华.金融风险.北京:北京经济学院出版社,1996:270.

第三节 内 部 控 制

商业银行的内部控制是银行风险管理的重要环节,这一内容以商业银行风险识别与预测为基础。从广义上讲,商业银行的风险控制应以商业银行经营过程中遇到的所有风险为对象。很显然,商业银行内部控制仅限于对商业银行内部风险的控制,它通过建立自我约束和控制机制发挥作用。自我约束和控制机制是商业银行内部按规定的经营目标和工作程序,对各个部门、人员及其业务活动进行组织、协调和制约,以减少和控制潜在风险和损失的一种管理制度。以下介绍商业银行内部控制的内容。

一、内部控制的目标及实施原则

(一)内部控制的目标

商业银行通过建立内部控制机制来控制风险,防止和减少损失,保障其经营活动能安全、顺畅地进行。具体而言,该目标体现在两个方面:一是风险损失发生前,银行可借助有效的内部控制制度,以最低的损失来获取控制风险的最佳效果;二是在风险损失发生之后,商业银行采取有效措施,使商业银行不致因风险的产生而造成更大的损失甚至危及其生存,并确保银行盈利性目标的顺利实现。

商业银行的内部控制是维护银行稳健经营,确保整个银行体系正常运转的有效保障,它能避免金融体系内产生倒闭的“多米诺效应”的悲剧,有利于维持金融秩序的稳定。

(二)内部控制的实施原则

内部控制的核心内容是确定商业银行各部门的职责权限,实行分级分口管理和岗位责任制,建立健全内部管理制度,通过对从业人员的工作行为及其成果进行衡量和矫正,来确保预期目标的实现。

1. 确定各部门、各级人员的职权和责任

商业银行众多从业人员在追求银行目标过程中还会考虑到自身的利益,这会给银行带来风险。为此,银行可以通过诸如授权控制和批准授权等方式确定银行内部的职权和责任。要求做到以下几点:第一,某一具体职权和具体责任不能同属若干个部门和个人,以避免相互推诿;第二,不相容的职务必须分管,避免兼管所造成的无牵制力和无约束力的状况,这是内部控制制度的核心内容;第三,任何一项工作不能始终由一个人独立完成,以避免出现差错和舞弊行为,岗位轮换、连续休息、双重控制等均为这一要求的具体体现。

2. 明确商业银行各项业务的操作程序

严格规范的操作程序直接关系到银行资产的安全,同时是银行各部门及各成员协调、配合的依据。为此,银行应制定操作规程和工作手册,使银行业务程序标准化。操作规程是银行对每项业务按银行的规章、条例制定的程序和手续,是银行每项业务的运作指南;工作手册是银行从业人员应遵循的规则,往往按出纳、信贷员、稽核员等专业分别制定,内容包括职责、任务及操作规程。商业银行各项业务的操作程序规范了业务操作人员的行为以及业务的运作过程,为评价各项业务实绩的客观性提供了很大的保障,有助于内部控制程序中的绩效评估。

3. 明确商业银行控制程序

控制程序可由反馈环流的图式表示,如图13-5[①]所示。

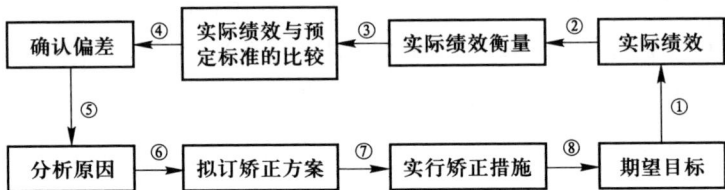

图 13-5 控制程序反馈环流图

图13-5所示的控制程序由设定控制标准、衡量工作绩效和纠正偏差三个基本环节组成。设定控制标准应以显示预期目标轮廓的标志点为准,并以此作为衡量实际绩效是否符合目标的准则。标准有多种多样的形式,不同的业务其标准并不一致,有物量标准、价值标准、功能标准等。

衡量工作绩效是运用标准对银行客观业绩作出公允的评价。对实绩与标准之间的偏差应认真分析其性质及其成因。根据可控与不可控两种情况对偏差进行不同的处理,对不可控因素造成的偏差,银行应调整目标,而对可控因素造成的偏差,应改进工作方式或程序。

纠正偏差以可控因素引起的偏差为对象。可从两方面考虑纠正措施:一是改进组织功能,即通过诸如重新委派和撤换人员、增设机构等完成;二是改进业务功能,即通过改进操作程序,采用新的技术手段等实现。

二、内部控制的类型

商业银行内部控制可按不同的标准进行分类。按技术类型可划分为事前控制、同步控制和事后控制;按功能类型可分为业务控制、财务控制、会计控制、审计控制、物品控制、人事控制、组织控制等;按范围类型可分为经营业务控制和内部财务会计控制。

(一)按技术类型划分

1. 事前控制

事前控制是指商业银行在发生诸如损失等情形前,就开始采取防范措施予以预防。事前控制的要求很高,即应该对银行管理过程及其后果的各种可能性有比较准确和充分的估计。

2. 同步控制

同步控制是指商业银行在业务或行为发生的同时,采取自控措施予以控制的做法。同步控

---

① 陈伟恕. 现代银行管理学. 上海:复旦大学出版社,1994.

制应实行双向对流程序,及时调整和矫正行为,互为补正。因此,同步控制是较难操作的一种控制。

3. 事后控制

事后控制是指商业银行在业务或行为发生后,采取修正补救措施以减少或降低因风险造成的损失。事后控制应及时、有效,以避免商业银行遭受更大的损失。

这三种风险控制类型有着较强的时效性、前瞻性及后继性。银行的任何业务、活动或行为从其事件过程而言,均有事前、事中和事后三阶段,就某一时间段而言,银行的经营业务或行动所处的阶段或环节不同,因此,对处于不同时期的活动,可以以某一技术类型的控制为主,但必须辅以其他两种控制。

(二) 按功能划分

1. 业务控制

业务控制是商业银行按其主要业务的诸多方面,根据任务要求制定相应的标准进行控制。银行的主要业务包括资产、负债、表外等业务,而这些业务会衍生出诸如投资风险、流动性风险和汇率风险等银行业务控制的对象。因此,业务控制的内容很广,而且难度很大。

2. 财务控制

财务控制是商业银行根据财务预算和财务规划,以货币价值形式确定各有关标准予以控制。银行财务预算体现在资产结构、财务结构和资本结构的安排上,以及体现在银行现金流入流出是否顺畅等方面,是对银行资金运用和筹措的总体规划与安排。财务规划是银行进行资金融通的行为准则。商业银行在财务运用上会因为融资不当或背离财务规划而产生财务风险。银行的高资产负债率显示,它是一个高风险企业,因此,银行的财务控制也是一个重要的内容。

3. 会计控制和审计控制

会计控制是银行根据一般公认会计原则和制度,建立银行会计制度,一方面以该会计制度核算来反映银行的业务,另一方面以该会计制度为准则来控制银行的会计过程,使银行提供的会计资料真实反映银行的财务状况、盈亏情况及现金流量。

审计控制是商业银行设立内部审计部门,由会计及有关交易当事人以外的"第三者"会计专家,独立地审查会计记录、会计行为和会计组织的一种控制。

4. 物品控制

物品控制是商业银行对其物品的品种、规格、型号、性能、数量及购入、使用、保存等确定标准进行控制。

5. 人事控制

人事控制是商业银行对从业人员的编制、选用、奖惩、调动、培养、提拔等制定政策性和程序性标准予以控制。

6. 组织控制

组织控制是商业银行对组织设置、组织原则、组织职责和组织班子确定相应的标准予以控制。

以上诸控制类型在具体应用中,可根据实际情况,按积极性和消极性操作两个方向,衍生出不同的具体控制手段和技术。

(三)按控制范围划分

1. 经营业务控制

经营业务控制是商业银行为加强管理、提高经营效益而对其经营业务、行为采取的控制措施,以降低风险的一种控制。经营业务控制包括业务控制、物品控制、人事控制和组织控制等。

2. 内部财务会计控制

内部财务会计控制是商业银行为保全其财产安全完整,保证会计资料的真实性和加强内部监督,减少或避免银行会计风险和财务风险而采取的一种控制。

三、商业银行内部控制的方法

商业银行在风险识别和预测的基础上,必须采取切实可行的措施和工具来防止风险或减少、减缓风险所造成的损失。限于篇幅,仅以商业银行业务控制为对象介绍内部控制方法。商业银行内部控制方法主要有控制法和财务法两种。其主要的功能为分散、抑制、转嫁、自留风险。它是银行风险管理中最重要的一个环节。

(一)控制法

银行风险控制法包括分散风险和抑制风险两方面内容。

1. 分散风险

商业银行通过调整其资产结构或资本结构等手段来分散其所承受的风险。银行的这种做法有其理论基础。20世纪60年代以来,资产组合理论得到了广泛的实践和运用。根据资产组合理论,银行应通过调整其资产结构和资本结构使其持有的资产和负债不相关或负相关,从而达到总体上分散风险的目的。

从不相关或负相关的要求出发,商业银行分散风险应在金融工具、资产负债期限、融资的地区等方面的选择上进行综合考虑,然后确定恰当的做法。

(1)金融工具组合多样化。商业银行将其各种贷款、投资和存款工具广泛运用于不同规模、不同层次、不同收入来源的客户之间,以确保不相关或负相关的组合要求。同时,银行资产和负债在币种选择上保持多样化,减少商业银行总体风险的暴露。

(2)资产负债期限多样化。商业银行所持有的资产以及承担的负债根据经营目标的要求进行组合,尽量使长短期资金来源与运用的盈亏相互抵补。

(3)地区分布分散多样化。商业银行在选择客户时,应以广大的区域为背景,因为不同区域的客户,其经济状况及收入来源不同。这种做法也能使银行的盈亏产生抵补效应。

分散风险的做法成本较低,减少了商业银行资产负债价值的震荡及意外损失,因此,分散风险的目的主要在于规避风险。

2．抑制风险

抑制风险是指考虑到风险事件的存在与发生的可能性，主动放弃和拒绝实施某项可能导致风险损失的方案。它能在风险发生之前彻底消除或避免某一特定风险可能造成的损失。这种方法尤其适用于商业银行的信用放款业务。其基本做法有两种：

（1）商业银行在面临巨大潜在信贷风险时终止某项资金的借款活动与计划，终止或暂停某类资金的经营计划与经营活动，挑选更合适、更有利的其他类别的资金借贷与经营计划。

（2）商业银行的信贷风险很大程度上与信贷对象、方式和形态有关。银行为抑制风险，可改变资金借贷和资金活动的性质、方式以及经营的组织形式，这样可在很大程度上避免潜在的信贷风险发生。

抑制风险具有消极防御的性质。资金借贷者和经营者往往受利益驱使而放弃使用该法。因此，风险抑制法在实践中很难完全实现。

（二）财务法

银行风险内部控制的财务法与以上方法的适用条件不一样，它是指在银行风险发生之后，用一定的方法予以补救，将风险损失降到最小的做法。财务法通常有风险自留和风险转嫁两种做法。

1．风险自留

风险自留是指商业银行自行设立基金、自行承担风险引发的财务后果的处理方式。商业银行采取此法时，往往通过对预期获利和损失等因素进行综合考虑后才作出是否主动承担风险的决策。风险自留有主动、被动之分，也有全部风险自留和部分风险自留之分。银行风险自留策略是指以主动或被动方式承担部分或全部风险。主动自留建立在风险识别和预测的基础之上，是指通过经济可行性分析、确认是否自愿承担风险的方式，因此，不会产生财务后果；被动自留则是一种被动、无意识的处置方式，往往引发严重的财务后果。全部风险自留以全部承担某个事件或某项计划可能出现的损失后果为承诺，这种做法往往建立在成本效益分析基础之上；部分风险自留是指根据自己的承受力，有选择地对部分风险采取自行补偿的一种风险处置方法。因此，商业银行风险自留以主动部分风险自留或主动全部风险自留较为常见，而尤以主动部分风险自留最为流行。

自留风险是一种较积极的风险控制手段。银行可以通过预留风险准备金的方式来弥补潜在风险造成的损失。同时，自留风险的损失费用化，这种以直接减少当期利润为代价的费用化的做法会倒逼银行加强风险控制，以节约潜在费用的开支。但是，风险自留以银行自己的财力补偿风险损失，银行由此可能面临更大风险，同时可能承担更大的费用。

根据风险自留的特点，商业银行在使用此法时，须注意三点：一是银行补偿风险的财力是否充分；二是损失发生后会不会使银行遭受进一步的财务困难；三是优先考虑其他控制方法。

2．风险转嫁

商业银行在风险损失发生后，将风险损失通过一定的途径，有意识地转嫁给银行的利益相关者。这种风险转嫁按风险资产是否转移分为两种：一是将发生或存在风险损失的财产转移给交易的另一方;二是不转移财产本身,而是将存在的风险及其损失转移给交易的另一方。商业银行往往通过合同,将资金借贷等产生的赔偿责任以及资金在运作过程中产生的损失的承担情况用条款的形式写在合同中。当风险损失发生后,银行可借此实现风险转嫁。

商业银行风险转嫁的方法应充分体现在特定的业务经营之中。

(1) 贷款风险的转嫁。银行通过贷款合同,将资金贷给信用接受者时,实际上把经营该资金所存在的风险转移给了借款方或其保证单位。现在,银行通过金融创新,开始采取贷款证券化和贷款出售等表外方式规避与转嫁风险。

(2) 其他交易活动的风险转嫁。商业银行在金融市场上进行投融资时,利用远期合约、期权合约等金融衍生工具实现利率风险、汇率风险等的转嫁。

风险转嫁可以减少甚至消除因借贷或经营资金所带来的风险,而且灵活方便、费用低廉。但风险转嫁的最大问题是具有一定的盲目性。

资料链接:

想了解 2014 年修订的《商业银行内部控制指引》,可查阅银保监会网站(www.cbirc.gov.cn)。

想了解《浦发银行 2019 年度内部控制评价报告》和《浦发银行 2019 年度内部控制审计报告》可查阅上海证券交易所网站(www.sse.com.cn)。

四、商业银行的内部稽核

银行在实行种种风险控制的方法时,有一个现实必须正视,即商业银行必须建立一套严格的操作程序来规范从业人员的行为以及业务的运作方式,而且银行应建立严格的稽核制度为这些规则与规定的执行提供保障。商业银行的稽核功能不仅仅体现在防错、纠错、保障和揭露等方面,而且具有提高经济效果的作用,即通过进一步消除银行经营管理中的不利因素和薄弱环节,进一步健全制度,改进工作方式,提高经济效益。这些功能体现在稽核内容和原则方法中。

（一）稽核的内容

稽核的范围包括商业银行所有的业务和管理活动,主要有以下几方面。

1. 资产负债稽核

稽核内容包括资产负债的预计和实际规模、资产负债的结构及变化趋向、资产质量和安全性、负债的流动性与稳健性、证券交易的价格及持有证券资产的结构、利率与利差、资金的流向等。

2. 会计、财务稽核

会计稽核内容包括会计的过程、结算户资格、结算方式和结算纪律、往来账户和清算、业务差错情况、出纳发行制度、现金收付和运送、库房管理、货币发行与回笼、出纳长短款等。财务稽内容包括财务预算及其执行,各项收入、支出、盈亏的处理等。

3．金融服务稽核

稽核内容包括咨询、信托、租赁等银行业务的规章和手续,收费标准及其执行情况,服务质量及设备等。

4．横向联系稽核

稽核内容包括银行与客户及同业银行的关系和协作,是否有重大经济纠纷以及业务以外的经济关系等。

（二）稽核的原则与方法

银行稽核工作应遵循一定的原则进行,这些原则有利于稽核工作效果和效率的提高。这些原则主要有回避原则、重要原则、经济原则、适合原则、从简原则、行动原则和直辖原则。

银行在进行稽核时,常见的方法有观察法、审阅法、听证法、复查法、核对法、盘点法、查询法等。在稽核中,应将各种方法有机结合起来,同时注意稽核的形式。稽核有全面稽核与专项稽核之分、定期稽核与不定期稽核之分、独立稽核与会同稽核之分等。因此,有效的稽核应该是在上述原则的指导下,对稽核方法和方式进行有效的搭配。这样的内部控制手段才是有效的。

第四节　银行风险管理

上文已述,现代商业银行经营所面临的不确定性越来越大。因此,如何规避风险、如何在收益和风险之间进行权衡等则是银行业必须面对的问题。风险管理成为现代商业银行财务管理的核心,而流动性风险管理、利率风险管理和信贷风险管理则是银行风险管理的主要内容。由于利率风险管理在本书前文已有详细介绍,因此,本节将分述流动性风险管理、信贷风险管理的主要内容。

一、流动性风险管理

流动性风险是指银行的流动性来源不足以满足流动性需求而引发清偿困难的可能性。流动性需求预测是流动性风险管理的重要手段。流动性预测是通过对未来一定时期（短期）内流动性需求的测算,来估计是否发生流动性缺口。当发生流动性缺口时,银行通过将流动资产变现或从金融市场上购买流动性来弥补。因此,流动性需求预测是估计流动性需求的重要方法,同时是减少流动性风险的重要手段。

（一）资产转换策略

这种策略是指银行持有一定数量的现金和有价证券的形式来储备流动性资金,当需要流动性资金时,选择出售流动性资产,即进行资产转换,收回现金以满足现金需要。常见的有价证券形式的流动资产有短期国库券、大面额存单、商业票据、银行承兑汇票等。

银行运用资产转换策略时,会承担一定的代价:一是承担资产转换产生的交易成本;二是承担持有的流动资产因价格变动而产生的损失;三是承担机会成本(持有流动资产意味着放弃其他资产可能带来的更高收益)。

(二)借入流动性策略

这种策略是指通过借入足够的流动性资金来满足其流动性需求的做法。借入流动性资金的可用渠道有大面额存单、回购协议、欧洲货币借款、向中央银行借款和再贴现等。

借入流动性策略的优点正是资产转换策略的缺点。然而,在利率市场化情形下,未来充满不确定性,银行会出现以下尴尬的局面,即银行常常不得已在利率水平最高时借入流动性。

鉴于资产转换策略成本高、借入流动性策略风险大,银行可采取以下做法:一部分预期的流动性需求用流动资产方式储备,另一部分预期的流动性需求则用预先安排的短期信贷额度解决,即平衡使用两种策略。

例 13-1:2020 年年底,大华银行对 2021 年第一季度的流动性进行了预测(见表 13-3)。该银行的流动性缺口为多少? 如何防范?

表 13-3　大华银行 2021 年第一季度流动性　　　　单位:亿元

项目	金额
一、资金使用	
1. 到期各类定期存款	5
2. 新贷款需求	
商业贷款	60
个人贷款	20
3. 净活期存款增加额	10
小计	95
二、资金来源	
1. 到期各类投资	
货币市场工具	40
短期政府债券	20
2. 贷款本息	20
小计	80
三、流动性缺口	15

由表 13-3 可知,大华银行 2021 年第一季度存在流动性缺口(如果发生流动性溢余,则应该进行合适的短期投资),为此,银行需要事先通过将部分流动资产变现或从金融市场上购买流动性等方式来弥补流动性缺口。

大华银行拥有较多潜在的资金来源(见表 13-4),因此,大华银行具有较多的选择。

表 13-4　大华银行潜在的资金来源　　　　　　　　单位：亿元

项目	金额
一、变现能力强的流动资产	
1. 回购协议	10
2. 可转让定期存单	10
二、其他可变现流动资产	
1. 未到期贷款	20
2. 未到期货币市场债券	15
潜在资金来源	55

由表 13-4 可知,大华银行可以通过多种方式防范流动性风险。方法之一是通过将回购协议和可转让定期存单变现,获得 20 亿元(假设这两种流动资产具有极高的变现能力);方法之二是出售未到期贷款和未到期货币市场债券。值得注意的是,筹集弥补流动性缺口的资金会发生融资成本,因此,融资成本的高低将是大华银行选择弥补流动性缺口的资金的重要依据。

然而,由于利率风险、信用风险等也是引发流动性风险的重要因素,银行不可能永远获得足够的资金来满足其流动性需求,因此,流动性需求预测只是流动性风险管理的一种策略。更广义地来说,为客户提供全新的金融产品和服务、吸纳更多的存款、争取更多的融资渠道才是防范流动性风险的长久之计。

资料链接：

想了解我国商业银行流动性风险管理的要求,可查阅银保监会于 2018 年 5 月 23 日发布的《商业银行流动性风险管理办法》(www.cbirc.gov.cn)。

二、信贷风险管理

即便在当今中间业务发达的国际大银行中,贷款业务仍然是其核心业务。由于借款人自身经济条件以及所处环境的不确定性,银行不能按时收回贷款本息的可能性永远存在。因此,信贷业务在为银行提供大量的、稳定的利息收益的同时,带给了银行信贷风险。关于信贷风险的一般管理原则和方法,可参见本书第五章的相关内容。由于不同贷款的授信对象不同,所以,信贷风险管理的重点也存在差异,下面分别加以介绍。

（一）企业流动资金贷款风险管理

企业流动资金贷款是指为补充企业生产经营资金缺口或满足企业流动资金周转而发放的贷款。为减少企业流动资金贷款的风险,应该对企业流动资金贷款进行全过程管理。全过程管理由信用分析、银行信用决策、信用追踪和收账等环节组成。

1. 信用分析

信用分析是对银行信用受信者的信用进行分析，评价其信用可靠程度，然后据此决定授信的条件。这是整个银行信用风险管理的第一步，信用分析是企业流动资金贷款具有良好流动性的重要保证，对首次授信对象进行信用分析尤其重要。信用分析有以下步骤：

（1）取得授信对象的相关信息。对授信对象信用的判断建立在相关信息上，这些信息包括：

第一，财务报表。通过财务报表获得授信对象的相关信息是最便宜的，也是较理想的信息源，它们可以显示授信对象的盈利能力和长短期还债能力等。银行信用的提供方有权要求此类授信对象必须提供经外部审计的财务报表，这样做有法律依据。因此，为了保证信息的公允性，银行应该取得授信对象经过外部审计后的财务报表。

第二，信用评级和信用报告。从各类信用评级机构获得授信对象的信息也不失为一种好方法，但这类信息可能是有偿使用的，获取这类信息需要花费一些费用。以美国为例，评级机构主要有两类：一是专门提供国家信用、企业信用和债券信用评级的机构，如标准普尔、穆迪、惠誉等；二是专门提供商业信用评级的公司，如美国的邓白氏（Dun & Bradstreet）商业信用评级机构。邓白氏提供公司商业信用评级和商业信用报告。该机构为其报告的订阅者提供了大量公司的商业信用评级，评级资料为财务分析者提供了各类公司的商业信用评价。该机构还提供各公司的商业信用报告，报告内容包括公司的发展、高级管理层的简介、经营业务的性质、过去的商业信用历史以及是否存在信用污点等。

第三，银行与授信对象的交往历史。由于银行贷款是企业最重要、最常用的融资方式，因此，在与客户长期交往过程中，银行是少有的熟悉客户的外部人之一。也就是说，如果授信对象是银行的老客户，那么，银行就可以查询授信对象的信用历史，知晓是否存在过拖欠款问题。尽管历史不一定重演，但是，通过对授信对象过去信用的了解，我们可以简单估计其现在违约的可能性。

信息的收集以及信用分析的每一步都需要花费成本，因此，对规模较小、违约风险很低的公司进行信用评价可能得不偿失。

（2）分析授信对象的信用。

第一，信用分析程序。相关资料收集完毕之后，须对授信对象的信用状况进行评价。分析授信对象信用的程序如图13-6所示。对初次提出银行信用申请的借款者，应该对其进行全过程信用分析；对已经有过多次银行信用交往的借款者，不必从头开始进行信用分析。

图13-6显示，银行首先在信用调查的基础上对授信对象的信用进行分析。如果情况对授信对象十分不利，则不值得做进一步分析和调查，银行应该拒绝对信用申请者的授信；如果情况对授信对象有利，能够使授信方愿意提供最大银行信用额度的话，则银行会接受受信者的信用申请。如果信用评级机构的信用评级和信用报告尚不足以让银行信服，则银行不会向受信者提供最大限额信用。银行还须借助财务报表，对受信者的信用进一步分析。最后，进行财务报表分析（财务分析的方法可参见本书第十二章），就是对受信者的流动性和按时付款能力进行评价，既要用诸如速动比率、流动比率、应收账款周转率、存货周转率、资产负债率等定量指标来描述，又要用公司和管理层的品德等定性指标来描述。如果受信者信用良好，没有不按时还款的可能性，

则银行愿意提供最大信用额度;如果受信者信用一般,有不按时还款的可能性,则银行愿意提供最大信用额度,但有限制条件;如果受信者信用差,很有可能不按时还款,则银行拒绝授信。

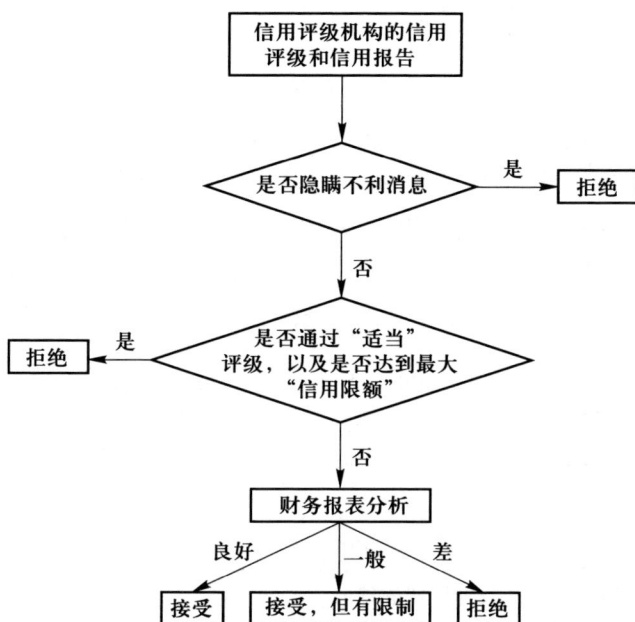

图 13-6　信用分析流程图

第二,信用评级。一旦收集好信息,银行将面临是否提供信用的艰难选择。许多银行使用传统、主观的信用 5Cs 方法来评定借款人的信用等级。

信用 5Cs 是指品德、能力、资本、担保和条件。品德是指授信对象履行债务的意愿;能力是指授信对象偿还债务的能力;资本是指授信对象拥有的资本金;担保是指授信对象无力偿债时的保护性资产;条件是指授信对象所面临的一般经营环境。银行须将这些信用特征与客户过去的信用历史联系起来分析。

有些银行等金融机构使用严格的数量化方法来评价授信对象的信用等级。比如,信用卡公司建立了信用评级模型,通过对客户所有观测到的特征进行研究,找出它们与不履行债务之间的关系。根据这种方法,授信对象的各项特征都被进行数量化的评级,然后根据总评分作出信用决策,确认哪些客户值得提供信用以及哪些客户不值得提供信用。

2. 信用决策

信用决策包括两方面的内容:一是信用限额决策,二是信用期限决策。信用决策取决于信用分析的结果,其原则为:

第一,初次信贷决策原则。如果是初次放贷,首先需要认定是否给予银行信用,为此,需对授信对象的信用进行全面分析。然后,根据信用分析的结果,确定信用限额和信用期限。一般而言,如果授信对象的信用良好,则信用限额高,信用期限长;反之,则信用限额小,信用期限短。

第二,重复信贷决策原则。对授信对象的信用分析不必从头再来。因为之前已经提供过信用限额和信用期限,知根知底,所以只需要根据授信对象信用等级的变化以及购买量的变化等来修改信用限额和信用期限。如果授信对象信用等级提高,则表明其支付能力增强以及暗示其还款能力提高。因此,当授信对象的信用等级提高时,银行可以对此类授信对象进一步放宽信用限额,延长信用期限。

3. 银行信用追踪

在任何情况下,银行信用追踪可以提早警告贷款是否存在违约可能,并可以采取一些措施来阻止贷款进一步恶化的可能。银行信用追踪也可以提早发现贷款质量有所提高的迹象,银行可以据此采取更宽松的信用政策。银行信用监督最重要的方法是现金流量法,用以分析企业的最终支付能力。

例13-2:假如大发公司2021年预计现金流量表见表13-5,银行信用是否安全?

表13-5   2021年大发公司现金流量表附表 单位:万元

净利润	15 000
加:固定资产折旧	54
无形资产及其他资产摊销	60
处置固定资产、无形资产及其他长期资产的损失	10
财务费用	20
投资损失(减收益)	−25
存货的减少(减增加)	340
经营性应收项目的减少(减增加)	−4 900
经营性应付项目的增加(减减少)	−5 800
预提费用的增加(减减少)	−10
增值税增加净额(减减少)	−41
其他	−140
经营活动产生的现金流量净额	4 568

由表13-5可知,大发公司净利润为1.5亿元,但是增加的支付能力不足4 600万元。因此,预计2021年大发公司的盈利质量较差。流动资金投资前的现金净流量为15 119万元,说明造成净利润和经营活动所产生的现金净流量之间的巨大差异,是由于大发公司流动资金投资存在一些值得商榷的问题。很显然,主要是由经营性应收项目增加4 900万元,以及经营性应付项目减少5 800万元所致。单单就2021年预计新增支付能力看,由于数额较小,因此,大发公司履行短期债务责任的能力有限,银行短期信用的风险是存在的。但是,由于大发公司2021年预期的利润水平较高,所以大发公司的融资灵活性较大,短期支付能力有保障,无须担心银行短期信用风险。

4．收账

收账是指向拖欠银行信用的客户追款。银行的授信对象有很多类别,信用好的授信对象会按时还款,信用差的授信对象欠账不还,这是两种极端情况。大多数客户介于这两种极端情况之间。

逾期贷款催讨的难度具有普遍性。银行在收账过程中,可能承担巨大的损失。因此,收账决策应该基于净现值原则。收款程序的选择乃至是否诉诸法律,取决于收账是否能产生最大的净现值。如果收账所产生的现金流入量小于催账成本,则应该放弃收账。

银行还会在企业流动资金贷款协议之外构筑多重安全保障,以确保贷款的安全。最常见的企业贷款安全保障有:借款企业预期可观的利润和现金流;借款企业拥有一定数量的可抵押资产或可出售资产;借款企业拥有靠谱的担保等。

资料链接:

想了解我国商业银行授信工作指引,可查阅 2004 年 7 月 25 日由银监会颁布的《商业银行授信工作尽职指引》。

想了解我国银行金融资产风险分类最新做法,可查阅银保监会于 2019 年颁布的《商业银行金融资产风险分类暂行办法(征求意见稿)》。

(二)消费贷款风险管理

消费贷款是指那些发放给消费者个人,用来购买耐用消费品或支付其他个人消费的贷款(此处的消费贷款仅指非住宅贷款,包括信用卡、汽车贷款、家具贷款、家电用品贷款等,住宅贷款在下文作专门介绍)。由于信息不对称,相对于企业,银行更难把握个人消费贷款受信方的信息,比如,个人健康状况、未来工作预期、借款时间、借款人贵重资产是否充裕,借款人是否有强烈的道德责任感等,因此,消费贷款的违约风险远高于企业贷款。总体上讲,企业流动资金贷款的全过程风险管理也适用于消费贷款风险管理。然而,消费贷款全过程风险管理在多个方面具有自身特点。

1．信用分析的资料来源

通常,银行按照过去的统计资料来确定信用,并根据新的资料及时修订。此类信用分析所要考虑的因素有年龄、性别、婚姻、职业、行业、就业的稳定性、住房、月收入、信用卡、信用记录、存款数量、个人保险等。银行需特别关注的资料有:

第一,受信者的收入状况。银行除了关注受信者的收入水平,尤其是可支配收入或税后收入,还须向受信者的雇主核实其收入,以便了解受信者的收入及其稳定性。

第二,受信者工作和居住状况。可工作年限以及工作是否稳定是受信者收入稳定性的有力佐证,因此,银行需了解受信者可工作年限以及工作稳定性。居住状况则是受信者工作稳定与否的一个佐证,因此,从某种意义上讲,受信者长时间在一地居住,说明其工作状况较稳定。

第三,受信者的债务链。受信者可能通过借新债还老债,进而放大自身的债务水平,从而增加了违约风险,如果受信者缺乏资金管理技巧或在资金管理上疏忽大意,银行将被拖累。因此,银行应该密切关注受信者的这种行为。

2. 信用分析的评分系统

由于消费贷款授信对象的公开信息较少,因此,对消费贷款授信对象的信用评价较为困难。为了使消费贷款建立在相对客观的评判标准上,尽可能摆脱主观判断,大银行通常都建有自己的信用评分系统(见表13-6)。银行可以事先设定一个拒绝贷款的最低分值,低于银行最低信用分的消费贷款申请者将被银行拒绝。银行可以根据受信者信用分值的不同区间,提供不同限额的消费贷款。事实证明,这种评分系统的使用在一定程度上减少了银行的坏账损失。

表13-6 信用评分系统中的预测因素及其分值示例

因素	分值	因素	分值
1. 客户职业		5. 年可支配收入	
主管	100	20万元以上	60
技术工人	80	10万~20万元	50
职员	70	10万元以下	40
非熟练工	60	6. 需抚养人数	
2. 目前职位工作时间		无	30
1年以上	20	1人	30
不满1年	10	2人	20
3. 住房性质		3人	10
自有住房	80	7. 个人信用	
租住住房	40	优秀	100
4. 现址居住时间		一般	50
1年以上	20	无记录	20
不满1年	10	差	0
		……	

3. 信用决策

从客观上讲,消费贷款授信对象由于失业、破产等原因常常致使贷款不能清偿。从主观上讲,银行掌握的消费贷款授信对象的资料不够全面,对借款者的信用分析也就往往不够详细、准确。因此,消费信贷的风险远高于企业贷款风险。为了弥补消费贷款的坏账损失,消费信贷在利率等授信条件上相对苛刻,消费贷款的利率较高,大部分消费贷款均按照固定利率分期偿还。

从银行自身来说,为了使得消费贷款能成为其重要收入来源的业务,一方面银行应该控制风险,另一方面银行应该吸引更多的客户。

值得注意的是,银行在实施消费贷款前所面临的"集体困惑"大于它们经营的其他贷款业务,因此,银行需要政府的支持。比如,在美国,设有全国性或地方性的信用局,它们持有全国或当地大多数个人的档案,记录着他们的信用历史,银行在发放消费贷款时,会经常与这些信用局保持联系,了解客户的信用历史。

资料链接:

　　想了解美国信用局的情况,可查阅 www.experian.com、www.equifax.com 和 www.transunion.com 网站。想了解中国人民银行征信中心的情况,可查阅 www.pbccrc.org.cn 网站。

（三）不动产贷款风险管理

不动产贷款包括商业不动产贷款和住宅不动产贷款。从期限来说,不动产贷款有短期、中期和长期三种形式;从抵押品种来说,不动产贷款有房屋、土地、建筑物等多种形式;从利率水平来说,不动产贷款有固定、浮动两种形式。

1. 商业不动产贷款风险管理

商业不动产贷款是指向建筑承包商或者土地开发商提供的贷款,且以商业不动产作抵押的贷款。[①] 商业不动产贷款既有为收购或改善不动产提供的中长期融资,也有短期的基建贷款,这类贷款的风险很大程度上受经济发展周期的影响。在经济上升期,由于所建造的商业楼宇、厂房等很容易出租和出售,银行信用受信方现金流入充沛,因此,贷款较易回收,贷款风险较小;在经济不景气时,所建造的商业楼宇、厂房等不易出租和出售,如果银行信用受信者没有其他现金流入来归还所欠贷款,则银行只能根据协议拍卖完工的抵押项目,信贷风险也将因为抵押品变现价较低而产生。

鉴于商业不动产贷款风险的特殊性,商业不动产贷款风险管理除了进行一般全过程信用管理之外,还须强调以下几点:

第一,引进中介。由于此类贷款属抵押贷款,因此,对银行来说,借款人的抵押物的价值和借款人的收入一样重要。为此,银行要求中介(第三方)对借款人的项目(抵押物)进行评估,公允的估值对于借款人来说是至关重要的,可以确保借款人项目资产的价值或变现价值大于贷款本息,从而减少银行的信用风险。

第二,提高利率水平。鉴于借款人项目资产的价值或变现能力受经济周期的影响较大,因此,此类贷款的风险较大,为此,银行对该类贷款要求较高的贷款利率。但是,从营销的角度看,银行为确保能够向借款人提供更多的金融服务,也可以向借款人提供低利率不动产贷款。

第三,严格控制贷款金额与不动产售价的比率。贷款金额与不动产售价的比率越高,借款人

---

① 俞乔.商业银行管理学.上海:上海人民出版社,1998,5;629.

完全履约的动机就越小,违约的激励就越大。因此,为了确保抵押贷款安全,银行应该严控贷款金额与不动产售价的比率。比如,该比率不得超过70%。

2. 住宅抵押贷款风险管理

住宅抵押贷款是指用来购买家庭住房的贷款,是一种长期贷款。住宅抵押贷款常以分期偿付本金和利息的方式偿还。[①] 当一国的家庭住房拥有率很高(比如60%),且家庭的资产价值不少来自其拥有的物业时,住房抵押贷款无疑是银行主要的生息资产。但必须看到,住宅抵押贷款是一种高风险的特殊的消费贷款。通常,借款人的现金收入和还款意愿等分析是住宅抵押贷款风险管理的重点。

第一,借款人的现金收入。借款人的预期收入尤其是收入相对于抵押贷款额以及要求还款额的比率是决定是否批准住房抵押贷款申请的重要因素,因此,银行必须对借款人的收入水平以及稳定性进行严格审核。比如,首付款占借款人收入比重不宜太低,每期偿还额占借款人收入的比重不宜过高,否则,会增加借款人的违约风险。

第二,住宅的估值和保全。在降低银行信用风险方面,住宅的价值与借款人的收入同样重要,它们是银行住宅抵押贷款安全回收的重要保证。因此,银行既要对住宅进行恰当的估值,又要对住宅进行适当维护,保全住宅的价值。值得注意的是,住宅估值是一件非常困难的事情。通常,发放住宅抵押贷款基于房价稳定或不会大跌的假设,但是,房价受经济、就业等多种因素影响,其走势常常不随所愿。

第三,借款人的还款意愿。由于住房抵押贷款是长期贷款,因此,银行将重点考察借款人的现金收入水平和还款意愿。还款意愿通常受借款人道德水平和支付能力等因素制约,如果借款人诚信度高且预期收入稳定,则贷款风险较小。

第四,保持恰当的贷款比率。由于过高的住宅抵押贷款与住宅评估价值比率会增加借款人违约的动机,因此,借款人应该控制贷款比率。为此,银行需仔细考量借款人首付款占住宅评估价值比重的合理性,比如,在美国,住房抵押贷款占住房评估价值的比率不超过75%。

第五,采用浮动利率。由于住房抵押贷款期限长,因此,银行为了减少利率频繁变动所引发的利率风险,此类贷款通常采用浮动利率。

由于此类贷款属抵押贷款,因此,如果借款人因陷入财务困境而无法按协议付款,银行有权拍卖房产以收回贷款本息。在房地产市场发展稳定或兴旺的前提下,借款人可以从房价的升值中获益,因此,借款人很少违约。即便借款人违约,由于住宅的变现价格通常超过银行贷款本息,因此,银行面临的住宅抵押贷款风险其实很小。但是,在房地产市场不景气的情况下,如果房价持续走低,市场上充斥着待价而沽的住房,而利率持续向上,则借款人违约比率将大大增加。此时,住宅的变现价格难以合理或公允,其价格可能低于银行贷款本息,银行为此将面临巨大的住宅抵押贷款风险。

---

① 俞乔.商业银行管理学.上海:上海人民出版社,1998,5:630.

第五节 金融科技对银行风险管理和内控的影响

20 世纪 80 年代,金融科技开始对银行经营产生影响。近年来,金融科技的影响深度和广度前所未有,大大改变了银行风险管理和内部控制的认知与做法。

一、金融科技的定义和沿革

金融科技不是一个新概念,从字面上看,金融科技就是"金融+科技",是泛指应用在金融领域上的技术。在业界,比较公认的说法是,金融科技最早于 20 世纪 80 年代开始影响银行业,大致分为三个阶段:

第一阶段:20 世纪 80 年代至 20 世纪末,被称为"金融科技 1.0 时代"。其特点是以金融电子化和信息化为主要特征,银行业务从手工操作转向计算机处理。用业界形象的描述,就是将纸面上的数据搬到计算机里。

第二阶段:2000 年至 2015 年,被称为"金融科技 2.0 时代"。其特点是通过互联网和移动终端搭建在线业务平台,在线上实现金融业务的撮合、匹配、交易和支付。业界形象地描述为将线下的流程搬到线上。

第三阶段:2016 年至今,被称为"金融科技 3.0 时代"。其特点是通过人工智能、大数据、云计算、移动互联等关键技术,改变金融业的信息来源、业务模式、风险控制方式以及金融中介地位。现阶段讨论的金融科技,就是指以信息电子化为主的技术发展所带来的金融科技。

二、金融科技对银行业的影响

目前,银行以互联网技术实现了线上线下的协同互动,为客户提供"无处不在"的综合金融服务已成为现实。未来,以大数据、人工智能为代表的新一代金融科技将全面渗入商业银行的经营环节,为客户提供"量身定做"的金融服务。为此,商业银行需要特别关注 6 项金融科技能力及其影响:

第一,大数据分析。大数据分析是指对规模巨大的数据进行分析,可以概括为 5V:数据量大(volume)、速度快(velocity)、类型多(variety)、低价值密度(value)、真实性(veracity)。因此,大数据给银行带来全视图的数据资源。即大数据不仅可以对结构化的数据进行分析挖掘,还可以从非结构化数据中发现更多的价值,而且分析挖掘更加高效。

第二,人工智能。人工智能是研究、开发用于模拟、延伸和扩展人的智能的理论、方法、技术及应用系统的一门新的技术科学。人工智能给银行带来全场景智能分析,即人工智能让系统具备听、说、读、写以及更智能的学习分析能力。

第三,网络安全。网络安全是指网络系统的硬件、软件及其系统中的数据受到保护,不因偶然的或者恶意的原因而遭受到破坏、更改、泄露,系统连续可靠正常地运行,网络服务不中断。因此,网络安全给银行带来全覆盖的安全防护。即从基础环境、应用安全、业务控制、新技术引入、网络安全防护等方面入手,构建统一的安全应用平台,实现安全应用公共服务模块化,为业务应用及控制提供支撑。

第四,区块链。区块链是一个共享数据库,存储于其中的数据或信息,具有"不可伪造""全程留痕""可以追溯""公开透明""集体维护"等特征。因此,区块链给银行带来全流程可信协作。即区块链可以更容易建立信任,更便于实现价值的传递,以及容易追溯信息踪迹。

第五,云计算。云计算是指通过网络"云"将巨大的数据计算处理程序分解成无数个小程序,然后,通过多部服务器组成的系统进行处理和分析这些小程序得到结果并返回给用户。因此,云计算给银行带来全方位资源管理。即云计算帮助构建标准、集约、智能、可控的基础架构,实现资源的快速响应、按需使用、动态伸缩。

第六,移动互联。移动互联网是将移动通信和互联网二者结合起来,成为一体。它是互联网的技术、平台、商业模式和应用与移动通信技术结合并实践的活动的总称。因此,移动互联给银行带来全共享的服务体系:构建完整开放的技术支撑生态,服务于业务架构,实现银行与银行之间、银行与非银行金融机构之间、银行与其他产业之间的数据共享与场景融合,构建智慧银行开放生态圈。

可见,对于商业银行来说,科技金融的核心价值是应用先进技术来提高银行自身的核心竞争力,受惠的主要领域有:产品与服务、渠道、营销、运营、风控。

三、银行风险控制转型升级

传统商业银行风险管理的主要特点是:过分依赖经验判断,且信息获取渠道单一,对于客户的集群风险、行业风险和市场竞争能力较难识别。但是,金融科技使商业银行扩大了信息数据收集范围,提高了源数据采集的周期长度,丰富了数据分析的维度,使得风险特征画像更具客观性,也更具象,对于未来风险预测更具前瞻性。

第一,提升风险管理的透明度。金融科技帮助银行在信用风险管理上实现了两个"透明",一是针对银行外部借款人的风险信息透明,二是针对银行内部信贷操作的流程透明。借助金融科技,能够在众多潜在风险因子中识别出导致违约的具体因素,银行可以从过去的"估计违约概率"转变为现在的"看见违约模式"。比如,金融科技使得银行能够更加清晰地看见更加全面的信用风险视图,即不仅看见了风险源头,还看见了风险的传播路径和传播过程。

第二,建构立体风险控制方式。金融科技将越来越多的银行业务从线下转移到线上,改变了传统的金融业务处理模式,因此,原有的风险管理方式已不能完全适应新形势下的风险管理要求。传统的基于历史业务数据分析的监测方式偏于静态,能看到的风险视图有限。面对更加隐蔽的操作风险、欺诈风险,及时、高效的风险管控需要与金融科技相适应的模型和算法。比如,银行依托内外部大数据,把"线上+线下"的分线控制方式运用到信贷业务事前、事中、事后的全过程管理中,对客户风险状况实现全方位、立体化的防控。

第三,构建全景式风险评估模式。在金融科技时代,风险管理从传统的中台,从机械笨拙的审贷分离模式,内嵌、前置到营销端和各类场景,通过智能风控指导和服务精准营销。比如,风险监测的范围可以从评价还款能力扩展到评价还款意愿。建模方法从传统的逻辑回归进入数据关联的机器学习和深度分析,从模拟风险模式上升到模拟行为模式。比如,通过大数据分析客户风险特征,采集全网海量的风险控制信息,深度挖掘行内数据,针对单一客户的多个维度进行分项评分,并叠加财务健康智能分析、负面信息等多维度重要变量,形成分析对象的当期风险评分,为授信决策提供辅助支撑。

第四,构建数字化银行。关于数字化银行的概念界定尚有分歧,但是,在金融科技 3.0 时代,数字化银行转型则是绕不过去的话题。就风险管理而言,数字化银行应该具备以下特质:一是风险管理更加注重定量分析,二是风险监测从单一评价向多维分析转变,三是风险数据从统计报告向价值创造转变。

本 章 小 结

1. 商业银行属高风险性企业,在其经营过程中,可能因为不确定因素单一或综合的影响,使其遭受损失。商业银行风险涉及四个基本要素,即风险承受者、收益和风险的相关程度、不确定性因素和风险度量。商业银行风险源于客观经济环境和经营策略能力及管理水平的高低。

2. 商业银行的风险有多种分类标准,其中以业务面临的风险这种划分标准最为常见。按此分类,银行的风险有流动性风险、利率风险、信贷风险、投资风险、汇率风险和资本风险等。由于商业银行的资本是其他风险的最终防线,因此,国际金融监管组织、各国金融管理当局以及商业银行均意识到资本风险管理的重要性和严峻性。

3. 风险预测由调查分析、风险识别与风险预测三个步骤组成,同时它是风险管理的一个重要环节,也是风险控制的前提条件。银行首先应在调查分析的基础上,通过综合归类,揭示哪些风险应予以考虑,这些风险的动因何在,它们引起的后果是否严重。风险预测是风险识别的延伸,通过预测,可了解银行风险究竟有多大,风险会带来何种程度的损失。风险预测很困难,常有定量分析和定性分析两类手段。

4. 商业银行的内部控制是银行风险管理的重要环节和内容。内部控制可按控制技术、控制功能、控制手段进行分类。内部控制在风险识别和预测的基础上确定内部控制的目标及实施原则。使用控制法和财务法防止风险,减少和减缓风险所造成的损失。其功能为分散、抑制、自留、转嫁风险。

5. 现代商业银行经营所面临的不确定性越来越大。因此,如何规避风险、如何在收益和风险之间进行权衡等则是银行业必须面对的问题。风险管理成为现代商业银行财务管理的核心,而流动性风险管理、利率风险管理和信贷风险管理则是银行风险管理的主要内容。

6. 20 世纪 80 年代,金融科技开始对银行经营产生影响。近年来,金融科技的影响深度和广度前所未有,大大改变了银行风险管理和内部控制的认知与做法。

本章重要概念

流动性风险	利率风险	信贷风险	投资风险	汇率风险
资本风险	风险识别	风险预警	控制法	财务法
流动性风险管理	利率风险管理	信贷风险管理	信用分析	金融科技

复习思考题

1. 银行为何要保持一定的流动性? 试讨论银行的流动性和盈利性之间的关系。

2. 何为利率风险? 试从利率风险函数出发讨论影响市场利率的因素。

3. 讨论信贷风险与其他金融风险的关系。

4. 商业银行风险管理的主要内容有哪些? 这些内容有何内在逻辑关系?

5. 商业银行内部控制有控制法和财务法两种做法,它们的适用对象分别是什么?

6. 银行内部稽核的主要内容有哪些?

7. 什么是信贷风险? 如何控制这种风险?

8. 信用分析的一般程序如何?

9. 在上交所或深交所任选一家上市银行,要求:

(1) 通过分析其最近 1 年的年度财务报告,了解该银行风险管理的策略以及内部控制的做法。

(2) 通过查阅该银行最近 1 年的内部控制评价报告和内部控制审计报告,指出其内部控制的一些特点。

10. 什么是金融科技? 它对银行风险管理的影响主要表现在哪些方面?

即测即评

请扫描右侧二维码检测本章学习效果。

第十四章
商业银行经营发展趋势

进入 20 世纪 90 年代以来,商业银行在金融自由化、金融国际化和金融信息化的挑战下,获得了许多新的发展机会。但同时面临着许多新问题:银行传统的市场份额正在缩小;银行所得到的保护和特权逐渐减少;银行经营中遇到的风险增多增大。2008 年全球金融危机爆发后,各国加强了金融监管的力度,巴塞尔委员会颁布了《巴塞尔协议Ⅲ》,对银行资本金管理提出了更高的标准,银行面对的监管要求越来越严。随着我国利率市场化程度不断深入,互联网金融崛起,中国的银行业面临的挑战更加严峻。按照党的二十大报告要求,我国银行业必须牢固树立全面风险管理的理念。面对重重的竞争压力和经营困难,商业银行改变经营观念,调整经营策略,加快银行经营转型,迎接新的挑战,从而使商业银行经营趋势出现了新的变化。

本章对商业银行经营发展趋势作一简单阐述。

第一节　商业银行经营理念和策略

一、确立全面风险管理思想

2008 年爆发的国际金融危机不仅没有阻断金融自由化、金融国际化和金融信息化的发展,反而加快了其进程。各国商业银行面临的风险也日益多样化、复杂化,银行经营中的不确定性不断增大。

面对风险增大的严酷现实,许多国际性商业银行为了取得良好的经营效益,开始确立全面风险管理的思想与观念。商业银行全面风险管理的目标是:通过建设与本行业务规模、复杂程度相适应的全面风险管理体系,树立全面风险管理理念及文化,丰富风险管理技术与手段,提升全面风险管理能力和精细化管理水平,有效地识别、评估(计量)、监测和控制各类风险,将风险控制在可接受的范围内,确保不发生单体风险,全行各项业务安全稳健运行和监管合规达标,努力实现风险调整后收益最大化,并守住不由此引发区域性和系统性风险的底线。

(一)全面风险管理的原则和程序性方法

银行的决策管理层在进行风险管理时,都努力做到以下三点:

(1)在研究风险管理策略时,立足于全面风险管理的高度,使全行上下都对风险管理达成共识。银行的管理者意识到在日趋复杂的经营环境中,完全回避风险是不可取的。从长期看,对风险采取完全回避的做法,会破坏银行的经营基础,使银行客户流失,市场份额缩小。银行在本质上是经营风险的金融机构,它应当在管理风险和经营风险的过程中不断获取盈利的机会。

(2)在确定风险管理目标时,明确银行的风险偏好度,即在充分了解银行的整体实力和抗风险能力的基础上,确立银行风险承受能力的边界。这是有效的全面风险管理的基石,也是银行持续发展的必备条件。风险偏好度可从定量和定性两个方面进行描述和定义。定量的描述方法主要包括:情景压力测试、风险集中度测试、流动性测试和信用风险相关矩阵等。定性的风险偏好描述方法包括:体现银行经营管理目标的原则、政策和流程以及体现银行声誉风险管理的文化等。

银行风险承受能力的边界通常可通过测算以下指标来掌握:① 年预期收益;② 年有价证券收益(即市价减去账面价);③ 自有资本及出售不动产收益。这些指标既可用于反映全行经营成果,反映银行抗风险的实际能力,又可用于激励全行行员重视风险管理。因为这些指标值的变动直接与行员利益相关,其中第三个指标还可调动起全体股东关心银行风险管理的积极性。

(3)银行在制定风险管理措施时,从四个方面推进风险管理体制深化工作:一是加强流程管理,纵向上细化银行总行、分行与支行各层级的风险管理制度;横向上细化各业务部门在流程管理中的风险控制机制。实现全行上下同步完善风险管理能力以及问责管理体系。二是结合流程管理,完善相关配套机制建设。经营单位重在探索加强支行、网点风险管理的有效做法,总行着重做好制度设计和经验推广,包括完善风险管理评价机制,优化全面风险管理评价标准,完善差异化授权管理机制,动态调整风险审批权限,建立风险督导机制,对全行各部门贯彻风险管理措施的状况进行检查和监督,以免使风险管理流于形式。三是加强系统建设,将CRMS的应用范围进一步拓展至预警、押品、资产保全等管理功能,建立多维度数据分析功能,进一步实现系统对风险管控的预警作用。四是在加强信用风险和操作风险管理的同时,开发市场风险模型,建设市场风险管理系统和数据集市,进一步发挥审计的监督作用。

商业银行在实行全面风险管理过程中,还采取了一些程序性的方法:

第一,识别风险。要求商业银行的高级管理人员经常关注和分析金融衍生产品交易业务状况,能及时识别其中隐含的各种风险,以便采取防范措施,制定相应的风险管理措施。

第二,分散风险。要求商业银行的有关管理部门根据财务管理的原则和方法,对银行资产进行多样化组合,以分散非系统性风险,降低风险所导致的损失。

第三,规避风险。要求商业银行贷款和投资管理部门尽量避免从事高风险业务,并经常对可能影响银行资产质量的各种因素进行分析,因为有时即使是有抵押品的贷款质量也并不一定可靠。例如在房地产市场由盛而衰,房价的年下跌幅度超过借款人首付比例时,借款人就可能采取断供即不履行还款义务的做法,银行一年内发放的房地产抵押贷款就有可能遇到风险。因此,要规避风险,就要求银行在从事贷款业务时,不仅要求借款人提供担保品或抵押品,注重了解客户借款的真实用途,并对其未来偿付能力进行严格的评估和预测,还要求对抵押品未来的价值变动趋势做深入的分析。

第四,核对风险。商业银行管理层应当将交易部门和清算部门分开,并将计算机程序开发和实际操作人员分开。这是实行风险管理的基本要求,做到每一项业务必须至少经过两个部门或两个人处理,以便对风险进行复核,同时有助于防止和减少职务犯罪给银行带来的操作风险损失。

第五,制约风险。要求商业银行将风险控制在一定的范围内,例如,设定单笔交易的限额,设定未轧平部位的上限,设定各级管理人员的权限等,以减少银行所承担的风险。此外,西方商业银行还制定了一些有效制约债务人违约的措施,各银行间通过相关合作协议,实行信息资源共享,及时传递有不良信用记录的债务人信息。这就是所谓的银行系统"黑名单"传递制度。1971年建立的美国商业银行之间消费者信息共享系统(CHEX Systems),使所有参加该系统的银行都能及时了解客户的信用信息。客户一旦有了违约或违规行为,例如,未及时还贷或在账户关闭后还签发支票,其往来银行便会将此记录提供给 CHEX Systems,通过 CHEX Systems 其他银行都了解了这些客户的情况。加入该系统的银行分支机构共有 86 000 多家,客户的违约违规行为一旦上了 CHEX Systems,就难以得到加入该系统银行提供的服务。40 多年来,没有任何例外。美国银行系统的这一做法对制约违约风险十分有效,也有力地推动了社会信用制度的建设。

(二)全面风险管理的内容

由于本书第十三章从银行业务经营的角度已经对流动性风险、利率风险、信贷风险、投资风险、汇率风险和资本风险及其管理的方法进行了详细的阐述,下面对信息科技风险、合规风险和声誉风险及其管理作简要叙述。

1. 信息科技风险管理

信息科技是指计算机、通信、微电子和软件工程等现代信息技术,在商业银行业务交易处理、经营管理和内部控制等方面的应用,并包括进行信息科技治理,建立完整的管理组织架构,制定完善的管理制度和流程。

(1)信息科技风险(information technology risk)的含义。信息科技风险是指信息科技在商业银行运用过程中,由于自然因素、人为因素、技术漏洞和管理缺陷产生的操作、法律和声誉等风险。

信息科技风险管理的目标是通过建立有效的机制,实现对商业银行信息科技风险的识别、计量、监测和控制,促进商业银行安全、持续、稳健运行,推动业务创新,提高信息技术使用水平,增强核心竞争力和可持续发展能力。

(2)信息科技风险管理的内容。商业银行信息科技风险管理包括以下五方面内容:

一是加强新建系统的技术需求安全评审,评审大数据基础平台以及生物识别应用服务平台等系统需求;

二是补齐系统短板和缺陷,结合"放、管、服",升级优化数据系统、智能网点、刷脸取款等系统的功能;

三是加强敏感数据的防护,引入防泄密技术,防止数据被非法获取;

四是持续做好系统、网络、存储等灾备系统的运行管理,开展综合前置系统异常中断灾备应急切换演练。

五是加强信息科技外包风险管理,开展重要外包业务和重要外包商现场检查,对所涉及的人力资源、规章制度、后勤保障以及供应商准入、供应商采购和合同、供应商服务监控、服务结束/终止、绩效评估各个阶段进行全方位、多层次的监督检查。

2. 合规风险管理

(1)合规风险的含义。合规风险(compliance risk)是指在公司的内部控制和治理流程中,因未能与法律、法规、政策、最佳范例或服务水平协定保持一致而导致的风险。

根据巴塞尔委员会发布的《合规与银行内部合规部门》,银行的合规风险主要是指:银行因未能遵循法律法规和监管要求,以及自律性组织制定的有关规则和适用于银行自身业务活动的行为准则,而可能遭受法律制裁或监管处罚、重大财务损失或声誉损失的风险。合规风险的内涵是强调银行因为各种自身原因主导性地违反法律法规和监管规则等而遭受的经济或声誉的损失。这种风险性质更严重,造成的损失也更大。

合规风险是基于信用风险、市场风险和操作风险等风险之上的更基本的风险。合规风险与银行传统的信用风险、市场风险、操作风险等既有区别,又紧密联系。信用风险、市场风险、操作风险等主要是基于客户信用、市场变化、员工操作等内外环境而形成的风险或损失,受外部环境因素的影响比较大。合规风险则是银行做了不该做的事(违法、违规等)而招致的风险或损失,主要受银行自身行为的影响所致。它们的相关性在于:合规风险是其他风险特别是操作风险存在和表现的重要诱因,而信用风险、市场风险和操作风险的存在使得合规风险更趋复杂多变而难以消除,它们都会给银行带来经济或名誉的损失。合规风险往往与操作环节的不合理和操作人员缺乏合规守法意识有关,与银行管理制度缺陷有关,因此,2005 年 4 月 29 日巴塞尔委员会发布了《合规与银行内部合规部门》,为国际银行业的合规管理确立了一个标准。

(2)合规风险管理的内容。合规风险管理是银行业一项核心的风险管理活动,健全、有效的合规风险管理机制,是实施以风险为本监管的基础。商业银行应从以下五方面构建合规风险管理机制。

① 树立主动合规意识,克服被动合规心理。合规经营是银行业稳健运行的基本内在需求,也是银行文化的重要组成部分。

首先,要在银行员工中树立主动合规意识、合规创造价值等理念,让员工在做每一笔业务时,都要想到必须经得起合规风险的审查,倡导主动发现和暴露合规风险隐患或问题,以便及时整改。

其次,合规经营是银行文化的体现,是通过一整套的制度、方法和工具来表现的,需要银行加强规章制度的建设和后评价,并针对发现的问题,在业务政策、行为手册和操作程序上进行改进,以避免类似违规事件的发生,并对相关责任人给予必要的惩戒。如果发现了合规风险而隐瞒不报,一旦被内审部门或外部监管机构查实,隐瞒不报者一定要受到更加严厉的惩罚。

最后,要将绩效考核机制作为培育合规文化的重要组成部分,以充分体现银行倡导合规经营和惩处违规的价值观念。

② 组建合规部门,制定合规政策。合规部门是支持、协助银行高级管理层做好合规风险管理的独立职能部门,一线业务部门对合规负有直接责任,高级管理层对银行合规经营负有最终责任。银行应构建合规风险管理机制,设立专职的合规部门,并且确保合规部门不受干扰地发现、调查问题,让合规人员及时地参与到银行组织架构和业务流程的再造过程,使依法合规经营原则真正落实到业务流程的每一个环节乃至每一位员工。同时,要制定和核准一套符合银行自身特点且行之有效的合规政策,通过实践积累经验,摸索出有效管理合规风险的运行机制。

③ 建立举报监督机制,为员工举报违规、违法行为提供必要的渠道和途径。

④ 建立风险评估机制。要认真借鉴国际先进经验,积极运用现代科技手段,建立健全覆盖所有业务风险的监控、评估和预警系统,重视早期预警,认真执行重大违约情况登记和风险提示制度。

⑤ 将合规风险管理机制建立在"流程银行"基础之上。要彻底打破"部门银行"体制,打破各部门条块分割、各管一段的部门风险管理模式,有效避免各自为政、相互扯皮现象,建立以客户需求为中心的统一闭环流程,以既服务好客户、又控制好包括合规风险在内的各种风险为原则,优化和精简业务流程。

3. 声誉风险管理

银行声誉是关于银行的价值判断,银行形象则是当公众听到银行名称或看到银行标志时的心理反应。银行形象可以通过商标、广告、公关等沟通手段在较短的时间里形成,银行声誉需要通过长时间的沟通才能塑造起来。银行希望给其利益相关者表达一个正面的形象,获得良好的声誉。良好的声誉是一家银行经过多年发展积累起来的重要资源,是银行的生存之本,是维护投资者关系、客户关系以及信贷关系等诸多重要关系的保证。银行声誉的重要性不言而喻,良好的声誉风险管理对增强银行竞争优势,提升盈利能力和实现银行长期战略目标起着不可忽视的作用,能给银行带来诸多好处,诸如:降低银行面临的各种潜在的风险,最大限度地减少诉讼威胁;减少银行进入新市场的阻碍,确保银行产品和服务的自主定价能力;强化银行的可信度和利益持有者的信心,维持客户和供应商对银行的忠诚度,增进银行和投资者的关系;有助于银行招募和保留最佳员工,吸引高质量的合作伙伴,提高银行的竞争力。

当银行的客户对银行或者其产品产生了负面的评价,银行利润就会下降,进而会影响利益相关者对银行的支持力度,这个利润下降的循环过程可能导致其利益相关者纷纷离去,对银行未来的绩效产生消极影响,严重时甚至可能导致银行破产。

(1) 声誉风险的含义。声誉风险(reputation risk)是指由商业银行经营、管理及其他行为或外部事件,如民事诉讼案件、公众投诉、金融犯罪案件、监管机构行政处罚、权威机构评级降低乃至市场传言等,导致利益相关方对商业银行负面评价的风险。声誉风险与其他金融风险不同,难以直接测算,并且难以与其他风险分离和进行独立处理。

声誉风险产生的原因非常复杂,有可能是商业银行内、外部风险因素综合作用的结果,也可能是非常简单的风险因素就触发了严重的声誉风险。如果商业银行不能恰当地处理这些风险因素,就可能引发外界的不利反应。商业银行一旦被发现其金融产品或服务存在严重缺陷、内控不力导致违规案件层出不穷等,则即便花费大量时间和精力用于事后的危机管理,也难于弥补对银行声誉造成的实质性损害。

2009年1月巴塞尔委员会明确将声誉风险列为商业银行的八大风险之一,要求银行将声誉风险纳入风险管理,并在内部资本充足性和流动性预案中适当覆盖声誉风险。美国金融监管部门将声誉作为监管的重要内容,要求监管人员有效评估银行的声誉状况,并指出声誉风险是监管者在风险评估中必须考虑的基本指标。

(2)声誉风险管理的内容。商业银行声誉风险管理包括以下重要工作:

第一,要做好声誉风险评估。声誉风险评估有助于金融机构将风险按照影响优先排序、优化管理。银行必须建立声誉风险管理部门,做好声誉风险评估。首先,明确界定银行对每一类利益持有者所承担的责任,以及即将执行的决策可能产生的相应风险。其次,要及时、准确地评估公众、客户、股东、监管机构和其他利益持有者所关心的问题。

第二,要做好声誉风险监测和报告。声誉风险管理部门要仔细分析和监测所接收到的意见评论,并采取恰当跟进措施。随时通过有效的报告和反映系统,将利益持有者对金融机构正面和负面的评价或行动、所有的沟通记录和结果,以及银行所应当采取的应对措施,及时汇报给董事会和高级管理层,由最高管理层决定最终的应对方案。在最高管理层制定最终决策之前,需要客观、谨慎地面对公众和媒体,以消除不利方面的影响。

第三,要加强声誉风险内部审计。银行必须确保其声誉风险管理操作政策和流程定期通过内部审计部门的审核,或通过其他独立的外部专业机构的评估。要把声誉风险管理作为银行日常经营活动的重要组成部分,注重激励相容的制度安排,将外部施加的监管与内部自发的响应有机结合起来,建立健全银行声誉机制,充分发挥声誉传递信号,保证银行"自我监督"和"双向监督"的自律行为,以降低声誉风险。通过定期的内部审计和现场检查,保证声誉风险管理政策得到有效的执行。

第四,要保持与媒体的良好接触。媒体是商业银行和利益相关群体保持密切联系的纽带,因此,商业银行应借助各种媒体平台,加强舆情监测和应急处置,定期或不定期宣传商业银行的价值理念。将发言人制度、媒体访谈等方式作为商业银行在利益持有者以及公众心目中建立积极、良好声誉的重要媒介。

第五,要树立全员维护银行声誉的意识。声誉风险管理是银行高层管理人员的责任,而它的执行却是每位员工都应该履行的职责。只有每位员工都能真正把建立和维护银行声誉当作自己必须履行的义务,银行的声誉风险管理才能取得实效。

二、确立营销管理的新观念

在新的金融环境下,银行面临着日益激烈的竞争。利率市场化使银行的盈利空间缩小,经营成本却在提高。进入21世纪以来,国际商业银行更加注重营销管理。商业银行营销是商业银行为适应经济发展需要以及满足客户需求所从事的市场调查、产品开发、产品定价、产品推销、客户意见反馈与分析等一系列相关活动的总和。其目的是通过提高服务质量,吸引客户,扩大盈利空间。在营销管理方面,商业银行十分强调要确立新的观念,采用新的方法。

（一）确立新的"客户群"观念

客户是商业银行的生存之本、发展之源。商业银行的经营理念已从原来注重"产品导向"（product driven）转变为注重"客户导向"（customer driven）。为了更好地实现以客户的需求和利益为工作重心的经营理念,银行的产品和业务流程设计都以提高客户满意度为直接目标。为此,商业银行在提供金融服务和提供金融商品时要对客户作区分,以便根据不同的对象提供不同的服务和不同的商品,由此而形成"客户群"（customer regimentation）观念。

传统的"客户群"是按企业和个人两大类来划分的,进而再对企业和个人两大客户群进行细分,如大企业或小企业,老年人或年轻人等。

新的"客户群"不仅要按行业、规模、年龄、职业等来划分,更重要的是要按客户与银行的往来关系、客户本身的经营和收入状况来动态地划分。

1. 对企业客户的划分

对企业客户的划分,首先要看企业与银行的往来关系,据此将企业客户分为基本客户、主要客户和普通客户,对基本客户要提供优惠的服务,对主要客户要提供充分的服务,对普通客户要提供一般服务。

其次,要看企业客户的财务状况,据此将企业客户分为成长型客户与衰退型客户两种。对成长型客户提供充分的财务支持,对衰退型客户则谨慎地提供必要资金。

最后,要看企业客户的资源状况。对软件、硬件资源都不充足的成长型客户,为了能和其建立起巩固的往来关系,需在其成长初期提供充足的资金;对硬件资源充足但软件资源不足的成长型客户,则要给予资金和技术上的援助;对软件、硬件资源都比较充足的客户,银行应与其保持良好的合作关系。

2. 对个人客户的划分

首先,按生命周期阶段分,个人客户分为未婚、已婚、已有子女等不同客户群,以便根据这些处于不同生命周期阶段的客户独特的资金需求,提供不同的服务。

其次,按收入与资产状况分,个人客户分为有固定收入的公务员、公司职员和收入随年龄而变化的自营商或自由职业者两种。一般来说,这两种人对银行资金的需求是有所不同的,后者对银行资金的需求要稍大些。

最后,按消费习惯分,个人客户分为稳步储蓄、计划消费型和借款消费型两种。对"客户群"进行合理划分,一方面有助于银行针对不同客户提供不同服务,可降低单位经营成本,另一方面也有利于银行根据不同的"客户群"的风险状况调整定价,获取更大的收益。

（二）确立"整体客户满意经营"的观念

所谓"整体客户满意经营"（total customer satisfaction management）,就是要求银行将"客户满意"作为银行所提供的一种商品。银行的产品和服务能否卖出,完全取决于客户对银行所提供的产品和服务的认同度。银行的一切努力就是要使"客户满意"作为一种品牌,为客户所接受。对银行而言,要落实"客户满意"的经营要求,不仅要满足客户对产品与服务的现实需求,还要满足客户对产品与服务的潜在需求。潜在需求是一种期望,如果客户的潜在需求不能得到满足,便会产生现实需求与期望之间的差异,一项只能满足客户基本需求而无法满足客户潜在需求的产品和服务,会带来预期缺口。客户一旦发现这一缺口能被其他金融机构的产品和服务所填补,他便会选择其他金融机构。因此,商业银行要使客户满意,就必须提高其产品和服务的质量,使这种产品和服务更完善。

商业银行通常都更注意提高服务的质量,这是因为银行产品可以完全模仿,而服务则不可能完全模仿。况且,银行提供的服务实际上都是有代价地提供给客户的,而不是无偿的。由于银行服务具有无形性、不可分性、可变性、不能储藏等特点,所以衡量银行服务质量的标准就是做到"六适",即在"适当的时候,用适当的方式,以适当的价格,向适当的客户,销售适当的产品和服务,收到适当的效果"。做到"六适"的关键是适时和适度,即在客户最需要的时候,提供最需要的服务。这要求银行做好市场分析和客户关系管理（CRM）,及时了解客户的需求及其变化,并且做到提供服务的态度热情、工作高效、程序简单、环境良好。

（三）确立"全方位质量管理"观念

"全方位质量管理"（total quality management）是在银行经营环境改变和客户保护意识强化的情况下产生的一种营销管理新观念。"全方位质量管理"要求银行以提高客户满意度为中心,让银行本身、银行员工和客户三者之间能充分沟通,以确保银行提供的产品与服务符合客户的需求与期望。在"全方位质量管理"中,银行特别重视人力资源管理,重视人员培训,并注意加强部门合作,追求持续不断地改善经营管理。

"全方位质量管理"作为一个不间断的管理过程,由六个主要环节构成:

一是市场调查,即充分了解客户对银行产品和服务的需求;

二是有效领导,即有一个强有力的领导班子,能迅速作出正确的决策;

三是信息充分,即有一个健全的信息系统,能及时、全面地掌握各种有关信息,为领导决策提供依据;

四是人才管理,即加强对行员培训,严格管理,使行员整体素质提高,能忠于职守,各负其责;

五是质量管理,即坚持把改善产品和服务质量与使客户满意统一起来;

六是持续改进,即根据客户需求变化和金融环境改变的需求,不断改善服务。

这六个环节之间紧密相连,如图14-1所示。

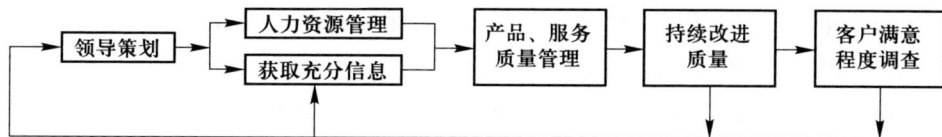

图 14-1　全方位质量管理的六个主要环节

在实行"全方位质量管理"时,还必须重视客户本身在银行改进产品和服务质量与产销过程中的双重角色的作用,即客户既是银行产品与服务的接受者,又是新产品和服务的设计者与提供者。因此,很多银行都采用各种方式,让客户参与决策,从而使银行能更准确地把握其产品和服务质量的定位,并使客户对银行产生归属感和认同感,有利于银行扩大产品与服务的销售。

三、商业银行经营策略的变化

综观国际商业银行经营发展趋势,可以发现商业银行的经营策略有两种变化:一是向综合银行发展,包括发展投资银行业务;二是朝专业化经营方向发展。

（一）综合银行策略

综合银行(universal bank)是指在一家银行内设立不同部门,或在总行下设不同的子公司,经营属于不同金融机构的业务,包括传统的商业银行业务、投资银行业务,乃至保险业务等。

20 世纪 30 年代以前,总体而言,商业银行是朝着综合银行的方向在发展。1929 年的大危机后,许多国家加强了对银行业的管制,限制了银行的业务范围,实行银行业、证券业、保险业分业经营的制度,并对银行业实行垄断性保护。到了 20 世纪 70 年代,这种分业经营制度的缺陷开始暴露。在金融创新浪潮推动下,商业银行纷纷试图冲破束缚而采取综合银行经营策略。实行综合银行经营策略有许多好处:

第一,综合银行经营项目广泛,可满足客户对各种金融服务的需求,许多大银行已成了"金融百货公司",使客户可获得"一站式消费"(one stop shopping),从而有利于增强客户对银行的向心力。

第二,综合银行可以充分进行多元化资产组合,有利于银行分散经营风险,降低外部环境变化对银行利润所产生的不利影响。

第三,综合银行可推出各种新产品和新的服务项目,有利于银行开展整合营销和交叉营销,扩大银行产品和服务的市场份额,增强银行的竞争能力。

综合银行模式起源于德国,欧洲大陆国家的银行率先推广综合经营,后又传播到美洲国家,再被亚洲国家引进。2003 年以来,我国开始加快探索综合银行经营模式,目前更多的是采用金融集团的模式开展综合经营。在亚洲国家中,日本银行业在实行综合经营方面已有很大发展,自 20 世纪 80 年代中期以来,日本商业银行开始突破原来仿效美国分业管理的业务限制,开始涉入证券业,实行多元化经营。

美国银行业则以持股公司方式朝综合经营方向发展,通过子公司全面经营证券业务和投资银行业务乃至保险业务。例如,花旗银行在 1968 年成立了单银行持股公司,并建立起 13 个子公司,其业务范围从 70 年代起,已涵盖银行、证券、保险、信托、租赁、资产管理、商贸投资等。有的则通过海外分行进行多元化经营。例如原美国信孚银行(bankers trust)在 1993 年通过为法国 RP

（Rhone Poulence）化学公司实行民营而承销股票,成功地完成了一项投资银行业务。

20世纪90年代,大通曼哈顿银行采用融资和投资相结合的办法,扩大与中小企业交易,并获得丰厚的利润回报。1996年第二季度,该行仅就出售客户企业的上市股票这一项业务,就获得2.2亿美元的利润,占当季该行利润总额的25%。花旗银行2013年在投行业务上的收入达到180.23亿美元。

在1999年以前,由于还有不少法律障碍,美国的商业银行只能采用变通的迂回战术进行综合经营。1999年11月,美国通过《金融服务现代化法案》后,美国的银行进行综合经营便有了法律保障和支持。《金融服务现代化法案》颁布使美国成为发达国家中最后一个取消银行分业经营限制的国家,也使国际银行业进入了综合银行经营时代。美国银行的全球财富与投资管理部门在2020年第三季度的收入达到45亿美元,净收入为7.49亿美元。

（二）专业化经营策略

大型商业银行多选择走综合银行之路,而大多数中小型银行则从自身条件出发,选择专业化经营策略。这里的专业化经营策略实际上包括两种:一种是专以某一地区为自己经营领域,又可称为地区化经营策略,这种银行的经营重心是零售市场,它们积极参与当地项目开发,和地方政府关系密切,从而在这一地区的金融业务活动方面得到地方政府许多支持。另一种是注重在自己擅长的特定业务领域中发展,它们集中人力、财力投入该业务领域,同其他金融机构开展强有力的竞争,并成功地确立了自己在该业务领域中的地位,保持着稳定的市场份额。

案例 14-1

战略转型深度推进　建设银行向综合化银行集团巨擘进军

面对银行业的"新常态",在利率市场化改革和互联网金融浪潮的倒逼下,如何大刀阔斧地自我革新,寻找新的转型方向已经是商业银行的必答题。

转型要趁早。早在2011年,建设银行就提出了"综合性、多功能、集约化"转型思路,并于2014年10月制定出了《中国建设银行转型发展规划》,成为全行到2020年的发展纲要,即加快朝"综合性银行集团、多功能服务、集约化发展、创新银行、智慧银行"这五个方向转型。

如今,中期业绩的一组数据已经彰显了建设银行战略转型成果。截至今年6月末,建设银行资产规模达18.2万亿元,较上年年末增长8.81%;客户贷款和垫款总额101 571亿元,增长7.20%;客户存款总额136 970亿元,增长6.19%;净利润1 322.44亿元。

建设银行董事长王洪章在建设银行中期业绩发布会上透露,建信养老金业务管理公司(简称建信养老)最快一个月内有望正式成立。

据了解,建信养老金公司由建设银行作为第一大股东,和全国社保基金共同发起建立。此前,建设银行已经形成了包括养老金咨询、企业年金受托、账户管理、托管、企业年金集合计划五大类20余项具体产品的养老金融产品与服务体系。截至2014年年末,建设银行运营养老金受托和托管资产合计近1 900亿元,运营养老金个人账户超过384万户,企业年金和养老金业务在业内处于领先地位。据悉,建信养老是建设银行依照新的战略转型规划所做的布局,也是建行第三轮组织架构调整的重要内容。在建行的战略规划中,明确将建信养老作为第三轮调整的开端,未来,有条件的都要实现子公司模式,甚至可以探索单独上市。建信养老金公司是经国家批准的国内首家银行设立养老金公司的试点公司。"银行系"养老金公司试点,被视为国内银行业综合化经营进一步发展的重要标志。事实上,建设银行目前已经是国内商业银行金融牌照最全的,旗下拥有建信人寿、建信信托、建信租赁、建信基金、建信期货、建银国际等子公司。这得益于建设银行向综合性金融集团转型的前瞻性布局。王洪章此前在接受《第一财经日报》记者采访时表示,在银行打造创新金融生态系统的转型过程中,一个重要转变在于,创新视野由侧重母行创新向集团一体化创新转变,实现集团创新协同,增强对综合性银行集团转型的驱动力。

"综合性银行集团是经济社会发展到一定程度后,银行业自身演进逻辑发展的必然结果。只有坚持'向综合性银行集团转型'的发展方向,才能统筹发展国际与国内市场、货币信贷与资本市场,更好地服务国家经济建设。"王洪章表示。

建行人士表示,建设银行综合化经营平台已经初步搭建完成,下一步将继续努力构建一个市场互为依托、业务互为补充、风险分散可控的经营架构,为客户提供全方位、多元化的金融服务,最终目标成为功能齐全、领先同业的综合金融服务提供商。

自 2014 年以来,受国内经济增速放缓和经济结构调整去杠杆、去产能过程,银行业作为顺周期行业难以独善其身,资产质量承压。与此同时,利率市场化改革加快推进,银行利差持续受到挤压,再加上金融脱媒和互联网金融的冲击,商业银行净利润增速纷纷下滑至个位数,传统盈利模式难以为继,亟须转型寻找新的利润增长点。

转型要趁早,建设银行综合化经营业绩表现已经初露锋芒,持续增大集团利润贡献比重。2015 年中报显示,截至 2015 年 6 月末,中国建设银行集团综合化经营子公司总资产合计 2 424 亿元,较上年年末增长 27.91%;净利润 21.60 亿元,同比增幅 47.62%。

与此同时,一个有目共睹的事实是,建设银行综合金融服务功能逐步健全,以银行业务为主,非银行金融业务为辅,为客户提供跨市场、跨行业、跨国境的综合金融服务。截至 6 月末,该行累计承销非金融企业债务融资工具 2 374.76 亿元,承销金额继续保持同业第一;证券投资基金托管只数和新发基金托管只数均列市场第一,成为首批香港基金内地销售代理人中唯一一家银行代理人。

（资料来源：第一财经日报,2015 年 9 月 9 日）

第二节　商业银行经营数字化

一、商业银行经营数字化的发展进程

银行业是最先大规模使用计算机的行业之一。早在 20 世纪 50 年代后期,计算机就已被大通曼哈顿银行、摩根银行和花旗银行等运用于记账和结算了。当时只是将计算机作为一种计算器使用。

20世纪60年代起,美国和日本等国家的一些大银行都开始将营业网点内分散的业务处理系统联结起来,建成银行内部的联机系统,并利用该系统处理存款、贷款、汇兑、结算等业务,为客户提供全面服务,给客户带来很多便利。

20世纪70年代是商业银行大量运用计算机设备的时代,发达国家的银行在营业网点的业务柜台上安装了计算机终端设备,在营业大厅设置现金支付机,并开始建立总行与分支机构间的电子设备网络。许多银行还在银行的外墙、网点机构、车站、超级市场、娱乐中心和商业中心安装了自动柜员机(ATM),银行业务经营开始突破了时空限制,从内容到形式上都真正进入了社会。

20世纪80年代起,商业银行开始运用计算机进行管理决策,利用信息系统进行项目评估,筛选决策方案,确定经营策略。

进入21世纪以来,不论是在发达国家还是在新兴市场经济国家,通过十多年的更新和改造,现在已经实现银行经营数字化。

数字经济具有"互联互通"的本质特征,也是数字经济具有强大生命力的原因所在。当前各行各业都在进行数字化转型,银行经营数字化转型(digital transformation)是建立在数字化转换(digitization,即信息数字化)、数字化升级(digitalization,即流程数字化)的基础上,进一步提升银行核心竞争能力,建立一个更富有活力的银行经营模式。数字化转型是银行的价值重构,即银行利用人工智能、大数据、云计算、区块链等技术,对银行经营中产生的数据进行收集、传输、存储、整理和分析,打通内部各层级之间以及银行内部与外部之间存在的数据壁垒,实现"互联互通",使大数据在银行经营管理中得到更充分的运用,提高银行运营效率。银行经营数字化即要求银行在交易活动、业务处理、资金转账、信息传递和经营管理等方面都基本实现数字化。以前,银行的主要精力以线下渠道为主,线上渠道为辅。随着信息技术的发展,银行用户逐渐向线上迁移,数字化经营已经成为商业银行发展的方向。据统计,2019年中国银行业的网上银行交易笔数达1 637.84亿笔,交易金额达1 657.75万亿元,银行的业务离柜率达到89.77%。

二、商业银行经营数字化的原因和目标

(一)商业银行经营数字化的原因

第一,随着信息技术发展和应用普及化,无论是个人客户还是企业客户,无论在生活中还是经营活动中,数字技术都得到广泛运用。尤其是2020年新冠肺炎疫情发生以来,人类从事经济活动的方式发生了很大的变化,人们对数字经济的需求更加迫切,线上交易的规模出现暴发式增长,银行必须跟上社会的需求,提供更多的数字化服务,如网上银行、手机银行服务。

第二,信息技术的发展为银行数字化经营提供了技术支持。信息技术带来的A(人工智能)、B(区块链技术)、C(云计算)、D(大数据)等日益成熟,5G、物联网等技术正在快速发展,这些都为银行实现经营数字化提供了基础性支撑。

第三,非银行的互联网平台以及其他金融机构的竞争给银行带来的压力。进入21世纪以

来,互联网平台企业在支付、转账等传统银行业务方面所带来的巨大挑战,以及其他金融机构在投融资业务方面的创新与发展,都迫使银行加快经营数字化进程。传统银行必须从根本上确立互联网思维和数字化经营的理念,将互联网的"基因"深植到银行经营的各个层面。从最高决策层到基层网点负责人都必须要有这个意识。

（二）商业银行经营数字化的目标

商业银行实现数字化经营的目标就是实现经营管理的创新、增长与优化,具体来说有以下几方面。

1. 发掘客户需求

利用大数据了解客户生命周期价值,包括了解处在各个生命周期的客户有多少,以及客户结构是否健康等;借助一些关键指标进行客户的需求评估,如新客户的"激活率"、老客户的"留存率"、潜在客户的"获客率"等,掌握银行各业务渠道所带来的业务量以及这些业务在满足客户需求和吸引客户方面的力度。

2. 开发产品服务

利用获得的数据细分客户体验层次,在准确了解客户需求的基础上开发更多适应客户需求的银行新产品及服务,以求银行在客户不同需求层次上都能够提供合适的产品与服务。通过引入智能技术,不断推出线上银行产品与服务项目,实现贷款管理、投资理财、代销基金、移动支付和转账等业务全流程的数字化、在线化与自动化。按照"轻型化、小型化、智能化"要求持续推进智慧网点建设,采用智能自助设备提高业务办理速度,促进网点降本增效,连线交通运输、电商服务等重点平台,定制个性化服务,优化客户体验。

银行在业务经营的每一个阶段都可以进行数字化运营。在每项业务运营的闭环里经历以下阶段:设定目标—策划方案—选用技术—评估效果—优化策略。在设定目标时,结合客户的属性、行为偏好、价值标签进行人群筛选;策划方案时可以参考以往不同方案的经营效果,进行方案的评估和调优;在评估效果的环节,希望能够了解银行产品的转化与业务贡献:在服务的客户中,有多少用户因为不感兴趣而直接关掉了活动落地页,又有多少客户按照引导流程完成了银行提供的产品和服务转化,整个业务流程都可以通过数据访问量、转化率等指标进行衡量。

3. 推进生态系统建设

按照数字经济"互联互通"的理念,积极推进商业生态系统建设,发展交易银行业务,向客户提供更好的供应链金融服务;优化金融+生活的服务模式,接入保险、交通、通信等机构和其他知名商户,建设移动银行缴费通服务平台与小微商户收单平台,与具有优势资源的外部平台联合交叉引流,整合"衣食住行游"等增值服务,提升客户黏性,促进普惠金融发展。其中的关键是找到合适的主体、用合适的方式、送达合适的信息,并通过三者的不断优化,采取合适的、高效的运营策略,提高银行的获客能力,扩大银行的市场份额。

（三）银行开展非接触式金融服务

2020年暴发的新冠肺炎疫情促使人类加快了从工业文明向数字文明的演进。出于疫情防控需要,银行的线下业务曾一度处于"休眠"状态。而与此同时,线上交易大发展,特殊的市场环境使个人和企业对银行服务的需求十分迫切。在这种情况下,银行加强了线上营业的力度,非接触式金融服务由此发展起来。

非接触式金融服务模式并不是银行与客户没有任何接触,只是相比较以前银行通过柜台业务对客户提供面对面的服务方式而言,采取了线上为客户提供银行服务,这种不发生物理接触的金融服务通常是通过网上银行和手机银行来进行的。

这对于银行的金融科技能力也是一次集中考验。面对客户从线下涌向线上,银行要在短时间内迅速响应并充分满足用户需求、在物理接触有限的情况下保持各项业务的持续推进,难度不小。然而,我国银行业经受住了这场严峻的考验,国有大行、股份制银行、城市商业银行和农村商业银行等都在较短的时间内迅速加快金融科技的应用,金融科技和智能风控能力对银行业务支撑作用更加重要,传统业务数字化速度明显加快。此次疫情成为银行进一步加快数字化、智能化进程的契机。银行对金融科技的重要性有了更深刻的认识,积极应用区块链、大数据、人工智能、云计算等数字化技术,打造端对端、点对点的立体交互的银行服务体系,打造跨越空间的云办公、云监管的金融管理运营模式。可以预期,未来商业银行经营的数字化转型速度会进一步加快。

三、商业银行实现经营数字化需要注意的问题

十三届全国人大四次会议通过的"十四五"规划提出,"稳妥发展金融科技,加快金融机构数字化转型"。我国商业银行在数字化转型方面已经取得比较大的进展和成就,但是还存在一些需要继续改进的问题。

(一)要加快整个银行组织架构的变革

很多银行的组织架构还是局限于传统银行体制的行政化管理需要,相比银行经营数字化的需要还有很大差距。现行的组织架构难以将美好的数字化愿景落地,在实施过程中往往存在转型节奏缓慢,各部门各自为政、协同效率低等现象。要实现银行数字化转型,必须改变现有的银行管理组织结构。

(二)要积极探索金融科技的应用,顺应业务模式和业务流程变化

我国很多银行都已经成功设计、开拓了线上营销渠道,但还有不少银行仍无法有效打通相关渠道路径,无法有效分配线下资源,赋能线上渠道。对此我国银行业必须加快推进后台技术架构变革,以便让研发人员能够更高效地工作,让各个研发项目更快速地投产和迭代。

(三)要树立互联网思维,用好数据资产

银行必须从根本上改变原来的传统思维,要把互联网理念传递到银行的各层级和各部门。银行所有员工都应有数据意识,重视数据采集,做好数据分析,加强互联互通,发挥数据在管理决策中的作用,从数据出发寻找解决方案。麦肯锡认为:成功的数字化营销能让银行销售生产率提高20%,客户流失率下降25%,交叉销售成功率提高160%;银行整体运营效率和业务表现也会

显著提升,年收入增长35%。我国不少银行目前还缺乏高效的数字化营销体系设计,虽然拥有大量客户数据,但无法深度挖掘出客户需求和客户价值,难以围绕客户体验打造"精准营销"。能否做好用户数字资产的管理、提升、转化和变现,是决定银行数字化发展成效的关键,也是银行增强核心竞争力的重要途径。

专栏 14-1

银行业数字化转型之路如何走

2020 年 9 月 23 日,"2020 中国银行业发展论坛"举行。会上,针对银行业如何走好数字化转型之路、金融科技对银行业的影响等问题,中国 6 家大型国有商业银行行长、副行长发表了自己的看法。

● 中国工商银行行长:商业银行有必要进一步完善普惠金融可持续发展模式

中国工商银行行长谷澍表示,发展普惠金融,是我国金融领域全面深化改革的一项重要举措。今年以来,面对新冠肺炎疫情冲击和全球经济衰退风险,大力发展普惠金融,更是做好"六稳""六保"工作,促进形成以国内大循环为主体、国内国际双循环相互促进的新发展格局的重要抓手。因此,普惠金融不仅要做好,更要做持久。

谷澍称,当前,国际上的保护主义、单边主义上升,世界经济低迷,新冠疫情进一步冲击全球经济,加大了小微企业经营难度,使小微企业的信用风险成本上升。稳企业、保就业,就是保银行、稳金融。从长期看,中国经济潜力大、韧性足的特点没有改变,发展普惠金融的机遇和空间仍然非常大。为此,商业银行有必要从改革创新、科技赋能和加强管理等方面,进一步完善普惠金融可持续发展模式,不断提升业务发展与风险控制的匹配能力。

● 中国农业银行副行长:金融科技对银行业赋能的效应将进一步显现,必须把握好三个大的变局趋势

中国农业银行副行长崔勇表示,"十四五"期间,金融科技对银行业赋能的效应将进一步显现,必须把握好三个大的变局趋势,紧紧抓住和用好新一轮科技革命和产业变革的机遇。

一是把握好全球数字经济蓬勃发展的大趋势。当今世界正在经历第四次工业革命,人类社会也从农业经济、工业经济迈入数字经济时代。把握数字经济发展大势,探索新技术、新业态、新模式,构筑新的增长动能和发展路径,已成为大国战略竞争的制高点。

二是把握好客户数字化需求爆发增长的大趋势。当前,数字化已经融入经济社会的方方面面,主要客户群体的数字化服务需求正处在一个爆发式增长阶段,对银行的数字化服务能力也提出更高的要求。

三是把握好金融数字化竞争升级的大趋势。放眼世界,全球银行业已步入 Bank4.0 的数字化时代,银行竞争的焦点不再限于单纯的金融服务竞争,还包括金融科技、组织、制度、文化等硬实力和软实力的综合竞争。

- 中国银行行长王江:银行业要积极拥抱新技术,实现经营模式数字化转型

中国银行行长王江表示,今年疫情的暴发深刻改变了生产生活方式,加速了线上数字经济生态发展。后疫情时代,中国银行业要持续推动数字化转型升级,更好地应对外部风险挑战、积蓄经营动能。

一要增强客户需求变化洞察,创新产品服务。随着科技的发展,客户对服务体验与产品认知提出了更高要求。

二要建立数据开放平台,拓展应用场景。要通过 API 数据接口的开放,使金融服务深入生产经营、生活缴费等场景,实现"无感化"获客、留客。

三要重构业务流程,提升运营效能。在全球银行业盈利下滑的背景下,提高效能、降低成本成为银行业的重要策略选择。

- 中国建设银行行长刘桂平:加快推进数字化经营,着力提升四方面的能力

中国建设银行行长刘桂平认为,我国已进入高质量发展阶段,经济发展前景向好,同时发展不平衡不充分问题依然突出,面临诸多困难和挑战、阻力和变数,国有大型商业银行肩负的使命更加艰巨、经营环境更加严峻,必须认清实现高质量发展的短板和弱项,进一步增强危机感、紧迫感,主动把握时代变迁的脉搏,加快推进数字化经营,着力提升四方面的能力。

一要提升数字思维能力。提升数字思维能力,能够帮助深入了解、认知、分析、服务数字化社会,真正构筑"数字孪生"社会下的银行经营管理模式,全面助力数字化转型。

二要提升数据应用能力。商业银行沉淀了海量客户信息和经营数据,同时能够连接巨量外部公共数据资源。拥有数据很重要,但更重要的是将数据充分"聚起来""用起来""活起来",这样,才能使数据成为基础性战略资源和重要生产要素。

三要提升场景运营能力。"建生态、搭场景、扩用户"是数字经济时代商业银行经营的基本方法,其核心是场景。要善于发现场景。努力探寻客流充足、可建立智能连接、与生产生活紧密相关、金融非金融服务融为一体、可形成数据闭环和价值转化的高价值生态场景。

四要提升敏捷响应能力。现代科技高效联通多元生态,人、组织、要素之间的互联速度更快、范围更广、密度更大。商业银行必须推动敏捷协同发展,内部实现组织流程再造,外部快速洞察并响应客户多元化需求。

- 交通银行行长刘珺:货币数字化等将重新定义金融生产方式和交付方式

交通银行行长刘珺表示,基于超大的市场规模和用户基数,中国已然成为世界第一大金融科技市场,但是中国的金融科技应用端远强于技术端仍然是显著特征。

刘珺认为,金融科技对既有金融体系的冲击必然更大,金融服务的移动化、自动化甚至智能化,货币的数字化,投资的智能化,融资的"比特币化"等,既重塑金融的基础架构和逻辑框架,而且重新定义金融的生产方式和交付方式,进而使金融与经济的交汇、与社会的互动以及与人的关系发生显著变化,其中人与机器如何相处并实现双赢是避不开的命题,人的至高地位和人对机器的有效驾驭切不可想当然。

刘珺表示,金融科技驱动下的经营模式将具有平台化、非网点、轻资产和重数据等特征,能够

带来更高的金融效率、更低的金融风险。这要求银行由传统的封闭式内生过程转换为更开放、主动的市场化过程，通过更加专业高效的运作机制和对客户、市场更深更细的了解，以极致客户体验为中心，以线上线下融合为设计原则，重塑传统金融机构的业务链路，实现业务流程数据化、线上化。

● 中国邮政储蓄银行行长郭新双：数字化是银行业新零售转型重要引擎

中国邮政储蓄银行行长郭新双称，总体来看，国内外零售银行发展所处阶段有所不同，美国在国际金融危机后随着居民去杠杆，零售银行业务收入占比有所下降，国内还处在零售银行板块收入占比上升的阶段，但在新零售发展方面呈现出一些共同特征和趋势。

一是个性化。金融服务需求的个性化、差异化特点更加突出，客户越来越强调自身体验，客户体验已成为银行业新零售服务的核心，银行服务正在从"产品驱动"转向"客户驱动"。

二是数字化。数字化已经成为银行业新零售转型的重要引擎，商业银行持续深化数字化经营理念，从客户视角出发，重新梳理和定义客户旅程，持续推动敏捷开发、端到端的数字化流程再造，着力构建数字化经营新模式。

三是场景化。随着金融科技的发展，跨界合作、构建金融服务生态圈成为新零售的突出特征。商业银行通过自建平台或开放合作，将金融服务有机融入客户生产生活场景，全方位打造场景金融，增强客户引流和黏性。

四是轻型化。商业银行零售业务流程更加自动化、智能化，金融产品与服务不断创新，流量经营与价值输出能力不断强化，新零售呈现出轻资产、轻资本、轻成本的"轻型化"特征。

（资料来源：第一财经，2020 年 9 月 23 日）

案例 14-2

衡水农商银行优化"非接触式"金融服务助力疫情防控

为有效应对疫情风险，保障疫情期间电子银行业务的正常运转，衡水农商银行结合自身实际，统筹推进疫情防控和"非接触式"金融服务。截至 1 月 20 日，手机银行交易笔数 1.5 万笔、金额 3 亿元，交易金额较去年同期增长 42.86%；快捷支付交易笔数 36.72 万笔，较去年同期增长 70.31%。

● 强化线上业务宣传，引导客户"非接触式"办理业务。该行通过微信公众号向广大客户宣传河北农信电子银行产品及功能，引导客户使用手机银行、网上银行、微信银行等电子渠道查询或办理业务。做好自助设备消毒，积极引导客户尽量选择自助设备办理业务。为减少不必要的人员流动和交叉感染风险，通过电话、微信群等线上方式联系客户，向客户传递关怀，询问客户需求，解答客户疑问；同时，引导客户通过线上电子渠道办理业务，满足客户和企业的日常查询、对账、汇款等需求。

- 加大自助设备巡检频次,确保设备正常运转。为保障疫情期间自助设备正常运行,确保金融服务不间断,该行增加查看自助设备运行管理系统的频次,及时对自助设备进行清机加钞,定时对自助设备进行清洁消毒,全力满足疫情期间客户的金融服务需求。

- 多措施调动积极性,提高商户满意度。加大对聚合支付业务的宣传力度,满足部分商户在疫情期间的金融服务需求。同时,分析商户去年一年的交易情况,对不同行业的商户分类施策,通过费率调整、免费配送云喇叭、营销经理 24 小时在线服务解答疑问等方式调动商户积极性,提升商户活跃率及产品竞争力。

(资料来源:衡水日报,2021 年 1 月 27 日)

第三节　银行再造与现代银行经营模式的发展

20 世纪 80 年代,信息技术发展使金融经济环境发生了很大变化。面对投资银行等其他金融机构迅速崛起,商业银行的市场份额缩小,经营效益下降的现实,很多人怀疑商业银行还能不能持续下去,有人把商业银行比作 20 世纪的恐龙,有人甚至断言商业银行将在 50 年后消亡。如何重振银行业,成为各国商业银行管理者最关心的首要课题。当中国银行业提出商业化改革目标的时候,国际商业银行开始了以“银行再造”为标志的银行改革。这不是巧合,而是各国商业银行为解决世界性课题作出的必然选择。

一、银行再造及其内涵

银行再造(reengineering the bank)是国际商业银行在信息化浪潮下寻求银行管理新模式的实践。它要求银行扬弃过去那种按职能进行分工,然后组合经营的管理方法,借助现代信息技术,重新设计银行的管理模式和业务流程,为银行实现科学的“减肥”,使银行集中核心力量,获得可持续竞争的优势。

银行再造是国际商业银行经过较长时间的摸索和实践后作出的一种具有革命性的选择。早在 20 世纪 70 年代末 80 年代初,西方国家商业银行面对金融创新浪潮的冲击,及由此而来的经营成本逐渐上升所带来的巨大压力,就已开始探索如何才能使银行业摆脱困境的道路。许多银行家按照传统的思维方式,不约而同地提出:走成本管理之路,降低经营成本,提高盈利水平,增强竞争能力。成本管理战略由此在银行界风靡一时,围绕着成本管理,相继提出了“重组”(reorganization)、“重建”(reconstruction)、“重构”(restruction)等思路和方法。不管哪种方法,目的都是降低成本。为了降低成本,就要削减不必要的开支。在按职能分工和设立主管部门的模式下,削减开支使职能部门之间矛盾丛生。为了减少矛盾,便借助按某一个标准下达成本控制指标,这实际上是搞“一刀切”。这种就事论事的做法虽然在短时间内使银行的成本降下来了,但只要某个部门因业务需要而不得不重新增加支出,便会使其他部门也在攀比心理支配下,使银行经营管理成本重新上升,有时甚至比原来支出更多,这不可避免地会损及银行的发展潜力。吸取了这种教训的美国商业银行便率先开始寻找全新的管理模式,银行再造便应运而生。

银行再造要求银行家们改变传统的思维方式,以新的视角来思考银行经营改革问题。任何一家银行的经营者都会面临银行自身经营目标与银行所处的外部环境及银行所拥有的内部条件之间的矛盾。而银行经营者只能在既定的外部环境下充分利用自身拥有的条件,即现有的人力、财力和物力去实现银行发展的目标。所以说银行经营的实质就是实现外部环境、自身已有条件和银行经营目标之间的动态平衡。

传统的银行经营具有以下特征:

第一,信奉生产型经营哲学。这种哲学理念是和早期金融业不发达而金融竞争又受较多压制有关。面对巨大的市场需求,银行家总是认为市场对银行产品和服务的需求要大于供给,银行的核心使命就是把市场需求综合抽象成标准化的产品,以最低的成本进行大规模生产和营销。

第二,采取纵向一体化的生产方式。这种生产方式是银行在社会分工还不够深化,而银行的经营技术又比较落后的情况下的一种选择。由于银行业实际上是劳动密集型产业,采用纵向一体化方式、运用行政命令的手段组织生产,其内部交易费用要低于按市场机制组织生产所产生的交易费用。银行要在市场上取得垄断地位,低成本地进行大生产,自然会采取这种生产方式。并且竭力做到"肥水不流外人田",从而在经营体制上追求大而全、小而全。

第三,习惯于有形化的运作形态。由于银行业在整个工业化时代基本上是一种手工操作的行业,记账、过账、查账无一不需要大量人力。有形货币、有纸作业、人工操作成了传统银行经营的典型象征,豪华的外表建筑也成为银行实力的表现。

第四,注重细致的内部分工。这一方面是因为分工越细,操作就越简单,出差错也就越少。另一方面,这是为舒缓复杂的业务处理技术与员工素质不高这两者之间的矛盾而被迫采取的措施。

第五,形成了塔式组织结构。为了适应纵向一体化生产方式的需要,必然特别强调自上而下的统一指挥和有效控制,结果造就了按部就班的银行文化。这种经营特征导致银行形成独特的传统思维定式。

第六,采取交叉补贴的定价方式。在社会融资主要依赖银行的时代,形成了以银行为中心的经营理念,银行往往根据与客户的关系来定价,有的给予低价,有的给予高价,银行综合地获得中等收益。这种定价方式在市场融资渠道增加以后无法维持。

银行经营这种独特的传统思维定式有四个特点:

第一,机械地重视局部均衡。银行管理者总是认为在按职能分工的银行中,只要各职能部门局部均衡了,整体也就自然均衡了,因而强调各职能部门的重要性,而忽视了整体性,习惯于按业务活动的相同或相似性来组合员工,从而形成职能型群体。

第二,注重普遍性和共性。在业务流程设计和产品创造上强调大众化标准,而忽视特殊性和个性需求,追求产品和服务的规模效应。

第三,注重从银行自身的利益出发,而不是从客户需求出发设计业务流程。

第四,强调目前的重要性,考虑问题的出发点习惯于"如何以更好的方式把目前正在做的事情做得更好",而较少考虑正在做的事是不是该做。

要改变银行旧的经营方式,必须确立新的思维方式。新的思维方式更注重整体性、特殊性、客户的需求与长远的发展。

首先,要认清银行经营本身就是一个完整的业务流程,每个职能型群体所从事的活动只是这个完整的业务流程中的一个组成部分。在设计业务流程时,要考虑每项服务的完整性,不能让某一项服务因职能分工而被割裂得支离破碎,要求银行开展"一条龙"服务。

其次,要根据新的"客户群"概念,设计出符合不同客户群需要的有个性的产品和服务。在金融管制时代,银行受到垄断性保护,客户没有更多的选择余地,银行产品可以成批生产、成批销售,银行自主定价。但在金融自由化时代,由于信息比较充分,竞争激烈,产品日益综合化、复杂化,客户有了更多的选择余地,形成了买方市场,这就要求银行必须提供具有特色的产品,以适应市场需求。

再次,要按最能满足客户需要,有利于开发客户价值的要求设计业务流程,重组各职能部门,打破传统的分工概念。这特别适应信息技术发展的要求,因为信息技术的采用可使银行内部所有职能活动相互联系、相互了解,它有助于打破职能分工的局限性,开展集约化经营。

最后,要从银行长远发展的需要来设计银行的内部组织、业务流程和各项计划。银行高管层在做任何决策前都要考虑以下三个问题:

(1)我们为什么要做这件事?它对银行未来发展有无重要意义?

(2)这件事从客户的角度来看需要吗?

(3)这件事一定要求银行来做吗?可不可以用发包形式转让出去,从而使银行有更多的精力从事最重要的工作?

按照这种新的思维要求,商业银行再造就是要借助现代信息技术力量,从根本上重新思考和重新设计业务流程,建立"客户中心型"的业务流程团队,使银行在成本质量、客户满意度和银行应变能力方面有质的突破。使原来"按部就班"的银行文化转变为"客户至上"的文化,让员工从信奉"顺从"转为崇尚"投入",积极发挥自主能动性。

可见,银行再造的本意是要依靠信息技术改变人的传统观念和传统的工作方式,使人们在观念和价值取向上产生相应的变化,从而带来组织结构、权力分配、员工技能及管理制度的深刻变化,重塑银行文化,将银行经营管理带入一个新的境界。简而言之,银行再造的内涵就是要实行业务流程变革。所谓流程是指资金、信息、人力资源等要素输入,加工产出、销售的过程,就是银行运作程序或员工的工作方式,具体表现为诸如财务流程、交易流程等。众所周知,各家商业银行经营的都是货币与信用以及与之相关的产品和服务,这种经营具有同质性。因此,银行之间的差别就在于流程设计不同,银行经营转型的主要内容就在于改造旧的流程。银行再造的外延就是要对传统银行的经营范式实行转换。为此,银行在设计新流程或改造旧流程时必须采用相应的策略。

二、银行再造的策略

根据银行再造的内涵要求,商业银行的再造可采取如下策略。

(一)根据客户价值定价

20世纪70年代以前,商业银行奉行传统的关系定价策略,即银行把一揽子服务打包定价,根据银行与客户关系的疏密程度,对其中有些服务项目给予不同的价格优惠,甚至免费,以此来吸引客户与银行保持业务关系。通过吸引客户消费银行提供的其他金融服务,来弥补价格优惠所减少的收入。

到20世纪80年代,由于金融管制放松,金融竞争激烈,客户对银行选择的余地越来越大,客户会采用分离消费的方法,向不同的银行购买其最廉价、最优质的服务,使其效用最大化。因此,关系定价策略失灵了,代之而起的是竞争定价策略,即根据市场供求关系定价。但这种定价策略往往会使银行入不敷出,使银行经营陷入困境。

在银行再造中,许多商业银行采用根据对客户价值定价策略,即根据客户对银行产品的满意度和客户得到银行产品或服务后所能获得的效益来定价。这种定价策略的前提条件是银行提供的产品和服务是无与伦比的,具有个性化的。其保障条件是要有良好的客户关系管理系统,否则无法充分了解客户对银行提供的产品和服务的满意度及其获益程度。

(二)业务外包

进入20世纪90年代以后,国际商业银行开始信奉资源外取的经营观念,各大商业银行都不同程度地把部分原来一直由自己经营的业务外包给其他机构(又称为外部服务公司)来处理。商业银行界人士称之为"业务外部承包",简称业务外包(out source)。业务外包现已成了商业银行有力的战略杠杆。

1. 银行业务外包的目的

银行业务外包的主旨是要商业银行有效运用自身核心能力,关注于战略环节,而把一部分业务交给外部服务公司去做。通常,保留下来的业务最能体现银行的竞争优势,具有高附加值,而外包的则往往是具有低附加值的后勤以及不能体现银行领先优势的一些信息技术和标准化的业务处理系统。银行的核心能力是银行的融资能力、产品创新能力、销售能力以及一些独树一帜的服务手段等。在银行业务外包中,外部服务公司无异于银行的"家政服务公司",它使银行从众多并不十分在行的活动以及事务性业务中解脱出来,集中注意力于最核心的业务,从而避免了银行经营在精力和财力上的分散。银行寻求外部服务公司支持时,实际上弥补了自身资源的不足,这在过去可能被视为银行的一种劣势,但随着社会分工日益精细,外包已经被认为是一种智慧型的战略选择,是一条缩小战略目标与资源条件差距的重要途径。

2. 银行业务外包的意义

银行业务外包是在高度社会化分工下,银行经营发展的必然结果。实行业务外包给商业银行带来不少好处。

首先,使银行获得了技术上的比较优势。随着高新技术发展尤其是信息技术的发展,信息技术在金融业中的应用越来越广泛。但银行本身又缺乏足够在行的技术人员,在日新月异的信息技术进步面前,银行费时费力开发的信息技术产品同新技术之间的差距越来越大。银行家们发现将信息处理系统外包给拥有一流信息技术的企业来设计,可使银行分享它们技术上的比较优势,从而能掌握最新的信息技术,提高银行的经营管理水平。

其次,使银行获得了节约成本的好处。根据比较成本优势法则,每家银行都有其在某些业务和产品开发方面的相对优势,而在其他方面处于相对劣势。例如,在信息技术产品开发方面,即使银行自己开发的产品和专业公司产品质量不相上下,但在成本上可能要大大超过专业公司。因为信息技术发展快,投资需求量大,而且一旦投入,为了维持其产品的质量优势还需要相当大的后续投入。而将此产品开发外包给外部公司,银行也就可以把这一成本转嫁出去,以较低的成本获得高技术含量的产品。

最后,使银行能集中精力提高管理水平。传统上大而全、小而全的经营观念耗散了银行的精力,削弱了银行的经营管理。实际上,银行没有必要,也没有可能包揽所有的工作。通过业务外包,将银行不擅长或附加值不高的事务性业务交由外部专业公司去代理,可以大大减少银行管理人员花费在内部协调上的时间,以便于集中精力从事对市场开发有更高贡献价值的工作,提高银行的经营管理水平,增强银行的竞争力。

业务外包是一种资源外取的策略。在业务外包过程中也有一些风险,如质量风险和管理风险。前者是由于在实际操作中受诸多因素变化影响,或者是外部专业公司未能真正理解银行要求和意图而造成的;后者是当一家银行同时外包多项业务,而在和多家外部专业公司协调关系方面存在问题所导致的。因此,银行在开展业务外包时,必须和外部专业公司建立融洽的合作关系,以减少不必要的摩擦,提高外包业务的质量。

(三)实行客户与银行单点接触策略

单点接触,是要求银行能在一个地方为客户提供全面服务,即"一站式服务"而不需要客户为了一笔业务走马灯似的在不同部门之间奔波。原日本住友银行实行的"银行往来客户综合账户"制度就是实行这种单点接触策略最好的典型。这种策略不仅使银行客户的关系更密切了,而且使银行的经营成本大大下降,人均创利水平显著提高。

(四)建立中心—辐射式组织结构

中心—辐射式组织结构要求银行处理好集权与分权的关系。在信息技术普及时代,银行可借助信息技术使集权与分权的矛盾得到妥善处理。银行总部可通过网络维持对各分支机构的领导权威,及时了解各分支机构经营状况,及时发布命令和指标;各分支机构则可在总行授予的权限内,及时处理各业务和突发事件,也能及时得到总行的帮助。西方商业银行目前已经形成了大总部、小分行的经营管理模式,银行的分支机构主要从事市场开拓和营销工作,贷款审核等权力集中到总行的职能部门。许多业务,如咨询服务、金融信息提供等也可以集中到总行办理,这既可以节省费用,又能使各分支机构集中精力搞好投融资管理等最主要的工作。

案例 14-3

交通银行再造金融科技组织架构

2020 年，为适应非接触式金融服务需求的极速扩张，银行业数字化转型进入加速期。纵观这一年的金融科技布局，各大银行展开了一场全方位的比拼，这其中，既包括加大资源投入、提升研发能力，也包括加速应用落地、优化客户体验等方面。

然而，深度观察银行金融科技应用不难发现，"技术"与"业务"两张皮的现象还比较普遍。近两年来，诸如"中台""敏捷组织"之类的探讨始终是银行业的热议话题。这背后反映出的是银行的传统架构已经不再适合金融科技新形势下的业务发展需要。调整组织架构、自我革新，已经成为银行机构的必然选择，而有些银行已经走在了前列。

交通银行董事长任德奇曾公开表示，交行将强化科技赋能，推动金融科技从"支撑发展"走向"引领发展"，做好 IT 架构转型、业务和科技融合、数据治理提升这三件大事，将科技融入经营管理全链条，加速释放科技创新在发展中的乘数效应。

为了解决技术与业务未能深度融合的突出矛盾，交通银行从 2020 年开始深入推进金融科技体制机制改革，重点放在组织架构调整，搭建起"两部、三中心、一公司、一研究院、一办"的集团金融科技总体架构。经过组织架构的调整，交通银行的科技布局已经深入业务的各个阶段，包括顶层规划、研发、安全运维、用户测试、应用等。

据了解，目前，交通银行正着力在四个特色领域率先破题数字化转型：一是坚持"大普惠"理念，贯彻中央关于"增强金融普惠性"的要求，打造普惠金融特色；二是全力服务构建"双循环"新发展格局，抓住上海打造国内大循环中心节点、国内国际双循环战略链接的重大机遇，发挥好全牌照和布局国际化优势，打造贸易金融特色；三是贯彻中央加快建设科技强国的决策部署，服务国家创新驱动发展战略，助力传统行业转型升级、战略新兴产业加快发展，打造科技金融特色；四是把握居民收入增长和新中产群体扩大机遇，顺应人口结构变化趋势，更好地满足市场主体财富保值增值、财富传承等金融需求，打造财富管理特色。

当前，交通银行的金融科技板块组织架构调整已经完成，但应当看到的是，组织架构调整只是第一步，要通过组织架构的再造，带动制度、流程的优化以及日常工作习惯的改变，持续释放改革红利，为以上四个特色领域的数字化转型破题提供原动力。

交通银行相关负责人表示，未来该行将结合数字化转型及时梳理、固化转型过程中形成的良好做法和模式，根据实际需要持续优化数字化转型的组织架构和体制机制。在 IT 板块建立统一工作平台，实现板块之间共享管理数据，实现需求、开发、测试、运维的一体化管理，提升科技赋能的整体效能。

展望下一阶段，交通银行将以数字化转型进一步提升金融精准服务实体经济的能力。为全面贯彻党中央关于加快数字化发展、科技自立自强、完善科技创新体制机制战略部署，在深刻理解数字化转型是新发展阶段深化金融供给侧结构性改革、增强金融服务实体经济能力、培育业务新增长极的必然选择的基础上，加速集团数字化转型步伐，全力推动交通银行在"十四五"时期高质量发展。

可以预见，随着金融科技技术与业务的融合进入深水区，银行业自身的底层技术自主创新能力将会得到更多关注，底层技术与业务的深度融合也将进一步加速。

（资料来源：金融时报－中国金融新闻网，2021 年 3 月 1 日）

思考题

1. 为什么要进行银行再造？银行再造对现代银行的发展有何意义？
2. 交通银行再造金融科技组织架构的做法有哪些值得总结的经验？

三、银行再造对我国银行业的启示

据统计，美国经过再造的银行大部分都获得了明显效果。再造银行的资产平均收益率从 10% 上升到 15%，资本平均收益率从 14% 上升到 20%，成本收益比则从 63% 下降到 50% ~ 55%。西方银行业的再造实践为我国银行业进行流程银行管理改革提供了良好的借鉴，也为我国银行在互联网时代提高经营管理水平带来了新的思路。

首先，建立流程银行应当以业务流程再造为核心，改革传统的部门银行组织架构，实现高效的经营管理。业务流程是银行运作的生命线，离开业务流程改革进行组织架构调整，容易挫伤银行管理人员的积极性，效果可能适得其反。银行只有从业务流程再造入手，对业务流程中不必要的环节作出删除、压缩、整合、外包的改革，把各部门的生产要素进行重新组合，才能从根本上改变原有的部门银行弊端，实现组织架构再造，使传统的部门银行转变为流程银行，推动银行取得最佳的集约化经营效果。

其次，我们应当创造性地使用信息技术和互联网技术，使银行经营管理取得突破性进展。进入 21 世纪第二个十年以来，对中国金融业特别是银行业形成最大冲击的就是互联网金融了。

互联网金融是指传统金融业与互联网企业利用互联网技术和信息通信技术实现资金融通、转移支付和信息中介服务的金融业务模式，是传统金融业与互联网技术相结合的新兴金融服务领域，如我国在 2013 年前后出现的大量第三方支付平台以及众筹模式的网络投资平台等。互联网金融具有低门槛、多样性、低成本、高效率、靠大众、重创新等现有银行业所不具备的特点。互联网金融甫一出现，便以巨大的冲击力撼动着我国传统银行业的经营基础，向银行业赖以存在与发展的传统金融中介理论发起挑战，打破了现有的融资格局，导致银行的支付功能边缘化，迫使银行重新审视其长期形成的价值构造和价值实现的方式。虽然在监管当局的垄断性保护下，银行业得以守住传统的业务领域，但是，银行所面临的挑战是毋庸置疑的。为什么欧美的银行业没有像中国银行业那样受到互联网金融这样巨大的冲击，因为它们早在 20 世纪八九十年代就已经主动将信息技术和互联网技术不断应用于银行业务流程和银行经营管理，银行再造就是这一改革实践的具体表现。由于中国的银行业在互联网技术应用方面滞后了一些,就给互联网企业发展金融业务提供了机会。面对这一挑战,银行家应当认清自己的优势和劣势,银行具有实力雄厚、诚信度高、网点众多、分布广泛、人才积聚和素质优秀等内部条件优势,还有监管部门垄断性保护的外部优势,只要我国银行业管理者善于学习、敢于创新,在战略上树立新理念,充分发挥互联网在金融活动中的特有长处,充分运用大数据经营和管理,重视中小微客户,便利百姓,控制风险,就一定会在互联网金融发展的过程中提高竞争力。如前所述,银行再造是伴随着信息技术在银行中应用而产生的新思维,是银行提高效益、增强应变能力、降低成本的重大战略举措。信息技术的真正价值不是减少或简化工作,而在于它创造了新的时空观念,创造了新的工作方式和新的经营规则,从而给银行改善经营带来了新的机会。事实上,我国银行业正在积极行动,不少银行在利用互联网金融方面取得了较明显的效果,分别从互联网思维和理念运用、运营互联网金融服务"三农"、构建互联网生态、发展个性化产品等方面取得了很多进展。

最后,我们应当树立为客户利益而重建银行的观念,提供更高的客户价值。银行业本来就是在为客户提供融资服务的要求中产生的,也是在为客户提供服务的过程中获取利润的。但在金融管制时代,却形成了银行为中心的"反仆为主"的思维定式。这也是银行业在创新浪潮中地位不断下降的根本原因所在。银行改革的目的不仅仅是改善内部经营管理,使银行内部管理更为便利,这不会有效改变员工墨守成规,缺乏创新、奉献、投入精神的状况。银行再造提倡返璞归真,重新确定"客户至上"的观念,这也是银行实行改革的出发点和归宿。银行只有树立"客户至上"的观念,才会提高自己的位置,并按此要求来发展银行的经营服务项目。提高银行服务对客户的价值贡献,吸引客户重新回到银行,信赖银行,这样银行才会有更广阔的市场和回旋余地,在激烈的金融竞争中处于强有力的地位。只有真正树立"服务立行"的思想,我们的银行改革才能取得实质性进展。

案例 14-4

卢氏农商行:迈向流程银行

近年来,河南卢氏农商行推进流程银行建设,强化流程管控,注重理念、机制和产品创新,以提升金融服务质效。

强化流程管控

自流程银行建设启动以来,为实现组织构架扁平化,卢氏农商行通过规范信贷前台、中台、后台部门设置,细化部门及内设岗位职责,建立了前台营销服务职能完善、中台风险控制严密、后台保障支持有力的业务运行体系。而为了实现业务经营集约化,该行还设立了公司业务部以简化业务审批环节,实现了对企事业法人客户的专业化营销与管理,并推行独立审批制度,以实现全行贷款的集中化和专业化审批。

在管理上,为实现内控管理集中化,卢氏农商行实行押运社会化,征信管理、智能监控、预警授权,以防范守库和现金调拨风险、柜面和信贷业务操作风险、网点和自助设备安全风险。而在队伍建设和管理上,该行实施人才兴行战略,采取公开竞争上岗方式选聘中层干部,并加大职工培训力度,通过业务技能考核、专业知识培训等方式,来提高全行员工的综合业务素质。

在风险管控上,卢氏农商行实施审贷分离、贷放分控、面谈面签、受托支付等制度,以从源头上防范信贷风险,并在全行推广信贷规范化管理系统,以实现客户信息采集、贷款审批、客户信息维护、贷后风险防控和贷后智能预警等环节的规范化和电子化管理。

为实现营销服务差异化,卢氏农商行还形成了营业网点+自助银行+农民金融自助服务点+POS 机+网银五位一体、覆盖全县城乡的金融服务网络。而为了结合"三农"、小微和个人创业、消费等信贷需求,该行还推出了 10 个品牌贷款,以支持当地经济发展。

截至目前,该行存款余额 42.1 亿元,较年初增加 5.9 亿元,增幅 16.41%;各项贷款余额 23.4 亿元,较年初增加 1.9 亿元,增幅 9.29%;实现经营利润 8 476 万元,同比增加 1 826 万元,增幅 27.46%。

推动业务发展

在推进流程银行建设的过程中,卢氏农商行下沉经营重心,以"立足三农""支农支小"为市场定位,在夯实"三农"主阵地的基础上推动主营业务发展,强化企业对接,实施利率动态化管理。并结合企业规模、发展潜力和信用状况,采取差别化利率定价机制以细分客户。

同时,为提高电子银行业务替代率,该行还加快推进电子银行业务,发展网银、手机银行、金融自助设备、POS 等业务,以提升银行卡业务盈利能力,拓宽业务收入渠道。

此外,该行还对资金运用情况实行动态管理,在保证贷款投放和清算资金头寸的前提下,开展同业存款业务和债券业务,及时调整资金占用布局,减少资金闲置时间,以提高资金运用效率。而在抵债资产、不良贷款的清收力度上,该行采取重点清收、协调清收、全员清收、扶持清收、依法清收等举措,不断提高收益率。

据了解,该行当年已累计实现银行卡收入 119.64 万元,同比增加 16 万元,增幅 13.46%;实现金融机构往来收入 2 927 万元,同比增加 447 万元,增幅 18.02%;实现投资收益 3 873 万元,同比增加 2 230 万元,增幅 135.73%。

(资料来源:《农村金融时报》,2015 年 11 月 30 日)

思考题

何谓流程银行?何谓部门银行?推动流程银行改革有什么意义?我国银行业应当如何推动流程银行改革?

四、现代银行经营模式的特点

银行再造对现代银行经营模式的发展产生了巨大的影响。现代银行与 20 世纪 80 年代以前的银行相比,具有如下特点:

第一，现代商业银行经营的内部组织体制多采取总分行制度，并且广泛实行地区总部制度。综观西方商业银行其内部的部门不多，但规模很大，例如美联银行有7万多员工，资本市场部有1.3万人，零售业务部有2.4万人。银行重视发挥部门职能。总行对分行的管理是通过各个职能部门来实现的，总行职能部门是实现银行高效管理的主要途径。

第二，现代商业银行在经营管理中采用大部门、小分行的模式。信息经济时代，银行与客户之间的距离远近已经不重要了，资金拨付划转的零时差已经淡化了"在途"的概念，很多业务可以集中在大部门完成。大总行的形象通过大总部来体现，部门集中了主要的业务精英，他们有细致的分工，专业性强。利用信息技术，银行处理各项业务时可以做到专业化、集中化、工厂化。而分行的职能相对单一，不需要很大，但分行数量众多，用以满足业务营销和业务拓展的需要。

第三，在经营管理中坚持围绕业务流程调整组织架构。由于银行业务涉及各个不同行业，需要有各个行业的专门知识，任何人都难以做到什么都懂。在办理贷款业务时，将各种专业人员集中在总行部门，有利于对相关业务进行专业化处理，根据各人特长，联系相关行业的客户，能较快地决定有关贷款是投放还是压缩，能在总体上满足客户的业务要求。这种组织架构既能发挥人才的专业特长，节省人力资本，又能防范风险，还能扩大利润来源，有显著的优势。

第四，实行矩阵式管理方法。银行有很多业务涉及很多部门和不同地区，处理不好就容易留下隐患，形成监管空白点。实行矩阵式管理可以打破行政式组织结构中的统一命令形式，形成结构中每一个成员都有两个主管（专业职能部门经理和项目经理），命令链也是双重的，项目经理也可以对本项目组中属于各个专业职能部门的成员发布命令，并对其所承担的项目负主要责任。

五、零售银行业务重新崛起

零售银行是银行经营的价值回归。零售银行是一个多种职能的综合体，它将传统的银行体制改变为更加灵活的组织机构，来传递金融服务以适应全球生活方式的改变。它仍面临使服务成本最优化的挑战。零售银行是商业银行的一种经营模式，它最充分地反映了商业银行的本质特征，它具有巨大的、未使用的创造价值的潜能：产品创新和提供商业价值。

从现有的零售银行发展路径看主要有三个方面，即扩大分支机构；改进服务技术；加强市场营销。

20世纪90年代，在经历银行再造改革后，不少银行都大量撤销或关闭分支网点。由于网络泡沫破灭，银行在对待新技术投资的态度上发生明显转变。自2000年起，银行逐渐意识到分散的客户群体更愿意依靠分支机构获得银行服务，即使经常使用网络银行的人也认为，银行分支机构作为面对面服务的载体有着不可替代的价值，能够给客户带来更强的持久性、信任感和稳定性的感觉。这种"砖块加水泥"的实体银行具有广告效应，也更受到客户欢迎，因为网络可能在一瞬间消失无影，而实体银行更可能持续经营。早在2005年，汇丰银行就已经在全球100多个国家和地区设有7 900多个分支网点。而花旗银行目前已在140多个国家和地区设有16 000多个分支网点（包括办事处）。近年来，汇丰、花旗、渣打等外资银行不仅在我国中心城市大量开设分支机构，还积极在我国中西部地区采用直接投资或收购的方式拓展分支机构，设立村镇银行。

技术改进对银行的发展有巨大作用:一是吸引更多客户。客户使用银行服务出于三个动机:安全;利息或投资回报;方便地获得现金、进行支付、获得贷款。银行技术改进能满足客户价值主张。二是满足银行要求。降低运营成本;更好地控制客户的财务状况;突破地域限制,更快地融入金融全球化;提高风险防范的效率。

加强市场营销对商业银行而言至关重要,市场营销和创新是现代银行必须具备的两个基本职能。银行经营的目的在于服务市场,创造顾客,为此银行应当在大力创新的同时加强市场营销。

首先是树立品牌意识,理解品牌的重要性。银行服务业特别需要品牌,它是银行在同业中的标志,它能带来市场规模和盈利,是维护客户关系的法宝。要将品牌作为银行运作的中心,让各部门各环节明确树立和维护银行的品牌不仅仅是营销部门的事,让品牌深入员工的身心,使品牌持久成长。

其次是加强客户关系管理(CRM),细分客户市场。CRM 是以客户为中心的经营模式,目的是提高银行获利能力,而不只是提高客户满意度。对客户应有全面的视图,客户必须分群,被差异化对待。

最后是改进营销模式,开展整合营销和交叉营销。零售银行业务种类繁多,特别是私人银行业务,有着广阔的发展前景。截至 2010 年,全球金融资产在 100 万美元以上者有 750 万人。我国现在已经进入上中等收入国家行列,居民财富有较快增长,2010 年,我国可投资资产达 62 万亿元,拥有可投资资产超 1 000 万元的有 50 万人,有可投资资产在 10 万美元以上的人有 300 多万,这类人员还在不断增长,他们是我国银行私人银行业务的潜在客户。银行可提供的私人银行业务数以百计,这需要银行大力开展整合营销和交叉营销,做到一个客户,一个账户,该账户能兼容银行提供的多个产品和综合服务,既方便了客户,也便于银行提高管理效率。做好整合营销和交叉营销的关键是客户关系管理和信息共享。

六、积极发展交易银行业务

交易银行(transaction banking)业务是商业银行公司业务的重要内容,主要包括供应链金融、贸易融资、支付结算和现金管理业务等,是商业银行可持续增长的业务。通过帮助客户提升资金运作效益,交易银行业务已成为银行主要的利润来源。交易银行业务起源于欧美发达国家,我国商业银行在 2012 年开始探索交易银行业务,2015 年以来交易银行业务在我国快速发展。

(一)交易银行业务在互联网经济背景下出现

互联互通的互联网经济使企业之间的关系和企业的行为都发生了变化。1993 年,J. 穆尔(James Moore)在《哈佛商业评论》上发表《捕食者与猎物:竞争的新生态》一文,3 年后又出版《竞争的衰亡:商业生态系统时代的领导与战略》一书,提出了"商业生态系统"(business ecosystem)的概念。穆尔借用自然生态系统的内涵——环环相扣来描述互联网时代市场中的企业活动,认为每个企业都是商业生态系统中的成员,作为商业生态系统中的企业应与竞争对手以及整个商业生态系统共同演化。

在商业生态系统中,供应链上的企业出现两个特点:一是企业经营数据化,二是企业关系协同化。互联网经济中的企业都意识到数据在运营管理中的重要性,越来越多的企业在内部推进数据化管理,并努力促进企业内外部数据有效融合和流动,从而出现企业经营数据化。通过企业内外部数据融合与流动,供应链上的企业之间关系日益紧密,各企业在制定发展战略时不能仅考虑自身利益,还应当顾及合作伙伴以及整个商业生态的可持续发展,应当和合作伙伴分享生态系统所创造的价值。每个企业都可以形成以自身为节点的供应链,供应链上每一个企业既是核心企业,也是上下游企业,企业之间更注重协同发展,出现企业关系协同化的特点。

在互联网经济的生态系统内,银行在从事交易银行业务时的客户理念和风险管理方法也出现了相应的变化。

（二）秉持企业关系协同化的客户理念开展交易银行业务

传统供应链中,银行通常借助核心企业拓展上下游企业的客户群体,利用核心企业为上下游企业进行信用担保和信用增级,银行供应链金融业务受制于核心企业。

在互联网时代,银行在开展交易银行业务时,秉持企业关系协同化的客户理念,就必须对供应链上的各个企业都给予充分的关注,从而给银行带来多方面好处:一是有助于降低银行和上下游中小企业对核心企业的依赖;二是促使银行全面掌握供应链上所有客户的真实信息;三是使银行充分了解客户需求,提供合适的产品与服务,做好普惠金融。

（三）在贷款管理中采用实时数据授权,提高风险管理效果

互联网经济时代,数据是重要的资产。实时数据授权是指:企业在申请银行贷款时,应银行的要求,授权银行实时掌握其真实的生产经营、资金流动和商品交易等数据。这种授权只能给一家银行。其意义在于:为银行贷款提供安全保障,为银行服务提供质量保证。

首先,通过实时数据授权,银行能够实时、动态地掌握企业各类交易的真实信息,全面掌握企业还款来源的动态变化,提供准确风险控制决策依据,从源头上防范风险,保障贷款安全。

其次,银行可以利用企业数据,从多方面掌握客户的资金动向和金融需求,有的放矢地提供贸易融资、现金管理和支付结算等金融服务,开拓与第三方合作的非金融综合服务。此外,银行通过对数据信息进行整理清洗、交叉验证、关联映射和统计分析,可提供经济运行预测和预警指数等资讯报告。既有助于银行洞察市场变化,有效防范和化解系统性风险,还能为有关部门决策提供重要的参考建议,提升银行自身品牌价值和市场影响力,更好地履行银行的社会责任。

不断完善交易银行业务已经成为我国商业银行对公业务转型升级的重要方向。利用科技赋能,我国商业银行的交易银行业务正实现线上化、数字化,通过现金管理叠加供应链金融,助推企业财资管理向数字化、场景化、协同化、智能化的全面转型,促进实体经济发展。

本 章 小 结

1. 20世纪90年代以来,银行经营环境发生了很大变化,尤其是2008年爆发的全球金融危

机,使商业银行直接面对金融自由化、金融国际化和金融信息化带来的严峻挑战,促使商业银行必须改变传统的经营理念,调整经营策略。

2. 国际商业银行面对日益多样化、复杂化的经营风险,为了取得良好的经营效益,确立全面风险管理的思想,使全行每个人都意识到,不能消极地回避风险,应当主动识别风险、分散风险,并制约风险。

3. 加强营销管理,是商业银行吸引客户、扩大盈利空间的一个重要手段。当代商业银行注重根据不同对象提供不同的服务和不同的商品形成新的"客户群"观念,发掘客户潜在的需求,确立以客户满意为中心的"全方位质量管理"观念。

4. 综观国际商业银行经营发展趋势,大银行多选择走综合银行之路,中、小银行多选择专业化经营策略。

5. 数字化转型是商业银行发展的方向,它显著地提高了商业银行的核心竞争力,同时使商业银行在经营形式上发生变化,非接触式金融服务业务有着巨大的发展空间。

6. 银行再造是商业银行在信息化浪潮下寻求银行管理新模式的实践。它要求银行扬弃过去那种按职能进行分工,然后组合经营的管理方法。银行再造的目的是借助现代信息技术,重新设计银行管理模式和业务流程,使银行获得可持续竞争的优势。

7. 银行业务外包是商业银行实行再造的一个重要策略,也使银行获得了技术上的比较优势,节约了成本支出,使银行管理人员能集中精力提高管理水平。

8. 银行再造对我国银行深化改革提供了重要的启示。我们应当以业务流程改革推动组织架构调整,创造性地使用信息技术,加强客户关系管理,树立"服务立行"的观念,提供更高的客户价值,适应零售银行业务发展的需要。积极发展交易银行业务,从而使银行在融入国际化竞争中不断提高经营管理绩效。

本章重要概念

制约风险	核对风险	信息科技风险	合规风险	声誉风险
数字银行	非接触式金融服务	网上银行业务	银行再造	业务外包
零售银行业务	流程银行	互联网金融	交易银行业务	

复习思考题

1. 商业银行为什么要确立全面风险管理思想?怎样实行全面风险管理?
2. 商业银行在加强营销管理时,确立品牌观念有什么意义?
3. 互联网金融对商业银行发展有何影响?数字化转型对提高商业银行竞争力有何意义?
4. 银行再造的内涵是什么?它对我国银行改革有什么启示?
5. 简述建设流程银行的意义。

6. 零售银行概念重新崛起对商业银行经营管理模式发展有什么影响？

7. 商业银行为什么要发展交易银行业务？银行要求"实时数据授权"对银行而言有何意义？

即 测 即 评

请扫描右侧二维码检测本章学习效果。

参考文献

[1] HEMPEL G H. Bank management[M]. John Wiley & Sons, Inc. ,1994.

[2] SINKEY J F, Jr. Commercial bank financial management in the financial services industry[M]. New York: Macmillan Publishing Company,1998.

[3] RITTER L S, SILBER W L. Principles of money, banking and financial markets[M]. New York: Basic Books, Inc. ,1994.

[4] ALLEN P H. Reengineering the bank[M]. McGraw-Hill,1997.

[5] SAUNDERS A. Financial institutions management[M]. McGraw-Hill,2000.

[6] KOCH T W, MACDONALD S S. Bank management[M]. 4th ed. The Dryden Press,2000.

[7] 格拉迪. 商业银行经营管理[M]. 北京:中国金融出版社,1991.

[8] 科克. 银行管理[M]. 北京:中国金融出版社,1991.

[9] 赫尔. 期权、期货和衍生证券[M]. 张陶伟,译. 北京:华夏出版社,1997.

[10] 马歇尔,班塞尔. 金融工程学[M]. 宋逢明,等译. 北京:清华大学出版社,1998.

[11] 格利茨. 金融工程学[M]. 唐旭,等译. 修订版. 北京:经济科学出版社,1998.

[12] 陈彪如,马之骕. 国际金融市场[M]. 上海:复旦大学出版社,1998.

[13] 陈建梁. 国际融资技术与金融市场[M]. 上海:复旦大学出版社,1992.

[14] 陈绍昌. 国际金融计算技术[M]. 北京:中国对外经济贸易出版社,1992.

[15] 黄宪,代军勋,赵征. 银行管理学[M]. 武汉:武汉大学出版社. 2013.

[16] 戴相龙. 商业银行经营管理[M]. 北京:中国金融出版社,1998.

[17] 何林祥. 商业银行业务概况[M]. 北京:中国金融出版社,1998.

[18] 黄亚钧,朱叶. 资产重组与并购[M]. 上海:上海立信会计出版社,1998.

[19] 李辉华,苏慧文. 金融风险[M]. 北京:北京经济学院出版社,1996.

[20] 刘振芳. 离岸金融市场[M]. 上海:上海财经大学出版社,1997.

[21] 陆世敏,赵晓菊. 现代商业银行经营与管理[M]. 上海:上海财经大学出版社,1998.

[22] 史建平. 银行管理[M]. 北京:机械工业出版社,2014.

[23] 麦克诺顿. 新兴市场经济中的商业银行[M]. 北京:中国财政经济出版社,1997.

[24] 魏盛鸿,周升业. 最新商业银行实务全书[M]. 北京:中国金融出版社,1995.

[25] 吴慎之,史建平. 银行信贷管理学[M]. 武汉:武汉大学出版社,1996.

[26] 吴晓灵,李德. 金融业的风险管理与信用评估[M]. 北京:中国金融出版社,1996.

[27] 杨力.商业银行风险管理[M].上海:上海财经大学出版社,1998.

[28] 俞乔,邢晓林,曲和磊.商业银行管理学[M].上海:上海人民出版社,1998.

[29] 曾康霖,刘锡良.银行经营管理学[M].成都:西南财经大学出版社,1994.

[30] 叶伟春.信托与租赁[M].4版.上海:上海财经大学出版社,2019.

[31] 邓军.现代商业银行营销管理[M].北京:中国财政经济出版社,1999.

[32] 郑先炳.西方商业银行最新发展趋势[M].北京:中国金融出版社,2002.

[33] 考埃特,爱特曼,纳拉亚南.演进着的信用风险管理[M].北京:机械工业出版社,2001.

[34] 陈林龙,王勇.现代西方商业银行核心业务管理[M].北京:中国金融出版社,2001.

[35] 田晓军.银行再造[M].上海:上海财经大学出版社,2002.

[36] 罗斯,赫金斯,戴国强.商业银行管理:原书第九版·中国版[M].北京:机械工业出版社,2016.

[37] 中国银行业协会行业发展委员会.2020年度中国银行业发展报告[M].北京:中国金融出版社,2020.

[38] 邓辛.金融科技概论[M].北京:高等教育出版社,2020.

[39] 巴曙松,金玲玲.巴塞尔资本协议Ⅲ的实施:基于金融结构视角[M].北京:中国人民大学出版社,2014.

[40] 李志辉.商业银行管理学[M].3版.北京:中国金融出版社,2015.

[41] 肖祖琰.巴塞尔资本协议与商业银行全面风险管理[M].北京:中国人民大学出版社,2014.

[42] 周浩明,肖紫琼,龚治国.商业银行经营与管理[M].上海:上海交通大学出版社,2014.